KB049194

K-IFRS
중급회계

김용식

박영사

PREFACE
머리말

중급회계를 출간하면서 가장 고민했던 부분은 독자들에게 '회계의 재미'를 전달하고자 한 것이다. 물론 회계가 어려운 과목이라는 것을 잘 알고 있다. 그렇기 때문에 회계를 공부하는 데 더 많이 노력하게 될 것이고, 그 결과를 받아들였을 때 여러분의 노력이 헛되지 않았다는 '회계의 재미'를 느낄 수 있을 것이다.

이러한 고민과 저자의 경험을 반영한 본서의 특징은 다음과 같다.

Chapter를 구성하면서 어느 부분을 먼저 배워야 그 다음 부분을 이해하기 수월한지 고려하여 Chapter의 순서를 정하였다. 그 예로 복합금융상품을 부채와 자본 이후에 배치하였다. 복합금융상품은 부채요소와 자본요소를 모두 가지고 있기 때문에 부채와 자본을 모두 이해한 뒤에 복합금융상품을 접하는 것이 독자들이 해당 내용을 이해하는 데 더 수월할 것이라고 판단하였다.

또한 하나의 계정을 여러 개의 Chapter에 나누어서 소개하였다. 그 예로 국제회계기준에서 상환우선주를 부채, 자본 또는 복합금융상품으로 취급한다. 따라서 상환우선주를 한 Chapter에서 모두 설명하기보다는 그 성격에 따라 부채, 자본, 그리고 복합금융상품에 나누어 설명하였다.

각 Chapter의 도입에서 학습목표와 해당 Chapter를 간단히 소개하는 글을 제시하였다. 학습목표를 제시함으로써 해당 Chapter에서 어떠한 내용을 배우게 되는지 전달하고자 하였다. 그리고 소개하는 글을 제시함으로써 해당 Chapter의 주제를 회계기준에서 어떻게 규정하고 있는지 전달하여 독자들의 흥미를 유발하도록 하였다.

본문에서 다양한 상황에 대한 회계처리를 기술한 뒤에 이것을 요약한 표를 제시함으로써 독자들이 여러 가지 상황에 대한 회계처리를 정리하는 데 도움을 주고자 하였다. 또한 시각적 이해를 돕기 위해 그림이나 도표를 최대한 이용하였다.

국제회계기준에서 제시하는 사례들을 이해하기 쉽도록 정리하여 본문에 수록하였다. 국제회계기준이 원칙중심의 회계기준이기 때문에 상세한 규정을 두는 대신에 다양한 사례들을 제시하고 있다. 따라서 본문의 내용과 부합하는 사례들을 독자들이 이해하기 쉽게 사례나 예제 형식으로 수정하였다.

각 Chapter를 마무리하면서 해당 Chapter를 요약하는 'Summary & Check'를 제시하였다. 이를 통해 중요한 내용을 다시 한 번 상기함으로써 학습한 내용을 정리하는데 도움을 주고자 하였다. 또한 '○× Quiz'를 통해서 해당 Chapter의 내용을 정확하게 이해하였는지를 스스로 체크하도록 하였다.

마지막으로 'Multiple−choice Questions'에서 최근의 공인회계사와 세무사 1차 기출문제를 제시하였다. 중급회계를 통해서 학습한 내용을 바탕으로 기출문제를 풀어봄으로써 독자들이 문제를 해결할 수 있는 능력을 키우면서 자신감을 갖도록 하였다.

저자가 수십 년간 회계를 공부하고 연구하면서 느꼈던 '회계의 재미'를 본서에 담아 전달하고자 노력하였다. 중급회계를 공부하는 여러분들도 이 책을 통해서 '회계의 재미'를 새롭게 느껴보길 기대한다.

2022년 8월 낙산 아래에서 저자 씀

CONTENT
차례

PART 01 재무회계의 기초

CHAPTER 01
회계와 재무정보

CHAPTER 02

회계거래의 인식과 측정

CHAPTER 03

재무제표의 표시

CHAPTER 04
수익

PART 02 자산

CHAPTER 05 재고자산

CHAPTER 06

유형자산

CHAPTER 07

무형자산

CHAPTER 08

금융자산

PART 03 부채와 자본

CHAPTER 09

금융부채

CHAPTER 10

충당부채와 우발부채

CHAPTER 11
종업원급여

CHAPTER 12

자본

CHAPTER 13
복합금융상품

CHAPTER 14
주식기준보상

CHAPTER 15

주당이익

PART 04 특수회계

CHAPTER 16
리스

CHAPTER 17

법인세

CHAPTER 18
회계변경과 오류수정

CHAPTER 19

현금흐름표

CHAPTER 20

재무보고의 기타사항

본 QR코드를 스캔하면
OX Quiz와 Multiple-choice Questions
해답을 확인할 수 있습니다.

재무회계의 기초

CHAPTER 01

회계와 재무정보

1. 회계의 의의
2. 주식회사와 외부감사제도
3. 국제회계기준(IFRS)
4. 재무보고를 위한 개념체계

학습목표

- 전통적 회계와 현대회계의 차이를 이해한다.
- 재무제표의 외부감사 필요성을 이해한다.
- 국제회계기준(IFRS)의 특징을 이해한다.
- 재무정보의 질적특성과 재무제표의 요소를 이해한다.

국제회계기준(IFRS: International Financial Reporting Standards)은 자본시장의 세계화 추세에 따라 전 세계적으로 단일회계기준으로 작성된 신뢰성 있는 재무정보에 대한 요구에 부응하기 위해 제정되었다. 우리나라는 2011년부터 모든 상장기업은 한국채택국제회계기준(K-IFRS)을 의무적으로 도입하여 재무제표를 작성 · 공시하도록 하였다.

IFRS의 도입은 국내 회계환경에 큰 변화를 가져왔다. 그중에 가장 큰 변화는 기존 기업회계기준서(K-GAAP: Korean Generally Accepted Accounting Principles)는 구체적인 회계처리 방법과 절차를 세밀하게 규정하는 규칙중심의 회계기준이나, IFRS는 회계처리의 기본원칙과 방법론만을 제시하는 원칙중심의 회계기준이라는 점이다.

이러한 변화가 현대회계를 바라보는 시각인 '정보이용자가 의사결정을 하는 데 필요로 하는 정보를 생산하여 제공하는 일련의 정보시스템'으로서의 역할에 부합하는지 살펴보도록 하자.

1. 회계의 의의

1.1 회계의 정의

과거에는 회계(accounting)를 단순히 거래나 사건을 기록 · 분류 · 요약하는 기술로 정의하였다. 그러나 오늘날에는 회계를 '정보이용자의 합리적인 판단이나 경제적 의사결정에 필요한 유용한 경제적 정보를 식별 · 측정 · 전달하는 과정'으로 정의하고 있다.[1] 기존에 회계를 단순한 기술로 보았지만, 현대에는 정보이용자가 의사결정을 하는 데 필요로 하는 정보를 생산하여 제공하는 일련의 정보시스템(information system)으로 보고 있다.

투자자나 채권자는 기업이 제공한 회계정보를 입수하여 그 기업이 발행하는 주식을 살 것인지, 또는 그 기업에게 돈을 빌려줄 것인지 등의 의사결정을 할 것이다. 한편, 자금을 필요로 하는 기업은 자금을 원활하게 조달하기 위해서 투자자나 채권자를 포함한 다양한 이해관계자들이 필요로 하는 회계정보를 제공할 것이다. 경영자는 기업에 경제적 자원을 제공해 준 이해관계자들을 대신하여 기업을 효율적으로 경영하고 그 성과를 성실히 보고해야 하는 책임을 지는데, 이를 수탁책임(stewardship)이라고 한다.

이와 같이 회계는 특정 기업에 대해서 관심을 갖고 있는 이해관계자들이 경제적 의사결정을 하는 데 유용한 회계정보를 제공하는 것을 기본적인 목적으로 한다. 즉, 이해관계자들이 경제적 의사결정을 할 때 필요로 하는 정보를 제공해야 한다는 것이다. 의사결정에 있어서의 유용성을 강조한다는 점에서 현대회계는 수탁책임의 이행만을 중시하던 전통적인 회계와는 비교된다.

이 밖에도 현대회계와 전통적 회계 간에는 많은 차이점들이 있다. 전통적 회계는 투자자와 채권자 등 전통적 이해관계자들이 주요 정보이용자인 반면에, 현대회계의 주요 정보이용자의 범위는 상당히 넓다. 투자자와 채권자 등 전통적 이해관계자뿐만 아니라 환경단체, 지역사회, 소비자, 공급자 등 다양한 이해관계자의 회계정보 요구가 점점 증가하고 있다. 또한 전통적 회계는 공급자 위주의 정보제공을 지향하지만 현대회계는 수요자 위주의 정보제공을 지향한다. 감사보고서에 포함된 주석사항을 통하여 다양한 기업 내부 정보를 전달하는 이유는 수요자의 다양한 정

---

1 'Accounting is the process of identifying, measuring, and communicating economic information to permit informed judgements and decisions by users of information', 「A Statement of Basic Accounting Theory」, (American Accounting Association, 1966).

보 요구를 충족시켜주기 위한 것이다. 현대회계와 전통적 회계의 차이를 요약하면 다음 〈표 1－1〉과 같다.

표 1-1 현대회계와 전통적 회계의 차이

구분	현대회계	전통적 회계
주요 정보이용자	전통적 이해관계자 및 지역사회, 소비자 등	투자자, 채권자 등 전통적 이해관계자
책임	유용한 회계정보 제공 강조	수탁책임 강조
지향	정보수요자 위주	정보공급자 위주

또한 회계는 부기(bookkeeping)와 구별된다. 부기란 발생한 거래들을 일정한 규칙에 따라 장부에 기록하는 단순한 과정일 뿐이다. 그러나 회계는 거래를 장부에 기록하는 것뿐만 아니라, 회계정보이용자들이 의사결정을 하는 데 있어서 도움을 받을 수 있도록 유용한 정보를 제공하는 역할을 한다는 점에서 부기와 차이가 있다.

1.2 회계정보이용자

회계정보이용자란 회계정보를 필요로 하고 이를 이용하여 의사결정을 하는 사람들을 말한다. 회계정보이용자를 기업을 중심으로 내부이해관계자와 외부이해관계자로 나눌 수 있다.

대표적인 내부이해관계자에는 기업의 경영자가 있다. 경영자는 기업활동과 관련된 계획, 통제 및 평가의 모든 과정에서 회계정보를 필요로 한다. 저렴한 원가로 생산할 수 있는지, 자금조달은 원활한지, 공장부지는 어느 지역이 타당한지, 경쟁기업보다 월등한 수준의 제품을 만들 수 있는지 등 치열한 경쟁 속에서 기업이 지속적으로 성장가능하도록 끊임없이 의사결정을 하는 과정에서 회계정보를 이용한다.

가장 대표적인 외부이해관계자는 투자자(주주)와 채권자라고 할 수 있다. 투자자는 특정 기업의 주식을 매입할 것인지, 만약 주식을 이미 보유하고 있다면 이를 계속 보유해야 하는지 아니면 팔아야 하는지, 미래에 그 기업으로부터 배당금을 얼마나 받을 수 있는지 등에 관심을 가질 것이다. 한편, 채권자는 특정 기업에 자금을 대여해줄 것인지, 대여해준다면 원금과 이자를 제때에 받을 수 있을지 등에 관심을 가질 것이다. 외부이해관계자 역시 이러한 다양한 의사결정 과정에서 회계정보를 이용한다.

전통적 이해관계자인 투자자와 채권자 이외에도 앞서 설명한 현대회계에서 중요하게 평가받는 이해관계자 중에 지역사회, 소비자, 공급자 등이 있다. 지역사회는 기업이 제공하는 회계정보를 이용하여 지역사회에 공헌하도록 유도할 수 있다. 소비자는 기업이 제공하는 회계정보를 이용하여 소비자가 지불하는 제품 또는 서비스 가격의 적정성 여부를 판단할 수 있다. 공급자 역시 기업이 제공하는 회계정보를 이용하여 공급가격의 협상수단으로 이용할 수 있다.

1.3 회계의 분류

(1) 재무회계

외부이해관계자는 다양한 집단으로 구성되어 있고 요구하는 정보도 매우 다양하다. 그런데 기업이 이들의 다양한 요구를 개별적으로 모두 충족시켜주기는 거의 불가능하다. 따라서 다수의 일반 정보이용자를 대상으로 공통의 정보 요구를 충족시켜주기 위한 일반목적의 재무제표(financial statements)를 제공하며, 이러한 재무제표를 작성하는 것을 주요 목적으로 하는 회계 분야를 재무회계(financial accounting)라고 한다.

(2) 관리회계

대표적인 내부이해관계자인 경영자는 기업경영에 실제로 이용할 수 있는 상세한 정보를 요구한다. 또한 필요한 정보를 수시로 제한 없이 이용하며 경영자에게 전달되는 회계정보는 일정한 규칙이나 형식을 필요로 하지 않는다. 이와 같이 경영자가 경영활동에 필요로 하는 정보를 산출하고 분석하는 것을 주요 목적으로 하는 회계 분야를 관리회계(managerial accounting)라고 한다.

재무회계와 관리회계의 특징과 차이점을 정리하면 다음 〈표 1-2〉와 같다.

표 1-2 재무회계와 관리회계의 특징과 차이점

구분	재무회계	관리회계
정보이용자	외부이해관계자	내부이해관계자
회계기준의 적용	회계기준을 적용함	회계기준을 적용하거나 적용하지 않을 수 있음
형식	재무제표 형식	일정한 형식 없음
외부감사 강제성	일정 규모 이상의 주식회사는 외부감사를 받은 재무제표를 공시해야 함	내부보고 목적으로 외부감사 받지 않아도 됨
정보의 주요 속성	신뢰성 또는 표현충실성	목적적합성

(3) 세무회계

세무회계(tax accounting)는 세법에 근거하여 과세소득과 납세액을 계산하는 것을 목적으로 한다. 과세소득은 기업회계기준에 의해 작성된 재무회계자료를 토대로 하여 기업회계기준과 세법의 차이를 조정하여 계산하는데, 이것을 세무조정(tax reconciliation)이라고 한다.

(4) 회계감사

회계감사(auditing)는 경영자에 의해 작성된 재무제표가 일반적으로 인정된 회계원칙(GAAP: Generally Accepted Accounting Principles)에 따라 적정하게 작성된 것인지를 독립적인 제3자가 검증하여 재무제표의 신뢰성 제고를 목적으로 한다.

2. 주식회사와 외부감사제도

2.1 주식회사

주식회사(corporation)는 주식(stock)을 발행하여 설립한 회사이다. 주식을 소유한 자를 주주(stockholder)라고 한다. 주주는 주식회사의 최고의사결정기구인 주주총회에서 의결권을 행사함으로써 경영에 참여할 수 있다. 주주총회의 중요한 결의사항으로는 정관변경, 이사 및 감사의 선임, 재무제표의 승인 등이 있다. 주식회사에서 업무집행은 이사를 포함한 경영자가 담당하며, 업무절차의 신속을 기하기 위해서 주식회사의 발행예정 주식총수는 주주총회에서 결정하고, 그 범위 내에서 신주발행 등 중요한 의사결정은 이사회 결의에 의해 이루어진다.

주식회사의 주요 3가지 특징은 다음과 같다.

(1) 대규모 자금조달

주식회사는 일반 대중을 대상으로 투자자(주주)를 모집하여 대규모 자금조달을 한다. 대규모 자금조달이 가능한 이유는 주식의 양도가 비교적 자유롭기 때문이다. 이러한 특징을 시장성(marketability)이라고 한다. 특히 증권거래소에 상장된 주식회사는 주식시장에서 매우 쉽게 주식을 거래할 수 있기 때문에 일반 대중이 주식회사의 대규모 자금조달에 참여하는 데 용이하다.

(2) 유한책임

주식회사의 주주는 자신이 투자한 한도 내에서만 책임을 지는 데 이를 유한책임이라고 한다. 즉, 회사의 재산으로 채무를 변제할 수 없는 경우에도 주주는 자신이 투자한 한도 이외의 책임을 부담하지 않는다. 유한책임과 대비되는 것이 무한책임이다. 무한책임은 회사의 재산으로 채무를 변제할 수 없는 경우에는 주주들이 연대하여 책임을 부담하는 것을 말한다.

(3) 소유와 경영의 분리

주식회사의 중요한 특징 중에 하나가 소유와 경영의 분리이다. 즉, 회사를 소유하고 있는 주주와 회사를 운영하는 경영자가 다르다. 주주는 자신의 부를 증대시키기 위해 전문 경영자를 고용하여 보수를 지급한다. 앞서 언급한 것처럼, 경영자는 주주를 대신하여 기업을 효율적으로 경영하고 그 성과를 성실히 보고할 책임이 있다. 그러나 주주 입장에서는 경영자의 재무보고가 성실한지에 대해 의구심을 가질 수밖에 없다. 따라서 외부감사제도가 필요한 것이다.

2.2 외부감사제도의 필요성

앞서 언급한 것처럼, 기업은 광범위한 정보이용자의 경제적 의사결정에 도움을 주기 위해서 재무제표를 작성하여 제공한다. 재무제표는 일반적으로 인정된 회계원칙에 따라서 작성하여야 한다. 그런데 재무제표를 작성하고 보고할 의무가 있는 자는 기업의 경영자이다. 따라서 기업 외부에서 재무제표를 이용하는 외부이해관계자들은 재무제표의 신뢰성에 의문을 제기할 수 있다. 이러한 문제를 해결하기 위해서 고안된 감시장치가 외부감사제도(external auditing)이다.

외부감사의 감사실시는 투자자 또는 채권자와 해당기업과의 자유로운 계약에 의해서 이루어질 수도 있지만, 불특정 다수의 이해관계자를 보호하여야 한다는 사회적 당위성에 따라 대부분의 나라에서 법적으로 강제하고 있다. 우리나라에서는 「주식회사의 등의 외부감사에 관한 법률」에 의하여, 일정 규모[2]의 주식회사는 독립된 외부의 감사인으로부터 회사에서 작성한 재무제표를 회계감사 받도록 하고 있다.

2.3 감사인과 감사의견

경영자가 작성하여 제공하는 재무제표에 대한 신뢰성을 담보하기 위해 해당 기업 및 경영자와 독립적인 위치에 있는 공인된 외부감사인으로부터 회계감사를 받도록 하고 있다. 회계감사 업무를 하는 공인된 외부감사인은 공인회계사(CPA: Certified Public Accountants) 자격을 가져야 한다. 공인회계사는 경영자가 작성한 재무제표가 일반적으로 인정된 회계원칙에 따라 적정하게 작성되었는지를 독립적으로 감사하여 전문가로서의 의견을 표명한다.

---

2 외부감사의 대상: "직전 사업연도 말의 자산, 부채, 종업원 수 또는 매출액 등 대통령령으로 정하는 기준에 해당하는 회사"란 다음 각 호의 어느 하나에 해당하는 회사를 말한다.
  1. 직전 사업연도 말의 자산총액이 500억원 이상인 회사
  2. 직전 사업연도의 매출액이 500억원 이상인 회사
  3. 다음 각 목의 사항 중 2개 이상에 해당하는 회사
    가. 직전 사업연도 말의 자산총액이 120억원 이상
    나. 직전 사업연도 말의 부채총액이 70억원 이상
    다. 직전 사업연도의 매출액이 100억원 이상
    라. 직전 사업연도 말의 종업원이 100명 이상

감사의견은 공인회계사가 회계감사를 실시한 후 재무제표의 적정성에 대한 의견 표명이다. 감사의견은 재무제표가 적정하게 작성되었을 때 표명하는 적정의견과 그렇지 않게 작성되었을 때 표명하는 비적정의견(한정의견, 부적정의견, 의견거절)으로 구분된다. 「감사기준서」에 따른 비적정의견을 판단하는 기준은 다음 〈표 1-3〉과 같다.

표 1-3 비적정 감사의견 종류와 판단기준

감사의견의 변형을 초래한 사항의 성격	해당 사항이 재무제표에 미치거나 미칠 수 있는 영향의 전반성에 대한 감사인의 판단	
	중요하지만 전반적이지 아니한 경우	중요하며 동시에 전반적인 경우
재무제표가 중요하게 왜곡 표시된 경우 (감사인과 경영자 간 의견불일치)	한정의견	부적정의견
충분하고 적합한 감사증거를 입수할 수 없는 경우(감사범위제한)	한정의견	의견거절

감사범위제한이란 감사계약조건이나 감사당시의 상황에 의해 회계감사기준에 따라 감사를 실시하지 못하여 충분하고 적합한 감사증거를 수집할 수 없었던 경우를 말한다.

감사인과 경영자 간 의견불일치란 일반적으로 회계처리기준 위배를 의미한다. 감사인의 판단기준은 일반적으로 인정된 회계원칙이기 때문에 재무제표에 대한 경영자의 주장이 감사인의 판단과 일치하지 않는다는 것은 감사인의 판단기준인 일반적으로 인정된 회계원칙의 위배를 의미한다.

참고로 감사보고서에 기술된 적정의견, 한정의견 및 의견거절의 사례는 다음과 같다.

사례 1. 적정의견

독립된 감사인의 감사보고서

XXXX주식회사
주주 및 이사회 귀중

감사의견

우리는 XXXX주식회사와 그 종속기업들(이하 '연결회사')의 연결재무제표를 감사하였습니다. 동 연결재무제표는 2020년 12월 31일 현재의 연결재무상태표, 동일로 종료되는 보고기간의 연결손익계산서, 연결포괄손익계산서, 연결자본변동표 및 연결현금흐름표 그리고 유의적 회계정책의 요약을 포함한 연결재무제표의 주석으로 구성되어 있습니다.

우리의 의견으로는 별첨된 연결회사의 연결재무제표는 연결회사의 2020년 12월 31일 현재의 연결재무상태, 동일로 종료되는 보고기간의 재무성과 및 현금흐름을 한국채택국제회계기준에 따라 중요성의 관점에서 **공정하게 표시**하고 있습니다.

감사의견근거

우리는 대한민국의 회계감사기준에 따라 감사를 수행하였습니다. 이 기준에 따른 우리의 책임은 이 감사보고서의 연결재무제표감사에 대한 감사인의 책임 단락에 기술되어 있습니다. 우리는 연결재무제표감사와 관련된 대한민국의 윤리적 요구사항에 따라 연결회사로부터 독립적이며, 그러한 요구사항에 따른 기타의 윤리적 책임을 이행하였습니다. 우리가 입수한 감사증거가 감사의견을 위한 근거로서 충분하고 적합하다고 우리는 믿습니다.

이 감사보고서의 근거가 된 감사를 실시한 업무수행이사는 공인회계사 XXX입니다.

서울시 XX구 XX로
XX 회 계 법 인
대 표 이 사 XXX
20X1년 X월 XX일

사례 2. 한정의견

독립된 감사인의 감사보고서

XXXX 주식회사
주주 및 이사회 귀중

한정의견

우리는 XXXX(주)(이하 '회사')와 그 종속기업(이하 '연결회사')의 연결재무제표를 감사하였습니다. 해당 연결재무제표는 2020년 12월 31일 현재의 연결재무상태표, 동일로 종료되는 보고기간의 연결포괄손익계산서, 연결자본변동표, 연결현금흐름표 그리고 유의적인 회계정책의 요약을 포함한 연결재무제표의 주석으로 구성되어 있습니다.

우리의 의견으로는 별첨된 연결회사의 연결재무제표는 이 감사보고서의 **한정의견근거 단락에 기술된 사항이 미칠 수 있는 영향을 제외하고는** 연결회사의 2020년 12월 31일 현재의 연결재무상태와 동일로 종료되는 보고기간의 연결재무성과 및 연결현금흐름을 한국채택국제회계기준에 따라 중요성의 관점에서 공정하게 표시하고 있습니다.

한정의견근거

우리는 2020년 12월 31일 현재 재고자산의 적정성 및 특수관계자거래의 실재성 및 타당성 등에 대하여 충분하고 적합한 감사증거를 입수할 수 없었습니다. 동 사항에 대한 감사범위의 제한 때문에 회계감사기준에서 요구하는 감사절차를 수행할 수 없었으며, 그 결과 관련 연결재무제표 금액의 수정이 필요한지 여부를 결정할 수 없었습니다.

우리는 대한민국의 회계감사기준에 따라 감사를 수행하였습니다. 이 기준에 따른 우리의 책임은 이 감사보고서의 연결재무제표감사에 대한 감사인의 책임 단락에 기술되어 있습니다. 우리는 연결재무제표 감사와 관련된 대한민국의 윤리적 요구사항에 따라 회사로부터 독립적이며, 그러한 요구사항에 따른 기타의 윤리적 책임들을 이행하였습니다. 우리가 입수한 감사증거가 한정의견을 위한 근거로서 충분하고 적합하다고 우리는 믿습니다.

서울특별시 XX구 XX로
XX 회 계 법 인
대 표 이 사 XXX

20X1년 X월 XX일

사례 3. 의견거절

독립된 감사인의 감사보고서

XXXX 주식회사
주주 및 이사회 귀중

의견거절

우리는 XXXX 주식회사와 그 종속기업(이하 '연결실체')의 연결재무제표에 대한 감사계약을 체결하였습니다. 해당 연결재무제표는 2020년 12월 31일 현재의 연결재무상태표, 동일로 종료되는 보고기간의 연결포괄손익계산서, 연결자본변동표, 연결현금흐름표 그리고 유의적인 회계정책의 요약을 포함한 연결재무제표의 주석으로 구성되어 있습니다.

우리는 별첨된 연결실체의 연결재무제표에 대하여 **의견을 표명하지 않습니다**. 우리는 이 감사보고서의 의견거절근거 단락에서 기술된 사항의 유의성 때문에 연결재무제표에 대한 감사의견의 근거를 제공하는 **충분하고 적합한 감사증거를 입수할 수 없었습니다**.

의견거절근거

연결실체의 연결재무제표는 연결실체가 계속기업으로서 존속한다는 가정을 전제로 작성되었으므로, 연결실체의 자산과 부채가 정상적인 사업활동과정을 통하여 회수되거나 상환될 수 있다는 가정하에 회계처리 되었습니다. 그러나 연결재무제표에 대한 주석 34에서 설명하고 있는 바와 같이, 연결실체는 보고기간 종료일 현재 449,389백만원 영업손실과 504,341백만원 당기순손실이 발생하였습니다. 또한, 연결실체의 유동부채가 유동자산보다 781,830백만원 초과하고 있으며, 총부채가 총자산을 88,122백만원 초과하고 있습니다.

연결실체는 2020년 12월 21일 서울회생법원에 채무자회생및파산에관한법률에 따른 회생절차 개시를 신청하였습니다. 연결실체는 서울회생법원으로부터 재산 보전처분 결정 및 포괄적 금지명령을 받았으며, 채권단과 잠재적 투자자와의 원활한 협의를 위한 ARS(Autonomous Restructuring Support) 프로그램 진행 중에 있습니다.

이러한 상황은 계속기업으로서 그 존속능력에 유의적 의문을 제기하고 있습니다. 연결실체가 계속기업으로서 존속할 지의 여부는 주석 34에서 설명하고 있는 부채상환과 기타 자금수요를 위해 필요한 자금조달 계획과 안정적인 경상이익 달성을 위한 재무 및 경영개선 계획의 최종결과에 따라 좌우되는 중요한 불확실성을 내포하고 있습니다. 그러나 우리는 이러한 불확실성의 최종결과로 발생될 수도 있는 자산과 부채 및 관련 손익항목에 대한 수정을 위해 이를 합리적으로 추정할 수 있는 감사증거를 확보할 수 없었습니다.

또한, 주석 11과 12에서 설명된 바와 같이, 상기에서 기술한 계속기업가정의 중요한 불확실성으로 인해 유·무형자산 1,149,028백만원 및 관련 손상차손 128,373백만원의 적정성 판단을 위한 충분하고 적합한 감사 증거를 확보하지 못하였습니다. 그 결과 동 금액의 수정이 필요한지 여부를 결정할 수 없었습니다.

20X1년 X월 XX일

3. 국제회계기준(IFRS)

3.1 국제회계기준의 탄생

자본시장의 세계화 추세에 따라 전 세계적으로 단일회계기준으로 작성된 신뢰성 있는 재무정보의 요구가 증가되었다. 이러한 수요에 부응하기 위하여 국제적으로 통일된 고품질의 회계기준의 제정이라는 목표를 가지고 국제적 회계제정기구로 국제회계기준위원회(IASB: International Accounting Standards Board)의 전신인 IASC(International Accounting Standards Committee)가 설립되었다. 이때부터 국제회계기준(IFRS: International Financial Reporting Standards)의 전신인 국제회계기준서(IAS: International Accounting Standards)가 제정·공표되었다. 2021년 4월말 현재 전 세계 140여 개국이 국제회계기준을 수용 또는 수용할 예정이다.

국제회계기준위원회와 국제회계기준의 연혁은 다음 〈표 1-4〉와 같다.

표 1-4 국제회계기준위원회와 국제회계기준의 연혁

연도	내용
1973년	• 10개 국가(미국, 영국, 호주, 캐나다. 프랑스, 독일, 일본, 멕시코, 네덜란드, 아일랜드)가 참여한 IASC 설립 • IAS 공표
1995년	• 유럽연합 집행위원회(EC: European Commission)에서 EU의 다국적기업에 IAS 사용 권고
2001년	• 국제증권관리위원회(IOSCO: International Organization of Securities Commissions)에서 전 세계 다국적기업에 IAS 사용 권고
2002년	• 국제회계기준 제정기구의 명칭을 IASC에서 IASB로 변경 • 국제회계기준의 명칭을 IAS에서 IFRS로 변경 • EC에서 EU 상장기업의 연결재무제표에 대해 2005년부터 IFRS 사용 의무화
2005년	• EU, 호주, 남아공 등 IFRS 도입
2009년	• G20 정상회의에서 각국의 정상들이 IFRS 사용에 합의
2011년	• 한국 IFRS 도입

출처: 금융감독원 회계포탈

3.2 국제회계기준의 특징

(1) 원칙중심의 기준체계(principle-based standards)

국제회계기준은 상세하고 구체적인 회계처리 방법을 제시하기보다는 특정 기업의 경제적 실질에 기초하여 합리적으로 회계처리할 수 있도록 회계처리의 기본원칙과 방법론을 제시한다. 이러한 이유는 전 세계적으로 기업의 활동이 복잡해짐에 따라 예측가능한 모든 활동에 대해 세부적인 규칙을 제시하는 것은 불가능하다. 또한 규칙을 해석하는 데 지나치게 집중하는 경우에 오히려 규제회피가 더욱 쉬어지는 문제가 발생하기도 한다. 따라서 국제회계기준은 회계처리의 적정성을 판단할 수 있는 충분한 원칙과 그 근거만을 제시하고 있다.

반면, 미국회계기준은 법률관계 및 계약의 내용에 따라 개별 사안에 대한 구체적인 회계처리 방법과 절차를 세밀하게 규정하고 있는데 이를 규칙중심 기준체계(rule-based standards)라고 한다.

(2) 연결재무제표 중심

국제회계기준은 종속회사가 있는 지배기업의 경우 연결재무제표를 주 재무제표로 작성·공시하도록 하고 있다. 이에 따라 사업보고서 등 모든 공시서류가 연결재무제표 중심으로 작성된다. 이러한 이유는 연결재무제표가 개별재무제표보다 이해관계자들이 의사결정을 할 때 더 많은 유용한 정보를 제공하기 때문이다.

(3) 공정가치 평가 중시

국제회계기준의 핵심내용은 자본시장의 투자자에게 기업의 재무상태 및 내재가치에 대한 의미 있는 투자정보를 제공하는 것이며, 이를 위해 국제회계기준은 금융자산·부채와 유·무형자산 및 투자부동산에까지 공정가치 측정을 의무화 또는 선택 적용할 수 있도록 하고 있다.

3.3 한국의 국제회계기준 도입

정부 주도로 기업회계기준을 제정해 오던 관행에서 2000년에 독립된 민간 회계기준 제정기구인 한국회계기준원을 설립하여 민간 주도의 「기업회계기준서」를 제정하게 되었다. 그때부터 2007년까지 한국회계기준원은 국제회계기준을 반영한 28개의 기준서를 제정하였다.

그럼에도 불구하고, EU, 호주, 캐나다 등 전 세계적인 회계기준 단일화 추세와 우리나라 회계기준이 국제회계기준과 달라 한국기업의 회계정보를 신뢰하지 못해 발생하는 코리아 디스카운트의 문제, 한국기업이 해외증시에 상장할 경우 해당 국가의 회계처리기준을 적용하여 재무제표를 재작성해야 하는 비용 부담 등의 이유로 국제회계기준을 도입하였다.

국제회계기준 도입 로드맵에 따라 2007년에 한국회계기준원은 국제회계기준을 한글로 번역하여 「한국채택국제회계기준(K-IFRS)」을 제정·공표하였다. 2009년에 한국채택국제회계기준의 조기도입을 허용하였고, 2011년부터 모든 상장기업은 한국채택국제회계기준을 의무적으로 도입하여 재무제표를 작성·공시하도록 하였다.

한국채택국제회계기준의 특징은 국제회계기준과 완전히 일치하지 않기 때문에 완전수용으로 인정받지 못하고 있다는 점이다. 한국회계기준원에서 확인한 2016년 1월 1일 현재 한국채택국제회계기준과 국제회계기준 간에 일치하지 않은 부분은 다음과 같다.

① 번역절차로 인한 IFRS 시행시기(조기적용)에 따른 차이
② IAS, IFRS와 관련한 독자적 K-IFRS 번호체계 부여
③ 이익잉여금처분계산서의 추가 공시(K-IFRS 1001. 한 138.1)
④ 영업손익의 추가 표시(K-IFRS 1001. 한138.2~한138.3)
⑤ 수주산업 공시 추가(K-IFRS 1011 한45.1~45.5, K-IFRS 2115 한21.1)

출처: 한국회계기준원

3.4 미국, 일본 및 중국의 국제회계기준 도입

미국, 일본 및 중국의 국제회계기준 도입 상황은 다음과 같다.

(1) 미국

2002년에 미국회계기준원(FASB: Financial Accounting Standards Board)과 IASB는 미국회계기준과 IFRS의 일치에 대한 약속을 발표하고(Norwalk Agreement) 공동으로 다

양한 프로젝트를 진행하고 있다. 그 예로 사업결합회계, 연결재무제표회계, 공정가치 측정에 대한 일치된 회계기준을 발표하였다. 또한 앞서 언급한 것처럼, 2009년에 G20 정상회의에서 IFRS 사용에 합의함에 따라 미국증권거래위원회(SEC: Securities and Exchange Commission)는 자국 및 외국기업에게 IFRS의 자발적 적용을 허용하였다.

(2) 일본

일본은 2009년에 우리나라와 마찬가지로 IFRS 도입 로드맵을 발표하였으나 이 계획을 보류하고, 2015년에 자국 회계기준과 IFRS를 혼합한 수정국제기준(JMIS: Japan's Modified International Standards)을 제정하였다. 이로써, 일본기업은 일본회계기준, 미국회계기준, IFRS뿐만 아니라 JMIS를 선택하여 적용가능하다.

(3) 중국

중국은 2007년에 IASB와 협의를 통해 자국 회계기준에 일부 IFRS 원칙을 가미한 독자적인 기업회계기준(CAS: China Accounting Standards)을 제정하였다. 중국 내 거래소에 상장된 중국기업은 자국회계기준을 적용하고, 홍콩 거래소에 상장된 기업은 중국회계기준, IFRS뿐만 아니라 홍콩회계기준(HKFRS: Hong Kong Financial Reporting Standards)을 선택하여 적용가능하다.

4. 재무보고를 위한 개념체계

4.1 개념체계의 목적

'재무보고를 위한 개념체계'(이하, '개념체계'라 한다)는 일반목적재무보고의 목적과 개념을 서술한다. 개념체계의 목적은 다음과 같다.

(1) 한국회계기준위원회

한국회계기준위원회(이하 '회계기준위원회'라 한다)가 일관된 개념에 기반하여 한국채택국제회계기준(이하, '회계기준'이라 한다)을 제·개정하는 데 도움을 준다.

(2) 재무제표 작성자(경영자)

특정 거래나 다른 사건에 적용할 회계기준이 없거나 회계기준에서 회계정책 선택이 허용되는 경우에 재무제표 작성자가 일관된 회계정책을 개발하는 데 도움을 준다.

(3) 이해관계자

모든 이해관계자가 회계기준을 이해하고 해석하는 데 도움을 준다.

4.2 개념체계와 한국채택국제회계기준과의 관계

개념체계는 회계기준이 아니다. 따라서 이 개념체계의 어떠한 내용도 회계기준이나 회계기준의 요구사항에 우선하지 아니한다. 일반목적재무보고의 목적을 달성하기 위해 회계기준위원회는 개념체계의 관점에서 벗어난 요구사항을 정하는 경우가 있을 수 있다. 만약 회계기준위원회가 그러한 사항을 정한다면, 해당 기준서의 결론도출근거에 그러한 일탈에 대해 설명할 것이다.

개념체계는 회계기준위원회가 관련 업무를 통해 축적한 경험을 토대로 수시로 개정될 수 있다. 개념체계가 개정되었다고 자동으로 회계기준이 개정되는 것은 아니다. 회계기준을 개정하기로 결정한 경우, 회계기준위원회는 정규절차에 따라 의제에 프로젝트를 추가하고 해당 회계기준에 대한 개정안을 개발할 것이다.

따라서 재무제표를 작성할 때 우선적으로 회계기준의 규정에 근거해야 한다. 특정 거래나 다른 사건에 적용할 회계기준이 없는 경우에 재무제표 작성자가 회계정책을 개발하여 적용하는 데 개념체계에 근거해야 한다.

4.3 일반목적재무보고의 목적

일반목적재무보고(general purpose financial reporting)의 목적은 현재 및 잠재적 투자자, 대여자와 그 밖의 채권자가 기업에 자원을 제공하는 것과 관련된 의사결정을 할 때 유용한 보고기업의 재무정보를 제공하는 것이다. 그 의사결정은 다음을 포함한다.

① 지분상품 및 채무상품의 매수, 매도 또는 보유
② 대여 및 기타 형태의 신용 제공 또는 결제
③ 기업의 경제적 자원 사용에 영향을 미치는 경영진의 행위에 대한 의결권 또는 영향을 미치는 권리 행사

현재 및 잠재적 투자자는 기업이 발행한 지분상품이나 채무상품을 매수할 것인지, 이미 지분상품이나 채무상품을 보유하고 있다면 이를 매도할 것인지 아니면 계속 보유할 것인지에 대해서 의사결정을 할 것이다. 또한 현재 및 잠재적 투자자는 기업이 자금을 필요로 할 때 그 기업에 자금을 대여할 것인지 의사결정을 할 것이다. 한편, 현재 및 잠재적 투자자는 기업의 경영진의 행위가 그 기업의 경제적 자원의 사용에 영향을 미치는 경우 의결권 등의 권리를 행사함으로써 경영진의 행위를 승인할 것인지에 대해서 의사결정을 할 것이다.

현재 및 잠재적 투자자, 대여자와 그 밖의 채권자의 의사결정은 그들이 기대하는 수익, 예를 들어, 배당, 원금 및 이자의 지급 또는 시장가격의 상승에 의존한다. 투자자, 대여자와 그 밖의 채권자의 수익에 대한 기대는 기업에 유입될 미래순현금유입의 금액, 시기 및 불확실성(전망) 및 기업의 경제적 자원에 대한 경영진의 수탁책임에 대한 그들의 평가에 달려 있다. 현재 및 잠재적 투자자, 대여자와 그 밖의 채권자는 그러한 평가에 도움을 주는 정보를 필요로 한다.

① 기업의 경제적 자원, 기업에 대한 청구권 및 그러한 자원과 청구권의 변동
② 기업의 경영진과 이사회가 기업의 경제적 자원의 사용에 대한 그들의 책임을 얼마나 효율적이고 효과적으로 이행했는지의 여부

많은 현재 및 잠재적 투자자, 대여자 및 그 밖의 채권자는 정보를 제공하도록 보고기업에 직접 요구할 수 없고, 그들이 필요로 하는 재무정보의 많은 부분을 일반목적재무보고서에 의존해야만 한다. 따라서 그들이 일반목적재무보고서의 대상이 되는 주요이용자이다.

각 주요이용자의 정보수요 및 욕구는 다르고 상충되기도 한다. 회계기준위원회는 회계기준을 제정할 때 최대 다수의 주요이용자 수요를 충족하는 정보를 제공하기 위해 노력할 것이다.

보고기업의 경영진도 해당 기업에 대한 재무정보에 관심이 있다. 그러나 경영진은 필요로 하는 재무정보를 내부에서 구할 수 있기 때문에 일반목적재무보고서에 의존할 필요가 없다.

4.4 일반목적재무보고서가 제공하는 정보

일반목적재무보고서는 다음의 [그림 1-1]과 같이 기업의 경제적 자원 및 청구권에 관한 정보와 기업의 경제적 자원과 청구권을 변동시키는 거래 및 그 밖의 사건의 영향에 대한 정보를 제공한다.

그림 1-1 일반목적재무보고서가 제공하는 정보

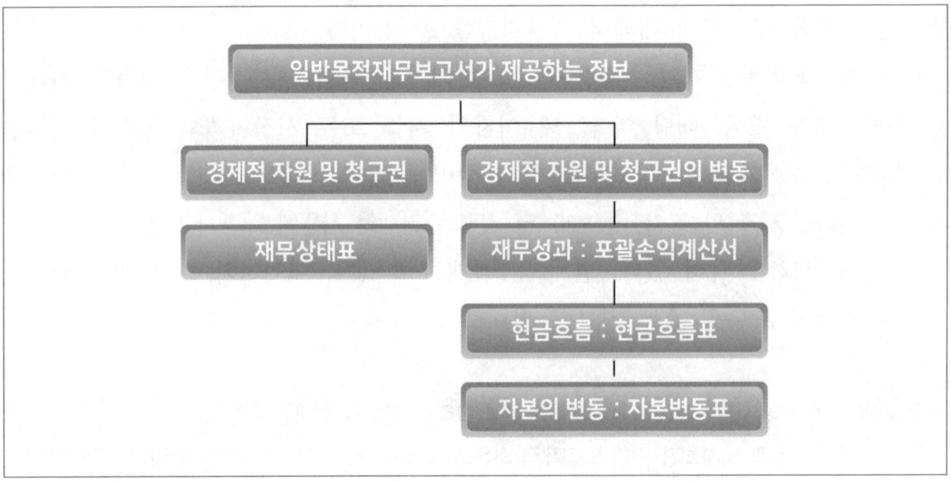

경제적 자원은 자산을 의미하며, 경제적 자원에 대한 청구권은 부채와 자본을 의미한다. 부채는 채권자의 청구권이며, 자본은 주주의 청구권이다. 일반목적재무보고서는 특정 시점의 자산, 부채 및 자본을 포함하는 재무상태에 대한 정보와 일정 기간의 자산, 부채 및 자본의 변동에 관한 정보를 제공한다. 즉, 재무상태에 대한 정보는 재무상태표를 통해서, 그리고 재무상태의 변동에 관한 정보는 포괄손익계산서, 자본변동표 및 현금흐름표를 통해서 정보이용자에게 제공된다.

(1) 경제적 자원 및 청구권(재무상태표)

보고기업의 경제적 자원 및 청구권의 성격 및 금액에 대한 정보는 이용자들이 보고기업의 재무적 강점과 약점을 식별하는 데 도움을 줄 수 있다. 이 정보는 이용자들이 보고기업의 유동성과 지급능력, 추가적인 자금조달의 필요성 및 그 자금조달이 얼마나 성공적일지를 평가하는 데 도움을 줄 수 있다. 이 정보는 이용자들이 기업의 경제적 자원에 대한 경영진의 수탁책임을 평가하는 데에도 도움이 될 수 있다. 현재 청구권에 대한 우선순위와 지급 요구사항에 대한 정보는 이용자들이 기업에 대한 청구권이 있는 자들에게 미래현금흐름이 어떻게 분배될 것인지를 예측하는 데 도움이 된다.

(2) 경제적 자원 및 청구권의 변동

보고기업의 경제적 자원 및 청구권의 변동은 그 기업의 ① 재무성과, 그리고 ② 채무상품이나 지분상품의 발행과 같은 그 밖의 사건이나 거래에서 발생한다. 보고기업의 미래순현금유입액에 대한 전망과 기업의 경제적 자원에 대한 경영진의 수탁책임을 올바르게 평가하기 위하여 정보이용자는 이 두 가지 변동을 구별할 수 있는 능력이 필요하다.

1) 재무성과에 의한 경제적 자원 및 청구권의 변동

보고기업의 재무성과에 대한 정보는 그 기업의 경제적 자원에서 해당 기업이 창출한 수익을 이용자들이 이해하는 데 도움을 준다. 기업이 창출한 수익에 대한 정보는 이용자들이 기업의 경제적 자원에 대한 경영진의 수탁책임을 평가하는 데 도움을 줄 수 있다. 특히 미래 현금흐름의 불확실성을 평가하는 데 있어서는 그 수익의 변동성 및 구성요소에 대한 정보도 역시 중요하다. 보고기업의 과거 재무성과와 그 경영진이 수탁책임을 어떻게 이행했는지에 대한 정보는 기업의 경제적 자원에서 발생하는 미래 수익을 예측하는 데 일반적으로 도움이 된다.

① 발생기준 회계가 반영된 재무성과(포괄손익계산서)

발생기준 회계는 거래와 그 밖의 사건 및 상황이 보고기업의 경제적 자원 및 청구권에 미치는 영향을, 비록 그 결과로 발생하는 현금의 수취와 지급이 다른 기간에 이루어지더라도, 그 영향이 발생한 기간에 보여준다. 이것이 중요한 이유는 보고기업의 경제적 자원과 청구권 그리고 기간 중 변동에 관한 정보는 그 기간의 현금 수취와 지급만의 정보보다 기업의 과거 및 미래 성과를 평가하는 데 더 나은 근거를 제공하기 때문이다.

한 기간의 보고기업의 재무성과에 투자자와 채권자에게서 직접 추가 자원을 획득한 것이 아닌 경제적 자원 및 청구권의 변동이 반영된 정보는 기업의 과거 및 미래순현금유입 창출 능력을 평가하는 데 유용하다. 이 정보는 보고기업이 이용가능한 경제적 자원을 증가시켜온 정도, 그리고 그 결과로 투자자와 채권자에게서 직접 추가 자원을 획득하지 않고 영업을 통하여 순현금유입을 창출할 수 있는 능력을 증가시켜온 정도를 보여준다. 보고기업의 한 기간의 재무성과에 대한 정보는 이용자들이 기업의 경제적 자원에 대한 경영진의 수탁책임을 평가하는 데에도 도움을 줄 수 있다.

② 과거 현금흐름이 반영된 재무성과(현금흐름표)

보고기업의 현금흐름에 대한 정보는 이용자들이 기업의 미래순현금유입 창출 능력을 평가하고 기업의 경제적 자원에 대한 경영진의 수탁책임을 평가하는 데에도 도움이 된다. 이 정보는 채무의 차입과 상환, 현금배당 등 투자자에 대한 현금 분배 그리고 기업의 유동성이나 지급능력에 영향을 미치는 그 밖의 요인에 대한 정보를 포함하여, 보고기업이 어떻게 현금을 획득하고 사용하는지 보여준다. 현금흐름에 대한 정보는 이용자들이 보고기업의 영업을 이해하고, 재무활동과 투자활동을 평가하며, 유동성이나 지급능력을 평가하고, 재무성과에 대한 그 밖의 정보를 해석하는 데 도움이 된다.

2) 재무성과에 기인하지 않은 경제적 자원 및 청구권의 변동(자본변동표)

보고기업의 경제적 자원 및 청구권은 채무상품이나 지분상품의 발행과 같이 재무성과 외의 사유로도 변동될 수 있다. 이러한 유형의 변동에 관한 정보는 보고기업의 경제적 자원 및 청구권이 변동된 이유와 그 변동이 미래 재무성과에 주는 의미를 이용자들이 완전히 이해하는 데 필요하다.

(3) 경제적 자원 사용에 대한 정보

보고기업의 경영진이 기업의 경제적 자원을 얼마나 효율적이고 효과적으로 사용하는 책임을 이행하고 있는지에 대한 정보는 이용자들이 해당 자원에 대한 경영자의 수탁책임을 평가할 수 있도록 도움을 준다. 그러한 정보는 경영진이 기업의 경제적 자원을 미래에 얼마나 효율적이고 효과적으로 사용할 것인지를 예측하는 데에도 유용하다. 따라서 그 정보는 미래순현금유입에 대한 기업의 전망을 평가하는 데 유용할 수 있다. 기업의 경제적 자원 사용에 대한 경영진의 책임의 예로는 가격과 기술 변화와 같은 경제적 요인들의 불리한 영향으로부터 해당 자원을 보호하고, 기업이 적용해야 하는 법률, 규제, 계약조항을 준수하도록 보장하는 것을 들 수 있다.

4.5 재무정보의 질적특성

재무보고서는 특정 기업의 경제적 자원(자산), 특정 기업에 대한 청구권(부채와 자본) 그리고 그 자원 및 청구권에 변동을 일으키는 거래(수익과 비용)와 그 밖의 사건 및 상황의 영향에 대한 정보를 제공한다.

유용한 재무정보의 질적특성(qualitative characteristics of useful financial information)은 재무보고서에 포함된 재무정보에 근거하여 특정 기업에 대한 의사결정을 할 때 현재 및 잠재적 투자자 또는 채권자에게 가장 유용할 것으로 보이는 정보의 유형을 식별하도록 하는 것이다. 유용한 재무정보의 질적특성은 재무제표에서 제공하는 재무정보에도 적용된다. 재무정보의 보고에는 원가(cost)가 소요되므로 해당 정보 보고의 효익이 그 원가를 정당화한다는 것이 중요하다. 이러한 점에서 원가는 포괄적 제약요인(pervasive constraint)이다.

재무정보의 질적특성을 도식화하면 다음 [그림 1-2]와 같다.

[그림 1-2] 재무정보의 질적특성

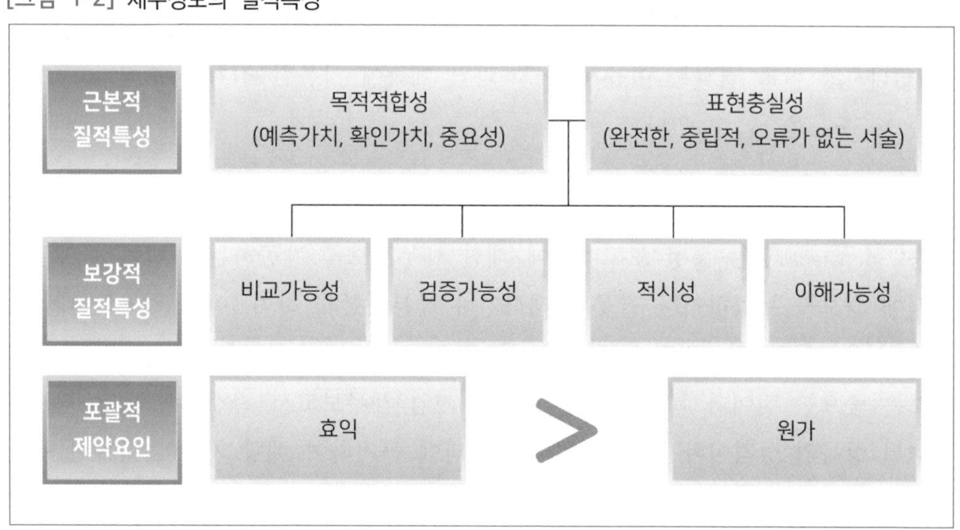

(1) 근본적 질적특성

근본적 질적특성(fundamental qualitative characteristics)은 목적적합성과 표현충실성이다.

1) 목적적합성(relevance)

목적적합한 재무정보는 정보이용자들의 의사결정에 차이가 나도록 할 수 있다. 정보는 일부 이용자들이 이를 이용하지 않기로 선택하거나 다른 원천을 통하여 이미 이를 알고 있다고 할지라도 의사결정에 차이가 나도록 할 수 있다. 재무정보에 예측가치, 확인가치 또는 이 둘 모두가 있다면 그 재무정보는 의사결정에 차이가 나도록 할 수 있다.

① 예측가치와 확인가치

예측가치(predictive value)란 정보이용자들이 미래 결과를 예측하기 위해 사용하는 절차의 투입요소로 재무정보가 사용될 수 있다면, 그 재무정보는 예측가치가 있는 것이다. 재무정보가 예측가치를 갖기 위해서 그 자체가 예측치 또는 예상치일 필요는 없다. 예측가치를 갖는 재무정보는 이용자들 자신이 예측하는 데 사용된다. 확인가치(confirmatory value)란 재무정보가 과거 평가에 대한 피드백을 제공한다면(과거 평가를 확인하거나 변경시킨다면), 그 재무정보는 확인가치가 있는 것이다.

재무정보의 예측가치와 확인가치는 상호 연관되어 있다. 예측가치를 갖는 정보는 확인가치도 갖는 경우가 많다. 예를 들어, 미래 연도 수익의 예측 근거로 사용될 수 있는 당해 연도 수익 정보를 과거에 행한 당해 연도 수익 예측치와 비교할 수 있다. 그 비교 결과는 이용자가 그 과거 예측에 사용한 절차를 수정하고 개선하는 데 도움을 줄 수 있다.

② 중요성

중요성(materiality)은 특정 보고기업에 대한 재무정보를 제공하는 일반목적 재무보고서에 정보를 누락하거나 잘못 기재하거나 불분명하게 하여, 이를 기초로 내리는 주요 이용자들의 의사결정에 영향을 줄 것으로 합리적으로 예상할 수 있다면 그 정보는 중요한 것이다. 즉, 중요성은 개별 기업 재무보고서 관점에서 해당 정보와 관련된 항목의 성격이나 규모 또는 이 둘 다에 근거하여 해당 기업에 특유한 측면의 목적적합성을 의미한다. 따라서 회계기준위원회는 중요성에 대한 획일적인 계량 임계치를 정하거나 특정한 상황에서 무엇이 중요한 것인지를 미리 결정할 수 없다.

2) 표현충실성(faithful representation)

재무보고서는 경제적 현상을 글과 숫자로 나타내는 것이다. 재무정보가 유용하기 위해서는 목적적합한 현상을 표현하는 것뿐만 아니라 나타내고자 하는 현상의 실질을 충실하게 표현해야 한다. 많은 경우에 경제적 현상의 실질과 그 법적 형식은 같다. 만약 같지 않다면, 법적 형식에 따른 정보만 제공해서는 경제적 현상을 충실하게 표현할 수 없을 것이다. 완벽한 표현충실성을 위해서는 서술은 완전하고, 중립적이며, 오류가 없어야 할 것이다.

① 완전한 서술

완전한 서술(complete depiction)은 필요한 기술과 설명을 포함하여 이용자가 서술되는 현상을 이해하는 데 필요한 모든 정보를 포함하는 것이다. 예를 들어, 자산 집합에 대한 완전한 서술은 적어도 집합 내 자산의 특성에 대한 기술과 집합 내 모든 자산의 수량적 서술, 그러한 수량적 서술이 표현하고 있는 기술 내용(예 역사적 원가 또는 공정가치)을 포함한다. 일부 항목의 경우 완전한 서술은 항목의 질과 성격, 그 항목의 질과 성격에 영향을 줄 수 있는 요인과 상황, 그리고 수량적 서술을 결정하는 데 사용된 절차에 대한 유의적인 사실에 대한 설명을 수반할 수도 있다.

② 중립적 서술

중립적 서술(neutral depiction)은 재무정보의 선택이나 표시에 편의(bias)가 없는 것이다. 중립적 서술은, 이용자들이 재무정보를 유리하게 또는 불리하게 받아들일 가능성을 높이기 위해 편파적이 되거나, 편중되거나, 강조되거나, 경시되거나 그 밖의 방식으로 조작되지 않는다. 중립적 정보는 목적이 없거나 행동에 대한 영향력이 없는 정보를 의미하지 않는다. 오히려 목적적합한 재무정보는 정의상 이용자들의 의사결정에 차이가 나도록 할 수 있는 정보이다.

중립성은 신중을 기함으로써 뒷받침된다. 신중성(prudence)은 불확실한 상황에서 판단할 때 주의를 기울이는 것이다. 신중을 기한다는 것은 자산과 수익이 과대평가(overstated)되지 않고 부채와 비용이 과소평가(understated)되지 않는 것을 의미한다. 마찬가지로, 신중을 기한다는 것은 자산이나 수익의 과소평가나 부채나 비용의 과대평가를 허용하지 않는다. 그러한 그릇된 평가(misstatements)는 미래 기간의 수익이나 비용의 과대평가나 과소평가로 이어질 수 있다.

신중을 기하는 것이 비대칭(asymmetry)의 필요성(예 자산이나 수익을 인식하기 위해서는 부채나 비용을 인식할 때보다 더욱 설득력 있는 증거가 뒷받침되어야 한다는 구조적인 필요성)을 내포하는 것은 아니다. 그러한 비대칭은 유용한 재무정보의 질적특성이 아니다. 그럼에도 불구하고, 나타내고자 하는 바를 충실하게 표현하는 가장 목적적합한 정보를 선택하려는 결정의 결과가 비대칭성이라면, 특정 회계기준에서 비대칭적인 요구사항을 포함할 수도 있다.

③ 오류가 없는 서술

표현충실성은 모든 면에서 정확한 것을 의미하지는 않는다. 오류가 없는 서술(depiction free from error)은 현상의 기술에 오류나 누락이 없고, 보고 정보를 생산하는 데 사용되는 절차의 선택과 적용 시 절차상 오류가 없음을 의미한다. 이 맥락에서 오류가 없다는 것은 모든 면에서 완벽하게 정확하다는 것을 의미하지는 않는다. 예를 들어, 관측가능하지 않은 가격이나 가치의 추정치는 정확한지 또는 부정확한지 결정할 수 없다. 그러나 추정치로서 금액을 명확하고 정확하게 기술하고, 추정 절차의 성격과 한계를 설명하며, 그 추정치를 도출하기 위한 적절한 절차를 선택하고 적용하는 데 오류가 없다면 그 추정치의 표현은 충실하다고 할 수 있다.

재무보고서의 화폐금액을 직접 관측할 수 없어 추정해야만 하는 경우에는 측정불확실성(measurement uncertainty)[3]이 발생한다. 합리적인 추정치의 사용은 재무정보의 작성에 필수적인 부분이며, 추정이 명확하고 정확하게 기술되고 설명되는 한 정보의 유용성을 저해하지 않는다. 측정불확실성이 높은 수준이더라도 그러한 추정이 무조건 유용한 재무정보를 제공하지 못하는 것은 아니다.

3) 근본적 질적특성의 적용절차

정보가 유용하기 위해서는 목적적합하고 나타내고자 하는 바를 충실하게 표현해야 한다. 목적적합하지 않은 현상에 대한 표현충실성과 목적적합한 현상에 대한 충실하지 못한 표현 모두 이용자들이 좋은 결정을 내리는 데 도움이 되지 않는다. 근본적 질적특성을 적용하기 위한 가장 효율적이고 효과적인 절차는 일반적으로 다음과 같다.

---

3 제2장 1.3(2) '표현충실성'에서 자세히 설명한다.

① 보고기업의 재무정보 이용자들에게 유용할 수 있는 정보의 대상이 되는 경제적 현상을 식별한다.
② 그 현상에 대한 가장 목적적합한 정보의 유형을 식별한다.
③ 그 정보가 이용가능한지, 그리고 경제적 현상을 충실하게 표현할 수 있는지 결정한다.
④ 만약 그러하지 않다면, 차선의 목적적합한 유형의 정보에 대해 그 절차를 반복한다.

경우에 따라 경제적 현상에 대한 유용한 정보를 제공한다는 재무보고의 목적을 달성하기 위해 근본적 질적특성 간 절충(trade-off)이 필요할 수도 있다. 예를 들어, 어떤 현상에 대한 가장 목적적합한 정보가 매우 불확실한 추정치일 수 있다. 어떤 경우에는 추정치 산출에 포함된 측정불확실성의 수준이 너무 높아 그 추정치가 현상을 충분히 충실하게 표현할 수 있을지 의심스러울 수 있다. 그러한 경우에는 추정치에 대한 기술과 추정치에 영향을 미치는 불확실성에 대한 설명이 부연된다면 매우 불확실한 추정치도 가장 유용한 정보가 될 수 있다. 그러나 그러한 정보가 현상을 충분히 충실하게 표현할 수 없는 경우에 가장 유용한 정보는 다소 목적적합성이 떨어지지만 측정불확실성이 더 낮은 다른 유형의 추정치일 수 있다. 일부 제한된 상황에서는 유용한 정보를 제공하는 추정치가 없을 수도 있다. 그러한 제한된 상황에서는 추정에 의존하지 않는 정보를 제공해야 할 수 있다.

(2) 보강적 질적특성

보강적 질적특성(enhancing qualitative characteristics)은 목적적합성과 나타내고자 하는 바를 충실하게 표현하는 것 모두를 충족하는 정보의 유용성을 보강시키는 질적특성으로서, 비교가능성, 검증가능성, 적시성 및 이해가능성이 있다. 어떤 두 가지 방법이 모두 특정 현상에 대하여 동일하게 목적적합한 정보이고 동일하게 충실한 표현을 제공하는 것이라면 보강적 질적특성은 두 가지 방법 중에 어느 방법을 그 현상의 서술에 사용해야 할지를 결정하는 데 도움을 줄 수 있다.

1) 비교가능성

이용자들의 의사결정은, 예를 들어 투자자산을 매도할지 또는 보유할지, 어느 보고기업에 투자할지를 선택하는 것과 같이, 대안들 중에서 선택을 하는 것이다. 따라서 보고기업에 대한 정보는 다른 기업에 대한 유사한 정보 및 해당 기업에 대한 다른 기간이나 다른 일자의 유사한 정보와 비교될 수 있다면 더욱 유용하다.

비교가능성(comparability)은 정보이용자들이 항목 간의 유사점과 차이점을 식별하고 이해할 수 있게 하는 질적특성이다. 특정 기업에 대한 정보는 다른 기업에 대한 유사한 정보 및 해당 기업에 대한 다른 기간이나 다른 일자의 유사한 정보와 비교될 수 있다면 더욱 유용하다. 다른 질적특성과 달리 비교가능성은 단 하나의 항목에 관련된 것이 아니라 비교하려면 최소한 두 항목이 필요하다.

일관성(consistency)은 비교가능성과 관련되어 있지만 동일한 개념은 아니다. 일관성은 어떤 기업 내에서 기간 간 또는 같은 기간 동안에 기업 간, 동일한 항목에 대해 동일한 방법을 적용하는 것을 말한다. 비교가능성은 목표이고 일관성은 그 목표를 달성하는 데 도움을 준다. 또한 비교가능성은 통일성(uniformity)이 아니다. 정보가 비교가능하기 위해서는 비슷한 것은 비슷하게 보여야 하고 다른 것은 다르게 보여야 하기 때문이다. 재무정보의 비교가능성은 비슷한 것을 달리 보이게 하여 보강되지 않는 것처럼, 비슷하지 않은 것을 비슷하게 보이게 한다고 해서 보강되지 않는다.

한편, 근본적 질적특성을 충족하면 어느 정도의 비교가능성은 달성될 수 있을 것이다. 목적적합한 경제적 현상에 대한 표현충실성은 다른 보고기업의 유사한 목적적합한 경제적 현상에 대한 표현충실성과 어느 정도의 비교가능성을 자연히 가져야 한다. 하나의 경제적 현상은 여러 가지 방법으로 충실하게 표현될 수 있으나, 동일한 경제적 현상에 대해 대체적인 회계처리방법을 허용하면 비교가능성이 감소한다.

2) 검증가능성

검증가능성(verifiability)은 합리적인 판단력이 있고 독립적인 서로 다른 관찰자가 어떤 서술이 표현충실성에 있어, 비록 반드시 완전히 의견이 일치하지는 않더라도, 합의에 이를 수 있다는 것을 의미한다. 계량화된 정보가 검증가능하기 위해서 단일 점추정치여야 할 필요는 없다. 가능한 금액의 범위 및 관련된 확률도 검증될 수 있다.

검증은 직접 또는 간접으로 이루어질 수 있다. 직접 검증은 현금을 세는 것과 같이 직접적인 관찰을 통하여 금액이나 그 밖의 표현을 검증하는 것을 의미한다. 간접 검증은 모형, 공식 또는 그 밖의 기법에의 투입요소를 확인하고 같은 방법(예 재고자산의 선입선출법 등)을 사용하여 그 결과를 재계산하는 것을 의미한다.

어느 미래 기간 전까지는 어떤 설명과 미래전망 재무정보를 검증하는 것이 전혀 가능하지 않을 수 있다. 이용자들이 그 정보의 이용 여부를 결정하는 데 도움을 주기 위해서는 일반적으로 기초가 된 가정, 정보의 작성 방법과 정보를 뒷받침하는 그 밖의 요인 및 상황을 공시하는 것이 필요하다.

3) 적시성

적시성(timeliness)은 의사결정에 영향을 미칠 수 있도록 의사결정자가 정보를 제때에 이용가능하게 하는 것을 의미한다. 일반적으로 정보는 오래될수록 유용성이 낮아지지만, 추세를 식별하고 평가할 필요가 있는 경우에 일부 정보는 보고기간 말 후에도 상당 기간 동안 적시성이 있을 수 있다. 예를 들어, 일부 이용자들은 추세를 식별하고 평가할 필요가 있을 수 있기 때문이다.

4) 이해가능성

이해가능성(understandability)은 정보를 명확하고 간결하게 분류하고, 특징지으며, 표시하게 하여 정보를 이해가능하게 하는 것이다. 재무보고서의 정보를 더 이해하기 쉽게 하기 위해서 본질적으로 복잡하고 이해하기 쉽지 않은 일부 현상에 대한 정보를 제외하는 것은 곤란하다. 그러면 재무보고서의 정보를 더 쉽게 이해하게 할 수 있을지는 모르지만 그 보고서는 불완전하여 잠재적으로 오도할 수 있기 때문이다.

재무보고서는 사업활동과 경제활동에 대해 합리적인 지식이 있고, 부지런히 정보를 검토하고 분석하는 정보이용자들을 위해 작성된다. 때로는 박식하고 부지런한 정보이용자들도 복잡한 경제적 현상에 대한 정보를 이해하기 위해 전문가의 도움을 받는 것이 필요할 수 있다.

5) 보강적 질적특성의 적용절차

보강적 질적특성은 가능한 한 극대화되어야 한다. 그러나 보강적 질적특성은 정보가 목적적합하지 않거나 나타내고자 하는 바를 충실하게 표현하지 않으면 개별적으로든 집단적으로든 그 정보를 유용하게 할 수 없다.

보강적 질적특성을 적용하는 것은 어떤 규정된 순서를 따르지 않는 반복적인 과정이다. 때로는 하나의 보강적 질적특성이 다른 질적특성의 극대화를 위해 감소되어야 할 수도 있다. 예를 들어, 새로운 회계기준의 전진 적용으로 인한 비교가능성의 일시적 감소는 장기적으로 목적적합성이나 표현충실성을 향상시키기 위해 감수될 수도 있다. 적절한 공시는 비교가능성의 미비를 부분적으로 보완할 수 있다.

(3) 유용한 재무보고에 대한 원가제약

원가는 재무보고로 제공될 수 있는 정보에 대한 포괄적 제약요인(pervasive constraint)이다. 재무정보의 보고에는 원가가 소요되고, 해당 정보 보고의 효익이 그 원가를 정당화한다는 것이 중요하다.

1) 원가(cost)

재무정보의 제공자는 재무정보의 수집, 처리, 검증 및 전파에 대부분의 노력을 기울인다. 그러나 이용자들은 궁극적으로 수익 감소의 형태로 그 원가를 부담한다. 재무정보의 이용자들에게도 제공된 정보를 분석하고 해석하는 데 원가가 발생한다. 필요한 정보가 제공되지 않으면, 그 정보를 다른 곳에서 얻거나 그것을 추정하기 위한 추가적인 원가가 이용자들에게 발생한다.

2) 효익(benefit)

목적적합하고 나타내고자 하는 바가 충실하게 표현된 재무정보를 보고하는 것은 이용자들이 더 확신을 가지고 의사결정하는 데 도움이 된다. 이것은 자본시장이 더 효율적으로 기능하도록 하고, 경제 전반적으로 자본비용을 감소시킨다. 개별 투자자, 대여자와 그 밖의 채권자도 더 많은 정보에 근거한 의사결정을 함으로써 효익을 얻는다. 그러나 모든 이용자가 목적적합하다고 보는 모든 정보를 일반목적재무보고서에서 제공하는 것은 가능하지 않다.

3) 회계기준위원회

원가제약요인을 적용함에 있어서, 회계기준위원회는 특정 정보를 보고하는 효익이 그 정보를 제공하고 사용하는 데 발생한 원가를 정당화할 수 있을 것인지 평가한다. 제안된 회계기준을 제정하는 과정에 원가제약요인을 적용할 때, 회계기준위원회는 그 회계기준의 예상되는 효익과 원가의 성격 및 양에 대하여 재무정보의 제공자, 이용자, 외부감사인, 학계 등으로부터 정보를 구한다. 대부분의 상황에서 평가는 양적 그리고 질적 정보의 조합에 근거한다.

4.6 재무제표와 보고기업

(1) 재무제표의 목적과 범위

재무제표(financial statements)의 목적은 보고기업에 유입될 ① 미래순현금흐름에 대한 전망과 ② 보고기업의 경제적 자원에 대한 경영진의 수탁책임을 평가하는 데 유용한 보고기업의 자산, 부채, 자본, 수익 및 비용에 대한 재무정보를 재무제표이용자들에게 제공하는 것이다. 이러한 정보는 다음을 통해 제공된다.

① 자산, 부채 및 자본이 인식된 재무상태표
② 수익과 비용이 인식된 재무성과표(포괄손익계산서)
③ 다음에 관한 정보가 표시되고 공시된 다른 재무제표와 주석
  ㉠ 인식된 자산, 부채, 자본, 수익 및 비용, 그 각각의 성격과 인식된 자산 및 부채에서 발생하는 위험에 대한 정보를 포함
  ㉡ 인식되지 않은 자산 및 부채, 그 각각의 성격과 인식되지 않은 자산과 부채에서 발생하는 위험에 대한 정보를 포함
  ㉢ 현금흐름
  ㉣ 자본청구권 보유자의 출자와 자본청구권 보유자에 대한 분배
  ㉤ 표시되거나 공시된 금액을 추정하는 데 사용된 방법, 가정과 판단 및 그러한 방법, 가정과 판단의 변경

(2) 보고기간

재무제표는 특정 기간, 즉 보고기간(reporting period)에 대하여 작성되며 다음에 관한 정보를 제공한다.

① 보고기간 말 현재 또는 보고기간 중 존재했던 자산과 부채(미인식된 자산과 부채 포함) 및 자본
② 보고기간의 수익과 비용

재무제표이용자들이 변화와 추세를 식별하고 평가하는 것을 돕기 위해, 재무제표는 최소한 직전 연도에 대한 비교정보를 제공한다.

(3) 계속기업가정

재무제표는 일반적으로 보고기업이 계속기업(going concern)이며 예측가능한 미래에 영업을 계속할 것이라는 가정하에 작성된다. 따라서 기업이 청산을 하거나 거래를 중단하려는 의도가 없으며, 그럴 필요도 없다고 가정한다. 만약 그러한 의도나 필요가 있다면, 재무제표는 계속기업과는 다른 기준에 따라 작성되어야 한다. 그러한 경우라면, 사용된 기준을 재무제표에 기술한다.

(4) 보고기업

보고기업(reporting entity)은 재무제표를 작성해야 하거나 작성하기로 선택한 기업이다. 보고기업은 단일의 실체이거나 어떤 실체의 일부일 수 있으며, 둘 이상의 실체로 구성될 수도 있다. 보고기업이 반드시 법적 실체일 필요는 없다.

한 기업(지배기업)이 다른 기업(종속기업)을 지배하는 경우가 있다. 보고기업이 지배기업과 종속기업으로 구성된다면 그 보고기업의 재무제표를 연결재무제표(consolidated financial statements)라고 부른다. 보고기업이 지배기업 단독인 경우 그 보고기업의 재무제표를 비연결재무제표(unconsolidated financial statements)라고 부른다. 보고기업이 지배-종속관계로 모두 연결되어 있지는 않은 둘 이상 실체들로 구성된다면 그 보고기업의 재무제표를 결합재무제표(combined financial statements)라고 부른다.

보고기업의 법적 실체가 아니고, 지배·종속관계로 연결된 법적 실체들로만 구성되어 있지는 않을 경우 보고기업의 적절한 경계를 결정하는 것이 어려울 수 있다. 이 경우 보고기업의 경계는 보고기업의 재무제표의 주요 이용자들의 정보 수요에 맞춰 결정한다.

4.7 재무제표의 요소

보고기업의 재무상태와 관련된 재무제표의 요소는 자산, 부채 및 자본이며, 재무성과와 관련된 재무제표 요소는 수익과 비용이다. 각각의 정의는 다음 〈표 1-5〉와 같다.

표 1-5 재무제표 요소의 정의

항목	요소	정의
경제적 자원	자산	과거사건의 결과로 기업이 통제하는 현재의 경제적 자원(경제적 자원은 경제적 효익을 창출할 잠재력을 지닌 권리이다)
청구권	부채	과거사건의 결과로 기업의 경제적 자원을 이전해야 하는 현재 의무
	자본	기업의 자산에서 모든 부채를 차감한 후의 잔여지분
재무성과를 반영하는 경제적 자원 및 청구권의 변동	수익	자본의 증가를 가져오는 자산의 증가나 부채의 감소로서, 자본청구권 보유자의 출자와 관련된 것은 제외
	비용	자본의 감소를 가져오는 자산의 감소나 부채의 증가로서, 자본청구권 보유자에 대한 분배와 관련된 것은 제외
그 밖의 경제적 자원 및 청구권의 변동	-	자본청구권 보유자에 의한 출자와 그들에 대한 분배
	-	자본의 증가나 감소를 초래하지 않는 자산이나 부채의 교환

(1) 자산

자산(asset)은 과거사건의 결과로 기업이 통제하는 현재의 경제적 자원이다.[4] 경제적 자원은 경제적 효익을 창출할 잠재력을 지닌 권리이다. 자산이 존재하기 위해서는 다음 세 가지 요건을 충족해야 한다.

① 권리
② 경제적 효익을 창출할 잠재력
③ 통제

4 종전 개념체계에서 자산을 '미래 경제적 효익이 기업에 유입될 것으로 기대되는 자원'으로 정의하였다. 이 정의는 실무에서 경제적 자원과 그로 인한 경제적 효익의 유입을 구별하기 어렵게 하였고, 기대라는 용어를 확률임계치로 해석하는 문제를 일으켰다(BC4.3). 현행 개념체계에서 자산은 경제적 자원 자체이지, 경제적 자원이 창출할 수 있는 경제적 효익의 궁극적인 유입이 아님을 분명하게 강조하였으며, 후술할 부채도 경제적 자원을 이전해야 하는 의무이지, 경제적 효익의 궁극적 유출이 아님을 명확히 하였다(BC4.7).

1) 권리

경제적 효익을 창출할 잠재력을 지닌 권리(right)는 다음을 포함하여 다양한 형태를 갖는다. 기업의 권리가 반드시 다른 당사자의 의무와 연계되어야 하는 것은 아니다. 특정 자산을 사용하거나 효익을 얻을 수 있는 권리는 다른 당사자의 의무와 관계가 없을 수도 있다.

① 다른 당사자의 의무에 해당하는 권리로서, 예를 들면 다음과 같다.
  ㉠ 현금을 수취할 권리
  ㉡ 재화나 용역을 제공받을 권리
  ㉢ 유리한 조건으로 다른 당사자와 경제적 자원을 교환할 권리(유리한 조건으로 경제적 자원을 구매하는 선도계약 또는 경제적 자원을 구매하는 옵션 포함)
  ㉣ 불확실한 특정 미래사건이 발생하면 다른 당사자가 경제적 효익을 이전하기로 한 의무로 인해 효익을 얻을 권리
② 다른 당사자의 의무에 해당하지 않는 권리로서, 예를 들면 다음과 같다.
  ㉠ 유형자산 또는 재고자산과 같은 물리적 대상에 대한 권리(예 물리적 대상을 사용할 권리 또는 리스제공자산의 잔존가치에서 효익을 얻을 권리 등)
  ㉡ 지적재산 사용권

많은 권리들은 계약, 법률 또는 이와 유사한 수단에 의해 성립된다. 예를 들어, 기업은 특정 물리적 대상을 소유하거나 리스함으로써 권리를 획득할 수 있고, 채무상품이나 지분상품을 소유하거나 등록된 특허권을 소유함으로써 권리를 획득할 수 있다. 그러나 기업은 그 밖의 방법으로도 권리를 획득할 수 있다. 예를 들면, 공공의 영역(public domain)에 속하지 않는 노하우의 획득이나 창작을 통해서 권리를 획득할 수 있고, 또는 실무 관행, 공개한 경영방침, 특정 성명(서)과 상충되는 방식으로 행동할 수 있는 실제 능력이 없기 때문에 발생하는 다른 당사자의 의무를 통해 권리를 획득할 수도 있다.

일부 재화나 용역(예 종업원이 제공한 용역)은 제공받는 즉시 소비된다. 이러한 재화나 용역으로 창출된 경제적 효익을 얻을 권리는 기업이 재화나 용역을 소비하기 전까지 일시적으로 존재한다.[5]

5 제14장 '주식기준보상'에서 학습할 주식기준보상거래가 여기에 해당된다.

기업의 모든 권리가 그 기업의 자산이 되는 것은 아니다. 권리가 기업의 자산이 되기 위해서는, 해당 권리가 그 기업을 위해서 다른 모든 당사자들이 이용가능한 경제적 효익을 초과하는 경제적 효익을 창출할 잠재력이 있고, 그 기업에 의해 통제되어야 한다. 예를 들어, 유의적인 원가를 들이지 않고 모든 당사자들이 이용가능한 권리를 보유하더라도 일반적으로 그것은 기업의 자산이 아니다. 그러한 권리의 예로는 토지 위의 도로에 대한 공공권리 또는 공공의 영역(public domain)에 속하는 노하우와 같은 공공재에 접근할 수 있는 권리가 있다.

기업은 기업 스스로부터 경제적 효익을 획득하는 권리를 가질 수 없다. 예를 들면, 기업이 발행한 후 재매입하여 보유하는 자기주식은 기업의 경제적 자원이 아니다. 또한 보고기업이 둘 이상의 법적 실체를 포함하는 경우, 그 법적 실체들 중 하나가 발행하고 다른 하나가 보유하고 있는 채무상품이나 지분상품은 그 보고기업의 경제적 자원이 아니다.

원칙적으로 기업의 권리 각각은 별도의 자산이다. 그러나 회계목적상, 관련되어 있는 여러 권리가 자산인 단일 회계단위(unit of account)[6]로 취급되는 경우가 많다. 예를 들어, 물리적 대상에 대한 법적 소유권은 대상을 사용할 권리, 대상에 대한 권리를 판매할 권리, 대상에 대한 권리를 담보로 제공할 권리를 포함한 여러 가지 권리를 부여해 줄 수 있다. 많은 경우에 물리적 대상에 대한 법적 소유권에서 발생하는 권리의 집합(set of rights)은 단일자산으로 회계처리한다. 개념적으로 경제적 자원은 물리적 대상이 아니라 권리의 집합이다. 그럼에도 불구하고, 권리의 집합을 물리적 대상으로 기술하는 것이 때로는 그 권리의 집합을 가장 간결하고 이해하기 쉬운 방식으로 충실하게 표현하는 방법이 된다.

경우에 따라 권리의 존재 여부가 불확실할 수 있다. 예를 들어, 한 기업이 다른 당사자로부터 경제적 자원을 수취할 수 있는 권리가 있는지에 대해 서로 분쟁이 있을 수 있다. 그러한 존재불확실성이 해결(예 법원의 판결)될 때까지 기업은 권리를 보유하는지 불확실하고, 결과적으로 자산이 존재하는지도 불확실하다.

---

6 회계단위(unit of account)는 인식기준과 측정개념이 적용되는 권리나 권리의 집합, 의무나 의무의 집합 또는 권리와 의무의 집합을 말한다.

2) 경제적 효익을 창출할 잠재력

경제적 자원은 경제적 효익을 창출할 잠재력(potential)을 지닌 권리이다. 잠재력이 있기 위해 권리가 경제적 효익을 창출할 것이라고 확신하거나 그 가능성이 높아야 하는 것은 아니다. 권리가 이미 존재하고, 적어도 하나의 상황에서 그 기업을 위해 다른 모든 당사자들에게 이용가능한 경제적 효익을 초과하는 경제적 효익을 창출할 수 있으면 된다. 경제적 효익을 창출할 가능성이 낮더라도 권리가 경제적 자원의 정의를 충족할 수 있다면 자산이 될 수 있다. 그럼에도 불구하고, 그러한 낮은 가능성은 자산의 인식 여부와 측정방법을 포함하여, 자산과 관련하여 제공해야 할 정보와 그 정보를 제공하는 방법에 대한 결정에 영향을 미칠 수 있다. 그러나 제2장 '회계거래의 인식과 추정'에서 다룰 자산의 인식기준을 충족하지 못하거나 측정의 불확실성이 매우 높다면, 재무상태표에 자산을 인식하지 않고 주석에 공시할 수도 있다.

경제적 자원은 기업에게 다음 중 하나 이상을 할 수 있는 자격이나 권한을 부여하여 경제적 효익을 창출할 수 있다.

① 계약상 현금흐름 또는 다른 경제적 자원의 수취
② 다른 당사자와 유리한 조건으로 경제적 자원을 교환
③ 예를 들어, 다음과 같은 방식으로 현금유입의 창출 또는 현금유출의 회피
　㉠ 경제적 자원을 재화의 생산이나 용역의 제공을 위해 개별적으로 또는 다른 경제적 자원과 함께 사용
　㉡ 경제적 자원을 다른 경제적 자원의 가치를 증가시키기 위해 사용
　㉢ 경제적 자원을 다른 당사자에게 리스 제공
④ 경제적 자원을 판매하여 현금 또는 다른 경제적 자원을 수취
⑤ 경제적 자원을 이전하여 부채를 상환

경제적 자원의 가치가 미래 경제적 효익을 창출할 현재의 잠재력에서 도출되지만, 경제적 자원은 그 잠재력을 포함한 현재의 권리이며 그 권리가 창출할 수 있는 미래 경제적 효익이 아니다. 예를 들어, 매입한 옵션은 미래의 어떤 시점에 옵션을 행사하여 경제적 효익을 창출할 잠재력에서 그 가치가 도출된다. 그러나 경제적 자원은 현재의 권리이며, 그 권리는 미래의 어떤 시점에 옵션을 행사할 수 있다는 것이다. 경제적 자원은 옵션 행사시 보유자가 받게 될 미래 경제적 효익이 아니다.

지출의 발생과 자산의 취득은 밀접하게 관련되어 있으나 양자가 반드시 일치하는 것은 아

니다. 따라서 기업이 지출한 경우 이는 미래 경제적 효익을 추구하였다는 증거는 될 수는 있지만 자산을 취득했다는 확정적인 증거는 될 수 없다. 마찬가지로 관련된 지출이 없더라도 특정 항목이 자산의 정의를 충족하는 것을 배제하지 않는다. 예를 들어, 자산은 정부가 기업에게 무상으로 부여한 권리 또는 기업이 다른 당사자로부터 증여받은 권리를 포함할 수 있다.

3) 통제

통제(control)는 경제적 자원을 기업에 결부시킨다. 통제의 존재 여부를 평가하는 것은 기업이 회계처리할 경제적 자원을 식별하는 데 도움이 된다. 예를 들어, 기업은 부동산 전체의 소유권에서 발생하는 권리를 통제하지 않고, 부동산 지분에 비례하여 통제할 수 있다. 그러한 경우에 기업의 자산은 통제하고 있는 부동산의 지분이며, 통제하지 않는 부동산 전체의 소유권에서 발생하는 권리는 아니다.

기업은 경제적 자원의 사용을 지시(direct)하고 그로부터 유입될 수 있는 경제적 효익을 얻을 수 있는 현재의 능력이 있다면 그 경제적 자원을 통제한다. 통제에는 다른 당사자가 경제적 자원의 사용을 지시하고 이로부터 유입될 수 있는 경제적 효익을 얻지 못하게 하는 현재의 능력을 포함한다. 따라서 일방의 당사자가 경제적 자원을 통제하면 다른 당사자는 그 자원을 통제하지 못한다.

일반적으로 경제적 자원의 통제는 법적 권리(legal rights)를 행사할 수 있는 능력에서 비롯된다. 그러나 통제는 경제적 자원의 사용을 지시하고 이로부터 유입될 수 있는 효익을 얻을 수 있는 현재의 능력이 기업에게만 있도록 할 수 있는 경우에도 발생할 수 있다. 즉, 법적 권리를 행사할 수 있는 능력이 없더라도 경제적 자원을 통제할 수 있다. 예를 들어, 기업은 공공의 영역(public domain)에 속하지 않는 노하우에 접근할 수 있고, 그 노하우를 지킬 수 있는 현재능력이 있다면, 그 노하우가 등록된 특허에 의해 보호받지 못하더라도 노하우를 사용할 권리를 통제할 수 있다.

기업이 경제적 자원을 통제하기 위해서는 해당 자원의 미래 경제적 효익이 다른 당사자가 아닌 그 기업에게 직접 또는 간접으로 유입되어야 한다. 통제의 이러한 측면은 모든 상황에서 해당 자원이 경제적 효익을 창출할 것이라고 보장할 수 있음을 의미하지는 않는다. 그 대신, 자원이 경제적 효익을 창출한다면, 기업은 직접 또는 간접으로 그 경제적 효익을 얻을 수 있음을 의미한다.

경제적 자원에 의해 창출되는 경제적 효익의 유의적인 변동에 노출[7]된다는 것은 기업이 해당 자원을 통제한다는 것을 나타낼 수도 있다. 그러나 그것은 통제가 존재하는지에 대한 전반적인 평가에서 고려해야 할 하나의 요소일 뿐이다.

(2) 부채

부채(liability)는 과거사건의 결과로 기업이 경제적 자원을 이전해야 하는 현재의무이다.[8] 부채가 존재하기 위해서는 다음의 세 가지 조건을 모두 충족하여야 한다.

① 기업에게 의무가 있다.
② 의무는 경제적 자원을 이전하는 것이다.
③ 의무는 과거사건의 결과로 존재하는 현재의무이다.

1) 의무

의무(obligation)란 기업이 회피할 수 있는 실제 능력이 없는 책무나 책임을 말한다. 의무는 항상 다른 당사자에게 이행해야 한다. 한 당사자가 경제적 자원을 이전해야 하는 의무가 있는 경우에 다른 당사자는 그 경제적 자원을 수취할 권리가 있다. 그러나 한 당사자가 부채를 인식하고 이를 특정 금액으로 측정해야 한다는 요구사항이 다른 당사자가 자산을 인식하거나 동일한 금액으로 측정해야 한다는 것을 의미하지는 않는다. 예를 들어, 한 당사자의 부채와 이에 상응하는 다른 당사자의 자산에 대해 서로 인식기준이나 측정 요구사항이 표현하고자 하는 것을 가장 충실히 표현하고 가장 목적적합한 정보를 선택하기 위한 결정이라면 특정 회계기준은 그러한 서로 다른 기준이나 요구사항을 포함할 수 있다.

많은 의무가 계약, 법률 또는 이와 유사한 수단에 의해 성립되며 당사자가 채무자에게 법적으로 집행할 수 있도록 한다. 그러나 기업이 실무 관행, 공개한 경영방침, 특정 성명(서)과 상충되는 방식으로 행동할 실제 능력이 없는 경우에 기업의 그러한 실무 관행, 경영방침이나 성명(서)에서 의무가 발생할 수도 있다. 그러한 상황에서 발생하는 의무는 '의제의무(constructive obligation)'라고 한다.

---

7 소유에 따른 위험과 보상을 의미한다.

8 자산과 마찬가지로 종전 개념체계에서 부채를 '기업이 가진 경제적 효익이 있는 자원의 유출을 통해 그 이행이 미래에 예상되는 의무'로 정의하였다.

일부 상황에서 경제적 자원을 이전하는 기업의 책무나 책임은 기업 스스로 취할 수 있는 미래의 특정 행동을 조건으로 발생한다. 그러한 미래의 특정 행동에는 특정 사업을 운영하는 것, 미래의 특정 시점에 특정 시장에서 영업하는 것 또는 계약의 특정 옵션을 행사하는 것을 포함한다. 이러한 상황에서 기업은 그러한 행동을 회피할 수 있는 실제 능력이 없다면 의무가 있다. 기업이 그 기업을 청산하거나 거래를 중단하는 것으로만 이전을 회피할 수 있고 그 이외는 이전을 회피할 수 없다면 기업의 재무제표가 계속기업 기준으로 작성되는 것이 적절하다는 결론은 그러한 이전을 회피할 수 있는 실제 능력이 없다는 결론을 내포하고 있다.

기업이 경제적 자원의 이전을 회피할 수 있는 실제 능력이 있는지를 평가하는데 사용되는 요소는 기업의 책무나 책임의 성격에 따라 달라질 수 있다. 예를 들어, 이전을 회피할 수 있도록 취하는 행동이 이전하는 것보다 유의적으로 더 불리한 경제적 결과를 가져온다면 기업은 이전을 회피할 수 있는 실제 능력이 없을 수 있다. 그러나 이전하고자 하는 의도나 높은 이전가능성은 기업이 이전을 회피할 수 있는 실제 능력이 없다고 결론을 내릴 충분한 이유가 되지 않는다.

의무가 존재하는지 불확실한 경우가 있다. 예를 들어, 다른 당사자가 기업의 범법행위 혐의에 대한 보상을 요구하는 경우, 그 행위가 발생했는지, 기업이 그 행위를 했는지 또는 법률이 어떻게 적용되는지가 불확실할 수 있다. 예를 들어, 법원의 판결로 그 존재의 불확실성이 해소될 때까지, 기업이 보상을 요구하는 당사자에게 의무가 있는지, 결과적으로 부채가 존재하는지 여부가 불확실하다.

2) 경제적 자원의 이전

의무에는 기업이 경제적 자원을 다른 당사자에게 이전하도록 요구받게 될 잠재력(potential)이 있어야 한다. 그러한 잠재력이 존재하기 위해서는 기업이 경제적 자원의 이전을 요구받을 것이 확실하거나 그 가능성이 높아야 하는 것은 아니다. 예를 들어, 불확실한 특정 미래사건이 발생할 경우에만 이전이 요구될 수도 있다. 의무가 이미 존재하고 적어도 하나의 상황에서 기업이 경제적 자원을 이전하도록 요구되기만 하면 된다. 경제적 자원의 이전가능성이 낮더라도 의무가 부채의 정의를 충족할 수 있다. 그럼에도 불구하고, 그러한 낮은 가능성은 부채의 인식 여부와 측정방법의 결정을 포함하여, 부채와 관련하여 제공해야 할 정보와 그 정보를 제공하는 방법에 대한 결정에 영향을 미칠 수 있다. 경제적 자원을 이전해야 하는 의무는 다음의 예를 포함한다.

① 현금을 지급할 의무
② 재화를 인도하거나 용역을 제공할 의무
③ 불리한 조건으로 다른 당사자와 경제적 자원을 교환할 의무. 예를 들어, 이러한 의무는 현재 불리한 조건으로 경제적 자원을 판매하는 선도계약 또는 다른 당사자가 해당 기업으로부터 경제적 자원을 구입할 수 있는 옵션을 포함한다.
④ 불확실한 특정 미래사건이 발생할 경우 경제적 자원을 이전할 의무
⑤ 기업에게 경제적 자원을 이전하도록 요구하는 금융상품을 발행할 의무

경제적 자원을 수취할 권리가 있는 당사자에게 그 경제적 자원을 이전해야 할 의무를 이행하는 대신에, 예를 들어 기업은 의무를 면제받는 협상으로 의무를 이행하거나, 의무를 제3자에게 이전하거나, 새로운 거래를 체결하여 경제적 자원을 이전할 의무를 다른 의무로 대체하는 경우가 있다. 이와 같은 상황에서 기업은 해당 의무를 이행, 이전 또는 대체할 때까지 경제적 자원을 이전할 의무가 있다.

3) 과거사건으로 생긴 현재의무

현재의무는 다음 모두에 해당되는 경우에만 과거사건의 결과로 존재한다.

① 기업이 이미 경제적 효익을 얻었거나 조치를 취했고,
② 그 결과로 기업이 이전하지 않아도 되었을 경제적 자원을 이전해야 하거나 이전하게 될 수 있는 경우

기업이 얻은 경제적 효익으로 재화나 용역이 포함될 수 있다. 기업이 취한 조치(the action taken)로 특정 사업을 운영하거나 특정 시장에서 영업하는 것이 포함될 수 있다. 기업이 시간이 경과하면서 경제적 효익을 얻거나 조치를 취하는 경우에 현재의무는 그 기간 동안 누적될 수 있다.

미래의 특정 시점까지 경제적 자원의 이전이 집행될 수 없더라도 현재의무는 존재할 수 있다. 예를 들어, 계약에서 미래의 특정 시점까지는 지급을 요구하지 않더라도 현금을 지급해야 하는 계약상 부채가 현재 존재할 수 있다. 이와 유사하게 거래상대방이 미래의 특정 시점까지는 업무를 수행하도록 요구할 수 없더라도 기업에게는 미래의 특정 시점에 업무를 수행해야 하는 계약상 의무가 현재 존재할 수 있다.

(3) 자본

자본(equity)은 자산에서 부채를 차감한 후의 잔여지분(residual interest)이다. 자본청구권은 기업의 자산에서 모든 부채를 차감한 후의 잔여지분에 대한 청구권이다.

보통주 및 우선주와 같이 서로 다른 종류의 자본청구권은 보유자에게 서로 다른 권리, 예를 들어 다음 중 일부 또는 전부를 기업으로부터 받을 권리를 부여할 수 있다.

① 배당금
② 청산 시점에 전액을 청구하거나, 청산이 아닌 시점에 부분적인 금액을 청구하는 자본청구권을 이행하기 위한 대가
③ 그 밖의 자본청구권

법률, 규제 또는 그 밖의 요구사항이 자본금 또는 이익잉여금과 같은 자본의 특정 구성요소에 영향을 미치는 경우가 있다. 예를 들어, 그러한 요구사항 중 일부는 분배 가능한 특정 준비금이 충분한 경우에만 자본청구권 보유자에게 분배를 허용한다.

사업활동은 개인기업, 파트너십, 신탁 또는 다양한 유형의 정부 사업체와 같은 실체에서 수행되는 경우가 있다. 그러한 실체에 대한 법률 및 규제 체계는 회사(corporate entities)에 적용되는 체계와 다른 경우가 있다. 예를 들어, 그러한 실체에 대한 자본청구권 보유자에게 분배제한이 거의 없을 수(있더라도 드물게) 있다. 그럼에도 불구하고, 개념체계의 자본의 정의는 모든 보고기업에 적용된다.

(4) 수익과 비용

수익(revenues)이란 정상영업활동을 통해서 증가한 기업의 순자산을 말한다. 수익이 발생하면서 그 대가로 현금을 수령하면 그만큼 기업의 자산은 증가한다. 자산의 증가뿐만 아니라 부채의 감소로도 수익이 발생한다. 부채의 감소로 수익이 발생하는 경우는 재화나 용역을 제공하기 전에 대금을 수취하면 선수금이라는 부채가 먼저 기록되는데, 향후 재화나 용역을 제공하면 부채가 감소하면서 수익이 발생하게 된다.

비용(expenses)이란 정상영업활동을 통해서 감소한 기업의 순자산을 말한다. 회계

학적 관점에서 본다면 비용은 수익을 창출하는 과정에서 소비된 자산의 원가를 의미한다. 소비되지 않은 자산의 원가(예 재고자산)는 자산에 속한다. 비용이 발생하면서 현금을 지급하면 그만큼 기업의 자산은 감소한다. 자산의 감소뿐만 아니라 부채의 증가로도 비용이 발생한다. 비용이 발생하였지만 즉시 그 대가를 지급하지 않는 경우에는 미지급비용이라는 부채가 증가하면서 비용이 발생하게 된다.

자본청구권 보유자로부터의 출자는 수익이 아니며, 자본청구권 보유자에 대한 분배는 비용이 아니다. 수익과 비용은 기업의 재무성과(financial performance)와 관련된 재무제표 요소이다. 재무제표이용자들은 기업의 재무상태와 재무성과에 대한 정보가 필요하다. 따라서 수익과 비용은 자산과 부채의 변동으로 정의되지만 수익과 비용에 대한 정보는 자산과 부채의 정보만큼 중요하다.

(5) 자산과 부채에 대한 회계단위의 선택

1) 회계단위

회계단위(unit of account)는 인식기준과 측정개념이 적용되는 권리나 권리의 집합, 의무나 의무의 집합 또는 권리와 의무의 집합이다. 예를 들어, 자산을 인식할 때 자산을 인식할 때 하나의 권리가 회계단위가 될 수 있고, 두 가지 이상 권리의 집합이 회계단위가 될 수도 있다.

인식기준과 측정개념이 자산이나 부채 그리고 관련 수익과 비용에 어떻게 적용될 것인지를 고려하여, 그 자산이나 부채에 대해 회계단위를 선택한다. 어떤 경우에는 인식을 위한 회계단위와 측정을 위한 회계단위를 서로 다르게 선택하는 것이 적절할 수 있다. 예를 들어, 계약은 개별적으로 인식될 수 있지만 계약포트폴리오의 일부로 측정될 수도 있다. 표시와 공시를 위해 자산, 부채, 수익 및 비용은 통합하거나 구성요소로 분리하여야 할 수 있다. 기업이 자산의 일부 또는 부채의 일부를 이전하는 경우, 그때 회계단위가 변경되어 이전된 구성요소와 잔여구성요소가 별도의 회계단위가 될 수도 있다.

원가가 다른 재무보고 결정을 제약하는 것처럼, 회계단위 선택도 제약한다. 따라서 회계단위를 선택할 때에는, 그 회계단위의 선택으로 인해 재무제표이용자들에게 제공되는 정보의 효익이 그 정보를 제공하고 사용하는데 발생한 원가를 정당화할 수 있는지를 고려하는 것이 중요하다. 일반적으로 자산, 부채, 수익과 비용의 인식 및 측정에 관련된 원가는 회계단위의 크기가 작아짐에 따라 증가한다. 따라서 일반적으로 동일한 원천에서 발생하는 권리 또는 의무는 정보가 더 유용하고 그 효익이 원가를 초과하는 경우에만 분리한다.

권리와 의무 모두 동일한 원천에서 발생하는 경우, 그러한 권리와 의무가 상호의존적이고 분리될 수 없다면, 이는 단일한 불가분의 자산이나 부채를 구성하며, 단일의 회계단위를 형성한다. 미이행계약이 그 예이다. 반대로, 권리가 의무와 분리될 수 있는 경우, 권리와 의무를 별도로 분리하여 하나 이상의 자산과 부채를 별도로 식별하는 것이 적절할 수 있다.

2) 미이행계약

미이행계약(executory contract)은 계약당사자 모두가 자신의 의무를 전혀 수행하지 않았거나 계약당사자 모두가 동일한 정도로 자신의 의무를 부분적으로 수행한 계약이나 그 계약의 일부를 말한다.

미이행계약은 경제적 자원을 교환할 권리와 의무가 결합되어 성립된다(예 미래 확정가격으로 매출 또는 매입약정). 그러한 권리와 의무는 상호의존적이어서 분리될 수 없다. 따라서 결합된 권리와 의무는 단일 자산 또는 단일 부채를 구성한다. 교환조건이 현재 유리할 경우, 기업은 자산을 보유한다. 교환 조건이 현재 불리한 경우에는 부채를 보유한다.

당사자 일방이 계약상 의무를 이행하면 그 계약은 더 이상 미이행계약이 아니다. 보고기업이 계약에 따라 먼저 수행한다면, 그렇게 수행하는 것은 보고기업의 경제적 자원을 교환할 권리와 의무를 경제적 자원을 수취할 권리로 변경하는 사건이므로 그 권리는 자산이다. 다른 당사자가 먼저 수행하는 경우, 그렇게 수행하는 것은 보고기업의 경제적 자원을 교환할 권리와 의무를 경제적 자원을 이전할 의무로 변경하는 사건이므로 그 의무는 부채이다.

3) 계약상 권리와 의무의 실질

계약 조건은 계약당사자인 기업의 권리와 의무를 창출한다. 그러한 권리와 의무를 충실하게 표현하기 위해서는 재무제표에 그 실질을 보고한다. 어떤 경우에는 계약의 법적형식에서 권리와 의무의 실질이 분명하다. 다른 경우에는 그 권리와 의무의 실질을 식별하기 위해서 계약조건, 계약집합이나 일련의 계약을 분석할 필요가 있다.

계약의 모든 조건(명시적 또는 암묵적)은 실질이 없지 않는 한 고려되어야 한다. 암묵적 조건의 예에는 법령에 의해 부과된 의무(예 고객에게 상품을 판매하기 위해 계약을 체결할 때 부과되는 법정 보증의무)가 포함될 수 있다.

계약의 집합 또는 일련의 계약은 전반적인 상업적 효과를 달성하거나 달성하도록 설계될 수 있다. 그러한 계약의 실질을 보고하려면, 해당 계약의 집합 또는 일련의 계약에서 발생하는 권리와 의무를 단일 회계단위로 처리할 수 있다. 예를 들어, 한 계약의 권리나 의무가 동일한 거래상대방과 동시에 체결된 다른 계약의 모든 권리나 의무를 무효화하는 경우, 두 계약의 결합효과는 어떠한 권리나 의무도 창출하지 않는다. 반대로, 둘 이상의 별도로 체결하는 계약으로 창출될 수 있었을 둘 이상의 권리나 의무의 집합을 단일 계약으로 창출하는 경우, 기업은 권리와 의무를 충실하게 표현하기 위하여 권리나 의무의 집합을 마치 각각 별도의 계약에서 발생한 것처럼 회계처리할 필요가 있을 수 있다.

SUMMARY & CHECK

회계의 의의

- 오늘날에는 회계를 '정보이용자의 합리적인 판단이나 경제적 의사결정에 필요한 유용한 경제적 정보를 식별 · 측정 · 전달하는 과정'으로 정의하고 있다.
- 회계정보이용자를 기업을 중심으로 내부이해관계자와 외부이해관계자로 나눌 수 있다.
- 회계는 외부이해관계자에게 정보 제공을 목적으로 하는 재무회계와 내부이해관계자에게 정보 제공을 목적으로 하는 관리회계로 구분할 수 있으며, 세무회계와 회계감사를 추가로 구분할 수 있다.

주식회사와 외부감사제도

- 주식회사의 특징은 대규모 자금조달, 주주의 유한책임, 그리고 소유와 경영의 분리 등이 있다.
- 경영자가 작성한 재무제표의 신뢰성을 제고하기 위해 고안된 감시장치가 외부감사제도이다.
- 감사의견은 적정의견과 비적정의견(한정의견, 부적정의견, 의견거절)으로 구분된다.

국제회계기준(IFRS)

- 국제회계기준은 자본시장의 세계화 추세에 따라 전 세계적으로 단일회계기준으로 작성된 신뢰성 있는 재무정보에 대한 요구에 부응하기 위해 제정되었다.
- 국제회계기준의 특징은 원칙중심, 연결재무제표 중심, 그리고 공정가치 평가를 중시하는 것이다.
- 2011년부터 모든 상장 기업은 한국채택국제회계기준을 의무적으로 도입하여 재무제표를 작성 · 공시하도록 하였다.

재무보고를 위한 개념체계

- 일반목적재무보고의 목적은 현재 및 잠재적 이해관계자가 기업에 자원을 제공하는 것과 관련된 의사결정을 할 때 유용한 보고기업의 재무정보를 제공하는 것이다.
- 일반목적재무보고서는 기업의 경제적 자원 및 청구권에 관한 정보와 기업의 경제적 자원과 청구권을 변동시키는 거래 및 그 밖의 사건의 영향에 대한 정보를 제공한다.
- 재무정보의 근본적 질정특성은 목적적합성과 표현충실성이다.
- 재무정보의 보강적 질적특성은 비교가능성, 검증가능성, 적시성 및 이해가능성이다.
- 원가는 재무보고로 제공할 수 있는 정보에 대한 포괄적 제약요인이다.
- 재무제표의 목적은 보고기업에 유입될 ① 미래순현금흐름에 대한 전망과 ② 보고기업의 경제적 자원에 대한 경영진의 수탁책임을 평가하는 데 유용한 재무정보를 재무제표이용자들에게 제공하는 것이다.
- 자산은 과거사건의 결과로 기업이 통제하는 현재의 경제적 자원이다.
- 부채는 과거사건의 결과로 기업이 경제적 자원을 이전해야 하는 현재의무이다.
- 자본은 자산에서 부채를 차감한 후의 잔여지분이다.
- 수익과 비용은 각각 정상영업활동을 통해서 증가하고 감소한 기업의 순자산이며, 자본청구권 보유자로부터의 출자와 자본청구권 보유자에 대한 분배는 제외한다.
- 회계단위란 인식기준과 측정개념이 적용되는 권리나 권리의 집합, 의무나 의무의 집합 또는 권리와 의무의 집합을 말하며, 일반적으로 자산, 부채, 수익과 비용의 인식 및 측정에 관련된 원가는 회계단위의 크기가 작아짐에 따라 증가한다.
- 미이행계약이란 계약당사자 모두가 자산의 의무를 전혀 수행하지 않았거나 또는 부분적으로 수행한 계약이나 그 계약의 일부를 말하며, 경제적 자원을 교환할 권리와 의무가 결합되어 성립하므로 권리와 의무는 상호의존적이어서 분리될 수 없다.
- 계약조건은 계약당사자인 기업의 권리와 의무를 창출하기 때문에 계약의 모든 조건(명시적 또는 암묵적)은 실질이 없지 않는 한 고려되어 재무제표에 그 실질을 보고한다.

OX QUIZ

1 현대회계는 수요자 위주의 정보제공을 지향한다.

2 경영자는 대표적인 외부이해관계자이다.

3 경영자가 경영활동에 필요로 하는 정보를 산출하고 분석하는 것을 주요 목적으로 하는 회계 분야를 재무회계라고 한다.

4 주식회사의 특징 중에 하나는 주주는 자신이 투자한 한도 내에서 무한책임을 진다.

5 외부감사제도가 필요한 이유는 경영자가 작성한 재무제표의 신뢰성을 확보하기 위해서이다.

6 재무제표가 중요하게 왜곡표시되고, 해당 사항이 재무제표에 미치는 영향이 중요하며 동시에 전반적인 경우에는 부적정의견을 제시한다.

7 감사인과 경영자 간 의견불일치란 감사계약조건이나 감사당시의 상황에 의해 회계감사기준에 따라 감사를 실시하지 못하여 충분하고 적합한 감사증거를 수집할 수 없었던 경우를 말한다.

8 국제회계기준의 특징은 원칙중심, 연결재무제표 중심, 공정가치 평가 중시 3가지이다.

9 우리나라 상장 · 비상장 모든 기업은 한국채택국제회계기준을 적용하여 재무제표를 작성 · 공시해야 한다.

10 개념체계는 회계기준이다.

11 경제적 자원은 자산을 의미하며, 경제적 자원에 대한 청구권은 수익과 비용을 의미한다.

12 발생기준 회계가 반영된 재무성과는 포괄손익계산서에 보고된다.

13 현금흐름표는 재무성과에 기인하지 않은 경제적 자원 및 청구권의 변동에 대한 정보를 제공한다.

14 재무정보의 근본적 질적특성은 목적적합성과 표현충실성이다.

15 재무정보의 보강적 질적특성은 비교가능성, 검증가능성, 적시성 및 통일성이다.

16 효익은 재무보고로 제공될 수 있는 정보에 대한 포괄적 제약요인이다.

17 재무제표는 일반적으로 보고기업이 계속기업이며 예측가능한 미래에 영업을 계속할 것이라는 가정하에 작성된다.

18 자산은 과거사건의 결과로 기업이 통제하는 현재의 경제적 의무이다.

19 부채는 과거사건의 결과로 기업이 경제적 자원을 이전해야 하는 현재권리이다.

20 자본은 자산에서 부채를 차감한 후의 잔여지분이다.

21 수익과 비용은 각각 정상영업활동을 통해서 증가하고 감소한 기업의 순자산이며, 자본청구권 보유자로부터의 출자와 자본청구권 보유자에 대한 분배도 포함된다.

22 일반적으로 자산, 부채, 수익과 비용의 인식 및 측정에 관련된 원가는 회계단위의 크기가 커짐에 따라 증가한다.

23 미이행계약은 경제적 자원을 교환할 권리와 의무가 결합되어 성립되며, 권리와 의무는 상호의 존적이어서 분리될 수 없다.

24 계약의 모든 조건(명시적 또는 암묵적)은 실질이 없지 않는 한 고려되어야 한다.

Multiple-choice Questions

1 다음은 재무보고를 위한 개념체계 중 일반보고목적재무보고의 목적에 관한 설명이다. 이 중 옳지 않은 것은? (CPA 2016)

① 현재 및 잠재적 투자자, 대여자 및 기타 채권자는 일반목적재무보고서가 대상으로 하는 주요 이용자이다.

② 일반목적재무보고서는 주요 이용자가 필요로 하는 모든 정보를 제공하지는 않으며 제공할 수도 없다.

③ 일반목적재무보고서는 주요 이용자가 보고기업의 가치를 추정하는 데 도움이 되는 정보를 제공한다.

④ 회계기준위원회는 재무보고기준을 제정할 때 주요 이용자 최대 다수의 수요를 충족하는 정보를 제공하기 위해 노력할 것이다.

⑤ 보고기업의 경영진도 해당 기업에 대한 재무정보에 관심이 있기 때문에 일반목적재무보고서에 의존할 필요가 있다.

2 일반목적재무보고서가 제공하는 정보에 관한 설명으로 옳지 않은 것은? (CTA 2021)

① 보고기업의 경제적자원 및 청구권의 성격 및 금액에 대한 정보는 이용자들이 기업의 경제적자원에 대한 경영진의 수탁책임을 평가하는 데 도움이 될 수 있다.

② 보고기업의 재무성과에 대한 정보는 그 기업의 경제적자원에서 해당 기업이 창출한 수익을 이용자들이 이해하는 데 도움을 준다.

③ 보고기업의 경제적자원 및 청구권은 그 기업의 재무성과 그리고 채무상품이나 지분상품의 발행과 같은 그 밖의 사건이나 거래에서 발생한다.

④ 보고기업의 과거 재무성과와 그 경영진이 수탁책임을 어떻게 이행했는지에 대한 정보는 기업의 경제적자원에서 발생하는 미래 수익을 예측하는 데 일반적으로 도움이 된다.

⑤ 한 기간의 보고기업의 재무성과에 투자자와 채권자에게서 직접 추가 자원을 획득한 것이 아닌 경제적자원 및 청구권의 변동이 반영된 정보는 기업의 과거 및 미래 순현금유입 창출 능력을 평가하는 데 유용하다.

3 개념체계 중 '재무정보의 질적특성'에 관한 다음 설명 중 옳지 않은 것은? (CTA 2020)

① 재무정보가 예측가치를 갖기 위해서 그 자체가 예측치 또는 예상치일 필요는 없다.

② 하나의 경제적 현상은 여러 가지 방법으로 충실하게 표현할 수 있으나, 동일한 경제적 현상에 대해 대체적인 회계처리방법으로 허용하면 비교가능성이 감소한다.

③ 목적적합하지 않은 현상에 대한 표현충실성과목적적합한 현상에 대한 충실하지 못한 표현 모두 이용자들이 좋은 결정을 내리는 데 도움이 되지 않는다.

④ 회계기준위원회는 중요성에 대한 획일적인 계량 임계치를 정하거나 특정한 상황에서 무엇이 중요한 것인지 미리 결정할 수 없다.

⑤ 보강적 질적특성은 정보가 목적적합하지 않거나 나타내고자 하는 바를 충실하게 표현하지 않더라도 그 정보를 유용하게 만들 수 있다.

4 유용한 재무정보의 질적특성에 관한 설명으로 옳지 않은 것은? (CTA 2022)

① 재무보고서는 경제적 현상을 글과 숫자로 나타내는 것이다.

② 재무정보가 과거 평가에 대해 피드백을 제공한다면(과거 평가를 확인하거나 변경시킨다면) 확인가치를 갖는다.

③ 중립적 정보는 목적이 없거나 행동에 대한 영향력이 없는 정보를 의미한다.

④ 회계기준위원회는 중요성에 대한 획일적인 계량 임계치를 정하거나 특정한 상황에서 무엇이 중요한 것인지를 미리 결정할 수 없다.

⑤ 합리적인 추정치의 사용은 재무정보의 작성에 필수적인 부분이며, 추정이 명확하고 정확하게 기술되고 설명되는 한 정보의 유용성을 저해하지 않는다.

CHAPTER 02

회계거래의 인식과 측정

1. 회계거래
2. 표시와 공시
3. 자본 및 자본유지개념
4. 현재가치

학습목표

- 회계거래의 인식기준과 측정기준을 이해한다.
- 재무제표의 표시와 공시를 이해한다.
- 자본유지개념을 이해한다.
- 화폐의 시간가치를 이해한다.

회계거래를 인식하고 측정하는 과정, 그리고 그 회계거래를 재무제표에 표시하고 공시하는 과정에서 근본적 질적특성과 보강적 질적특성 요소를 균형 있게 고려하여야 한다. 예를 들어, 변경으로 인해 정보가 보다 목적적합해지는 경우에 이로 인해 이해가능성이 감소하는 것보다 중요하다면 변경이 정당화될 수 있다. 또한 원가는 이러한 일련의 과정을 선택하고 결정하는 데 제약한다.
자본유지개념이 중요한 이유는 투자회수와 투자수익을 구분하기 위해서 필요하기 때문이다. 자본유지를 위해 필요한 금액이 투자회수이고, 이를 초과하는 금액이 투자수익(이익)이다.
화폐의 시간가치를 이해하면 현재의 ₩1이 미래의 ₩1과 다르다는 것을 알 수 있다. 적정한 할인율을 이용하여 미래현금흐름을 현재가치로 계산한 금액을 회계거래의 측정에 활용할 수 있다.

1. 회계거래

1.1. 회계거래의 의의

회계거래(accounting transactions)는 기업의 현재 재무상태(자산, 부채 및 자본 중의 하나 혹은 그 이상)에 변동을 가져오는 경제적 사건을 말한다. 그러나 모든 사건을 장부에 기록하는 것은 아니다. 기업에서 거래가 발생하였을 때 이를 회계장부에 기록해야 할 거래인지의 여부를 판단하기 위해서는 다음 두 가지 조건을 충족해야 한다.

① 그 거래로 인하여 기업의 재무상태에 변동을 가져와야 한다.
② 재무상태에 미치는 영향을 화폐금액으로 신뢰성 있게 측정가능해야 한다.

회계거래인지 여부를 판단하는 첫 번째 조건인 재무상태에 변동을 가져와야 한다는 것은 거래로 인하여 기업의 자산, 부채 및 자본 중의 하나 혹은 그 이상에 변화를 가져와야 한다는 것이다. 예를 들어, A회사의 창고에 화재가 발생하여 창고 안에 있던 재고자산이 모두 소실되었다. 화재가 A회사의 자산에 변화를 가져오기 때문에 회계거래이다. 반면에 A회사가 거래처에 납품할 재고자산의 계약을 한 경우는 경제적 사건이지만 A회사의 재무상태에 변화를 주지 않기 때문에 회계거래가 아니다.

두 번째 조건인 신뢰성 있게 측정가능해야 한다는 것이 정확한 금액을 의미하는 것은 아니다. 정확한 금액은 아니더라도 합리적으로 추정(reasonable estimation)이 가능하다면 신뢰성 있게 측정가능하고 회계장부에 기록할 수 있다. 예를 들어, 앞으로 배우게 될 매출채권의 손실충당금, 재고자산의 평가충당금 등이 여기에 해당된다.

회계거래는 우리가 알고 있는 일반적 의미의 거래와 다소 차이가 있다. 회계거래와 일반거래의 차이를 정리하면 다음 〈표 2-1〉과 같다.

표 2-1 회계거래와 일반거래

회계거래	회계거래 = 일반거래	일반거래
화재, 분실, 도난, 파손, 감가상각, 손상차손, 자산가격의 하락 등	자산의 구입과 판매, 채권·채무의 발생과 소멸, 현금의 수입과 지출 등	주문, 약속, 계약, 위탁, 담보 제공 등으로 재무상태에 변화를 주지 않는 거래

1.2 회계거래의 인식

인식(recognition)이란 자산, 부채, 자본, 수익 또는 비용과 같은 재무제표 요소 중 하나의 정의를 충족하는 항목을 재무상태표나 포괄손익계산서[1]에 포함하기 위하여 포착하는 과정이다. 인식은 그러한 재무제표 중 하나에 어떤 항목을 명칭과 화폐금액으로 나타내고, 그 항목을 해당 재무제표의 하나 이상의 합계에 포함시키는 것과 관련된다. 자산, 부채 또는 자본이 재무상태표에 인식되는 금액을 장부금액(carrying amount)이라고 한다.

재무상태표와 포괄손익계산서는 재무정보를 비교가능하고 이해하기 쉽도록 구성한 구조화된 요약으로, 기업이 인식하는 자산, 부채, 자본, 수익 및 비용을 나타낸다. 이러한 요약의 구조상 중요한 특징은 재무제표에 인식하는 금액은 재무제표에 인식될 항목들이 연계되는 총계들과 소계들에 포함된다는 점이다.

인식에 따라 재무제표 요소, 재무상태표 및 포괄손익계산서가 다음 [그림 2-1]과 같이 연계된다.

1 개념체계에서는 '포괄손익계산서' 대신 '재무성과표(statement of financial performance)'라는 표현을 사용한다.

[그림 2-1] 재무제표 요소들 간의 연계

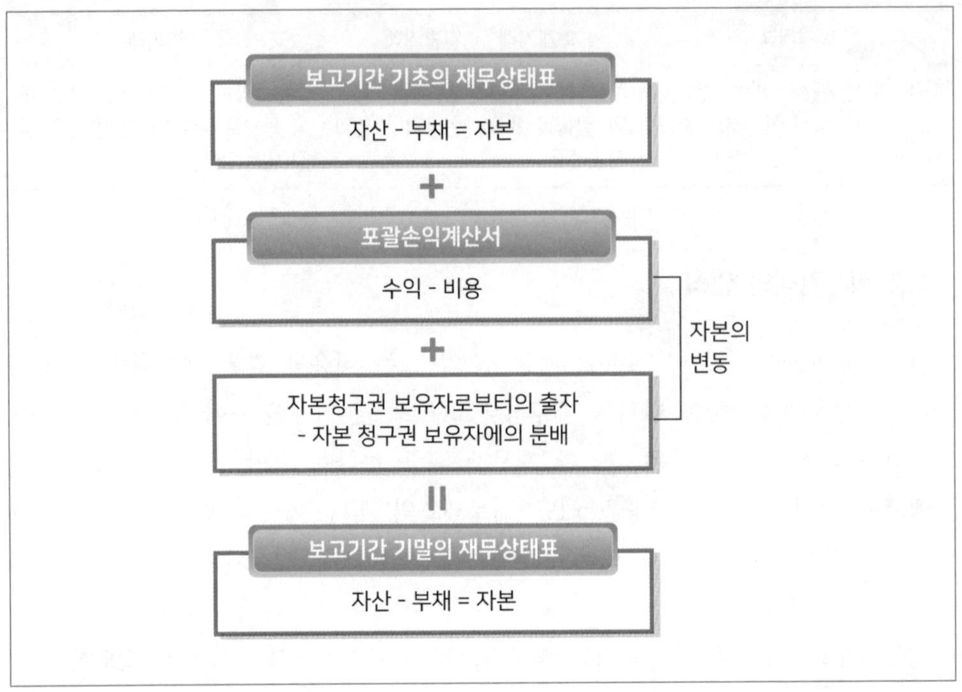

[그림 2-1]에서 보는 것처럼, 보고기간의 자산과 부채의 변동, 즉 자본의 변동은 두 가지로 구분된다. 포괄손익계산서에 포함되는 수익과 비용, 즉 영업거래와 자본청구권 보유자로부터의 출자 및 자본 청구권 보유자에의 분배 즉, 자본거래를 구분하여 별개로 인식·보고한다.

1.3 인식기준

자산, 부채, 자본, 수익 및 비용의 정의를 충족하더라도 이를 항상 인식하는 것은 아니다. 이들을 인식하려면 인식기준(recognition criteria)을 충족하여야 한다.

요소의 정의를 충족하는 항목을 인식하지 않는 것은 재무상태표 및 포괄손익계산서를 완전하지 않게 하고 재무제표에서 유용한 정보를 제외할 수 있다. 반면에 어떤 상황에서는 요소의 정의를 충족하는 일부 항목을 인식하는 것이 오히려 유용한 정보를 제공하지 않을 수 있다. 자산이나 부채를 인식하고 이에 따른 결과로 수익, 비용 또는 자본변동을 인식하는 것이 재무제표이용자들에게 다음과 같이 유용한 정보를 모두 제공하는 경우에만 자산이나 부채를 인식한다.

① 자산이나 부채에 대한 그리고 이에 따른 결과로 발생하는 수익, 비용 또는 자본변동에 대한 목적적합한 정보
② 자산이나 부채 그리고 이에 따른 결과로 발생하는 수익, 비용 또는 자본변동의 충실한 표현

원가가 재무보고의 결정을 제약하는 것처럼, 인식에 대한 결정도 제약한다. 자산이나 부채를 인식할 때 원가가 발생한다. 재무제표작성자는 자산이나 부채의 목적적합한 측정을 위해 원가를 부담한다. 재무제표이용자들도 제공된 정보를 분석하고 해석하기 위해 원가를 부담한다. 재무제표이용자들에게 제공되는 정보의 효익이 그 정보를 제공하고 사용하는 원가를 정당화할 수 있을 경우에 자산이나 부채를 인식한다. 어떤 경우에는 인식하기 위한 원가가 인식으로 인한 효익을 초과할 수 있다.

자산이나 부채의 정의를 충족하는 항목이 인식되지 않더라도, 기업은 해당 항목에 대한 정보를 주석에 제공해야 할 수도 있다. 재무상태표와 포괄손익계산서에서 제공하는 구조화된 요약에 그 항목이 포함되지 않은 것을 보완하기 위해 그러한 정보를 어떻게 충분히 보여줄 수 있는지를 고려하는 것이 중요하다.

(1) 목적적합성(relevance)

자산, 부채, 자본, 수익과 비용에 대한 정보는 재무제표이용자들에게 목적적합하다. 그러나 특정 자산이나 부채의 인식과 이에 따른 결과로 발생하는 수익, 비용 또는 자본변동을 인식하는 것이 항상 목적적합한 정보를 제공하는 것은 아닐 수 있다. 예를 들어, 다음과 같은 경우에 그러할 수 있다.

① 자산이나 부채가 존재하는지 불확실하다.
② 자산이나 부채가 존재하지만 경제적 효익의 유입가능성 또는 유출가능성이 낮다.

1) 존재불확실성(existence uncertainty)

자산과 부채의 존재 여부가 불확실할 수 있다. 그러한 불확실성은 경제적 효익

의 유입가능성이나 유출가능성이 낮고 발생가능한 결과의 범위가 매우 광범위한 상황과 결합될 수가 있는데, 이는 자산이나 부채를 반드시 단일 금액으로만 측정하여 인식하는 것이 목적적합한 정보를 제공하지는 않음을 의미할 수 있다. 자산이나 부채가 인식되는지 여부에 관계없이, 이와 관련된 불확실성에 대한 설명정보가 재무제표에 제공되어야 할 수도 있다.

2) 경제적 효익의 낮은 유입 · 유출가능성

경제적 효익의 유입가능성이나 유출가능성이 낮더라도 자산이나 부채가 존재할 수 있다. 경제적 효익의 유입가능성이나 유출가능성이 낮다면, 그 자산이나 부채에 대해 가장 목적적합한 정보는 발생가능한 유입이나 유출의 크기, 발생가능한 시기 및 발생가능성에 영향을 미치는 요인에 대한 정보일 수 있으며, 이러한 정보는 일반적으로 주석에 기재한다. 경제적 효익의 유입가능성이나 유출가능성이 낮더라도, 자산이나 부채를 인식하는 것이 목적적합한 정보를 제공할 수 있다.

(2) 표현충실성(faithful representation)

특정 자산이나 부채를 인식하는 것은 목적적합한 정보를 제공할 뿐만 아니라 해당 자산이나 부채 및 이에 따른 결과로 발생하는 수익, 비용 또는 자본변동에 대한 충실한 표현을 제공할 경우에 적절하다. 충실한 표현이 제공될 수 있는지는 자산이나 부채와 관련된 측정불확실성의 수준 또는 다른 요인에 의해 영향을 받을 수 있다.

1) 측정불확실성(measurement uncertainty)

자산이나 부채를 인식하기 위해서는 측정해야 한다. 많은 경우 그러한 측정은 추정되어야 하며, 따라서 측정불확실성의 영향을 받는다. 합리적인 추정의 사용은 재무정보 작성의 필수적인 부분이며 추정치를 명확하고 정확하게 기술하고 설명한다면 정보의 유용성을 훼손하지 않는다. 높은 수준의 측정불확실성이 있더라도 그러한 추정치가 유용한 정보를 반드시 제공하지 못하는 것은 아니다.

경우에 따라 자산이나 부채를 측정하는 데 추정과 관련된 불확실성 수준이 너무 높아서, 이러한 추정으로 해당 자산이나 부채 및 이에 따른 결과로 발생하는 수익, 비용 또는 자본의 변동을 충분히 충실하게 표현할 수 있는지 의심스러울 수 있다. 예를 들어, 자산이나 부채를 측정하기 위해 현금흐름기준 측정기법을 사용하여 측정하는 것이 유일한 추정방법이고, 다음 상황 중 하나 이상에 해당하는 경우에는 측정불확실성이 너무 높은 수준일 수 있다.

① 발생가능한 결과가 매우 광범위하고, 각 결과의 가능성을 추정하기 매우 어렵다.
② 측정치가 다른 결과의 가능성에 대한 추정의 작은 변화에 매우 민감하다.
③ 자산이나 부채를 측정하기 위해 측정대상인 자산이나 부채에만 관련되지 않는 현금흐름에 대한 배분이 요구되고 그것이 매우 어렵거나 매우 주관적이다.

추정에 대한 설명과 추정에 영향을 미칠 수 있는 불확실성에 대한 설명을 동반한다면, 불확실성이 높은 추정에 의존하는 측정이 가장 유용한 정보일 수 있다. 이는 특히 그러한 측정이 자산이나 부채에 가장 목적적합한 측정인 경우에 그러할 수 있다. 다른 경우, 그 정보가 자산이나 부채와 이에 따른 결과로 발생하는 수익, 비용 또는 자본변동에 대해 충분히 충실하게 표현하지 못한다면, 비교적 목적적합성은 낮지만 측정불확실성이 낮은 다른 측정치(필요한 기술 및 설명과 함께)가 가장 유용한 정보일 수 있다.

2) 다른 요소들

자산이나 부채의 인식으로 그 자산이나 부채를 충실하게 표현할 수 있는지를 평가할 때, 재무상태표에 이에 대한 설명과 측정뿐만 아니라 다음을 고려할 필요가 있다.

① 결과적으로 발생하는 수익, 비용 및 자본변동에 대한 서술
② 관련 자산과 부채가 인식되는지 여부(관련 자산과 부채가 인식되지 않으면, 인식은 인식불일치(회계불일치)[2]를 초래할 수 있다)
③ 자산이나 부채 그리고 이에 따른 결과로 발생하는 수익, 비용 또는 자본변동에 대한 정보의 표시와 공시

2 본장 1.5절에 후술할 표현충실성에서는 '측정불일치'를 회계불일치의 예로 사용하고 있다. 언급한 것처럼, 인식불일치는 관련 자산과 부채를 인식하지 않아서 발생하는 회계불일치이고, 측정불일치는 자산과 부채를 인식하면서 서로 다른 측정기준을 사용하여 발생하는 회계불일치이다.

1.4 회계거래의 제거

제거(derecognition)는 기업의 재무상태표에서 인식된 자산이나 부채의 전부 또는 일부를 삭제하는 것이다. 제거는 일반적으로 해당 항목이 더 이상 자산 또는 부채의 정의를 충족하지 못할 때 발생한다. 즉, 자산은 일반적으로 기업이 인식한 자산의 전부 또는 일부에 대한 통제를 상실하였을 때 제거한다. 그리고 부채는 일반적으로 기업이 인식한 부채의 전부 또는 일부에 대한 현재의무를 더 이상 부담하지 않을 때 제거한다.

제거에 대한 회계 요구사항은 제거를 초래하는 거래나 그 밖의 사건 후의 잔여 자산과 부채(그 거래나 그 밖의 사건의 일부로 취득, 발생 또는 창출한 자산이나 부채 포함)를 충실히 표현하고, 그 거래나 그 밖의 사건으로 인한 기업의 자산과 부채의 변동에 대하여 충실히 표현하는 것을 목표로 한다.

1.5 회계거래의 측정

재무제표에 인식된 요소들은 화폐단위로 수량화되어 있다. 이를 위해 측정기준(measurement basis)을 선택해야 한다. 측정기준은 측정 대상 항목에 대해 식별된 속성(예 역사적 원가, 공정가치 또는 이행가치)이다. 자산이나 부채에 측정기준을 적용하면 해당 자산이나 부채, 관련 수익과 비용의 측정치가 산출된다. 유용한 재무정보의 질적특성과 원가제약을 고려함으로써 서로 다른 자산, 부채, 수익과 비용에 대해 서로 다른 측정기준을 선택하는 결과가 발생할 수 있을 것이다.

한국채택국제회계기준에서는 측정기준으로 다음 [그림 2－2]와 같이 역사적 원가와 현행가치를 제시하고, 현행가치를 다시 공정가치, 사용가치와 이행가치, 그리고 현행원가로 구분하였다.

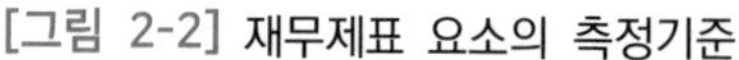
[그림 2-2] 재무제표 요소의 측정기준

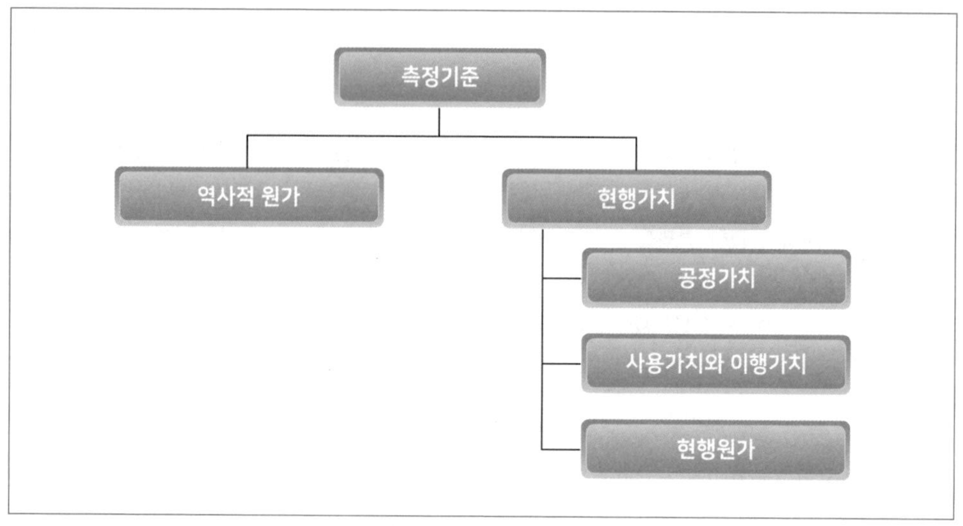

(1) 역사적 원가

역사적 원가(historical cost)는 자산의 취득 또는 창출에 발생한 원가의 가치로서, 자산을 취득 또는 창출하기 위하여 지급한 대가와 거래원가를 포함한다. 부채가 발생하거나 인수할 때의 역사적 원가는 발생시키거나 인수하면서 수취한 대가에서 거래원가를 차감한 가치이다. 역사적 원가 측정치는 적어도 부분적으로 자산, 부채 및 관련 수익과 비용을 발생시키는 거래나 그 밖의 사건의 가격에서 도출된 정보를 사용하여 자산, 부채 및 관련 수익과 비용에 관한 화폐적 정보를 제공한다. 현행가치와 달리 역사적 원가는 자산의 손상이나 손실부담에 따른 부채와 관련되는 변동을 제외하고는 가치의 변동을 반영하지 않는다.

자산의 역사적 원가는 다음의 상황을 나타내기 위하여 필요하다면 시간의 경과에 따라 갱신되어야 한다.

① 자산을 구성하는 경제적 자원의 일부 또는 전부의 소비(감가상각 또는 상각)
② 자산의 일부 또는 전부를 소멸시키면서 받는 대금
③ 자산의 역사적 원가의 일부 또는 전부를 더 이상 회수할 수 없게 하는 사건(손상)의 영향
④ 자산의 금융요소를 반영하는 이자의 발생

부채의 역사적 원가는 다음을 반영하기 위하여 필요하다면 시간의 경과에 따라 갱신되어야 한다.

① 부채의 일부 또는 전부의 이행(예 부채의 일부 또는 전부를 소멸시키는 지급이나 재화를 인도할 의무의 이행)
② 부채의 이행에 필요한 경제적 자원을 이전해야 하는 의무의 가치를 증가(손실 부담 한도까지)시키는 사건의 영향. 부채의 역사적 원가가 부채를 이행할 의무를 더 이상 충분히 반영하지 못한다면 그러한 부채는 손실 부담 부채이다.
③ 부채의 금융요소를 반영하는 이자의 발생

역사적 원가 측정기준을 금융자산과 금융부채에 적용하는 한 가지 방법은 상각후원가(amortised cost)로 측정하는 것이다. 금융자산과 금융부채의 상각후원가는 최초 인식 시점에 결정된 이자율로 할인한 미래현금흐름 추정치를 반영한다. 변동금리상품의 경우, 할인율은 변동금리의 변동을 반영하기 위해 갱신된다. 금융자산과 금융부채의 상각후원가는 이자의 발생, 금융자산의 손상 및 수취 또는 지급과 같은 후속 변동을 반영하기 위해 시간의 경과에 따라 갱신된다.

(2) 현행가치

현행가치(current value) 측정치는 측정일의 조건을 반영하기 위해 갱신된 정보를 사용하여 자산, 부채 및 관련 수익과 비용의 화폐적 정보를 제공한다. 이러한 갱신에 따라 자산과 부채의 현행가치는 이전 측정일 이후의 변동, 즉 현행가치에 반영되는 현금흐름과 그 밖의 요소의 추정치의 변동을 반영한다. 역사적 원가와는 달리, 자산이나 부채의 현행가치는 자산이나 부채를 발생시킨 거래나 그 밖의 사건의 가격으로부터 부분적으로라도 도출되지 않는다. 즉, 현행가치와 취득 당시의 취득원가(거래원가 포함)는 별개의 측정치라는 의미이다.

현행가치 측정기준은 공정가치, 사용가치와 이행가치, 그리고 현행원가로 구분된다.

1) 공정가치

공정가치(fair value)는 측정일에 시장참여자 사이의 정상거래에서 자산을 매도할 때 받거나 부채를 이전할 때 지급하게 될 가격이다. 공정가치는 기업이 접근할 수 있는 시장의 참여자 관점을 반영한다. 시장참여자가 경제적으로 최선의 행동을 한다면 자산이나 부채의 가격을 결정할 때 사용할 가정과 동일한 가정을 사용하여 그 자산이나 부채를 측정한다.

공정가치는 활성시장에서 관측되는 가격으로 직접 결정될 수 있다. 활성시장에서 관측할 수 없는 경우에 다음의 요인을 모두 반영하는 측정기법을 사용하여 간접적으로 결정된다.

① 미래현금흐름 추정치
② 측정 대상 자산이나 부채에 대한 미래현금흐름의 추정 금액이나 시기가 그 현금흐름에 내재된 불확실성으로 인해 변동할 가능성
③ 화폐의 시간가치
④ 현금흐름에 내재된 불확실성을 부담하는 것에 대한 가격(위험 할증 또는 위험 할인)
⑤ 그 밖의 요소(예 상황에 따라 시장참여자들이 유동성을 고려한다면 그 유동성)

위에 ②와 ④에 언급된 요인에는 상대방이 기업에 대한 부채를 이행하지 못하거나(신용위험), 기업이 자신의 부채를 이행하지 못할 가능성(자신의 신용위험)이 포함된다.

공정가치는 자산이나 부채를 발생시킨 거래나 그 밖의 사건의 가격으로부터 부분적이라도 도출되지 않기 때문에, 공정가치는 자산을 취득할 때 발생한 거래원가로 인해 증가하지 않으며, 부채를 발생시키거나 인수할 때 발생한 거래원가로 인해 감소하지 않는다. 즉, 공정가치 측정치에는 거래원가를 포함하지 않는다. 또한 공정가치는 자산의 궁극적인 처분이나 부채의 이전 또는 결제에서 발생할 거래원가를 반영하지 않는다.

2) 사용가치와 이행가치

사용가치(value in use)는 기업이 자산의 사용과 궁극적인 처분으로 얻을 것으로 기대하는 현금흐름 또는 그 밖의 경제적 효익의 현재가치이다. 이행가치(fulfillment value)는 기업이 부채를 이행할 때 이전해야 하는 현금이나 그 밖의 경제적 자원의 현재가치이다.

사용가치와 이행가치는 미래현금흐름에 기초하기 때문에 자산을 취득하거나 부채를 인수할 때 발생하는 거래원가는 포함하지 않는다. 그러나 사용가치와 이행가치에는 기

업이 자산을 궁극적으로 처분하거나 부채를 이행할 때 발생할 것으로 기대되는 거래원가의 현재가치가 포함된다.

사용가치와 이행가치는 시장참여자의 가정보다는 기업 특유(entity-specific)의 가정을 반영한다. 사용가치와 이행가치는 직접 관측될 수 없으며 현금흐름기준 측정기법으로 결정된다. 따라서 사용가치와 이행가치는 공정가치에서 기술한 것과 동일한 요소를 반영하여 현금흐름을 측정하지만 시장참여자의 관점보다는 기업 특유의 관점을 반영한다.

3) 현행원가

자산의 현행원가(current cost)는 측정일(measurement date) 현재 동등한 자산의 원가로서 측정일에 지급할 대가와 그 날에 발생할 거래원가를 포함한다. 부채의 현행원가는 측정일 현재 동등한 부채에 대해 수취할 수 있는 대가에서 그 날에 발생할 거래원가를 차감한다. 현행원가는 역사적 원가와 마찬가지로 유입가치(entry value)이다. 이는 기업이 자산을 취득하거나 부채를 발생시킬 시장에서의 가격을 반영한다. 이런 이유로, 현행원가는 유출가치(exit value)인 공정가치, 사용가치 또는 이행가치와 다르다. 그러나 현행원가는 역사적 원가와 달리 측정일의 조건을 반영한다.

현행원가는 활성시장에서 가격을 관측하여 직접 결정할 수 없으며 다른 방법을 통해 간접적으로 결정해야 한다. 예를 들어, 새로운 자산에 대한 가격만을 이용할 수 있는 경우, 기업이 보유하여 사용하고 있는 자산의 현행원가는 자산의 현재 연령과 상태를 반영하기 위해 새로운 자산의 현재 가격을 조정하여 추정해야 할 수도 있다.

각 측정기준의 취득과 매각시 거래원가 반영 여부를 요약·정리하면 다음 〈표 2-2〉와 같다.

표 2-2 측정기준의 취득과 매각시 거래원가 반영 여부

<table>
<tr><th colspan="3">측정기준(자산)</th><th>취득시 거래원가</th><th>매각시 거래원가</th></tr>
<tr><td colspan="2">역사적 원가</td><td rowspan="2">유입가치</td><td>가산</td><td>해당사항 아님</td></tr>
<tr><td rowspan="3">현행가치</td><td>현행원가</td><td>가산(측정일)</td><td>해당사항 아님</td></tr>
<tr><td>공정가치</td><td rowspan="2">유출가치</td><td>반영하지 않음</td><td>반영하지 않음</td></tr>
<tr><td>사용가치</td><td>반영하지 않음</td><td>가산</td></tr>
</table>

(3) 특정 측정기준이 제공하는 정보

특정 측정기준을 선택할 때 측정기준이 재무상태표와 포괄손익계산서에서 만들어 낼 정보의 성격을 고려하는 것이 중요하다.

1) 역사적 원가

역사적 원가는 자산이나 부채를 발생시킨 거래나 그 밖의 사건의 가격(시장 조건에 따라 최근 거래된 가격)에서 도출된 정보를 적어도 부분적으로 사용하기 때문에, 역사적 원가로 자산이나 부채를 측정하여 제공하는 정보는 재무제표이용자들에게 목적적합할 수 있다.

즉시 소비되는 재화와 용역을 포함하여 매각이나 소비되는 자산의 원가에 대한 정보와 수취한 대가에 대한 정보는 예측가치를 가질 수 있다. 이 정보는 미래에 재화(기업이 현재 보유하고 있지 않은 재화 포함)나 용역을 판매함에 따른 미래의 이익을 예측하는 투입변수로 사용하고, 이에 따라 미래순현금유입에 대한 기업의 전망을 평가하는 데 사용될 수 있다.

역사적 원가로 측정한 수익과 비용은 재무제표이용자들에게 현금흐름이나 이익에 관한 그들의 종전 예측에 대해 피드백을 제공하기 때문에 확인가치를 가질 수 있다. 판매하거나 사용한 자산의 원가에 관한 정보는 기업의 경영진이 그 기업의 경제적 자원을 사용하는 책임을 얼마나 효율적이고 효과적으로 수행했는지를 평가하는 데 도움이 될 수 있다. 이와 비슷한 이유에서, 상각후원가로 측정하는 자산(부채)에서 가득(발생)하는 이자에 대한 정보는 예측가치와 확인가치를 가질 수 있다.

2) 현행가치

① 공정가치

공정가치로 자산과 부채를 측정하여 제공하는 정보는 예측가치를 가질 수 있다. 공정가치는 미래현금흐름의 금액, 시기 및 불확실성에 대한 시장참여자의 현재 기대를 반영하기 때문이다. 이러한 기대치는 시장참여자의 현재 위험선호도를 반영하는 방식으로 가격에 반영된다. 이러한 정보는 또한 종전 기대에 대한 피드백을 제공함으로써 확인가치를 가질 수 있다.

시장참여자의 현재 기대를 반영한 수익과 비용은 미래의 수익과 비용을 예측할 때 투입요소로 사용될 수 있기 때문에 예측가치가 있을 수 있다. 이러한 수익과 비용은 기업의 경영진이 그 기업의 경제적 자원을 사용하는 책임을 얼마나 효율적이고 효과적으로 수행했는지를 평가하는 데 도움이 될 수 있다.

② 사용가치와 이행가치

사용가치는 자산의 사용과 궁극적인 처분으로부터 발생하는 추정현금흐름의 현재가치에 관한 정보를 제공한다. 이 정보는 미래순현금유입에 대한 예상치를 평가하는 데 사용할 수 있기 때문에 예측가치를 가질 수 있다.

이행가치는 부채의 이행에 필요한 추정 현금흐름의 현재가치에 관한 정보를 제공한다. 따라서 이행가치는 부채가 이전되거나 협상으로 결제될 때보다는 특히 이행될 경우에 예측가치를 가질 수 있다.

사용가치나 이행가치 추정치가 미래현금흐름의 금액, 시기와 불확실성으로 추정된 정보와 결합되어 갱신될 경우, 갱신된 추정치는 사용가치나 이행가치의 종전 추정치에 관한 피드백을 제공하기 때문에 확인가치를 가질 수 있다.

③ 현행원가

현행원가로 측정한 자산과 부채에 관한 정보는 현행원가가 측정일 현재 동등한 자산을 취득하거나 창출할 수 있는 원가를 반영하거나, 동등한 부채를 발생시키거나 인수하기 위해 수취할 대가를 반영하기 때문에 목적적합할 수 있다.

역사적 원가와 마찬가지로 현행원가는 소비된 자산의 원가나 부채의 이행에서 생기는 수익에 관한 정보를 제공한다. 이 정보는 현재 이익을 도출하는 데 사용될 수 있으며 미래 이익을 예측하는 데 사용될 수 있다. 역사적 원가와 달리 현행원가는 소비하거나 이행하는 시점의 일반적인 가격을 반영한다. 가격 변동이 유의적일 경우, 현행원가를 기반으로 한 이익은 역사적 원가를 기반으로 한 이익보다 미래 이익을 예측하는 데 더 유용할 수 있다.

(4) 측정기준을 선택할 때 고려할 요인

대부분의 경우, 어떤 측정기준을 선택해야 하는지를 결정하는 단일의 요인은 없다. 각 요인의 상대적 중요성은 사실과 상황에 따라 달라질 것이다. 측정기준에 의해 제공되는 정보는 재무제표이용자들에게 유용해야 한다. 이를 달성하기 위해서는 정보가 목적적합해야 하고 나타내고자 하는 바를 충실하게 표현해야 한다. 또한 제공되는 정보는 가능한 한 비교가능하고 검증가능하며 적시성이 있고 이해가능해야 한다.

1) 목적적합성(relevance)

자산이나 부채, 이와 관련된 수익과 비용의 측정기준에 의해 제공된 정보의 목적적합성은 다음의 영향을 받는다.

① 자산이나 부채의 특성

자산이나 부채의 가치가 시장요인이나 그 밖의 위험에 민감하다면 그 자산이나 부채의 역사적 원가는 현행가치와 유의적으로 다를 수 있다. 따라서 가치변동에 관한 정보가 재무제표이용자들에게 중요할 경우 역사적 원가는 목적적합한 정보를 제공하지 못할 수 있다. 또한 역사적 원가로 측정하면 가치의 변동에 관한 정보를 적시에 제공하지 않기 때문에 그 기준에 따라 보고된 수익과 비용은 보고기간에 자산이나 부채의 보유에서 발생하는 위험에 기업이 노출된 영향을 완전하게 설명하지 못하므로 예측가치와 확인가치가 결여될 수 있다.

② 미래현금흐름에 대한 기여

기업의 사업활동이 고객에게 재화나 용역을 생산하고 판매하기 위해 간접적으로 현금흐름을 생산하는 여러 가지 경제적 자원을 결합하여 사용하는 경우, 역사적 원가나 현행원가는 그 활동에 목적적합한 정보를 제공할 것이다.

독립적으로 그리고, 유의적인 경제적 불이익 없이(예 유의적인 사업중단 없이) 판매될 수 있는 자산과 같이 현금흐름을 직접 창출하는 자산과 부채의 경우, 가장 목적적합한 정보를 제공하는 측정기준은 미래현금흐름의 금액, 시기와 불확실성의 현재 추정치를 반영한 현행가치일 것이다.

금융자산과 금융부채에 적용하는 상각후원가는 자산에서 가득하는 이자와 부채에서 발생한 이자 간의 이익을 도출하는 데 사용할 수 있는 목적적합한 정보를 제공할 수 있다. 그러나 상각후원가가 유용한 정보를 제공하는지 평가할 때 금융자산이나 금융부채의 특성도 고려해야 한다. 상각후원가는 원금과 이자 외의 요소에 의존하는 현금흐름에 목적적합한 정보를 제공하지 못할 것이다.

2) 표현충실성(faithful representation)

자산과 부채가 어떤 방식으로든 관련된 경우, 해당 자산과 부채에 대해 서로 다른 측정기준을 사용하면 측정불일치(회계불일치)가 발생할 수 있다. 재무제표에 측정불일치가 포함될 경우, 해당 재무제표는 기업의 재무상태와 재무성과의 일부 측면을 충실하게 표현하지 못할 수 있다. 결과적으로 어떤 상황에서는 관련된 자산과 부채에 동일한 측정기준을 사용함으로써, 재무제표이용자들에게 다른 측정기준을 사용하는 정보보다 유용한 정보를 제공할 수 있다.

활성시장의 가격을 직접 관측하여 측정할 수 없어 추정해야만 하는 경우에는 측정불확실성이 발생한다. 특정 측정기준과 관련된 측정불확실성의 수준은 그 측정기준으로 제공하는 정보가 기업의 재무상태 및 재무성과를 충실하게 표현하는지에 영향을 줄 수 있다. 측정불확실성의 수준이 높다고 해서 목적적합한 정보를 제공하는 측정기준을 반드시 사용하지 못하는 것은 아니다. 그러나 어떤 경우에는 측정불확실성의 수준이 너무 높아서 측정기준에 의해 제공된 정보가 충분히 충실한 표현을 제공하지 못할 수도 있다. 이러한 경우에는 목적적합한 정보를 얻을 수 있는 다른 측정기준을 선택하는 것을 고려하는 것이 적절하다.

3) 보강적 질적특성과 원가제약

보강적 질적특성 중 비교가능성, 이해가능성, 검증가능성 및 원가제약은 측정기준의 선택에 영향을 미친다. 보강적 질적특성 중 적시성은 측정에 특별한 영향을 미치지 않는다.

원가가 다른 재무보고결정을 제약하는 것처럼 측정기준의 선택도 제약한다. 따라서 측정기준을 선택할 때 그 측정기준에 의해 재무제표이용자들에게 제공되는 정보의 효익이 그 정보를 제공하고 사용하는 데 발생한 원가를 정당화 할 것인지를 고려하는 것이 중요하다.

특정 보고기업 내에서 기간 간 또는 같은 기간 동안에 기업 간에 동일 항목에 대해 동일한 측정기준을 일관되게 사용하면 보다 더 비교가능한 재무제표를 작성하는 데 도움이 될 수 있다.

측정기준이 변경되면 재무제표의 이해가능성이 감소할 수 있다. 그러나 예를 들어, 변경으로 인해 정보가 보다 목적적합해지는 경우와 같이 이해가능성 감소보다 다른 요소가 더 중요하다면 변경이 정당화 될 수 있다. 변경이 이루어지면 재무제표이용자들은 변경의 영향을 이해하기 위해 설명정보가 필요할 수 있다.

검증가능성은 가격을 관측하는 것과 같이 직접 또는 모형의 투입요소를 확인하는 것과 같이 간접으로, 독립적으로 확인될 수 있는 측정기준을 사용함으로써 향상된다. 측정을 검증할 수 없는 경우, 재무제표이용자들은 그 측정이 어떻게 결정되었는지 이해하기 위해 설명정보가 필요할 수 있다. 이러한 경우에는 다른 측정기준을 사용하도록 특정하는 것이 필요할 수도 있다.

① 역사적 원가

많은 경우에 역사적 원가를 측정하는 것이 현행가치를 측정하는 것보다 더 단순하고 비용이 적게 든다. 또한, 역사적 원가 측정기준을 적용하여 결정한 측정은 일반적으로 잘 이해되며 대부분 검증가능하다. 그러나 소비를 추정하고 손상차손 또는 손실부담부채를 식별하고 측정하는 것은 주관적일 수 있다. 따라서 때로는 자산이나 부채의 역사적 원가도 현행가치만큼 측정하거나 검증하기 어려울 수 있다.

역사적 원가 측정기준을 사용할 경우, 다른 시점에 취득한 동일한 자산이나 발생한 동일한 부채가 재무제표에 다른 금액으로 보고될 수 있다. 이것은 보고기업의 기간 간 또는 같은 기간의 기업 간 비교가능성을 저하시킬 수 있다.

② 공정가치

공정가치는 개별 기업의 관점이 아닌 시장참여자의 관점에서 결정되고 자산이 취득되거나 부채가 발생하는 시점과는 독립적이기 때문에, 공정가치로 측정된 동일한 자산이나 부채는 원칙적으로 동일한 시장에 접근할 수 있는 보고기업에 의해 동일한 금액으로 측정된다. 이는 보고기업의 기간 간 또는 같은 기간의 기업 간 비교가능성을 높일 수 있다. 자산이나 부채의 공정가치를 활성시장의 가격을 관측하여 직접 결정할 수 있는 경우, 공정가치 측정 과정은 비용이 적게 들고 단순하며 이해하기 쉽다. 또한 공정가치는 직접 관측을 통해 검증될 수 있다.

③ 사용가치와 이행가치

사용가치와 이행가치는 개별 기업의 관점을 반영하기 때문에 이러한 측정은 동일한 자산이나 부채를 다른 기업이 보유할 경우 다를 수 있다. 이러한 차이는, 특히 자산이나 부채가 유사한 방식으로 현금흐름에 기여하는 경우, 비교가능성을 저하시킬 수 있다. 현금흐름기준 측정기법의 사용을 포함한 평가기법은 평가에 필요한 투입요소를 추정하고 평가기법을 적용하는 것은 비용이 많이 들고 복잡할 수 있으며, 과정에 투입되는 요소는 주관적일 수 있으며, 투입요소와 과정 자체의 타당성을 검증하는 것이 어려울 수 있다. 결과적으로 동일한 자산이나 부채의 측정치가 다를 수 있다. 이는 비교가능성을 저하시킬 것이다.

④ 현행원가

현행원가 측정기준을 사용할 경우, 다른 시점에 취득하거나 발생한 동일한 자산이나 부채를 재무제표에 같은 금액으로 보고하므로 비교가능성을 향상시킬 수 있다. 그러나 현행원가를 결정하는 것은 복잡하고 주관적이며 비용이 많이 들 수 있다. 또한 현행원가 장부금액의 변동을 소비한 것의 현행원가와 가격변동 효과로 나누는 것은 복잡하고 자의적인 가정이 필요할 수 있다. 이러한 어려움 때문에 현행원가 측정치는 검증가능성과 이해가능성이 결여될 수 있다.

각 측정기준이 보강적 질적특성에 미치는 영향을 요약·정리하면 다음 〈표 2-3〉과 같다.

표 2-3 측정기준이 보강적 질적특성에 미치는 영향

측정기준		비교가능성	이해가능성	검증가능성
역사적 원가		낮음	높음	높음
현행가치	공정가치 (활성시장 관측가능 시)	높음	높음	높음
	사용가치와 이행가치 (평가기법 적용 시)	낮음	낮음	낮음
	현행원가	높음	낮음	낮음

4) 최초 측정에 관련된 특정 요인들

기업이 시장조건에 따른 거래를 하면서 다른 자산이나 부채를 이전하는 대가로 자산을 취득하거나 부채를 발생시키는 경우, 취득한 자산이나 발생한 부채의 최초 측정에 의해 그 거래에서 수익이나 비용의 발생 여부가 결정된다. 자산이나 부채를 원가로 측정하는 경우, 이전된 자산이나 부채의 제거로 인해 수익과 비용이 발생하거나 자산이 손상되거나 손실부담부채가 생기는 경우가 아닌 한, 최초 인식 시점에 수익이나 비용이 발생하지 않는다.

반면에 시장조건에 따른 거래가 아닌 사건의 결과로 자산을 취득하거나 부채가 발생할 수 있는데, 이러한 경우 취득한 자산이나 발생한 부채를 역사적 원가로 측정하는 것은 거래나 그 밖의 사건에서 발생하는 기업의 자산과 부채 및 수익이나 비용을 충실하게 표현하지 못할 수도 있다. 따라서 취득한 자산이나 발생한 부채를 간주원가(deemed cost)[3]로 측정하는 것이 적절할 수 있다. 간주원가와 지급하거나 수취한 대가와의 차이는 최초 인식 시점에 수익과 비용으로 인식될 것이다.

5) 하나 이상의 측정기준

때로는 기업의 재무상태와 재무성과를 충실히 표현하는 목적적합한 정보를 제공하기 위해 자산이나 부채, 관련된 수익과 비용에 대해 하나 이상의 측정기준이 필요하다는 결론에 이르게 될 수도 있다. 이런 경우에는 재무상태표상 자산이나 부채, 관련 수익과 비용 모두에 대해 단일 측정기준을 사용하고, 다른 측정기준을 적용한 추가 정보를 주석에 제공한다.

그러나 자산과 부채에 대해서는 현행가치 측정기준을 사용하고 수익과 비용에 대해서는 다른 측정기준을 사용하는 것이 정보를 더 목적적합하게 하거나 기업의 재무상태와 재무성과를 보다 충실히 표현하는 경우도 있다. 이러한 경우 자산이나 부채의 현행가치 변동으로 인해 발생한 총수익과 총비용은 손익계산서에서 선택한 측정기준을 적용하여 측정한 수익과 비용을 포함하고, 잔여 수익과 비용은 기타포괄손익[4]으로 포함하게 된다.

(5) 자본의 측정

자본의 총장부금액은 직접 측정하지 않는다. 이는 인식된 모든 자산의 장부금액에서 인식된 모든 부채의 장부금액을 차감한 금액과 동일하다. 일반목적재무제표는 기업의 가치를 보여주도록 설계되지 않았기 때문에 자본의 총장부금액은 일반적으로 ① 기업의 자본청구권에 대한 시가총액이나 ② 계속기업을 전제로 하여 기업 전체를 매각하

---

3 간주원가란 특정 일자의 원가나 감가상각 후 원가에 대한 대용치로 사용되는 금액을 말한다. 기업이 특정 일자에 자산이나 부채를 최초로 인식하였고 그 원가가 간주원가와 동일한 것으로 가정하여 후속적으로 감가상각하거나 상각한다.

4 결과적으로 기타포괄손익누계액은 재무제표상 자산이나 부채의 장부금액과 손익계산서에서 선택한 측정기준을 적용한다면 산출되었을 장부금액의 차이와 동일할 것이다.

여 조달할 수 있는 금액 또는 ③ 기업의 모든 자산을 매각하고 모든 부채를 상환하여 조달할 수 있는 금액과 동일하지 않을 것이다.

총자본은 직접 측정할 수 없지만, 자본의 일부 종류(예 보통주 또는 우선주)와 자본의 일부 구성요소(예 자본금, 이익잉여금 등)에 대한 장부금액은 직접 측정하는 것이 적절할 수 있다. 그럼에도 불구하고, 총자본은 잔여지분으로 측정되기 때문에 적어도 자본의 한 종류 또는 자본의 한 구성요소는 직접 측정할 수 없다.

2. 표시와 공시

2.1 정보소통 수단으로서의 표시와 공시

보고기업은 재무제표에 정보를 표시하고 공시함으로써 기업의 자산, 부채, 자본, 수익 및 비용에 관한 정보를 전달한다. 재무제표의 정보가 효과적으로 소통되면 그 정보를 보다 목적적합하게 하고 기업의 자산, 부채, 자본, 수익 및 비용을 충실하게 표현하는 데 기여한다. 또한 이는 재무제표의 정보에 대한 이해가능성과 비교가능성을 향상시킨다.

원가가 다른 재무보고 결정을 제약하는 것처럼 표시와 공시의 결정도 제약한다. 따라서 특정 정보를 표시하거나 공시함으로써 재무제표이용자에게 제공되는 효익이 그 정보를 제공하고 사용하는 데 드는 원가를 정당화할 수 있는지 고려하는 것이 중요하다.

2.2 표시와 공시의 목적과 원칙

재무제표의 정보가 쉽고 효과적으로 소통되기 위해 개별 기준서의 표시와 공시 요구사항을 개발할 때 다음 사이의 균형이 필요하다.

① 기업의 자산, 부채, 자본, 수익 및 비용을 충실히 표현하는 목적적합한 정보를 제공할 수 있도록 기업에 융통성을 부여한다(근본적 질적특성의 요소).
② 기간 간 그리고 기업 간 비교가능한 정보를 요구한다(보강적 질적특성의 요소).

2.3 분류

분류(classification)란 표시와 공시를 위해 자산, 부채, 자본, 수익이나 비용을 공유되는 특성에 따라 구분하는 것을 말한다. 상이한 자산, 부채, 자본, 수익이나 비용을 함께 분류하면 목적적합한 정보를 가려서 불분명하게 하고, 이해가능성과 비교가능성이 낮아질 수 있으며, 표현하고자 하는 내용을 충실하게 표현하지 못할 수 있다.

(1) 자산과 부채의 분류

분류는 자산 또는 부채에 대해 선택된 회계단위별로 적용하여 분류한다. 그러나 자산이나 부채 중 특성이 다른 구성요소를 구분하여 별도로 분류하는 것이 적절할 수도 있다. 이것은 이러한 구성요소를 별도로 분류한 결과 재무정보의 유용성이 향상되는 경우에 적절할 것이다. 예를 들어, 자산이나 부채를 유동요소와 비유동요소로 구분하고 이러한 구성요소를 별도로 분류하는 것이 적절할 수 있다.

(2) 자산과 부채의 상계

상계(offset)는 기업이 자산과 부채를 별도의 회계단위로 인식하고 측정하지만, 재무상태표에서 단일의 순액으로 합산하는 경우에 발생한다. 상계는 서로 다른 항목을 함께 분류하는 것이므로 일반적으로는 적절하지 않다. 자산과 부채의 상계는 권리와 의무의 집합을 단일의 회계단위로서 취급하는 것과 다르다.

(3) 자본의 분류

유용한 정보를 제공하기 위해, 자본청구권이 다른 특성을 가지고 있는 경우에는 그 자본청구권을 별도로 분류해야 할 수도 있다. 마찬가지로 유용한 정보를 제공하기 위해, 자본의 일부 구성요소에 특정 법률, 규제 또는 그 밖의 요구사항이 있는 경우에는 자본의 그 구성요소를 별도로 분류할 수 있다.

(4) 수익과 비용의 분류

수익과 비용의 분류에는 다음의 ① 또는 ②가 적용된다.

① 자산이나 부채에 대해 선택된 회계단위에서 발생하는 수익과 비용
② 수익이나 비용의 구성요소에 특성이 서로 다르며, 이들 구성요소가 별도로 식별되는 경우 그러한 수익과 비용의 구성요소(예 자산의 현행가치 변동에는 가치변동의 영향과 이자의 발생이 포함될 수 있는데, 그러한 구성요소의 별도 분류)

(5) 당기손익과 기타포괄손익

수익과 비용은 분류되어 다음 중 하나에 포함된다.

① 손익계산서
② 손익계산서 이외의 기타포괄손익

손익계산서는 해당 기간의 기업 재무성과에 관한 정보의 주요 원천이기 때문에 모든 수익과 비용은 원칙적으로 해당 기간 손익계산서에 포함된다. 그러나 회계기준위원회의 개별 기준서를 개발할 때 목적적합한 정보를 제공하거나 충실한 표현을 제공하기 위해 자산이나 부채의 현행가치의 변동으로 인한 수익과 비용을 기타포괄손익에 포함하도록 결정할 수 있다.

역사적 원가 측정기준에서 발생한 수익과 비용은 손익계산서에 포함된다. 그러한 유형의 수익이나 비용이 자산이나 부채의 현행가치 변동의 구성요소로서 별도로 식별되는 경우에도 그러하다. 예를 들어, 금융자산이 현행가치로 측정되고 이자수익이 그 밖의 가치변동과 별도로 식별된다면 그 이자수익은 손익계산서에 포함된다.

원칙적으로 한 기간에 기타포괄손익에 포함된 수익과 비용은 미래 기간에 기타포괄손익에서 당기손익으로 재분류한다. 이런 경우는 그러한 재분류가 보다 목적적합한 정보를 제공하는 손익계산서가 되거나 미래 기간의 기업 재무성과를 보다 충실하게 표현하는 결과를 가져오는 경우이다. 그러나 재분류되어야 할 기간이나 금액을 식별할 명확한 근거가 없다면 회계기준위원회는 개별 기준서를 개발할 때, 기타포괄손익에 포함된 수익과 비용이 후속적으로 재분류되지 않도록 결정할 수도 있다.

2.4 통합

통합(aggregation)은 특성을 공유하고 동일한 분류에 속하는 자산, 부채, 자본, 수익 또는 비용을 합하는 것이다. 통합은 많은 양의 세부사항을 요약함으로써 정보를 더욱 유용하게 만든다. 그러나 통합은 그러한 세부사항 중 일부를 숨기기도 한다. 따라서 목적적합한 정보가 많은 양을 중요하지 않은 세부사항과 섞이거나 과도한 통합으로 인해 가려져서 불분명해지지 않도록 균형을 찾아야 한다.

재무제표의 서로 다른 부분에서는 다른 수준의 통합이 필요할 수 있다. 예를 들어, 일반적으로 재무상태표와 포괄손익계산서는 요약된 정보를 제공하고 자세한 정보는 주석에서 제공한다.

3. 자본 및 자본유지개념

3.1 자본의 개념

자본의 개념(concept of capital)은 재무적 개념과 실물적 개념으로 구분할 수 있다. 자본의 재무적 개념(financial concept of capital)은 자본을 투자된 화폐액 또는 투자된 구매력으로 보는 재무적 개념하에서 자본은 기업의 순자산이나 지분과 동의어로 사용된다. 자본의 실물적 개념(physical concept of capital)은 자본을 1일 생산량과 같은 기업의 조업능력으로 본다.

기업은 재무제표이용자의 정보욕구에 기초하여 적절한 자본개념을 선택하여야 한다. 따라서 재무제표이용자가 주로 명목상의 투하자본이나 투하자본의 구매력 유지에 관심이 있다면 재무적 개념의 자본을 채택하여야 한다. 그러나 재무제표이용자의 주된 관심이 기업의 조업능력 유지에 있다면 실물적 개념의 자본을 사용하여야 한다. 현재 대부분의 기업은 자본의 재무적 개념에 기초하여 재무제표를 작성한다. 비록 자본개념을 실무적으로 적용하는 데 측정의 어려움이 있을 수 있지만, 선택된 자본개념에 따라 이익의 결정 목표가 무엇인지 알 수 있게 된다.

3.2 자본유지개념과 이익의 결정

자본유지개념(concept of capital maintenance)은 기업이 유지하려고 하는 자본을 어떻게 정의하는지와 관련된다. 자본유지개념은 이익을 측정하는 준거기준을 제공하여 자본개념과 이익개념 사이의 연결고리를 제공한다. 자본유지개념은 투자회수(return of capital)와 투자수익(return on capital)을 구분하기 위해 꼭 필요한 개념이다. 자본유지를 위해 필요한 금액이 투자회수이고, 이를 초과하는 금액이 이익으로 간주될 수 있는 투자수익이다.

'개념체계'에서는 다음과 같이 재무자본유지와 실물자본유지의 두 가지 개념으로 구분한다.

(1) 재무자본유지(financial capital maintenance)

재무자본유지개념하에서 이익은 해당 기간 동안 소유주에게 배분하거나 소유주가 출연한 부분을 제외하고 기말 순자산의 재무적 측정금액(화폐금액)이 기초 순자산의 재무적 측정금액(화폐금액)을 초과하는 경우에만 발생한다. 재무자본유지는 명목화폐단위 또는 불변구매력단위를 이용하여 측정할 수 있다. 재무자본유지개념은 특정한 측정기준의 적용을 요구하지 아니한다. 재무자본유지개념하에서 측정기준의 선택은 기업이 유지하려는 재무자본의 유형과 관련이 있다.

① 명목재무자본유지(maintenance of nominal financial capital): 자본을 명목화폐단위로 정의한 재무자본유지개념하에서 이익은 해당 기간 중 명목화폐자본의 증가액을 의미한다. 따라서 기간 중 보유한 자산가격의 증가 부분, 즉 가격변동에 따른 보유이익은 개념적으로 이익에 속한다. 그러나 보유이익은 자산이 교환거래에 따라 처분되기 전에는 이익으로 인식되지 않을 것이다. 역사적 원가회계는 명목재무자본유지개념에 근거하고 있다.

② 불변구매력자본유지(maintenance of general purchasing power capital): 재무자본유지개념이 불변구매력 단위로 정의된다면 이익은 해당 기간 중 투자된 구매력의 증가를 의미하게 된다. 따라서 일반물가수준에 따른 가격상승을 초과하는 자산가격의 증가 부분만이 이익으로 간주되며, 그 이외의 가격증가 부분은 자본의 일부인 자본유지조정으로 처리된다.

(2) 실물자본유지(physical capital maintenance)

실물자본유지개념하에서 이익은 해당 기간 동안 소유주에게 배분하거나 소유주가 출연한 부분을 제외하고 기업의 기말 실물생산능력이나 조업능력(또는 그러한 생산능력을 갖추기 위해 필요한 자원이나 기금)이 기초 실물생산능력을 초과하는 경우에만 발생한다. 실물자본유지개념을 사용하기 위해서는 현행원가기준에 따라 측정해야 한다.

측정기준과 자본유지개념의 선택에 따라 재무제표 작성에 사용되는 회계모형이 결정된다. 실무에서 일반적으로 사용하는 회계모형은 측정기준을 역사적 원가로 하고, 자본유지 개념을 명목화폐단위로 측정하는 재무자본유지개념으로 하는 모형이다. 어떤 회계모형을 사용하든 각각의 회계모형은 상이한 목적적합성과 신뢰성을 나타내며, 경영진은 목적적합성과 신뢰성 간의 균형을 고려하여 회계모형을 선택하여야 한다.

3.3 자본유지조정

자산과 부채에 대한 재평가 또는 재작성은 자본의 증가나 감소를 초래한다. 이와 같은 자본의 증가 또는 감소는 수익과 비용의 정의에는 부합하지만, 이 항목들은 특정 자본유지개념에 따라 포괄손익계산서에는 포함하지 않을 수 있다. 그 대신 자본유지조정 또는 재평가적립금으로 자본에 포함한다.

예제 1 ‖ 자본유지개념에 의한 이익 측정

대박회사는 20×1년 초에 현금 ₩1,000을 출자하여 설립한 회사이다. 기초에 재고자산 1개를 ₩1,000에 구입하여 기중에 ₩1,500에 판매하였다. 기초 물가지수를 100이라고 할 때, 기말 물가지수는 110이다. 기말 현재 동일한 재고자산의 구입가격은 ₩1,400이다.

물음

대박회사가 각각 명목재무자본유지개념, 불변구매력자본유지개념 및 실물자본유지개념을 적용한 경우 20×1년도 이익을 측정하시오.

풀이

	명목재무자본	불변구매력자본	실물자본
20×1년 초 자본	₩1,000	₩1,000	₩1,000
자본유지조정	-	100❶	400❷
이익	500	400	100
20×1년 말 자본	₩1,500	₩1,500	₩1,500

❶ 20×1년 말 물가지수가 20×1년 초에 비해 10% 증가하였으므로 명목금액 ₩1,000의 불변구매력은 ₩100 증가한 ₩1,100이다.

❷ 20×1년 말 재고자산의 현행원가는 ₩1,400이므로 명목금액 ₩1,000의 실물자본은 ₩400 증가한 ₩1,400이다.

4. 현재가치

역사적 원가 중 상각후원가, 공정가치, 그리고 사용가치와 이행가치를 측정하는 과정에서 미래현금흐름의 현재가치를 이용한다고 하였다. 본절에서 화폐의 시간가치와 현재가치, 그리고 미래가치에 대해 살펴보자.

4.1 화폐의 시간가치의 의의

1년 후에 ₩1을 받을 수 있는 채권이 있다면 지금 현재 얼마를 투자해야 할까? 아마도 ₩1보다 적은 금액을 투자할 것이다. 즉, 현재의 ₩1과 미래의 ₩1의 가치는 다르다. "현재 ₩1을 받겠냐? 아니면 1년 후에 ₩1을 받겠냐?"라고 묻는다면, 누구나 현재 ₩1을 받겠다고 대답할 것이다. 현재의 ₩1이 1년 후의 ₩1보다 가치가 더 크기 때문이다. 화폐의 시간가치(time value of money)는 시간에 따라 화폐의 가치가 달라지는 것을 말하며, 일반적으로 동일한 금액일 때 현재가치가 미래가치보다 크다. 그 이유는 이자(interest) 때문이다. 은행에 1년 만기 정기예금을 가입하면 1년 후에 원금과 정해진 이자를 함께 받는 것과 같은 개념이다.

4.2 현재가치와 미래가치의 의의

1년 후의 ₩1은 현재 얼마와 동일할까? 반대로 현재의 ₩1은 1년 후의 얼마와 동일할까? 1년 후의 ₩1과 동일한 현재의 그 얼마를 ₩1의 현재가치(present value)라고 한다. 또한 현재의 ₩1과 동일한 1년 후의 그 얼마를 ₩1의 미래가치(future value)라고 한다. 현재가치를 계산하려면 미래의 모든 현금흐름을 현재시점의 가치로 할인(discount)해야 한다. 또한 미래가치를 계산하려면 현재 또는 특정시점의 모든 현금흐름을 미래의 일정시점까지 누적(accumulate)해야 한다. 현재가치와 미래가치는 다음 세 가지 요인에 의해 결정된다.

① 현금 유입 · 유출의 금액
② 현금 유입 · 유출의 시점
③ 할인율(discount rate): 투자자가 요구하는 수익률이나 이자율, 보통 최저필수수익률[5]이 사용된다.

4.3 현재가치와 미래가치의 계산

다음 (예제 2)를 통해서 현재가치와 미래가치를 어떻게 계산하는지 살펴보자.

예제 2 ❙ 현재가치와 미래가치

만기에 ₩10,000의 목돈을 받을 수 있는 투자가 있고, 연간 10%의 수익을 기대한다고 가정한다.

물음

1. 만기가 1년이라면 현재 얼마를 투자해야 하는가?

2. 만기가 2년이라면 현재 얼마를 투자해야 하는가?

5 최저필수수익률(required minimum rate of return)이란 어떤 투자로부터 바라고 있는 최소한의 수익률을 말한다.

풀이

1. 1년 만기 투자액

	투 자 액(현재가치)	₩9,091
+	기대수익(₩9,091 × 10%)	909
=	1년 후 현금유입액(미래가치)	₩10,000

즉, 현재 ₩9,091을 투자하면 이에 대한 10% 수익인 ₩909을 더해 1년 후에 ₩10,000의 목돈을 받을 수 있다. 따라서 ₩9,091은 1년 후 ₩10,000의 현재가치이고, 1년 후 ₩10,000을 현재 ₩9,091의 미래가치라고 한다.

2. 2년 만기 투자액

	투 자 액(현재가치)	₩8,264
+	1년째 기대수익(₩8,264 × 10%)	₩9,091
=	2년째 기대수익(₩9,091 × 10%)	827
+	1년 후 총 투자액(=1년 후 미래가치)	909
=	2년 후 현금유입액(=2년 후 미래가치)	₩10,000

즉, 현재 ₩8,264을 투자하면 이에 대한 10% 수익인 ₩827을 더해 1년 후에 총 투자액 또는 1년 후의 미래가치는 ₩9,091이 된다. 다시 이에 대한 10% 수익인 ₩909을 더해 2년 후에 ₩10,000의 목돈을 받을 수 있다. 따라서 ₩8,264은 2년 후 ₩10,000의 현재가치이고, 2년 후 ₩10,000을 현재 ₩8,264의 미래가치라고 한다.

4.4 현재가치표

앞서 살펴본 것처럼 미래 현금흐름의 현재가치를 직접 계산할 수도 있지만 금액이 크거나 먼 미래에 대한 현재가치를 계산하려면 매우 복잡하고 번거로울 것이다. 이것을 해결할 수 있는 방법이 현재가치표를 이용하여 미래 현금흐름의 현재가치를 계산하는 것이다.

(1) 단일금액의 현재가치표

단일금액의 현재가치는 미래 ₩1을 n기간에 이자율 r로 할인한 현재가치를 환산한 표로서 다음과 같이 계산된다. 즉, 단일금액 ₩1의 현재가치란 미래의 목돈

₩1이 현재의 얼마와 동일한 금액인지를 나타내는 계수이다.

$$\text{단일금액 ₩1의 현재가치} = \frac{₩1}{(1+r)^n}$$

(r = 이자율, n = 기간)

단일금액 ₩1의 현재가치를 도식화하면 다음 [그림 2-3]과 같다.

[그림 2-3] 단일금액 ₩1의 현재가치

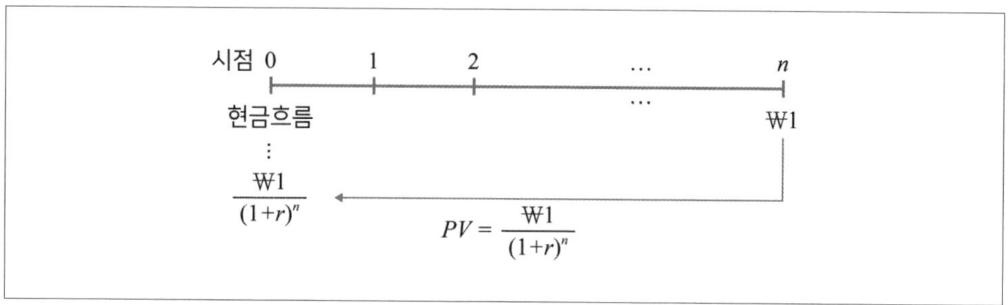

다음 (예제 3)을 통해서 단일 금액의 현재가치표를 이용하여 현재가치를 어떻게 계산하는지 살펴보자.

예제 3 ❙ 단일금액의 현재가치

만기에 ₩10,000의 목돈을 받을 수 있는 투자가 있고 연간 10%의 수익을 기대한다고 가정한다. 단, 단일금액의 현재가치표를 이용하여 계산한다.

물음

1. 만기가 1년이라면 현재 얼마를 투자해야 하는가?

2. 만기가 2년이라면 현재 얼마를 투자해야 하는가?

풀이

1. 1년 만기 투자액

	1년 후 현금유입액(미래가치)	₩10,000
×	단일금액 ₩1의 현재가치(1기간, 10%)	0.9091
=	투 자 액(현재가치)	₩9,091

즉, 1년 후에 ₩10,000의 목돈을 받으려면 현재 ₩9,091을 투자하면 된다. 1년 후에 받게 되는 목돈 ₩10,000에 1기간과 이자율 10%에 해당하는 단일금액 ₩1의 현재가치 계수인 0.9091을 곱하면 현재가치 ₩9,091이 계산된다. 결국 예제 2와 같이 ₩10,000을 1기간에 10% 이자율로 할인할 값과 같게 된다.

2. 2년 만기 투자액

	2년 후 현금유입액(미래가치)	₩10,000
×	단일금액 ₩1의 현재가치(2기간, 10%)	0.8264
=	투 자 액(현재가치)	₩8,264

즉, 2년 후에 ₩10,000의 목돈을 받으려면 현재 ₩8,264을 투자하면 된다. 2년 후에 받게 되는 목돈 ₩10,000에 2기간과 이자율 10%에 해당하는 단일금액 ₩1의 현재가치 계수인 0.8264를 곱하면 현재가치 ₩8,264이 계산된다. 결국 예제 2와 같이 ₩10,000을 2기간에 10% 이자율로 할인할 값과 같게 된다.

(2) 연금의 현재가치표

연금(annuity)이란 매년 동일한 금액이 유입되는 현금흐름을 말한다. 연금의 현재가치는 n기간 동안 미래 ₩1을 n기간에 이자율 r로 할인한 현재가치의 합계를 환산한 표로서 다음과 같이 계산된다. 즉, 연금 ₩1의 현재가치란 미래의 연금 ₩1이 현재의 얼마와 동일한 금액인지를 나타내는 계수이다.

$$\text{연금 ₩1의 현재가치} = \Sigma \frac{₩1}{(1+r)^n}$$

(r = 이자율, n = 기간)

연금 ₩1의 현재가치를 도식화하면 다음 [그림 2-4]와 같다.

[그림 2-4] **연금 ₩1의 현재가치**

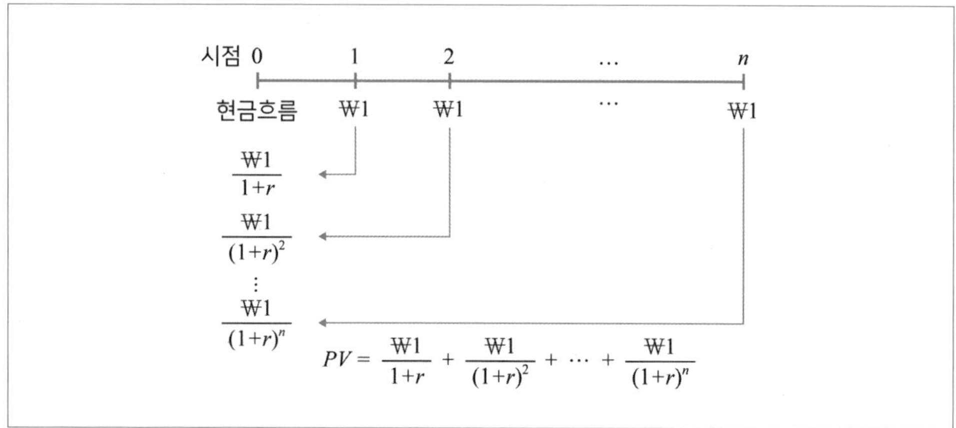

다음 (예제 4)를 통해서 연금의 현재가치표를 이용하여 현재가치를 어떻게 계산하는지 살펴보자.

예제 4 ❙ 2년 후 연금의 현재가치

첫 해의 말부터 시작해서 매년 말 ₩10,000의 연금을 2년간 받는다고 가정하자.

물음

연간 할인율이 10%라면 연금의 현재가치는 얼마인가? 단, 연금의 현재가치표와 단일금액의 현재가치표를 이용하여 계산한다.

풀이

• 연금의 현재가치표 이용

	2년 동안 현금유입액(미래가치)	₩10,000
×	정상연금 ₩1의 현재가치(2기간, 10%)	1.7355
=	연금의 현재가치	₩17,355

• 단일금액의 현재가치표 이용

	₩10,000 × 0.9091(1기간, 10%)	₩9,091
+	₩10,000 × 0.8264(2기간, 10%)	₩8,264
=	연금의 현재가치	₩17,355

즉, 2년 동안 ₩10,000의 연금의 현재가치를 계산할 때 연금의 현재가치 계수를 이용하면 ₩17,355으로 계산된다. 연금의 현재가치 계수가 단일금액 현재가치 계수의 합계이기 때문에 단일금액의 현재가치표를 이용하여도 ₩17,355으로 동일한 금액이 계산된다는 것을 알 수 있다.

SUMMARY & CHECK

회계거래

- 회계거래는 기업의 현재 재무상태에 변동을 가져오는 경제적 사건을 말한다.
- 인식이란 자산, 부채, 자본, 수익 또는 비용과 같은 재무제표 요소 중 하나의 정의를 충족하는 항목을 재무상태표나 포괄손익계산서에 포함하기 위하여 포착하는 과정이다.
- 정의를 충족하는 자산, 부채, 자본, 수익 및 비용을 인식하려면 인식기준을 충족하여야 한다.
- 자산이나 부채의 존재가 불확실하거나, 존재하지만 경제적 효익의 유입가능성 또는 유출가능성이 낮다면 자산이나 부채를 인식하는 것이 항상 목적적합한 정보를 제공하는 것이 아닐 수 있다.
- 충실한 표현이 제공될 수 있는지는 자산이나 부채와 관련된 측정불확실성의 수준 또는 다른 요인에 의해 영향을 받을 수 있다.
- 한국채택국제회계기준에서는 측정기준으로 역사적 원가와 현행가치를 제시하고, 현행가치를 다시 공정가치, 사용가치와 이행가치, 그리고 현행원가로 구분하였다.

표시와 공시

- 보고기업은 재무제표에 정보를 표시하고 공시함으로써 기업의 자산, 부채, 자본, 수익 및 비용에 관한 정보를 전달한다.
- 재무제표의 정보가 쉽고 효과적으로 소통되기 위해 개별 기준서의 표시와 공시 요구사항을 개발할 때 근본적 질적특성과 보강적 질적특성의 요소 간에 균형이 필요하다.
- 분류란 표시와 공시를 위해 자산, 부채, 자본, 수익이나 비용을 공유되는 특성에 따라 구분하는 것을 말한다.
- 회계기준위원회가 개별 기준서를 개발할 때 목적적합한 정보를 제공하거나 충실한 표현을 제공하기 위해 자산이나 부채의 현행가치의 변동으로 인한 수익과 비용을 기타포괄손익에 포함하도록 결정할 수 있다.
- 통합은 특성을 공유하고 동일한 분류에 속하는 자산, 부채, 자본, 수익 또는 비용을 합하는 것이다.

자본 및 자본유지개념

- 자본의 개념에는 재무적 개념과 실물적 개념으로 구분할 수 있다.
- 자본유지개념에는 재무자본유지와 실물자본유지의 두 가지 개념으로 구분하고, 재무자본유지는 명목화폐단위 또는 불변구매력단위를 이용하여 측정할 수 있다.
- 자산과 부채에 대한 재평가 또는 재작성으로 인한 자본의 증가와 감소는 수익과 비용의 정의에 부합하지만, 특정 자본유지개념에 따라 포괄손익계산서에 포함하지 않을 수 있다.

현재가치

- 화폐의 시간가치는 시간에 따라 화폐의 가치가 달라지는 것을 말하며, 일반적으로 동일한 금액일 때 현재가치가 미래가치보다 크다. 그 이유는 이자 때문이다.
- 현재가치와 미래가치는 현금 유입 · 유출의 금액과 시점, 그리고 할인율에 의해 결정된다.

OX QUIZ

1 모든 경제적 사건은 회계거래이다.

2 자본의 변동은 영업거래와 자본거래를 구분하여 별개로 인식 · 보고한다.

3 원가가 인식에 대한 결정은 제약하지 않는다.

4 자산이나 부채의 존재가 불확실하거나, 존재하지만 경제적 효익의 유입가능성 또는 유출가능성이 낮다면 그러한 자산이나 부채를 인식하지 않는다.

5 추정의 불확실성에 대한 설명을 동반한다면, 불확실성이 높은 추정에 의존하는 측정이 가장 유용한 정보일 수 있다.

6 역사적 원가는 자산을 취득 또는 창출하기 위하여 지급한 대가와 거래원가를 포함한다.

7 공정가치는 자산을 취득할 때와 처분할 때 거래원가를 반영한다.

8 사용가치와 이행가치는 시장참여자의 가정보다는 기업 특유의 가정을 반영한다.

9 현행원가는 활성시장에서 가격을 관측하여 직접 결정할 수 없으며 다른 방법을 통해 간접적으로 결정해야 한다.

10 가치변동에 관한 정보가 재무제표이용자들에게 중요할 경우 역사적 원가는 목적적합한 정보를 제공할 수 있다.

11 현금흐름을 직접 창출하는 자산과 부채의 경우에 가장 목적적합한 정보를 제공하는 측정기준은 현행가치이다.

12 측정불확실성의 수준이 높다면 목적적합한 정보를 제공하는 측정기준이라도 반드시 사용하지 못한다.

13 보강적 질적특성 중 적시성도 측정에 특별한 영향을 미친다.

14 현행원가는 비교가능성을 향상시킬 수 있으나, 이해가능성과 검증가능성은 결여될 수 있다.

15 간주원가와 지급하거나 수취한 대가와의 차이는 최초 인식 시점에 수익과 비용으로 인식된다.

16 재무상태와 재무성과를 충실히 표현하는 목적적합한 정보를 제공하기 위해 자산이나 부채, 관련된 수익과 비용에 대해 하나 이상의 측정기준이 필요할 수도 있다.

17 자본의 총장부금액은 직접 측정한다.

18 원가가 표시와 공시에 대한 결정은 제약하지 않는다.

19 자산과 부채의 상계는 권리와 의무의 집합을 단일의 회계단위로서 취급하는 것과 동일하다.

20 한 기간에 기타포괄손익에 포함된 모든 수익과 비용은 미래 기간에 기타포괄손익에서 당기손익으로 재분류한다.

21 재무제표의 서로 다른 부분에서는 다른 수준의 통합이 필요할 수도 있다.

22 역사적 원가회계는 불변구매력자본유지개념에 근거하고 있다.

23 자산과 부채에 대한 재평가 또는 재작성로 인한 자본의 증가와 감소는 수익과 비용의 정의에 부합하므로, 특정 자본유지개념과 상관없이 포괄손익계산서에 포함되어야 한다.

Multiple-choice Questions

1 개념체계에서 자산의 인식과 측정에 대한 설명으로 옳지 않은 것은? (CPA 2020)

① 자산, 부채 또는 자본의 정의를 충족하는 항목만이 재무상태표에 인식된다. 마찬가지로 수익이나 비용의 정의를 충족하는 항목만이 재무성과표에 인식된다. 그러나 그러한 요소 중 하나의 정의를 충족하는 항목이라고 할지라도 항상 인식되는 것은 아니다.

② 재무제표요소의 정의를 만족하는 항목이 목적적합한 정보를 제공하면서, 충실한 표현을 제공할 수 있다면, 재무제표에 인식이 되어야 한다.

③ 재무제표요소의 정의를 만족하는 항목이 경제적 효익의 유입가능성이나 유출가능성이 낮은 경우에는 재무제표에 절대로 인식될 수 없다.

④ 개념체계에서는 자산과 부채의 측정기준으로 역사적 원가, 현행원가, 공정가치와 자산의 사용가치 및 부채의 이행가치로 규정하고 있다.

⑤ 사용가치는 기업의 자산의 사용과 궁극적인 처분으로 얻을 것으로 기대하는 현금흐름 또는 그 밖의 경제적 효익의 현재가치이다. 한편, 공정가치는 자산을 취득할 때 발생한 거래원가로 인해 증가하지 않는다.

2 재무보고를 위한 개념체계 중 측정에 관한 다음의 설명 중 옳지 않은 것은? (CPA 2021)

① 역사적 원가 측정기준을 사용할 경우, 다른 시점에 취득한 동일한 자산이나 발생한 동일한 부채가 재무제표에 다른 금액으로 보고될 수 있다.

② 공정가치는 자산을 취득할 때 발생한 거래원가로 인해 증가하지 않으며, 또한 자산의 궁극적인 처분에서 발생할 거래원가를 반영하지 않는다.

③ 자산의 현행원가는 측정일 현재 동등한 자산의 원가로서 측정일에 지급할 대가와 그 날에 발생할 거래원가를 포함한다.

④ 현행가치와 달리 역사적 원가는 자산의 손상이나 손실부담에 따른 부채와 관련되는 변동을 제외하고는 가치의 변동을 반영하지 않는다.

⑤ 이행가치는 부채가 이행될 경우보다 이전되거나 협상으로 결제될 때 특히 예측가치를 가진다.

3 측정기준에 관한 설명으로 옳지 않은 것은? (CTA 2021)

① 자산을 취득하거나 창출할 때의 역사적 원가는 자산의 취득 또는 창출에 발생한 원가의 가치로서, 자산을 취득 또는 창출하기 위하여 지급한 대가와 거래원가를 포함한다.

② 부채가 발생하거나 인수할 때의 역사적 원가는 발생시키거나 인수하면서 수취한 대가에서 거래원가를 차감한 가치이다.

③ 공정가치는 측정일에 시장참여자 사이의 정상거래에서 자산을 매도할 때 받거나 부채를 이전할 때 지급하게 될 가격이다.

④ 사용가치와 이행가치는 자산을 취득하거나 부채를 인수할 때 발생하는 거래원가를 포함한다.

⑤ 자산의 현행원가는 측정일 현재 동등한 자산의 원가로서 측정일에 지급할 대가와 그날에 발생할 거래원가를 포함한다.

4 다음 중 재무제표의 작성과 표시를 위한 개념체계에서의 자본과 자본유지개념에 대한 설명으로 옳지 않은 것은 어느 것인가? (CTA 2018)

① 기업은 재무제표이용자의 정보요구에 기초하여 적절한 자본개념을 선택하여야 하는데, 만약 재무제표의 이용자가 주로 투하자본의 구매력 유지에 관심이 있다면 재무적 개념의 자본을 채택하여야 한다.

② 재무자본유지개념을 사용하기 위해서는 현행원가기준에 따라 측정해야 하며, 실물자본유지개념은 특정한 측정기준의 적용을 요구하지 않는다.

③ 자본을 실물생산능력으로 정의한 실물자본유지개념하에서 기업의 자산과 부채의 영향을 미치는 모든 가격변동은 해당 기업의 실물생산능력에 대한 측정치의 변동으로 간주되어 이익이 아니라 자본의 일부로 처리된다.

④ 자본유지개념은 이익이 측정되는 준거기준을 제공함으로써 자본개념과 이익개념 사이의 연결고리를 제공한다. 자본유지개념은 기업의 자본에 대한 투자수익과 투자회수를 구분하기 위한 필수요건이다.

⑤ 자본을 불변구매력 단위로 정의한 재무자본유지개념하에서는 일반물가수준에 따른 가격상승을 초과하는 자산가격의 증가 부분만이 이익으로 간주된다.

5 20×1년 초 도소매업으로 영업을 개시한 A회사는 현금 ₩1,800을 투자하여 상품 2개를 단위당 ₩600에 구입하고, 구입한 상품을 단위당 ₩800에 판매하여 20×1년 말 현금은 ₩2,200이 되었다. 20×1년 중 물가상승률은 10%이며, 20×1년 기말 상품의 단위당 구입 가격은 ₩700이다. 실물자본유지개념을 적용하여 산출한 20×1년의 이익과 자본유지조정 금액은? (CTA 2020)

① 이익 ₩100, 자본유지조정 ₩300

② 이익 ₩180, 자본유지조정 ₩220

③ 이익 ₩220, 자본유지조정 ₩180

④ 이익 ₩300, 자본유지조정 ₩100

⑤ 이익 ₩400, 자본유지조정 ₩0

CHAPTER 03

재무제표의 표시

1. 재무제표 작성과 표시의 일반원칙
2. 재무상태표
3. 포괄손익계산서
4. 자본변동표
5. 현금흐름표
6. 주석

학습목표

- 재무제표의 목적을 이해한다.
- 재무제표 작성과 표시의 일반원칙을 이해한다.
- 개별 재무제표의 표시방법과 제공하는 정보를 이해한다.

재무제표의 목적은 기업의 재무상태, 재무성과와 재무상태변동에 관한 정보를 제공함으로써 재무제표이용자들이 경제적 의사결정을 할 때 도움을 주는 것이다. 다양한 이해관계자들이 재무제표를 이용하기 때문에 국제회계기준은 재무제표를 작성할 때 공통적으로 적용해야 할 일반원칙을 제시하고 있다. 이러한 원칙에 따라 경영자는 재무상태표, 포괄손익계산서, 자본변동표 및 현금흐름표를 작성한다. 단, 국제회계기준은 원칙중심의 회계기준이기 때문에 표시방법이나 표시항목을 엄격하게 규정하는 대신에 주요 표시방법이나 표시항목만을 제시하고 경영자들이 이 중에서 선택하도록 하고 있다.

1. 재무제표 작성과 표시의 일반원칙

1.1 재무제표의 목적과 전체 재무제표

재무제표(financial statements)는 기업의 재무상태와 재무성과를 체계적으로 표현한 것이다. 재무제표의 목적은 광범위한 정보이용자의 경제적 의사결정에 유용한 기업의 재무상태, 재무성과와 재무상태변동에 관한 정보를 제공하는 것이다. 또한 재무제표는 위탁받은 자원에 대한 경영진의 수탁책임 결과도 보여준다. 이러한 목적을 충족하기 위하여 재무제표는 다음과 같은 기업 정보를 제공한다. 이러한 정보는 주석[1]에서 제공되는 정보와 함께 재무제표이용자가 기업의 미래현금흐름, 특히 그 시기와 확실성을 예측하는 데 도움을 준다.

① 자산
② 부채
③ 자본
④ 차익(gains)과 차손을 포함한 광의의 수익(income)과 비용[2]
⑤ 소유주로서의 자격을 행사하는 소유주에 의한 출자와 소유주에 대한 배분
⑥ 현금흐름

전체 재무제표는 다음을 모두 포함하여야 한다. 각각의 재무제표는 전체 재무제표에서 동등한 비중으로 표시한다.

① 기말 재무상태표
② 기간 포괄손익계산서

---

1 주석은 재무상태표, 포괄손익계산서, 자본변동표 및 현금흐름표에 표시하는 정보에 추가하여 제공된 정보. 주석은 상기 재무제표에 표시된 항목을 구체적으로 설명하거나 세분화하고, 상기 재무제표 인식요건을 충족하지 못하는 항목에 대한 정보를 제공한다.

2 '개념체계'에 따르면 'income'은 'revenue'와 'gains'를 포함하는 '광의의 수익' 개념이고, 한국채택국제회계기준에서는 'income'과 'revenue'를 동일하게 '수익'으로 번역하고 'gains'를 '차익 또는 이익'으로 번역함을 원칙으로 하였다. 다만, 'income'과 'revenue' 두 개의 용어를 명확하게 구분할 필요가 있는 경우 'income'은 '(광의의) 수익'으로 번역하였다.

③ 기간 자본변동표
④ 기간 현금흐름표
⑤ 주석(유의적인 회계정책의 요약 및 그 밖의 설명으로 구성, 전기에 관한 비교정보 포함)
⑥ 회계정책을 소급하여 적용하거나, 재무제표의 항목을 소급하여 재작성 또는 재분류하는 경우 전기 기초(전전기) 재무상태표

기업은 재무제표 이외에도 그 기업의 재무성과와 재무상태의 주요 특성 및 기업이 직면한 주요 불확실성을 설명하는 경영진의 재무검토보고서를 제공하기도 한다. 또한 환경 요인이 유의적인 산업에 속해 있는 경우나 종업원이 주요 재무제표 이용자인 경우에 재무제표 이외에 환경보고서나 부가가치보고서와 같은 보고서를 제공하기도 한다. 그러나 재무제표 이외의 보고서는 한국채택국제회계기준의 적용범위에 해당하지 않는다.

1.2 일반사항

K-IFRS 제1001호 '재무제표 표시(Presentation of Financial Statements)'에 일반목적 재무제표의 작성에 공통적으로 적용되는 일반사항을 제시하고 있다.

(1) 공정한 표시와 한국채택국제회계기준의 준수

재무제표는 기업의 재무상태, 재무성과 및 현금흐름을 공정하게 표시해야 한다. 공정한 표시(fairly present)를 위해서는 '재무보고를 위한 개념체계'에서 정한 자산, 부채, 수익 및 비용에 대한 정의[3]와 인식요건에 따라 거래, 그 밖의 사건과 상황의 효과를 충실하게 표현해야 한다. 한국채택국제회계기준에 따라 작성된 재무제표는 공정하게 표시된 재무제표로 본다. 한국채택국제회계기준을 준수하여 작성된 재무제표는 국제회계기준을 준수(compliance with IFRS)하여 작성된 재무제표임을 주석으로 공시할 수 있다.

부적절한 회계정책은 이에 대하여 공시나 주석 또는 보충 자료를 통해 설명하더라도 정당화될 수 없다. 하지만 극히 드문 상황으로서 한국채택국제회계기준의 요구사항

3 '재무보고를 위한 개념체계'에서는 자본에 대한 정의를 포함하고 있다.

을 준수하는 것이 오히려 '개념체계'에서 정하고 있는 재무제표의 목적과 상충되어 재무제표이용자의 오해를 유발할 수 있다고 경영진이 결론을 내리는 경우에는, 관련 규정에서 이러한 요구사항으로부터의 일탈을 의무화하거나 금지하지 않는 경우에 한하여, 다음 모든 항목을 공시하고 한국채택국제회계기준을 달리 적용할 수 있다.

① 재무제표가 기업의 재무상태, 재무성과 및 현금흐름을 공정하게 표시하고 있다고 경영진이 결론을 내렸다는 사실
② 공정한 표시를 위해 특정 요구사항을 달리 적용하는 것을 제외하고는 한국채택국제회계기준을 준수했다는 사실
③ 기업이 달리 적용하는 해당 한국채택국제회계기준의 제목, 그 한국채택국제회계기준에서 요구하는 회계처리의 방법과 이에 대한 일탈의 내용, 그러한 회계처리가 해당 상황에서 재무제표이용자의 오해를 유발할 수 있어 '개념체계'에서 정한 재무제표의 목적과 상충되는 이유, 그리고 실제로 적용한 회계처리방법
④ 표시된 각 회계기간에 대해, 한국채택국제회계기준 요구사항으로부터의 일탈이 이를 준수하였다면 보고되었을 재무제표의 각 항목에 미치는 재무적 영향

(2) 계속기업

경영진은 재무제표를 작성할 때 계속기업(going concern)으로서의 존속가능성(ability to continue)을 평가해야 한다. 경영진이 기업을 청산하거나 경영활동을 중단할 의도가 아니라면 계속기업을 전제로 재무제표를 작성한다.

계속기업의 가정이 적절한지의 여부를 평가할 때 경영진은 적어도 보고기간 말로부터 향후 12개월 기간에 대하여 이용가능한 모든 정보를 고려한다. 각 상황의 사실내용에 따라 고려의 정도를 결정한다. 기업이 상당 기간 계속 사업이익을 보고하였고, 보고기간 말 현재 경영에 필요한 재무자원을 확보하고 있는 경우에는 자세한 분석이 없이도 계속기업을 전제로 한 회계처리가 적절하다는 결론을 내릴 수 있다.

(3) 발생기준 회계

기업은 현금흐름 정보를 제외하고는 발생기준 회계(accrual basis of accounting)를 사용하여 재무제표를 작성한다. 발생기준 회계를 사용하는 경우, 각 항목이 '개념체계'의 정의와 인식요건을 충족할 때 자산, 부채, 자본, 광의의 수익 및 비용(재무제표의 요소)으로 인식한다.

(4) 중요성과 통합표시

유사한 항목은 중요성(materiality) 분류에 따라 재무제표에 구분하여 표시한다. 상이한 성격이나 기능을 가진 항목은 구분하여 표시한다. 다만, 중요하지 않은 항목은 성격이나 기능이 유사한 항목과 통합표시(aggregation)할 수 있다.

일부 한국채택국제회계기준에서는 재무제표(주석 포함)에 포함하도록 요구하는 정보를 명시하고 있다. 한국채택국제회계기준의 요구에 따라 공시되는 정보가 중요하지 않다면 그 공시를 제공할 필요는 없다. 이는 한국채택국제회계기준에 특정 요구사항이 열거되어 있거나 최소한의 요구사항으로 기술되어 있더라도 그러하다.

(5) 상계(금지)

한국채택국제회계기준에서 요구하거나 허용하지 않는 한 자산과 부채 그리고 수익과 비용은 상계(offset)하지 아니한다. 이들 항목을 상계표시하면 발생한 거래, 그 밖의 사건과 상황을 이해하고 기업의 미래현금흐름을 분석할 수 있는 재무제표이용자의 능력을 저해한다. 재고자산에 대한 재고자산평가충당금과 매출채권에 대한 대손충당금과 같은 평가충당금을 차감하여 관련 자산을 순액으로 측정하는 것은 상계표시에 해당하지 아니한다.

기업은 통상적인 영업활동 과정에서 수익을 창출하지는 않지만 주요 수익 창출활동에 부수적인 그 밖의 거래를 할 수 있다. 동일 거래에서 발생하는 수익과 관련비용의 상계표시가 거래나 그 밖의 사건의 실질을 반영한다면 그러한 거래의 결과는 상계하여 표시한다. 예를 들면 다음과 같다.

① 투자자산 및 영업용자산을 포함한 비유동자산의 처분손익은 처분대금에서 그 자산의 장부금액과 관련처분비용을 차감하여 표시한다.
② K-IFRS 제1037호 '충당부채, 우발부채 및 우발자산'에 따라 인식한 충당부채와 관련된 지출을 제3자와의 계약관계(예 공급자의 보증약정)에 따라 보전받는 경우, 당해 지출과 보전받는 금액은 상계하여 표시할 수 있다.
③ 외환손익 또는 단기매매 금융상품에서 발생하는 손익과 같이 유사한 거래의 집합에서 발생하는 차익과 차손은 순액으로 표시한다. 그러나 그러한 차익과 차손이 중요한 경우에는 구분하여 표시한다.

(6) 보고빈도(frequency of reporting)

전체 재무제표(비교정보를 포함)는 적어도 1년마다 작성한다. 보고기간 종료일을 변경하여 보고기간이 1년을 초과하거나 미달하는 경우, 그 이유와 재무제표에 표시된 금액이 완전하게 비교가능하지 않다는 사실을 추가로 공시한다.

(7) 비교정보

회계기준에서 달리 요구하거나 허용하지 않는 한 당기 재무제표에 보고되는 모든 금액에 대한 전기 비교정보(comparative information)를 공시한다. 당기 재무제표를 이용한 데 목적적합하다면 재무제표 항목의 표시와 분류는 매기 동일해야 한다.

비교정보를 공시하는 기업은 최소 두 개의 재무상태표, 두 개의 포괄손익계산서, 두 개의 현금흐름표, 두 개의 자본변동표, 그리고 관련 주석을 표시해야 한다. 회계정책을 소급하여 적용하거나, 재무제표의 항목을 소급하여 재작성 또는 재분류하며, 이러한 소급적용, 소급재작성 또는 소급재분류가 전기 기초(전전기) 재무상태표의 정보에 중요한 영향을 미치는 경우에는 전술한 최소한의 비교 재무제표에 추가하여 전기 기초(전전기) 재무상태표를 표시한다.

(8) 표시의 계속성(consistency of presentation)

재무제표 항목의 표시와 분류는 다음의 경우를 제외하고는 매기 동일하여야 한다.

① 사업내용의 유의적인 변화(예 인수나 매각)나 재무제표를 검토한 결과 다른 표시나 분류방법이 더 적절한 것이 명백한 경우
② 한국채택국제회계기준에서 표시방법의 변경을 요구하는 경우

1.3 재무제표의 식별

재무제표는 동일한 문서에 포함되어 함께 공표되는 그 밖의 정보와 명확하게 구분되어 식별되어야 한다. 그리고 각 재무제표와 주석은 명확하게 식별되어야 한다. 또한 다음 정보가 분명하게 드러나야 하며, 정보의 이해를 위해서 필요할 때에는 반복 표시하여야 한다.

① 보고기업의 명칭 또는 그 밖의 식별 수단과 전기 보고기간 말 이후 그러한 정보의 변경내용
② 재무제표가 개별 기업에 대한 것인지 연결실체에 대한 것인지의 여부
③ 재무제표나 주석의 작성대상이 되는 보고기간종료일 또는 보고기간
④ 표시통화
⑤ 재무제표의 금액 표시를 위하여 사용한 금액 단위

2. 재무상태표

재무상태표(statement of financial position)는 특정 시점에 재무상태, 즉 기업이 보유하고 있는 경제적 자원인 자산과 경제적 의무인 부채, 그리고 잔여지분인 자본에 대한 정보를 제공하는 보고서이다.

2.1 유동 · 비유동 구분법 및 유동성 순서에 따른 표시방법

유동 · 비유동 구분법은 1년 또는 정상영업주기 내에 실현 또는 결제되는지의 여부에 따라 구분하는 방법이다. 유동성 순서에 따른 표시방법(유동성 배열법)이란 모든 자산과 부채를 유동성이 높은 순서대로, 또는 유동성이 낮은 순서대로 재무상태표에 표시하는 방법을 말한다. 예전 회계기준은 재무상태표 표시에 ① 유동·비유동 구분법과 ② 유동성 순서에 따른 표시방법을 엄격하게 적용하였다.

그러나 한국채택국제회계기준의 특징 중의 하나는 재무제표를 작성할 때 과거의 회계기준처럼 엄격하게 계정의 분류나 표시를 지키지 않아도 된다는 점이다. 한국채택국제회계기준은 ①의 구분법을 원칙으로 하고, 경우에 따라 ②의 표시방법을 선택할 수 있도록 하고 있다. 신뢰성이 있고 더욱 목적적합한 정보를 제공한다면 자산과 부채의 일부는 ①의 구분법으로, 나머지는 ②의 방법에 따라 표시하는 것이 허용된다. 이러한 혼합표시방법은 기업이 다양한 사업을 영위하는 경우에 필요할 수 있다.

특히 기업이 명확히 식별가능한 영업주기 내에서 재화나 용역을 제공하는 경우에는 자산과 부채를 유동과 비유동으로 구분하여 재무상태표에 표시하도록 하고 있다. 그 이유는 유동자산에서 유동부채를 차감한 운전자본을 통해서 기업의 단기자

금 운용능력을 분석하기 쉽도록 하기 위해서이다. 또한 장기 영업활동에서 사용되는 순자산과 구분함으로써 유용한 정보를 제공하기 때문이다. 그러나 식별가능한 영업주기 내에서 재화나 용역을 제공하지 않는 금융회사와 같은 일부기업은 유동성 순서에 따른 표시방법이 신뢰성 있고 더욱 목적적합한 정보를 제공한다면 그 적용이 허용된다.

2.2 재무상태표에 표시되는 항목

한국채택국제회계기준에서는 표시되어야 할 항목에 대해 상세한 규정을 두는 대신 다음의 항목과 금액을 재무상태표에 표시하도록 한다. 기업의 재무상태를 이해하는 데 목적적합한 경우 재무상태표의 항목(열거한 항목의 세분화 포함), 제목 및 중간합계를 추가하여 표시할 수 있도록 하고 있다.

자산

① 유형자산 ② 투자부동산 ③ 무형자산
④ 금융자산(단, ⑤, ⑧ 및 ⑨를 제외)
⑤ 지분법에 따라 회계처리하는 투자자산
⑥ 생물자산 ⑦ 재고자산 ⑧ 매출채권 및 기타 채권
⑨ 현금 및 현금성자산
⑩ K-IFRS 제1105호 '매각예정비유동자산과 중단영업'에 따라 매각예정으로 분류된 자산과 매각예정으로 분류된 처분자산집단에 포함된 자산의 총계
⑪ 당기 법인세와 관련된 자산 ⑫ 이연법인세 자산

부채

① 매입채무 및 기타 채무 ② 충당부채 ③ 금융부채(단, ①과 ② 제외)
④ 당기 법인세와 관련된 부채 ⑤ 이연법인세 부채
⑥ K-IFRS 제1105호에 따라 매각예정으로 분류된 처분자산집단에 포함된 부채

자본

① 자본에 표시된 비지배지분
② 지배기업의 소유주에게 귀속되는 납입자본과 적립금

기업은 재무상태표에 표시된 개별항목을 기업의 영업활동을 나타내기에 적절한 방법으로 세분류하고, 그 추가적인 분류 내용을 재무상태표 또는 주석에 공시한다. 세분류상의 세부내용은 다음의 사항을 고려하여 판단한다.

① 한국채택국제회계기준의 요구사항
② 당해 항목 금액의 크기, 성격 및 기능
③ 다음의 요소도 고려하여 판단한다.
㉠ 자산의 성격 및 유동성
㉡ 기업 내에서의 자산 기능
㉢ 부채의 금액, 성격 및 시기

2.3 재무상태표의 표시

한국채택국제회계기준에서 예시하고 있는 재무상태표의 양식을 제시하면 다음 〈표 3-1〉과 같다.

(1) 유동자산과 비유동자산

자산은 다음의 경우에 유동자산(current assets)으로 분류한다.

① 기업의 정상영업주기 내에 실현될 것으로 예상하거나, 정상영업주기 내에 판매하거나 소비할 의도가 있다.
② 주로 단기매매 목적으로 보유하고 있다.
③ 보고기간 후 12개월 이내에 실현될 것으로 예상한다.
④ 현금이나 현금성자산으로서, 교환이나 부채상환 목적으로의 사용에 대한 제한기간이 보고기간 후 12개월 미만이다.

영업주기(operating cycle)는 영업활동을 위한 자산의 취득시점부터 그 자산이 현금이나 현금성자산으로 실현되는 시점까지 소요되는 기간을 말한다. 정상영업주기를 명확히 식별할 수 없는 경우에는 그 기간이 12개월인 것으로 가정한다. 유동자산의 예로는 현금및현금성자산, 매출채권, 재고자산 및 기타유동자산 등이 있다.

표 3-1 재무상태표의 양식

XYZ 그룹 - 20X7년 12월 31일 현재의 연결재무상태표 (단위: 천원)

	20X7년 12월 31일	20X6년 12월 31일
자산		
유동자산		
현금및현금성자산	312,400	322,900
기타유동자산	25,650	12,540
매출채권	91,600	110,800
재고자산	135,230	132,500
	564,880	578,740
비유동자산		
유형자산	350,700	360,020
영업권	80,800	91,200
기타무형자산	227,470	227,470
관계기업투자	100,150	110,770
지분상품에 대한 투자	142,500	156,000
	901,620	945,460
자산총계	1,466,500	1,524,200
자본 및 부채		
유동부채		
매입채무와 기타미지급금	115,100	187,620
단기차입금	150,000	200,000
유동성장기차입금	10,000	20,000
당기법인세부채	35,000	42,000
단기충당부채	5,000	4,800
유동부채합계	315,100	454,420
비유동부채		
장기차입금	120,000	160,000
이연법인세	28,800	26,040
장기충당부채	28,850	52,240
비유동부채합계	177,650	238,280
부채총계	492,750	692,700
지배기업의 소유주에게 귀속되는 자본		
납입자본	650,000	600,000
이익잉여금	243,500	161,700
기타자본구성요소	10,200	21,200
	903,700	782,900
비지배지분	70,050	48,600
자본총계	973,750	831,500
자본 및 부채 총계	1,466,500	1,524,200

비유동자산(non-current assets)은 유동자산으로 분류되지 않는 자산을 말한다. 비유동자산은 보통 1년 이상 장기간에 걸쳐 사용할 수 있는 자산으로서, 유형자산, 무형자산, 영업권, 관계기업투자 및 지분상품에 대한 투자 등이 있다.

(2) 유동부채와 비유동부채

부채는 다음의 경우에 유동부채(current liabilities)로 분류한다. 유동부채의 예로는 매입채무, 미지급금, 단기차입금, 유동성장기차입금, 당기법인세부채 및 단기충당부채 등이 있다.

① 정상영업주기 내에 결제될 것으로 예상하고 있다.
② 주로 단기매매 목적으로 보유하고 있다.
③ 보고기간 후 12개월 이내 결제하기로 되어 있다.
④ 보고기간 후 12개월 이상 부채의 결제를 연기할 수 있는 무조건의 권리를 가지고 있지 않다.

비유동부채(non-current liabilities)는 유동부채로 분류되지 않는 부채를 말한다. 비유동부채는 보통 1년 이후에 갚아야 하는 부채로서, 장기차입금, 이연법인세 및 장기충당부채 등이 있다.

다양한 상황에서 유동부채와 비유동부채로 분류하는 예시는 다음과 같다.

1) 장기금융부채

원래의 결제기간이 12개월을 초과하는 경우나 보고기간 후 재무제표 발행승인일 전에 장기로 차환하는 약정 또는 지급기일을 장기로 재조정하는 약정이 체결된 경우에도 금융부채가 보고기간 후 12개월 이내에 결제일이 도래하면 이를 유동부채로 분류한다.

2) 만기연장가능한 단기금융부채

기업이 기존의 대출계약조건에 따라 보고기간 후 적어도 12개월 이상 부채를 차환하거나 연장할 것으로 기대하고 있고, 그런 재량권이 있다면, 보고기간 후 12개월 이내에 만기가 도래한다 하더라도 비유동부채로 분류한다. 그러나 기업에게 부채의 차환이나 연장에 대한 재량권이 없다면(예를 들어, 차환약정이 없는 경우), 차환가능성을 고려하지 않고 유동부채로 분류한다.

3) 상환요구가능한 장기금융부채

보고기간 말 이전에 장기차입약정을 위반했을 때 대여자가 즉시 상환을 요구할 수 있는 채무는 보고기간 후 재무제표 발행승인일 전에 채권자가 약정위반을 이유로 상환을 요구하지 않기로 합의하더라도 유동부채로 분류한다. 그 이유는 기업이 보고기간 말 현재 그 시점으로부터 적어도 12개월 이상 결제를 연기할 수 있는 무조건적 권리를 가지고 있지 않기 때문이다.

그러나 대여자가 보고기간 말 이전에 보고기간 후 적어도 12개월 이상의 유예기간을 주는 데 합의하여 그 유예기간 내에 기업이 위반사항을 해소할 수 있고, 또 그 유예기간 동안에는 대여자가 즉시 상환을 요구할 수 없다면 그 부채는 비유동부채로 분류한다.

(3) 자본

자본(equity)은 다음의 5가지 항목으로 구분된다. 이 중에서 자본금, 자본잉여금 및 자본조정은 자본거래를 통한 자본 변동을 반영하고, 기타포괄손익누계액과 이익잉여금은 영업거래를 통한 자본 변동을 반영한다. 자본 항목과 내용은 다음 〈표 3-2〉와 같다.

표 3-2 자본의 항목

항목	내용
자본금(capital stock)	납입자본 중 주식의 액면금액에 해당하는 부분. 보통주자본금과 우선주자본금으로 구성
자본잉여금 (capital surplus)	자본거래인 증자활동이나 감자활동 등의 거래에서 발생하는 잉여금. 주식발행초과금, 감자차익, 자기주식처분이익 등
자본조정 (capital adjustments)	자본거래에서 발생했으나 자본금이나 자본잉여금에 속하지 않는 임시적 항목. 주식할인발행차금, 감자차손, 자기주식, 자기주식처분손실 등

항목	내용
기타포괄손익누계액 (accumulated other comprehensive income)	영업활동으로 인한 수익과 비용 중에서 주로 자산평가에서 발생하는 미실현손익의 누계액. 유형자산의 재평가잉여금, 기타포괄손익인식금융자산평가손익 등
이익잉여금 (retained earnings)	영업활동으로 인한 순이익 중에서 배당되지 않고 기업에 유보된 이익누계액. 적립금과 미처분이익잉여금으로 구분되며, 미처분이익잉여금이 배당의 대상임

2.4 재무상태표가 제공하는 정보

기업의 재무상태는 기업이 통제하는 경제적 자원, 기업의 재무구조, 유동성과 장기지급능력, 그리고 영업 환경변화에 대한 적응능력에 의해 영향을 받는다. 재무정보이용자는 경제적 의사결정을 위해 그 기업의 재무건전성과 미래의 현금창출능력을 평가하고자 하는데, 기업의 재무상태표를 통하여 이러한 정보를 얻는다.

① 기업이 통제하는 경제적 자원과 이러한 자원을 조절할 수 있는 기업의 과거 능력에 대한 정보: 기업의 과거 현금과 현금성자산의 창출능력 및 영업 환경변화에 대한 적응능력을 나타내는 재무상태표의 정보는 기업의 미래 현금과 현금성자산의 창출능력을 예측하는 데 유용하다.

② 재무구조: 기업의 미래 자금차입수요를 예측하고 미래이익과 현금흐름이 기업의 다양한 이해관계자들에게 어떻게 분배될 것인가를 예측하는 데 유용하다. 또한 기업이 더 많은 자금을 어떻게 성공적으로 조달할 수 있을지 예측하는 데 유용하다.

③ 유동성(liquidity, 단기지급능력) 및 장기지급능력(solvency): 유동성(liquidity)은 가까운 미래기간의 금융약정을 고려한 후의 현금가용성을, 장기지급능력(solvency)은 만기가 도래하는 차기 이후의 금융약정을 이행하기 위한 장기적인 현금가용성을 예측하는 데 유용하다.

3. 포괄손익계산서

포괄손익계산서(statement of comprehensive income)는 일정기간 동안 발생한 모든 수익과 비용을 보고하는 재무제표이다. 총포괄손익은 다음과 같이 당기순손익과 기타포괄손익으로 구분할 수 있다.

수익 - 비용 = 총포괄손익 = 당기순손익 + 기타포괄손익

3.1 포괄손익계산서의 수익 · 비용의 표시방법

한국채택국제회계기준에 따라 포괄손익계산서에는 당기손익 부분과 기타포괄손익 부분에 추가하여 다음을 표시한다.

① 당기순손익
② 총기타포괄손익
③ 당기손익과 기타포괄손익을 합한 당기포괄손익
별개의 손익계산서를 표시하는 경우, 포괄손익을 표시하는 보고서에는 당기손익 부분을 표시하지 않는다.

즉, 한국채택국제회계기준은 ①과 ②를 함께 표시하는 단일형 포괄손익계산서와 ①과 ②를 분리해서 표시하는 복수형 포괄손익계산서 중에서 한 가지 표시방법을 선택하도록 하고 있다. 기타포괄손익을 구성하는 수익·비용은 대체로 자산평가와 관련된 손익이기 때문에 경영자가 통제하기 어려운 특성이 있다. 따라서 경영자가 단일형과 복수형 포괄손익계산서를 선택할 수 있도록 허용한 것이다.

3.2 포괄손익계산서에 표시되는 항목

한국채택국제회계기준에서는 표시되어야 할 항목에 대해 상세한 규정을 두는 대신 다음의 항목과 금액을 포괄손익계산서에 표시하도록 한다. 기업의 재무성과를

이해하는 데 목적적합한 경우 재무상태표의 항목(열거한 항목의 세분화 포함), 제목 및 중간합계를 추가하여 표시할 수 있도록 하고 있다.

당기손익 부분

① 수익. 유효이자율법을 사용하여 계산한 이자수익은 별도 표시
　①-1 상각후원가로 측정한 금융자산의 제거로 발생한 손익
② 금융원가
　②-1 금융자산의 손상차손 및 손상차손환입
③ 지분법 적용대상인 관계기업과 공동기업의 당기순손익에 대한 지분
　③-1 금융자산을 상각후원가에서 당기손익-공정가치 측정 범주로 재분류하는 경우, 재분류일 이전 금융자산의 상각후원가와 공정가치 간 차이로 발생하는 손익
　③-2 금융자산을 기타포괄손익-공정가치 측정 범주에서 당기손익-공정가치 측정 범주로 재분류하는 경우 이전에 인식한 기타포괄손익누적액 중 당기손익으로 재분류되는 손익
④ 법인세비용
⑤ 중단영업의 합계를 표시하는 단일금액(K-IFRS 재1105호 참조)

기타포괄손익 부분

① 성격별로 분류하고, 다른 한국채택국제회계기준에 따라 다음의 집단으로 묶은 기타포괄손익의 항목(②의 금액 제외)
　㉠ 후속적으로 당기손익으로 재분류되지 않는 항목
　㉡ 특정 조건을 충족하는 때에 후속적으로 당기손익으로 재분류되는 항목
② 지분법으로 회계처리하는 관계기업과 공동기업의 기타포괄손익에 대한 지분으로서 다른 한국채택국제회계기준에 따라 다음과 같이 구분되는 항목에 대한 지분
　㉠ 후속적으로 당기손익으로 재분류되지 않는 항목
　㉡ 특정 조건을 충족하는 때에 후속적으로 당기손익으로 재분류되는 항목

'기타포괄손익 부분'에는 당해 기간의 기타포괄손익의 금액을 표시하는 항목을 성격별로 분류하여 ㉠과 ㉡의 집단으로 묶어 각각 표시한다. 지분법으로 회계처리하는 관계기업과 공동기업의 기타포괄손익에 대한 지분 역시 ㉠과 ㉡의 집단으로 묶어 각각 표시한다.

또한 기타포괄손익을 후속적으로 당기손익으로 재분류되는 항목과 재분류되지 않는 항목으로 구분하여 각각 표시함으로써 정보이용자가 미래 당기순손익을 예측

하는 데 유용한 정보를 제공할 수 있다.

그리고 추가적으로 당기순손익과 기타포괄손익의 배분항목으로서 다음 항목을 포괄손익계산서에 표시한다.

① 다음에 귀속되는 당기순손익
  ㉠ 비지배지분
  ㉡ 지배기업의 소유주
② 다음에 귀속되는 당기포괄손익
  ㉠ 비지배지분
  ㉡ 지배기업의 소유주

당기순손익을 별개의 보고서에 표시하는 경우, 위 ①을 그 보고서에 표시한다.

3.3 영업손익과 특별항목의 표시

국제회계기준은 포괄손익계산서에 영업손익의 구분표시를 언급하고 있지 않다. 그러나 우리나라에서는 상장기업의 상장폐지 여부를 판단하는 요소 중 영업손익이 포함되어 있으며,[4] 영업손익을 이용한 분석 기법들이 실무에서 사용되어 왔다. 이에 한국회계기준원은 2010년에 한국채택국제회계기준을 일부 개정하여 2011년도부터 영업손익을 포괄손익계산서에 구분표시하도록 하였다.

또한 경영자의 자의적인 영업손익 항목의 범위 선택을 방지하기 위해서 한국회계기준원은 다시 한국채택국제회계기준을 개정하여 2012년부터 영업손익 산출에 포함된 주요항목과 그 금액을 포괄손익계산서의 본문에 표시할 수도 있고 주석으로 공시하도록 하였다. 그리고 영업손익은 다음과 같이 매출총이익에서 판매비와관리비를 차감한 금액인데, 판매비와관리비는 「일반기업회계기준」을 준용하여 구분하도록 하였다.

매출총이익(매출액 - 매출원가) - 판매비와관리비 = 영업손익

4 코스닥 등록 기업의 경우 최근 4사업연도에 영업손실이 계속되면 관리종목으로 지정되고, 5사업연도에 영업손실이 계속되면 상장폐지된다.

한편, 영업손익에 포함되지 않은 항목 중 기업의 영업성과를 반영하는 그 밖의 수익 또는 비용 항목이 있다면 이러한 항목을 추가하여 조정영업손익 등의 명칭을 사용하여 주석으로 공시하도록 규정하고 있다. 예를 들어, 「일반기업회계기준」에서는 모든 금융손익이 영업외손익에 해당하지만, 영업관련 자산·부채에 대한 금융손익은 개별 기업의 영업특성에 따라 영업손익에 포함할 수도 있다.

수익과 비용의 어느 항목도 당기손익과 기타포괄손익을 표시하는 보고서 또는 주석에 특별손익 항목으로 표시할 수 없다. 특별손익 항목은 정상적인 영업활동에서 발생하는 항목과 그 성격이나 미래의 지속성에 차이가 있으므로 미래의 순이익이나 현금흐름 예측을 위해서 구분표시하는 것이 타당할 수 있다. 그러나 특별항목의 여부를 구분하는 데 주관적 판단이 개입될 수 있기 때문에 특별항목을 구분표시할 수 없다.

3.4 포괄손익계산서의 표시

한국채택국제회계기준에서는 포괄손익계산서의 비용항목을 분류하는 데 있어서 성격별 또는 기능별 분류법을 선택하도록 하고 있다.

① 성격별 분류법: 당기손익에 포함된 비용을 그 성격(예 감가상각비, 원재료의 구입, 운송비, 종업원급여와 광고비)별로 통합하며, 기능별로 재배분하지 않는다. 비용을 기능별 분류로 배분할 필요가 없기 때문에 적용이 간단할 수 있다.

② 기능별 분류법: '매출원가'법으로서, 비용을 매출원가, 그리고 물류원가와 관리활동원가 등과 같이 기능별로 분류한다. 이 방법에서는 적어도 매출원가를 다른 비용과 분리하여 공시한다. 이 방법은 성격별 분류보다 재무제표이용자에게 더욱 목적적합한 정보를 제공할 수 있지만, 비용을 기능별로 배분하는 데 자의적인 배분과 상당한 정도의 판단이 개입될 수 있다. 성격별로 분류한 비용 정보가 미래현금흐름을 예측하는 데 더 유용하기 때문에 기능별로 비용을 분류한 기업은 감가상각비, 기타 상각비와 종업원급여비용을 포함하여 비용의 성격에 대한 추가 정보를 공시한다.

한국채택국제회계기준에서 예시하고 있는 손익계산서상 비용의 성격별 및 기능별 분류는 다음 〈표 3-3〉과 같다.

표 3-3 손익계산서상의 비용의 성격별 및 기능별 분류

성격별 분류법			기능별 분류법		
수익(revenue)		×××	수익(revenue)		×××
기타 수익(other income)		×××	매출원가		(×××)
제품과 재공품의 변동	×××		매출총이익		×××
원재료와 소모품의 사용액	×××		기타 수익(other income)		×××
종업원급여비용	×××		물류원가	×××	
감가상각비와 기타 상각비	×××		관리비	×××	
기타 비용	×××		기타 비용	×××	
총 비용		(×××)	총비용		(×××)
법인세비용차감전순이익		×××	법인세비용차감전순이익		×××
법인세비용		(×××)	법인세비용		(×××)
계속영업이익		×××	계속영업이익		×××
중단영업관련손익		×××	중단영업관련손익		×××
당기순이익		×××	당기순이익		×××

포괄손익계산서는 손익계산서의 최종 항목인 당기순이익에 추가하여 기타포괄손익 항목과 당기순이익에서 기타포괄손익을 가감한 총포괄손익을 표시한다. 또한 당기순이익을 보통주의 가중평균유통주식수로 나눈 주당이익(EPS: earnings per share)을 총포괄손익 아래에 별도로 표시한다.

한국채택국제회계기준에서 예시하고 있는 비용을 기능별로 분류한 포괄손익계산서상의 양식을 제시하면 다음 〈표 3-4〉와 같다.

표 3-4 포괄손익계산서의 양식

XYZ 그룹 - 20X7년 12월 31일로 종료하는 회계연도의 연결포괄손익계산서

(단위: 천원)

	20X7년	20X6년
수익(revenue)	390,000	355,000
매출원가	(245,000)	(230,000)
매출총이익	145,000	125,000
기타 수익(other income)	20,667	11,300
물류원가	(9,000)	(8,700)
관리비	(20,000)	(21,000)
기타비용	(2,100)	(1,200)
금융원가	(8,000)	(7,500)
관계기업의 이익에 대한 지분	35,100	30,100
법인세비용차감전순이익	161,667	128,000
법인세비용	(40,417)	(32,000)
계속영업이익	121,250	96,000
중단영업손실	-	(30,500)
당기순이익	121,250	65,500
기타포괄손익:		
당기손익으로 재분류되지 않는 항목		
자산재평가차익	933	3,367
확정급여제도의 재측정요소	(667)	1,333
관계기업의 기타포괄손익에 대한 지분(2)	400	(700)
당기손익으로 재분류되지 않는 항목과 관련된 법인세	(166)	(1,000)
	500	3,000
후속적으로 당기손익으로 재분류될 수 있는 항목		
해외사업장 환산외환차이	5,334	10,667
매도가능금융자산	(24,000)	26,667
현금흐름위험회피	(667)	(4,000)
당기손익으로 재분류될 수 있는 항목과 관련된 법인세	4,833	(8,334)
	(14,500)	25,000
법인세비용차감후기타포괄손익	(14,000)	28,000
총포괄이익	107,250	93,500
당기순이익의 귀속:		
지배기업의 소유주	97,000	52,400
비지배지분	24,250	13,100
	121,250	65,500
총포괄손익의 귀속:		
지배기업의 소유주	85,800	74,800
비지배지분	21,450	18,700
	107,250	93,500
주당이익 (단위: 원):		
기본 및 희석	0.46	0.30

3.5 포괄손익계산서가 제공하는 정보

당기순이익은 흔히 성과의 측정치로 사용되거나 투자수익률이나 주당이익과 같은 평가지표의 기초로 사용된다. 특히 수익성에 관한 정보는 일정기간 동안 경영자 또는 기업의 재무성과를 평가하는 데 도움을 준다. 재무정보이용자는 경제적 의사결정을 할 때 현재의 자원으로부터 현금을 창출할 수 있는 능력을 예측하고자 하는데, 포괄손익계산서를 통하여 이러한 정보를 얻는다.

① 수익성: 자기자본(투자금) 대비 순이익을 나타내는 자기자본순이익률(ROE: return on equity)이나 1주당 순이익을 나타내는 주당이익 등의 수익성 정보를 통해서 미래의 수익성을 예측하는 데 유용하다.

② 활동성: 총자산을 얼마나 효율적으로 사용하였는지를 나타내는 총자산회전율(asset turnover)이나 매출채권이 효율적으로 회수되고 있는지를 나타내는 매출채권회전율(account receivable turnover) 등의 활동성 정보를 통해서 미래의 활동성을 예측하는 데 유용하다.

③ 단계별 이익 수준: 포괄손익계산서에서 순이익뿐만 아니라 매출총이익, 계속영업이익 등 단계별 이익 수준을 공시함으로써 세부적으로 단계별 수익성과 활동성을 파악하는 데 유용하다.

④ 기타포괄손익에 대한 정보: 손익계산서와 달리 포괄손익계산서의 가장 큰 특징은 기타포괄손익에 대한 정보를 제공한다는 점이다. 기타포괄손익을 통해서 미래 수익성과 미래 현금창출능력을 더 정확하게 평가하는 데 유용하다.

4. 자본변동표

자본변동표(statement of changes in equity)는 소유주에 의한 출자와 소유주에 대한 배분 등 한 회계기간에 발생한 소유주지분(자본)의 변동에 관한 정보를 제공하는 재무제표이다.

4.1 자본변동표에 표시되는 항목

한국채택국제회계기준에서는 표시되어야 할 항목에 대해 상세한 규정을 두는 대신 다음의 항목과 금액을 자본변동표에 표시하도록 한다.

① 지배기업의 소유주와 비지배지분에 각각 귀속되는 금액으로 구분하여 표시한 해당 기간의 총포괄손익
② 자본의 각 구성요소별로, K-IFRS 제1008호(회계정책, 회계추정의 변경 및 오류)에 따라 인식된 소급적용이나 소급재작성의 영향
③ 자본의 각 구성요소별로 다음의 각 항목에 따른 변동액을 구분하여 표시한, 기초시점과 기말시점의 장부금액 조정내역
  ㉠ 당기순손익
  ㉡ 기타포괄손익
  ㉢ 소유주로서의 자격을 행사하는 소유주와의 거래(소유주에 의한 출자와 소유주에 대한 배분, 그리고 지배력을 상실하지 않는 종속기업에 대한 소유지분의 변동을 구분하여 표시)

4.2 자본변동표의 표시

한국채택국제회계기준에서 예시하고 있는 자본변동표의 양식을 제시하면 다음 〈표 3-5〉와 같다.

4.3 자본변동표가 제공하는 정보

자본변동표상의 소유주의 투자 및 소유주에 대한 분배에 대한 정보는 다른 재무제표 정보와 더불어 당해 기업의 재무적 탄력성, 수익성 및 위험 등을 평가하는 데 유용하다. 또한 자본변동표는 재무제표 간의 연계성(articulation)을 높임으로써 재무제표의 이해가능성을 제고한다.

① 소유주의 투자에 대한 정보: 유상증자 등 소유주의 투자로 인해 지배기업의 소유주와 비지배지분의 증가 금액에 대한 정보를 제공한다.

② 소유주에 대한 분배에 대한 정보: 현금배당 등 소유주에 대한 분배로 인해 지배기업의 소유주와 비지배지분의 감소 금액에 대한 정보를 제공한다.

③ 재무제표 간의 연계성: 재무제표에 표시되어 있는 자본의 기초잔액과 기말잔액을 모두 제시함으로써 재무상태표와 연결할 수 있고, 자본의 변동내용은 포괄손익계산서(당기순이익, 총포괄손익 등)와 현금흐름표(현금배당 등)에 나타난 정보와 연결할 수 있어 정보이용자들이 보다 명확히 재무제표 간의 관계를 파악할 수 있게 된다.

표 3-5 자본변동표 양식

XYZ 그룹 - 20X7년 12월 31로 종료하는 회계연도의 연결자본변동표

(단위: 천원)

	납입자본	이익잉여금	해외사업장환산	지분상품에 대한 투자	현금흐름위험회피	재평가잉여금	총계	비지배지분	총자본
20X6년 1월 1일 현재 잔액	600,000	118,100	(4,000)	1,600	2,000	-	717,700	29,800	747,500
회계정책의 변경	-	400	-	-	-	-	400	100	500
재작성된 금액	600,000	118,500	(4,000)	1,600	2,000	-	718,100	29,900	748,000
20X6년 자본의 변동									
배당	-	(10,000)	-	-	-	-	(10,000)	-	(10,000)
총포괄손익	-	53,200	6,400	16,000	(2,400)	1,600	74,800	18,700	93,500
20X6년 12월 31일 현재 잔액	600,000	161,700	2,400	17,600	(400)	1,600	782,900	48,600	831,500
20X7년 자본의 변동									
유상증자	50,000	-	-	-	-	-	50,000	-	50,000
배당	-	(15,000)	-	-	-	-	(15,000)	-	(15,000)
총포괄손익	-	96,600	3,200	(14,400)	(400)	800	85,800	21,450	107,250
이익잉여금으로 대체	-	200	-	-	-	(200)	-	-	-
20X7년 12월 31일 현재 잔액	650,000	243,500	5,600	3,200	(800)	2,200	903,700	70,050	973,750

5. 현금흐름표

현금흐름표(statement of cash flows)는 기업의 현금흐름을 영업활동 · 투자활동 · 재무활동별로 일정기간 동안 현금유입(cash inflows)과 현금유출(cash outflows)을 나누어 보여주는 재무제표이다.

5.1. 현금흐름표의 구조

현금흐름표는 회계기간 동안 발생한 현금흐름을 영업활동 · 투자활동 · 재무활동으로 분류하여 보고한다.

① 영업활동 현금흐름은 주로 기업의 주요 수익창출활동에서 발생한다. 따라서 영업활동 현금흐름은 일반적으로 당기순이익의 결정에 영향을 미치는 거래나 그 밖의 사건의 결과로 발생한다.

② 투자활동 현금흐름은 미래수익과 미래현금흐름을 창출할 자원의 확보를 위하여 지출된 정도를 나타내기 때문에 현금흐름을 별도로 구분 공시한다. 재무상태표에 자산으로 인식되는 지출만이 투자활동으로 분류하기에 적합하다.

③ 재무활동 현금흐름은 미래현금흐름에 대한 자본 제공자의 청구권을 예측하는 데 유용하기 때문에 현금흐름을 별도로 구분 공시한다.

5.2 현금흐름표의 표시

한국채택국제회계기준에서 예시하고 있는 현금흐름표의 양식을 제시하면 다음 〈표 3-6〉과 같다.

표 3-6 현금흐름표의 양식

간접법에 의한 현금흐름표

(단위: 원)

		20X2년
영업활동현금흐름		
법인세비용차감전순이익	3,350	
가감:		
감가상각비	450	
외화환산손실	40	
투자수익	(500)	
이자비용	400	
	3,740	
매출채권 및 기타채권의 증가	(500)	
재고자산의 감소	1,050	
매입채무의 감소	(1,740)	
영업에서 창출된 현금	2,550	
이자지급	(270)	
법인세의 납부	(900)	
영업활동순현금흐름		1,380
투자활동현금흐름		
종속기업 X의 취득에 따른 순현금흐름	(550)	
유형자산의 취득	(350)	
설비의 처분	20	
이자수취	200	
배당금수취	200	
투자활동순현금흐름		(480)
재무활동현금흐름		
유상증자	250	
장기차입금	250	
리스부채의 상환	(90)	
배당금지급	(1,200)	
재무활동순현금흐름		(790)
현금및현금성자산의 순증가		110
기초 현금및현금성자산		120
기말 현금및현금성자산		230

5.3 현금흐름표가 제공하는 정보

현금흐름표는 재무제표이용자가 경제적 의사결정을 위해 기업의 미래현금흐름의 금액, 시기 및 확실성을 평가하는 데 다음의 정보를 제공한다.

① 현금창출능력에 대한 정보: 현금흐름표는 다른 재무제표와 같이 사용되는 경우 순자산의 변화, 재무구조(유동성과 지급능력 포함), 그리고 변화하는 상황과 기회에 적응하기 위하여 현금흐름의 금액과 시기를 조절하는 능력을 평가하는 데 유용한 정보를 제공한다.

② 영업성과에 대한 기업 간의 비교: 현금흐름표는 서로 다른 기업의 미래현금흐름의 현재가치를 비교·평가할 수 있게 하고, 동일 거래에 대하여 서로 다른 회계처리를 적용함에 따라 발생하는 영향을 제거해주기 때문에 영업성과에 대한 기업 간의 비교가능성을 제고한다.

③ 당기순이익 지표의 보완: 현금기준 이윤인 '영업활동 현금흐름'을 이용하여 발생기준 이윤인 '당기순이익'을 평가하는 데 유용한 정보를 제공한다.

6. 주석

주석(notes)은 재무상태표, 포괄손익계산서, 자본변동표 및 현금흐름표에 표시하는 정보에 추가하여 제공된 정보를 말한다. 즉, 주석은 재무제표에 표시된 항목을 구체적으로 설명하거나 세분화하며, 재무제표 인식 요건을 충족하지 못하는 항목에 대한 정보를 제공한다.

주석은 다음의 정보를 제공한다.

① 재무제표 작성 근거와 구체적인 회계정책에 대한 정보
② 한국채택국제회계기준에서 요구하는 정보이지만 재무제표 어느 곳에도 표시되지 않는 정보
③ 재무제표 어느 곳에도 표시되지 않지만 재무제표를 이해하는 데 목적적합한 정보

참고로 삼성전자주식회사의 20×1년도 연결감사보고서에 기술된 주석의 일부분은 다음 사례 1과 같다.

사례 1. 삼성전자주식회사의 20×1년도 연결감사보고서 주석 일부분

1. 일반적 사항:

가. 연결회사의 개요

삼성전자주식회사(이하 "회사")는 1969년 대한민국에서 설립되어 1975년에 대한민국의 증권거래소에 상장하였습니다. 회사 및 종속기업(이하 삼성전자주식회사와 그 종속기업을 일괄하여 "연결회사")의 사업은 CE부문, IM부문, DS부문과 Harman부문으로 구성되어 있습니다. CE(Consumer Electronics) 부문은 TV, 모니터, 에어컨 및 냉장고 등의 사업으로 구성되어 있고, IM(Information technology & Mobile communications) 부문은 휴대폰, 통신시스템, 컴퓨터 등의 사업으로 구성되어 있으며, DS(Device Solutions) 부문은 메모리, Foundry, System LSI 등의 반도체 사업과 OLED 및 LCD 디스플레이 패널 등의 DP 사업으로 구성되어 있습니다. Harman부문은 전장부품사업 등을 영위하고 있습니다. 회사의 본점 소재지는 경기도 수원시입니다.

기업회계기준서 제1110호 '연결재무제표'에 의한 지배회사인 회사는 삼성디스플레이㈜ 및 Samsung Electronics America, Inc. (SEA) 등 241개의 종속기업을 연결대상으로 하고, 삼성전기㈜ 등 43개 관계기업과 공동기업을 지분법적용대상으로 하여 연결재무제표를 작성하였습니다.

. . .

2. 중요한 회계처리방침:

다음은 연결재무제표의 작성에 적용된 주요한 회계정책입니다. 이러한 정책은 별도의 언급이 없다면, 표시된 회계기간에 계속적으로 적용됩니다.

2.1 재무제표 작성기준

연결회사의 연결재무제표는 한국채택국제회계기준에 따라 작성되었습니다. 한국채택국제회계기준은 국제회계기준위원회("IASB")가 발표한 기준서와 해석서 중 대한민국이 채택한 내용을 의미합니다.

한국채택국제회계기준은 재무제표 작성 시 중요한 회계추정의 사용을 허용하고 있으며, 회계정책을 적용함에 있어 경영진의 판단을 요구하고 있습니다. 보다 복잡하고 높은 수준의 판단이 요구되는 부분이나 중요한 가정 및 추정이 요구되는 부분은 주석3에서 설명하고 있습니다.

2.2 회계정책과 공시의 변경
가. 연결회사가 채택한 제 · 개정 기준서

연결회사는 2020년 1월 1일로 개시하는 회계기간부터 다음의 주요 제 · 개정 기준서를 신규로 적용하였습니다.

- 기업회계기준서 제1103호 '사업결합' 개정

개정된 사업의 정의는, 취득한 활동과 자산의 집합을 사업으로 판단하기 위해서는 산출물의 창출에 함께 유의적으로 기여할 수 있는 능력을 가진 투입물과 실질적인 과정을 반드시 포함하도록 하였고 원가 감소에 따른 경제적효익은 제외하였습니다. 이와 함께 취득한 총자산의 대부분의 공정가치가 식별가능한 단일 자산 또는 자산집합에 집중되어 있는 경우 취득한 활동과 자산의 집합은 사업이 아닌, 자산 또는 자산의 집합으로 결정할 수 있는 선택적 집중테스트가 추가되었습니다. 해당 기준서의 개정으로 인하여 연결재무제표에 미치는 유의적인 영향은 없습니다.

· · ·

SUMMARY & CHECK

재무제표 작성과 표시의 일반원칙

- 재무제표의 목적은 광범위한 정보이용자의 경제적 의사결정에 유용한 기업의 재무상태, 재무성과와 재무상태변동에 관한 정보를 제공하는 것이다.
- 재무제표 표시의 일반사항은 공정한 표시와 한국채택국제회계기준의 준수, 계속기업, 발생기준 회계, 중요성과 통합표시, 상계, 보고빈도, 비교정보, 표시의 계속성 등이다.

재무상태표

- 재무상태표는 특정 시점에 재무상태, 즉 기업이 보유하고 있는 경제적 자원인 자산과 경제적 의무인 부채, 그리고 잔여지분인 자본에 대한 정보를 제공하는 보고서이다.
- 재무상태표 표시에 유동 · 비유동 구분법을 원칙으로 하고, 경우에 따라 유동성 순서에 따른 표시방법을 선택할 수 있도록 하고 있다.
- 한국채택국제회계기준에서는 표시되어야 할 항목에 대해 상세한 규정을 두는 대신 주요 항목과 금액을 재무상태표에 표시하도록 한다.
- 일반적으로 정상영업주기를 기준으로 하여 유동자산과 비유동자산, 그리고 유동부채와 비유동부채로 분류한다.
- 자본은 자본금, 자본잉여금 및 자본조정은 자본거래를 통한 자본 변동을 반영하고, 기타포괄손익누계액과 이익잉여금은 영업거래를 통한 자본 변동을 반영한다.

포괄손익계산서

- 포괄손익계산서는 일정기간 동안 발생한 모든 수익과 비용을 보고하는 재무제표이다.
- 한국채택국제회계기준은 ① 당기순손익과 ② 총기타포괄손익을 함께 표시하는 단일형 포괄손익계산서와 ①과 ②를 분리해서 표시하는 복수형 포괄손익계산서 중에서 한 가지 표시방법을 선택하도록 하고 있다.
- 한국채택국제회계기준에서는 포괄손익계산서에 표시되어야 할 항목에 대해 상세한 규정을 두는 대신 주요 항목과 금액을 포괄손익계산서에 표시하도록 한다.
- 한국채택국제회계기준은 포괄손익계산서의 비용항목을 분류하는 데 있어서 성격별 또는 기능별 분류법을 선택하도록 하고 있다.

자본변동표

- 자본변동표는 소유주에 의한 출자와 소유주에 대한 배분 등 한 회계기간에 발생한 소유주지분(자본)의 변동에 관한 정보를 제공하는 재무제표이다.
- 한국채택국제회계기준에서는 자본변동표에 표시되어야 할 항목에 대해 상세한 규정을 두는 대신 주요 항목과 금액을 자본변동표에 표시하도록 한다.

현금흐름표

- 현금흐름표는 기업의 현금흐름을 영업활동 · 투자활동 · 재무활동별로 일정기간 동안 현금유입과 현금유출을 나누어 보여주는 재무제표이다.

주석

- 주석은 재무상태표, 포괄손익계산서, 자본변동표 및 현금흐름표에 표시하는 정보에 추가하여 제공된 정보를 말한다.

OX QUIZ

1 재무제표는 자산, 부채, 자본, 수익 및 비용과 소유주에 의한 출자와 소유주에 대한 배분, 그리고 현금흐름에 대한 정보를 제공한다.

2 전체 재무제표는 기말 재무상태표, 기말 포괄손익계산서, 기말 자본변동표, 기말 현금흐름표, 주석, 그리고 재무제표를 재작성 또는 재분류하는 경우 전기 기초 재무상태표를 포함한다.

3 한국채택국제회계기준에 따라 작성된 재무제표는 공정하게 표시된 재무제표로 본다.

4 기업이 상당 기간 계속 사업이익을 보고하였고, 보고기간 말 현재 경영에 필요한 재무자원을 확보하고 있는 경우에는 자세한 분석이 없이도 계속기업을 전제로 한 회계처리가 적절하다는 결론을 내릴 수 있다.

5 일부 한국채택국제회계기준에서 재무제표(주석 포함)에 포함하도록 요구하는 정보를 명시하였다면, 공시되는 정보가 중요하지 않더라도 반드시 그 공시를 제공해야 한다.

6 한국채택국제회계기준에서 요구하거나 허용하지 않는 한 자산과 부채 그리고 수익과 비용은 상계하지 아니한다.

7 보고기간 종료일을 변경하여 보고기간이 1년을 초과하거나 미달하는 경우라면, 그 이유와 재무제표에 표시된 금액이 완전하게 비교가능하지 않다는 사실을 추가로 공시할 필요가 없다.

8 한국채택국제회계기준에서 표시방법의 변경을 요구하는 경우만 제외하고는 재무제표 항목의 표시와 분류는 매기 동일하여야 한다.

9 재무제표를 명확히 식별하기 위해 보고기업의 명칭, 재무제표가 개별 기업에 대한 것인지 연결실체에 대한 것인지 여부, 보고기간종료일 또는 보고기간, 표시통화 및 금액 단위에 대한 정보가 분명하게 드러나야 하며, 정보의 이해를 위해서 반드시 한 번만 표시하여야 한다.

10 한국채택국제회계기준은 재무상태표 표시에 유동 · 비유동 구분법과 유동성 순서에 따른 표시 방법을 엄격하게 적용한다.

11 기존의 대출계약조건에 따라 보고기간 후 적어도 12개월 이상 부채를 차환하거나 연장할 것으로 기대하고 있고, 그런 재량권이 있다면, 보고기간 후 12개월 이내에 만기가 도래한다 하더라도 비유동부채로 분류한다.

12 보고기간 말 이전에 장기차입약정을 위반했을 때 대여자가 즉시 상환을 요구할 수 있는 채무는 보고기간 후 재무제표 발행승인일 전에 채권자가 약정위반을 이유로 상환을 요구하지 않기로 합의하더라도 비유동부채로 분류한다.

13 자본은 자본금, 자본잉여금, 자본조정 및 기타포괄손익누계액은 자본거래를 통한 자본 변동을 반영하고, 이익잉여금은 영업거래를 통한 자본 변동을 반영한다.

14 한국채택국제회계기준에서는 포괄손익계산서에 표시되어야 할 항목에 대해 상세한 규정을 두고 있다.

15 한국채택국제회계기준을 개정하여 영업손익을 포괄손익계산서에 구분표시하도록 하였다.

16 당기손익과 기타포괄손익을 표시하는 보고서 또는 주석에 특별손익 항목을 표시할 수 있다.

17 포괄손익계산서의 비용항목을 성격별로 분류하면, 적어도 매출원가를 다른 비용과 분리하여 공시한다.

18 자본변동표에서 자본의 기초잔액과 기말잔액은 재무상태표와 연결할 수 있고, 자본의 변동내용은 포괄손익계산서와 현금흐름표에 연결할 수 있다.

Multiple-choice Questions

1 재무제표 표시에 관한 설명으로 옳은 것은? (CTA 2021)

① 재무제표는 동일한 문서에 포함되어 함께 공표되는 그 밖의 정보와 명확하게 구분되고 식별되어야 한다.

② 각각의 재무제표는 전체 재무제표에서 중요성에 따라 상이한 비중으로 표시한다.

③ 상이한 성격이나 기능을 가진 항목은 구분하여 표시하므로 중요하지 않은 항목이라도 성격이나 기능이 유사한 항목과 통합하여 표시할 수 없다.

④ 동일 거래에서 발생하는 수익과 관련비용의 상계표시가 거래나 그 밖의 사건의 실질을 반영하더라도 그러한 거래의 결과는 상계하여 표시하지 않는다.

⑤ 공시나 주석 또는 보충 자료를 통해 충분히 설명한다면 부적절한 회계정책도 정당화될 수 있다.

2 기업회계기준서 제1001호 '재무제표 표시'에 대한 다음 설명 중 옳지 않은 것은? (CPA 2022)

① 한국채택국제회계기준에서 요구하거나 허용하지 않는 한 자산과 부채 그리고 수익과 비용은 상계하지 아니한다.

② 계속기업의 가정이 적절한지의 여부를 평가할 때 기업이 상당 기간 계속 사업이익을 보고하였고 보고기간 말 현재 경영에 필요한 재무자원을 확보하고 있는 경우에도, 자세한 분석을 의무적으로 수행하여야 하며 이용가능한 모든 정보를 고려하여 계속기업을 전제로 한 회계처리가 적절하다는 결론을 내려야 한다.

③ 기업은 비용의 성격별 또는 기능별 분류방법 중에서 신뢰성 있고 더욱 목적적합한 정보를 제공할 수 있는 방법을 적용하여 당기손익으로 인식한 비용의 분석내용을 표시한다.

④ 유사한 항목은 중요성 분류에 따라 재무제표에 구분하여 표시하고, 상이한 성격이나 기능을 가진 항목은 구분하여 표시한다. 다만 중요하지 않은 항목은 성격이나 기능이 유사한 항목과 통합하여 표시할 수 있다.

⑤ 재무제표 항목의 표시나 분류를 변경하는 경우 실무적으로 적용할 수 없는 것이 아니라면 비교금액도 재분류해야 한다.

3 **재무제표 표시에 관한 설명으로 옳지 않은 것은?** (CTA 2022)

① 비용을 기능별로 분류하는 기업은 감가상각비, 기타 상각비와 종업원급여비용을 포함하여 비용의 성격에 대한 추가 정보를 공시한다.

② 수익과 비용의 어느 항목도 당기손익과 기타포괄손익을 표시하는 보고서 또는 주석에 특별손익 항목으로 표시할 수 없다.

③ 비용의 기능별 분류 정보가 비용의 성격에 대한 정보보다 미래현금흐름을 예측하는 데 유용하다.

④ 동일 거래에서 발생하는 수익과 관련비용의 상계표시가 거래나 그 밖의 사건의 실질을 반영한다면 그러한 거래의 결과는 상계하여 표시한다.

⑤ 기업이 재무상태표에 유동자산과 비유동자산, 그리고 유동부채와 비유동부채로 구분하여 표시하는 경우, 이연법인세자산(부채)은 유동자산(부채)으로 분류하지 아니한다.

4 **다음 중 재무상태표와 포괄손익계산서에 관한 설명으로 옳지 않은 것은?** (CTA 2014)

① 자산항목을 재무상태표에서 구분표시하기 위해서는 금액의 크기, 성격, 기능 및 유동성을 고려해야 한다.

② 기업이 재무상태표에 유동자산과 비유동자산, 그리고 유동부채와 비유동부채로 구분하여 표시하는 경우, 이연법인세자산(부채)은 유동자산(부채)로 분류하지 아니한다.

③ 당기손익으로 인식한 비용항목은 기능별 또는 성격별로 분류하여 표시할 수 있다.

④ 수익과 비용의 어느 항목도 포괄손익계산서 또는 주석에 특별손익항목으로 표시할 수 없다.

⑤ 과거기간에 발생한 중요한 오류를 해당 기간에는 발견하지 못하고 당기에 발견하는 경우, 그 수정효과는 당기손익으로 인식한다.

CHAPTER 04

수익

학습목표

- 수익의 의의를 이해한다.
- 수익의 인식과정을 이해한다.
- 다양한 수익 회계처리에 대해 이해한다.

K-IFRS 제1115호 '고객과의 계약에서 생기는 수익' 제정을 통해서 기존 제1018호 '수익'을 비롯하여 여러 개의 기준서로 흩어져 있던 수익 관련 기준서들을 대신하게 되었다. 따라서 제1115호는 상당히 광범위한 수익 관련 내용을 담고 있으며 각 기준서마다 일관되지 못했던 부분들을 일관성 있게 정리하였다. 또한 제1115호는 다양한 사례들을 제시하여 이용자들의 이해를 돕고자 하였으며, 본장에 일부 사례들을 독자들이 더 쉽게 이해할 수 있도록 적절히 수정하여 담았다.
수익과 비용에 대한 정보는 자산과 부채에 대한 정보만큼 중요하다. 본 장을 통해 수익의 의의, 수익의 인식과정, 그리고 다양한 수익 회계처리를 살펴보면서, 수익에 대해 심도 있게 학습해 보자.

1. 수익의 의의

'재무보고를 위한 개념체계'에서 수익(income)은 자산의 증가 또는 부채의 감소로서 자본의 증가를 가져오며, 자본청구권 보유자의 출자와 관련된 것을 제외한다. 비용(expenses)은 자산의 감소 또는 부채의 증가로서 자본의 감소를 가져오며, 자본청구권 보유자에 대한 분배와 관련된 것을 제외한다. 이러한 수익과 비용의 정의에 따라, 자본청구권 보유자로부터의 출자는 수익이 아니며 자본청구권 보유자에 대한 분배는 비용이 아니다.

수익과 비용은 기업의 재무성과(financial performance)와 관련된 재무제표 요소이다. 재무제표이용자들은 기업의 재무상태와 재무성과에 대한 정보가 필요하다. 따라서 수익과 비용은 자산과 부채의 변동으로 정의되지만, 수익과 비용에 대한 정보는 자산과 부채에 대한 정보만큼 중요하다. 서로 다른 거래나 그 밖의 사건은 서로 다른 특성을 지닌 수익과 비용을 발생시킨다. 수익과 비용의 서로 다른 특성별로 정보를 별도로 제공하면 재무제표이용자들이 기업의 재무성과를 이해하는 데 도움이 될 수 있다.

K-IFRS 제1115호 '고객과의 계약에서 생기는 수익'에서 수익(income)은 자산의 유입 또는 가치 증가나 부채의 감소 형태로 자본의 증가를 가져오는, 특정 회계기간에 생긴 경제적 효익의 증가로서, 지분참여자의 출연과 관련된 것은 제외한다. 따라서 '재무보고를 위한 개념체계'와 '고객과의 계약에서 생기는 수익'에서 수익에 대한 정의는 동일하다.

2. 수익인식의 과정

K-IFRS 제1115호 '고객과의 계약에 따른 수익'에서 수익인식의 핵심원칙(core principle)은 기업이 고객에게 약속한 재화나 용역을 이전하고, 해당 재화나 용역의 대가로 받을 권리를 갖게 될 것으로 예상하는 대가를 반영한 금액으로 수익을 인식해야 한다는 것이다. 핵심원칙에 따른 수익인식 과정은 다음 [그림 4-1]과 같이 5단계를 적용한다.

[그림 4-1] 수익인식 5단계

2.1 1단계-고객과의 계약 식별

고객과의 계약이란 기업의 통상적인 활동의 산출물인 재화나 용역을 대가와 교환하여 획득하기로 기업과 계약한 당사자 사이에 집행가능한(enforceable) 권리와 의무가 생기게 하는 합의이다. 따라서 판매자인 기업이 재화나 용역을 제공하는 수행의무를 이행하였을 때 대가를 수취할 권리가 생긴다.

고객과의 계약이 K-IFRS 제1115호의 적용범위에 포함되기 위해서는 다음의 기준을 모두 충족해야 한다.

① 계약 당사자들이 계약을 승인하고 각자의 의무를 수행하기로 확약한다.
② 이전할 재화나 용역과 관련된 각 당사자의 권리를 식별할 수 있다.
③ 이전할 재화나 용역의 지급조건을 식별할 수 있다.
④ 계약에 상업적 실질이 있다(계약의 결과로 기업의 미래 현금흐름의 위험, 시기, 금액이 변동될 것으로 예상된다).
⑤ 고객에게 이전할 재화나 용역에 대하여 받을 권리를 갖게 될 대가의 회수 가능성이 높다.

고객과의 계약이 계약 개시시점에 위의 기준을 충족하는 경우에는 사실과 상황에 유의적인 변동 징후가 없는 한 이러한 기준들을 재검토하지 않는다. 예를 들면, 고객의 대가 지급 능력이 유의적으로 악화된다면 고객에게 이전할 나머지 재화나 용역에 대하여 받을 대가를 회수할 가능성이 높은지 재검토할 것이다. 따라서 계약 개시 후에 고객의 대가 지급능력이 유의적으로 악화되더라도 이미 인식한 매출을 취소하지 않으며, 이후 고객에게 이전할 재화나 용역에 대한 부분에 대해서만 회수가능성을 재검토하여 매출을 인식할지 여부를 판단한다.

예제 1 ▎ 고객과의 계약 식별(제1115호 사례4)

대박회사는 20×1년 초에 사용기준 로열티[1]를 받는 조건으로 고객에게 특허권을 라이선스하였다. 계약 개시시점에 고객과의 계약 식별을 위한 모든 조건을 충족하였으며, 대박회사는 K-IFRS 제1115호에 따라 고객이 특허권을 사용할 때 수익을 인식하기로 하였다.

물음

1. 20×2년 중에 고객의 재무상황이 악화되어 20×2년 1분기의 로열티를 지급하였으나 2분기부터 4분기까지의 로열티를 지급하지 못하였다. 20×2년 말 현재 고객의 지급능력이 유의적으로 악화된 것은 아니라고 판단하였다. 대박회사는 20×2년도에 어떻게 회계처리해야 하는지 설명하시오.
2. 20×3년도에 고객의 재무상황이 더욱 악화되어 1분기부터 로열티를 지급하지 못하였으며, 로열티 대금을 회수할 가능성이 높지 않다고 판단하였다. 대박회사는 20×3년도에 어떻게 회계처리해야 하는지 설명하시오.

풀이

1. 고객의 지급능력이 유의적으로 악화된 것은 아니므로 정상적으로 20×2년도의 로열티 수익을 인식한다. 그러나 2분기부터 4분기까지의 수취채권의 모든 손상에 대하여 K-IFRS 제1109호에 따라 손상 회계처리를 한다.
2. 고객의 대가 지급 능력이 유의적으로 악화되었기 때문에 고객으로부터 받을 대가의 회수가능성이 높은지 재검토한다. 재검토 결과 고객으로부터 받을 대가의 회수가능성이 높다고 판단할 수 없다면, 20×3년도뿐만 아니라 고객의 미래 특허권 사용과 관련하여 더는 어떠한 수익도 인식하지 않는다. 이미 인식한 수취채권에 손상이 있다면 K-IFRS 제1109호에 따라 손상 회계처리를 한다.

---

1 사용기준 로열티와 관련하여 본장 3.4(3)절 '판매기준 로열티와 사용기준 로열티'에서 자세히 설명한다.

2.2 2단계-수행의무의 식별

수행의무(performance obligations)란 판매자가 고객에게 재화나 용역을 이전하기로 한 약속을 말한다. 이 단계는 기업이 고객에게 어떤 수행의무가 있는지 식별하는 단계이며, 기업은 수행의무를 이행하여야 수익을 인식할 수 있으므로 기업이 이행해야 할 수행의무를 식별하는 것이 매우 중요하다.

고객과의 계약이 하나의 수행의무만으로 구성될 수도 있고, 여러 개의 수행의무로 구성될 수도 있다. 하나의 계약에 몇 개의 수행의무가 있는지 확인하기 위해서는 계약 개시시점에 고객과의 계약에서 약속한 재화나 용역을 검토하여 고객에게 다음 중 어느 하나를 이전하기로 한 각 약속을 하나의 수행의무로 식별한다(문단 22).

① 구별되는 재화나 용역(또는 재화나 용역의 묶음)
② 실질적으로 서로 같고 고객에게 이전하는 방식도 같은 '일련의 구별되는 재화나 용역'

'구별되는 재화나 용역'이란 재화나 용역이 구별되는 경우 이를 각각 별개의 수행의무로 식별한다. '일련의 구별되는 재화나 용역'이란 청소용역과 같이 일정기간 동안에 진행률처럼 같은 방법으로 측정가능하다면, 여러 개의 수행의무를 합쳐서 하나의 수행의무로 보고 수익을 인식한다. 이와 같이 실질적으로 같은 재화나 용역을 연속적으로 제공하는 계약에서 너무 많은 수행의무를 식별하면 회계처리가 복잡해지기 때문에 하나의 수행의무로 식별함으로써 회계처리를 단순화한다.

일반적으로 고객과의 계약에는 기업이 고객에게 이전하기로 약속하는 재화나 용역을 분명히 기재한다. 그러나 고객과의 계약에서 식별되는 수행의무는 계약에 분명히 기재한 재화나 용역에만 한정되지 않을 수 있다. 이는 계약 체결일에 기업의 사업 관행, 공개한 경영방침, 특정 성명(서)에서 암시되는 약속이 기업이 재화나 용역을 고객에게 이전할 것이라는 정당한 기대를 하도록 한다면, 이러한 약속도 고객과의 계약에 포함될 수 있기 때문이다.

'구별되는 재화나 용역'은 이를 각각 별개의 수행의무로 식별한다고 규정하고 있지만 어떤 경우에 재화나 용역이 구별되는지 알 수 없다. 따라서 다음의 두 가지 기준을 모두 충족할 경우 고객에게 약속한 재화나 용역은 구별되는 것으로 한다(문단 27).

① 고객이 재화나 용역 그 자체에서 효익을 얻거나 고객이 쉽게 구할 수 있는 다른 자원과 함께하여 그 재화나 용역에서 효익을 얻을 수 있다(그 재화나 용역이 구별).
② 고객에게 재화나 용역을 이전하기로 하는 약속을 계약 내의 다른 약속과 별도로 식별해 낼 수 있다(그 재화나 용역을 이전하기로 하는 약속은 계약상 구별).

재화나 용역을 사용할 수 있거나, 소비할 수 있거나, 폐물 가치(scrap value)보다 큰 금액으로 매각할 수 있거나, 그 밖에 달리 경제적 효익을 창출하는 방법으로 보유할 수 있다면, 고객은 문단 27①에 따라 재화나 용역에서 효익을 얻을 수 있는 것이다. 어떤 재화나 용역은 그 자체에서 고객이 효익을 얻을 수 있다. 또 다른 재화나 용역은 쉽게 구할 수 있는 다른 자원과 함께하는 경우에만 고객이 그 재화나 용역에서 효익을 얻을 수 있다. 쉽게 구할 수 있는 자원이란 (그 기업이나 다른 기업이) ① 별도로 판매하는 재화나 용역이거나, ② 고객이 그 기업에서 이미 획득한 자원(계약에 따라 고객에게 미래에 이전하게 되어있는 재화나 용역 포함)이거나 다른 거래나 사건에서 이미 획득한 자원을 말한다. '고객이 재화나 용역 그 자체에서 효익을 얻거나 쉽게 구할 수 있는 다른 자원과 함께하여 효익을 얻을 수 있다'는 증거는 다양한 요인에서 찾을 수 있다. 예를 들면, 기업이 보통 재화나 용역을 별도로 판매한다는 사실은 그러함을 나타낼 것이다.

고객에게 재화나 용역을 이전하기로 하는 약속이 문단 27②에 따라 별도로 식별되는지를 파악할 때, 그 목적은 계약상 그 약속의 성격이 각 재화나 용역을 개별적으로 이전하는 것인지, 아니면 약속된 재화나 용역을 투입한 결합 품목(들)을 이전하는 것인지를 판단하는 것이다. 다음 3가지 중 어느 하나에 해당되면 재화나 용역을 이전하기로 한 약속이 문단 27②에 따라 별도로 식별되지 않는 것으로 보고, 약속 전체를 하나의 수행의무로 본다(문단 29).

① 기업은 해당 재화나 용역과 그 계약에서 약속한 다른 재화나 용역을 통합하는 유의적인 용역을 제공한다. 다시 말해서, 기업은 고객이 특정한 결합산출물(들)을 생산하거나 인도하기 위한 투입물로서 그 재화나 용역을 사용하고 있다.

② 하나 이상의 해당 재화나 용역은 그 계약에서 약속한 하나 이상의 다른 재화나 용역을 유의적으로 변형 또는 고객 맞춤화하거나, 계약에서 약속한 하나 이상의 다른 재화나 용역에 의해 변형 또는 고객 맞춤화된다.

③ 해당 재화나 용역은 상호의존도나 상호관련성이 매우 높다. 다시 말해서 각 재화나 용역은 그 계약에서 하나 이상의 다른 재화나 용역에 의해 유의적으로 영향을 받는다. 예를 들면, 어떤 경우에는 기업이 각 재화나 용역을 별개로 이전하여 그 약속을 이행할 수 없을 것이기 때문에 둘 이상의 재화나 용역은 서로 유의적으로 영향을 주고 받는다.

약속한 재화나 용역이 구별되지 않는다면, 구별되는 재화나 용역의 묶음을 식별할 수 있을 때까지 그 재화나 용역을 약속한 다른 재화나 용역과 결합한다. 경우에 따라서는 그렇게 함으로써 기업이 계약에서 약속한 재화나 용역 모두를 단일 수행의무로 회계처리하는 결과를 가져올 것이다.

예제 2 ▎ 수행의무의 식별(제1115호 사례 10)

대박회사는 고객에게 병원을 건설해 주는 계약을 체결하였다. 대박회사는 그 프로젝트 전체를 책임지고 있으며, 엔지니어링, 부지정리, 기초공사, 조달, 구조물 건설, 배관 및 배선, 장비설치, 마무리 등을 포함한 여러 가지 약속한 재화와 용역을 식별한다. 대박회사는 다른 고객에게도 건설 관련 재화나 용역의 상당 부분을 별도로 판매하고 있다.

물음

대박회사는 병원 건설계약에서 약속된 재화와 용역을 복수의 수행의무로 식별할 것인지, 아니면 단일 수행의무로 식별할 것인지를 문단 27에 기초하여 설명하시오.

풀이

약속된 재화와 용역은 K-IFRS 제1115호 문단 27①에 따라 구별될 수 있다. 즉 고객이 그 재화와 용역 자체에서 효익을 얻거나 쉽게 구할 수 있는 다른 자원과 함께하여 효익을 얻을 수 있다. 이것은 대박기업이 재화와 용역의 상당 부분을 보통 다른 고객에게 별도로 판매한다는 사실로 입증된다. 그리고 고객은 개별적인 재화나 용역의 사용, 소비, 판매, 보유로 경제적 효익을 창출할 수 있다.
그러나 이 재화와 용역을 이전하기로 하는 약속은 K-IFRS 제1115호 문단 27②(K-IFRS 제1115호 문단 29의 요소에 기초함)에 따라 별도로 식별할 수 없다. 이는 고객과 체결한 계약에 따라 재화와 용역(투입물)을 통합하여 병원(결합산출물)을 건설하는 유의적인 용역을 제공하게 된다는 사실로 입증된다.
K-IFRS 제1115호 문단 27의 두 가지 기준을 충족하지 못하기 때문에, 그 재화와 용역은 구별되지 않는다. 따라서 대박기업은 이 계약의 모든 재화와 용역을 단일 수행의무로 회계처리한다.

2.3 3단계-거래가격의 산정

거래가격(transaction price)은 고객에게 약속한 재화나 용역을 이전하고 그 대가로 기업이 받을 권리를 갖게 될 것으로 예상하는 금액이며, 제3자를 대신해서 회수한 금액(예 일부 판매세)은 제외한다. 여기서 말하는 일부 판매세는 우리나라의 부가가치세를 의미한다. 거래가격을 산정할 때에는 다음 사항이 미치는 영향을 모두 고려한다.

① 변동대가
② 변동대가 추정치의 제약
③ 계약에 있는 유의적인 금융요소
④ 비현금 대가
⑤ 고객에게 지급할 대가

(1) 변동대가(variable consideration)

고객과의 계약에서 약속한 대가는 고정금액, 변동금액 또는 둘 다를 포함할 수 있다. 계약에서 약속한 대가에 변동금액이 포함된 경우 거래가격은 고정된 금액이 아니기 때문에 거래가격을 추정해야 한다.

대가는 할인, 리베이트, 환불, 공제, 가격할인, 장려금, 성과보너스, 위약금이나 그 밖의 비슷한 항목 때문에 변동될 수 있다. 기업이 대가를 받을 권리가 미래 사건의 발생여부에 달려 있는 경우에도 약속한 대가는 변동될 수 있다. 예를 들어, 반품권을 부여하여 제품을 판매하거나, 특정 단계에 도달하여야 고정금액의 성과보너스를 주기로 약속한 경우에 대가는 변동될 것이다.

변동대가(금액)는 다음 〈표 4-1〉에서 기업이 받을 권리를 갖게 될 대가(금액)를 더 잘 예측할 것으로 예상하는 방법을 사용하여 추정한다(문단 53).

표 4-1 변동대가 추정 방법

방 법	내 용
기댓값	기댓값은 가능한 대가의 범위에 있는 모든 금액에 각 확률을 곱한 금액의 합이다. 기업에 특성이 비슷한 계약이 많은 경우에 기댓값은 변동대가(금액)의 적절한 추정치일 수 있다.
가능성이 가장 높은 금액	가능성이 가장 높은 금액은 가능한 대가의 범위에서 가능성이 가장 높은 단일 금액(계약에서 가능성이 가장 높은 단일 결과치)이다. 계약에서 가능한 결과치가 두 가지뿐일 경우(예 기업이 성과보너스를 획득하거나 획득하지 못하는 경우)에는 가능성이 가장 높은 금액이 변동대가의 적절한 추정치가 될 수 있다.

예제 3 | 변동대가의 추정

대박회사는 제품 1,000개를 A소매상에게 개당 ₩2,000에 판매하기로 계약을 체결하였다. 동 계약에는 대박회사가 다른 소매상에게 제품의 판매가를 개당 ₩2,000보다 낮추어 판매하는 경우 가격할인 금액만큼 A소매상에게 보상해 주기로 약정하였다. 대박회사가 과거 판매경험에 기초할 때 가격을 할인하여 다른 소매상에게 판매할 가능성은 다음과 같다.

가격할인 금액	확률
₩400	60%
50	40%

물음

1. 대박회사가 기댓값으로 변동대가를 추정하는 경우에 제품 판매의 거래가격을 계산하시오.

2. 대박회사가 가능성이 가장 높은 금액으로 변동대가를 추정하는 경우에 제품 판매의 거래가격을 계산하시오.

풀이

1. 기댓값으로 변동대가를 추정하는 경우
• 기댓값 = (₩2,000 − 400) × 60% + (₩2,000 − 50) × 40% = ₩1,740
• 거래가격 = ₩1,740 × 1,000개 = ₩1,740,000

2. 가격할인 금액이 ₩400인 경우에 60% 확률로 ₩50인 경우에 40%보다 가능성이 높다.
• 가능성이 가장 높은 금액 = ₩2,000 − 400 = ₩1,600
• 거래가격 = ₩1,600 × 1,000개 = ₩1,600,000

(2) 변동대가 추정치의 제약

추정한 변동대가는 불확실성이 크기 때문에 추정치 그대로를 재무제표에 반영하면 과거의 재무제표를 소급하여 수정하는 경우가 빈번해질 수 있고, 정보이용자는 재무제표를 신뢰할 수 없을 것이다. 따라서 K-IFRS 제1115호 '고객과의 계약에서 생기는 수익'에서는 변동대가의 추정치가 불확실하거나, 변동대가를 미래에 환원할 가능성이 있는 경우에는 이를 거래가격에 포함시키지 않도록 하였다. 이를 변동대가 추정치의 제약이라고 한다.

변동대가와 관련된 불확실성이 나중에 해소될 때, 이미 인식한 누적 수익 금액 중 유의적인 부분을 되돌리지(환원하지) 않을 가능성이 매우 높은(highly probable) 정도까지만 추정된 변동대가(금액)의 일부나 전부를 거래가격에 포함한다.

변동대가와 관련된 불확실성이 나중에 해소될 때, 이미 인식한 누적 수익 금액 중 유의적인 부분을 되돌리지 않을 가능성이 매우 높을지를 평가할 때는 수익의 환원 가능성 및 크기를 모두 고려한다. 수익 환원 가능성을 높이거나 그 크기를 크게 할 수 있는 요인에는 다음 항목이 포함되나 이에 한정되지는 않는다. 즉, 다음 항목에 해당하는 경우에는 변동대가 추정치를 거래가격에 포함하지 않는다.

① 대가(금액)가 기업의 영향력이 미치지 못하는 요인에 매우 민감하다. 그 요인에는 시장의 변동성, 제3자의 판단이나 행동, 날씨 상황, 약속한 재화나 용역의 높은 진부화 위험이 포함될 수 있다.
② 대가(금액)에 대한 불확실성이 장기간 해소되지 않을 것으로 예상된다.
③ 비슷한 유형의 계약에 대한 기업의 경험(또는 그 밖의 증거)이 제한적이거나, 그 경험(또는 그 밖의 증거)은 제한된 예측치만 제공한다.
④ 폭넓게 가격할인(price concessions)을 제공하거나, 비슷한 상황에 있는 비슷한 계약의 지급 조건을 변경하는 관행이 있다.
⑤ 계약에서 생길 수 있는 대가가 다수이고 그 범위도 넓다.

변동원가 추정치를 매 보고기간 말의 상황과 보고기간의 상황 변동을 충실하게 표현하기 위하여 보고기간 말마다 추정 거래가격을 새로 수정한다(변동대가 추정치가 제약되는지를 다시 평가하는 것을 포함).

예제 4 | 가격할인(제1115호 사례 23)

대박회사는 20×7년 12월 1일에 고객(유통업자)과 계약을 체결하였다. 대박회사는 계약 개시 시점에 계약에 표시된 개당 가격 ₩100에 제품 1,000개를 이전하였다(총 대가는 ₩100,000). 고객은 최종 고객에게 제품을 판매할 때 지급할 의무가 생긴다. 대박회사의 고객은 보통 제품을 획득한 날부터 90일 이내에 제품을 판매한다. 제품에 대한 통제는 20×7년 12월 1일에 고객에게 이전한다.

과거 실무에 기초하고 고객과의 관계를 유지하기 위하여 대박회사는 고객에게 가격할인(price concessions)을 부여할 것으로 예상한다. 이것이 고객이 제품을 할인할 수 있도록 하여 유통망을 통해 유통할 수 있게 하기 때문이다. 따라서 계약의 대가는 변동될 수 있다. 다음 각 경우는 독립적이다.

<경우 A: 변동대가 추정치에 제약이 없음>

대박회사는 이 제품과 그 비슷한 제품을 판매한 경험이 상당히 있다. 관측가능한 자료에 따르면 대박회사는 과거에 이러한 제품에 대해 판매가격의 약 20%의 가격할인(price concessions)을 부여하였다. 현행 시장정보는 가격을 20% 낮춘다면 유통망을 통해 유통시키기에 충분할 것임을 암시한다. 대박회사는 여러 해 동안 20%보다 유의적으로 큰 가격할인(price concessions)을 부여한 적이 없다.

대박회사가 권리를 갖게 될 변동대가를 추정하기 위하여 기댓값 방법을 사용하기로 결정한다. 이 방법이 권리를 갖게 될 대가(금액)를 더 잘 예측할 것으로 예상하는 방법이기 때문이다. 기댓값 방법을 사용하여, 기업은 거래가격이 ₩80,000(₩80×1,000개)이 될 것이라고 추정하였다.

<경우 B: 변동대가 추정치에 제약이 있음>

대박회사는 비슷한 제품을 판매한 경험이 있다. 그러나 대박회사의 제품은 진부화 위험이 높고 그 제품 가격 결정의 변동성이 매우 높았던 경험이 있다. 관측가능한 자료에 따르면 대박회사는 과거에 비슷한 제품에 부여한 가격할인(price concessions)은 판매가격의 20~60%로 그 범위가 넓었다. 현행 시장정보도 제품을 유통망에 유통시키려면 가격을 15~50% 낮추는 것이 필요할 수 있음을 암시한다.

대박회사가 권리를 갖게 될 변동대가를 추정하기 위하여 기댓값 방법을 사용하기로 결정한다. 이 방법이 권리를 갖게 될 대가(금액)를 더 잘 예측할 것으로 예상하는 방법이기 때문이다. 기댓값 방법을 사용하면 기업은 40% 할인을 제공할 것으로 추정하므로 변동대가 추정치는 ₩60,000(₩60×1,000개)이다.

물음

1. 〈경우 A〉에서 변동대가 추정치 ₩80,000을 거래가격에 포함시킬 수 있는지 설명하시오.
2. 〈경우 B〉에서 변동대가 추정치 ₩60,000을 거래가격에 포함시킬 수 있는지 설명하시오. 만약에 변동대가 추정치 ₩60,000을 거래가격에 포함시킬 수 없다면 얼마의 변동대가 추정치를 거래가격에 포함시키는 것이 적절한지 설명하시오.

풀이

1. 이 제품에 대해 상당한 과거 경험과 추정치를 뒷받침하는 현행 시장정보가 있다고 판단한다. 그리고 대박회사의 영향력이 미치지 못하는 요인에서 생기는 일부 불확실성이 있을지라도, 현행 시장 추정치에 기초하여 단기간에 해소될 가격이라고 예상한다. 그러므로 대박회사는 불확실성이 해소될 때(가격할인(price concessions) 총액이 산정될 때) 이미 인식한 누적 수익 금액 ₩80,000 중 유의적인 부분을 되돌리지 않을 가능성이 매우 높다고 결론짓는다. 따라서 대박회사는 20×7년 12월 1일에 제품이 이전될 때 ₩80,000을 수익으로 인식한다.

2. 이 경우 대가가 대박회사의 영향력이 미치지 못하는 요인(진부화 위험)에 매우 민감하여 제품을 유통시키려면 넓은 범위의 가격할인을 제공해야 할 것으로 판단된다. 그 결과 대박회사는 이미 인식한 누적 수익금액 중 유의적인 부분을 되돌리지 않을 가능성이 매우 높다고 결론지을 수 없기 때문에 추정치 ₩60,000을 거래가격에 포함시키지 않는다. 비록 대박회사의 과거 가격할인이 20~60%의 범위에 있더라도 현행 시장정보는 15~50%의 가격할인이 필요하다는 것을 암시하고 있다. 따라서 대박회사의 50%의 가격할인을 반영한 ₩50,000의 변동대가가 이미 인식한 누적 수익 금액 중 유의적인 부분을 되돌리지 않을 가능성이 매우 높다고 결론짓는다. 그러므로 대박회사는 20×7년 12월 1일에 ₩50,000의 수익을 인식하고, 불확실성이 해소될 때까지 매 보고기간 말에 거래가격의 추정치를 다시 평가한다.

일부 계약에서는 기업이 고객에게 제품에 대한 통제를 이전하고, 다양한 이유(예 제품 불만족)로 제품을 반품할 권리를 고객에게 부여하기도 한다. 고객에게서 받은 대가 중에서 반품할 것으로 예상되는 부분에 대해서는 수익을 인식하지 않고 환불부채(refund liability)를 인식한다. 환불부채는 나중에 반품이 되면 수취채권과 상계하고, 반품이 되지 않으면 매출로 대체한다. 환불부채는 매 보고기간 말에 상황의 변동을 반영하여 새로 수정한다.

또한 고객이 반품권을 행사할 때 기업이 제품을 회수할 수 있는 권리를 별개의 자산(반환제품회수권)으로 인식한다. 반환제품회수권은 나중에 반품이 되면 재고자산과 상계하고, 반품이 되지 않으면 매출원가로 대체한다.

〈반품권 있는 매출 인식〉

(차변)	매 출 채 권	×××	(대변)	매 출	×××
				환 불 부 채	×××

〈반품권 있는 매출원가 인식〉

(차변)	매 출 원 가	×××	(대변)	재 고 자 산	×××
	반환제품회수권	×××			

예제 5 ❙ 반품권이 있는 판매(제1115호 사례 22)

대박회사는 제품 100개를 1개당 ₩100에 판매하는 계약을 고객과 체결하였다. 대박회사는 제품에 대한 통제가 이전될 때 현금을 받는다. 대박회사의 사업관행은 고객이 사용하지 않은 제품을 30일 이내에 반품하면 전액 환불받을 수 있도록 허용한다. 각 제품의 원가는 ₩60이다. 대박회사는 변동대가를 기댓값 방법을 사용하여 97개의 제품이 반환되지 않을 것으로 추정하였다.
비록 반품에 대해 대박회사의 영향력이 미치지는 못하지만 이 제품과 고객층의 반품 추정에는 경험이 상당히 있다고 판단한다. 그리고 불확실성은 단기간(30일 이내)에 해소될 것으로 판단하였다. 그러므로 대박회사는 불확실성이 해소될 때(즉, 반품기한이 종료될 때) 이미 인식한 누적 수익 금액(97개×₩100 = ₩9,700) 중 유의적인 부분을 되돌리지 않을 가능성이 매우 높다고 결론지었다. 단, 대박회사는 제품의 회수 원가가 중요하지 않다고 추정하였으며, 반품된 제품은 다시 판매하여 이익을 남길 수 있다고 예상하였다.

물음

대박회사가 제품 통제의 이전시점과 예상대로 30일 이내에 반품이 3개 이루어졌을 때 해야 할 회계처리(재고자산에 대해서 계속기록법 사용)를 하시오.

풀이

〈제품의 통제 이전 시점〉

(차변)	매 출 채 권	10,000	(대변)	매 출	9,700❶
				환 불 부 채	300❷
(차변)	매 출 원 가	5,820❸	(대변)	재 고 자 산	6,000
	반 환 제 품 회 수 권	180❹			

❶ 반품되지 않을 것으로 추정되는 제품에 대해서만 매출 인식 97개 × ₩100 = ₩9,700

❷ 반품될 것으로 예상되는 제품에 대해서는 환불부채 인식 3개 × ₩100 = ₩300
❸ 반품되지 않은 것으로 추정되는 제품에 대해서는 매출원가 인식 97개 × ₩60 = ₩5,820
❹ 반품될 것으로 예상되는 제품에 대해서는 반환제품회수권 인식 3개 × ₩60 = ₩180

〈30일 이내에 3개가 반품된 경우〉

(차변)	환 불 부 채	300	(대변)	매 출 채 권	300
(차변)	재 고 자 산	180	(대변)	반환제품회수권	180

만약 예상보다 적게 반품된 경우, 예를 들어 3개 중에 2개만 반품된 경우에는 다음과 같이 회계처리한다.

(차변)	환 불 부 채	300	(대변)	매 출 채 권	200
				매 출	100❺
(차변)	재 고 자 산	120	(대변)	반환제품회수권	180
	매 출 원 가	60❻			

❺ 반품되지 않은 제품에 대해서는 매출 인식 1개 × ₩100 = ₩100
❻ 반품되지 않은 제품에 대해서는 매출원가 인식 1개 × ₩60 = ₩60

만약 예상보다 많이 반품된 경우, 예를 들어 5개가 반품된 경우에는 다음과 같이 회계처리한다.

(차변)	환 불 부 채	300	(대변)	매 출 채 권	500
	매 출	200❼			
(차변)	재 고 자 산	300	(대변)	반환제품회수권	180
				매 출 원 가	120❽

❼ 추가로 반품된 제품에 대해서는 매출 취소(감소) 2개 × ₩100 = ₩200
❽ 추가로 반품된 제품에 대해서는 매출원가 취소(감소) 2개 × ₩60 =₩120

(3) 계약에 있는 유의적인 금융요소

거래가격을 산정할 때 계약 당사자들 간에(명시적 또는 암묵적으로) 합의한 지급시기 때문에 고객에게 재화나 용역을 이전하면서 유의적인 금융 효익이 고객이나 기업에 제공되는 경우, 화폐의 시간가치가 미치는 영향을 반영하여 약속된 대가를 조정한다.

유의적인 금융요소를 반영하여 약속한 대가(금액)를 조정하는 목적은 약속한 재화나 용역을 고객에게 이전할 때 고객이 재화나 용역 대금을 현금으로 결제했다면 지급하였을 가격을 반영하는 금액(현금판매가격)으로 수익을 인식하기 위해서이다.

계약에 금융요소가 포함되는지와 그 금융요소가 계약에 유의적인지를 평가할 때에는 약속한 대가와 현금판매가격의 차이, 재화나 용역의 이전시점과 대가를 지급하는 시점 사이의 예상기간 및 관련 시장에서의 일반적인 이자율을 포함하여 모든 관련 사실과 상황을 고려한다.[2]

유의적인 금융요소를 반영하여 약속한 대가를 조정할 때에는 계약 개시시점에 기업과 고객이 별도 금융거래를 한다면 반영하게 될 할인율을 사용한다. 그러나 계약 개시 후에는 이자율이나 그 밖의 상황이 달라져도(예 고객의 신용위험 평가의 변동) 그 할인율을 새로 수정하지 않는다.

계약을 개시할 때 기업이 고객에게 약속한 재화나 용역을 이전하는 시점과 고객이 그에 대한 대가를 지급하는 시점 간의 기간이 1년 이내일 것이라고 예상한다면 유의적인 금융요소의 영향을 반영하여 약속한 대가를 조정하지 않는 실무적 간편법을 쓸 수 있다.

예제 6 | 할인율 산정(제 1115호 사례 28)

대박회사는 20×1년 초에 장비를 판매하기로 고객과 계약을 체결하였다. 장비에 대한 통제는 계약에 서명할 때 고객에게 이전된다. 계약에 표시된 가격은 ₩1,000,000이며, 20×1년부터 20×3년까지 매년 말에 ₩360,347씩 총 ₩1,081,041을 수령할 예정이다. 할부금은 연 4%의 계약 이자율에 의하여 계산된 금액이다.

물음

1. 계약 이자율 4%가 별도 금융거래의 이자율을 반영하는 경우 대박회사가 어떻게 수익을 인식하는지 설명하시오.

---

2 다음 요인 중 어느 하나라도 존재한다면 고객과의 계약에 유의적인 금융요소는 없을 것이다(1115:62).
① 고객이 재화나 용역의 대가를 선급하였고, 그 재화나 용역의 이전 시점은 고객의 재량에 따른다.
② 고객이 약속한 대가 중 상당한 금액이 변동될 수 있으며, 그 대가의 금액과 시기는 고객이나 기업이 실질적으로 통제할 수 없는 미래 사건의 발생 여부에 따라 달라진다(예 대가가 판매기준 로열티인 경우).
③ 약속한 대가와 재화나 용역의 현금판매가격 간의 차이가 고객이나 기업에 대한 금융제공 외의 이유로 생기며, 그 금액 차이는 그 차이가 나는 이유에 따라 달라진다.

2. 계약 이자율 4%는 계약 개시시점에 대박회사와 고객 간의 별도 금융거래에서 고객의 신용특성을 반영한 이자율 12%보다 상당히 낮다고 판단할 경우 대박회사가 어떻게 수익을 인식하는지 설명하시오.

풀이

1. 계약 이자율이 별도 금융거래의 이자율을 반영하는 경우

계약이자율 4%가 계약 개시시점의 대박회사와 고객 간의 별도 금융거래에서 사용될 이자율을 반영할 경우 금융의 시장조건은 기계장치의 현금판매가격이 ₩1,000,000임을 의미한다.

- 매출액 = ₩360,347 × 2.7751(3기간, 4%, 정상연금현가계수) ≒ ₩1,000,000
- 할부금 총액 - 매출액 = ₩1,081,041 - 1,000,000 = ₩81,041

₩81,041은 3년 동안 유효이자율법을 적용하여 이자수익으로 인식한다. 매년 인식할 이자수익과 매년 말 장기매출채권의 장부금액을 조정하는 표를 제시하면 다음과 같다.

매출채권의 장부금액 조정표

일자	현금수령액	이자수익 (기초 장부금액 × 4%)	원금회수액 (현금수령액 - 이자수익)	매출채권의 장부금액
20×1. 1. 1.				₩1,000,000
20×1. 12. 31.	₩360,347	₩40,000	₩320,347	679,653
20×2. 12. 31.	360,347	27,186	333,161	346,492
20×3. 12. 31.	360,347	13,855❶	346,492	0
합계	₩1,081,041	₩81,041	₩1,000,000	

❶ ₩346,492 × 4% = ₩13,860이나 만기일에 매출채권의 장부금액을 영(₩0)과 일치시켜야 하기 때문에 단수차이 조정

2. 계약 이자율이 별도 금융거래의 이자율을 반영하지 못하는 경우

계약 이자율 4%가 계약 개시시점에 대박회사와 고객 간의 별도 금융거래에서 고객의 신용특성을 반영한 이자율 12%보다 상당히 낮다고 판단할 경우 이는 기계장치의 현금판매가격이 ₩1,000,000보다 낮음을 의미한다. 따라서 할부금을 고객의 신용특성을 반영한 12%의 이자율로 할인한 금액으로 매출을 인식한다.

- 매출액 = ₩360,347 × 2.4018(3기간, 12%, 정상연금현가계수) = ₩865,481
- 할부금 총액 - 매출액 = ₩1,081,041 - 865,481 = ₩215,560

₩215,560은 3년 동안 유효이자율법을 적용하여 이자수익으로 인식한다. 매년 인식할 이자수익과 매년 말 장기매출채권의 장부금액을 조정하는 표를 제시하면 다음과 같다.

매출채권의 장부금액 조정표

일자	현금수령액	이자수익 (기초 장부금액 × 12%)	원금회수액 (현금수령액 - 이자수익)	매출채권의 장부금액
20×1. 1. 1.				₩865,481
20×1. 12. 31.	₩360,347	₩103,858	₩256,489	608,992
20×2. 12. 31.	360,347	73,079	287,268	321,724
20×3. 12. 31.	360,347	38,623❶	321,724	0
합계	₩1,081,041	₩215,560	₩865,481	

❶ ₩321,724 × 12% = ₩38,607이나 만기일에 매출채권의 장부금액을 영(₩0)과 일치시켜야 하기 때문에 단수차이 조정

위의 두 가지 경우 전체 기간 동안 인식할 매출액과 이자수익의 합계금액은 다음과 같이 동일함을 알 수 있다.

	1	2
매 출	₩1,000,000	₩865,481
이자수익	81,041	215,560
합 계	₩1,081,041	₩1,081,041

예제 7 | 장기할부매출

대박회사는 20×1년 1월 1일에 총 판매금액 ₩8,000,000의 할부매출을 하면서 인도금으로 ₩2,000,000을 즉시 수령하고, 잔금 ₩6,000,000은 20×1년부터 20×3년까지 매년 12월 31일에 ₩2,000,000씩 3년에 걸쳐서 수령하기로 하였다. 계약 개시시점에 대박회사와 고객이 별도 금융거래를 한다면 반영하게 될 할인율은 연 5%로 판단된다.

물음

1. 20×1년부터 20×3년까지 매출채권 장부금액 조정표를 작성하고, 관련 거래에 대해 해야 할 분개를 하시오. 단, 유동성대체는 생략한다.

2. 할인율 5%는 계약 개시시점에 대박회사와 고객 간의 별도 금융거래에서 고객의 신용특성을 반영한 10%보다 상당히 낮다고 판단할 경우 대박회사의 매출액과 이자수익을 다시 계산하시오.

풀이

1. 계약 이자율이 별도 금융거래의 이자율을 반영하는 경우

- 매출액
  = ₩2,000,000(인도금) + 2,000,000 × 2.7232(3기간, 5%, 정상연금현가계수)
  = ₩7,446,400
- 이자수익 = ₩8,000,000 − 7,446,400 = ₩553.600

매출채권의 장부금액 조정표

일자	현금수령액	이자수익 (기초 장부금액 × 5%)	원금회수액 (현금수령액 − 이자수익)	매출채권의 장부금액
20×1. 1. 1.	₩2,000,000		₩2,000,000	₩5,446,400
20×1. 12. 31.	2,000,000	₩272,320	1,727,680	3,718,720
20×2. 12. 31.	2,000,000	185,936	1,814,064	1,904,656
20×3. 12. 31.	2,000,000	95,344❶	1,904,656	0
합계	₩8,000,000	₩553,600	₩7,446,400	

❶ ₩1,904,656 × 5% = ₩95,233이나 만기일에 매출채권의 장부금액을 영(₩0)과 일치시켜야 하기 때문에 단수차이 조정

〈20×1. 1. 1.〉

(차변)	현 금	2,000,000	(대변)	매 출	7,446,400
	장 기 매 출 채 권	5,446,400			

〈20×1. 12. 31.〉

(차변)	현 금	2,000,000	(대변)	장 기 매 출 채 권	1,727,680
				이 자 수 익	272,320

〈20×2. 12. 31.〉

(차변)	현 금	2,000,000	(대변)	장 기 매 출 채 권	1,814,064
				이 자 수 익	185,936

〈20×3. 12. 31.〉

(차변)	현 금	2,000,000	(대변)	장 기 매 출 채 권	1,904,656
				이 자 수 익	95,344

2. 계약 이자율이 별도 금융거래의 이자율을 반영하지 못하는 경우
   - 매출액
     = ₩2,000,000(인도금) + 2,000,000 × 2.4869(3기간, 10%, 정상연금현가계수)
     = ₩6,973,800
   - 이자수익 = ₩8,000,000 - 6,973,800 = ₩1,026,200

K-IFRS 제1115호 '고객과의 계약에서 생기는 수익'에서는 약속한 대가를 나중에 수취하는 조건일 경우뿐만 아니라 대가를 먼저 수취하는 조건일 경우에도 유의적인 금융요소를 반영하여 거래가격을 산정하도록 한다. 이것은 약속한 대가를 나중에 수취하는 조건일 경우와 마찬가지로 대가를 먼저 수취하는 조건일 경우에도 재화나 용역의 이전시점과 대가를 지급하는 시점 사이의 화폐의 시간가치가 미치는 영향을 반영하여 약속된 대가를 조정하는 것이다.

예제 8 | 선수금과 할인율 평가(제1115호 사례 29)

대박회사는 20×1년 초에 자산을 판매하기로 고객과 계약을 체결하였다. 자산에 대한 통제는 20×2년 말에 고객에게 이전된다. 계약에 따르면 대금은 고객이 계약에 서명할 때 ₩4,000을 지급하는 방법과 20×2년 말에 고객이 자산을 통제할 때 ₩5,000을 지급하는 방법 중 선택할 수 있다. 고객은 계약에 서명할 때 ₩4,000을 지급하는 방법을 선택하였다. 거래의 내재이자율은 11.8%이고, 이는 두 가지 대체 지급 선택권을 경제적으로 동등하게 하기 위해 필요한 이자율이다. 그러나 대박회사는 계약 개시시점에 기업과 고객이 별도 금융거래를 한다면 반영하게 될 할인율이 연 6%라고 판단하였다.

물음

대박회사가 20×1년부터 20×2년까지 관련 거래에 대해 해야 할 분개를 하시오.

풀이

계약 개시시점에 대박회사와 고객이 별도 금융거래를 한다면 반영하게 될 할인율인 6%를 사용하여 이자비용을 계산한다.

〈20×1. 1. 1.〉

(차변)	현 금	4,000	(대변)	선 수 금	4,000

〈20×1. 12. 31.〉

(차변)	이 자 비 용	240❶	(대변)	선 수 금	240

❶ ₩4,000 × 6% = ₩240

〈20×2. 12. 31.〉

(차변)	이 자 비 용	254❷	(대변)	선 수 금	254

❷ (₩4,000 + 240) × 6% = ₩254

(차변)	선 수 금	4,494	(대변)	매 출	4,494

(4) 비현금 대가

고객이 현금 이외의 형태로 대가를 약속한 계약의 경우에 거래가격을 산정하기 위하여 비현금 대가를 공정가치로 측정한다. 비현금 대가의 공정가치를 합리적으로 추정할 수 없는 경우에는 그 대가와 교환하여 고객에게 약속한 재화나 용역의 개별 판매가격을 참조하여 간접적으로 그 대가를 측정한다.

현금 대가와 마찬가지로 비현금 대가도 비슷한 유형의 변동성에는 변동대가 추정치의 제약에 관한 요구사항을 적용하는 것이 적절하다. 따라서 비현금 대가의 공정가치가 대가의 형태(예 대가가 고객의 주식일 경우 그 주식의 가격 변동) 때문에 변동된다면 변동대가 추정치의 제약 규정을 적용하지 않는다. 반면에 비현금 대가의 공정가치가 대가의 형태만이 아닌 이유로 변동된다면(예 공정가치가 기업의 성과에 따라 달라질 수 있음) 변동대가 추정치의 제약과 관련된 요구사항을 적용한다. 예를 들면, 기업이 비현금 대가의 형태로 성과보너스를 받을 권리가 있다면, 기업의 보너스 수령 여부에 대한 불확실성에 변동대가 추정치의 제약에 관한 요구사항을 적용할 것이다.

예제 9 ❙ 비현금 대가(제1115호 사례 31)

대박회사는 20×1년 1월 1일에 고객과 1년간 일주일 단위로 용역을 제공하는 계약을 체결하고 즉시 업무를 시작하였다. 용역의 대가로 고객은 일주일 단위로 용역당 자신의 보통주 100주(계약에 대해 총 5,200주)를 지급하기로 약속하였다. 계약 조건은 일주일 단위로 용역이 성공적으로 완료될 때에 보통주가 지급되는 것이다.

물음

해당 용역에 대해 대박회사가 매출을 어떻게 인식해야 하는지 설명하시오.

풀이

대박회사는 매주 용역이 완료되는 대로 수행의무의 진행률을 측정한다. 거래가격(과 인식할 매출 금액)을 산정하기 위해, 매주 용역이 완료됨에 따라 받는 100주의 공정가치를 측정한다. 대박회사는 받았거나 받을 주식의 후속적인 공정가치 변동을 매출에 반영하지 않고, 평가손익에 반영한다.
예를 들어, 약속한 용역을 제공하여 100주(FVPL금융자산)를 받고, 공정가치가 주당 ₩150이라면 다음과 같이 회계처리한다.

(차변)	FVPL금융자산	15,000❶	(대변)	매출	15,000

❶ ₩150 × 100주 = ₩15,000

후속적으로 주당 공정가치가 ₩200으로 변동하였다면 다음과 같이 회계처리한다.

(차변)	FVPL금융자산	5,000❷	(대변)	금융자산평가이익(PL)	5,000

❷ (₩200 − 150) × 100주 = ₩5,000

(5) 고객에게 지급할 대가

기업이 고객에게 현금 등의 대가를 지급하는 경우가 있다. 예를 들어 소매상인 고객에게 제품을 판매하면서 고객이 기업의 제품을 진열해주는 조건으로 대가를 지급하는 경우이다. 고객에게 지급할 대가가 고객에게서 받은 구별되는 재화나 용역의 대가로 지급하는 것이 아니라면 그 대가는 거래가격, 즉 수익에서 차감하여 회계처리한다.

고객에게 지급할 대가가 고객에게서 받은 구별되는 재화나 용역에 대한 지급이라면 다른 공급자에게서 구매한 경우와 같은 방법으로 회계처리한다. 다만, 고객에게 지급할 대가가 고객에게서 받은 구별되는 재화나 용역의 공정가치를 초과한다면, 그 초과액을 거래가격에서 차감하여 회계처리한다. 고객에게서 받은 재화나 용역의 공정가치를 합리적으로 추정할 수 없다면, 고객에게 지급할 대가 전액을 거래가격에서 차감하여 회계처리한다.

예제 10 ❙ 고객에게 지급할 대가(제1115호 사례 32)

대박회사는 20×1년 1월 1일에 국제적인 대형 소매체인점인 고객에게 1년 동안 재화를 판매하기로 계약을 체결하였다. 고객은 1년 동안 적어도 ₩15,000,000의 제품을 사기로 약속하였다. 계약에서는 대박회사가 계약 개시시점에 고객에게 환불되지 않는 ₩1,500,000을 고객에게 지급하도록 되어 있다. 이것은 고객이 대박회사의 제품을 선반에 진열하는 데 필요한 변경에 대해 고객에게 보상하는 것이다. 20×1년 1월 한 달 동안 고객에게 ₩2,000,000의 제품을 이전하였다.

물음

대박회사가 고객과의 거래에 대해 해야 할 분개를 하시오.

풀이

대박회사는 기업에 이전되는 구별되는 재화나 용역의 대가로 그 지급액을 고객에게 지급한 것이 아니다. 이는 대박회사가 고객의 선반에 대한 어떠한 권리도 통제하지 못하기 때문이다. 따라서 대박회사는 ₩1,500,000의 지급액을 거래가격 ₩15,000,000의 감액으로 회계처리하며, 고객에게 제품을 이전한 금액에서 10%(₩1,500,000/15,000,000)씩 감소시킨다.

〈₩1,500,000 지급〉

(차변)	선 급 금	1,500,000	(대변)	현 금	1,500,000

〈₩2,000,000 판매〉

(차변)	수 취 채 권	2,000,000	(대변)	매 출	1,800,000
				선 급 금	200,000❶

❶ ₩2,000,000 × 10% = ₩200,000

2.4 4단계-거래가격의 수행의무 배분

단계 2에서 여러 개의 수행의무가 식별되었다면 단계 3에서 결정된 거래가격을 각 수행의무에 적절히 배분한다. 거래가격을 배분하는 목적은 기업이 고객에게 약속한 재화나 용역을 이전하고 그 대가로 받을 권리를 나타내는 금액으로 각 수행의무(또는 구별되는 재화나 용역)에 거래가격을 배분하는 것이다.

(1) 개별 판매가격에 기초한 배분

거래가격을 상대적 개별 판매가격에 기초하여 각 수행의무에 배분하기 위하여 계약 개시시점에 계약상 각 수행의무의 대상인 구별되는 재화나 용역의 개별 판매가격을 산정하고, 개별 판매가격에 비례하여 거래가격을 배분한다.

개별 판매가격은 기업이 고객에게 약속한 재화나 용역을 별도로 판매할 경우의 가격이다. 개별 판매가격의 최선의 증거는 기업이 비슷한 상황에서 비슷한 고객에게 별도로 재화나 용역을 판매할 때 그 재화나 용역의 관측가능한 가격이다. 재화나 용역의 계약상 표시가격이나 정가는 그 재화나 용역의 개별 판매가격일 수 있지만, 개별 판매가격으로 간주되어서는 안 된다.

개별 판매가격을 직접 관측할 수 없다면, 배분 목적에 맞게 거래가격이 배분되도록 개별 판매가격을 추정한다. 개별 판매가격을 추정할 때, 합리적인 범위에서 구할 수 있는 모든 정보(시장조건, 기업 특유 요소, 고객이나 고객층에 대한 정보 포함)를 고려한다. 이때 관측가능한 투입변수들을 최대한 사용하고 비슷한 상황에서는 추정방법을 일관되게 적용한다.

다음 〈표 4-2〉와 같이 재화나 용역의 개별 판매가격을 적절하게 추정하는 방법이 포함되지만 이에 한정되지는 않는다.

표 4-2 개별 판매가격의 추정방법

방 법	내 용
시장평가 조정 접근법 (adjusted market assessment approach)	기업이 재화나 용역을 판매하는 시장을 평가하여 그 시장에서 고객이 그 재화나 용역에 대해 지급하려는 가격을 추정하는 방법
예상원가 이윤 가산 접근법 (expected cost plus a margin approach)	수행의무를 이행하기 위한 예상원가를 예측하고, 여기에 그 재화나 용역에 대한 적절한 이윤을 더하는 방법
잔여접근법 (residual approach)	재화나 용역의 개별 판매가격은 총 거래가격에서 계약에서 약속한 그 밖의 재화나 용역의 관측가능한 개별 판매가격의 합계를 차감하여 추정하는 방법

세 가지 방법 중 잔여접근법이 가장 부정확한 방법이다. 따라서 잔여접근법은 ① 같은 재화나 용역을 서로 다른 고객들에게 광범위한 금액으로 판매하거나(즉, 대표적인 개별 판매가격을 분간할 수 없어 판매가격이 매우 다양), ② 재화나 용역의 가격을 아직 정하지 않았고 과거에 그 재화나 용역을 따로 판매한 적이 없어 판매가격이 불확실한 경우에만 사용이 가능하다.

예제 11 ❙ 개별 판매가격에 기초한 배분

대박회사는 고객에게 책상과 의자를 패키지로 ₩100,000에 판매하는 계약을 체결하였는데, 책상의 판매와 의자의 판매는 별개의 수행의무로 식별되었다. 대박회사는 책상과 의자를 각각 ₩90,000과 ₩30,000에 판매하고 있다. 할인액 ₩20,000은 모든 수행의무와 관련되어 있다.

물음

책상과 의자에 거래가격을 배분하시오.

풀이

상대적 개별 판매가격에 비례하여 거래가격을 배분한다.

- 책상 개별 판매가격 = ₩100,000 × (₩90,000/120,000) = ₩75,000
- 의자 개별 판매가격 = ₩100,000 × (₩30,000/120,000) = ₩25,000

(2) 할인액의 배분

계약에서 약속한 재화나 용역의 개별 판매가격의 합계가 계약에서 약속한 대가를 초과하면 고객은 재화나 용역의 묶음을 구매하면서 할인을 받은 것이다. 할인액은 계약상 모든 수행의무에 비례하여 배분한다. 그러나 할인액이 계약상 모든 수행의무와 관련된 것이 아니라, 일부 수행의무에만 관련된 경우에는 할인액을 일부 수행의무에만 배분한다. 한편, 할인액을 계약에 포함된 일부 수행의무에 배분하는 경우에 잔여접근법을 사용하여 재화나 용역의 개별 판매가격을 추정하기 전에 그 할인액을 배분한다.

예제 12 ❙ 할인액의 배분(제1115호 사례 34)

대박회사는 제품 A, B, C를 개별 판매하는데, 개별 판매가격은 다음과 같다.

제 품	제품 판매가격
A	₩40
B	55
C	45
합계	₩140

대박회사는 보통 제품 B와 C를 함께 ₩60에 판매한다.

물음

1. 대박회사가 고객과 제품 A, B, C를 ₩100에 판매하기로 계약을 체결하여 같은 시점에 제품 B, C에 대한 통제를 이전한 경우와 서로 다른 시점에 제품 B, C에 대한 통제를 이전한 경우 제품 A, B, C에 거래가격을 배분하시오.

2. (물음 1)에서 계약에는 제품 D를 이전하는 약속이 포함된다. 계약의 총 대가는 ₩130이다. 기업은 제품 D를 넓은 범위의 금액(₩15~45)으로 서로 다른 고객에게 판매하기 때문에, 제품 D의 개별 판매가격의 변동성은 매우 높다. 따라서 기업은 제품 D의 개별 판매가격을 잔여접근법을 사용하여 추정하기로 결정한 경우에 제품 D에 거래가격을 배분하시오. 단, 같은 시점에 제품 B, C에 대한 통제를 이전한다고 가정한다.

3. (물음 2)에서 계약의 총 대가가 ₩105일 경우에 제품 D에 거래가격을 배분하시오.

풀이

1. 계약에서는 거래 전체에 ₩40의 할인액을 포함하고 있고, 이는 상대적 개별 판매가격을 사용하여 거래가격에 배분할 때 세 가지 수행의무 모두에 비례적으로 배분될 것이다. 그러나 대박회사가 보통 제품 B와 C를 함께 ₩60에, 제품 A를 ₩40에 판매하고 있기 때문에, 제품 B와 C를 이전하는 약속에 전체 할인액을 배분하여야 한다는 증거가 있다.

   대박회사가 같은 시점에 제품 B와 C에 대한 통제를 이전한다면, 실무적으로 그 제품의 이전을 단일 수행의무로 회계처리할 수 있다. 즉, 제품 B와 C를 고객에게 동시에 이전할 때 대박회사가 단일 수행의무에 거래가격 ₩60을 배분할 수 있고 수익으로 인식할 수 있다.

   - 제품 A 개별 판매가격 = ₩100 - 60 = ₩40
   - 제품 B, C 개별 판매가격 = ₩60

   대박회사가 서로 다른 시점에 제품 B와 C에 대한 통제를 이전하도록 되어 있다면, 배분금액 60원은 다음과 같이 제품 B(개별 판매가격 ₩55)와 제품 C(개별 판매가격 ₩45)를 이전하기로 한 약속에 개별적으로 배분한다.

   - 제품 A 개별 판매가격 = ₩100 - 60 = ₩40
   - 제품 B 개별 판매가격 = ₩60 × (₩55/100) = ₩33
   - 제품 C 개별 판매가격 = ₩60 × (₩45/100) = ₩27

2. 잔여접근법을 사용하여 제품 D의 개별 판매가격을 추정하기 전에, 대박회사는 할인액을 계약의 그 밖의 수행의무에 배분해야 하는지를 판단한다.
   (물음 1)과 같이, 대박회사가 보통 제품 B와 제품 C를 함께 ₩60에 판매하고 제품 A를 ₩40에 판매하기 때문에 ₩100을 그 세 제품에 배분해야 하고 ₩40 할인액은 제품 B와 C를 이전하기로 한 약속에 배분해야 한다는 관측가능한 증거가 있다. 잔여접근법을 사용하여 제품 D의 개별 판매가격이 다음과 같이 추정한다.

   - 제품 D 개별 판매가격 = ₩130 - 40 - 60 = ₩30

   대박회사는 제품 D에 배분한 결과인 ₩30이 관측가능한 판매가격의 범위(₩15~45)에 있다고 결론지을 수 있다.

3. 거래가격이 ₩130이 아니라 ₩105이라는 것을 제외하고는 (물음 2)와 같은 사실이 적용된다. 따라서 잔여접근법을 적용하면 제품 D의 개별 판매가격은 ₩5(거래가격 ₩105에서 제품 A, B, C에 배분된 ₩100 차감)이 된다. 대박회사는 ₩5이 제품 D의 개별 판매가격(₩15~45 범위)에 가깝지 않기 때문에, 제품 D를 이전하는 수행의무를 이행하고 그 대가로 받을 권리를 갖게 될 것으로 예상하는 금액을 ₩5이 충실하게 표현하지 못할 것이라고 결론짓는다. 따라서 다른 적절한 방법을 사용하여 제품 D의 개별 판매가격을 추정하기 위하여, 매출액 및 이윤 보고서를 포함하여 관측가능한 자료

를 검토한다. 대박회사는 각 제품의 상대적인 개별 판매가격을 사용하여 제품 A, B, C, D에 거래가격 ₩105을 배분한다.

(3) 변동대가의 배분

거래가격에 변동대가가 포함되어 있는 경우 변동대가를 계약의 모든 수행의무에 배분할 것인지, 아니면 일부의 수행의무에만 배분할 것인지 판단해야 한다. 예를 들어, 서로 다른 시기에 두 제품을 제공하면서 두 번째 제품의 적시 인도 여부에 따라서만 결정되는 보너스(변동대가에 해당)를 받은 계약을 체결할 수 있다. 이 경우에 거래가격에 포함된 변동대가를 두 제품 모두 귀속시키는 것은 부적절하다. 따라서 다음 두 기준을 모두 충족하면 변동금액(과 후속 변동액) 전부를 일부 수행의무에 배분하거나, 단일 수행의무의 일부를 구성하는 구별되는 재화나 용역에 배분한다(문단 85).

① 수행의무를 이행하거나 구별되는 재화나 용역을 이전하는 기업의 노력(또는 그에 따른 특정성과)과 변동 지급조건이 명백하게 관련되어 있다.
② 계약상 모든 수행의무와 지급조건을 고려할 때, 변동대가(금액) 전부를 일부 수행의무나 구별되는 재화 또는 용역에 배분하는 것이 거래가격의 배분 목적에 맞는다.

예제 13 ▎ 변동대가의 배분(제1115호 사례 35)

대박회사는 두 가지 지적재산 라이선스(라이선스 X와 Y)에 대해 고객과 계약을 체결하였고, 이는 한 시점에 각각 이행되는 두 가지 수행의무를 나타낸다고 판단한다. 라이선스 X와 Y의 개별 판매가격은 각각 ₩800과 ₩1,000이다. 다음의 각 경우는 독립적이다.

<경우 A: 변동대가를 하나의 수행의무에 모두 배분>
계약에 표시된 라이선스 X의 가격은 고정금액 ₩800이고, 라이선스 Y의 대가는 고객이 라이선스 Y를 사용한 제품을 미래에 판매한 금액의 3%이다. 배분 목적상, 대박회사는 K-IFRS 제1115호 문단 53에 따라 판매기준 로열티[3](변동대가)가 ₩1,000이라고 추정한다.

<경우 B: 변동대가를 개별 판매가격에 기초하여 배분>
계약에 표시된 라이선스 X의 가격은 고정금액 ₩300이고, 라이선스 Y의 대가는 고객이 라이선스 Y를 사용한 제품을 미래에 판매하는 금액의 5%이다. K-IFRS 제1115호 문단 53에 따른 기업의 판매기준 로열티(변동대가) 추정치는 ₩1,500이다.

3 판매기준 로열티와 관련하여 본장 3.4(3)절 '판매기준 로열티와 사용기준 로열티'에서 자세히 설명한다.

물음

1. 〈경우 A〉에서 대박회사는 계약 개시시점에 라이선스 Y를 이전하고, 한 달 후에 라이선스 X를 이전한다고 할 때, X와 Y의 수익을 어떻게 인식하는지 설명하시오.

2. 〈경우 B〉에서 라이선스 X에 ₩300을 배분하고, 라이선스 Y에 ₩1,500을 배분하는 것이 합리적인지 설명하시오.

3. 〈경우 B〉에서 라이선스 Y는 계약 개시시점에 고객에게 이전하고, 라이선스 X는 3개월 후에 이전한다. ₩300의 거래가격을 X와 Y에 어떻게 배분하고 언제 인식해야 하는지 설명하시오.

4. 〈경우 B〉에서 첫째 달에 대박회사는 고객으로부터 ₩200의 로열티를 받았다. 대박회사는 이를 X와 Y에 어떻게 배분하고 언제 인식해야 하는지 설명하시오.

풀이

1. 거래가격을 배분하기 위해, 대박회사는 K-IFRS 제1115호 문단 85의 기준을 참고하여 변동대가(판매기준 로열티) 모두를 라이선스 Y에 배분하여야 한다고 결론짓는다. 변동 지급액이 라이선스 Y를 이전하는 수행의무의 산출물(향후 고객이 라이선스 Y를 사용한 제품 판매)과 특정적으로 관련되고, 예상 로열티 금액 ₩1,000을 모두 라이선스 Y에 배분하는 것이 배분 목적에 부합한다. 이는 판매기준 로열티에 대한 기업의 추정치(₩1,000)가 라이선스 Y의 개별 판매가격에 가깝고 고정금액 ₩800원은 라이선스 X의 개별 판매가격에 가깝기 때문이다. 따라서 대박회사는 변동대가 ₩1,000 모두를 라이선스 Y에 배분하고, 라이선스 X에 ₩800을 배분한다. 라이선스 Y에 배분된 대가가 판매기준 로열티의 형태이기 때문에 라이선스 Y의 이전 시점에 대박회사는 수익을 인식하지 않고, 후속적으로 제품이 판매될 때 판매기준 로열티의 수익을 인식한다. 그리고 라이선스 X를 이전할 때, 라이선스 X에 배분된 ₩800을 수익으로 인식한다.

2. 거래가격을 배분하기 위해, 대박회사는 변동대가(판매기준 로열티)를 모두 라이선스 Y에 배분해야 하는지를 판단하기 위하여 K-IFRS 제1115호 문단 85를 적용할 때, 비록 변동지급이 라이선스 Y를 이전하는 수행의무의 산출물(향후 고객이 라이선스 Y를 사용한 제품을 판매)과 특별히 관련될지라도, 기업은 변동대가를 라이선스 Y에 모두 배분하면 거래가격 배분원칙에 부합하지 않는다고 결론짓는다. 라이선스 X에 ₩300, 라이선스 Y에 ₩1,500을 배분하는 것은 라이선스 X와 Y의 각 개별 판매가격 ₩800과 ₩1,000에 기초한 거래가격의 합리적 배분을 반영하지 못한다.

3. 라이선스 X와 Y의 각 개별 판매가격 ₩800과 ₩1,000에 기초하여 거래가격 ₩300을 배분한다. 라이선스 X와 Y를 고객에게 이전할 때 다음의 금액을 수익으로 인식한다.
   - 거래가격의 라이선스 Y 배분 = ₩300 × (1,000/1,800) = ₩167
   - 거래가격의 라이선스 X 배분 = ₩300 × (800/1,800) = ₩133

4. 라이선스 X와 Y의 각 개별 판매가격 ₩800과 ₩1,000에 기초하여 로열티 ₩200을 다음과 같이 배분한다.
   - 로열티의 라이선스 Y 배분 = ₩200 × (1,000/1,800) = ₩111
   - 로열티의 라이선스 X 배분 = ₩200 × (800/1,800) = ₩89

   라이선스 Y에 배분된 ₩111은 고객에게 이전되었을 때 수행의무가 이행되었으므로 수익으로 인식한다. 반면에 라이선스 X에 배분된 ₩89은 계약부채[4]로 인식하고 나중에 고객에게 이전될 때 수익으로 인식한다.

(4) 거래가격의 후속 변동

계약 개시 이후에 거래가격은 여러 가지 이유로 변동될 수 있다. 그 이유로는 약속한 재화나 용역의 대가로 받을 권리를 갖게 될 것으로 예상하는 금액을 바뀌게 하는 불확실한 사건의 해소나 그 밖의 상황 변화가 포함된다.

거래가격의 후속 변동은 계약 개시시점과 같은 기준으로 계약상 수행의무에 배분한다. 따라서 계약을 개시한 후의 개별 판매가격 변동을 반영하기 위해 거래가격을 다시 배분하지는 않는다. 이행된 수행의무에 배분되는 금액은 거래가격이 변동되는 기간에 수익으로 인식하거나 수익에서 차감한다.

예제 14 ❙ 거래가격의 후속 변동-대량 할인 장려금(제1115호 사례 24)

대박회사는 제품 A를 개당 ₩100에 판매하기로 20×8년 1월 1일에 고객과 계약을 체결하였다. 고객이 제품 A를 1년 동안 1,000개 초과 구매하면 개당 가격을 ₩90으로 소급하여 낮추기로 계약에서 정하였다. 따라서 계약상 대가는 변동될 수 있다.

물음

1. 20×8년 3월 31일 1분기에 대박회사는 고객에게 제품 A를 75개 판매하였다. 고객이 20×8년에 대량 할인을 받을 수 있는 1,000개를 초과하여 구매하지는 않을 것으로 추정하였다면, 대박회사가 20×8년 1분기에 제품 A의 판매로 인식할 수익을 계산하시오.

4 계약부채는 본장 3.1절 '계약자산과 계약부채'에서 자세히 설명한다.

2. 고객은 20×8년 5월에 다른 회사를 취득하고, 20×8년 6월 30일 2분기에 대박회사는 고객에게 추가로 제품 A를 500개 판매하였다. 새로운 사실에 기초하여, 고객이 20×8년에 제품 A를 1,000개 초과하여 구매할 것으로 추정하였다면, 대박회사가 20×8년 2분기에 제품 A의 판매로 인식할 수익을 계산하시오.

풀이

1. 대박회사는 불확실성이 해소될 때(총 구매량이 알려질 때), 이미 인식한 누적 수익 금액(개당 ₩100) 중 유의적인 부분을 되돌리지 않을 가능성이 매우 높다고 결론짓는다. 따라서 20×8년 3월 31일 1분기에 ₩7,500원(75개 × ₩100)을 수익으로 인식한다.

2. 새로운 사실에 기초하여, 대박회사는 고객이 20×8년에 1,000개의 임계치를 초과하여 구매할 것이고, 제품 A의 개당 가격을 소급하여 ₩90으로 낮춰줄 것을 요구할 것으로 추정한다. 따라서 20×8년 6월 30일 2분기에 ₩44,250원(575개 × ₩90 - 7,500)을 수익으로 인식한다.
   또는 500개 × ₩90 - 75개 × ₩10(가격할인분)으로 계산할 수도 있다.

(5) 계약변경으로 인한 거래가격의 변동

계약변경(contract modification)은 계약 당사자들이 승인한 계약의 범위나 계약가격(또는 둘 다)의 변경을 말한다. 계약 당사자가 집행가능한 권리와 의무를 새로 설정하거나 기존의 집행가능한 권리와 의무를 변경하기로 승인할 때 계약변경이 존재한다.

계약 당사자들끼리 계약변경 범위나 가격(또는 둘 다)에 다툼이 있거나, 당사자들이 계약 범위의 변경을 승인하였지만 아직 이에 상응하는 가격 변경을 결정하지 않았더라도, 계약변경은 존재할 수 있다. 계약 당사자들이 계약 범위의 변경을 승인하였으나 아직 이에 상응하는 가격 변경을 결정하지 않았으면 계약변경으로 생기는 거래가격의 변경은 추정한다. 계약변경은 서면으로, 구두 합의로, 기업의 사업 관행에서 암묵적으로 승인될 수 있다. 계약 당사자들이 계약변경을 승인하지 않았다면, 계약변경의 승인을 받을 때까지는 기존 계약에 따라 수익을 인식한다.

계약의 변경으로 인해 거래가격이 변동된 경우 다음 두 조건을 모두 충족하는 경우에 계약변경은 별도 계약으로 회계처리한다. 즉, 기존 계약은 기존 계약대로 회계처리하고, 변경된 계약은 새로운 계약으로 보고 회계처리한다(문단 20).

① 구별되는 약속한 재화나 용역이 추가되어 계약의 범위가 확장된다.
② 계약가격이 추가로 약속한 재화나 용역의 개별 판매가격에 특정 계약 상황을 반영하여 적절히 조정한 대가(금액)만큼 상승한다.

그러나 계약변경이 문단 20에 따라 별도 계약으로 회계처리하는 계약변경이 아니라면, 계약변경일에 아직 이전되지 않은 약속한 재화나 용역(나머지 약속한 재화나 용역)을 다음 중 해당하는 방법으로 회계처리한다(문단 21).

① 나머지 재화나 용역이 계약변경일이나 그 전에 이전한 재화나 용역과 구별된다면, 그 계약변경은 기존 계약을 종료하고 새로운 계약을 체결한 것처럼 회계처리한다. 나머지 수행의무에 배분하는 대가(금액)는 고객이 약속한 대가 중 거래가격 추정치에는 포함되었으나 아직 수익으로 인식되지 않은 금액과 계약변경의 일부로 약속한 대가의 합계로 한다.

② 나머지 재화나 용역이 구별되지 않아서 계약변경일에 부분적으로 이행된 단일 수행의무의 일부를 구성한다면, 그 계약변경은 기존 계약의 일부인 것처럼 회계처리한다. 계약변경이 거래가격과 수행의무의 진행률에 미치는 영향은 계약변경일에 수익을 조정(수익의 증액이나 감액)하여 인식한다[수익을 누적효과 일괄조정기준(cumulative catch-up basis)으로 조정한다].

계약변경 회계처리를 요약·정리하면 다음 〈표 4-3〉과 같다.

표 4-3 계약변경 회계처리

구 분		회계처리
계약 범위의 확장과 계약가격의 상승		별도 계약으로 회계처리(기존 계약 존재)
요건 미충족	이전한 재화나 용역과 구별됨	새로운 계약으로 회계처리(기존 계약 종료)
	이전한 재화나 용역과 구별 안 됨	기존 계약의 일부인 것처럼 회계처리

예제 15 ❙ 계약변경-재화(제1115호 사례 5)

대박회사는 제품 120개를 고객에게 ₩12,000(개당 ₩100)에 판매하기로 약속하였다. 제품은 6개월에 걸쳐 고객에게 이전된다. 대박회사는 각 제품에 대한 통제를 한 시점에 이전한다. 대박회사가 제품 60개에 대한 통제를 고객에게 이전한 다음에, 추가로 제품 30개(총 150개의 동일한 제품)를 고객에게 납품하기로 계약을 변경하였다. 추가 제품 30개는 최초 계약에 포함되지 않았다. 다음 각 경우는 독립적이다.

<경우 A: 추가 제품의 가격이 개별 판매가격을 반영하는 경우>
계약을 변경할 때, 추가 제품 30개에 대한 계약변경의 가격은 추가 금액 ₩2,850이며 개당 ₩95이다. 추가 제품은 계약변경 시점에 그 제품의 개별 판매가격을 반영하여 가격이 책정되었고 이미 이전한 제품과 구별된다.

<경우 B: 추가 제품의 가격이 개별 판매가격을 반영하지 않는 경우>
추가 제품 30개를 구매하는 협상을 진행하면서, 양 당사자는 처음에 개당 ₩80에 합의하였다. 그러나 고객은 이전받은 최초 제품 60개에 그 인도된 제품 특유의 사소한 결함이 있음을 알게 되었다. 기업은 그 제품의 낮은 질에 대한 보상으로 고객에게 개당 ₩15씩 일부 공제를 약속하였다. 기업과 고객은 기업이 추가 제품 30개에 부과하는 가격에서 ₩900(공제 ₩15 × 제품 60개)을 공제하기로 합의하였다. 따라서 계약변경에서는 추가 제품 30개의 가격을 ₩1,500, 즉 개당 ₩50으로 정하였다. 그 가격은 추가 제품 30개에 대하여 ₩2,400, 즉 개당 ₩80에서 ₩900을 공제하기로 합의한 가격으로 구성된다.

물음

1. 〈경우 A〉에서 이미 이전한 제품 60개와 향후 이전할 제품 60개, 그리고 추가로 계약한 제품 30개에 대해서 얼마의 수익을 인식해야 하는지 설명하시오.

2. 만약 〈경우 A〉에서 추가 제품의 가격이 개별 판매가격을 반영하지 않았으며, 인도할 나머지 제품이 이미 이전한 제품과 구별되지 않는다고 가정하고 이미 이전한 제품 60개와 향후 이전할 제품 60개, 그리고 추가로 계약한 제품 30개에 대해서 얼마의 수익을 인식해야 하는지 다시 설명하시오.

3. 〈경우 B〉에서 이미 이전한 제품 60개와 향후 이전할 제품 60개, 그리고 추가로 계약한 제품 30개에 대해서 얼마의 수익을 인식해야 하는지 설명하시오.

풀이

1. K-IFRS 제1115호 문단 20에 따라(계약 범위의 확장과 계약가격의 상승), 제품 30개를 추가하는 계약변경은 기존 계약의 회계처리에 영향을 미치지 않는, 사실상 미래 제품에 대한 별도의 새로운 계약이다.

- 이미 이전한 제품 수익 = 60개 × ₩100 = ₩6,000
- 향후 이전할 제품 수익 = 60개 × ₩100 = ₩6,000
- 추가 계약한 제품 수익 = 30개 × ₩95 = ₩2,850

2. 추가로 약속한 제품이 그 전에 이전한 제품과 구별되지 않는 경우 다음과 같이 기존 계약의 일부인 것처럼 회계처리(누적효과 일괄조정기준)한다.

   - 제품 150개에 대한 단위당 수익 = (120개 × ₩100 + 30개 × ₩95)/150개 = ₩99
   - 이미 이전한 제품 수익 = 60개 × ₩99 = ₩5,940
   - 향후 이전할 제품 수익 = 60개 × ₩99 = ₩5,940
   - 추가 계약한 제품 수익 = 30개 × ₩99 = ₩2,970

3. 변경시점에 기업은 ₩900을 최초에 이전한 제품 60개에 대한 수익에서 차감하여 인식한다. 추가 제품 30개의 판매를 회계처리할 때 기업은 개당 ₩80의 협상가격이 추가 제품의 개별 판매가격을 반영하지 않았다고 판단한다. 따라서 계약변경은 별도의 계약으로 회계처리하기 위한 K-IFRS 제1115호 문단 20의 조건을 충족하지 못한다. 인도할 나머지 제품이 이미 이전한 제품과 구별되기 때문에 계약변경을 원래 계약이 종료되고 새로운 계약이 체결된 것으로 회계처리한다.

   - 이미 이전한 제품 수익 = 60개 × ₩100 − ₩900(60개 × ₩15) = ₩5,100
   - 나머지 재화에 대한 단위당 수익 = (60개 × ₩100 + 30개 × ₩80)/90개 = ₩93.33
   - 향후 이전할 제품 수익 = 60개 × ₩93.33 = ₩5,600
   - 추가 계약한 제품 수익 = 30개 × ₩93.33 = ₩2,800

예제 16 ▎ 계약 변경-용역(제1115호 사례 7)

대박회사는 3년간 고객의 사무실을 일주일 단위로 청소하는 계약을 체결하였다. 고객은 1년에 ₩100,000을 지급하기로 하였다. 계약 개시시점에 그 용역의 개별 판매가격은 연간 ₩100,000이다. 기업은 용역을 제공한 첫 2년 동안 매년 ₩100,000씩을 수익으로 인식하였다. 2차 연도 말에, 계약이 변경되었고 3차 연도의 수수료가 ₩80,000으로 감액되었다. 그리고 고객은 3년을 더 추가하여 그 계약을 연장하기로 합의하였다. 그 대가(금액) ₩200,000은 3년간 동일하게 분할하여 4차 · 5차 · 6차 연도 초에 ₩66,667씩 지급하기로 하였다. 계약 변경 후에는 총 대가 ₩280,000과 교환하기로 한 기간이 4년 남게 된다. 3차 연도의 개시일에 용역의 개별 판매가격은 연간 ₩80,000이다. 기업의 3차 연도 개시일의 개별 판매가격에 용역을 제공할 나머지 연수를 곱한 것은 다년간 계약의 개별 판매가격의 적절한 추정치(개별 판매가격은 4년 × 연간 ₩80,000 = ₩320,000)로 본다.

물음

대박회사가 20×3년부터 매년 얼마의 수익을 인식해야 하는지 설명하시오.

풀이

계약 개시시점에 기업은 매주의 청소용역이 구별되더라도, 기업은 청소용역을 K-IFRS 제1115호 문단 22②에 따라 단일 수행의무로 회계처리한다. 이는 매주의 청소용역이 실질적으로 서로 같고 고객에게 이전하는 방식이 같은 용역을 기간에 걸쳐 이전하면서 진행률 측정에 같은 방법(시간기준 진행률 측정)을 사용하는 일련의 구별되는 용역이기 때문이다.
계약변경일에, 기업은 제공할 나머지 용역을 파악하고 그것들이 구별된다고 결론짓는다. 그러나 나머지 대가로 지급받을 금액(₩280,000)은 제공할 용역의 개별 판매가격(₩320,000)을 반영하지 않는다. 따라서 기업은 계약의 변경을 원래 계약이 종료되고 4년의 청소용역 대가가 ₩280,000인 새로운 계약이 체결된 것처럼 회계처리한다.

- 20×1년부터 20×2년까지 매년 인식할 수익 = ₩100,000
- 20×3년부터 20×6년까지 매년 인식할 수익 = ₩280,000/4년 = ₩70,000

계약변경의 결과로 생기는 거래가격의 변동이 아닌, 계약변경 후에 생기는 거래가격 변동은 다음 중 해당되는 방법으로 배분하기 위해 '(4) 거래가격의 후속 변동'을 적용한다(문단 90).

① 거래가격 변동이 계약변경 전에 약속했던 변동대가(금액) 때문이고 그 정도까지는 계약변경을 문단 21①에 따라 회계처리한다면, 계약변경 전에 계약에서 식별된 수행의무에 거래가격 변동액을 배분한다.

② 계약변경을 문단 20에 따른 별도 계약으로 회계처리하지 않는 다른 모든 경우에 거래가격 변동액은 변경된 계약상 수행의무(계약변경 직후 이행되지 않은 수행의무나 부분적으로 이행되지 않은 수행의무)에 배분한다.

예제 17 ▌ 계약변경 후 거래가격의 변동(제1115호 사례 6)

대박회사는 고객에게 구별되는 제품 2개를 이전하기로 20×1년 7월 1일에 약속하였다. 제품 X는 계약 개시시점에 고객에게 이전하고 제품 Y는 20×2년 3월 31일에 이전한다. 고객이 약속한 대가는 고정대가 ₩1,000과 ₩200으로 추정되는 변동대가를 포함한다. 대박회사는 거래가격에 이 변동대가 추정치를 포함한다. 불확실성이 해소될 때 이미 인식한 누적 수익 금액 중 유의적인 부분을 되돌리지 않을 가능성이 매우 높다고 결론짓기 때문이다.

물음

1. 계약 개시 시점에 대박회사가 인식할 수익은 얼마인가? 단, 제품 X, Y의 개별 판매가격은 같다.

2. 만약 대박회사가 20×1년 11월 30일에, 고객에게 제품 Z를(인도하지 않은 제품 Y에 추가하여) 20×2년 6월 30일에 이전하기로 계약을 변경하였다. 대박회사는 제품 Z에 대한 대가로 ₩300의 고정대가를 받기로 하였는데, 이 금액이 제품 Z의 개별 판매가격을 나타내지는 않는다. 제품 Z의 개별 판매가격은 제품 X와 Y의 개별 판매가격과 같다. 제품 X, Y, Z에 대하여 인식할 수익은 각각 얼마인가?

3. (물음 2)와 관련하여 대박회사는 20×1년 12월 31일에 불확실성이 해소되면서 이미 인식한 누적 수익의 금액 중 유의적인 부분을 되돌리지 않을 가능성이 매우 높다고 결론지은 변동대가 추정액을 ₩200에서 ₩240으로 수정하였다. 제품 X, Y, Z에 대해서 인식할 수익은 각각 얼마인가?

풀이

1. 거래가격 ₩1,200은 제품 X의 수행의무와 제품 Y의 수행의무에 동일하게 배분한다. 이것은 두 제품의 개별 판매가격이 같고 변동대가도 양쪽이 아닌 한쪽의 수행의무에만 배분하도록 요구하는 문단 85의 기준을 충족하지 못하기 때문이다.

   • 제품 X의 수익 = (₩1,000 + 200)/2 = ₩600

2. 기업은 이 계약변경을 기존 계약이 종료되고 새로운 계약이 체결된 것처럼 회계처리한다. 이는 나머지 제품 Y와 제품 Z가 계약변경 전에 고객에게 이전한 제품 X와 구별되기 때문이고, 추가 제품 Z의 약속된 대가가 제품 Z의 개별 판매가격을 나타내지 않기 때문이다.

   • 제품 X의 수익 = (₩1,000 + 200)/2 = ₩600
   • 제품 Y와 Z 각각의 수익 = (₩600 + 300)/2 = ₩450

3. 계약이 변경되었으나 제품 Y와 Z를 인도하기 전에 기업은 권리를 갖게 될 것으로 예상하는 변동대가 추정치를 ₩200이 아닌 ₩240으로 수정한다. 대박회사는 변동대가 추정치 변경분을 거래가격에

포함할 수 있다고 결론짓는다. 불확실성이 해소될 때 이미 인식한 누적 수익 금액 중 유의적인 부분을 되돌리지 않을 가능성이 매우 높다고 결론지었기 때문이다. 계약변경을 K-IFRS 제1115호 문단 21①에 따라 기존 계약이 종료되고 새로운 계약이 체결된 것처럼 회계처리하더라도, 거래가격 증가분 ₩40은 계약변경 전에 약속된 변동대가에 귀속한다. 그러므로 K-IFRS 제1115호 문단 90①에 따라 거래가격 변동분을 제품 X와 제품 Y에 대한 수행의무에 계약 개시시점과 같은 기준으로 배분한다. 따라서 기업은 거래가격이 변동된 기간에 제품 X의 수익 ₩20을 인식한다. K-IFRS 제1115호 문단 90②에 따라 제품 Y는 계약변경 전에 고객에게 이전하지 않았기 때문에, 제품 Y에 속하는 거래가격 변동은 계약변경 시점에 나머지 수행의무에 배분한다. 이것은 변동대가가 계약변경 시점에 추정되고 거래가격에 포함된 경우에는 K-IFRS 제1115호 문단 21①에서 요구하는 회계처리와 일치한다.

- 제품 X의 수익 = ₩600 + 20 = ₩620
- 제품 Y와 Z 각각의 수익 = (₩620 + 300)/2 = ₩460

2.5 5단계-수익의 인식

고객에게 약속한 재화나 용역, 즉 자산을 이전하여 수행의무를 이행할 때(또는 기간에 걸쳐 이행하는 대로) 수익을 인식한다. 자산은 고객이 그 자산을 통제할 때(또는 기간에 걸쳐 통제하게 되는 대로) 이전된다.

자산에 대한 통제(control)란 ① 자산을 사용하도록 지시하고, ② 자산의 나머지 효익의 대부분을 획득할 수 있는 능력과 ③ 다른 기업이 자산의 사용을 지시하고 그 자산에서 효익을 획득하지 못하게 하는 능력이 포함된다. 고객이 자산을 통제하는지를 판단할 때 그 자산을 재매입하는 약정을 고려한다. 예를 들어, 기업이 자산을 이전하면서 미래 특정일에 특정가격으로 그 자산을 재매입하는 계약을 체결했다면, 고객이 해당 자산을 통제하지 못하므로 기업은 자산의 이전을 수익으로 인식하지 않는다.

(1) 기간에 걸쳐 이행하는 수행의무

다음 기준 중 어느 하나를 충족하면 기업은 재화나 용역에 대한 통제를 기간에 걸쳐 이전한 것으로 보고 기간에 걸쳐 수익을 인식한다(문단 35).

① 고객은 기업이 수행하는 대로 기업의 수행에서 제공하는 효익을 동시에 얻고 소비한다(용역의 제공).
② 기업이 수행하여 만들어지거나 가치가 높아지는 대로 고객이 통제하는 자산(예 재공품)을 기업이 만들거나 그 자산 가치를 높인다(도급공사).
③ 기업이 수행하여 만든 자산이 기업 자체에는 대체 용도가 없고[5], 지금까지 수행을 완료한 부분에 대해 집행가능한 지급청구권[6]이 기업에 있다(주문제작).

기간에 걸쳐 이행하는 수행의무 완료까지의 진행률(progress)을 측정하여 기간에 걸쳐 수익을 인식한다. 진행률을 측정하는 목적은 고객에게 약속한 재화나 용역에 대한 통제를 이전(기업의 수행의무 이행)하는 과정에서 기업의 수행 정도를 나타내기 위한 것이다.

진행률 측정방법에는 산출법과 투입법이 있으며, 각 수행의무에는 하나의 진행률 측정방법을 적용하여 비슷한 상황에서의 비슷한 수행의무에는 그 방법을 일관되게 적용한다. 진행률 측정방법을 적용할 때, 고객에게 통제를 이전하지 않은 재화나 용역은 진행률 측정에서 제외한다. 이와 반대로, 수행의무를 이행할 때 고객에게 통제를 이전하는 재화나 용역은 모두 진행률 측정에 포함한다. 시간이 흐르면서 상황이 바뀜에 따라 수행의무의 산출물 변동을 반영하기 위해 진행률을 새로 수정한다. 이러한 진행률의 변동은 K-IFRS 제1008호 '회계정책, 회계추정의 변경 및 오류수정'에 따라 회계추정의 변경으로 회계처리한다.

산출법과 투입법을 비교하면 다음 〈표 4-4〉와 같다.

---

5 기업이 자산을 만들거나 그 가치를 높이는 동안에 그 자산을 다른 용도로 쉽게 전환하는 데에 계약상 제약이 있거나, 완료된 상태의 자산을 쉽게 다른 용도로 전환하는 데에 실무상 제한이 있다면, 기업이 수행하여 만든 그 자산은 그 기업에는 대체 용도가 없는 것이다. 자산이 기업에 대체 용도가 있는지는 계약 개시시점에 판단한다. 계약을 개시한 다음에는 계약 당사자들이 수행의무를 실질적으로 변경하는 계약변경을 승인하지 않는 한, 자산이 기업에 대체 용도가 있는지를 다시 판단하지 않는다.

6 지금까지 수행을 완료한 부분에 대해 집행가능한 지급청구권이 기업에 있는지를 판단할 때에는 계약에 적용되는 법률뿐만 아니라 계약 조건도 고려한다. 지금까지 수행을 완료한 부분에 대한 지급청구권이 고정금액에 대한 권리일 필요는 없다. 그러나 기업이 약속대로 수행하지 못했기 때문이 아니라 그 밖의 사유로 고객이나 다른 당사자가 계약을 종료한다면 적어도 지금까지 수행을 완료한 부분에 대한 보상 금액을 받을 권리가 계약기간에는 언제든지 있어야 한다.

표 4-4 산출법과 투입법의 비교

구분	산출법(output method)	투입법(input method)
측정방법	계약에서 약속한 재화나 용역의 나머지 부분의 가치와 비교하여 지금까지 이전한 재화나 용역의 가치를 직접 측정에 기초하여 진행률을 측정	해당 수행의무의 이행에 예상되는 총 투입물 대비 수행의무를 이행하기 위한 기업의 노력이나 투입물에 기초하여 진행률을 측정
측정기준	지금까지 수행을 완료한 정도를 조사, 달성한 결과에 대한 평가, 도달한 단계, 생산한 단위, 인도한 단위 등	소비한 자원, 사용한 노동시간, 발생원가, 사용한 기계시간 등
단　점	산출물을 직접 관측하지 못할 수 있고, 필요한 정보를 구하기 위해 많은 비용이 발생할 수 있음	기업의 투입물과 고객에게 재화나 용역에 대한 통제를 이전하는 것 사이에 직접적인 관계가 없을 수 있음

수행의무의 진행률을 합리적으로 측정할 수 있는 경우에만 기간에 걸쳐 이행하는 수행의무에 대한 수익을 인식한다. 적절한 진행률 측정방법을 적용하는 데 필요한 신뢰할 수 있는 정보가 부족하다면 수행의무의 진행률을 합리적으로 추정할 수 없다. 어떤 상황(예 계약 초기 단계)에서는 수행의무의 산출물을 합리적으로 측정할 수 없으나, 수행의무를 이행할 때 든 원가가 회수될 것으로 예상된다면, 기업은 수행의무의 산출물을 합리적으로 측정할 수 있을 때까지 발생원가의 범위에서만 수익을 인식한다.

(2) 한 시점에 이전하는 수행의무

수행의무가 기간에 걸쳐 이행되지 않는다면, 그 수행 의무는 한 시점에 이행되는 것이다. 이 경우 고객이 약속된 자산을 통제하고 기업이 수행의무를 이행하는 시점에 수익을 인식한다. 수행의무가 한 시점에 이행되었는지를 판단하기 위해서는 다음과 같은 통제 이전의 지표(이에 한정되지는 않음)를 참고한다(문단 38).

① 자산에 대해 현재 지급청구권: 고객이 자산에 대해 지급할 현재 의무가 있다면, 이는 고객이 교환되는 자산의 사용을 지시하고 자산의 나머지 효익의 대부분을 획득할 능력을 갖게 되었음을 나타낼 수 있다.

② 자산의 법적 소유권 이전: 법적 소유권은 계약 당사자 중 누가 '자산의 사용을 지시하고 자산의 나머지 효익의 대부분을 획득할 능력이 있는지' 또는 '그 효익에 다른 기업이 접근하지 못하게 하는 능력이 있는지'를 나타낼 수 있다. 그러므로 자산의 법적 소유권의 이전은 자산을 고객이 통제하게 되었음을 나타낼 수 있다. 고객의 지급불이행에 대비한 안전장치로서만 기업이 법적 소유권을 보유한다면, 그러한 기업의 권리가 고객이 자산을 통제하게 되는 것을 막지는 못할 것이다.

③ 자산의 물리적 점유 이전: 자산에 대한 고객의 물리적 점유는 고객이 '자산의 사용을 지시하고 자산의 나머지 효익의 대부분을 획득할 능력'이 있거나 '그 효익에 다른 기업이 접근하지 못하게 하는 능력'이 있음을 나타낼 수 있다. 그러나 물리적 점유는 자산에 대한 통제와 일치하지 않을 수 있다. 예를 들면, 일부 재매입약정[7]이나 위탁약정[8]에서는 고객이나 수탁자가 기업이 통제하는 자산을 물리적으로 점유할 수 있다. 이와 반대로, 일부 미인도청구약정[9]에서는 고객이 통제하는 자산을 기업이 물리적으로 점유할 수 있다.

④ 자산의 소유에 따른 유의적인 위험과 보상 이전: 자산의 소유에 따른 유의적인 위험과 보상이 고객에게 이전되었다는 것은 자산의 사용을 지시하고 자산의 나머지 효익의 대부분을 획득할 능력이 고객에게 있음을 나타낼 수 있다. 그러나 약속된 자산의 소유에 따른 위험과 보상을 평가할 때에는, 그 자산을 이전해야 하는 수행의무에 더하여 별도의 수행의무를 생기게 할 위험은 고려하지 않는다. 예를 들면, 기업이 고객에게 자산에 대한 통제를 이전하였으나 이전한 자산과 관련된 유지용역을 제공해야 하는 추가되는 수행의무는 아직 이행하지 못하였을 수 있다.

⑤ 고객의 자산 인수: 고객이 자산을 인수한 것은 '자산의 사용을 지시하고 자산의 나머지 효익의 대부분을 획득할 능력'이 고객에게 있음을 나타낼 수 있다.

---

7 재매입약정은 본장 3.5절 '재매입약정'에서 자세히 설명한다.

8 위탁약정은 본장 3.6절 '위탁약정'에서 자세히 설명한다.

9 미인도청구약정은 본장 3.8절 '미인도청구약정'에서 자세히 설명한다.

예제 18 ❙ 수행 의무의 이행시기(제1115호 사례 13, 14)

다음의 각 경우는 독립적이다.

<경우 A>
대박회사는 고객에게 1년 동안 매월 급여처리 용역을 제공하기로 계약을 체결하였다. 약속한 급여처리 용역은 K-IFRS 제1115호에 따라 단일 수행의무로 회계처리한다.

<경우 B>
대박회사는 고객에게 전문가 의견을 제공하는 컨설팅 용역을 제공하기로 고객과 계약을 체결하였다. 전문가 의견은 고객에게 특정된 사실 및 상황에 관련된다. 대박회사가 약속한 대로 수행하지 못하는 경우 외의 사유로 고객이 컨설팅 용역계약을 종료한다면, 고객은 계약에 따라 기업의 발생원가에 15% 이윤을 더하여 보상해야 한다. 15% 이윤은 대박회사가 비슷한 계약에서 벌어들이는 이윤에 가깝다.

물음

1. 〈경우 A〉에서 대박회사의 수행의무가 기간에 걸쳐 이행되는지, 아니면 한 시점에 이행되는지 문단 35에 기초하여 설명하시오.

2. 〈경우 B〉에서 대박회사의 수행의무가 기간에 걸쳐 이행되는지, 아니면 한 시점에 이행되는지 문단 35에 기초하여 설명하시오.

풀이

1. 고객은 각 거래가 처리될 때 각 급여거래 처리의 수행에서 효익을 동시에 얻고 소비하기 때문에 대박회사의 수행의무는 문단 35①에 따라 기간에 걸쳐 이행된다. 대박회사가 지금까지 제공한 급여처리 용역을 다른 기업이 다시 수행할 필요가 없다는 사실은 대박회사가 수행하는 대로 고객이 대박회사의 수행에서 효익을 동시에 얻고 소비한다는 것을 보여준다.

2. 대박회사가 자신의 의무를 이행할 수 없어서 고객이 다른 컨설팅 회사를 고용하는 경우 다른 컨설팅 회사는 대박회사가 지금까지 완료한 작업을 실질적으로 다시 수행 할 필요가 있다. 왜냐하면 대박회사가 수행한 진행 중인 작업의 효익을 다른 컨설팅 기업이 이용할 수 없을 것이기 때문이다. 이는 대박회사가 수행하는 대로 고객이 대박회사의 수행에서 효익을 동시에 얻고 소비한다는 것을 보여주지 못하므로 문단 35①의 기준을 충족하지 못한다.
   대박회사가 중도에 컨설팅 용역을 더 이상 이행할 수 없다면 전문가의 의견이 제공되지 않을 것이므로 대박회사가 컨설팅 용역을 제공하는 대로 고객이 자산을 통제하지도 못한다. 따라서 문단 35②의 기준도 충족하지 못한다.
   그러나 전문가 의견의 개발은 기업에 대체 용도가 있는 자산을 창출하지 못한다. 또한 대박회사가

지금까지 수행을 완료한 부분에 대해 원가에 적정한 이윤을 더한 금액만큼 집행가능한 지급청구권이 있으므로 문단 35③의 기준을 충족한다. 따라서 대박회사의 수행의무는 기간에 걸쳐 이행된다.

2.6 건설계약의 회계처리

(1) 진행률의 측정

일반적으로 진행률은 투입법으로 측정하며, 다음과 같이 연도별로 누적진행률을 측정한다. 누적투입원가 대신에 당기투입원가를 사용하여 진행률을 계산하는 경우에는 분모인 추정총계약원가가 달라지면 연도별 진행률의 누계가 100%와 일치하지 않을 수 있다.

$$\text{누적진행률} = \frac{\text{누적투입원가}}{\text{추정총계약원가}} = \frac{\text{누적투입원가}}{\text{누적투입원가+추가투입원가}}$$

누적진행률을 측정하였다면 다음과 같이 진행기준을 적용하여 당기수익과 당기비용을 계산한다.

당기수익 = 당기말 누적수익 − 전기말 누적수익
= (당기말 총계약수익 × 당기누적진행률) − (전기말 총계약수익 × 전기누적진행률)

당기비용 = (당기말 총계약원가 × 당기누적진행률) − (전기말 총계약원가 × 전기누적진행률)

발생원가에 기초한 투입법으로 진행률을 측정할 경우에 당기비용은 총예상원가에 누적진행률을 곱할 필요 없이 당기발생원가로 결정할 수 있다. 그러나 발생원가에 기초한 투입법 이외의 다른 방법(예 노동시간, 생산 단위 등)으로 측정한 진행률을 이용하는 경우에는 당기발생원가와 진행률로 측정한 당기비용과 다를 수 있다.

(2) 진행기준의 회계처리

건설계약을 진행기준으로 회계처리하는 방법은 다음과 같다.

〈계약원가 발생〉

(차변)	미 성 공 사 (재 고 자 산)	×××	(대변)	현 금 등 (재료비, 노무비, 경비)	×××

〈계약대금 청구〉

(차변)	공 사 미 수 금 (수 취 채 권)	×××	(대변)	진 행 청 구 액	×××

〈계약대금 회수〉

(차변)	현 금	×××	(대변)	공 사 미 수 금 (수 취 채 권)	×××

〈매 보고기간 말〉

(차변)	계 약 원 가	×××	(대변)	계 약 수 익	×××
	미 성 공 사	×××			

〈계약완료 시점〉

(차변)	진 행 청 구 액	×××	(대변)	미 성 공 사 (재 고 자 산)	×××

건설계약(construction contract)의 진행과정에서 발생한 다양한 원가(재료비, 노무비, 제조간접원가 등)는 미성공사(contract work in progress) 계정에 기록한다. 미성공사 계정은 제조업의 회계처리에서 재공품과 같은 성격을 갖는다. 건설계약이 완성되어 발주자에게 인도되기 전까지 발행한 모든 원가를 미성공사 계정에 누적시킨다. 그리고 최종적으로 건설계약이 완료되어 발주자에게 자산이 인도될 때 장부에서 제거한다.

계약대금을 청구할 때 수취채권인 공사미수금을 인식하고 동시에 진행청구액(amounts of progress billings)을 인식한다. 이후 계약대금을 회수할 때 이미 인식한 공사미수금을 감소시킨다.

매 보고기간 말에 진행률을 추정하여 계약수익(contract revenue)과 계약원가(contract costs)를 인식한다. 일반적으로 계약수익이 계약원가보다 더 많을 것이므로 두 금액의 차액을 차변의 미성공사로 인식한다. 이는 아직 실현되지 않은 계약이익을 재고자산에 포함시켜 재고자산을 평가하는 것이다. 이렇게 회계처리하면 미성공사 계정에는 발생원가와 계약이익이 모두 포함되는데, 계약완료 시점이 되면 계약금액을 모두 청구했을 것이므로 진행청구액과 미성공사(계약원가 누적액과 계약이익이 합쳐진 금액)를 상계처리한다.

건설계약이 진행 중인 보고기간 말에 미성공사와 진행청구액을 상계한 후, 그 차액이 미성공사이면 자산계정인 계약자산(미청구공사)으로, 그 차액이 진행청구액이면 부채계정인 계약부채(초과청구공사)로 재무상태표에 표시한다.[10] 건설계약을 수행하는 기업의 영업주기를 고려하여 계약자산과 계약부채는 각각 유동자산과 유동부채로 다음과 같이 보고한다.

계약자산(유동자산)		계약부채(유동부채)	
미성공사	×××	진행청구액	×××
진행청구액	(×××)	미성공사	(×××)
미청구공사	×××	초과청구공사	×××

예제 19 Ⅰ 진행기준의 회계처리

대박건설은 20×1년 1월 1일에 총계약금액이 ₩1,000인 교량공사 건설계약을 체결하였다. 계약 당시 교량공사는 20×3년 말에 완공 예정이었으며, 관련 자료는 다음과 같다.

	20×1년도	20×2년도	20×3년도
당기발생원가	₩240	₩348	₩272
추가투입원가	560	252	-
계약대금청구액	200	550	250
계약대금회수액	150	350	500

물음

1. 원가투입법 기준으로 연도별 누적진행률을 계산하시오.

2. 연도별 계약수익, 계약원가 및 계약이익을 계산하시오.

10 계약자산과 계약부채는 본장 3.1절 '계약자산과 계약부채'에서 자세히 설명한다.

3. 건설계약과 관련하여 해야 할 분개를 하시오.

풀이

1. 연도별 누적진행률

		20×1년도	20×2년도	20×3년도
	누적투입원가	₩240	₩588	₩860
÷	추정총계약원가	800	840	860
=	누적진행률	30%	70%	100%

2. 연도별 계약이익

		20×1년도	20×2년도	20×3년도
	누적계약수익 (총계약금액×누적진행률)	₩300	₩700	₩1,000
−	전기누적계약수익	−	(300)	(700)
=	계약수익	300	400	300
−	계약원가	(240)	(348)	(272)
=	계약이익	₩60	₩52	₩28

3. 연도별 회계처리

거래	과목	20×1년도		20×2년도		20×3년도	
계약원가발생	(차변) 미성공사	240		348		272	
	(대변) 현 금		240		348		272
계약대금청구	(차변) 공사미수금	200		550		250	
	(대변) 진행청구액		200		550		250
계약대금회수	(차변) 현 금	150		350		500	
	(대변) 공사미수금		150		350		500
보고기간말	(차변) 계약원가	240		348		272	
	미성공사	60		52		28	
	(대변) 계약수익		300		400		300
계약완료	(차변) 진행청구액	−		−		1,000	
	(대변) 미성공사		−		−		1,000

참고로 건설계약 관련 계정을 나타내는 연도별 재무상태표는 다음과 같다.

부분재무상태표

	과목	20×1년도		20×2년도		20×3년도
유동자산	공사미수금		₩50		₩250	-
	계약자산					
	미성공사	₩300				
	진행청구액	(200)	₩100		-	-
유동부채	계약부채					
	진행청구액			₩750		
	미성공사		-	(700)	₩50	-

(3) 계약손실이 예상되는 경우

추정총계약원가의 상승 등으로 전체 건설계약에서 손실이 예상될 때, 즉 계약상 의무이행에 필요한 회피불가능한 원가가 그 계약에 의해서 받을 것으로 기대되는 경제적 효익을 초과하는 경우에는 예상되는 계약손실을 즉시 비용(계약원가)으로 인식한다. 이것은 보수주의 관점에서 예상되는 계약손실을 조기에 인식하는 것이다.[11]

예상되는 계약손실을 추가로 비용으로 인식하면서 계약손실충당부채를 회계처리한다. 차기 이후에 실제로 계약손실이 발생하는 경우 계약손실충당부채를 환입하면서 그 만큼 계약원가에서 차감한다.

〈계약손실 예상〉

(차변)	계 약 원 가	×××	(대변)	계약손실충당부채	×××

〈계약손실 발생〉

(차변)	계약손실충당부채	×××	(대변)	계 약 원 가	×××

11 K-IFRS 제1115호 '고객과의 계약에서 생기는 수익'에서는 전체 건설계약에서 손실이 예상되는 경우에 대한 회계처리를 명시적으로 언급하고 있지 않다. 다만, K-IFRS 제1037호 '충당부채, 우발부채 및 우발자산'의 손실부담계약에서 회계지침을 제공한다고 판단하였다(1115:BC295).

예제 20 ❙ 계약손실이 예상되는 경우 회계처리

대박건설은 20×1년 1월 1일에 총계약금액이 ₩1,000인 교량공사 건설계약을 체결하였다. 계약 당시 교량공사는 20×3년 말에 완공 예정이었으며, 관련 자료는 다음과 같다.

	20×1년도	20×2년도	20×3년도
당기발생원가	₩240	₩310	₩600
추가투입원가	560	550	-
계약대금청구액	200	550	250
계약대금회수액	150	350	500

물음

1. 원가투입법 기준으로 연도별 누적진행률을 계산하시오.

2. 연도별 계약수익, 계약원가 및 계약손익을 계산하시오.

3. 건설계약과 관련하여 해야 할 분개를 하시오.

풀이

1. 연도별 누적진행률

	20×1년도	20×2년도	20×3년도
누적투입원가	₩240	₩550	₩1,150
÷ 추정총계약원가	800	1,100	1,150
= 누적진행률	30%	50%	100%

2. 연도별 계약손익

	20×1년도	20×2년도	20×3년도
누적계약수익 (총계약금액×누적진행률)	₩300	₩500	₩1,000
- 전기누적계약수익	-	(300)	(500)
= 계약수익	300	200	500
- 계약원가	(240)	(310)	(600)

	20×1년도	20×2년도	20×3년도
= 조정전 계약손익	60	(110)	(100)
- 충당부채 설정	-	(50)❶	-
+ 충당부채 환입	-	-	50
= 계약손익	₩60	₩(160)	₩(50)

❶ 20×1년에 ₩60의 계약이익을 인식하고, 20×2년에 ₩110의 계약손실을 인식하면 20×2년 말에 누적계약손실은 ₩50만 보고된다. 20×2년 말 현재 예상되는 계약손실은 ₩100이므로 추가적으로 계약원가를 ₩50 인식하면서 계약손실충당부채를 설정한다.

3. 연도별 회계처리

거래	과목	20×1년도		20×2년도		20×3년도	
계약원가발생	(차변) 미성공사	240		310		600	
	(대변) 현 금		240		310		600
계약대금청구	(차변) 공사미수금	200		550		250	
	(대변) 진행청구액		200		550		250
계약대금회수	(차변) 현 금	150		350		500	
	(대변) 공사미수금		150		350		500
보고기간말	(차변) 계약원가	240		310		600	
	미성공사	60		-		-	
	(대변) 계약수익		300		200		500
	미성공사		-		110		100
충당부채설정	(차변) 계약원가	-		50		-	
	(대변) 계약손실충당부채		-		50		-
충당부채환입	(차변) 계약손실충당부채	-		-		50	
	(대변) 계약원가		-		-		50
계약완료	(차변) 진행청구액	-		-		1,000	
	(대변) 미성공사		-		-		1,000

참고로 건설계약 관련 계정을 나타내는 연도별 재무상태표는 다음과 같다.

부분재무상태표

과목			20×1년도		20×2년도		20×3년도
유동자산	공사미수금			₩50		₩250	-
	계약자산						
		미성공사	₩300				
		진행청구액	(200)	₩100		-	-
유동부채	계약부채						
		진행청구액			₩750		
		미성공사		-	(500)	₩250	-
	계약손실충당부채			-		₩50	-

(4) 진행률을 합리적으로 측정할 수 없는 경우

진행률을 합리적으로 측정할 수 없는 경우에는 발생한 계약원가 범위 내에서 회수가능성이 높은 금액만을 계약수익으로 인식하고, 계약원가는 발생한 기간의 비용으로 인식한다. 따라서 이러한 경우에 계약수익은 발생한 계약원가를 한도로 인식하기 때문에 계약이익은 인식되지 않는다. 한편, 추후에 진행률을 합리적으로 측정할 수 있게 된 경우에 다시 진행기준에 따라 계약수익과 계약원가를 인식한다.

예제 21 ❙ 진행률을 합리적으로 측정할 수 없는 경우 회계처리

대박건설은 20×1년 1월 1일에 총계약금액이 ₩1,000인 교량공사 건설계약을 체결하였다. 계약 당시 교량공사는 20×3년 말에 완공 예정이었으며, 관련 자료는 다음과 같다. 단, 20×1년에는 추가투입원가를 추정할 수 없어서 진행률을 측정하기 곤란하였으나, 20×2년 말부터는 추가투입원가가 추정되어 진행률을 합리적으로 측정할 수 있게 되었다.

	20×1년도	20×2년도	20×3년도
당기발생원가	₩240	₩348	₩272
추가투입원가	?	252	-
계약대금청구액	200	550	250
계약대금회수액	150	350	500

물음

1. 원가투입법 기준으로 연도별 누적진행률을 계산하시오.

2. 연도별 계약수익, 계약원가 및 계약이익을 계산하시오.

풀이

1. 연도별 누적진행률

	20×1년도	20×2년도	20×3년도
누적투입원가	₩240	₩588	₩860
÷ 추정총계약원가	?	840	860
= 누적진행률	?	70%	100%

2. 연도별 계약이익

	20×1년도	20×2년도	20×3년도
누적계약수익 (총계약금액×누적진행률)	?	₩700	₩1,000
- 전기누적계약수익	-	(240)	(700)
= 계약수익	₩240❶	460	300
- 계약원가	(240)	(348)	(272)
= 계약이익	₩0	₩112	₩28

❶ 20×1년에는 진행률을 측정할 수 없기 때문에 계약수익은 발생한 계약원가 ₩240을 한도로 인식하고, 계약이익을 인식하지 않는다.

3. 기타의 수익인식

3.1 계약자산과 계약부채

계약 당사자 중 어느 한 편이 계약을 수행했을 때, 기업의 수행 정도와 고객의 지급과의 관계에 따라 그 계약을 계약자산(contract asset)이나 계약부채(contract liability)로 재무 상태표에 표시한다.

기업이 고객에게 이전한 재화나 용역에 대하여 그 대가를 받을 권리로 그 권리에 시간의 경과 이외의 조건이 있는 경우에 계약자산을 인식한다. 예를 들어, 재화를 이전하였는데 그 다음 재화의 이전을 조건으로 처음에 이전한 재화에 대한 대가를 수취할 수 있는 권리가 생긴다면, 처음에 재화를 이전한 수행의무에 대해서는 계약자산을 인식한다. 반면에 대가를 받을 무조건적인 권리는 수취채권으로 구분하여 표시한다. 계약자산과 수취채권을 구별하는 이유는 그렇게 함으로써 재무제표 이용자에게 계약상 기업의 권리와 관련된 위험에 대한 목적적합한 정보를 제공할 수 있기 때문이다.

계약자산과 수취채권 모두 신용위험에 노출되겠지만, 계약자산은 후속적인 재화나 용역의 이전의무를 수행하지 못할 수도 있는 수행위험과 같은 다른 위험에 노출되기 때문에 손실충당금을 인식할 때 이러한 위험도 고려해야 한다.

기업이 고객에서 이미 받은 대가 또는 지급기일이 된 대가에 상응하여 고객에게 재화나 용역을 이전하여야 하는 기업의 의무를 계약부채라고 한다. 예를 들어, 기업이 고객에게서 선수금을 받은 경우 미래에 재화나 용역을 이전할 수행의무에 대한 선수금을 계약부채로 인식하고, 향후 수행의무를 이전할 때 계약부채를 제거하면서 수익을 인식한다. 계약부채는 선수금과 비슷한 개념이지만, 현금을 받지 않아도 계약부채를 인식하는 경우가 있으므로 선수금보다는 넓은 의미로 사용된다.

예제 22 | 계약자산(제1115호 사례 39)

대박회사는 고객에게 제품 A와 B를 이전하고 그 대가로 ₩1,000을 받기로 20×8년 1월 1일에 계약을 체결하였다. 계약에서는 제품 A를 먼저 인도하도록 요구하고, 제품 A의 인도 대가는 제품 B의 인도를 조건으로 한다고 기재되어 있다. 다시 말하면, 대가 ₩1,000은 대박회사가 고객에게 제품 A와 B 모두를 이전한 다음에만 받을 권리가 생긴다. 따라서 대박회사는 제품 A와 제품 B 모두를 고객에게 이전할 때까지 대가를 받을 무조건적인 권리(수취채권)가 없다.
대박회사는 제품 A와 B를 이전하기로 한 약속을 수행의무로 식별하고, 제품의 상대적 개별 판매가격에 기초하여 제품 A에 대한 수행의무에 ₩400, 제품 B에 대한 수행의무에 ₩600을 배분한다. 대박회사는 제품에 대한 통제를 고객에게 이전할 때 각 수행의무에 대한 수익을 인식한다.

물음

대박회사가 제품 A와 B의 이전시점에 해야 할 분개를 하시오.

풀이

대박회사는 제품 A를 이전할 때는 제품 B를 이전할 때까지 대가를 받을 무조건적인 권리가 없기 때문에 계약자산을 인식하고, 제품 B를 이전할 때는 제품 A와 B를 모두 이전하였으므로 대가를 받을 무조건적인 권리가 있기 때문에 수취채권을 인식한다.

〈제품 A의 이전시점〉

(차변)	계 약 자 산	400	(대변)	매 출	400

〈제품 B의 이전시점〉

(차변)	수 취 채 권	1,000	(대변)	계 약 자 산	400
				매 출	600

예제 23 ❙ 계약부채와 수취채권(제1115호 사례 38)

대박회사는 20×9년 3월 31일에 고객에게 제품을 이전하는 취소가능 계약을 20×9년 1월 1일에 체결하였다. 계약에 따라 고객은 20×9년 1월 31일에 대가 ₩1,000을 미리 지급하여야 한다. 고객은 20×9년 3월 1일에 대가를 지급하였고, 대박회사는 20×9년 3월 31일에 제품을 이전하였다

물음

1. 대박회사가 해당 계약과 관련하여 20×9년 1월 31일, 3월 1일, 3월 31일에 해야 할 분개를 하시오.
2. 해당 계약을 취소할 수 없는 계약이라고 가정하고, 대박회사가 20×9년 1월 31일, 3월 1일, 3월 31일에 해야 할 분개를 하시오.

풀이

1. 취소가능 계약인 경우

〈20×9. 1. 31.〉

분개 없음. 취소가능 계약이므로 각 당사자가 집행가능한 권리나 의무가 없다.

〈20×9. 3. 1.〉

(차변)	현 금	1,000	(대변)	계 약 부 채	1,000

〈20×9. 3. 31.〉

(차변)	계 약 부 채	1,000	(대변)	매 출	1,000

2. 취소할 수 없는 계약인 경우

〈20×9. 1. 31.〉

(차변)	수 취 채 권 ❶	1,000	(대변)	계 약 부 채	1,000

❶ 20×9년 1월 31일에 대박회사는 대가를 받을 무조건적인 권리를 갖기 때문에 수취채권을 인식한다.

〈20×9. 3. 1.〉

(차변)	현 금	1,000	(대변)	수 취 채 권	1,000

〈20×9. 3. 31.〉

(차변)	계 약 부 채	1,000	(대변)	매 출	1,000

3.2 보증(warranties)

기업은 재화나 용역의 판매와 관련하여 계약, 법률, 기업의 사업 관행에 따라 보증을 제공하는 것이 일반적이다. 보증의 특성은 산업과 계약에 따라 상당히 다를 수 있지만, 다음과 같이 확신유형의 보증과 용역유형의 보증으로 구분할 수 있다.

(1) 확신유형의 보증

확신유형의 보증(assurance-type warranties)은 관련 제품이 합의된 규격에 부합하므로 당사자들이 의도한 대로 작동할 것이라는 확신을 고객에게 주는 보증을 말한다. 이 경우 보증은 수행의무가 아니며 제품판매거래의 일부로 본다. 따라서 K-IFRS 제1037호 '충당부채, 우발부채, 우발자산'에 따라 충당부채로 회계처리한다.

(2) 용역유형의 보증

용역유형의 보증(service-type warranties)은 관련 제품이 합의된 규격에 부합한다는 확신에 더하여 고객에게 별도의 용역을 제공하는 보증을 말한다.[12] 용역유형의 보증은 별도의 수행의무에 해당되므로 거래가격을 배분한다. 또한 고객이 보증을 별도로 구매할 수 있는 선택권이 있다면(예 보증에 대하여 별도로 가격을 정하거나 협상하는 경우), 그 보증은 구별되는 용역이므로 용역유형의 보증이다.

예제 24 ❙ 보증(제1115호 사례 44)

대박회사는 고객에게 제품 구매에 따른 보증을 제공한다. 보증은 제품이 약정된 규격에 따르고 구매한 날부터 1년 동안 약속된 대로 작동할 것이라고 보장한다. 그 계약에서는 고객에게 추가 원가 없이 그 제품의 작동 방법에 대한 20시간의 훈련용역을 받을 권리도 제공한다.

물음

대박회사의 구별되는 수행의무는 무엇인지 설명하시오.

풀이

고객은 훈련용역 없이도 제품 그 자체에서 효익을 얻을 수 있고, 이미 기업에서 이전 받은 제품과 함께하여 훈련용역에서 효익을 얻을 수 있기 때문에 제품과 훈련용역 각각은 K-IFRS 제1115호 문단 27①에 따라 구별될 수 있다.

기업은 그 다음에 K-IFRS 제1115호 문단 27②에 따라 제품을 이전하기로 하는 약속과 훈련용역을 제공하기로 하는 약속이 별도로 식별되는지를 파악한다. 기업은 훈련용역을 제품과 통합하는 유의적인 용역을 제공하지 않는다(문단 29① 참조). 훈련용역과 제품은 서로를 유의적으로 변형하거나 고객 맞춤화

---

12 보증이 합의된 규격에 제품이 부합한다는 확신에 더하여 고객에게 용역을 제공하는 것인지를 평가할 때, 다음과 같은 요소를 고려한다(1115:B31).

① 법률에서 요구하는 보증인지 여부: 법률에 따라 기업이 보증을 제공하여야 한다면 그 법률의 존재는 약속한 보증이 수행의무가 아님을 나타낸다. 그러한 규정은 보통 결함이 있는 제품을 구매할 위험에서 고객을 보호하기 위해 존재하기 때문이다. 따라서 법률에서 요구하는 보증은 K-IFRS 제1037호에 따라 충당부채를 인식할 대상이다.

② 보증기간: 보증기간이 길수록, 약속한 보증이 수행의무일 가능성이 높다. 제품이 합의된 규격에 부합한다는 확신에 더하여 용역을 제공할 가능성이 더 높기 때문이다.

③ 기업이 수행하기로 약속한 업무의 특성: 제품이 합의된 규격에 부합한다는 확신을 주기 위해 기업이 정해진 업무를 수행할 필요가 있다면(예 결함이 있는 제품의 반품 운송용역), 그 업무는 수행의무에 해당되지는 않는다.

하지 않는다(문단 29② 참조). 제품과 훈련용역은 상호의존도나 상호관련성이 매우 높지는 않다(문단 29③ 참조). 기업은 후속적으로 훈련용역을 제공하는 노력과는 별개로 제품을 이전하기로 하는 약속을 이행할 수 있을 것이고, 전에 제품을 취득한 어떠한 고객에게도 훈련용역을 제공할 수 있을 것이다. 따라서 기업은 제품을 이전하기로 하는 약속과 훈련용역을 제공하기로 하는 약속은 결합 품목의 투입물이 아니며, 따라서 각각은 별도로 식별될 수 있다고 결론 내린다. 즉, 제품과 훈련용역이라는 두 개의 수행의무로 구별된다.

한편, 제품이 1년 동안 작동될 것이라는 보증은 확신유형의 보증이므로, 이 보증은 수행의무가 아니며 제품판매거래의 일부로 본다.

예제 25 ❙ 확신유형보증과 용역유형보증의 회계처리

대박회사는 고객에게 제품 ₩1,000,000을 판매하고 보증을 제공하기로 하였다.

물음

1. 대박회사가 확신유형의 보증을 제공하는 경우 판매 시점과 수행의무이행 시점에 해야 할 분개를 하시오. 단, 확신유형의 보증으로 원가 ₩50,000을 지출할 것으로 예상하였으며, 실제 동일한 금액을 지출하였다.

2. 대박회사가 용역유형의 보증을 제공하는 경우 판매 시점과 수행의무이행 시점에 해야 할 분개를 하시오. 단, 용역유형보증의 개별 판매가격은 ₩100,000이며, 관련 원가는 ₩50,000을 지출하였다.

풀이

1. 확신유형의 보증은 별도의 수행의무가 아니며, 제품판매거래의 일부로 본다. 따라서 거래가격을 보증에 별도로 배분하지 않는다.

〈판매 시점〉

(차변)	현금	1,000,000	(대변)	매출	1,000,000
(차변)	제품보증비	50,000	(대변)	제품보증충당부채	50,000

〈수행의무이행 시점〉

(차변)	제품보증충당부채	50,000	(대변)	현금	50,000

2. 용역유형의 보증은 별도의 수행의무이므로, 거래가격을 제품판매와 보증에 배분한다.

〈판매 시점〉

(차변)	현 금	1,000,000	(대변)	매 출	909,091❶
			(대변)	이 연 용 역 수 익	90,909❷

❶ 제품판매 거래가격 배분 = ₩1,000,000 × (1,000,000/1,100,000) = ₩909,091

❷ 보증 거래가격 배분 = ₩1,000,000 × (100,000/1,100,000) = ₩90,909

〈수행의무이행 시점〉

(차변)	이 연 용 역 수 익	90,909	(대변)	용 역 수 익	90,909
(차변)	용 역 원 가	50,000	(대변)	현 금	50,000

3.3 추가 재화나 용역에 대한 고객의 선택권

무료나 할인된 가격으로 추가 재화나 용역을 취득할 수 있는 고객의 선택권은 그 형태(예 판매인센티브, 고객보상점수(points), 계약갱신선택권, 미래의 재화나 용역에 대한 그 밖의 할인)가 다양하며, 이를 고객충성제도(customer loyalty programs)라고 한다. 계약에서 추가 재화나 용역을 취득할 수 있는 선택권을 고객에게 부여하고, 그 선택권이 계약을 체결하지 않으면 받을 수 없는 중요한 권리를 고객에게 제공하는 경우에만 그 선택권은 계약에서 수행의무를 생기게 한다.

총거래가격을 배분할 때에는 이전하는 재화나 용역과 추가로 부여한 선택권의 상대적 개별 판매가격에 기초하여 거래가격을 배분한다. 그리고 선택권이 고객에게 중요한 권리를 제공한다면, 고객은 사실상 미래 재화나 용역의 대가를 기업에 미리 지급한 것이므로 기업은 그 미래 재화나 용역이 이전되거나 선택권이 만료될 때 수익을 인식한다.

이전하는 재화나 용역과 고객 선택권의 개별 판매가격을 직접 관측한다. 그러나 개별 판매가격을 직접 관측할 수 없다면 이를 추정한다. 그 추정에는 고객이 선택권을 행사할 때 받을 할인을 반영하되, 고객이 선택권을 행사하지 않고도 받을 수 있는 할인액과 선택권이 행사될 가능성에 대해 모두 조정한다.

예제 26 ▮ 고객에게 중요한 권리를 제공하는 선택권(제1115호 사례 49)

대박회사는 제품 A를 ₩100에 판매하기로 계약을 체결하였다. 이 계약의 일부로 대박회사는 앞으로 30일 이내에 ₩100 한도의 구매에 대해 40% 할인권을 고객에게 주었다. 한편, 대박회사는 계절 판촉활동의 일환으로 앞으로 30일 동안 모든 판매에 10% 할인을 제공할 계획이며, 10% 할인은 40% 할인권에 추가하여 사용할 수 없다.

물음

대박회사가 할인권에 배분해야 할 금액을 계산하시오. 단, 고객의 80%가 할인권을 사용하고, 평균 ₩50에 판매하는 추가 제품을 구매할 것으로 추정하였다.

풀이

모든 고객은 앞으로 30일 동안 구매금액의 10% 할인을 받을 수 있기 때문에 고객에게 중요한 권리를 제공하는 할인은 10%에 증분되는 할인(30% 추가 할인)뿐이다. 기업은 증분할인을 제공하기로 한 약속을 제품 A 판매계약에서 수행의무로 회계처리한다.

• 추정된 할인권 개별 판매가격 = ₩50 × 30% × 80% = ₩12

제품 A와 할인권의 개별 판매가격인 ₩100과 ₩12에 비례하여 거래가격 ₩100을 배분한다.

• 제품 A 거래가격 배분 = ₩100 × (100/112) = ₩89
• 할인권 거래가격 배분 = ₩100 × (12/112) = ₩11

대박회사는 제품 A에 89원을 배분하고 제품 A에 대한 통제를 이전할 때 수익을 인식한다. 또한 할인권에 11원을 배분하고 고객이 재화나 용역으로 교환하거나 할인권이 소멸될 때 할인권에 대해 수익을 인식한다. 예상대로 ₩50에 판매하는 추가 제품을 40% 할인하여 ₩30에 판매하였다.

〈제품 이전〉

(차변)	현 금	100	(대변)	매 출	89
				계 약 부 채	11

〈할인권 사용〉

(차변)	현 금	30	(대변)	매 출	41
	계 약 부 채	11			

만약 30일이 경과하여 할인권이 소멸되었다면 계약부채만 매출로 인식한다.

〈할인권 소멸〉

(차변)	계 약 부 채	11	(대변)	매 출	11

예제 27 ❙ 고객충성제도(제1115호 사례 52)

대박회사는 구매금액 ₩10당 고객충성포인트 1점을 고객에게 보상하는 고객충성제도를 운영한다. 각 포인트는 제품을 미래에 구매할 때 ₩1의 할인과 교환할 수 있다. 20×1년에 고객은 제품을 ₩100,000에 구매하고 향후 구매할 때 교환할 수 있는 10,000포인트를 얻었다. 대박회사는 부여한 포인트 중 9,500(95%)포인트가 교환될 것으로 예상하였으며, 그 결과 포인트당 개별 판매가격을 ₩0.95(₩1×95%)으로, 합계 ₩9,500(₩10,000×95%)으로 추정하였다. 포인트는 고객이 계약을 체결하지 않고는 받을 수 없는 중요한 권리를 고객에게 제공하므로 대박회사는 고객에게 포인트를 제공하는 약속을 수행의무라고 결론지었다.

물음

1. 대박회사가 20×1년에 고객에게 ₩100,000의 제품을 판매할 때 제품과 포인트에 거래가격을 배분하고, 제품판매 시 해야 할 분개를 하시오.

2. 20×1년 말 현재 4,500포인트가 교환되었고, 대박회사는 전체적으로 9,500포인트가 교환될 것으로 계속 예상할 경우 20×1년 말에 해야 할 분개를 하시오.

3. 20×2년 말 현재 4,000포인트(누적 8,500포인트)가 교환되었고, 대박회사는 전체적으로 9,700포인트가 교환될 것으로 예상을 수정한 경우 20×2년 말에 해야 할 분개를 하시오.

풀이

1. 상대적 개별 판매가격에 따른 거래가격의 배분
   - 제품과 포인트 개별 판매가격의 합계 = ₩100,000 + 9,500 = ₩109,500
   - 제품 거래가격 배분 = ₩100,000 × (100,000/109,500) = ₩91,324
   - 포인트 거래가격 배분 = ₩100,000 × (9,500/109,500) = ₩8,676

〈제품판매〉

(차변)	현 금	100,000	(대변)	매 출	91,324
				계 약 부 채	8,676

2. 20×1년 말 현재 4,500포인트가 교환된 경우

〈20×1년 말〉

(차변)	계약부채	4,110❶	(대변)	매출	4,110

❶ ₩8,676 × (4,500/9,500) = ₩4,110

3. 20×2년 말 현재 4,000포인트(누적 8,500포인트)가 교환된 경우

〈20×2년 말〉

(차변)	계약부채	3,493❶	(대변)	매출	3,493

❶ ₩8,676 × (8,500/9,700) - 4,110 = ₩3,493

3.4 라이선싱

라이선스(license)는 기업의 지적재산에 대한 고객의 권리를 정한다. 지적재산에 대한 라이선스에는 소프트웨어, 기술, 영화, 음악, 그 밖의 형태의 미디어와 오락물, 프랜차이즈, 특허권, 상표권, 저작권 등에 대한 라이선스가 포함될 수 있으나 이것에 한정되지는 않는다.

고객에게 라이선스를 부여하는 약속에 더하여, 고객에게 다른 재화나 용역을 이전하기로 약속할 수 있다. 라이선스를 부여하는 약속이 그 밖에 약속한 재화나 용역과 계약에서 구별되지 않는다면, 라이선스를 부여하는 약속과 그 밖에 약속한 재화나 용역을 함께 단일 수행의무로 회계처리한다.[13] 라이선스가 구별되지 않는다면, 수행의무(약속한 라이선스 포함)가 기간에 걸쳐 이행되는 수행의무인지 한 시점에 이행되는 수행의무인지를 판단하여야 한다.

라이선스를 부여하는 약속이 계약에서 그 밖에 약속한 재화나 용역과 구별되고, 따라서 라이선스를 부여하는 약속이 별도의 수행의무라면, 그 라이선스가 고객에게 한 시점에 이전되는지 아니면 기간에 걸쳐 이전되는지를 판단한다. 이를 판단할

---

13 계약에서 약속한 그 밖의 재화나 용역과 구별되지 않는 라이선스의 예에는 다음 항목이 포함된다(1115:B54).

① 유형 재화의 구성요소이면서 그 재화의 기능성에 반드시 필요한 라이선스

② 관련 용역과 결합되는 경우에만 고객이 효익을 얻을 수 있는 라이선스(예 라이선스를 부여하여 고객이 콘텐츠에 접근할 수 있도록 제공하는 온라인 서비스)

때, 고객에게 라이선스를 부여하는 약속의 성격이 고객에게 다음 중 무엇을 제공하는 것인지를 고려한다.

① 라이선스접근권: 라이선스 기간 전체에 걸쳐 존재하는, 기업의 지적재산에 접근할 권리
② 라이선스사용권: 라이선스를 부여하는 시점에 존재하는, 기업의 지적재산을 사용할 권리

(1) 라이선스접근권

라이선스접근권(right to access)은 라이선스 전체 기간에 기업의 지적재산에 접근할 권리이다. 다음 기준을 모두 충족한다면, 라이선스를 부여하는 기업의 약속의 성격은 기업의 지적재산에 접근권을 제공하는 것이다(문단 B58).

① 고객이 권리를 갖는 지적재산에 유의적으로 영향을 미치는 활동[14]을 기업이 할 것을 계약에서 요구하거나 고객이 합리적으로 예상한다.
② 라이선스로 부여한 권리 때문에 고객은 ①에서 식별되는 기업 활동의 긍정적 또는 부정적 영향에 직접 노출된다.
③ 그 활동이 행해짐에 따라 재화나 용역을 고객에게 이전하는 결과를 가져오지 않는다.

지적재산에 유의적으로 영향을 미치는 활동을 기업이 할 것이라고 고객이 합리적으로 예상할 수 있음을 나타낼 수 있는 요소에는 기업의 사업 관행, 공개된 경영방침, 특정 성명(서)이 포함된다.

모든 기준을 충족한다면, 기업은 라이선스를 부여하는 약속을 기간에 걸쳐 이행하는 수행의무로 회계처리한다. 기업의 지적재산에 접근을 제공하는 약속을 수행하는 대로 고객이 수행에서 생기는 효익을 동시에 얻고 소비하기 때문이다.

---

14 다음 중 어느 하나에 해당하는 경우에는 기업의 활동이 고객에게 권리가 있는 지적재산에 유의적으로 영향을 미친다(1115:B59A).
① 그 활동이 지적재산의 형식(예 디자인, 콘텐츠)이나 기능성(예 기능 또는 업무를 수행하는 능력)을 유의적으로 바꿀 것으로 예상된다.
② 지적재산에서 효익을 얻는 고객의 능력이 실질적으로 그 활동에서 생기거나 그 활동에 따라 달라진다. 예를 들면, 상표에서 생기는 효익은 흔히 지적재산의 가치를 뒷받침하거나 유지하는 기업의 계속적인 활동에서 생기거나 그 활동에 따라 달라진다.

(2) 라이선스사용권

라이선스사용권(right to use)은 라이선스를 부여하는 시점에 기업의 지적재산을 사용할 권리이다. 라이선스접근권에 대한 판단기준을 충족하지 못하면, 라이선스를 고객에게 부여하는 시점에 그 라이선스가 존재하는 대로, 지적재산의 사용권을 제공하는 것이다. 이는 라이선스를 이전하는 시점에 고객이 라이선스의 사용을 지시할 수 있고 라이선스에서 생기는 나머지 효익의 대부분을 획득할 수 있음을 뜻한다. 지적재산 사용권을 제공하는 약속은 한 시점에 이행하는 수행의무로 회계처리한다.

라이선스접근권과 라이선스사용권의 판단기준은 라이선스가 부여된 시점에 고객이 라이선스의 사용을 지시할 수 있고 라이선스에서 생기는 나머지 효익의 대부분을 획득할 수 있는 통제권 보유 여부에 따른다. 고객이 이러한 통제권을 보유하고 있다면 기업이 고객에게 라이선스사용권을 부여한 것이다. 그러나 고객이 이러한 통제권의 보유 없이 기업의 유의적인 영향을 받는다면, 기업이 라이선스에 대해 통제를 하는 것이기 때문에 라이선스접근권을 부여한 것이다.

(3) 판매기준 로열티와 사용기준 로열티

라이선스를 제공하는 대가로 판매기준 로열티나 사용기준 로열티(sales-based or usage-based royalties)를 받는 약속을 할 수 있다. 약속한 로열티에 변동금액이 포함된 경우 변동대가를 추정하면서 변동대가 추정치의 제약 규정을 적용해야 하는데, 라이선스 계약기간 동안 기업이 추정한 변동대가를 상황이 변화할 때마다 조정해야 한다면 기업 입장에서 부담이 클 것이다. 따라서 로열티에 대한 수익은 다음 중 나중의 사건이 일어날 때 인식한다(문단 B63).[15]

① 후속적인 판매나 사용(조건 완료)
② 판매기준 또는 사용기준 로열티의 일부나 전부가 배분된 수행의무를 이행함

---

15 문단 B63의 판매기준 로열티나 사용기준 로열티에 대한 요구사항은 그 로열티가 다음 중 어느 하나에 해당하는 경우에 적용한다.(1115:B63A)
① 지적재산의 라이선스에만 관련된다.
② 지적재산의 라이선스는 로열티가 관련되는 지배적인 항목이다(예 로열티가 관련되는 다른 재화나 용역보다 그 라이선스에 고객이 더 유의적인 가치를 부여할 것이라고 기업이 합리적으로 예상할 때, 지적재산의 라이선스는 로열티가 관련되는 지배적인 항목일 수 있다).

라이선스에 대한 회계처리를 요약하면 다음 〈표 4－5〉와 같다.

표 4-5 라이선스 회계처리

구분		회계처리
라이선스가 구별되지 않는 경우		약속한 재화나 용역을 함께 단일 수행의무로 회계처리
라이선스가 구별되는 경우	라이선스접근권	별도의 수행의무로 기간에 걸쳐 수익 인식
	라이선스사용권	별도의 수행의무로 한 시점에 수익 인식
로열티		조건 완료와 의무 이행 중 늦은 시점에 수익 인식

예제 28 ❙ 구별되는 라이선스의 식별(제1115호 사례 56)

대박제약은 승인된 제약화합물에 대한 특허권을 고객에게 10년 동안 라이선스하고 약의 제조도 약속한다. 이 약은 성숙기 제품이므로 대박제약은 약에 대한 어떠한 지원활동도 하지 않으며, 이는 대박제약의 사업관행과 일관된다. 다음의 각 경우는 서로 독립적이다.

<경우 A>
이 약의 제조 과정이 매우 특수하기 때문에 이 약을 제조할 수 있는 다른 기업은 없다. 결과적으로 라이선스는 제조용역과 별도로 구매할 수 없다.

<경우 B>
이 약을 생산하기 위해 사용되는 제조과정이 유일하거나 특수하지 않고 몇몇 다른 기업도 고객을 위해 이 약을 제조할 수 있다.

물음

1. 〈경우 A〉에서 라이선스가 제조용역과 구별되는 별개의 수행의무인지 문단 27을 고려하여 설명하시오.

2. 〈경우 B〉에서 라이선스가 제조용역과 구별되는 별개의 수행의무인지 문단 27을 고려하여 설명하시오.

3. 〈경우 B〉에서 라이선스에 대한 접근권인지, 아니면 사용권인지 설명하시오.

풀이

1. 대박제약은 제조용역 없이는 고객이 라이선스에서 효익을 얻을 수 없으므로 문단 27①의 기준을 충족하지 못한다고 판단한다. 따라서 라이선스와 제조용역은 구별되지 않는 단일 수행의무로 회계처리한다.

2. 대박제약은 어떤 재화와 용역이 구별되는지를 판단하기 위해 고객에게 약속한 재화와 용역을 파악하고, 라이선스와 제조용역 각각이 문단 27의 기준을 충족한다고 결론짓는다. 대박제약은 고객이 기업의 제조용역이 아닌 쉽게 구할 수 있는 자원과 함께하여 라이선스에서 효익을 얻을 수 있고(제조용역을 제공할 수 있는 다른 기업이 있기 때문임) 계약 개시시점에 고객에게 이전되는 라이선스와 함께하여 제조용역에서 효익을 얻을 수 있으므로 문단 27①의 기준을 충족한다고 결론짓는다.
또한 대박제약은 라이선스를 부여하기로 하는 약속과 제조용역을 제공하기로 하는 약속이 별도로 식별될 수 있다(문단 27②의 기준을 충족)고도 결론짓는다. 대박제약은 라이선스와 제조용역이 이 계약에서 결합 품목의 투입물이 아니라고 결론짓는다. 이 결론에 이를 때, 대박제약은 고객이 라이선스에서 효익을 얻을 능력에 유의적으로 영향을 미치지 않고 그 라이선스를 별도로 구매할 수 있다고 본다. 라이선스와 제조용역 둘 다 서로에 의해 유의적으로 변형되거나 고객 맞춤화되지 않고 대박제약은 두 품목을 결합산출물로 통합하는 유의적인 용역을 제공하지도 않는다. 그뿐만 아니라 대박제약은 라이선스와 제조용역이 상호의존도나 상호관련성이 매우 높지는 않다고 본다. 대박제약은 후속적으로 고객을 위해 약을 제조하는 약속의 이행과는 별개로 라이선스 이전 약속을 이행할 수 있을 것이기 때문이다. 이와 비슷하게 고객이 전에 라이선스를 얻고 처음에는 다른 제조업자를 활용할 수 있을지라도, 대박제약은 고객을 위해 약을 제조할 수 있을 것이다. 따라서 이 계약에서 제조용역이 반드시 라이선스에 의존하더라도(고객이 라이선스를 얻지 않고는 대박제약은 제조용역을 제공하지 못할 것이다) 라이선스와 제조용역은 서로 유의적으로 영향을 미치지 않는다. 따라서 라이선스를 제조용역과 구별되는 별개의 수행의무로 회계처리한다.

3. 이 약은 성숙기 제품이다(승인되었고, 현재 제조되고 있으며, 최근 몇 년 동안 상업적으로 판매되고 있다). 이러한 유형의 성숙기 제품의 경우에 대박제약의 사업 관행은 약에 대한 어떠한 지원 활동도 하지 않는 것이다. 제약화합물은 유의적인 개별 기능성(질병이나 만성질환을 치료하는 약품을 생산하는 능력)이 있다. 따라서 고객은 대박제약의 계속적인 활동에서가 아니라 그 기능성에서 제약화합물 효익의 상당 부분을 얻는다. 계약에서 고객에게 권리가 있는 지적재산에 유의적으로 영향을 미치는 활동을 하도록 대박제약에 요구하지 않고 고객이 이를 예상하는 것도 합리적이지 않기 때문에 라이선스접근권 판단기준을 충족하지 못한다고 결론짓는다. 따라서 대박제약이 라이선스를 이전하는 약속의 성격은 라이선스를 고객에게 부여하는 특정 시점에 존재하는 형태와 기능성 그대로 대박제약의 지적재산을 사용할 권리를 제공하는 것이다.

예제 29 ▌ 라이선스접근권 또는 라이선스사용권(제1115호 사례 58, 59)

다음의 각 경우는 독립적이다.

<경우 A>
대박웹툰은 연재되고 있는 세 가지 웹툰 속의 캐릭터의 이미지와 이름을 고객에게 4년 동안 사용하도록 라이선스하였다. 거기에는 각 웹툰과 관련된 주요 캐릭터들이 있다. 그러나 새롭게 창작된 캐릭터가 자주 등장하고 그 캐릭터의 이미지는 시간에 따라 발전한다. 고객(유람선 운영자)은 합당한 지침 내에서 쇼나 퍼레이드와 같은 다양한 방법으로 대박웹툰의 캐릭터를 사용할 수 있다. 계약에 따라 고객은 캐릭터의 가장 최신 이미지를 사용하여야 한다. 라이선스를 부여하는 대가로 대박웹툰은 4년 동안 매년 고정금액 ₩1,000,000을 받는다.

<경우 B>
대박레코드는 유명 오케스트라의 클래식 교향곡 1975년 녹음판을 고객에게 라이선스하였다. 고객(소비재기업)은 A국가에서 2년 동안 텔레비전 · 라디오 · 온라인 광고를 포함한 모든 상업적 매체에서 녹음된 교향곡을 사용할 권리가 있다. 라이선스를 제공하고 그 대가로 대박레코드는 매달 고정대가 ₩10,000을 받는다. 계약에 따르면 대박레코드가 제공해야 하는 그 밖의 어떠한 재화나 용역도 없다. 계약은 취소할 수 없다.

물음

1. 〈경우 A〉에서 대박웹툰과 고객 간의 라이선스와 관련된 수행의무를 기간에 걸쳐 이행하는지, 아니면 한 시점에 이행하는지 설명하시오.

2. 〈경우 B〉에서 대박레코드와 고객 간의 라이선스와 관련된 수행의무를 기간에 걸쳐 이행하는지, 아니면 한 시점에 이행하는지 설명하시오

풀이

1. 문단 27에 따라 대박웹툰은 어떤 재화와 용역이 구별되는지를 판단하기 위해 고객에게 약속한 재화와 용역을 파악한다. 대박웹툰은 라이선스를 부여하는 약속 외에 다른 수행의무는 없다고 결론짓는다. 라이선스와 관련된 추가 활동이 고객에게 재화나 용역을 직접 이전하지는 않는다. 이는 그 활동이 대박웹툰이 라이선스를 부여하는 약속의 일부이기 때문이다.
   문단 B58에 따라 대박웹툰이 라이선스를 이전하는 약속의 성격을 파악한다. 기준을 검토할 때 대박웹툰은 다음을 고려한다.
   ① 고객에게 권리가 있는 지적재산(캐릭터)에 유의적으로 영향을 미칠 활동을 기업이 할 것이라고 고객이 합리적으로 예상한다(이는 기업의 사업 관행에서 비롯된다). 이는 기업의 활동(캐릭터 개발)이 고객이 권리를 가지는 지적재산의 형식을 바꾸기 때문이다. 또 고객이 권리를 가지는 지적재산에서 효익을 얻는 고객의 능력은 실질적으로 기업의 계속적인 활동(연재만화 발표)에서 생기

거나 그 활동에 따라 달라진다.

② 계약에 따라 고객이 최근 캐릭터를 사용하여야 하기 때문에, 라이선스에서 부여한 권리에 따라 고객은 기업 활동의 긍정적 또는 부정적 영향에 직접 노출된다.

③ 라이선스에서 부여한 권리를 통해 고객이 그 활동에서 효익을 얻을 수 있을지라도, 그 활동이 행해짐에 따라 고객에게 재화나 용역을 이전하는 것은 아니다.

대박웹툰은 라이선스접근권 판단기준이 충족되고 라이선스를 이전하는 약속의 성격이 고객에게 라이선스 기간에 존재하는 대박웹툰의 지적재산에 접근할 수 있도록 하는 것이라고 결론짓는다. 따라서 대박웹툰은 약속된 라이선스를 기간에 걸쳐 이행하는 수행의무로 회계처리한다.

그리고 계약에 따라 고정된 기간에 라이선스 캐릭터를 제한 없이 사용할 수 있기 때문에, 대박웹툰은 연간 ₩1,000,000을 시간기준으로 수행의무의 진행률을 측정하는 것이 가장 적절하다고 판단한다.

2. 문단 27에 따라 구별되는지를 판단하기 위하여 고객에게 약속한 재화와 용역을 파악한다. 대박레코드는 수행의무가 라이선스 부여분이라고 결론짓는다. 대박레코드는 라이선스 기간(2년), 지리적 범위(A국가에서만 녹음판을 사용할 고객의 권리), 녹음판에 대해 정해진 허용 용도(상업적)는 모두 계약에서 약속된 라이선스의 속성이라고 판단한다.

   문단 B58에 따라 기업은 라이선스를 부여하는 약속의 성격을 파악한다. 기업은 라이선스된 녹음판을 변경해야 하는 어떠한 계약상 의무나 암묵적 의무가 없다. 라이선스되는 녹음판은 유의적인 개별 기능성(음악을 들려줄 능력)이 있으므로 녹음판에서 효익을 얻을 고객의 능력은 실질적으로 기업의 계속적인 활동에서 생기지 않는다. 따라서 대박레코드는 계약에서 기업이 라이선스된 녹음판에 유의적으로 영향을 미치는 활동을 하도록 요구하지 않고 고객도 합리적으로는 기업이 그렇게 할 것이라고 예상하지 않는다고 판단(라이선스접근권 판단기준을 충족하지 않음)한다. 따라서 대박레코드는 라이선스를 이전하는 약속의 성격이 라이선스를 부여한 그 시점에 존재하는 대로 지적재산을 사용할 권리를 고객에게 부여하는 것이라고 결론짓는다. 그러므로 라이선스를 부여하는 약속은 한 시점에 이행되는 수행의무이다. 기업은 고객이 라이선스된 지적재산의 사용을 지시할 수 있고 그 지적재산에서 나머지 효익의 대부분을 얻을 수 있는 한 시점(라이선스 기간이 시작 될 때)에 모든 수익을 인식한다. 또한 수익인식 시점에 유의적인 금융요소가 있는지를 판단한다.

3.5 재매입약정

재매입약정(repurchase agreements)은 자산을 판매하고, 그 자산을 다시 사기로 약속하거나 다시 살 수 있는 선택권을 갖는 계약이다. 재매입약정은 일반적으로 다음의 세 가지 형태로 나타난다.

① 선도: 자산을 다시 사야 하는 기업의 의무
② 콜옵션: 자산을 다시 살 수 있는 기업의 권리
③ 풋옵션: 고객이 요청하면 자산을 다시 사야 하는 기업의 의무

(1) 선도나 콜옵션

고객이 자산을 통제할 수 있다면 기업이 수행의무를 이행한 것이다. 그러나 기업이 자산을 다시 사야 하는 의무(선도)나 다시 살 수 있는 권리(콜옵션)가 있다면, 고객은 자산을 통제하지 못한다. 고객이 자산을 물리적으로 점유할 수 있더라도, 자산의 사용을 지시하고 자산의 나머지 효익의 대부분을 획득할 수 있는 고객의 능력이 제한되기 때문이다. 따라서 그 계약을 다음 〈표 4-6〉과 같이 회계처리한다.

표 4-6 선도나 콜옵션의 회계처리

구 분	회계처리
저가재매입: 재매입가격 < 원래 판매가격	리스 회계처리[16]
고가재매입: 재매입가격 ≥ 원래 판매가격	금융약정 회계처리
만기에 콜옵션이 행사되지 않은 경우	관련 부채를 제거하고 수익인식

〈표 4-6〉에서 저가재매입약정은 리스로 회계처리한다. 예를 들어, 기업이 고객에게 자산을 ₩1,000에 판매하고 2년 후에 이를 ₩800에 다시 사야 하는 의무가 있거나 다시 살 수 있는 권리가 있다면, 이는 고객에게 2년 동안 ₩200의 리스료를 받는 것으로 회계처리한다.

16 K-IFRS 제1115호 '고객과의 계약에서 생기는 수익'에서 저가재매입의 경우 리스로 회계처리하도록 하고 있으나, 금융리스인지 아니면 운용리스인지 여부를 규정하지 않았다. K-IFRS 제1116호 '리스'에서 금융리스와 운용리스의 판단기준에 따라 재매입약정은 기초자산의 소유에 따른 위험과 보상의 대부분이 고객에게 이전된 것으로 볼 수 없으므로 운용리스로 회계처리하는 것이 타당하다.

〈자산 이전〉

(차변)	현 금	1,000	(대변)	선수리스료	200
				금융부채	800

〈기간 경과 시〉

(차변)	선수리스료	×××*	(대변)	리스료수익	×××

* 기간이 경과할 때마다 선수리스료 ₩200을 리스료수익으로 인식한다.

〈재매입〉

(차변)	금융부채	800	(대변)	현 금	800

* 콜옵션의 경우 만기에 재매입하지 않았다면, 금융부채를 제거하면서 수익을 인식한다

〈표 4-6〉에서 고가재매입약정은 금융약정으로 회계처리한다. 예를 들어, 기업이 고객에게 자산을 ₩1,000에 판매하고 2년 후에 이를 ₩1,200에 다시 사야 하는 의무가 있거나 다시 살 수 있는 권리가 있다면, 이는 고객에게 2년 동안 자산을 담보로 제공하고 ₩1,000을 차입하여 2년 후에 이자비용 ₩200을 포함하여 ₩1,200을 갚은 것과 같이 회계처리한다.

〈자산 이전〉

(차변)	현 금	1,000	(대변)	금융부채	1,000

〈이자비용의 인식〉

(차변)	이자비용	×××*	(대변)	금융부채	×××

* 기간이 경과할 때마다 ₩200을 이자비용으로 인식한다.

〈재매입〉

(차변)	금융부채	1,200	(대변)	현 금	1,200

* 콜옵션의 경우 만기에 재매입하지 않았다면, 금융부채를 제거하면서 수익을 인식한다.

(2) 풋옵션

재매입약정의 결과로 고객의 요청에 따라 기업이 자산을 다시 사야 할 의무(풋

옵션)가 있는 경우 재매입가격이 원래 판매가격이나 예상 시장가치보다 높은지, 그리고 계약 개시시점에 고객이 그 권리를 행사할 경제적 유인이 유의적인지를 고려하여 〈표 4-7〉과 같이 회계처리한다. 고객이 권리를 행사할 경제적 유인이 유의적이라는 사실은 고객이 그 권리를 행사하지 않으면 손실이 발생할 수 있기 때문에 권리를 행사할 가능성이 매우 높음을 의미한다.

표 4-7 풋옵션의 회계처리

구 분		회계처리
저가재매입: 재매입가격 < 원래 판매가격	경제적 유인이 유의적임	리스로 회계처리
	경제적 유인이 유의적이지 않음	반품권이 있는 제품의 판매처럼 회계처리
고가재매입: 재매입가격 ≥ 원래 판매가격	경제적 유인이 유의적임	금융약정으로 회계처리
	경제적 유인이 유의적이지 않음	반품권이 있는 제품의 판매처럼 회계처리
만기에 풋옵션이 행사되지 않은 경우		관련 부채를 제거하고 수익인식

〈표 4-7〉에서 저가재매입약정 중에서 고객이 권리를 행사할 경제적 유인이 유의적이라면(예 재매입가격이 예상 시장가격보다 높은 경우) 선도나 콜옵션과 같이 리스로 회계처리한다. 반면에 고객이 권리를 행사할 경제적 유인이 유의적이지 않다면(예 재매입가격이 예상 시장가격보다 낮은 경우) 고객이 풋옵션을 행사할 가능성이 낮다는 것을 의미한다. 따라서 기업은 리스 회계처리 대신 다음과 같이 2년 기한의 반품권이 있는 제품의 판매처럼 회계처리한다.

〈자산 이전〉

(차변)	현 금	1,000	(대변)	수 익	200
				환 불 부 채	800

〈만기 시: 재매입하지 않은 경우〉

(차변)	환 불 부 채	×××*	(대변)	수 익	×××

* 만기에 재매입하지 않았다면, 환불부채를 제거하면서 수익을 인식한다.

〈표 4-7〉에서 고가재매입약정 중에서 고객이 권리를 행사할 경제적 유인이 유의적이라면(예 재매입가격이 예상 시장가격보다 높은 경우) 선도나 콜옵션과 같이 금융약정으로 회계처리한다. 반면에 고객이 권리를 행사할 경제적 유인이 유의적이지 않다면(예 재매입가격이 예상 시장가격보다 낮은 경우) 고객이 풋옵션을 행사할 가능성이 낮다는 것을 의미한다. 따라서 기업은 금융약정 회계처리 대신 2년 기한의 반품권이 있는 제품의 판매처럼 회계처리한다.

3.6 위탁약정

고객에게 재화나 용역을 제공하면서 다른 당사자가 관여하는 경우에 기업은 고객에게 재화나 용역을 제공하기로 한 약속이 정해진 재화나 용역 자체를 제공하는 수행의무인지(이 경우 기업이 본인임), 아니면 다른 당사자가 고객에게 재화나 용역을 제공하도록 기업이 주선하는 것인지(이 경우 기업이 대리인임)를 판단해야 한다.

(1) 본인인 경우: 위탁자

기업이 본인이라면 약속한 재화나 용역을 이전하기 전에 그 재화나 용역을 통제한다. 따라서 본인의 수행의무는 그 재화나 용역을 고객에게 이전하는 것이며, 고객에게서 대가로 받는 총액을 수익으로 인식한다. 기업이 고객에게 재화나 용역을 이전하기 전에 통제를 한다는 것을 나타내는 지표에는 다음이 포함되나 이에 한정되지는 않는다.

① 정해진 재화나 용역을 제공하기로 하는 약속을 이행할 주된 책임이 기업에 있다.
② 정해진 재화나 용역이 고객에게 이전되기 전이나, 고객에게 통제가 이전된 후에 재고위험이 기업에 있다(예 반품권이 있는 경우).
③ 정해진 재화나 용역의 가격을 결정할 재량이 기업에 있다.

(2) 대리인인 경우: 수탁자

기업이 대리인이라면 재화나 용역을 고객에게 이전하기 전에 그 재화나 용역을 통제하지 않는다. 대리인은 본인과 고객 사이에 재화나 용역의 판매를 쉽게 할 뿐이다. 즉, 대리인의 수행의무는 고객에게 재화나 용역을 공급하도록 주선하는 것이므로 대리인의 수행의무에 귀속되는 거래가격은 대리인이 주선용역을 제공하여 받는 수수료 금액(순액)을 수익으로 인식한다.

(3) 위탁약정의 회계처리

최종 고객에게 판매하기 위해 기업이 제품을 다른 당사자(예 중개인이나 유통업자)에게 인도하는 경우, 그 다른 당사자가 그 시점에 제품을 통제하게 되었는지를 평가한다. 만약에 그 다른 당사자가 그 제품을 통제한다면 이는 일반적인 판매에 해당되지만, 다른 당사자가 그 제품을 통제하지 못하는 경우에는 다른 당사자에게 인도한 제품을 위탁약정(consignment arrangements)에 따라 보유하는 것이다. 따라서 인도된 제품이 위탁물로 보유된다면 제품을 다른 당사자에게 인도할 때 수익을 인식하지 않는다.

위탁자는 적송품의 효율적인 관리를 위하여 다른 상품과 구별하여 적송품 계정으로 관리한다. 이때 수탁자에게 보내는 과정에서 발생하는 적송운임은 적송품원가의 일부로 인식한다. 위탁자가 수익으로 인식하는 시점은 수탁자가 적송품을 최종 고객에게 판매한 시점이다.

예제 30 | 위탁약정의 회계처리

대박회사는 수탁자와 매출의 10%를 수수료로 지급하는 위탁약정을 체결하였다. 20×1년 1월 1일에 대박회사는 수탁자에게 단위당 원가 ₩1,000인 상품 200개를 적송하고, 적송운임 ₩50,000을 현금으로 지급하였다. 수탁자는 20×1년 1월 31일에 150개를 개당 ₩1,500에 판매하고, 20×1년 2월 10일에 계산서와 함께 수수료를 제외한 나머지 금액을 대박회사로 송금했다.

물음

대박회사가 위탁약정과 관련하여 20×1년 1월 1일, 1월 31일 및 2월 10일에 해야 할 분개를 하시오.

풀이

〈20×1. 1. 1.〉

(차변)	적 송 품	250,000	(대변)	상 품	200,000
				현 금	50,000

〈20×1. 1. 31.〉

(차변)	매 출 채 권	202,500	(대변)	매 출	225,000
	판 매 수 수 료	22,500❶			
(차변)	매 출 원 가	187,500❷	(대변)	적 송 품	187,500

❶ ₩225,000 × 10% = ₩22,500

❷ 적송품 단위당 원가 = ₩250,000 / 200개 = ₩1,250
적송품 매출원가 = ₩1,250 × 150개 = ₩187,500

〈20×1. 2. 10.〉

(차변)	현 금	202,500	(대변)	매 출 채 권	202,500

3.7 상품권-고객이 행사하지 아니한 권리

고객에게 환불되지 않는 상품권 등을 부여하면서 선수금을 받은 경우에는 미래에 재화나 용역을 이전할(또는 언제라도 이전할 수 있는 상태에 있어야 하는) 수행의무에 대한 선수금을 계약부채로 인식한다. 그 재화나 용역을 이전하고 따라서 수행의무를 이행할 때 계약부채를 제거하고 수익을 인식한다.

그러나 고객은 자신의 계약상 권리를 모두 행사하지 않을 수 있다. 그 행사되지 않은 권리를 흔히 미행사 부분(breakage)이라고 부른다. 기업이 계약부채 중 미행사 금액을 받을 권리를 갖게 될 것으로 예상된다면, 고객이 권리를 행사하는 방식에 따라 그 예상되는 미행사 금액을 수익으로 인식한다. 즉, 고객이 사용할 것으로 예상되는 상품권 금액 중에서 실제 사용한 상품권 금액 비율을 미행사 부분에 적용하여 수익을 인식한다. 예를 들어, 백화점에서 ₩1,000의 상품권을 판매하고, 이 중에서 고객이 80%를 사용할 것이라고 예상하였다. 실제로 고객이 ₩720의 상품권을 사용하였다면, 예상 대비하여 90%(₩720/800)만큼 사용한 것이다. 이 비율을 미행사 금액에 적용하여 ₩180(₩200×90%)을 수익으로 인식한다. 따라서 인식하는 총 수익은 ₩900(₩720+180)이다.

기업이 미행사 금액을 받을 권리를 갖게 될 것으로 예상되지 않는다면, 고객이 그 남은 권리를 행사할 가능성이 희박해질 때 예상되는 미행사 금액을 수익으로 인식한다.

예제 31 | 상품권의 회계처리

대박백화점은 고객에게 상품권을 판매한다. 상품권의 유효기간은 발행일로부터 3년까지다. 대박백화점은 20×1년 중에 총 ₩1,000,000의 상품권을 판매하였고, 고객은 20×1년 말까지 ₩630,000의 상품권을 사용하였다.

물음

1. 대박백화점이 상품권 판매 시점과 수익인식 시점에 해야 할 분개를 하시오. 단, 대박백화점은 판매된 상품권 판매금액 중에서 10%가 미행사될 것으로 예상하였다.

2. (물음 1)과 관계없이 대박백화점이 상품권 판매금액 중에서 미행사될 금액을 예상할 수 없을 때 수익인식 시점에 해야 할 분개를 하시오.

풀이

1. 대박백화점은 상품권 판매금액 ₩1,000,000 중에서 ₩900,000은 행사될 것으로, ₩100,000은 미행사될 것으로 예상하였다. 따라서 고객이 권리를 행사하는 방식에 따라 그 예상되는 미행사 금액 중에서 ₩70,000을 수익으로 인식한다.

〈판매 시점〉

(차변)	현 금	1,000,000	(대변)	계 약 부 채	1,000,000

〈수익인식 시점〉

(차변)	계 약 부 채	700,000❶	(대변)	수 익	700,000

❶ 예상 대비 실제 사용액 비율 = ₩630,000 / 900,000 = 70%
미행사 금액 중에 수익인식 금액 = ₩100,000 × 70% = ₩70,000
총 수익인식 금액 = ₩630,000 + 70,000 = ₩700,000
결국, 상품권 판매금액에 70% 곱한 금액(₩1,000,000 × 70%)과 같다.

2. 대박백화점이 상품권 판매금액 중에서 미행사될 금액을 예상할 수 없다면, 고객이 그 남은 권리를 행사할 가능성이 희박해질 때, 즉 유효기간인 3년이 경과한 시점에 미행사 금액을 수익으로 인식한다. 따라서 20×1년도에는 실제 고객이 사용한 ₩630,000만 수익으로 인식한다.

〈수익인식 시점〉

(차변)	현 금	630,000	(대변)	계 약 부 채	630,000

3.8 미인도청구약정

미인도청구약정(bill-and-hold arrangements)이란 기업이 고객에게 제품의 대가를 청구하지만 미래 한 시점에 고객에게 이전할 때까지 기업이 제품을 물리적으로 점유하는 계약을 말한다. 고객이 제품을 보관할 수 있는 공간이 부족하거나 생산 일정이 지연되어 기업에 이러한 계약의 체결을 요청할 수 있다.

이 경우에 비록 고객이 그 제품을 물리적으로 점유하는 권리를 행사하지 않기로 결정하였더라도, 고객은 제품의 사용을 지시하고 제품의 나머지 효익 대부분을 획득할 능력이 있다. 따라서 기업이 제품을 통제하는 것이 아니다. 미인도청구약정의 경우에는 고객이 언제 제품을 통제하게 되는지 파악하여 수익을 인식한다. 한 시점에 이행하는 수행의무를 판단하기 위한 기준(문단 38) 이외에 다음 기준을 모두 충족하여야 미인도청구약정에서 고객이 제품을 통제하는 것으로 본다.

① 미인도청구약정의 이유가 실질적이어야 한다(예 고객이 그 약정을 요구하였다).
② 제품은 고객의 소유물로 구분하여 식별하여야 한다.
③ 고객에게 제품을 물리적으로 이전할 준비가 현재 되어 있어야 한다.
④ 기업이 제품을 사용할 능력을 가질 수 없거나, 다른 고객에게 이를 넘길 능력을 가질 수 없다.

제품의 미인도청구 판매를 수익으로 인식하는 경우 나머지 수행의무(예 보관용역)가 있어 거래가격의 일부를 보관용역에 배분해야 하는지를 고려한다.

예제 32 | 미인도청구약정(제1115호 사례 63)

대박회사는 기계와 예비부품을 판매하기로 20×8년 1월 1일에 고객과 계약을 체결하였다. 기계와 예비부품의 제작 소요기간은 2년이다. 제작이 완료되면 대박회사는 기계와 예비부품이 계약에서 약정한 규격인지 증명한다. 20×9년 12월 31일에 고객은 기계와 예비부품에 대한 대가를 지급하였으나, 기계만을 물리적으로 점유한다. 고객이 예비부품을 검사하고 인수하였지만 고객은 대박회사의 창고가 고객의 공장과 인접하기 때문에 예비부품을 대박회사의 창고에 보관하도록 요청하였다. 고객은 예비부품에 대한 법적 권리가 있고 그 부품은 고객의 소유물로 식별될 수 있다. 더욱이 기업은 자신의 창고의 별도 구역에 예비부품을 보관하고 그 부품은 고객의 요청에 따라 즉시 운송할 준비가 되어 있다. 대박회사는 예비부품을 2년에서 4년까지 보유할 것으로 예상하고 있으나, 예비부품을 대박회사가 사용하거나 다른 고객에게 넘길 능력은 없다.

물음

대박회사는 해당 거래와 관련하여 어떻게 수익을 인식해야 하는지 설명하시오.

풀이

대박회사는 보관용역이 고객에게 제공되는 용역이고 기계 및 예비부품과 구별되기 때문에 보관용역을 제공하는 약속을 하나의 수행의무로 식별한다. 따라서 대박회사는 계약상 세 가지 수행의무(**기계, 예비부품, 보관용역을 제공하는 약속**)를 회계처리한다. 거래가격은 세 가지 수행의무에 배분하고 수익은 고객에게 통제를 이전할 때(또는 이전하는 대로) 인식한다.

기계에 대한 통제는 고객이 물리적으로 점유하는 때인 20×9년 12월 31일에 고객에게 이전된다. 또한 예비부품에 대한 통제가 고객에게 이전된 시점을 판단하기 위해 한 시점에 이행하는 수행의무를 판단하기 위한 기준(문단 38)과 미인도청구약정의 모든 기준을 충족한다고 판단한다. 따라서 예비부품에 대한 통제가 20×9년 12월 31에 고객에게 이전되었다고 판단하고 수익을 인식한다. 한편, 보관용역을 제공하는 수행의무는 용역이 제공되는 기간에 걸쳐 이행되는 것으로 본다. 다만, 지급조건에 유의적인 금융요소가 포함되어 있는지 고려한다.

보론 Ⅰ 프랜차이즈 수수료

K-IFRS 제1115호 '고객과의 계약에서 생기는 수익'에서는 별도의 프랜차이즈 수수료와 관련한 기준은 제시하고 있지 않다. 따라서 K-IFRS 제1115호에서 제시한 프랜차이즈 사례를 살펴보도록 하자.

사례 1 프랜차이즈 권리(제1115호 사례 57)

기업은 고객과 계약을 체결하여 고객이 10년 동안 기업의 상호를 사용하고 기업의 제품을 판매할 권리를 제공하는 프랜차이즈 라이선스를 부여하기로 약속하였다. 라이선스에 추가하여 기업은 프랜차이즈 상점을 운영하기 위해 필요한 장비를 제공하기로 약속한다. 라이선스를 부여하고 그 대가로 기업은 고객의 월 매출액 중 5%를 판매기준 로열티로 받기로 한다. 장비가 인도될 때 장비의 고정대가는 ₩150,000이다.

(1) 수행의무의 식별

기업은 어떤 재화와 용역이 K-IFRS 제1115호 문단 27에 따라 구별되는지를 판단하기 위해 고객에게 약속한 재화와 용역을 파악한다. 기업은 프랜차이즈 본사로서, 소비자의 선호 변화를 분석하고 프랜차이즈 상호를 지원하기 위해 제품 개선, 가격 전략, 마케팅 캠페인, 운영의 효율화 등의 활동을 하는 사업 관행을 개발해 왔다. 그러나 기업은 이 활동이 고객에게 직접 재화나 용역을 이전하는 것은 아니라고 결론짓는다. 이 활동이 라이선스를 부여하는 약속의 일부이기 때문이다.

기업은 재화나 용역을 이전하는 두 가지 약속, 즉 라이선스를 부여하기로 하는 약속과 장비를 이전하기로 하는 약속이 있다고 판단한다. 그리고 기업은 라이선스를 부여하기로 하는 약속과 장비를 이전하기로 하는 약속이 각각 구별된다고 결론짓는다. 이는 고객이 각 재화나 용역(라이선스와 장비) 그 자체에서 효익을 얻을 수 있거나 쉽게 구할 수 있는 다른 자원과 함께하여 효익을 얻을 수 있기 때문이다(K-IFRS 제1115호 문단 27① 참조). 고객이 프랜차이즈 개업 전에 인도된 장비와 함께 라이선스에서 효익을 얻을 수 있고, 그 장비는 프랜차이즈에서 사용할 수 있거나 폐물 가치보다 큰 금액으로 매각할 수 있다. 기업은 K-IFRS 제1115호 문단 27②의 기준에 따라 프랜차이즈 라이선스를 부여하기로 하는 약속과 장비를 이전하기로 하는 약속은 별도로 식별할 수 있다고 판단한다. 기업은 라이선스와 장비가 **결합 품목의 투입물이 아니라고**(고객에게 사실상 단일 약속을 이행하는 것이 아니다) **결론짓는다**. 이 결론에 이를 때, 기업은 라이선스와 장비를 결합 품목으로 **통합하는 유의적인 용역을 제공하지 않는다**(라이선스 되는 지적재산은 장비를 구성하지 않으며 그 장비를 유의적으로 변형하지 않는다)고 본다. 또 라이선스와 장비는 **상호의존도나 상호관련성이 매우 높지는 않다**. 기업은 각 약속(프랜차이즈 라이선스,

장비 이전)을 서로 별개로 이행할 수 있을 것이기 때문이다. 따라서 기업은 **프랜차이즈 라이선스와 장비, 두 가지 수행의무**가 있다.

(2) 거래가격의 배분

기업은 거래가격에 고정대가 ₩150,000과 변동대가(고객 매출액의 5%)가 포함된다고 판단한다. 장비의 개별 판매가격은 ₩150,000이고 기업은 보통 고객 매출액의 5%를 대가로 프랜차이즈를 라이선스한다.

기업은 변동대가를 프랜차이즈 라이선스를 이전하기로 하는 수행의무에 전부 배분해야 하는지를 판단하기 위해 K-IFRS 제1115호 문단 85를 적용한다. 기업은 변동대가(판매기준 로열티)가 프랜차이즈 라이선스를 부여하기로 하는 기업의 약속에 전부 관련되기 때문에 이를 프랜차이즈 라이선스에 전부 배분해야 한다고 결론짓는다. 그리고 기업은 ₩150,000을 장비에 배분하고 판매기준 로열티를 프랜차이즈 라이선스에 배분하는 것이 이와 비슷한 계약에서 상대적 개별 판매가격에 기초해 배분하는 것과 일관될 것이라고 본다. 따라서 기업은 변동대가(판매기준 로열티)를 프랜차이즈 라이선스를 부여하는 수행의무에 전부 배분하여야 한다고 결론짓는다.

(3) 적용지침: 라이선싱

기업은 K-IFRS 제1115호 문단 B58에 따라 기업이 프랜차이즈 라이선스를 부여하기로 하는 약속의 성격을 파악한다. 기업은 K-IFRS 제1115호 문단 B58의 기준이 충족되고 기업 약속의 성격이 라이선스 기간에 현재 형태대로 기업의 지적재산에 접근할 수 있도록 한 것이라고 결론짓는다. 이는 다음과 같은 이유 때문이다.

① **기업은 고객에게 권리가 있는 지적재산에 유의적으로 영향을 미칠 수 있는 활동을 기업이 할 것이라고 고객이 합리적으로 예상할 것이라고 결론짓는다.** 고객이 권리를 가지는 지적재산에서 효익을 얻는 고객의 능력은 기업의 예상되는 활동에서 실질적으로 생기거나 그 활동에 따라 달라진다. 이는 소비자의 선호 변화를 분석하고 제품 개선, 가격 전략, 마케팅 캠페인, 운영의 효율화 등의 활동을 하는 기업의 사업 관행에 기초한다. 그리고 기업은 대가의 일부가 프랜차이즈의 성공에 달려 있기 때문에(판매기준 로열티에서 입증되듯이), 기업은 고객과 경제적 이해를 공유하며 이에 따라 기업이 수익을 극대화하기 위해 그 활동을 할 것이라고 고객이 예상할 것이라고 본다.

② 기업은 프랜차이즈 라이선스가 그 활동의 결과에 따른 변화를 고객이 실행하도록 요구하고 따라서 **고객이 그 활동의 긍정적 또는 부정적 영향에 노출된다고 본다.**

③ 라이선스에서 부여하는 권리를 통해 고객이 그 활동에서 효익을 얻을 수 있을지라도, **그 활동이 행해짐에 따라 고객에게 재화나 용역을 이전하지는 않는다고 본다.**

K-IFRS 제1115호 문단 B58의 기준을 충족하기 때문에, 기업은 라이선스를 이전하는 약속

이 K-IFRS 제1115호 문단 35①에 따라 **기간에 걸쳐 이행하는 수행의무라고 결론짓는다.** 판매기준 로열티의 형태인 대가가 프랜차이즈 라이선스에 분명히 관련(문단 B63A 참조)되므로, 기업은 K-IFRS 제1115호 문단 B63을 적용한다고 결론짓는다. 프랜차이즈 라이선스를 이전한 다음에 기업은 **고객이 판매하는 대로 수익을 인식한다.** 기업은 이 방법이 프랜차이즈 라이선스 수행의무의 진행률을 합리적으로 나타낸다고 결론 내리기 때문이다.
결론적으로 장비는 고객에게 자산에 대한 통제를 이전할 때 수익을 인식하고, 판매기준 로열티는 고객이 판매하는 대로 수익을 인식한다.

SUMMARY & CHECK

수익의 의의

- 수익은 자산의 유입 또는 가치 증가나 부채의 감소 형태로 자본의 증가를 가져오는, 특정 회계기간에 생긴 경제적 효익의 증가로서, 지분참여자의 출연과 관련된 것은 제외한다.

수익인식의 과정

- 고객과의 계약이란 기업의 통상적인 활동의 산출물인 재화나 용역을 대가와 교환하여 획득하기로 기업과 계약한 당사자 사이에 집행가능한 권리와 의무가 생기게 하는 합의이다.
- 수행의무란 판매자가 고객에게 재화나 용역을 이전하기로 한 약속을 말한다.
- 거래가격은 고객에게 약속한 재화나 용역을 이전하고 그 대가로 기업이 받을 권리를 갖게 될 것으로 예상하는 금액이며, 제3자를 대신해서 회수한 금액은 제외한다. 거래가격을 산정할 때는 변동대가, 변동대가 추정치의 제약, 계약에 있는 유의적인 금융요소, 비현금 대가 및 고객에게 지급할 대가를 고려한다.
- 거래가격을 배분하는 목적은 기업이 고객에게 약속한 재화나 용역을 이전하고 그 대가로 받을 권리를 나타내는 금액으로 각 수행의무(또는 구별되는 재화나 용역)에 거래가격을 배분하는 것이다.
- 건설계약이 진행 중인 보고기간 말에 미성공사와 진행청구액을 상계한 후, 그 차액이 미성공사이면 자산계정인 계약자산(미청구공사)로, 그 차액이 진행청구액이면 부채계정인 계약부채(초과청구공사)로 재무상태표에 표시한다.

기타의 수익인식

- 기업이 고객에게 이전한 재화나 용역에 대하여 그 대가를 받을 권리로 그 권리에 시간의 경과 이외의 조건이 있는 수취채권을 계약자산이라고 하고, 기업이 고객에서 이미 받은 대가 또는 지급기일이 된 대가에 상응하여 고객에게 재화나 용역을 이전하여야 하는 기업의 의무를 계약부채라고 한다.
- 확신유형의 보증은 고객에게 관련 제품이 합의된 규격에 부합하므로 당사자들이 의도한 대로 작동할 것이라는 확신을 고객에게 주는 보증을 말하고, 용역유형의 보증은 고객에게 관련 제품이 합의된 규격에 부합한다는 확신에 더하여 고객에게 별도의 용역을 제공하는 보증을 말한다.
- 무료나 할인된 가격으로 추가 재화나 용역을 취득할 수 있는 고객의 선택권을 고객충성제도라고 한다.
- 라이선스를 부여하는 약속이 계약에서 그 밖에 약속한 재화나 용역과 구별되고, 따라서 라이선스를 부여하는 약속이 별도의 수행의무라면, 그 라이선스가 고객에게 한 시점에 이전되는지(라이선스사용권) 아니면 기간에 걸쳐 이전되는지(라이선스접근권)를 판단한다.
- 재매입약정은 자산을 판매하고, 그 자산을 다시 사기로 약속하거나 다시 살 수 있는 선택권을 갖는 계약이다. 재매입약정은 일반적으로 선도, 콜옵션 및 풋옵션의 세 가지 형태로 나타난다.
- 고객에게 재화나 용역을 제공하면서 다른 당사자가 관여하는 경우에 기업은 고객에게 재화나 용역을 제공하기로 한 본인인지 대리인인지 판단해야 한다.
- 미인도청구약정이란 기업이 고객에게 제품의 대가를 청구하지만 미래 한 시점에 고객에게 이전할 때까지 기업이 제품을 물리적으로 점유하는 계약을 말한다.

OX QUIZ

1 자본청구권 보유자로부터의 출자는 수익이 아니며 자본청구권 보유자에 대한 분배는 비용이 아니다.

2 고객의 대가 지급 능력이 유의적으로 악화된다면 고객에게 이전할 나머지 재화나 용역에 대하여 받을 대가를 회수할 가능성이 높은지 재검토할 것이다.

3 하나 이상의 해당 재화나 용역은 그 계약에서 약속한 하나 이상의 다른 재화나 용역을 유의적으로 변형 또는 고객 맞춤화한다면 재화나 용역을 이전하기로 한 약속이 별도로 식별되는 것으로 본다.

4 변동대가와 관련된 불확실성이 나중에 해소될 때, 이미 인식한 누적 수익 금액 중 유의적인 부분을 되돌리지(환원하지) 않을 가능성이 매우 높은 정도까지만 추정된 변동대가(금액)의 일부나 전부를 거래가격에 포함한다.

5 계약 개시시점에 기업과 고객이 별도 금융거래를 한다면 반영하게 될 할인율을 사용하고, 계약 개시 후에 이자율이나 그 밖의 상황이 달라진다면 그 할인율을 새로 수정한다.

6 대가를 먼저 수취하는 조건일 경우에는 거래가격을 산정할 때 유의적인 금융요소를 반영하지 않는다.

7 비현금 대가의 공정가치가 대가의 형태 때문에 변동된다면 변동대가 추정치의 제약 규정을 적용하지 않는다.

8 고객에게 지급할 대가가 고객에게서 받은 구별되는 재화나 용역의 대가로 지급하는 것이 아니라면 그 대가는 거래가격, 즉 수익에서 차감하여 회계처리한다.

9 재화나 용역의 계약상 표시가격이나 정가는 그 재화나 용역의 개별 판매가격으로 간주될 수 있다.

10 할인액을 계약에 포함된 일부 수행의무에 배분하는 경우에 잔여접근법을 사용하여 재화나 용역의 개별 판매가격을 추정한 후에 그 할인액을 배분한다.

11 거래가격의 후속 변동은 계약 개시시점과 같은 기준으로 계약상 수행의무에 배분한다.

12 투입법의 단점은 산출법에 비해 필요한 정보를 구하기 위해 많은 비용이 발생할 수 있다는 것이다.

13 고객의 지급불이행에 대비한 안전장치로서 기업이 법적 소유권을 보유한다면, 그러한 기업의 권리는 고객이 자산을 통제하게 되는 것을 막을 수 있다.

14 건설계약에서 계약자산과 계약부채는 각각 유동자산과 유동부채로 재무상태표에 보고한다.

15 전체 건설계약에서 손실이 예상되는 경우에는 예상되는 계약손실을 즉시 비용으로 인식한다.

16 진행률을 합리적으로 측정할 수 없는 경우에는 회수가능성이 높은 금액만을 계약수익으로 인식하고, 계약원가는 발생한 기간의 비용으로 인식하면서 계약이익을 인식한다.

17 확신유형의 보증은 수행의무가 아니므로 제품판매거래의 일부로 보고, 용역유형의 보증은 별도의 수행의무에 해당되므로 거래가격을 배분한다.

18 재화나 용역과 추가로 부여한 선택권이 고객에게 중요한 권리를 제공한다면, 기업은 그 미래 재화나 용역이 이전되거나 선택권이 만료될 때 수익을 인식한다.

19 고객이 라이선스에 대한 통제권을 보유하고 있다면 기업이 고객에게 라이선스사용권을 부여한 것이고, 고객이 이러한 통제권의 보유 없이 기업의 유의적인 영향을 받는다면 라이선스접근권을 부여한 것이다.

20 선도나 콜옵션에서 저가재매입약정의 경우는 리스 회계처리하고, 고가재매입약정의 경우는 금융약정 회계처리한다.

21 본인의 수행의무는 그 재화나 용역을 고객에게 이전하는 것이며, 고객에게서 대가로 받는 수수료 금액(순액)을 수익으로 인식한다.

22 미인도청구약정을 체결한 경우에 고객이 그 제품을 물리적으로 점유하는 권리를 행사하지 않기로 결정하였기 때문에 기업이 제품을 통제하는 것이다.

Multiple-choice Questions

1 기업회계기준서 제1115호 '고객과의 계약에서 생기는 수익'에 대한 다음 설명 중 옳지 않은 것은? (CPA 2022)

① 일반적으로 고객과의 계약에는 기업이 고객에게 이전하기로 약속하는 재화나 용역을 분명히 기재한다. 그러나 고객과의 계약에서 식별되는 수행의무는 계약에 분명히 기재한 재화나 용역에만 한정되지 않을 수 있다.

② 계약을 이행하기 위해 해야 하지만 고객에게 재화나 용역을 이전하는 활동이 아니라면 그 활동은 수행의무에 포함되지 않는다.

③ 고객이 약속한 대가(판매대가) 중 상당한 금액이 변동될 수 있으며 그 대가의 금액과 시기가 고객이나 기업이 실질적으로 통제할 수 없는 미래 사건의 발생 여부에 따라 달라진다면 판매대가에 유의적인 금융요소는 없는 것으로 본다.

④ 적절한 진행률 측정방법에는 산출법과 투입법이 포함된다. 진행률 측정방법을 적용할 때, 고객에게 통제를 이전하지 않은 재화나 용역은 진행률 측정에서 제외하는 반면, 수행의무를 이행할 때 고객에게 통제를 이전하는 재화나 용역은 모두 진행률 측정에 포함한다.

⑤ 수익은 한 시점에 이행하는 수행의무 또는 기간에 걸쳐 이행하는 수행의무로 구분한다. 이러한 구분을 위해 먼저 통제 이전 지표에 의해 한 시점에 이행하는 수행의무인지를 판단하고, 이에 해당하지 않는다면 그 수행의무는 기간에 걸쳐 이행되는 것으로 본다.

2 다음은 유통업을 영위하고 있는 ㈜대한의 20×1년 거래를 보여준다. ㈜대한이 20×1년에 인식할 수익은 얼마인가? (CPA 2020)

(1) ㈜대한은 20×1년 12월 1일에 고객A와 재고자산 100개를 개당 ₩100에 판매하기로 계약을 체결하고 재고자산을 현금으로 판매하였다. 계약에 따르면, ㈜대한은 20×2년 2월 1일에 해당 재고자산을 개당 ₩120의 행사가격으로 재매입할 수 있는 콜옵션을 보유하고 있다.

(2) ㈜대한은 20×1년 12월 26일에 고객B와 계약을 체결하고 재고자산 100개를 개당 ₩100에 현금으로 판매하였다. 고객B는 계약 개시시점에 제품을 통제한다. 계약상 고객 B는 20일 이내에 사용하지 않은 제품을 반품할 수 있으며, 반품 시 환불받을 수 있다. 동 재고자산의 원가는 개당 ₩80이다. ㈜대한은 기댓값 방법을 사용하여 90개의 재고자산이 반품되지 않을 것이라고 추정하였다. 반품에 ㈜대한의 영향력이 미치지 못하지만, ㈜대한은 이 제품과 고객층의 반품 추정에는 경험이 상당히 있다고 판단한다. 그리고 불확실성은 단기간(20일 반품기간)에 해소될 것이며, 불확실성이 해소될 때 수익으로 인식한 금액 중 유의적인 부분은 되돌리지 않을 가능성이 매우 높다고 판단하였다. 단, ㈜대한은 제품의 회수 원가가 중요하지 않다고 추정하였으며, 반품된 제품은 다시 판매하여 이익을 남길 수 있다고 예상하였다. 20×1년 말까지 반품된 재고자산은 없다.

① ₩20,000 ② ₩9,000 ③ ₩10,000
④ ₩19,000 ⑤ ₩15,000

3 ㈜대한은 상업용 로봇을 제작하여 고객에게 판매한다. 20×1년 9월 1일에 ㈜대한은 청소용역업체인 ㈜민국에게 청소로봇 1대를 ₩600,000에 판매하고, ㈜민국으로부터 2개월 간 청소용역을 제공받는 계약을 체결하였다. ㈜대한은 ㈜민국의 청소용역에 대한 대가로 ₩50,000을 지급하기로 하였다. ㈜대한은 20×1년 10월 1일 청소로봇 1대를 ㈜민국에게 인도하고 현금 ₩600,000을 수취하였으며, ㈜민국으로부터 20x1년 10월 1일부터 2개월 간 청소용역을 제공받고 현금 ₩50,000을 지급하였다. 다음의 독립적인 2가지 상황(상황 1, 상황 2)에서 상기 거래로 인해 ㈜대한이 20×1년도에 인식할 수익은 각각 얼마인가? (CPA 2022)

(상황 1) ㈜민국이 ㈜대한에 제공한 청소용역의 공정가치가 ₩40,000인 경우
(상황 2) ㈜민국이 ㈜대한에 제공한 청소용역의 공정가치를 합리적으로 추정할 수 없는 경우

	(상황 1)	(상황 2)		(상황 1)	(상황 2)
①	₩590,000	₩550,000	②	₩590,000	₩600,000
③	₩560,000	₩550,000	④	₩560,000	₩600,000
⑤	₩600,000	₩600,000			

4 다음은 ㈜대한이 20×1년 1월 1일 ㈜민국과 체결한 청소용역 계약의 내용이다. 아래의 거래에 대한 다음 설명 중 옳은 것은? (단, 유의적인 금융요소는 고려하지 않는다)

(CPA 2018)

(1) ㈜대한은 20×1년 1월 1일부터 20×2년 12월 31일까지 2년간 ㈜민국의 본사 건물을 일주일 단위로 청소하고, ㈜민국은 ㈜대한에게 연간 ₩600,000을 매연도 말에 지급한다.
(2) 계약 시점에서 그 용역의 개별 판매가격은 연간 ₩600,000이다. ㈜대한은 용역을 제공한 첫 연도인 20×1년에 ₩600,000을 수령하고 이를 수익으로 인식하였다.
(3) 20×1년 12월 31일에 ㈜대한과 ㈜민국은 계약을 변경하여 2차 연도의 용역대금을 ₩600,000에서 ₩540,000으로 감액하고 2년을 더 추가하여 계약을 연장하기로 합의하였다. 연장기간에 대한 총대가 ₩1,020,000은 20×3년 말과 20×4년 말에 각각 ₩510,000씩 지급하기로 하였다.
(4) 2차 연도 개시일에 용역의 개별 판매가격은 연간 ₩540,000이며, 20×2년부터 20×4년까지 3년간 계약의 개별 판매가격의 적절한 추정치는 ₩1,620,000(연간 ₩540,000×3년)이다.

① 매주의 청소역용이 구별되므로, ㈜대한은 청소용역을 복수의 수행의무로 회계처리할 수 있다.

② 계약변경일에 ㈜대한이 제공할 나머지 용역은 구별되지 않는다.

③ 계약변경일에 ㈜대한이 나머지 대가로 지급받을 금액은 제공할 용역의 개별 판매가격을 반영하고 있다.

④ ㈜대한은 동 계약변경은 기존 계약의 일부인 것처럼 회계처리하여야 한다.

⑤ ㈜대한이 20×2년에 인식해야 할 수익은 ₩520,000이다.

5 ㈜세무는 20×1년 초 ㈜한국과 건설계약(공사기간 3년, 계약금액 ₩600,000)을 체결하였다. ㈜세무의 건설용역에 대한 통제는 기간에 걸쳐 이전된다. ㈜세무는 발생원가에 기초한 투입법으로 진행률을 측정한다. 건설계약과 관련된 자료는 다음과 같다. ㈜세무의 20×2년도 공사이익은? (CTA 2021)

(1) 20×1년 말 공사완료시까지의 추가소요원가를 추정할 수 없어 합리적으로 진행률을 측정할 수 없었으나, 20×1년 말 현재 이미 발생한 원가 ₩120,000은 모두 회수할 수 있다고 판단하였다.
(2) 20×2년 말 공사완료시까지 추가소요원가를 ₩200,000으로 추정하였다.
(3) 연도별 당기발생 공사원가는 다음과 같다.

구 분	20×1년	20×2년	20×3년
당기발생 공사원가	₩120,000	₩180,000	₩200,000

① ₩0 ② ₩40,000 ③ ₩60,000
④ ₩120,000 ⑤ ₩180,000

6 ㈜세무는 고객에게 제품을 이전하기로 한 약속을 수행의무로 식별하고, 제품을 고객에게 이전할 때 각각의 수행의무에 대한 수익을 인식하고 있다. ㈜세무는 ㈜한국에게 제품A와 제품B를 이전하기로 하는 계약을 20×1년 12월 1일에 체결하였고, 동 계약에 따라 받기로 한 대가는 총 ₩10,000이다. 동 계약에 따르면, 제품A를 먼저 인도한 후 제품B를 나중에 인도하기로 하였지만, 대가 ₩10,000은 모든 제품(제품A와 제품B)을 인도한 이후에만 받을 권리가 생긴다. ㈜세무는 20×1년 12월 15일에 제품A를 인도하였고, 제품B에 대한 인도는 20×2년 1월 10일에 이루어졌으며, 20×2년 1월 15일에 대가 ₩10,000을 수령하였다. ㈜세무는 제품A를 개별적으로 판매할 경우 ₩8,000에 판매하고 있지만, 제품B는 판매경험 및 유사제품에 대한 시장정보가 없어 개별 판매가격을 알지 못한다. 따라서 잔여접근법으로 거래가격을 배분하기로 한다. ㈜세무의 상기거래에 관한 설명으로 옳지 않은 것은? (단, 제시된 거래의 효과만을 반영하기로 한다) (CTA 2022)

① 20×1년 말 ㈜세무의 재무상태표에 표시할 수취채권의 금액은 영(0)이다.
② 20×1년 말 ㈜세무의 재무상태표에 표시할 계약자산의 금액은 ₩8,000이다.
③ ㈜세무가 20×1년도 포괄손익계산서에 수익으로 인식할 금액은 ₩8,000이다.
④ 20×1년 말 ㈜세무의 재무상태표에 표시할 계약부채는 없다.
⑤ ㈜세무의 20×2년 1월 10일 회계처리로 인하여 계약자산은 ₩2,000 증가한다.

7 20×1년 9월 1일에 ㈜대한은 ㈜민국에게 1년간의 하자보증조건으로 중장비 1대를 ₩500,000에 현금 판매하였다. 동 하자보증은 용역 유형의 보증에 해당한다. ㈜대한은 1년간의 하자보증을 제공하지 않는 조건으로도 중장비를 판매하고 있으며, 이 경우 중장비의 개별 판매가격은 보증조건 없이 1대당 ₩481,000이며, 1년간의 하자보증용역의 개별 판매가격은 ₩39,000이다. ㈜대한은 ㈜민국에게 판매한 중장비 1대에 대한 하자보증으로 20x1년에 ₩10,000의 원가를 투입하였으며, 20x2년 8월 말까지 추가로 ₩20,000을 투입하여 하자보증을 완료할 계획이다. 상기 하자보증조건부판매와 관련하여 ㈜대한이 20×1년에 인식할 총수익금액과 20×1년 말 재무상태표에 인식할 부채는 각각 얼마인가? (CPA 2021)

	총수익	부채		총수익	부채
①	₩475,000	₩25,000	②	₩475,000	₩20,000
③	₩462,500	₩37,500	④	₩462,500	₩20,000
⑤	₩500,000	₩0			

8 ㈜대한은 고객과의 계약에 따라 구매금액 ₩10당 고객충성포인트 1점을 고객에게 보상하는 고객충성제도를 운영한다. 각 포인트는 고객이 ㈜대한의 제품을 미래에 구매할 때 ₩1의 할인과 교환될 수 있다. 20×1년 중 고객은 제품을 ₩200,000에 구매하고 미래 구매 시 교환할 수 있는 20,000포인트를 얻었다. 대가는 고정금액이고 구매한 제품의 개별 판매가격은 ₩200,000이다. 고객은 제품구매시점에 제품을 통제한다. ㈜대한은 18,000포인트가 교환될 것으로 예상하며, 동 예상은 20×1년 말까지 지속된다. ㈜대한은 포인트가 교환될 가능성에 기초하여 포인트당 개별 판매가격을 ₩0.9이며, 합계는 ₩18,000으로 추정한다. 20×1년 중에 교환된 포인트는 없다. 20×2년 중 10,000포인트가 교환되었고, 전체적으로 18,000포인트가 교환될 것이라고 20×2년 말까지 계속 예상하고 있다. ㈜대한은 고객에게 포인트를 제공하는 약속을 수행의무라고 판단한다. 이 거래와 관련하여 20×1년과 20×2년에 ㈜대한이 인식할 수익은 각각 얼마인가? (CPA 2020)

	20×1년	20×2년		20×1년	20×2년
①	₩200,000	₩10,000	②	₩182,000	₩9,000
③	₩182,000	₩10,000	④	₩183,486	₩8,257
⑤	₩183,486	₩9,174			

9 ㈜대한은 20×1년 12월 1일에 ㈜민국에게 원가 ₩500,000의 제품을 ₩1,000,000에 현금 판매하였다. 판매계약에는 20×2년 3월 31일에 동 제품을 ₩1,100,000에 다시 살 수 있는 권리를 ㈜대한에게 부여하는 콜옵션이 포함되어 있다. ㈜대한은 20×2년 3월 31일에 계약에 포함된 콜옵션을 행사하지 않았으며, 이에 따라 해당 콜옵션은 동 일자에 소멸되었다. 상기 재매입약정 거래가 ㈜대한의 20×2년 당기순이익에 미치는 영향은 얼마인가? (단, 현재가치평가는 고려하지 않으며, 계산과정에 오차가 있으면 가장 근사치를 선택한다) (CPA 2021)

① ₩100,000 감소 ② ₩75,000 감소 ③ ₩500,000 증가
④ ₩525,000 증가 ⑤ ₩600,000 증가

10 20×1년 1월 1일에 ㈜대한은 특수프린터와 예비부품을 제작하여 판매하기로 ㈜민국과 다음과 같이 계약을 체결하였다. 아래의 미인도청구약정에 관한 다음 설명 중 옳지 않은 것은? (CPA 2018)

(1) 특수프린터와 예비부품의 제작 소요기간은 2년이며, 특수프린터와 예비부품을 이전하는 약속은 서로 구별된다. 제작기간 중 제작을 완료한 부분에 대해 집행가능한 지급청구권이 ㈜대한에는 없다.
(2) 20×2년 12월 31일에 ㈜민국은 계약조건에 따라 특수프린터와 예비부품을 검사한 후, 특수프린터는 ㈜민국의 사업장으로 인수하고 예비부품은 ㈜대한의 창고에 보관하도록 요청하였다. ㈜민국은 예비부품에 대한 법적 권리가 있고 그 부품은 ㈜민국의 소유물로 식별될 수 있다.
(3) ㈜대한은 자기 창고의 별도 구역에 예비부품을 보관하고 그 부품은 ㈜민국의 요청에 따라 즉시 운송할 준비가 되어 있다. ㈜대한은 예비부품을 2년에서 4년까지 보유할 것으로 예상하고 있으며, ㈜대한은 예비부품을 직접 사용하거나 다른 고객에게 넘길 능력은 없다. ㈜민국은 특수프린터를 인수한 20×2년 12월 31일에 계약상 대금을 전부 지급하였다.

① ㈜대한이 계약상 식별해야 하는 수행의무는 두 가지이다.
② 특수프린터에 대한 통제는 ㈜민국이 물리적으로 점유하는 때인 20×2년 12월 31일에 ㈜민국에게 이전된다.
③ ㈜대한은 예비부품에 대한 통제를 ㈜민국에게 이전한 20×2년 12월 31일에 예비부품 판매수익을 인식한다.
④ ㈜대한이 예비부품을 물리적으로 점유하고 있더라도 ㈜민국은 예비부품을 통제할 수 있다.
⑤ ㈜대한은 계약상 지급조건에 유의적인 금융요소가 포함되어 있는지를 고려해야 한다.

PART 02 자산

CHAPTER 05

재고자산

학습목표

- 재고자산의 의의를 이해한다.
- 재고자산의 원가배분 과정을 이해한다.
- 재고자산의 취득원가와 원가결정방법을 이해한다.
- 재고자산의 저가법과 추정을 이해한다.

K-IFRS 제1002호 '재고자산'에서 재고자산의 순실현가능가치가 취득원가보다 낮은 경우에 순실현가능가치로 감액하도록 함으로써 재고자산의 저가법을 적용하도록 규정하였다. 저가법은 자산의 장부금액이 판매나 사용으로부터 실현될 것으로 기대되는 금액을 초과하여서는 안 된다는 회계의 보수주의(conservatism)에 근거한다.

재고자산은 기업이 영업활동을 통해 수익을 창출할 수 있는 매우 중요한 자산이다. 반면에 위에서 설명한 것처럼 재고자산의 가치가 하락하면 기업에 큰 손해를 줄 수 있다. 그만큼 재고자산에 대한 관리가 기업의 영업활동에 상당한 큰 비중을 차지한다는 것을 알 수 있다. 본장을 통해 재고자산의 의의, 원가의 배분과정, 취득원가와 원가결정방법, 그리고 재고자산의 저가법에 대해서 심도 있게 학습해 보자. 또한 재고자산의 원가를 추정하는 매출총이익법과 소매재고법에 대해서도 살펴보자.

1. 재고자산의 의의

기업의 정상영업활동과정에 생산 또는 판매를 목적으로 보유하고 있는 자산을 재고자산(inventory)이라고 한다. K-IFRS 제1002호 '재고자산'에서 재고자산은 다음의 자산을 말한다.

① 통상적인 영업과정에서 판매를 위하여 보유중인 자산
② 통상적인 영업과정에서 판매를 위하여 생산중인 자산
③ 통상적인 용역제공에 사용될 원재료나 소모품

재고자산은 기업의 통상적인 영업과정에서 판매를 위하여 보유하거나 생산중인 자산이라는 점에서 영업과정에서 사용하기 위해 보유하는 유형자산과 구분되고, 영업과정과 무관하게 투자목적으로 보유하는 투자자산과 구분할 수 있다. 따라서 동일한 자산이더라도 기업의 보유 목적에 따라 과목의 분류가 달리질 수 있다. 예를 들어, 부동산 개발업자가 보유하는 부동산은 통상적인 영업과정에서 판매를 위하여 보유하는 자산이므로 재고자산으로 분류한다. 그러나 부동산을 자가사용목적으로 보유하는 기업은 이를 유형자산으로 분류할 것이며, 임대나 시세차익 목적으로 보유하는 기업은 이를 투자부동산으로 분류할 것이다.

2. 재고자산의 원가배분

2.1 기말재고자산에 포함할 항목

기말 재고자산의 수량을 정확하게 파악하기 위해서는 자기 회사에 있는 재고자산뿐만 아니라 다른 회사나 운반 중인 재고자산의 파악도 중요하다. 특히 다른 회사나 운반 중인 재고자산의 실질적인 소유권을 누가 갖는지 결정하는 것이 중요하다.

(1) 미착품

미착품(goods in transit)은 운송 중인 매입상품을 말한다. 미착품의 소유권은 상품의 인도에 따른 위험과 책임이 어느 시점에서 종료되느냐에 따라 결정된다. 선적지에서 상품의 위험과 책임이 판매자에서 구매자에게 전가되는 선적지 인도조건(FOB[1] shipping point) 계약의 경우에는 미착품이 구매자의 재고자산에 포함된다. 도착지에서 상품의 위험과 책임이 판매자에서 구매자에게 전가되는 도착지 인도조건(FOB destination) 계약의 경우에는 미착품이 판매자의 재고자산에 포함된다.

(2) 적송품

적송품 또는 위탁품(consignment goods)은 위탁자(consigner)가 수탁자(consignee)에게 판매를 위탁하기 위해서 발송한 상품을 말한다. 수탁자가 적송품을 보관하고 수탁자는 위탁자를 대신하여 이를 관리만 하는 것이기 때문에 실제 소유권은 위탁자에게 있다. 따라서 적송품은 위탁자의 재고자산에 포함된다.

(3) 시용품

시용판매(sales on approval)는 소비자가 상품을 시험적으로 사용해 본 뒤 매입하겠다는 최종 의사표시를 하면 판매가 성립되는 방식을 말한다. 따라서 상품이 소비자에게 인도되었더라도 소비자가 매입의사표시를 하지 않은 한 시용품은 판매자의 재고자산에 포함된다.

(4) 할부판매상품

할부판매(installment sales)는 상품의 인도 후 판매대금을 일정기간 동안 분할하여 회수하는 판매방식을 말한다. 비록 할부판매에 의해 인도된 상품의 소유권이 형식적으로 판매자에게 있더라도 그 상품에 대한 실질적인 권리와 의무는 구매자에게 있기 때문에 할부판매 조건으로 구매자에게 인도된 상품은 판매자의 재고자산에서 제외된다.

---

1 FOB는 free on board의 줄임말이며, 본선인도조건을 의미한다. 즉, 판매자가 구매자측에서 지정하는 선적항에서 선박에 계약화물을 적재하는 데 따른 인도가 행해져야 계약이 완료된다.

2.2 재고자산의 수량결정방법

기초재고자산과 당기매입을 합쳐서 판매가능재고자산이라고 한다. 이 중에서 일부분은 판매되어 매출원가를 구성하고 남은 재고자산은 기말재고자산이 될 것이다. 여기서, 다음과 같은 관계를 확인할 수 있다.

기초재고자산 + 당기매입원가 = 매출원가 + 기말재고자산

이러한 관계를 도식화하면 다음 [그림 5-1]과 같다.

[그림 5-1] 재고자산의 원가배분

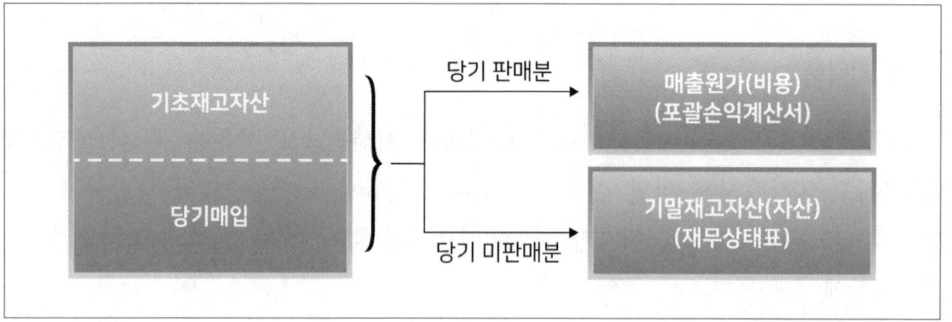

[그림 5-1]에서 보는 바와 같이 판매가능재고자산 중 당기에 판매된 재고자산은 매출원가로 대체되고, 판매되지 않은 남아있는 재고자산은 기말 현재 회사가 보유하는 재고자산이 되는데, 이렇게 판매가능재고자산을 매출원가와 기말재고자산으로 구분하는 과정을 재고자산의 원가배분(cost allocation)이라고 한다.

판매가능재고자산이 매출원가와 기말재고자산으로 보고되도록 적절한 회계처리가 필요한데, 여기에는 계속기록법과 실지재고조사법이라고 하는 두 가지 방법이 있다.

(1) 계속기록법

계속기록법(perpetual inventory system)은 상품을 매입 또는 매출할 때마다 재고자산 계정을 계속적으로 기록하는 방법이다. 따라서 보고기간 중에 매출원가와 재고자

산의 수량을 정확히 파악할 수 있다. 계속기록법의 회계처리를 제시하면 다음과 같다.

〈매입 시〉

(차변)	재 고 자 산	×××	(대변)	매입채무(현금)	×××

〈매출 시〉

(차변)	매출채권(현금)	×××	(대변)	매 출	×××
(차변)	매 출 원 가	×××	(대변)	재 고 자 산	×××

〈결산 시〉

수정분개 없음

계속기록법에서는 재고자산 총계정원장을 통해서 매입 내역과 매출 내역을 확인할 수 있기 때문에 남아있는 기말재고자산의 수량과 금액을 확인할 수 있고 별도의 결산 시 수정분개는 필요 없다. 따라서 기말재고자산 원가를 산출하는 식을 다음과 같이 나타낼 수 있다.

기말재고자산 = 기초재고자산 + 당기매입원가 - 매출원가

(2) 실지재고조사법

계속기록법을 적용하면 재고자산을 판매할 때마다 매출원가를 기록해야 하기 때문에 판매거래가 빈번하게 발생할 경우 판매되는 재고자산의 취득원가가 얼마인지 일일이 파악해야 하는 번거로움이 있다. 이러한 번거로움을 피할 수 있는 방법이 기간법(periodic inventory system) 또는 실지재고조사법이다.

실지재고조사법은 회계기간 중에 매매거래를 간편하게 회계처리하기 위해서 재고자산을 매입할 때에는 재고자산 계정이 아니라 매입 계정(비용)의 증가로 회계처리한다. 또한 재고자산을 매출할 때에는 매출만 인식할 뿐 재고자산을 매출원가로 대체하는 회계처리를 하지 않는다.

실지재고조사법을 사용하면 재고자산 계정의 변동과 매출원가를 모두 인식하지 않기 때문에 결산일 현재 수정전 시산표에는 재고자산 계정이 기초 잔액으로 표시되고, 매입 계정만 표시되어 있을 뿐 매출원가는 표시되어 있지 않다. 따라서 결산일에 상품에 대한 실지재고조사를 통해서 재고자산이 얼마나 남아 있는지 확인하여 이를 기말재고자산 잔액으로 결정하고, 매입 대신에 매출원가가 표시되도록 결산 시 수정분개를 해야 한다. 실지재고조사법의 회계처리를 제시하면 다음과 같다.

〈매입 시〉

(차변)	매　입	×××	(대변)	매입채무(현금)	×××

〈매출 시〉

(차변)	매출채권(현금)	×××	(대변)	매　출	×××

〈결산 시〉

(차변)	(기말)재고자산	×××	(대변)	(기초)재고자산	×××
	매출원가	×××		매　입	×××

실지재고조사법에서는 장부상으로 매출원가와 남아 있는 기말재고자산의 수량과 금액을 알 수 없기 때문에 결산일에 재고자산에 대한 실지재고조사를 통해서 재고자산이 얼마나 남아 있는지 확인하여 이를 기말재고자산 잔액으로 결정한 후에 매출원가를 파악할 수 있다. 따라서 매출원가를 산출하는 식을 다음과 같이 나타낼 수 있다.

매출원가 = 기초재고자산 + 당기매입원가 − 기말재고자산

(3) 계속기록법과 실지재고조사법의 비교

다음 (예제 1)을 통해서 계속기록법과 실지재고조사법의 회계처리방법을 비교해 보자

예제 1 ❙ 계속기록법과 실지재고조사법의 비교

대박회사는 상품매매기업이다. 당기 상품의 매입 및 매출자료는 다음과 같다.

일자	수량	단가
기초상품(12월 1일)	10개	₩1,000
당기 상품매입(12월 5일)	60개	₩1,000
당기 매출(12월 10일)	50개	₩1,500

물음

계속기록법과 실지재고조사법에 따라 매입과 매출 시, 그리고 결산 시(12월 31일) 해야 할 회계처리를 하시오. 그리고 두 방법에 따라 기말상품원가와 매출원가를 계산하시오. 단, 실지재고조사 결과 기말재고자산의 수량은 20개이다. 매입과 매출 시 현금 지급을 가정한다.

풀이

일 자	계속기록법		실지재고조사법	
매 입 시 (12월 5일)	(차변) 상품 (대변) 현금	60,000 60,000	(차변) 매입 (대변) 현금	60,000 60,000
매 출 시 (12월 10일)	(차변) 현금 (대변) 매출 (차변) 매출원가 (대변) 상품	75,000 75,000 50,000 50,000	(차변) 현금 (대변) 매출	75,000 75,000
결 산 시 (12월 31일)	분개없음		(차변) (기말)상품 매출원가 (대변) (기초)상품 매입	20,000 50,000 10,000 60,000

① 계속기록법 적용

- 매출원가
  = ₩50,000(50개×₩1,000)
- 기말상품원가
  = ₩10,000(기초상품원가) + 60,000(당기 상품매입원가) − 50,000(매출원가)
  = ₩20,000

② 실지재고조사법 적용

- 기말상품원가
  = ₩20,000(20개×₩1,000)
- 매출원가
  = ₩10,000(기초상품원가) + 60,000(당기 상품매입원가) - 20,000(기말상품원가)
  = W50,000

[그림 5-2]에서 보는 바와 같이 (예제 1)의 기초상품원가와 당기 상품매입원가가 매출원가와 기말상품원가로 원가배분되는 과정을 나타낸다.

[그림 5-2] (예제 1) 재고자산 원가의 배분

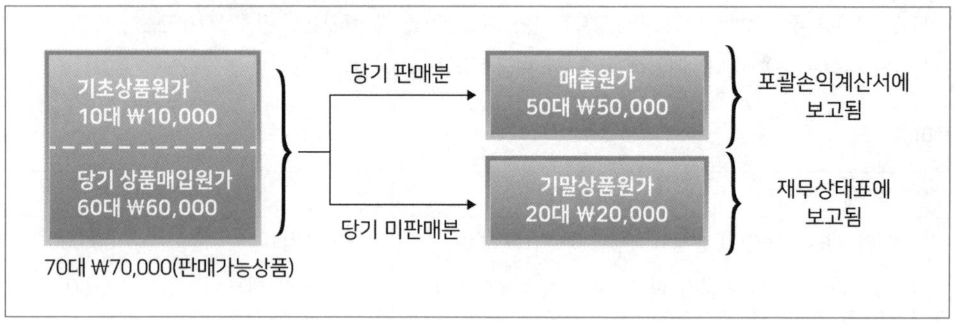

계속기록법과 실지재고조사법의 차이를 정리하면 다음 〈표 5-1〉과 같다.

표 5-1 계속기록법과 실지재고조사법의 비교

구 분	계속기록법	실지재고조사법
매 입 시	(차변) 재고자산 ××× (대변) 매입채무(현금) ×××	(차변) 매입 ××× (대변) 매입채무(현금) ×××
매 출 시	(차변) 매출채권(현금) ××× (대변) 매출 ××× (차변) 매출원가 ××× (대변) 재고자산 ×××	(차변) 매출채권(현금) ××× (대변) 매출 ××× 매출원가 인식 회계처리 없음

구 분	계속기록법	실지재고조사법
기말 수정분개시	기말 수정분개 없음	(차변) (기말)재고자산 ××× 매출원가 ××× (대변) (기초)재고자산 ××× 매입 ×××
원가배분 관계식	기말재고자산 = 기초재고자산 + 당기매입원가 - 매출원가	매출원가 = 기초재고자산 + 당기매입원가 - 기말재고자산

3. 재고자산의 취득원가

재고자산의 취득원가는 매입원가, 전환원가 및 재고자산을 현재의 장소에 현재의 상태로 이르게 하는 데 발생한 기타 원가 모두를 포함한다.

3.1 매입원가

재고자산의 매입원가는 매입가격에 수입관세와 제세금(과세당국으로부터 추후 환급받을 수 있는 금액은 제외), 매입운임, 하역료 그리고 완제품, 원재료 및 용역의 취득과정에 직접 관련된 기타 원가를 가산한 금액이다. 매입할인, 리베이트 및 기타 유사한 항목은 매입원가를 결정할 때 차감한다.

(1) 매입부대비용

재고자산을 구매하면서 재고자산의 매입운임을 포함해 재고자산을 현재의 장소에 현재의 상태로 이르게 하는 데 필요한 매입부대비용이 발생한다. 매입부대비용에 대한 회계처리는 다음과 같다.

〈매입운임 발생〉

(차변)	매 입 운 임	×××	(대변)	미지급비용(현금)	×××

〈기말 수정분개〉

(차변)	재고자산(매입)	×××	(대변)	매 입 운 임	×××

위의 회계처리처럼 매입부대비용을 별도로 관리하기 위하여 일반적으로 거래 발생 당시에는 '매입운임' 계정으로 처리하였다가 기말에 '재고자산' 또는 '매입' 계정으로 대체시킨다. 만약 '매입운임' 계정으로 매입부대비용을 별도로 관리하지 않는다면 다음과 같이 바로 '재고자산' 또는 '매입' 계정을 사용할 수도 있다.

〈매입운임 발생〉

(차변)	재고자산(매입)	×××	(대변)	미지급비용(현금)	×××

(2) 매입에누리 및 매입환출

매입에누리(purchase allowance)란 매입한 상품에 결함이나 파손 등이 있어서 판매자가 상품의 값을 깎아 주는 것을 말한다. 매입환출(purchase returns)이란 매입한 상품에 결함이나 파손 등이 있어서 판매자에게 반품하는 것을 말한다. 매입에누리 및 매입환출은 매입원가에서 차감한다. 매입에누리 및 매입환출에 대한 회계처리는 다음과 같다.

〈재고자산 매입〉

(차변)	재고자산(매입)	×××	(대변)	매입채무(현금)	×××

〈매입에누리 또는 매입환출 발생〉

(차변)	매입채무(현금)	×××	(대변)	매입환출및에누리	×××

〈기말 수정분개〉

(차변)	매입환출및에누리	×××	(대변)	재고자산(매입)	×××

위에 회계처리처럼 매입에누리나 매입환출을 별도로 관리하기 위하여 일반적으로 거래 발생 당시에는 '매입환출및에누리' 계정으로 처리하였다가 기말에 '재고자산' 또는 '매입' 계정으로 대체시킨 것이다. 만약 '매입환출및에누리' 계정으로 매입에누리나 매입환출을 별도로 관리하지 않는다면 다음과 같이 바로 '재고자산' 또는 '매입' 계정을 사용할 수도 있다.

〈매입에누리 또는 매입환출 발생〉

(차변)	매입채무(현금)	×××	(대변)	재고자산(매입)	×××

(3) 매입할인

매입할인(purchase discount)이란 외상으로 재고자산을 매입한 후 조기에 외상매입대금을 지급할 경우 거래처에서 일정액을 깎아 주는 것을 말한다. 매입자 입장에서 매입할인이 발생하면, 판매자 입장에서는 매출할인(sales discount)이 발생한다. 할인조건은 보통 (5/10, net 30) 또는 (5/10, n/30)과 같은 형식으로 표현되는데, "10일 이내에 거래대금을 지급하면 거래대금의 5%를 할인해주고, 상환기일은 30일 이내"라는 뜻이다. 판매자의 입장에서는 외상대금의 회수를 촉진시키기 위해 매출할인 조건으로 판매를 하고, 매입자의 입장에서는 지급대금을 낮출 수 있기 때문에 매입할인 조건을 이용한다. 매입할인에 대한 회계처리는 다음과 같다.

〈재고자산 매입〉

(차변)	재고자산(매입)	×××	(대변)	매입채무	×××

〈매입할인 발생〉

(차변)	매입채무	×××	(대변)	현금	×××
				매입할인	×××

〈기말 수정분개〉

(차변)	매입할인	×××	(대변)	재고자산(매입)	×××

위의 회계처리처럼 매입할인을 별도로 관리하기 위하여 일반적으로 거래 발생 당시에는 '매입할인' 계정으로 처리하였다가 기말에 '재고자산(매입)' 계정으로 대체시킨 것이다. 만약 '매입할인' 계정으로 매입할인을 별도로 관리하지 않는다면 다음과 같이 바로 '재고자산(매입)' 계정을 사용할 수도 있다.

〈매입할인 발생〉

(차변)	매 입 채 무	×××	(대변) 현 금	×××
			재고자산(매입)	×××

3.2 전환원가

제조업을 영위하는 기업의 경우에는 원재료, 노무원가 및 제조간접원가가 생산과정에 투입되어 재공품으로 전환되고, 재공품이 완성되면 제품으로 대체되며, 제품이 판매되면 매출원가로 대체된다.

재고자산의 전환원가(costs of conversion)는 직접노무원가 등 생산량과 직접 관련된 원가를 포함한다. 또한 원재료를 완제품으로 전환하는 데 드는 고정 및 변동 제조간접원가의 체계적인 배부액도 포함한다. 따라서 제조업에서 생산하는 제품의 취득(제조)원가는 다음과 같이 산출된다.

제품의 취득(제조)원가 = 원재료 + 전환원가
= 원재료 + 직접노무원가 + 고정 및 변동 제조간접원가

고정제조간접원가란 생산과정에서 사용되는 공장 건물, 기계장치, 사용권자산의 감가상각비 및 수선유지비와 공장 관리비처럼 생산량과는 상관없이 비교적 일정한 수준을 유지하는 간접 제조원가를 말한다. 변동제조간접원가는 간접재료원가나 간접노무원가처럼 생산량에 따라 직접적으로 또는 거의 직접적으로 변동되는 제조간접원가를 말한다.

고정제조간접원가는 생산설비의 정상조업도에 기초하여 전환원가에 배부하는데, 실제조업도가 정상조업도와 유사한 경우에는 실제조업도를 사용할 수 있다. 정상조업도는 정상적인 상황에서 상당한 기간 동안 평균적으로 달성할 수 있을 것으로 예상되는 생산량을 말하는데, 계획된 유지활동에 따른 조업도 손실을 고려한 것을 말한다. 생산단위당 고정제조간접원가 배부액은 낮은 조업도나 유휴설비로 인해 증가되지 않으며, 배부되지 않은 고정제조간접원가는 발생한 기간의 비용으로 인식한다. 그러나 비정상적으로 많은 생산이 이루어진 기간에는, 재고자산이 원가 이상

으로 측정되지 않도록 생산단위당 고정제조간접원가 배부액을 감소시켜야 한다. 한편, 변동제조간접원가는 생산설비의 실제 사용에 기초하여 각 생산단위에 배부한다.

연산품이 생산되거나 주산물과 부산물이 생산되는 경우처럼 하나의 생산과정을 통하여 동시에 둘 이상의 제품이 생산될 수도 있다. 이 경우, 제품별 전환원가를 분리하여 식별할 수 없다면, 전환원가를 합리적이고 일관성 있는 방법으로 각 제품에 배부한다. 예를 들어, 각 제품을 분리하여 식별가능한 시점 또는 완성 시점의 제품별 상대적 판매가치를 기준으로 배부할 수 있다. 한편, 대부분의 부산물은 본래 중요하지 않은데, 이 경우 부산물은 흔히 순실현가능가치로 측정하며 주산물의 원가에서 차감된다. 따라서 주산물의 장부금액은 원가와 중요한 차이가 없다.

3.3 기타 원가

기타 원가는 재고자산을 현재의 장소에 현재의 상태로 이르게 하는 데 발생한 범위 내에서만 취득원가에 포함된다. 예를 들어, 특정한 고객을 위한 비제조 간접원가 또는 제품 디자인원가를 재고자산의 원가에 포함하는 것이 적절할 수도 있다.

재고자산의 취득원가에 포함할 수 없으며 발생기간의 비용으로 인식하여야 하는 원가의 예는 다음과 같다.

① 재료원가, 노무원가 및 기타 제조원가 중 비정상적으로 낭비된 부분
② 후속 생산단계에 투입하기 전에 보관이 필요한 경우 이외의 보관원가
③ 재고자산을 현재의 장소에 현재의 사태에 이르게 하는 데 기여하지 않은 관리간접원가
④ 판매원가

장기간 제조나 생산되는 재고자산의 제조나 생산 등에 직접 관련된 차입원가가 있다면 이를 자본화한다.

재고자산을 후불조건으로 취득할 수도 있다. 계약이 실질적으로 금융요소를 포함하고 있다면, 해당 금융요소(예 정상신용조건의 매입가격과 실제 지급액 간의 차이)는 금융이 이루어지는 기간 동안 이자비용으로 인식한다.

3.4 원가측정방법

표준원가법(standard cost method)이나 소매재고법(retail method) 등의 원가측정방법은 그러한 방법으로 평가한 결과가 실제 원가와 유사한 경우에 편의상 사용할 수 있다. 표준원가는 정상적인 재료원가, 소모품원가, 노무원가 및 효율성과 생산능력 활용도를 반영한다. 표준원가는 정기적으로 검토하여야 하며 필요한 경우 현재 상황에 맞게 조정하여야 한다.[2]

소매재고법은 이익률이 유사하고 품종변화가 심한 다품종 상품을 취급하는 유통업에서 실무적으로 다른 원가측정법을 사용할 수 없는 경우에 흔히 사용한다. 소매재고법에서 재고자산의 원가는 재고자산의 판매가격을 적절한 총이익률을 반영하여 환원하는 방법으로 결정한다. 이때 적용되는 이익률은 최초판매가격 이하로 가격이 인하된 재고자산을 고려하여 계산하는데, 일반적으로 판매부문별 평균이익률을 사용한다. 소매재고법에 대해서는 6.2절에서 자세히 다룬다.

4. 재고자산의 원가결정방법(원가흐름에 대한 가정)

기말재고자산 금액을 결정할 때는 다음과 같이 재고자산 수량에 재고자산 단위원가를 곱해서 산출한다.

기말재고자산 = 기말재고자산 수량 × 기말재고자산 단위원가

기말재고자산의 수량은 본장의 2절 '재고자산의 원가배분'을 통해서 결정된다. 여기서는 기말재고자산의 단위원가를 결정하는 방법에 대해서 학습한다.

단위원가 결정방법에는 개별법, 선입선출법, 가중평균법이 있으며, 국제회계기준에서 인정하지 않는 후입선출법도 있다. 기업은 성격과 용도 면에서 유사한 재고자산에 동일한 단위원가 결정방법을 적용하여야 하며, 성격이나 용도 면에서 차이가 있는 재고자산에는 서로 다른 단위원가 결정방법을 적용할 수 있다. 예를 들어, 동일한 재고자산에 대해 영업부문마다 사용용도가 다른 경우에 A영업부문에서는 선입선출법을, B영업

2 표준원가법의 자세한 내용은 원가회계를 통해서 학습하도록 하자.

부문에서는 평균법을 적용할 수 있다.

그러나 재고자산의 지역별 위치나 과세방식이 다르다는 이유만으로 동일한 재고자산에 다른 단위원가 결정방법을 적용하는 것이 정당화 될 수 없다. 예를 들어, 사용용도가 동일한 재고자산에 대해서 지역이 다른 A영업부문에서는 선입선출법을, B영업부문에서는 평균법을 적용할 수 없고 두 영업부문은 동일한 방법을 적용해야 한다.

4.1 개별법

개별법(specific identification method)은 원가흐름에 대한 가정을 하지 않고 개별상품 각각에 대하여 단위당 원가를 파악하여 매출된 상품과 기말재고자산의 상품을 개별적으로 파악하는 방법이다. 개별법은 통상적으로 서로 대체하여 판매될 수 없는 고가의 재고자산이나 특정 프로젝트별로 생산되는 재화를 판매하거나 용역을 제공할 때 사용하는 방법이다. 예를 들어, 특별 주문생산하는 선박이나 항공기에 적용할 수 있다.

통상적으로 상호교환 가능한 대량의 재고자산 항목에 개별법을 적용하는 것은 적절하지 아니하다. 그러한 경우에는 기말 재고로 남아있는 항목을 선택하는 방식을 이용하여 손익을 자의적으로 조정할 수도 있기 때문이다.

개별법은 모든 상품에 꼬리표를 붙인 것처럼 개별적으로 식별하여 원가를 계산하는 방법이기 때문에 매출원가와 기말재고자산의 금액을 정확하게 파악할 수 있는 장점이 있다. 그러나 통상적으로 서로 대체하여 판매가 가능한 대량의 재고자산에 개별법을 적용하는 것은 현실적으로 불가능하다. 따라서 이러한 경우에는 선입선출법이나 후입선출법 또는 평균법 중 한 가지 방법을 선택하고 원가흐름을 가정하여 사용한다.

4.2 선입선출법

선입선출법(FIFO, first-in first-out method)은 실제 물량흐름과 관계없이 먼저 매입한 상품을 먼저 판매하는 것으로 가정하는 방법이다. 따라서 기말재고자산은 가장 최근에 매입한 항목 순으로 구성되고, 매출원가는 가장 오래전에 매입된 가격으로 손익계산서에 계상된다.

선입선출법의 장점은 대부분의 기업들이 오래된 상품을 먼저 판매하기 때문에 실물흐름과 원가흐름이 일치할 가능성이 높다. 또한 가장 최근에 매입한 상품이 기말재고자산을 구성하기 때문에 시가나 공정가치에 근접하게 재무제표에 표시된다.

선입선출법의 단점은 매출원가는 가장 오래전에 매입된 가격으로 표시되고 매출액은 현행의 판매가격으로 표시되기 때문에 수익－비용 대응이 적절히 이루어지지 않는다는 점이다. 또한 가격이 상승하는 인플레이션 기간에는 낮은 매출원가가 계산되기 때문에 당기순이익이 과대하게 보고되는 경향이 있다.

4.3 후입선출법

후입선출법(LIFO, last-in first-out method)은 나중에 매입한 재고자산을 먼저 판매하는 것으로 가정하는 방법이다. 따라서 가장 최근에 매입한 항목 순으로 매출원가를 구성한다. 후입선출법은 의도적으로 과도하게 낮은 기초재고자산이 매출원가로 대체되도록 함으로써 이익조정의 수단으로 이용될 수 있다. 따라서 국제회계기준에서는 후입선출법의 사용을 허용하지 않고 있다.

후입선출법의 장점은 매출원가가 가장 최근에 매입된 가격으로 표시되기 때문에 수익과 비용이 모두 현행원가에 근접하게 보고되어 수익－비용 대응이 적절히 이루어진다는 점이다. 또한 이 때문에 절세효과를 누릴 수 있다는 장점이 있다.

후입선출법의 단점은 일반적으로 실물흐름과 원가흐름이 일치하지 않는 점과 기말재고자산이 시가나 공정가치를 반영하지 못한다는 점이다. 또한 판매수량보다 구입수량을 적게 하여 이익조작이 가능하다는 가장 큰 단점이 있다.

4.4 평균법

평균법(average method)은 기초재고자산과 당기에 매입한 재고자산의 원가를 가중평균하여 단위원가를 결정하는 방법이다.

평균법은 재고자산의 장부기록 방법에 따라 그 명칭이 다르다. 계속기록법하에서의 평균법을 이동평균법이라 하고, 실지재고조사법 하에서의 평균법을 총평균법이라고 한다.

평균법은 임의적인 조작이 어렵고 객관적이기 때문에 실무에서 많이 사용되는 방법이다. 그러나 계속기록법 하에서는 재고자산의 구입원가가 달라질 때마다 새로운 평균원가를 계산해야 하는 단점이 있다.

다음 (예제 2)를 통해서 재고자산의 원가결정방법을 비교해 보자.

예제 2 ❙ 재고자산의 원가결정방법 비교

대박회사는 상품매매기업이다. 당기 상품의 매입 및 매출자료는 다음과 같다.

구분	수량	단가
기초상품(12월 1일)	10개	₩1,000
당기 상품매입(12월 5일)	40개	₩1,100
당기 매출(12월 10일)	30개	₩1,500
당기 상품매입(12월 15일)	40개	₩1,215
당기 매출(12월 25일)	35개	₩1,500

물음

다음의 각 방법에 따라 대박회사의 당기 매출원가와 기말재고자산, 매출총이익을 구하시오. 단, 실지재고조사 결과 기말재고자산의 수량은 25개이다.

1. 선입선출법(실지재고조사법, 계속기록법)

2. 후입선출법(실지재고조사법, 계속기록법)

3. 평균법(실지재고조사법, 계속기록법)

풀이

1. 선입선출법

(1) 실지재고조사법

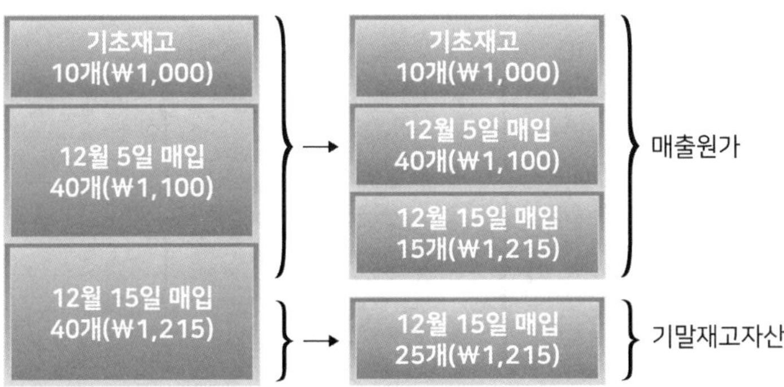

기말재고자산 25개는 12월 15일 매입분 중 25개로 구성되어 있다고 가정한다.

① 기말재고자산 = 25개×₩1,215 = ₩30,375

② 매출원가 = ₩10,000(기초재고자산) + (44,000 + 48,600)(당기매입액)
 - 30,375(기말재고자산) = ₩72,225

또는 매출원가 = 10개×₩1,000 + 40개×₩1,100 + 15개×₩1,215 = ₩72,225

③ 매출 = 65개×₩1,500 = ₩97,500

매출총이익 = ₩97,500 - 72,225 = ₩25,275

(2) 계속기록법

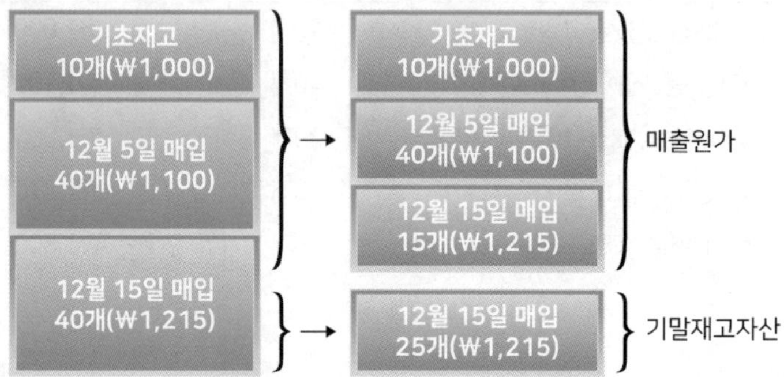

기말재고자산 25개는 12월 15일 매입분 중 25개로 구성되어 있다고 가정한다. 선입선출법의 경우 실지재고조사법과 계속기록법의 기말재고자산 구성은 항상 동일하다.

① 기말재고자산 = 25개×₩1,215 = ₩30,375

② 매출원가 = ₩10,000(기초재고자산) + (44,000 + 48,600)(당기매입액)
 - 30,375(기말재고자산) = ₩72,225

또는 매출원가 = 10개×₩1,000 + 40개×₩1,100 + 15개×₩1,215 = ₩72,225

③ 매출 = 65개×₩1,500 = ₩97,500

매출총이익 = ₩97,500 - ₩2,225 = ₩25,275

2. 후입선출법

(1) 실지재고조사법

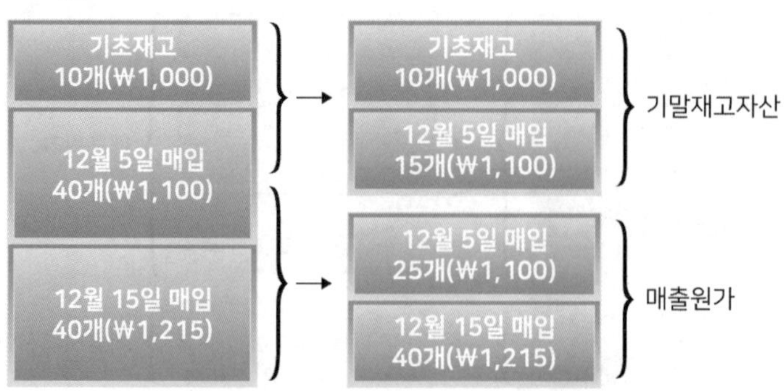

기말재고자산 25개는 기초재고 10개와 12월 5일 매입분 중 15개로 구성되어 있다고 가정한다.

① 기말재고자산 = 10개×₩1,000 + 15개×₩1,100 = ₩26,500
② 매출원가 = ₩10,000(기초재고자산) + (44,000 + 48,600)(당기매입액)
- 26,500(기말재고자산) = ₩76,100
또는 매출원가 = 25개×₩1,100 + 40개×₩1,215 = ₩76,100
③ 매출 = 65개×₩1,500 = ₩97,500
매출총이익 = ₩97,500 - 76,100 = ₩21,400

(2) 계속기록법

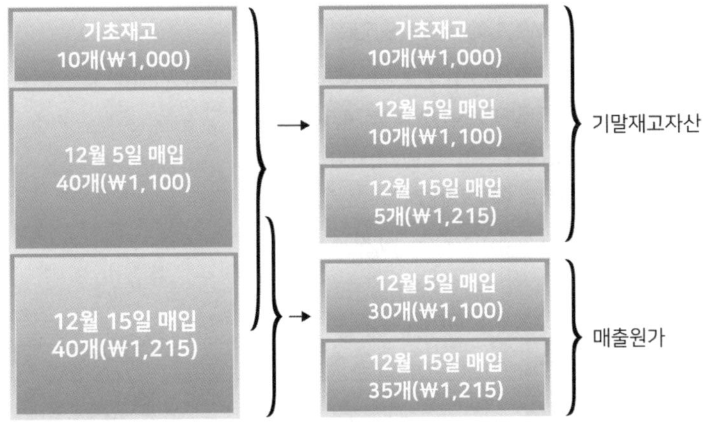

기말재고자산 25개는 매출당시에 가장 먼저 매입한 재고자산으로 기초재고자산 10개와 12월 5일에 매입분 중 10개, 그리고 12월 15일에 매입분 중 5개로 구성되어 있다고 가정한다.

① 기말재고자산 = 10개×₩1,000 + 10개×₩1,100 + 5개×₩1,215 = ₩27,075
② 매출원가 = ₩10,000(기초재고자산) + (44,000 + 48,600)(당기매입액)
- 27,075(기말재고자산) = ₩75,525
또는 매출원가 = 30개×₩1,100 + 35개×₩1,215 = ₩75,525
③ 매출 = 65개×₩1,500 = ₩97,500
매출총이익 = ₩97,500 - ₩5,525 = ₩21,975

3. 평균법

(1) 실지재고조사법(총평균법)

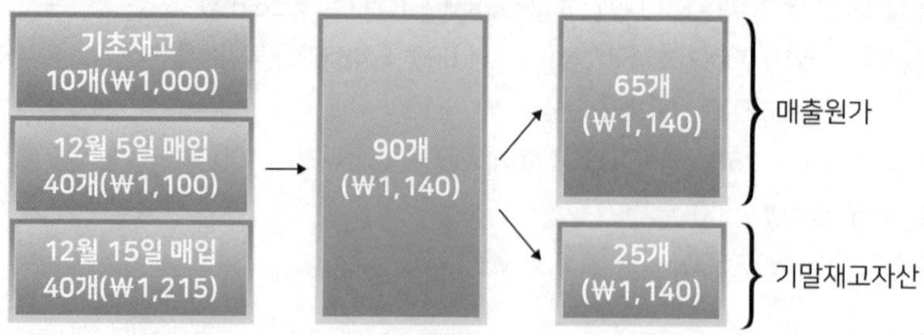

• 총평균단가 = (₩10,000 + 44,000 + 48,600)÷90개 = ₩1,140

① 기말재고자산 = 25개×₩1,140 = ₩28,500

② 매출원가 = ₩10,000(기초재고자산) + (44,000 + 48,600)(당기매입액)
- 28,500(기말재고자산) = ₩74,100

또는 매출원가 = 65개×₩1,140 = ₩74,100

③ 매출 = 65개×₩1,500 = ₩97,500

매출총이익 = ₩97,500 - 74,100 = ₩23,400

(2) 계속기록법(이동평균법)

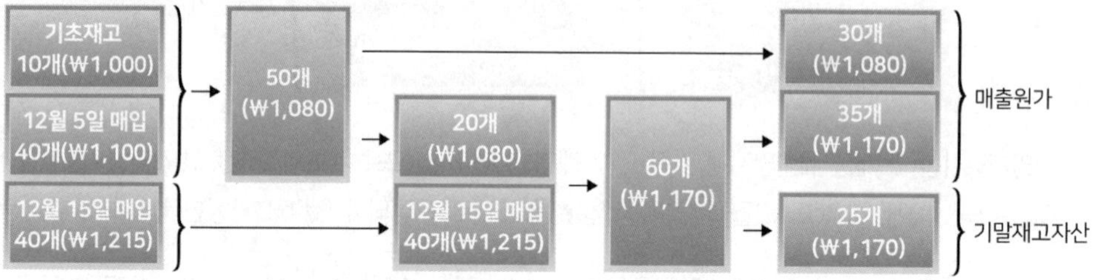

• 12월 10일 매출시 이동평균단가 = (₩10,000 + 44,000)÷50개 = ₩1,080

• 12월 10일 매출후 재고자산 = 20개×₩1,080 = ₩21,600

• 12월 25일 매출시 이동평균단가 = (₩21,600 + ₩48,600)÷60개 = ₩1,170

① 기말재고자산 = 25개×₩1,170 = ₩29,250

② 매출원가 = ₩10,000(기초재고자산) + (44,000 + 48,600)(당기매입액)
- ₩29,250(기말재고자산) = ₩73,350

또는 매출원가 = 30개×₩1,080 + 35개×₩1,170 = ₩73,350

③ 매출 = 65개×₩1,500 = ₩97,500

매출총이익 = ₩97,500 - 73,350 = ₩24,150

4.5 원가결정방법의 비교

(예제 2)에서 원가결정방법에 따른 기말재고자산, 매출원가 및 매출총이익의 결과를 비교하면 다음 〈표 5-2〉와 같다.

표 5-2 원가결정방법의 비교

과목	선입선출법 (실지재고조사법 =계속기록법)	이동평균법	총평균법	후입선출법 (계속기록법)	후입선출법 (실지재고조사법)
기말재고자산	₩30,375	₩29,250	₩28,500	₩27,075	₩26,500
매 출 원 가	₩72,225	₩73,350	₩74,100	₩75,525	₩76,100
매 출 총 이 익	₩25,275	₩24,150	₩23,400	₩21,975	₩21,400

〈표 5-2〉에서 보는 바와 같이 인플레이션 상황에서 원가결정방법에 의한 기말재고자산, 매출원가 및 매출총이익의 크기를 비교하면 다음 〈표 5-3〉과 같다.

표 5-3 원가결정방법의 크기 순서

기말재고자산: 선입선출법 > 이동평균법 > 총평균법 > 후입선출법(계속기록법) > (실지재고조사법)
매 출 원 가: 선입선출법 < 이동평균법 < 총평균법 < 후입선출법(계속기록법) < (실지재고조사법)
매 출 총 이 익: 선입선출법 > 이동평균법 > 총평균법 > 후입선출법(계속기록법) > (실지재고조사법)

원가결정방법들 간에 기말재고자산과 매출총이익이 같은 방향이고, 매출원가는 반대 방향이라는 것을 알 수 있다. 계속기록법에서 평균법과 후입선출법의 기말재고자산이 실지재고조사법에서 평균법과 후입선출법보다 더 큰 이유는 최근에 구입한 재고자산이 기말재고자산에 더 많이 남아 있다고 가정하기 때문이다.

5. 재고자산평가손실 및 재고자산감모손실

5.1 재고자산평가손실 – 저가법

(1) 재고자산평가손실의 인식

재고자산은 취득원가로 평가한다. 그러나 다음의 경우에는 재고자산의 원가를 회수하기 어려울 수도 있다.

① 물리적으로 손상된 경우
② 완전히 또는 부분적으로 진부화된 경우
③ 판매가격이 하락한 경우
④ 완성하거나 판매하는 데 필요한 원가가 상승한 경우

K-IFRS는 위와 같은 상황이 발생하면 재고자산을 순실현가능가치(NRV: net realizable value)로 평가하도록 요구하고 있는데, 이를 저가법(lower of cost or NRV)이라고 한다.

기말재고자산의 순실현가능가치가 취득원가보다 낮을 경우 다음과 같이 기말재고자산을 순실현가능가치로 감액하고, 그 차액을 차변에 재고자산평가손실(당기비용)로 대변에 재고자산평가충당금(재고자산의 차감계정)으로 인식하는 수정분개를 한다.

〈재고자산평가손실 인식〉

(차변)	재고자산평가손실	×××	(대변)	재고자산평가충당금	×××

대변에 재고자산평가충당금 계정을 사용하는 이유는 순실현가능가치가 회복될 경우를 대비하는 것이다. 또한 K-IFRS에 명시적 규정은 없지만 재고자산평가손실은 통상적인 영업활동 과정에서 발생하는 것이므로 재고자산평가손실을 매출원가에 포함시키는 것이 타당하다.

재고자산을 순실현가능가치로 감액하는 저가법은 항목별로 적용한다. 그러나 경우에 따라서는 서로 비슷하거나 관련된 항목들을 통합하여 적용하는 것이 적절할 수 있다. 이러한 경우로는 재고자산 항목이 비슷한 목적 또는 최종 용도를 갖는 같은 제품군과 관련되고, 같은 지역에서 생산되어 판매되며, 실무적으로 그 제품군에 속하는 다른 항목과 구분하여 평가할 수 없는 경우를 들 수 있다. 그러나 재고자산의 분류(예 완제품)나 특정 영업부문에 속하는 모든 재고자산에 기초하여 저가법을 적용하는 것은 적절하지 않다.

(2) 순실현가능가치의 추정

순실현가능가치를 추정할 때에는 재고자산으로부터 실현가능한 금액에 대하여 추정일 현재 사용가능한 가장 신뢰성 있는 증거에 기초하여야 한다. 또한 보고기간 후 사건이 보고기간 말 존재하는 상황에 대하여 확인하여주는 경우에는, 그 사건과 직접 관련된 가격이나 원가의 변동을 고려하여 추정하여야 한다.

판매목적으로 보유하는 재고자산인 상품, 제품 및 재공품의 순실현가능가치는 정상적인 영업과정의 예상 판매가격에서 예상되는 추가 완성원가와 판매비용을 차감한 금액이다.

사용목적으로 보유하는 재고자산인 원재료를 투입하여 완성될 제품이 원가 이상으로 판매될 것으로 예상하는 경우에는 그 생산에 투입하기 위해 보유하는 원재료 및 기타 소모품을 감액하지 아니한다. 그러나 원재료 가격이 하락하여 제품의 원가가 순실현가능가치를 초과할 것으로 예상된다면 해당 원재료를 순실현가능가치로 감액한다. 이 경우 원재료의 현행대체원가는 순실현가능가치에 대한 최선의 이용가능한 측정치가 될 수 있다.

순실현가능가치를 추정할 때 재고자산의 보유 목적도 고려하여야 한다. 예를 들어, 확정판매계약 또는 용역계약을 이행하기 위하여 보유하는 재고자산의 순실현가능가치는 계약가격에 기초한다. 만일 보유하고 있는 재고자산의 수량이 확정판매계약의 이행에 필요한 수량을 초과하는 경우에는 그 초과 수량의 순실현가능가치는 일반 판매가격에 기초한다.

재고자산의 보유 목적에 따른 순실현가능가치의 추정을 요약·정리하면 다음 〈표 5-4〉와 같다.

표 5-4 순실현가능가치의 추정

<table>
<tr><th colspan="2">구 분</th><th>순실현가능가치</th></tr>
<tr><td colspan="2">상품, 제품</td><td>판매가격 - 판매비용</td></tr>
<tr><td colspan="2">제공품</td><td>판매가격 - 판매비용 - 추가완성원가</td></tr>
<tr><td rowspan="2">원재료</td><td>완성될 제품 원가 ≤ 순실현가능가치</td><td>감액하지 않음</td></tr>
<tr><td>완성될 제품 원가 > 순실현가능가치</td><td>현행대체원가</td></tr>
<tr><td rowspan="2">확정판매계약</td><td>계약 이행에 필요한 수량</td><td>계약가격</td></tr>
<tr><td>초과하는 수량</td><td>일반 판매가격</td></tr>
</table>

(3) 재고자산평가손실환입

기업은 매 후속기간에 재고자산의 순실현가능가치를 재평가한다. 재고자산의 감액을 초래했던 상황이 해소되거나 경제상황의 변동으로 순실현가능가치가 상승한 명백한 증거가 있는 경우에는 최초의 장부금액을 초과하지 않는 범위 내에서 평가손실을 환입한다. 환입한 후 새로운 장부금액은 취득원가와 수정된 순실현가능가치 중 작은 금액이 된다. 판매가격의 하락 때문에 순실현가능가치로 감액한 재고항목을 후속기간에 계속 보유하던 중 판매가격이 상승한 경우가 이에 해당한다.

다음과 같이 재고자산평가손실환입을 인식하는 회계처리를 한다. K-IFRS에 명시적 규정은 없지만 대변에 재고자산평가손실환입(당기수익)은 재고자산평가손실과 반대로 매출원가에서 차감하는 것이 타당하다.

〈재고자산평가손실환입 인식〉

(차변) 재고자산평가충당금 ××× (대변) 재고자산평가손실환입 ×××

저가법은 기말재고자산 평가 시에 순실현가능가치가 취득원가보다 낮은 경우에만 적용한다. 따라서 순실현가능가치가 취득원가보다 높은 경우에 재고자산평가이익을 인식하지 않는다. 저가법은 자산의 장부금액이 판매나 사용으로부터 실현될 것으로 기대되는 금액을 초과하여서는 안 된다는 회계의 보수주의(conservatism)에 근거한다.

예제 3 ❙ 재고자산의 저가법

(예제 2)에서 대박회사가 상품에 대해 계속기록법을 사용하고 원가결정에는 이동평균법을 적용한다고 하자. 이 경우 20×1년 12월 31일 대박회사의 기말재고자산 개당 단가가 ₩1,170으로 계산되었다. 해당 재고자산의 예상 판매가격은 ₩1,100으로 하락하였고, 예상 판매비용은 개당 ₩50이다.
20×2년 3월말에 해당 재고자산의 예상 판매가격이 원래대로 ₩1,500으로 상승하고, 예상 판매비용은 개당 ₩50이다. 단, 20×2년 3개월 동안 재고자산 수량에 대한 변동이 없었다고 가정한다.

물음

1. 재고자산평가와 관련한 20×1년 12월 31일에 분개를 하시오.

2. 재고자산평가와 관련한 20×2년 3월 31일에 분개를 하시오.

풀이

1. 20×1년 12월 31일 상품의 순실현가능가치 = 예상 판매가격 - 예상 판매비용
= ₩1,100 × 25개 - ₩50 × 25개
= ₩26,250 < ₩29,250(취득원가)

취득원가와 순실현가능가치의 차이 ₩3,000을 재고자산평가손실로 수정분개한다.

(차변)	재고자산평가손실	3,000	(대변)	재고자산평가충당금	3,000

2. 20×2년 3월 31일 상품의 순실현가능가치 = 예상 판매가격 - 예상 판매비용
= ₩1,500 × 25개 - ₩50 × 25개
= ₩36,250 > ₩29,250(취득원가)

상품의 순실현가능가치가 취득원가보다 높기 때문에 재고자산평가손실환입을 고려한다. 단, 최초의 장부금액을 초과하지 않는 범위 내에서 재고자산평가손실환입을 인식해야 하기 때문에 그 금액은 ₩3,000을 초과할 수 없다.

(차변)	재고자산평가충당금	3,000	(대변)	재고자산평가손실환입	3,000

5.2 재고자산감모손실

재고자산을 처리하는 과정에서 파손이나 도난, 자연증발 등으로 인하여 실제 재고자산 수량이 장부상 수량보다 적은 경우가 발생할 수 있다. 계속기록법을 적용

하는 경우에는 장부상 기말재고자산 수량이 파악되기 때문에 파손이나 도난 등으로 인한 수량 감모분을 인식할 수 있다. 하지만 실지재고조사법의 경우에는 재고조사를 통해서 기말재고자산 수량이 파악되기 때문에 파손이나 도난으로 인한 수량 감모분을 판매된 것으로 가정할 수도 있다. 따라서 실질적으로 재고자산감모손실은 계속기록법에서만 나타나는 회계처리이다. 다음과 같이 차변에 재고자산감모손실(당기비용)을 대변에는 재고자산을 회계처리하여 재고자산을 감소시킨다. 재고자산평가손실처럼 재고자산의 차감계정을 사용하지 않는 이유는 재고자산감모손실은 실제 수량이 장부보다 부족하기 때문이다.

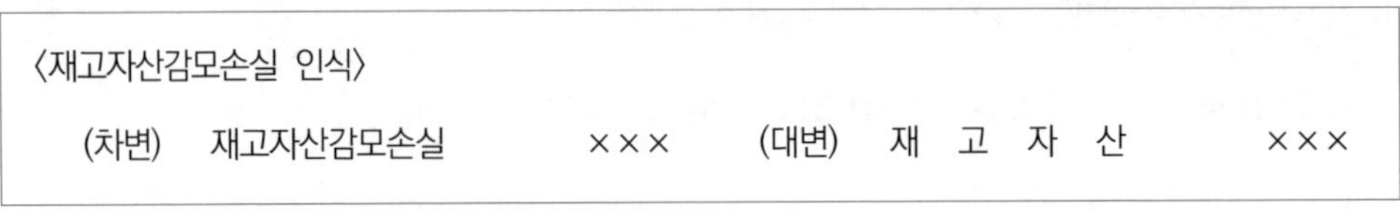

〈재고자산감모손실 인식〉

(차변)	재고자산감모손실	×××	(대변)	재 고 자 산	×××

재고자산감모손실과 재고자산평가손실의 결정과정을 함께 표시하면 [그림 5-3]과 같다. 단, 실제수량이 장부수량보다 적으며, 순실현가능가치가 취득원가보다 낮다고 가정한다.

[그림 5-3] 재고자산감모손실과 재고자산평가손실

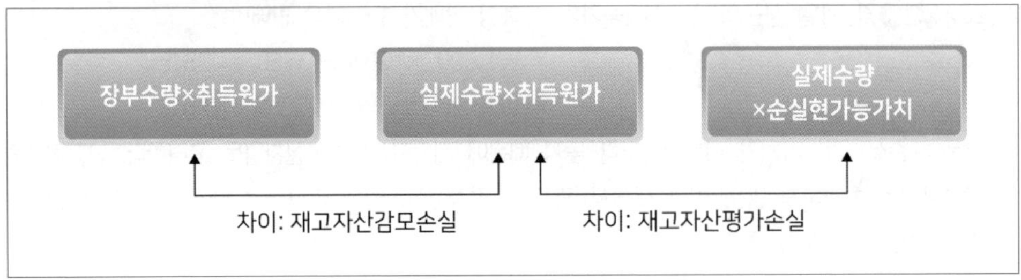

재고자산의 감모는 정상적인 영업활동 과정에서 경상적으로 발생하기도 하고, 비경상적으로 발생하기도 한다. 예를 들어, 제조과정에서 자연스럽게 재고자산의 수량이 감모되는 것은 경상적인 것이다. 그러나 부주의로 인해서 재고자산이 파손된 것이라면 비경상적인 것이다. 전자의 경우는 경상적으로 발생하는(즉, 원가성이 있는) 감모에 해당되며, 후자의 경우는 비경상적으로 발생하는(즉, 원가성이 없는) 감모에 해당한다. K-IFRS에 명시적 규정은 없지만 경상적인 재고자산감모손실은 매출원가에 포함하고, 비경상적인 재고자산감모손실은 별도의 비용 항목으로 구분표시하는 것이 타당하다.

예제 4 | 재고자산감모손실 및 재고자산평가손실

(예제 2)에서 대박회사가 상품에 대해 계속기록법을 사용하고 원가결정에는 이동평균법을 적용한다고 하자. 이 경우 20×1년 12월 31일에 대박회사의 기말재고자산 개당 단가가 ₩1,170으로 계산되었다. 해당 재고자산의 예상 판매가격은 ₩1,100으로 하락하였고, 예상 판매비용은 개당 ₩50이다. 또한 기말재고자산의 실제 수량은 20개이며, 차이가 나는 수량 5개 중에 3개는 원가성이 있다고 판단하였다.

물음

1. 대박회사가 20×1년 12월 31일에 해야 할 분개를 하시오.

2. (예제 2)의 이동평균법에서 기말재고자산, 매출원가 및 매출총이익을 재계산하시오.

풀이

1. 재고자산감모손실을 인식한 후에 재고자산평가손실을 인식한다.
   ① 재고자산감모손실 분개

(차변)	재고자산감모손실	5,850	(대변)	재고자산	5,850

   ② 재고자산평가손실 분개

(차변)	재고자산평가손실	2,400	(대변)	재고자산평가충당금	2,400

2. 원가성이 있는 재고자산감모손실과 재고자산평가손실은 매출원가에 포함하고, 원가성이 없는 재고자산감모손실은 별도의 비용 항목으로 구분표시한다.
   - 기말재고자산 = ₩29,250 − 5,850 − 2,400 = ₩21,000
   - 매출원가 = ₩73,350 + 3,510(5개 중 3개만 원가성 있음) + 2,400 = ₩79,260
   - 재고자산감모손실 중 ₩2,340(5개 중 2개는 원가성이 없음)은 별도로 비용처리함
   - 매출총이익 = ₩97,500 − 79,260 = ₩18,240

6. 재고자산의 추정

기말재고자산은 실지재고조사에 의하여 확정된 수량에 원가흐름의 가정을 이용한 단가를 적용하여 결정된다. 그러나 때로는 실사가 불가능하거나 비용과 시간이 많이 소요되는 경우에 실사를 하지 않고 추정에 의하여 기말재고자산을 평가하는 경우도 있다. 재고자산을 추정하는 방법에는 매출총이익법과 소매재고법 등이 있다.

6.1 매출총이익법

매출총이익법(gross profit method)은 과거 경험에 의한 매출총이익률을 이용하여 기말재고자산의 원가와 매출원가를 추정하는 방법이다. 매출총이익법은 화재, 도난 등으로 인하여 특정 시점 현재 재고자산의 실물이 존재하지 않는 경우 재고자산 금액을 추정하는 데 이용할 수 있는 방법이다. 그러나 매출총이익법이 과거 경험에 의하여 기말재고자산의 원가를 추정하지만 매출총이익률은 매년 변동될 가능성이 높기 때문에 국제회계기준에서는 이 방법을 인정하지 않고 있다.

매출총이익법에 따른 기말재고자산의 원가는 다음의 순서에 따라 계산한다.

① 매출원가의 추정
- ㉠ 매출총이익률을 알고 있는 경우
  매출원가 = 당기매출액 × (1 − 매출총이익률)
- ㉡ 원가에 대한 이익률을 알고 있는 경우
  매출원가 = 당기매출액 ÷ (1 + 원가에 대한 이익률)

② 기말재고자산의 원가 추정
기말재고자산 = 기초재고자산 + 당기매입액 − 추정된 매출원가

예제 5 ❙ 매출총이익법

대박회사의 재고자산 창고의 화재로 인하여 기말재고자산이 모두 소실되었다. 다음은 당기에 화재발생 직전까지 재고자산과 관련된 자료이다.

구분	금액
기초재고자산	₩300,000
당기매입액	1,000,000
당기매출액	1,500,000

물음

1. 대박회사의 과거 평균매출총이익률이 40%이고, 당기에도 매출총이익률이 유사할 것이라고 판단되는 경우 재고자산의 손실액을 추정하시오.

2. 대박회사의 과거 원가에 대한 이익률이 50%이고, 당기에도 원가에 대한 이익률이 유사할 것이라고 판단되는 경우 재고자산의 손실액을 추정하시오.

풀이

1. 매출총이익률이 40%인 경우
   - 매출원가 = 당기매출액 × (1 − 매출총이익률)
     = ₩1,500,000 × (1 − 0.4) = ₩900,000
   - 재고자산 손실액 = ₩300,000(기초재고자산) + 1,000,000(당기매입액) − 900,000 = ₩400,000

2. 원가에 대한 이익률이 50%인 경우
   - 매출원가 = 당기매출액 ÷ (1+원가의 이익률) = ₩1,500,000 ÷ 1.5 = ₩1,000,000
   - 재고자산 손실액 = ₩300,000(기초재고자산) + 1,000,000(당기매입액) − 1,000,000 = ₩300,000

6.2 소매재고법

(1) 소매재고법의 의의 및 계산방법

대형할인점과 같이 다품종이면서 다량의 거래가 빈번하게 이루어지는 유통업의 경우 모든 재고자산에 대해서 일일이 기말재고자산과 매출원가를 파악하는 것은 쉬운 일이 아니다. 따라서 이러한 업종의 경우에는 기말재고자산을 매출가격에 기초하여 결정한 후 이를 원가로 환원하는 방법을 적용하는 것이 편리할 것이다. 이렇게 매출가격으로 계산된 기말재고자산에 원가율을 곱하여 원가로 환원하는 재고자산추정법을 소매재고법(retail method) 또는 매출가격환원법이라고 한다.

소매재고법은 매출가격으로 파악된 기말재고자산에 원가율(cost-to-retail ratio)을 곱해서 원가기준의 기말재고자산을 계산할 수 있는데, 이때 원가율은 다음과 같이 원가기준 판매가능액(기초재고자산+당기매입액)을 매출가격기준 판매가능액으로 나누어 계산한다.

원가기준 기말재고자산 = 매출가격기준 기말재고자산 × 원가율

(단, 매출가격기준 기말재고자산 = 매출가격기준 판매가능액 - 당기매출액)

$$\text{평균법 원가율} = \frac{\text{원가기준 판매가능액}}{\text{매출가격기준 판매가능액}} \times 100$$

위의 원가율은 원가(분자)와 매가(분모)에 기초재고자산과 당기매입액을 모두 포함하고 있기 때문에 평균법을 적용한 원가율을 의미한다. 그러나 선입선출법을 적용한다면 기초재고자산은 당기 중에 모두 판매되고, 당기매입한 재고자산 중 미판매분이 기말재고자산에 남아 있을 것이다. 따라서 선입선출법 하에서는 다음과 같이 당기매입액만으로 원가율을 계산한다.

$$\text{선입선출법 원가율} = \frac{\text{원가기준 당기매입액}}{\text{매출가격기준 당기매입액}} \times 100$$

기업은 실사를 통해 기말재고자산을 개별상품에 부착된 가격표에 의해 매출가격기준으로 파악하고 여기에 단순히 원가율을 곱해서 기말재고자산을 원가기준으로 산출할 수 있다. 이렇게 기말재고자산의 실제 취득원가를 일일이 조사하지 않고 기말재고자산의 매출가격만 파악하면 되기 때문에 많은 시간과 노력을 줄일 수 있다는 것이 소매재고법의 장점이다.

예제 6 ❙ 소매재고법

대박마트는 소매재고법을 사용하여 기말재고자산을 추정한다. 다음은 20×1년 12월 중 재고자산 관련 자료이다.

구분	원가기준	매출가격기준
기초재고자산	₩130,000	₩200,000
당기매입액	570,000	800,000
당기매출액		900,000

물음

다음의 단위원가 결정방법을 각각 적용하여 소매재고법에 따른 대박마트의 20×1년 12월 말 기말재고자산을 추정하시오.

1. 평균법

2. 선입선출법

풀이

먼저 공통적으로 적용되는 매출가격기준 기말재고자산을 계산한다.

• 매출가격기준 기말재고자산 = ₩200,000 + 800,000 − 900,000 = ₩100,000

1. 평균법을 적용한 소매재고법에 따른 기말재고자산 추정
   • 원가기준 판매가능액 = ₩130,000 + 570,000 = ₩700,000
   • 매출가격기준 판매가능액 = ₩200,000 + 800,000 = ₩1,000,000
   • 원가율 = (₩700,000 ÷ 1,000,000) × 100 = 70%
   • 원가기준 기말재고자산 = ₩100,000 × 70% = ₩70,000

2. 선입선출법을 적용한 소매재고법에 따른 기말재고자산 추정
   • 원가기준 당기매입액 = ₩570,000
   • 매출가격기준 당기매입액 = ₩800,000
   • 원가율 = (₩570,000 ÷ 800,000) × 100 = 71.25%
   • 원가기준 기말재고자산 = ₩100,000 × 71.25% = ₩71,250

(2) 저가기준을 적용한 소매재고법

(예제 6)에서는 회계기간 중에 매출가격의 변동이 없다고 가정하였다. 그러나 매출가격은 최초 매출가격에서 인상 또는 인하되기도 하고, 인상액 또는 인하액이 취소되기도 한다. 따라서 매출가격의 변동이 있다면 다음과 같이 분모의 매출가격에 순인상액을 가산하고 순인하액을 차감하여 원가율(평균법 가정)을 계산한다. 선입선출법을 가정한다면 원가율 계산식의 분모와 분자에서 기초재고자산을 제외하면 된다.

$$\text{원가기준 평균법 원가율} = \frac{\text{원가기준 판매가능액}}{\text{매출가격기준 판매가능액} + \text{순인상액} - \text{순인하액}}$$

한편, 저가법을 적용하는 소매재고법에서는 원가율(평균법 가정)을 계산할 때 원가율을 낮추기 위해서 다음과 같이 분모에서 순인하액을 차감하지 않는다.

$$\text{저가기준 평균법 원가율} = \frac{\text{원기기준 판매가능액}}{\text{매출가격기준 판매가능액} + \text{순인상액}}$$

예제 7 | 저가기준 소매재고법

대박마트는 소매재고법을 사용하여 기말재고자산을 추정한다. 다음은 20×1년 12월 중 재고자산 관련 자료이다.

구분	원가기준	매출가격기준
기초재고자산	₩130,000	₩200,000
당기매입액	570,000	800,000
당기매출액		900,000
인상액		20,000
인상취소액		7,000
인하액		15,000
인하취소액		8,000

물음

다음의 단위원가 결정방법을 각각 적용하여 소매재고법에 따른 대박마트의 20×1년 12월 말 기말재고자산을 추정하시오. 단, 원가율은 소수점 셋째 자리에서 반올림한다.

1. 원가기준 평균법

2. 저가기준 평균법

3. 원가기준 선입선출법

4. 저가기준 선입선출법

풀이

먼저 공통적으로 적용되는 매출가격기준 기말재고자산을 계산한다.

• 매출가격기준 기말재고자산 = ₩200,000 + 800,000 + (20,000 - 7,000)
  - (15,000 - 8,000) - 900,000 = ₩106,000

1. 원가기준 평균법을 적용한 소매재고법에 따른 기말재고자산 추정
   • 원가기준 판매가능액 = ₩130,000 + 570,000 = ₩700,000
   • 매출가격기준 판매가능액 = ₩200,000 + 800,000 + (20,000 - 7,000) - (15,000 - 8,000)
     = ₩1,006,000
   • 원가율 = (₩700,000 ÷ 1,006,000) × 100 = 69.58%
   • 원가기준 기말재고자산 = ₩106,000 × 69.58% = ₩73,755

2. 저가기준 평균법을 적용한 소매재고법에 따른 기말재고자산 추정
   • 원가기준 판매가능액 = ₩130,000 + 570,000 = ₩700,000
   • 매출가격기준 판매가능액 = ₩200,000 + 800,000 + (20,000 - 7,000) = ₩1,013,000
   • 원가율 = (₩700,000 ÷ 1,013,000) × 100 = 69.10%
   • 저가기준 기말재고자산 = ₩106,000 × 69.10% = ₩73,246

3. 원가기준 선입선출법을 적용한 소매재고법에 따른 기말재고자산 추정
   • 원가기준 당기매입액 = ₩570,000
   • 매출가격기준 당기매입액 = ₩800,000 + (20,000 - 7,000) - (15,000 - 8,000)
     = ₩806,000
   • 원가율 = (₩570,000 ÷ 806,000) × 100 = 70.72%
   • 원가기준 기말재고자산 = ₩106,000 × 70.72% = ₩74,963

4. 저가기준 선입선출법을 적용한 소매재고법에 따른 기말재고자산 추정
   - 원가기준 당기매입액 = ₩570,000
   - 매출가격기준 당기매입액 = ₩800,000 + (20,000 - 7,000) = ₩813,000
   - 원가율 = (₩570,000 ÷ 813,000) × 100 = 70.11%
   - 저가기준 기말재고자산 = ₩106,000 × 70.11% = ₩74,317

SUMMARY & CHECK

재고자산의 의의

- 재고자산은 통상적인 영업과정에서 판매를 위하여 보유하거나 생산중인 자산 또는 통상적인 용역제공에 사용될 원재료나 소모품을 말한다.

재고자산의 원가배분

- 도착지 인도조건(FOB destination) 계약의 미착품, 적송품 및 시용품은 판매자의 재고자산에 포함하고, 선적지 인도조건(FOB shipping point) 계약의 미착품과 할부판매상품은 구매자의 재고자산에 포함한다.
- 계속기록법은 상품을 매입 또는 매출할 때마다 재고자산 계정을 계속적으로 기록하는 방법이고, 실지재고조사법은 재고자산을 매출할 때에는 매출만 인식할 뿐 재고자산을 매출원가로 대체하는 회계처리를 하지 않는다.

재고자산의 취득원가

- 재고자산의 매입원가는 매입가격에 매입운임 등 매입부대비용을 가산하고, 매입환출및에누리와 매입할인은 차감한다.
- 재고자산의 전환원가는 직접노무원가 등 생산량과 직접 관련된 원가와 고정 및 변동 제조간접원가의 체계적인 배부액도 포함한다.

재고자산의 원가결정방법

- 개별법은 원가흐름에 대한 가정을 하지 않고 개별상품 각각에 대하여 단위당 원가를 파악하여 매출된 상품과 기말재고자산의 상품을 개별적으로 파악하는 방법이다.
- 선입선출법은 먼저 매입한 상품을 먼저 판매하는 것으로 가정하는 방법이다.
- 후입선출법은 나중에 매입한 재고자산을 먼저 판매하는 것으로 가정하는 방법이다. 단, 국제회계기준에서는 후입선출법의 사용을 허용하지 않고 있다.
- 평균법은 기초재고자산과 당기에 매입한 재고자산의 원가를 가중평균하여 단위원가를 결정하는 방법이다.

재고자산평가손실 및 재고자산감모손실

- 기말재고자산의 순실현가능가치가 취득원가보다 낮을 경우 기말재고자산을 순실현가능가치로 감액하고, 그 차액을 재고자산평가손실(당기비용)로 인식한다.
- 재고자산을 순실현가능가치로 감액하는 저가법은 항목별로 적용한다.
- 순실현가능가치가 상승한 명백한 증거가 있는 경우에는 최초의 장부금액을 초과하지 않는 범위 내에서 평가손실을 환입한다.

재고자산의 추정

- 매출총이익법은 과거 경험에 의한 매출총이익률을 이용하여 기말재고자산의 원가와 매출원가를 추정하는 방법이다.
- 소매재고법은 매출가격으로 계산된 기말재고자산에 원가율을 곱하여 매출가격을 원가로 환원하는 재고자산평가방법이다.

OX QUIZ

1 부동산 개발업자가 보유하는 부동산은 통상적인 영업과정에서 판매를 위하여 보유하는 자산이므로 재고자산으로 분류한다.

2 할부판매는 인도된 상품의 소유권이 판매자에게 있기 때문에 판매자의 재고자산에 포함한다.

3 실지재고조사법을 사용할 경우 결산일 현재 수정전 시산표에는 재고자산 계정이 기초 잔액으로 표시되고, 매출원가가 표시되어 있다.

4 재고자산을 구매하면서 재고자산을 현재의 장소에 현재의 상태로 이르게 하는 데 필요한 비용은 재고자산의 취득원가에 가산한다.

5 매입환출은 매입한 상품에 결함이나 파손 등이 있어서 판매자에게 반품하는 것을 말하고, 매입할인은 조기에 외상매입대금을 지급할 경우 거래처에서 일정액을 깎아 주는 것을 말한다.

6 비정상적으로 많은 생산이 이루어진 기간에는, 재고자산이 원가 이상으로 측정되지 않도록 생산단위당 고정제조간접원가 배부액을 증가시켜야 한다.

7 부산물은 흔히 순실현가능가치로 측정하며 주산물의 원가에서 차감되기 때문에 주산물의 장부금액은 원가와 중요한 차이가 발생한다.

8 후속 생산단계에 투입하기 전에 보관이 필요한 경우 이외의 보관원가는 발생기간의 비용으로 인식한다.

9 재고자산의 원가결정방법인 개별법, 선입선출법, 후입선출법 및 평균법 모두 원가흐름에 대한 가정을 한다.

10 선입선출법의 장점은 기말재고자산이 시가나 공정가치에 근접하게 재무제표에 표시되고, 후입선출법의 장점은 수익-비용 대응이 적절히 이루어진다는 점이다.

11 인플레이션 상황에서 재고자산의 원가결정방법을 매출총이익이 큰 순서대로 나열하면, 선입선출법, 이동평균법, 총평균법, 후입선출법 중 계속기록법, 그리고 후입선출법 중 실지재고조사법 순이다.

12 재고자산의 분류(예 완제품)나 특정 영업부문에 속하는 모든 재고자산에 기초하여 저가법을 적용하는 것은 적절하다.

13 확정판매계약 또는 용역계약을 이행하기 위하여 보유하는 재고자산 수량과 초과하는 수량 모두의 순실현가능가치는 계약가격에 기초한다.

14 재고자산의 순실현가능가치가 취득원가보다 높은 경우에 재고자산평가이익을 인식하지 않는다.

15 경상적인 재고자산감모손실과 비경상적인 재고자산감모손실 모두 매출원가에 포함하는 것이 타당하다.

16 매출총이익법이 과거 경험에 의하여 기말재고자산의 원가를 추정하고, 매출총이익률은 매년 유사하기 때문에 국제회계기준에서는 이 방법을 인정하고 있다.

17 원가기준 소매재고법과 저가기준 소매재고법의 원가율의 차이는 저가기준 소매재고법의 원가율을 계산할 때 분모에 순인하액을 포함하지 않는 것이다.

Multiple-choice Questions

1 기업회계기준서 제1002호 '재고자산'에 관한 다음의 설명 중 옳지 않은 것은? (CPA 2021)

① 재고자산의 지역별 위치나 과세방식이 다르다는 이유만으로 동일한 재고자산에 다른 단위원가 결정방법을 적용하는 것은 정당화된다.

② 통상적으로 상호 교환될 수 없는 재고자산항목의 원가와 특정 프로젝트별로 생산되고 분리되는 재화 또는 용역의 원가는 개별법을 사용하여 결정한다.

③ 재고자산의 전환원가는 원재료를 완제품으로 전환하는 데 드는 고정 및 변동 제조간접원가의 체계적인 배부액도 포함한다.

④ 보유하고 있는 재고자산의 수량이 확정판매계약의 이행에 필요한 수량을 초과하는 경우에는 그 초과 수량의 순실현가능가치는 일반 판매가격에 기초한다.

⑤ 원재료 가격이 하락하여 제품의 원가가 순실현가능가치를 초과할 것으로 예상된다면 해당 원재료를 순실현가능가치로 감액한다.

2 재고자산에 관한 설명으로 옳지 않은 것은? (CTA 2021)

① 재고자산의 취득원가는 매입원가, 전환원가 및 재고자산을 현재의 장소에 현재의 상태로 이르게 하는 데 발생한 기타 원가 모두를 포함한다.

② 완성될 제품이 원가 이상으로 판매될 것으로 예상하는 경우에는 그 생산에 투입하기 위해 보유하는 원재료 및 기타 소모품을 감액하지 아니한다.

③ 후속 생산단계에 투입하기 전에 보관이 필요한 경우 이외의 보관원가는 재고자산의 취득원가에 포함한다.

④ 통상적으로 상호교환 가능한 대량의 재고자산 항목에 개별법을 적용하는 것은 적절하지 아니하다.

⑤ 성격과 용도 면에서 유사한 재고자산에는 동일한 단위원가 결정방법을 적용하여야 하며, 성격이나 용도 면에서 차이가 있는 재고자산에는 서로 다른 단위원가 결정방법을 적용할 수 있다.

3 ㈜세무는 단일상품을 판매하는 기업으로 20×1년 결산 이전 재고자산의 정상적인 수량부족과 평가손실을 반영하지 않은 매출원가는 ₩989,400이다. 재고와 관련된 자료가 다음과 같을 때, 20×1년 기초재고자산은? (단, 재고자산의 정상적인 수량부족과 평가손실은 매출원가로 처리하고, 비정상적인 수량부족은 기타비용으로 처리한다) (CTA 2020)

(1) 당기 상품매입액은 ₩800,000이며, 매입운임은 ₩60,000, 관세환급금은 ₩10,000이다.
(2) 기말재고의 장부상 수량은 500개이며, 기말재고 실제 수량은 480개이다. 이 중 14개는 정상적인 수량부족이다. 기말재고의 단위당 취득단가는 ₩900이며, 순실현가능가치는 ₩800이다.

① ₩584,000 ② ₩586,600 ③ ₩587,400
④ ₩589,400 ⑤ ₩596,600

4 ㈜대한이 재고자산을 실사한 결과 20×1년 12월 31일 현재 창고에 보관중인 상품의 실사금액은 ₩2,000,000인 것으로 확인되었다. 추가자료 내용은 다음과 같다. 추가자료 내용을 반영한 이후 ㈜대한의 20×1년 12월 31일 재무상태표에 표시될 기말상품재고액은 얼마인가? (단, 재고자산감모손실 및 재고자산평가손실은 없다고 가정한다) (CPA 2019)

(1) ㈜대한이 20×1년 12월 21일 ㈜서울로부터 선적지인도조건(F.O.B. shipping point)으로 매입한 원가 ₩250,000의 상품이 20×1년 12월 31일 현재 운송 중에 있다. 이 상품은 20×2년 1월 5일 도착예정이다.
(2) ㈜대한은 20×1년 10월 1일 ㈜부산으로부터 원가 ₩150,000의 상품에 대해 판매를 수탁받았으며, 이 중 원가 ₩40,000의 상품을 20×1년 11월 15일에 판매하였다. 나머지 상품은 20×1년 12월 31일 현재 ㈜대한의 창고에 보관 중이며 기말상품의 실사금액에 포함되었다. 수탁 시 발생한 운임은 없다.
(3) ㈜대한은 20×1년 12월 19일에 ㈜대전에게 원가 ₩80,000의 상품을 ₩120,000에 판매 즉시 인도하고 2개월 후 ₩130,000에 재구매하기로 약정을 체결하였다.
(4) 20×1년 11월 10일에 ㈜대한은 ㈜강릉과 위탁판매계약을 체결하고 원가 ₩500,000의 상품을 적송하였으며, ㈜강릉은 20×1년 12월 31일 현재까지 이 중 80%의 상품을 판매하였다. 적송 시 발생한 운임은 없다.
(5) ㈜대한은 단위당 원가 ₩50,000의 신상품 10개를 20×1년 10월 15일에 ㈜광주에게 전달하고, 20×2년 2월 15일까지 단위당 ₩80,000에 매입할 의사를 통보해 줄 것을 요청하였다. 20×1년 12월 31일 현재 ㈜대한은 ㈜광주로부터 6개의 상품을 매입하겠다는 의사를 전달받았다.

① ₩2,330,000 ② ₩2,430,000 ③ ₩2,520,000
④ ₩2,530,000 ⑤ ₩2,740,000

5 ㈜세무의 20×1년 초 상품재고액은 ₩100,000(재고자산평가충당금 ₩0)이다. ㈜세무의 20×1년과 20×2년의 상품매입액은 각각 ₩500,000과 ₩600,000이며, 기말상품재고와 관련된 자료는 다음과 같다. ㈜세무는 재고자산평가손실(환입)과 정상적인 재고자산감모손실은 매출원가에 반영하고, 비정상적인 재고자산감모손실은 기타비용에 반영하고 있다. ㈜세무의 20×2년도 매출원가는? (CTA 2022)

항목	장부수량	실제수량	정상감모수량	단위당 취득원가	단위당 순실현가능가치
20×1년 말	450개	400개	20개	₩300	₩250
20×2년 말	650개	625개	10개	₩350	₩330

① ₩481,000 ② ₩488,500 ③ ₩496,000
④ ₩501,000 ⑤ ₩523,500

6 ㈜대한은 재고자산을 관리하기 위하여 계속기록법과 평균법을 적용하고 있으며, 기말재고자산의 장부수량과 실지재고수량은 일치한다. 다음은 ㈜대한의 20x1년 매입과 매출에 관한 자료이다.

일자	적요	수량(개)	매입단가(₩)
1월 1일	기초재고	100	300
5월 1일	매입	200	400
6월 1일	매입	200	300
9월 1일	매입	100	200
12월 15일	매입	100	200
일자	적요	수량(개)	매입단가(₩)
8월 1일	매출	200	600
10월 1일	매출	200	500

20×1년 기말재고자산의 단위당 순실현가능가치가 ₩200인 경우 ㈜대한이 20×1년 말에 인식할 재고자산평가손실액은 얼마인가? (단, 기초재고자산과 관련된 평가충당금은 없다) (CPA 2022)

① ₩21,000 ② ₩24,000 ③ ₩27,000
④ ₩30,000 ⑤ ₩33,000

7 유통업을 영위하는 ㈜대한의 20×1년도 기초재고자산은 ₩855,000이며, 기초 평가손실충당금은 ₩0이다. 20×1년도 순매입액은 ₩7,500,000이다. ㈜대한의 20×1년도 기말재고자산 관련 자료는 다음과 같다. ㈜대한은 재고자산감모손실과 재고자산평가손실을 매출원가에 포함한다. ㈜대한이 항목별기준 저가법과 조별기준 저가법을 각각 적용할 경우, ㈜대한의 20×1년도 포괄손익계산서에 표시되는 매출원가는 얼마인가? (CPA 2019)

조	항 목	장부수량	실제수량	단위당원가	단위당 순실현가능가치
A	A1	120개	110개	₩800	₩700
	A2	200개	200개	₩1,000	₩950
B	B1	300개	280개	₩900	₩800
	B2	350개	300개	₩1,050	₩1.150

	항목별기준	조별기준
①	₩7,549,000	₩7,521,000
②	₩7,549,000	₩7,500,000
③	₩7,519,000	₩7,500,000
④	₩7,519,000	₩7,498,000
⑤	₩7,500,000	₩7,498,000

8 다음은 제조업을 영위하는 (주)대한의 20×1년도 기말재고자산과 관련된 자료이다. (주)대한은 재고자산감모손실과 재고자산평가손실(환입)을 매출원가에서 조정하고 있다.

재고자산	장부재고	실지재고	단위당 원가	순실현가능가치
원재료	500kg	400kg	₩50/kg	₩45/kg
제 품	200개	150개	₩300/개	₩350/개

평가손실충당금(제품)의 기초잔액이 ₩3,000 존재할 때, (주)대한의 20×1년도 매출원가에서 조정될 재고자산감모손실과 재고자산평가손실(환입)의 순효과는 얼마인가? 단, (주)대한은 단일 제품만을 생산 · 판매하고 있으며, 기초재공품과 기말재공품은 없다. (CPA 2018)

① 매출원가 차감 ₩3,000
② 매출원가 가산 ₩5,000
③ 매출원가 가산 ₩15,000
④ 매출원가 가산 ₩17,000
⑤ 매출원가 가산 ₩20,000

9 20×1년 12월 31일 ㈜세무의 창고에 화재가 발생하여 재고자산의 90%가 소실되었다. ㈜세무의 이용가능한 회계자료가 다음과 같을 때, 재고자산의 추정 손실금액은? (단, ㈜세무의 매출은 모두 신용거래이다) (CTA 2018)

(1) 당기 매출채권 현금회수액: ₩11,500,000
(2) 당기 회수불능으로 인한 매출채권 제거 금액: ₩5,000
(3) 최근 3년간 평균매출총이익률은 40%이며 큰 변동은 없었다.

기초재고	150,000	당기매입액	12,000,000
매출채권(기초)	80,000	매출채권(기말)	120,000
손실충당금(기초)	(8,000)	손실충당금(기말)	(10,000)

① ₩4,696,920 ② ₩4,700,700 ③ ₩4,704,480
④ ₩5,223,000 ⑤ ₩5,268,000

CHAPTER 06

유형자산

1. 유형자산의 의의
2. 유형자산의 인식
3. 유형자산의 측정
4. 차입원가의 자본화
5. 감가상각
6. 유형자산의 손상과 재평가
7. 유형자산의 제거

보론. 투자부동산과 생물자산

학습목표

- 유형자산의 의의를 이해한다.
- 유형자산의 인식과 측정을 이해한다.
- 차입원가의 자본화를 이해한다.
- 감가상각을 이해한다.
- 유형자산의 손상과 재평가를 이해한다.

K-IFRS 제1016호 '유형자산'에서는 유형자산을 원가모형과 재평가모형을 선택하여 측정하도록 하였다. 즉, 유형자산을 취득원가를 대신해서 공정가치로 평가할 수 있도록 규정하였다. 공정가치 평가를 중시하는 국제회계기준의 특징이 유형자산에도 반영되었다고 볼 수 있다. 또한 자산을 취득할 때 직접 관련되는 차입원가를 당해 자산의 원가에 포함시키도록 규정하고 있기 때문에 K-IFRS 제1023 '차입원가'를 본장에서 다루었다.
위의 내용을 포함해서 유형자산의 의의, 유형자산의 인식과 측정, 다양한 감가상각방법 및 유형자산의 손상 관련 회계처리를 살펴보면서, 유형자산에 대해 심도 있게 학습해 보자.

1. 유형자산의 의의

유형자산(PP&E: property, plant and equipment)은 기업이 영업활동에 사용하기 위해서 보유하는 물리적 형태가 있는 자산으로서, 1년을 초과하여 사용할 것으로 예상되는 자산을 말한다. 이때 영업활동이란 재화의 생산과 판매, 용역의 제공, 임대 또는 관리활동 등을 포함한다.

유형자산의 유형별 분류는 다음 〈표 6-1〉과 같다.

표 6-1 유형자산의 유형별 분류

유형자산	분류
토지(land)	공장이나 사무실을 짓는 장소로 사용되며, 영구적이거나 반영구적인 진입로, 배수 및 하수시설, 조경공사 등이 포함된다.
건물(buildings)	기업의 영업활동에 사용되는 본사사옥, 공장건물, 영업소, 창고 등 다양하며, 건물뿐만 아니라 전기통신설비 등 건물부속설비가 포함된다.
기계장치(machinery)	컨베이어 등의 부속설비가 포함된다.
건설중인자산 (construction in progress)	기업이 자기사용 목적으로 건설중인 건물을 말한다.

유형자산은 회사의 영업활동에 사용할 목적으로 보유하는 자산이라는 점에서 생산이나 판매목적으로 보유하는 재고자산과 구별되고, 장기시세차익이나 결정되지 않은 목적으로 보유하고 있는 투자자산에 속하는 '투자부동산'과 구별된다. 또한 유형자산은 물리적 형태가 있다는 점에서 무형자산과도 구별된다.

유형자산은 한 회계기간을 초과하여 사용할 것이 예상되는 자산이므로 사용기간이 한 회계기간을 초과하지 못한다면 자산으로 인식하지 않고 발생기간의 비용으로 회계처리한다. 예를 들어, 5년간 사용할 목적으로 컴퓨터를 구입하였다면 유형자산으로 분류하지만, 일시적인 테스트 후에 폐기할 목적으로 컴퓨터를 구입하였다면 구입시기에 비용으로 회계처리할 것이다.

2. 유형자산의 인식

2.1 인식기준

유형자산으로 인식하기 위해서는 자산의 정의[1]를 충족하여야 하며, 다음의 인식조건을 모두 충족해야 한다.

① 자산으로부터 발생하는 미래 경제적 효익이 기업에 유입될 가능성이 높다.
② 자산의 원가를 신뢰성 있게 측정할 수 있다.

K-IFRS 제1016호 '유형자산'은 인식의 단위, 즉 유형자산 항목을 구성하는 범위에 대해서는 정하지 않는다. 따라서 인식기준을 적용할 때 기업의 특수한 상황을 고려하여야 한다. 금형, 공구 및 틀 등과 같이 개별적으로 경미한 항목은 통합하여 그 전체가치에 대하여 인식기준을 적용하는 것이 적절하다.

한편, 예비부품, 대기성장비 및 수선용구와 같은 항목은 유형자산의 정의를 충족하면 K-IFRS 제1016호 '유형자산'에 따라 인식하고, 유형자산의 정의를 충족하지 못하는 항목은 재고자산으로 분류한다.

2.2 최초 원가와 후속 원가

유형자산과 관련된 모든 원가는 그 발생시점에 인식원칙을 적용하여 평가한다. 이러한 원가에는 유형자산을 매입하거나 건설할 때 최초로 드는 원가뿐만 아니라 후속적으로 증설, 부품 대체, 수선·유지와 관련하여 드는 원가를 포함한다. 유형자산의 원가는 유형자산의 건설, 증설, 부품 대체, 수선·유지에 사용되는 자산의 리스와 관련하여 드는 원가(예 사용권자산의 감가상각비)를 포함할 수 있다.

1 개념체계에서 자산을 '현재의 경제적 자원'으로 정의한다. 종전 개념체계에서는 자산을 '미래 경제적 효익이 기업에 유입될 것으로 기대되는 자원'으로 정의하였다. 따라서 유형자산의 인식조건이 종전 개념체계를 따르고 있으며, 개념체계 개정에 따라 수정되지 않았다는 것을 알 수 있다.

(1) 최초 원가

안전 또는 환경상의 이유로 취득하는 유형자산은 그 자체로는 직접적인 미래 경제적 효익을 얻을 수 없지만, 다른 자산에서 미래 경제적 효익을 얻기 위하여 필요할 수 있다. 이러한 유형자산은 당해 유형자산을 취득하지 않았을 경우보다 관련 자산으로부터 미래 경제적 효익을 더 많이 얻을 수 있게 해주기 때문에 자산으로 인식할 수 있다. 예를 들면, 화학제품 제조업체가 위험한 화학물질의 생산과 저장에 관한 환경규제요건을 충족하기 위하여 새로운 화학처리공정설비를 설치하는 경우가 있다. 이때 이러한 설비 없이는 화학제품을 제조 및 판매할 수 없기 때문에 관련증설원가를 자산으로 인식한다.

(2) 후속 원가

유형자산을 취득한 후 이를 사용하고 있는 기간 중에도 그 자산과 관련하여 여러 가지 원가가 발생할 수 있다. 즉, 증설, 부품 대체, 수선·유지 등에 필요한 비용이 발생할 수 있는데, 이러한 지출을 후속 원가(subsequent costs)라 한다. 이때 발생하는 지출을 당해 자산의 취득원가에 가산할 것인가, 아니면 당기비용으로 처리할 것인가 하는 문제가 발생한다. 여기서, 유형자산의 원가를 구성하는 지출은 자본적 지출로서 자본화된다고 하고, 당기비용으로 처리하는 지출은 수익적 지출로서 비용화된다고 한다.

1) 자본적 지출

자본적 지출(capital expenditure)이란 유형자산 취득 또는 완성 후에 이루어진 지출이 자산의 미래 경제적 효익을 실질적으로 증가시키는 지출을 말한다. 자본적 지출이 발생하면 당해 유형자산의 원가에 가산하고 내용연수 동안 감가상각한다. 일반적으로 그 지출의 효과나 성격이 다음의 조건 중 하나를 충족시키고 그 금액이 중요한 경우에 자본적 지출로 처리한다.

① 새로운 기능의 추가 또는 생산능력의 증대
② 효율성 제고(원가절감, 생산성 및 품질 향상)
③ 내용연수 연장 또는 잔존가치의 증가

유형자산의 부품이나 구성요소를 정기적으로 교체하는 경우(예 용광로 내화벽돌의 정기적인 교체, 항공기 내부설비의 정기적인 교체) 발생하는 원가가 자산 인식기준을 충족하면 이를 유형자산의 장부금액에 포함하여 인식하고, 대체되는 부분의 장부금액은 장부에서 제거한다. 또한 유형자산의 계속 가동을 위해서 정기적인 종합검사를 하는 경우 종합검사 과정에서 발생한 원가가 자산의 인식기준을 충족하면 유형자산의 장부금액에 포함하여 인식하고, 직전 종합검사의 원가와 관련하여 유형자산으로 남아 있는 금액이 있다면 이를 장부에서 제거한다. 이러한 회계처리는 부품의 정기교체나 정기적인 종합검사가 유형자산의 미래 경제적 효익에 영향을 미친다는 관점에서 정당화된다.

2) 수익적 지출

수익적 지출(revenue expenditure)이란 유형자산으로부터 당초 예상되었던 성능수준을 회복하거나 유지하기 위한 지출로서, 일상적인 수선·유지와 관련하여 발생하는 원가는 해당 유형자산의 장부금액에 포함하지 않고 당기비용으로 처리한다. 일상적인 수선·유지과정에서 발생하는 원가는 주로 노무비와 소모품비로 구성되며 사소한 부품원가가 포함될 수 있다.

3. 유형자산의 측정

3.1 원가의 구성요소

유형자산을 최초로 인식할 때에는 원가(cost)로 측정한다. 이때 원가란 자산을 취득하기 위하여 자산의 취득시점이나 건설시점에서 지급한 현금 또는 현금성자산이나 제공한 기타 대가의 공정가치를 말한다.

원가에는 다음의 3가지 요소를 포함한다.

① 관세 및 환급 불가능한 취득 관련 세금을 가산하고 매입할인과 리베이트 등을 차감한 구입가격
② 경영진이 의도하는 방식으로 자산을 가동하는 데 필요한 장소와 상태에 이르게 하기 위해 직접 관련되는 원가
③ 자산을 해체, 제거하거나 부지를 복구하는 데 소요될 것으로 최초에 추정되는 원가

(1) 취득 관련 세금, 매입할인 등

유형자산을 수입하는 과정에서 부담한 관세, 취득하는 과정에서 부담한 취득세 등 회피할 수 없는 지출은 유형자산의 취득원가에 가산하고, 할인이나 공개적인 리베이트를 받았다면 유형자산의 취득원가에서 차감한다.

(2) 필요한 장소와 상태에 이르게 하기 위해 직접 관련되는 원가

경영진의 의도하는 방식으로 자산을 가동하는 데 필요한 장소와 상태에 이르게 하는 데 '직접 관련되는 원가'인지 여부에 따라 유형자산의 원가 구성 또는 비용처리로 결정된다. 그 예는 다음과 같다.

직접 관련 원가: 유형자산의 원가 구성	비관련 원가: 비용처리
• 유형자산의 매입 · 건설과 직접적으로 관련되어 발생한 종업원 급여 • 설치장소 준비 원가 • 최초의 운송 · 취급 관련 원가 • 설치원가 · 조립원가 • 유형자산의 정상작동 여부에 대한 시험원가 • 전문가 수수료	• 새로운 시설의 개설 원가 • 새로운 상품과 서비스의 소개 원가(예 광고비) • 새로운 지역이나 새로운 고객층 대상의 영업에 소요되는 원가(예 직원교육훈련비) • 관리 및 기타 일반간접원가

한편, 유형자산 원가는 해당 자산이 경영진이 의도하는 방식으로 가동될 수 있는 장소와 상태에 이른 후에는 더 이상 인식하지 않는다. 따라서 유형자산을 사용하거나 이전하는 과정에서 발생하는 원가는 유형자산의 장부금액에 포함하지 않는다. 그 예는 다음과 같다.

① 유형자산이 경영진이 의도하는 방식으로 가동될 수 있지만 아직 사용되지 않고 있거나 완전조업도 수준에 미치지 못하는 경우에 발생하는 원가
② 초기 가동손실(유형자산과 관련된 산출물에 대한 수요의 형성과정에서 발생하는 가동손실 등)
③ 기업의 영업 전부 또는 일부를 재배치 · 재편성하는 과정에서 발생하는 원가

유형자산을 경영진이 의도하는 방식으로 가동하는 데 필요한 장소와 상태에 이르게 하기 위해 필요한 활동은 아니지만, 유형자산의 건설 또는 개발과 관련하여 영업활동이 이루어질 수 있다. 이러한 부수적인 영업활동은 건설이나 개발이 진행되는 동안 또는 그 이전단계에서 이루어질 수 있다. 예를 들어, 건설이 시작되기 전에 건설용지를 주차장 용도로 사용함에 따라 수익이 획득될 수 있다. 부수적인 영업은 유형자산을 경영진이 의도하는 방식으로 가동하는 데 필요한 장소와 상태에 이르게 하기 위해 필요한 활동이 아니므로 그러한 수익과 관련 비용은 당기손익으로 인식하고 각각 수익과 비용항목으로 구분하여 표시한다.

(3) 해체, 제거, 복구에 소요될 것으로 추정되는 원가

유형자산을 사용한 결과에 따라 이를 해체, 제거하거나 부지를 복구할 의무를 이행하는 데 소요되는 원가도 유형자산의 취득원가에 포함한다. 이를 부담하지 않으면 유형자산을 취득할 수 없는, 즉 회피할 수 없는 원가이기 때문이다. 예를 들어, 국가 소유의 토지에 구축물을 설치하고 일정 기간 동안 사용한 후에 토지를 원상회복해야 할 의무를 부담할 경우, 미래에 소요될 것으로 추정한 복구원가[2]는 해당 자산을 취득하기 위해서는 회피할 수 없는 원가이므로 구축물의 취득원가에 포함한다.

3.2 취득원가의 측정

유형자산의 다양한 취득 유형별로 구분하여 취득원가의 측정을 설명하기로 한다.

(1) 토지의 취득

토지를 취득하여 사용가능한 상태로 만드는 데까지 소유되는 지출은 토지의 취득원가에 포함되는데, 일반적으로 토지의 취득원가에는 구입가격, 취득세, 등록세 등 취득과 직접 관련된 제세공과금과 중개수수료, 구획정리원가와 정지원가, 개발부담금, 하수종말처리장 분담금 등이 포함된다.

한편, 진입로개설, 도로포장, 조경공사 등으로 인한 추가적인 지출은 내용연수와 유지 · 보수책임에 따라 토지 또는 구축물로 분류한다. 내용연수가 영구적이거나, 내용연수가 영

---

2 본장 3.2(6) '복구원가'에서 자세히 설명한다.

구적이지 않더라도 유지·보수책임이 기업에 없다면 이와 관련된 지출이 더 이상 발생하지 않을 것이기 때문에 영구적 성격의 지출로 보아 토지의 취득원가에 포함한다. 그 외의 경우에는 구축물 계정으로 처리하고 내용연수에 걸쳐 감가상각한다.

(2) 건물의 취득

건물을 취득하는 방법으로는 외부에서 구입하거나, 새로 건설하는 방법이 있다. 새로 건설하는 방법에는 외부에 위탁하는 방법과 자가건설하는 방법으로 나눌 수 있다. 일반적으로 외부에서 구입하는 건물의 취득원가는 구입가격과 취득세, 등록세 등 취득과 직접 관련된 제세공과금과 중개수수료 등이 포함된다.

외부에 위탁하여 신축하는 경우에 건물의 취득원가는 도급금액과 관련 직접원가가 포함된다. 직접원가에는 설계원가, 인허가원가, 취득세, 등록세 등 취득과 직접 관련된 제세공과금 등이 있다. 건설기간 중에 발생한 신축건물 관련 보험료나 담당직원 급여도 취득원가에 포함한다. 계약상 완성일자보다 조기에 완성되어 상대방에게 지급하는 장려금은 취득원가에 가산하고, 늦게 완성되어 상대방에게 수령하는 지체상금은 취득원가에서 차감한다.

자가건설하는 건물의 취득원가는 외부에서 구입한 건물에 적용하는 것과 같은 기준을 적용하여 결정한다. 어떤 기업이 유사한 자산을 통상적인 영업활동과정에서 판매를 위해 만든다면, 일반적으로 자가건설한 건물의 원가는 판매목적으로 건설하는 재고자산의 원가와 동일하다. 따라서 자가건설에 따른 내부이익과 자가건설 과정에서 원재료, 인력 및 기타 자원의 낭비로 인한 비정상적인 원가는 자산의 원가에 포함하지 않는다. 자가건설한 유형자산의 장부금액에 포함되는 이자에 대해서는 K-IFRS 제1023호 '차입원가'의 인식기준을 적용한다. 이에 대한 회계처리는 본장 4절에서 설명한다.

(3) 토지와 건물의 일괄취득

토지와 건물을 일괄취득하는 경우에는 개별자산의 취득원가를 알 수 없기 때문에 일괄취득원가를 개별자산의 상대적 공정가치에 비례하여 배분하는 것이 원칙이다.

그러나 토지와 건물을 일괄취득한 후 건물을 철거하면 건물의 취득원가는 토지 취득을 위한 직접 관련원가로 볼 수 있다. 따라서 일괄취득원가와 건물 철거 관련 지출을 토지의 취득원가에 가산한다. 또한 철거과정에서 수거된 철근 등을 처분하여 발생하는 폐자재처분 수입은 토지의 취득원가에서 차감한다.

한편, 건물을 신축하기 위해서 사용하던 기존 건물을 철거하는 경우에는 기존 건물의 장부금액과 철거 관련 순지출(지출-수입)을 모두 당기비용으로 처리한다. 기존 건물의 철거비용을 토지의 원가에 포함시키지 않는 이유는 기존 건물의 철거로 토지의 효용이 증가했다고 보기 어렵기 때문이다. 또한 신축 건물의 취득원가에 포함시키지 않는 이유는 철거되는 기존 건물이 더 이상 자체적으로 미래 경제적 효익을 제공하지 못하므로 자산성이 없기 때문이다.

예제 1 ▎ 토지와 건물의 일괄취득

대박회사는 20×1년 초에 토지와 건물을 일괄하여 ₩1,000,000에 취득하였다. 취득일 현재 토지와 건물의 공정가치는 각각 ₩900,000과 ₩300,000이다.

물음

1. 토지와 건물을 모두 사용할 목적으로 취득한 경우 일괄취득에 대해 분개를 하시오.
2. 건물 신축을 위해서 취득한 경우 일괄취득에 대해 분개를 하시오. 단, 철거비용으로 ₩20,000의 현금 지출이 발생하였다.

풀이

1. 토지와 건물을 모두 사용할 목적으로 취득한 경우 일괄취득원가를 개별자산의 상대적 공정가치에 비례하여 배분한다.

(차변)	토 지	750,000❶	(대변)	현 금	1,000,000
	건 물	250,000❷			

❶ ₩1,000,000 × (900,000/1,200,000) = ₩750,000
❷ ₩1,000,000 × (300,000/1,200,000) = ₩250,000

2. 건물 신축을 위해서 취득한 경우 일괄취득원가와 철거비용을 토지에 모두 배분한다.

(차변)	토 지	1,020,000	(대변)	현 금	1,020,000

(4) 장기할부취득

유형자산의 원가는 인식시점의 현금가격상당액이다. 대금지급이 일반적인 신용기간을 초과하여 이연되는 경우 실제 총지급액의 현재가치만을 유형자산의 취득원가로 인식한다. 현금가격상당액(현재가치)과 실제 총지급액과의 차액은 K-IFRS 제1023호 '차입원가'에 따라 자본화하지 않는 한 신용기간에 걸쳐 이자비용으로 인식한다.

예제 2 | 장기할부취득

대박회사는 20×1년 1월 1일에 기계장치를 취득하였다. 기계장치의 총 취득금액 ₩8,000,000을 할부취득하면서 인도금으로 ₩2,000,000을 즉시 지급하고, 잔금 ₩6,000,000은 20×1년부터 20×3년까지 매년 12월 31일에 ₩2,000,000씩 3년에 걸쳐서 지급하기로 하였다. 계약 개시시점에 대박회사와 판매자가 별도 금융거래를 한다면 반영하게 될 할인율은 연 5%로 판단된다.

물음

20×1년부터 20×3년까지 장기미지급금 장부금액 조정표를 작성하고, 관련 거래에 대해 해야 할 분개를 하시오. 단, 유동성대체와 감가상각 회계처리는 생략한다.

풀이

• 기계장치 취득원가
  = ₩2,000,000(인도금) + 2,000,000 × 2.7232(3기간, 5%, 정상연금현가계수)
  = ₩7,446,400

장기미지급금의 장부금액 조정표

일자	현금지급액	이자비용 (기초 장부금액 × 5%)	원금상환액 (현금지급액 − 이자비용)	장기미지급금의 장부금액
20×1. 1. 1.	₩2,000,000		₩2,000,000	₩5,446,400
20×1. 12. 31.	2,000,000	₩272,320	1,727,680	3,718,720
20×2. 12. 31.	2,000,000	185,936	1,814,064	1,904,656
20×3. 12. 31.	2,000,000	95,344❶	1,904,656	0
합계	₩8,000,000	₩553,600	₩7,446,400	

❶ ₩1,904,656 × 5% = ₩95,233이나 만기일에 장기미지급금의 장부금액을 영(₩0)과 일치시켜야 하기 때문에 단수차이 조정

〈20×1. 1. 1.〉

(차변)	기 계 장 치	7,446,400	(대변)	장 기 미 지 급 금	5,446,400
				현 금	2,000,000

〈20×1. 12. 31.〉

(차변)	장 기 미 지 급 비 용	1,727,680	(대변)	현 금	2,000,000
	이 자 비 용	272,320			

〈20×2. 12. 31.〉

(차변)	장 기 미 지 급 비 용	1,814,064	(대변)	현 금	2,000,000
	이 자 비 용	185,936			

〈20×3. 12. 31.〉

(차변)	장 기 미 지 급 비 용	1,904,656	(대변)	현 금	2,000,000
	이 자 비 용	95,344			

(5) 교환에 의한 취득

유형자산을 다른 비화폐성자산과 교환하여 취득하는 경우 다음 중 하나에 해당하는 경우가 아니라면 취득원가는 제공한 자산의 공정가치로 측정하는 것을 원칙으로 한다.

① 교환거래에 상업적 실질(commercial substance)[3]이 결여된 경우
② 취득한 자산과 제공한 자산 모두의 공정가치를 신뢰성 있게 측정할 수 없는 경우

---

3 다음의 ① 또는 ②에 해당하면서, ③을 충족하는 경우에 교환거래는 상업적 실질이 있다(1016:25).
① 취득한 자산과 관련된 현금흐름의 구성(위험, 유출입시기, 금액)이 제공한 자산과 관련된 현금흐름의 구성과 다르다.
② 교환거래의 영향을 받는 영업 부분의 기업특유가치가 교환거래의 결과로 변동한다.
③ 위 ①이나 ②의 차이가 교환된 자산의 공정가치에 비하여 유의적이다.
교환거래에 상업적 실질이 있는지 여부를 결정할 때 교환거래의 영향을 받는 영업 부분의 기업특유가치는 세후현금흐름을 반영하여야 한다.
기업특유가치란 자산의 계속적 사용으로부터 그리고 내용연수 종료시점에 처분으로부터 또는 부채의 결제로부터 발생할 것으로 기대되는 현금흐름의 현재가치를 말한다.

자산의 교환거래에 상업적 실질이 결여되어 있다면 제공한 자산의 장부금액을 취득원가로 측정함으로써 교환으로 인한 유형자산처분손익을 인식하지 않는다. 이러한 회계처리는 취득한 자산과 제공한 자산의 공정가치를 모두 신뢰성 있게 측정할 수 없는 경우에도 적용한다.

위의 두 가지 경우에 모두 해당되지 않는다면, 즉 취득한 자산이나 제공한 자산의 공정가치를 신뢰성 있게 측정할 수 있다면, 취득한 자산의 공정가치가 더 명백한 경우를 제외하고는 취득한 자산의 원가를 제공한 자산의 공정가치로 측정한다.[4] 그리고 취득원가와 제공한 자산의 장부금액의 차이를 유형자산처분손익으로 인식한다.

유형자산을 교환하면서 제공한 자산의 공정가치를 취득원가로 결정하고 현금을 추가로 주고받는 경우, 현금지급액은 취득원가에 가산하고 현금수취액은 취득원가에서 차감한다. 그러나 취득한 자산의 공정가치를 취득원가로 결정하는 경우에는 현금수수액은 취득원가에 반영하지 않고 유형자산처분손익으로 인식한다. 교환으로 취득한 자산의 원가는 다음의 〈표 6－2〉와 같이 결정한다.

표 6-2 교환으로 취득한 자산의 원가

<table>
<tr><th colspan="2">구 분</th><th>취득원가</th></tr>
<tr><td rowspan="3">상업적 실질이 있음</td><td>제공한 자산의 공정가치가 명백한 경우</td><td>제공한 자산의 공정가치 + 현금지급액 −현금수취액</td></tr>
<tr><td>취득한 자산의 공정가치가 명백한 경우</td><td>취득한 자산의 공정가치
현금수수액은 취득원가에 반영하지 않음</td></tr>
<tr><td>공정가치를 모두 측정할 수 없는 경우</td><td rowspan="2">제공한 자산의 장부금액 + 현금지급액 −현금수취액</td></tr>
<tr><td colspan="2">상업적 실질이 없음</td></tr>
</table>

4 자산의 공정가치는 다음 중 하나에 해당하는 경우에 신뢰성 있게 측정할 수 있다(1016:26).
① 합리적인 공정가치 측정치의 범위의 편차가 자산가치에 비하여 유의적이지 않다.
② 그 범위 내의 다양한 추정치의 발생확률을 합리적으로 평가할 수 있고 공정가치를 측정할 때 사용할 수 있다.

예제 3 ❙ 교환에 의한 취득

대박회사는 20×1년 초에 사용하던 기계장치를 비상회사와 교환하기로 하였다. 두 회사의 기계장치에 대한 정보는 다음과 같다.

구분	대박회사	비상회사
장부금액(순액)	₩700,000	₩650,000
공정가치	600,000	540,000

물음

1. 대박회사와 비상회사가 사용하던 기계장치의 공정가치가 모두 명백하며, 공정가치 차이인 ₩60,000을 대박회사가 현금수취한 경우 대박회사가 해야 할 분개를 하시오.

2. 비상회사가 사용하던 기계장치의 공정가치가 대박회사가 사용하던 기계장치의 공정가치보다 더 명백하고, 공정가치 차이인 ₩60,000을 대박회사가 현금수취한 경우 대박회사가 해야 할 분개를 하시오.

3. 위의 물음과 관계없이 두 회사가 사용하던 기계장치의 공정가치를 모두 합리적으로 측정할 수 없고, 현금수수가 없는 경우 대박회사가 해야 할 분개를 하시오.

풀이

1. 제공하는 자산과 취득하는 자산의 공정가치가 모두 명백한 경우 제공하는 자산의 공정가치를 취득원가로 측정하고, 현금수취액은 취득원가에서 차감한다.

(차변)	기계장치(취득)	540,000❶	(대변)	기계장치(제공)	700,000
	현금	60,000			
	유형자산처분손실	100,000			

❶ ₩600,000(제공한 자산의 공정가치) - 60,000(현금수취액) = ₩540,000

2. 비상회사가 사용하던 기계장치의 공정가치가 대박회사가 사용하던 기계장치의 공정가치보다 더 명백한 경우 비상회사가 사용하던 기계장치의 공정가치로 측정하고, 현금수취액은 취득원가에 반영하지 않는다.

(차변)	기계장치(취득)	540,000❶	(대변)	기계장치(제공)	700,000
	현금	60,000			
	유형자산처분손실	100,000			

❶ ₩540,000(취득한 자산의 공정가치)

3. 두 회사가 사용하던 기계장치의 공정가치를 모두 합리적으로 측정할 수 없는 경우에는 제공한 자산의 장부금액을 취득원가로 측정한다.

(차변)	기 계 장 치 (취 득)	700,000	(대변)	기 계 장 치 (제 공)	700,000

(6) 복구원가

토양, 수질, 대기, 방사능 오염 등을 유발할 가능성이 있는 시설물(예를 들어, 원자력 발전소, 해상구조물, 쓰레기매립장, 저유설비 등의 유형자산)을 사용하는 기업은 경제적 사용이 종료된 후에 원상을 회복해야 할 의무를 부담하는 경우가 있다. 앞서 언급한 것처럼 미래에 소요될 것으로 추정한 복구원가는 해당 자산을 취득하기 위해서는 회피할 수 없는 원가이므로 자산의 취득원가에 포함하고, 복구충당부채를 인식한다. 복구원가는 미래에 지출할 금액이기 때문에 복구충당부채는 현재가치로 계산한 금액을 인식하게 된다.

매 결산일에 유형자산의 취득원가에 근거하여 감가상각비를 인식하고, 현재가치로 계산할 때 복구충당부채에 적용한 유효이자율을 이용하여 이자비용을 인식한다. 실제 원상복구를 하는 시점에 복구충당부채를 제거하는데, 이때 지출금액과 복구충당부채 장부금액의 차이는 당기손익으로 인식한다.

복구의무가 있는 취득자산의 비용배분을 도식화하면 다음 [그림 6-1]과 같다. 즉, 자산의 매입가격과 현재가치로 계산된 복구충당부채가 자산의 취득원가를 구성하여 감가상각비로 비용화되고, 예상복구원가와 복구충당부채 현재가치의 차이는 이자비용으로 비용화된다.

[그림 6-1] 복구의무가 있는 취득자산의 비용배분

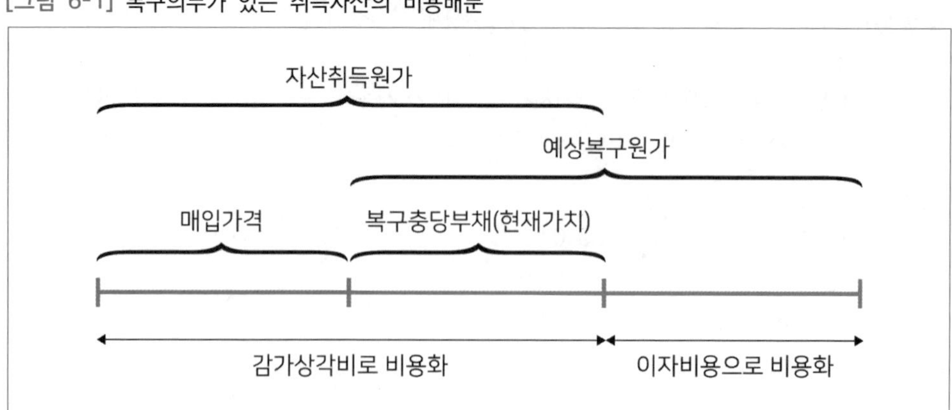

한편, 유형자산의 해체, 제거 및 복구 의무가 재고자산을 생산하기 위해 유형자산을 사용한 결과로 생겼다면 이는 K-IFRS 제1002호 '재고자산'에 따라 재고자산의 원가에 포함한다.

예제 4 | 복구원가

해저 유전을 개발하는 대박회사는 20×1년 1월 1일에 유전 관련 구조물을 ₩20,000,000에 취득하였다. 대박회사는 3년간 해당 구조물을 사용한 후에 이를 해체하여 원상복구를 해야 할 의무를 부담하며, 3년 후 복구비용으로 지출할 금액을 ₩5,000,000으로 추정하였다. 복구비용의 현재가치 계산에 적용할 할인율은 5%이고, 이후 할인율은 변동하지 않는다고 가정한다. 해당 구조물의 내용연수는 3년, 잔존가치는 없으며, 정액법으로 상각한다.

물음

1. 복구충당부채의 장부금액 조정표를 작성하시오.

2. 대박회사가 20×1년 1월 1일과 20×1년 12월 31일에 해야 할 분개를 하시오.

3. 3년 경과 후 실제 지출한 복구비용이 ₩5,400,000일 경우 해야 할 분개를 하시오.

풀이

1. 복구충당부채 현재가치
   = ₩5,000,000 × 0.8638(3기간, 5%, 단일금액현가계수) = ₩4,319,000

복구충당부채의 장부금액 조정표

일자	이자비용 (기초 장부금액 × 5%)	장부금액 증가액	복구충당부채의 장부금액
20×1. 1. 1.			₩4,319,000
20×1. 12. 31.	₩215,950	₩215,950	4,534,950
20×2. 12. 31.	226,748	226,748	4,761,698
20×3. 12. 31.	238,302❶	238,302	5,000,000
합계	₩681,000	₩681,000	

❶ ₩4,761,698 × 5% = ₩238,085이나 만기일에 복구충당부채 장부금액을 ₩5,000,000과 일치시켜야 하기 때문에 단수차이 조정

2. 〈20×1. 1. 1.〉

(차변)	구 축 물	24,319,000	(대변)	현 금	20,000,000
				복구충당부채	4,319,000

〈20×1. 12. 31.〉

(차변)	이 자 비 용	215,950	(대변)	복구충당부채	215,950
(차변)	감 가 상 각 비	8,106,333❶	(대변)	감가상각누계액	8,106,333

❶ ₩24,319,000 ÷ 3년 = ₩8,106,333

참고로 연도별 구축물의 비용배분은 다음과 같다. 보는 바와 같이 감가상각비와 이자비용의 합계는 구축물 매입가격과 예상복구원가의 합계와 동일하다는 것을 알 수 있다.

	감가상각비	이자비용	합계
20×1년	₩8,106,333	₩215,950	₩8,322,283
20×2년	8,106,333	226,748	8,333,081
20×3년	8,106,334	238,302	8,344,636
합 계	₩24,319,000	₩681,000	₩25,000,000

3. 예상복구원가는 ₩5,000,000이었으나, 실제 ₩5,400,000을 지출하였으므로 그 차이인 ₩400,000을 복구공사손실(당기비용)로 인식한다.

(차변)	복구충당부채	5,000,000	(대변)	현 금	5,400,000
	복구공사손실	400,000			

(7) 정부보조에 의한 취득

정부보조금(government grants)이란 기업의 영업활동과 관련하여 과거나 미래에 일정한 조건을 충족하였거나 충족할 경우 기업에게 자원을 이전하는 형식의 정부지원을 말한다. 합리적으로 가치를 산정할 수 없는 정부지원과 기업의 정상적인 거래와 구분할 수 없는 정부와의 거래는 제외한다.

정부보조금(공정가치로 측정되는 비화폐성 보조금 포함)은 다음 모두에 대한 합리적인 확신이 있을 때까지 인식하지 아니한다.

① 정부보조금에 부수되는 조건의 준수
② 보조금의 수취

보조금의 수취 자체가 보조금에 부수되는 조건이 이행되었거나 이행될 것이라는 결정적인 증거를 제공하지는 않는다. 보조금을 수취하는 방법은 보조금에 적용되는 회계처리방법에 영향을 미치지 않는다. 따라서 보조금을 현금으로 수취하는지 또는 정부에 대한 부채를 감소시키는지에 관계없이 동일한 방법으로 회계처리한다.

정부보조금은 수익관련보조금과 자산관련보조금으로 나눌 수 있다.

1) 수익관련보조금의 회계처리

수익관련보조금은 이미 발생한 비용이나 손실에 대한 보전 또는 향후의 관련원가 없이 기업에 제공되는 즉각적인 금융지원으로서, 수취하는 정부보조금은 정부보조금을 수취할 권리가 발생하는 기간에 당기손익으로 인식한다. 이때 수익관련보조금을 회계처리하는 방법에는 다음 두 가지가 있으며 모두 인정된다.

① **수익인식법**: 관련원가에 대응하여 포괄손익계산서에 별도계정이나 '기타수익'과 같은 계정으로 표시하는 방법이다.

② **비용차감법**: 관련원가에서 보조금을 차감하여 표시하는 방법이다.

2) 자산관련보조금의 회계처리

자산관련보조금은 자산 매입, 건설, 기타의 방법으로 취득해야 하는 일차적 조건이 있는 정부보조금이다. 감가상각자산과 관련된 정부보조금은 일반적으로 이러한 자산의 감가상각비가 인식되는 비율에 따라 인식기간에 걸쳐 당기손익으로 인식한다. 비상각자산과 관련된 정부보조금이 일정한 의무의 이행도 요구한다면 그 의무를 충족시키기 위한 원가를 부담하는 기간에 그 정부보조금을 당기손익으로 인식한다. 예를 들어, 건물을 건설하는 조건으로 토지를 보조금으로 받은 경우 건물의 내용연수 동안 보조금을 당기손익으로 인식하는 것이 적절할 수 있다. 이때 자산관련보조금을 회계처리하는 방법에는 다음 두 가지가 있으며 모두 인정된다.

① **이연수익법**: 정부보조금을 수령하는 경우 이를 '이연보조금수익'이라는 부채를 인식하고, 자산의 내용연수에 걸쳐 별도의 수익으로 인식하는 방법이다.

② **자산차감법**: 정부보조금을 수령하는 경우 이를 재무상태표에 관련자산을 차감하는 형식으로 표시하고, 자산의 내용연수에 걸쳐 감가상각비를 감소시키는 방식으로 회계처리하는 방법이다.

만약 관련자산을 중도에 처분하는 경우 정부보조금 관련 계정을 함께 제거하여 유형자산처분손익을 결정한다.

예제 5 ❙ 정부보조에 의한 취득

방위산업업체인 대박회사는 20×1년 1월 1일에 방위산업과 관련된 기계장치를 ₩1,000,000에 취득하면서 동시에 정부보조금 ₩300,000을 수령하였다. 기계장치의 내용연수는 5년, 추정잔존가치는 ₩100,000, 정액법으로 상각한다.

물음

1. 대박회사가 정부보조금과 관련하여 이연수익법과 자산차감법을 각각 적용할 경우 20×1년 1월 1일과 20×1년 12월 31일에 해야 할 분개를 하시오.

2. 20×2년 1월 1일에 대박회사가 해당 기계장치를 ₩600,000에 처분하였다면, 이연수익법과 자산차감법을 각각 적용할 경우 처분 시점에 해야 할 분개를 하시오.

풀이

1. 취득 시 이연수익법과 자산차감법을 각각 적용할 경우

(1) 이연수익법

〈20×1. 1. 1.〉

(차변)	기계장치	1,000,000	(대변)	현금	1,000,000
	현금	300,000		이연보조금수익	300,000

〈20×1. 12. 31.〉

(차변)	감가상각비	180,000❶	(대변)	감가상각누계액	180,000
	이연보조금수익	60,000❷		보조금수익	60,000

❶ (₩1,000,000 − 100,000) ÷ 5년 = ₩180,000

❷ ₩300,000 ÷ 5년 = ₩60,000

(2) 자산차감법

〈20×1. 1. 1.〉

(차변)	기 계 장 치	1,000,000	(대변)	현 금	1,000,000
	현 금	300,000		정 부 보 조 금	300,000

〈20×1. 12. 31.〉

(차변)	감 가 상 각 비	180,000❶	(대변)	감가상각누계액	180,000
	정 부 보 조 금	60,000❷		감 가 상 각 비	60,000

❶ (₩1,000,000 - 100,000) ÷ 5년 = ₩180,000

❷ ₩300,000 ÷ 5년 = ₩60,000

참고로 20×1년 12월 31일에 이연수익법과 자산차감법에 따라 기계장치 관련계정을 재무상태표에 각각 표시하면 다음과 같다.

이연수익법

기 계 장 치	1,000,000	이연보조금수익	240,000
감가상각누계액	(180,000)		
순 액	820,000		

자산차감법

기 계 장 치	1,000,000
감가상각누계액	(180,000)
정 부 보 조 금	(240,000)
순 액	580,000

2. 처분시 이연수익법과 자산차감법을 각각 적용할 경우

(1) 이연수익법

〈20×2. 1. 1.〉

(차변)	감가상각누계액	180,000	(대변)	기 계 장 치	1,000,000
	이연보조금수익	240,000		유형자산처분이익	20,000
	현 금	600,000			

(2) 자산차감법

〈20×2. 1. 1.〉

(차변)	감가상각누계액	180,000	(대변)	기 계 장 치	1,000,000
	정 부 보 조 금	240,000		유형자산처분이익	20,000
	현 금	600,000			

4. 차입원가의 자본화

4.1 차입원가 자본화에 대한 논쟁

자산의 취득이나 건설과 관련하여 자금을 차입한 경우 차입금에서 발생한 차입원가(borrowing costs)를 어떻게 처리하는 것이 타당한지에 대해서 이견이 있을 수 있다.

(1) 모든 자본비용의 자본화

자산의 취득이나 건설과 관련된 자금의 조달원천에 관계없이 모든 자본비용을 자산의 취득원가로 포함하자는 입장이다. 모든 자본비용을 취득원가에 반영하면 자산의 실질가치를 잘 반영할 수 있다는 것은 장점이지만, 실제 발생하지 않은 자기자본(주식발행 등)에 대한 비용을 자본화하는 것은 취득원가주의에 충실하지 못하다는 단점이 있다.

(2) 타인자본에 대한 비용만 자본화

자산의 취득이나 건설과 관련하여 실제로 발생한 타인자본(차입금 등)에 대한 차입원가만 자산의 취득원가로 포함하자는 입장이다. 실제로 발생한 타인자본에 대한 비용만을 자본화하는 것은 취득원가주의에 충실하지만, 동일한 자산을 취득하는 자금의 원천이 타인자본인지, 아니면 자기자본인지에 따라 취득원가가 달라진다는 것은 단점이다.

(3) 모든 자본비용의 비용화

모든 자본비용을 자본화하지 않아야 한다는 입장이다. 자기자본뿐만 아니라 타인자본에 대한 비용도 자본화하지 않고 비용처리한다는 것은 일관성을 유지한다는 장점이 있다. 그러나 자산을 취득하는 과정에서 회피불가능한 원가임에도 불구하고 이를 자산의 취득원가에 가산하지 않는다는 것은 자산의 취득원가 취지에 부합하지 않는다.

(4) 국제회계기준의 입장

K-IFRS 제1023호 '차입원가'는 차입금 등 타인자본에 대한 비용만 자본화하는 입장을 취한다. 즉, 적격자산의 취득, 건설 또는 생산과 직접 관련되는 차입원가는 당해 자산의 원가에 포함시키고, 기타 차입원가는 발생기간의 비용으로 인식하도록 하고 있다. 이것은 자산을 취득하기 위해서 자금이 필요할 경우 그 자금을 조달하여 발생하는 차입원가도 자산을 의도된 용도로 사용하거나 판매가능한 상태에 이르게 하는 데 발생하는 필수적인 원가에 해당된다고 보는 것이다.

4.2 적격자산과 차입원가의 자본화

(1) 적격자산

적격자산(qualifying asset)이란 의도된 용도로 사용 또는 판매가능하게 하는 데 상당한 기간을 필요로 하는 자산으로서 재고자산, 제조설비자산, 전력생산설비, 무형자산 및 투자부동산이 적격자산이 될 수 있다. 그러나 금융자산, 생물자산 및 단기간 내에 제조되거나 다른 방법으로 생산되는 재고자산은 적격자산에서 제외한다.[5] 또한 자산의 취득시점에 이미 의도된 용도로 사용할 수 있거나 판매가능한 상태에 있는 자산도 적격자산에 해당되지 않는다. 사용 또는 판매가능한 상태에 있는 자산에 대한 차입원가에 대해서 자본화를 허용한다면 기업이 의도적으로 취득이나 생산의 지연을 통하여 이익을 조정할 수 있게 되기 때문이다.

(2) 자본화가능차입원가

자본화가능차입원가는 적격자산의 취득, 건설 또는 생산과 직접 관련된 차입원가는 당해 적격자산과 관련된 지출이 발생하지 아니하였다면 부담하지 않았을 차입원가이며, 다

---

5 금융자산이나 생물자산과 같이 공정가치로 측정되는 자산과 반복해서 대량으로 제조되거나 다른 방법으로 생산되는 재고자산에 대해서는 K-IFRS 제1023호 '차입원가'를 반드시 적용해야 하는 것은 아니다. 금융자산과 생물자산은 각각 공정가치와 순공정가치로 측정하고 매 보고기간마다 그 변동을 당기손익으로 인식하기 때문에 차입원가를 자본화 여부가 금융자산이나 생물자산의 측정금액에 영향을 미치지 않는다. 또한 반복해서 대량으로 제조되는 재고자산에 차입원가를 배분하는 것과 그 재고자산이 판매될 때까지 그러한 차입원가를 관리하는 것이 어렵기 때문에 차입원가의 자본화를 적용하지 않아도 된다(1023:BC4~6).

음 항목을 포함한다.

① 유효이자율법을 사용하여 계산된 이자비용
② 리스부채 관련 이자비용
③ 외화차입금과 관련되는 외환차이 중 이자원가의 조정으로 볼 수 있는 부분

(3) 자본화 기간

차입원가의 자본화기간을 결정하기 위해서는 자본화 개시시점, 자본화 중단기간, 자본화 종료시점을 고려해야 한다.

1) 자본화 개시시점

자본화 개시일은 최초로 다음 조건을 모두 충족시키는 날이다.

① 적격자산에 대하여 지출한다.
② 차입원가를 발생시킨다.
③ 적격자산을 의도된 용도로 사용 또는 판매가능하게 하는 데 필요한 활동을 수행한다.

적격자산을 의도된 용도로 사용 또는 판매가능하게 하는 데 필요한 활동은 당해 자산의 물리적인 제작뿐만 아니라 그 이전단계에서 이루어진 기술 및 관리상의 활동도 포함한다. 예를 들어, 물리적인 제작 전에 각종 인허가를 얻기 위한 활동 등을 들 수 있다. 그러나 자산의 상태에 변화를 가져오는 생산 또는 개발이 이루어지지 아니하는 상황에서 단지 당해 자산의 보유는 필요한 활동으로 보지 아니한다.

2) 자본화 중단기간

적격자산에 대한 적극적인 개발활동을 중단한 기간에는 차입원가의 자본화를 중단한다. 자산을 의도된 용도로 사용 또는 판매가능하게 하는 데 필요한 활동을 중단한 기간에도 차입원가는 발생할 수 있으나, 이러한 차입원가는 미완성된 자산을 보유함에 따라 발생하는 비용으로서 자본화조건을 충족하지 못한다.

반면에 상당한 기술 및 관리활동을 진행하고 있거나, 자산을 의도된 용도로 사용 또는 판매가능하게 위한 과정에 있어 일시적인 지연이 필수적인 경우에도 차입원가의 자본화를 중단하지 아니한다. 예를 들어, 건설기간 동안 해당 지역의 하천수위가 높아지는 현상이 일반적이어서 교량건설이 지연되는 경우에는 차입원가의 자본화를 중단하지 아니한다.

3) 자본화 종료시점

적격자산을 의도된 용도로 사용 또는 판매가능하게 하는 데 필요한 대부분의 활동이 완료된 시점에 차입원가의 자본화를 종료한다. 적격자산이 물리적으로 완성된 경우라면 일상적인 건설 관련 후속 관리업무 등이 진행되고 있더라도 일반적으로 당해 자산을 의도된 용도로 사용(또는 판매) 가능한 것으로 본다. 구입자 또는 사용자의 요청에 따른 내장공사와 같은 중요하지 않은 작업만이 남아 있는 경우라면 대부분의 건설활동이 종료된 것으로 본다.

적격자산의 건설활동을 여러 부분으로 나누어 완성하고, 남아있는 부분의 건설활동을 계속 진행하고 있더라도 이미 완성된 부분이 사용 가능하다면(복합업무시설 등), 당해 부분을 의도된 용도로 사용 또는 판매가능하게 하는 데 필요한 대부분의 활동을 완료한 시점에 차입원가의 자본화를 종료한다. 그러나 개별부분이 사용되기 위해 자산 전체의 건설활동이 완료되어야 하는 적격자산(제철소 등)은 자산 전체가 사용가능한 상태에 이를 때까지 자본화한다.

4.3 자본화가능차입원가의 인식

자본화가능차입원가는 적격자산 취득을 위한 특정차입금에 대한 차입원가와 일반차입금 중 적격자산의 취득에 소요되었다고 볼 수 있는 자금에 대한 차입원가로 나눈다. 적격자산에 대한 지출은 먼저 특정차입금을 사용하고 그 다음에 일반차입금 및 자기자본 순서로 사용한다는 가정하에 자본화할 차입원가를 산정한다.

(1) 특정차입금의 자본화가능차입원가

적격자산을 취득하기 위한 목적으로 특정하여 차입한 자금에 한하여, 회계기간 동안 그 차입금으로부터 실제 발생한 차입원가[6]에서 당해 차입금의 일시적 운용에서 생긴 투자수익을 차감한 금액을 자본화가능차입원가로 결정한다. 이는 다음 산식으로 나타내면 다음과 같다.

특정차입금의 자본화가능차입원가 = 특정차입금의 차입원가 - 일시적 운용수익

(2) 일반차입금의 자본화가능차입원가

일반적인 목적으로 자금을 차입하고 이를 적격자산의 취득을 위해 사용하는 경우에 한하여 당해 적격자산 관련 지출액에 일반차입금의 자본화이자율을 적용하여 자본화가능차입원가를 결정한다.

1) 적격자산 연평균지출액의 계산

적격자산의 연평균지출액 중에서 특정차입금으로 사용된 금액을 초과한 부분은 일반차입금을 지출한 것으로 계산한다.

2) 자본화이자율의 계산

일반차입금의 자본화이자율은 회계기간 동안 차입한 일반차입금(특정차입금 제외)으로부터 발생한 차입원가를 가중평균하여 다음과 같이 계산한다.

$$\text{일반차입금의 자본화이자율} = \frac{\text{일반차입금 이자비용}}{\text{연평균 일반차입금}}$$

3) 일반차입금의 자본화가능차입원가 계산

적격자산의 연평균지출액 중에서 특정차입금의 사용분을 차금한 금액에 일반차입금의 자본화이자율을 곱해서 계산된 금액을 자본화한다. 단, 해당 회계기간 동안 실제 발생한 일반차입금의 차입원가를 한도로 한다.

---

6 특정차입금은 차입기간과 건설기간이 겹치는 기간 중에 발생한 차입원가만 자본화가능차입원가에 포함한다.

일반차입금의 자본화가능차입원가
= (적격자산의 연평균지출액 - 연평균 특정차입금) × 일반차입금의 자본화이자율
(단, 실제 발생 일반차입금의 차입원가를 한도로 한다)

한편, 일반차입금에 대해서는 일시적 운용에서 생긴 투자수익이 있더라도 차입원가에서 차감하지 않는다.

예제 6 ▍ 차입원가의 자본화

대박회사는 20×1년 4월초부터 신사옥을 건설하기 시작하였으며, 신사옥건설과 관련된 지출은 다음과 같다. 신사옥건설은 20×2년 12월 31일에 완료되었다.

일 자	금 액
20×1. 4. 1.	₩5,000,000
20×1.10. 1.	3,000,000
20×2. 4. 1.	4,000,000

대박회사의 20×1년도와 20×2년도 차입금 현황은 다음과 같다.

차입처	금 액	이자율	차입기간	종류
A은행	₩3,000,000	5%	20×1. 4. 1.~20×3. 3.31.	특정
B은행	5,000,000	4%	20×1. 1. 1.~20×2.12.31.	일반
C은행	3,000,000	6%	20×2. 4. 1.~20×3. 3.31.	일반

A은행으로부터 차입한 특정차입금 중 ₩1,000,000을 20×1년 4월 1일부터 6월 30일까지 3개월 간 연 2%의 투자수익률로 일시 투자하였다.

물음

대박회사가 20×1년도와 20×2년도에 신사옥건설과 관련하여 자본화할 차입원가를 계산하고 차입원가의 자본화와 관련해서 해야 할 분개를 하시오. 단, 차입원가와 투자수익을 계산할 때 월할로 계산하고, 자본화이자율은 소수점 셋째 자리에서 반올림한다.

풀이

1) 20×1년도 자본화할 차입원가

① 특정차입금의 자본화가능차입원가

= ₩3,000,000 × 5% × (9/12) - 1,000,000 × 2% × (3/12) = ₩107,500

② 일반차입금의 자본화가능차입원가

- 적격자산 연평균지출액 = ₩5,000,000 × (9/12) + 3,000,000 × (3/12) = ₩4,500,000
- 연평균 특정차입금 = ₩3,000,000 × (9/12) - 1,000,000 × (3/12) = ₩2,000,000
- 연평균 일반차입금 = ₩5,000,000 × (12/12) = ₩5,000,000
- 일반차입금 이자비용 = ₩5,000,000 × 4% × (12/12) = ₩200,000
- 일반차입금 자본화이자율 = ₩200,000/5,000,000 = 4%
- 일반차입금 자본화가능차입원가

  = (₩4,500,000 - 2,000,000) × 4% = ₩100,000 < ₩200,000(한도)

③ 20×1년도 자본화할 차입원가 = ₩107,500 + 100,000 = ₩207,500

(차변)	건 설 중 인 자 산	207,500	(대변)	이 자 비 용	207,500

2) 20×2년도 자본화할 차입원가

① 특정차입금의 자본화가능차입원가

= ₩3,000,000 × 5% × (12/12) = ₩150,000

② 일반차입금의 자본화가능차입원가

- 적격자산 연평균지출액

  = ₩8,000,000(전기) × (12/12) + 4,000,000 × (9/12) = ₩11,000,000
- 연평균 특정차입금 = ₩3,000,000 × (12/12) = ₩3,000,000
- 연평균 일반차입금 = ₩5,000,000 × (12/12) + ₩3,000,000 × (9/12) = ₩7,250,000
- 일반차입금 이자비용

  = ₩5,000,000 × 4% × (12/12) + ₩3,000,000 × 6% × (9/12) = ₩335,000
- 일반차입금 자본화이자율 = ₩335,000/7,250,000 = 4.62%
- 일반차입금 자본화가능차입원가

  = (₩11,000,000 - 3,000,000) × 4.62% = ₩369,600 > ₩335,000(한도)

③ 20×2년도 자본화할 차입원가 = ₩150,000 + 335,000 = ₩485,000

(차변)	건 설 중 인 자 산	485,000	(대변)	이 자 비 용	485,000

5. 감가상각

5.1 감가상각의 의의 및 인식

(1) 감가상각의 의의

토지를 제외한 모든 유형자산은 시간의 경과나 사용에 따라 일정기간 후에는 그 효용가치가 소멸되어 미래 경제적 효익이 점점 감소할 것이다. 미래 경제적 효익의 감소요인으로는 물리적 마모와 기능적 진부화가 있다. 물리적 마모란 유형자산의 시간의 경과나 사용에 따라 자산이 마모하거나 화재와 같은 우발적 사고 등으로 인해 파괴되는 경우를 말한다.

기능적 진부화란 비록 물리적 상태는 양호하다 할지라도 기술의 혁신 혹은 개선된 대체품이 나타남에 따라 현존하는 유형자산의 경제적 혹은 기능적 가치가 감소되는 경우를 말한다. 또한 환경의 변화 등으로 유형자산의 사용가치가 감소되는 부적합도 기능적 진부화에 해당된다. 기능이 개선된 신형 컴퓨터가 출시되어 기존의 구형 컴퓨터를 대체하는 경우가 좋은 예이다.

위에서 언급한 것처럼 유형자산의 미래 경제적 효익의 감소 원인은 다양하고 복합적이다. 그리고 실제로 유형자산의 미래 경제적 효익이 감소된 부분을 정확하게 파악하여 그 금액만큼 비용으로 처리하는 것이 가장 합리적일 것이다. 그러나 실제 사용하는 유형자산이 당기에 얼마나 사용되어 미래 경제적 효익이 얼마나 감소되었는지 객관적으로 정확히 평가하는 것은 매우 어려운 일이며 실익도 크지 않다.

따라서 유형자산의 미래 경제적 효익의 감소분을 재무제표에 반영하기 위하여 유형자산으로 인식한 원가를 합리적이고 체계적인 방법으로 배분하는데, 이를 감가상각(depreciation)이라고 한다. 즉, 감가상각은 원가의 배분과정(cost allocation)이지 자산의 평가과정(asset valuation)이 아니다.

(2) 자산의 구분 또는 통합한 감가상각

유형자산을 구성하는 일부의 원가가 당해 유형자산의 전체원가에 비교하여 유의적이라면, 해당 유형자산을 감가상각할 때 그 부분은 별도로 구분하여 감가상각한다. 예를 들면, 항공기 동체와 엔진을 별도로 구분하여 감가상각하는 것이 적절할 수 있다. 유형자산의 일부를 별도로 구분하여 감가상각하는 경우에는 동일한 유형자산을 구성하고 있는 나머지 부분도 별도로 구분하여 감가상각한다. 유형자산의 전체원가에 비교하여 해당 원가가 유의적이지 않은 부분도 별도로 분리하여 감가상각할 수 있다.

반대로 유형자산을 구성하고 있는 유의적인 부분에 해당 유형자산의 다른 유의적인 부분과 동일한 내용연수 및 감가상각방법을 적용하는 수가 있다. 이러한 경우에는 감가상각액을 결정할 때 하나의 집단으로 통합할 수 있다.

각 기간의 감가상각액은 다른 자산의 장부금액에 포함되는 경우가 아니라면 당기손익으로 인식한다. 그러나 유형자산에 내재된 미래 경제적 효익이 다른 자산을 생산하는 데 사용되는 경우도 있다. 이 경우 유형자산의 감가상각액은 해당 자산의 원가의 일부(재고자산, 무형자산 등)가 된다.

5.2 감가상각의 결정요소

감가상각비를 계산하기 위해서는 다음의 요소가 필요하다.

① 잔존가치
② 감가상각대상금액
③ 내용연수
④ 감가상각방법

(1) 잔존가치

잔존가치(residual value)란 자산의 내용연수가 종료되는 시점에서 해당 자산의 예상처분가액에서 예상처분비용을 차감한 금액이다. 잔존가치는 자산의 취득시점에 추정되는 금액이며, 해당 자산의 취득원가 중에서 총 비용화될 금액을 결정하기 때문에 신뢰성 있는 추정이 필요하다.

(2) 감가상각대상금액

감가상각대상금액(depreciable amount)이란 자산의 취득원가에서 잔존가치를 차감한 금액으로 미래의 기간에 자산의 취득원가 중에서 총 비용화될 금액이다.

유형자산의 공정가치가 장부금액을 초과하더라도 잔존가치가 장부금액을 초과하지 않는 한 감가상각액을 계속 인식한다. 감가상각은 취득원가를 배분하는 과정이므로 비록 유형자산의 공정가치가 장부금액보다 많더라도 유형자산의 장부금액이

잔존가치에 도달할 때까지 계속 감가상각을 해야 한다.

(3) 내용연수

내용연수(useful life)란 일반적으로 자산의 예상사용기간을 말하는데, 자산의 예상사용기간 또는 자산의 활용으로 획득할 수 있는 예상생산량(사용량) 등의 단위로 표시한다. 유형자산의 내용연수를 결정할 때 물리적 마모와 기능적 진부화를 모두 고려하여 물리적 내용연수와 기능적 내용연수 중에서 보다 짧은 기간으로 추정한다.

유형자산의 잔존가치와 내용연수는 적어도 매 회계연도말에 재검토한다. 재검토결과 잔존가치 또는 내용연수의 추정치가 변경되면 회계추정의 변경으로 회계처리한다.

5.3 감가상각방법

감가상각방법을 선택할 때는 자산의 미래 경제적 효익이 소비되는 형태를 반영한 합리적인 방법을 고려하여야 한다.[7] 유형자산의 감가상각방법으로 정액법, 체감잔액법(예 정률법, 연수합계법), 생산량비례법 등이 있다. 정액법은 내용연수 동안에 동일한 감가상각비를 인식하는 방법이고, 체감잔액법은 내용연수 초기에 더 많은 감가상각비를 인식하다가 내용연수가 경과되면서 점차 감가상각비를 적게 인식하는 방법이다. 한편, 생산량비례법은 당해 유형자산을 이용하여 생산량에 따라 감가상각비를 변동시키는 방법이다.

[그림 6-2]에서 보는 바와 같이 어떤 감가상각방법이든 유형자산 장부금액을 취득시의 취득원가로부터 계속 감소시켜 내용연수 완료시에 잔존가치로 남게 된다. 다만, 감가상각방법에 따라 그 감소 추이가 달라질 뿐이다.

새로 취득한 유형자산에 대한 감가상각방법은 기존의 동종 또는 유사한 유형자산에 대한 감가상각방법과 일관성(consistency) 있게 적용해야 한다. 한 번 정해진 방법은 계속 적용해야 하지만 매 회계연도말에 재검토하여 자산에 내재된 미래 경제적 효익이 예상되는 소비형태나 경제상황에 중요한 변동이 있다면 이를 반영하기 위하여

---

7 자산의 사용을 포함하는 활동에서 창출되는 수익에 기초한 감가상각방법(예 판매량비례법)은 적절하지 않다. 그러한 활동으로 창출되는 수익은 일반적으로 자산의 경제적 효익의 소비 외의 요소를 반영한다. 예를 들어, 수익은 그 밖의 투입요소와 과정, 판매활동과 판매 수량 및 가격 변동에 영향을 받는다. 수익의 가격 요소는 자산이 소비되는 방식과 관계가 없는 인플레이션에 영향을 받을 수 있다(1016:62A).

새로운 감가상각방법으로 변경할 수 있다.

[그림 6-2] 유형자산의 감가상각 개념

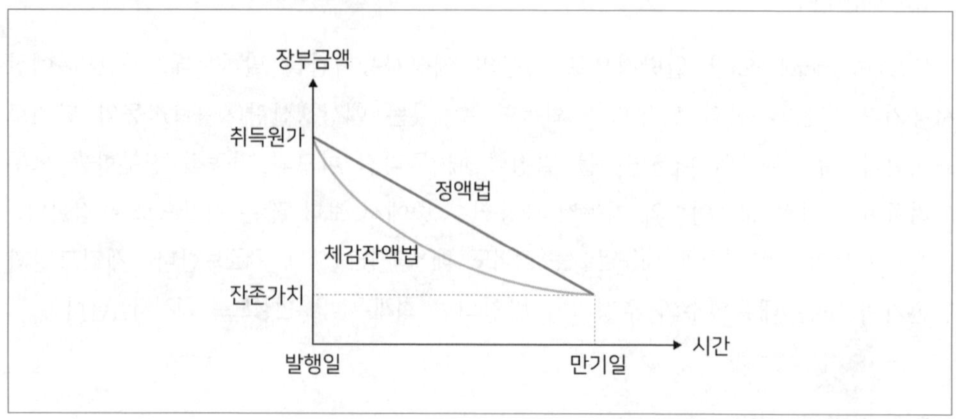

감가상각은 자산이 사용가능하게 된 때부터 시작한다. 즉, 경영진이 의도하는 방식으로 자산을 가동하는 데 필요한 장소와 상태에 이른 때부터 시작한다. 따라서 건설중인자산은 아직 사용가능한 상태에 이르지 않았기 때문에 감가상각을 하지 않으며, 건설중인자산이 건물이나 구축물로 대체되어 건물이나 구축물이 사용가능하게 된 시점부터 감가상각을 시작한다.

다음의 (예 1)을 통해 여러 감가상각방법을 상호 비교해 보자.

예 1 ❙ 유형자산의 감가상각

대박회사는 20×1년 1월 초에 현금 ₩100,000을 지급하고 기계 1대를 구입하여 제품생산에 사용하기 시작하였다. 기계의 사용가능 내용연수는 5년, 사용가능시간은 15,000시간, 잔존가치는 ₩10,000으로 추정되었다. 기계의 실제 사용시간은 20×1년부터 20×5년까지 2,100시간, 3,300시간, 2,400시간, 3,900시간, 3,300시간이다.

(1) 정액법

정액법(straight-line method)은 유형자산의 내용연수에 걸쳐 매기간 동일한 금액을 감가상각하는 방법으로서 건물과 같이 시간의 경과에 따라 자산의 미래 경제적 효익이 일정하게 감소되는 경우에 적합한 방법이다. 정액법에 의한 연간 감가상각비 계산식은 다음과 같다.

$$감가상각비 = \frac{감가상각대상금액(취득원가-잔존가치)}{내용연수}$$

대박회사의 기계장치에 대한 매기간 감가상각비를 정액법으로 계산하면 다음과 같다.

정액법에 의한 감가상각

연도	계산과정	감가상각비	감가상각누계액	기말장부금액
20×1	(₩100,000-10,000) ÷ 5년	₩18,000	₩18,000	₩82,000
20×2	(₩100,000-10,000) ÷ 5년	18,000	36,000	64,000
20×3	(₩100,000-10,000) ÷ 5년	18,000	54,000	46,000
20×4	(₩100,000-10,000) ÷ 5년	18,000	72,000	28,000
20×5	(₩100,000-10,000) ÷ 5년	18,000	90,000	10,000
합계		₩90,000		

(2) 체감잔액법

체감잔액법(diminishing balance method) 또는 가속상각법(accelerated depreciation method)은 자산의 내용연수 동안 초기에 가장 많이 상각하고 시간이 지날수록 적게 상각하는 방법이다. 초기에는 유형자산의 생산능률이 높지만 사용시간이 경과할수록 그 능률이 저하되는 기계장치나 설비자산의 경우에 체감잔액법을 사용하는 것이 수익과 비용의 대응이라는 관점에서 더 적정할 것이다.

체감잔액법에는 정률법(fixed percentage method), 연수합계법(sum-of-the-years' digits method) 등이 있다.

정률법에 의한 연간 감가상각비 계산식은 다음과 같다.

$$감가상각비 = 기초장부금액 \times 감가상각률^{*}$$

$$^{*}\ 감가상각률 = 1-\sqrt[n]{\frac{잔존가치}{취득원가}}\ (n\text{: 내용연수})$$

대박회사의 기계장치에 대한 매기간 감가상각비를 정률법으로 계산하면 다음과 같다. 정률법에 의한 감가상각률이 40%라고 가정하자.

정률법에 의한 감가상각

연도	계산과정	감가상각비	감가상각누계액	기말장부금액
20×1	₩100,000 × 0.4	₩40,000	₩40,000	₩60,000
20×2	(₩100,000-40,000) × 0.4	24,000	64,000	36,000
20×3	(₩100,000-64,000) × 0.4	14,400	78,400	21,600
20×4	(₩100,000-78,400) × 0.4	8,640	87,040	12,960
20×5	₩12,960-10,000❶	2,960	90,000	10,000
합계		₩90,000		

❶ 20×5년도 감가상각비는 잔존가치인 ₩10,000이 되도록 금액을 계산한다.

연수합계법에 의한 연간 감가상각비 계산식은 다음과 같다.

감가상각비 = 감가상각대상금액(취득원가 - 잔존가치) × 감가상각률*

$$* \text{감가상각률} = \frac{\text{잔존내용연수}}{\text{내용연수합계}}$$

대박회사의 기계장치에 대한 매기간 감가상각비를 연수합계법으로 계산하면 다음과 같다.

연수합계법에 의한 감가상각

연도	계산과정	감가상각비	감가상각누계액	기말장부금액
20×1	(₩100,000-10,000) × 5/15	₩30,000	₩30,000	₩70,000
20×2	(₩100,000-10,000) × 4/15	24,000	54,000	46,000
20×3	(₩100,000-10,000) × 3/15	18,000	72,000	28,000
20×4	(₩100,000-10,000) × 2/15	12,000	84,000	16,000
20×5	(₩100,000-10,000) × 1/15	6,000	90,000	10,000
합계		₩90,000		

(3) 생산량비례법

생산량비례법(units-of-production method)은 내용연수를 기준으로 감가상각하지 않고 생산량 또는 사용량에 비례하여 감가상각비를 계산하는 방법이다. 천연자원이나 광물자원의 경우에는 그 가치가 채굴량에 비례하여 감소되므로, 추정 총생산량이나 추정 총사용가능량에 대한 당기 실제 생산량 또는 당기 실제 사용량 비율을 기준으로 감가상각비를 계산한다. 생산량비례법의 연간 감가상각비 계산식은 다음과 같다.

감가상각비 = 감가상각대상금액(취득원가 - 잔존가치) × 감가상각률*

$$* \text{감가상각률} = \frac{\text{당기 실제 사용량}}{\text{추정된 총사용가능량}}$$

대박회사의 기계장치에 대한 매기간 감가상각비를 생산량비례법으로 계산하면 다음과 같다.

생산량비례법에 의한 감가상각

연도	계산과정	감가상각비	감가상각누계액	기말장부금액
20×1	(₩100,000-10,000) × (2,100 / 15,000)	₩12,600	₩12,600	₩87,400
20×2	(₩100,000-10,000) × (3,300 / 15,000)	19,800	32,400	67,600
20×3	(₩100,000-10,000) × (2,400 / 15,000)	14,400	46,800	53,200
20×4	(₩100,000-10,000) × (3,900 / 15,000)	23,400	70,200	29,800
20×5	(₩100,000-10,000) × (3,300 / 15,000)	19,800	90,000	10,000
합계		₩90,000		

5.4 감가상각비 회계처리

감가상각의 회계처리는 다음과 같이 차변에는 감가상각비(depreciation expense)를 당기비용으로 인식하고, 대변에는 유형자산의 차감계정인 감가상각누계액(accumulated depreciation)을 기록한다. 감가상각누계액은 유형자산의 취득시점부터 당해연도 말까지 감가상각비를 누적한 금액을 보여주는 계정이다. 감가상각누계액 계정을 사용함으로써 재무상태표에 유형자산의 취득원가와 감가상각누계액, 그리고 취득원가에서 감가상각누계액을 차감한 장부금액을 모두 나타낼 수 있게 된다.

〈감가상각비 인식〉

(차변) 감 가 상 각 비 ××× (대변) 감가상각누계액 ×××

(예 1)에서 연수합계법에 따라 계산된 감가상각비를 연도별로 회계처리하면 다음 〈표 6-3〉과 같다.

표 6-3 연수합계법의 감가상각 회계처리

20×1.12.31.	(차변) 감가상각비 30,000	(대변) 감가상각누계액 30,000
20×2.12.31.	(차변) 감가상각비 24,000	(대변) 감가상각누계액 24,000
20×3.12.31.	(차변) 감가상각비 18,000	(대변) 감가상각누계액 18,000
20×4.12.31.	(차변) 감가상각비 12,000	(대변) 감가상각누계액 12,000
20×5.12.31.	(차변) 감가상각비 6,000	(대변) 감가상각누계액 6,000

연수합계법을 사용하는 경우, 연도별 재무제표에 다음 〈표 6-4〉와 같이 표시된다.

표 6-4 연수합계법에 따른 재무제표 표시

재무제표	20×1	20×2	20×3	20×4	20×5
[손익계산서] 당기총제조원가: 감가상각비	₩(30,000)	₩(24,000)	₩(18,000)	₩(12,000)	₩(6,000)
[재무상태표] 기계 감가상각누계액 장부금액	₩100,000 (30,000) ₩70,000	₩100,000 (54,000) ₩46,000	₩100,000 (72,000) ₩28,000	₩100,000 (84,000) ₩16,000	₩100,000 (90,000) ₩10,000

5.5 감가상각의 중단

유형자산이 운휴 중이거나 적극적인 사용상태가 아니어도, 감가상각이 완전히 이루어지기 전까지는 감가상각을 중단하지 않는다. 그러나 유형자산의 사용정도에 따라 감가상각을 하는 경우(생산량비례법)에는 생산활동이 이루어지지 않을 때 감가상각액을 인식하지 않을 수 있다.

한편, 감가상각은 K-IFRS 제1105호 '매각예정비유동자산과 중단영업'[8]에 따라 자산이 매각예정자산으로 분류되는 날과 자산이 제거되는 날 중 이른 날에 중지한다. 매각예정자산에 분류되는 경우 감가상각을 중단하는 이유는 매각을 통해서 경제적 효익을 회수할 수 있기 때문이다.[9]

6. 유형자산의 손상과 재평가

유형자산을 취득한 후에 원가모형이나 재평가모형 중에서 어느 한 방법을 선택하여 평가하여야 한다. 원가모형(cost model)은 취득원가를 그대로 유지하면서 감가상각을 통해 비용화하는 방법이다. 재평가모형(revaluation model)은 공정가치로 재평가한 후 감가상각을 통해 비용화하는 방법이다.

유형자산에 대해 재평가모형을 선택하는 경우에 재평가는 보고기간 말에 자산의 장부금액이 공정가치와 중요하게 차이가 나지 않도록 주기적으로 수행하여야 한다. 기업이 재평가모형을 선택하는 경우에는 개별 자산이 아닌 해당 분류의 자산 전체에 대하여 재평가모형을 적용하여 해당 자산이 포함되는 유형자산 분류 전체를 동시에 재평가해야 한다. 이는 유형자산별로 선택적 재평가를 하거나 서로 다른 기준일의 평가금액이 혼재된 재무보고를 하는 것을 방지하기 위한 것이다.

유형자산에 대해 원가모형이나 재평가모형을 선택하는 것과 상관없이 매 보고기간 말마다 자산손상과 관련된 징후가 있는지 검토하여야 한다.

---

8 제20장 1.1절 '매각예정비유동자산'에서 자세히 설명한다.

9 IASB 중 일부는 물가상승이나 그 밖의 이유로 내용연수 동안 자산금액이 감소하는 것보다 더 크게 자산가치가 증가할 것이라고 기대되면, 자산의 장부금액보다 내용연수 종료시점의 잔존가치가 더 큰 경우에는 감가상각을 중단하여야 한다고 주장한다(1016:BC28).

6.1 유형자산의 손상

자산손상은 경제적이고 물리적인 사건·사고와 같은 외부환경 변화로 인해 자산의 가치가 감소한 부분을 말한다. 자산손상의 징후가 있는 경우에는 해당 자산의 회수가능액(recoverable amount)을 추정하여 회수가능액과 장부금액 간에 차이를 즉시 장부에 반영해야 한다. 차변에 손상차손(impairment loss)을 당기비용으로 인식하고, 대변에 자산차감계정으로 손상차손누계액을 인식한다.

〈손상차손 인식〉

(차변)	손 상 차 손	×××	(대변)	손상차손누계액	×××

회수가능액은 자산의 순공정가치(net fair value)와 사용가치(value in use) 중에서 큰 금액이다. 순공정가치는 공정가치에서 해당 자산을 처분할 경우의 처분부대원가를 차감한 금액을 말한다. 사용가치는 자산이 미래에 창출할 것으로 기대되는 미래현금흐름의 현재가치를 말한다.

손상차손을 인식한 후 감가상각비는 원래의 취득원가나 수정전의 장부금액이 아니라 수정후의 장부금액, 즉 회수가능액을 기준으로 새롭게 계산해야 한다.

- 손상차손 = 장부금액 - 회수가능액
- 회수가능액 = Max(순공정가치*, 사용가치**)

  * 자산의 공정가치에서 처분부대원가를 차감한 금액

  ** 자산이 미래에 창출할 것으로 기대되는 미래현금흐름의 현재가치

차기 이후에 손상차손을 인식한 유형자산의 가치가 다시 회복되어 새로 계산된 회수가능액이 손상차손을 인식한 후의 장부금액을 초과하는 경우에는 그 차이를 대변에 손상차손환입(reversal of impairment loss)이라는 당기수익으로 인식하고, 차변에 손상차손누계액을 인식하여 장부금액을 상향조정한다. 다만, 상향조정되는 장부금액은 과거기간에 손상차손을 인식하지 않았더라면 현재 기록되었을 장부금액을 초과할 수 없다. 즉, 손상차손누계액의 범위 내에서만 환입할 수 있다.

〈손상차손환입 인식〉

(차변) 손상차손누계액 ××× (대변) 손 상 차 손 환 입 ×××

예제 7 ❙ 손상차손의 회계처리

대박회사가 소유하고 있는 토지의 장부금액은 ₩1,000,000이며, 원가모형을 적용한다. 20×1년 말에 부동산 시세의 급격한 하락으로 해당 토지의 회수가능액이 ₩600,000으로 평가되었다. 그 다음해인 20×2년 말에 부동산 시세가 반등하여 이 토지의 회수가능액이 ₩1,200,000으로 평가되었다.

물음

20×1년과 20×2년 말에 대박회사가 해야 할 분개를 하시오.

풀이

〈20×1. 12. 31.〉

(차변) 토 지 손 상 차 손 400,000❶ (대변) 토지손상차손누계액 400,000

❶ ₩1,000,000 − 600,000 = ₩400,000

〈20×2. 12. 31.〉

(차변) 토지손상차손누계액 400,000❷ (대변) 토지손상차손환입 400,000

❷ Min(₩1,000,000 − 600,000 = ₩400,000, ₩1,200,000 − 600,000 = ₩600,000)

연도별 재무제표에 토지 관련 계정은 다음 〈표 6-5〉와 같이 표시된다.

표 6-5 토지의 손상차손 관련 재무제표 표시

재무제표	20×1	20×2
[손익계산서]		
당기손익:		
토지손상차손	₩(400,000)	
토지손상차손환입		₩400,000
[재무상태표]		
토지	₩1,000,000	₩1,000,000
토지손상차손누계액	(400,000)	-
장부금액	₩600,000	₩1,000,000

6.2 유형자산의 재평가모형

(1) 재평가모형의 회계처리

앞서 설명한 것처럼 국제회계기준에서는 유형자산의 측정방법으로 원가모형(cost model)과 재평가모형(revaluation model) 중 한 가지 방법을 선택하도록 규정하고 있다. 재평가모형을 적용한 경우에는 재평가금액(revalued amount)을 장부금액으로 한다.

재평가로 인하여 자산의 장부금액이 증가되는 경우에 그 증가액은 기타포괄손익(재평가이익)으로 인식하고 재평가잉여금(revaluation surplus)의 과목으로 자본에 가산한다. 그러나 동일한 자산에 대하여 이전에 당기비용으로 인식한 재평가감소액(재평가손실)이 있다면 그 금액을 한도로 재평가증가액만큼 당기수익으로 인식한다.

반대로 재평가로 인하여 자산의 장부금액이 감소되는 경우에 그 감소액은 당기비용(재평가손실)으로 인식한다. 그러나 그 자산에 대한 재평가잉여금의 잔액이 있다면 그 금액을 한도로 재평가감소액을 기타포괄손익으로 인식한다. 재평가감소액을 기타포괄손익으로 인식하는 경우 재평가잉여금의 과목으로 자본에 누계한 금액을 감소시킨다.

예를 들어, 토지에 대해서 재평가모형을 적용할 경우 보고기간 말에 다음과 같이 회계처리한다.

① (공정가치 > 취득원가)인 경우

(차변)	토 지	×××	(대변)	재평가이익(OCI)	×××
				재평가이익(PL)*	×××

* 토지에 대하여 이전에 당기비용으로 인식한 재평가손실이 있는 경우 그 금액을 우선적으로 회계처리한다.

② (공정가치 < 취득원가)인 경우

(차변)	재평가손실(PL)	×××	(대변)	토 지	×××
	재평가잉여금(OCI)*	×××			

* 토지에 대하여 기타포괄손익누계액에 재평가잉여금의 잔액이 있는 경우 그 금액을 우선적으로 회계처리한다.

재평가모형을 적용하는 유형자산을 제거하는 시점에 기타포괄손익누계액에 남아있는 재평가잉여금을 당기손익으로 재분류되는 것을 금지한다. 단, 기업의 선택에 따라 재평가잉여금을 이익잉여금으로 대체되는 것은 허용된다.

예제 8 | 재평가모형의 회계처리

대박회사가 소유하고 있는 토지의 장부금액은 ₩1,000,000이며, 재평가모형을 적용한다. 20×1년 말에 토지의 공정가치가 ₩900,000으로 평가되었다. 그 다음해인 20×2년 말에 토지의 공정가치가 ₩1,050,000으로 평가되었다.

물음

20×1년과 20×2년 말에 대박회사가 해야 할 분개를 하시오.

풀이

〈20×1. 12. 31.〉

(차변)	재평가손실(PL)	100,000❶	(대변)	토지	100,000

❶ ₩1,000,000 – 900,000 = ₩100,000

〈20×2. 12. 31.〉

(차변)	토지	150,000❷	(대변)	재평가이익(PL)	100,000
				재평가이익(OCI)	50,000

❷ ₩1,050,000 – 900,000 = ₩150,000, 이 중에서 20×1년에 당기손익으로 인식한 재평가손실 ₩100,000은 당기손익으로 우선적으로 인식한다.

연도별 재무제표에 토지 관련 계정은 다음 〈표 6-6〉과 같이 표시된다.

표 6-6 토지의 재평가 관련 재무제표 표시

재무제표	20×1	20×2
[손익계산서]		
당기손익: 재평가손실	₩(100,000)	
재평가이익		₩100,000
기타포괄손익: 재평가이익		50,000
[재무상태표]		
자산: 토지 (장부금액)	₩900,000	₩1,050,000
자본: 재평가잉여금		50,000

(2) 감가상각자산의 재평가모형 회계처리

감가상각대상 유형자산을 재평가할 때 그 자산의 장부금액을 재평가금액으로 조정하는데, 재평가일에 그 자산을 다음 중 하나의 방법으로 회계처리한다.

① 비례수정법
② 감가상각누계액 제거법

비례수정법은 자산 장부금액의 재평가와 일치하는 방식으로 자산의 총장부금액을 조정한다. 예를 들어, 총장부금액은 관측가능한 시장 자료를 기초로 수정하거나 장부금액의 변동에 비례하여 수정할 수 있다. 재평가일의 감가상각누계액은 손상차손누계액을 고려한 후 총장부금액과 장부금액의 차이와 같아지도록 조정한다.

감가상각누계액 제거법은 자산의 총장부금액에서 감가상각누계액 전부를 제거하여 자산의 순장부금액이 재평가금액과 일치되도록 조정한다.

한편, 재평가일 이후의 감가상각은 재평가금액을 기준으로 산출된 감가상각비를 인식한다.

예제 9 ▮ 감가상각자산의 재평가모형 회계처리

대박회사는 20×1년 1월 1일에 기계장치를 ₩1,000,000에 취득하였다. 동 기계장치는 내용연수 5년, 잔존가치 없이, 정액법으로 감가상각한다. 대박회사는 기계장치에 대하여 재평가모형을 적용한다. 20×1년과 20×2년 말 기계장치의 공정가치는 다음과 같다.

20×1. 12. 31.	20×2. 12. 31.
₩900,000	₩540,000

물음

1. 비례수정법을 적용하여 20×1년과 20×2년의 감가상각비를 계산하고, 감가상각과 재평가 시에 해야 할 분개를 하시오. 단, 재평가잉여금의 이익잉여금 대체는 고려하지 않는다.

2. 감가상각누계액 제거법을 적용하여 20×1년과 20×2년의 감가상각비를 계산하고, 감가상각과 재평가 시에 해야 할 분개를 하시오. 단, 재평가잉여금의 이익잉여금 대체는 고려하지 않는다.

풀이

1. 비례수정법 적용

① 20×1년도

- 감가상각비 = ₩1,000,000 ÷ 5년 = ₩200,000
- 장부금액을 재평가금액으로 조정

	조정 전	조정금액	재평가금액
취 득 원 가	₩1,000,000	₩125,000	₩1,125,000
감가상각누계액	(200,000)	(25,000)	(225,000)
장 부 금 액	₩800,000	₩100,000❶	₩900,000

❶ 장부금액이 ₩800,000에서 ₩900,000으로 12.5% 증가했으므로 취득원가와 감가상각누계액도 각각 12.5%씩 비례하여 증가시킨다.

〈감가상각 인식〉

(차변)	감 가 상 각 비	200,000	(대변)	감가상각누계액	200,000

〈재평가 인식〉

(차변)	기 계 장 치	125,000	(대변)	감가상각누계액	25,000
				재평가이익(OCI)	100,000

② 20×2년도

- 감가상각비 = ₩900,000 ÷ 4년 = ₩225,000
- 장부금액을 재평가금액으로 조정

	조정 전	조정금액	재평가금액
취 득 원 가	₩1,125,000	₩(225,000)	₩900,000
감가상각누계액	(450,000)	90,000	(360,000)
장 부 금 액	₩675,000	₩(135,000)❷	₩540,000

❷ 장부금액이 ₩675,000에서 ₩540,000으로 20% 감소했으므로 취득원가와 감가상각누계액도 각각 20%씩 비례하여 감소시킨다.

〈감가상각 인식〉

(차변)	감 가 상 각 비	225,000	(대변)	감가상각누계액	225,000

〈재평가 인식〉

(차변)	감가상각누계액	90,000	(대변)	기계장치	225,000
	재평가이익(OCI)	100,000			
	재평가손실(PL)	35,000			

2. 감가상각누계액 제거법 적용

① 20×1년도

- 감가상각비 = ₩1,000,000 ÷ 5년 = ₩200,000
- 장부금액을 재평가금액으로 조정

	조정 전	조정금액	재평가금액
취득원가	₩1,000,000	₩(100,000)	₩900,000
감가상각누계액	(200,000)	200,000	0
장부금액	₩800,000	₩100,000❶	₩900,000

❶ 감가상각누계액 ₩200,000을 전부 제거하고, 재평가금액 ₩900,000으로 일치시키기 위해 취득원가를 ₩100,000 감소시킨다.

〈감가상각 인식〉

(차변)	감가상각비	200,000	(대변)	감가상각누계액	200,000

〈재평가 인식〉

(차변)	감가상각누계액	200,000	(대변)	기계장치	100,000
				재평가이익(OCI)	100,000

② 20×2년도

- 감가상각비 = ₩900,000 ÷ 4년 = ₩225,000
- 장부금액을 재평가금액으로 조정

	조정 전	조정금액	재평가금액
취득원가	₩900,000	₩(360,000)	₩540,000
감가상각누계액	(225,000)	225,000	0
장부금액	₩675,000	₩(135,000)❷	₩540,000

❷ 감가상각누계액 ₩225,000을 전부 제거하고, 재평가금액 ₩540,000으로 일치시키기 위해 취득원가를 ₩360,000 감소시킨다.

〈감가상각 인식〉

(차변)	감 가 상 각 비	225,000	(대변)	감가상각누계액	225,000

〈재평가 인식〉

(차변)	감가상각누계액	225,000	(대변)	기 계 장 치	360,000
	재평가이익(OCI)	100,000			
	재평가손실(PL)	35,000			

(3) 재평가모형 적용 시 손상 회계처리

재평가모형을 적용하는 유형자산의 경우 감가상각과 재평가를 수행한 후 손상차손 인식여부를 판단한다. 따라서 공정가치인 재평가금액과 회수가능액(순공정가치(공정가치－처분부대원가)와 사용가치 중 큰 금액)을 비교하여 두 금액의 차이를 손상차손으로 인식하기 때문에 처분부대원가가 무시할 수 없는 정도로 큰 경우에만 손상차손을 인식하게 된다.

1) 손상차손 회계처리

재평가모형을 적용하는 유형자산의 손상차손은 재평가잉여금에 해당하는 금액까지는 재평가잉여금을 우선적으로 감소시킨다. 재평가잉여금을 초과하는 손상차손은 당기비용으로 인식한다.

손상차손을 인식한 후의 장부금액에서 잔존가치를 차감한 금액을 자산의 잔여내용연수에 걸쳐 체계적인 방법으로 배분한다. 즉, 손상차손을 인식한 후의 장부금액에 기초하여 이후의 감가상각비를 전진적으로 조정한다.

2) 손상차손환입 회계처리

재평가모형을 적용하는 유형자산의 손상차손환입은 과거에 손상차손을 당기비용으로 인식한 금액까지는 손상차손환입을 당기수익으로 인식한다. 이를 초과하는 금액은 재평가이익을 기타포괄손익으로 인식한다.

손상차손환입도 마찬가지로 손상차손환입을 인식한 후의 장부금액에 기초하여 이후의 감가상각비를 전진적으로 조정한다.

예제 10 ❙ 재평가모형 적용 시 손상 회계처리

대박회사는 20×1년 1월 1일에 기계장치를 ₩1,000,000에 취득하였다. 동 기계장치는 내용연수 5년, 잔존가치 없이, 정액법으로 감가상각한다. 대박회사는 기계장치에 대하여 재평가모형을 적용한다. 20×1년과 20×2년 말 기계장치의 공정가치와 회수가능액은 다음과 같다.

구분	20×1. 12. 31.	20×2. 12. 31.
공 정 가 치	₩900,000	₩630,000
회 수 가 능 액	760,000	₩600,000

물음

감가상각누계액 제거법을 적용하여 20×1년과 20×2년의 감가상각비를 계산하고, 감가상각, 재평가 및 손상과 관련하여 해야 할 분개를 하시오. 단, 재평가잉여금의 이익잉여금 대체는 고려하지 않는다.

풀이

1. 20×1년도
   - 감가상각비 = ₩1,000,000 ÷ 5년 = ₩200,000
   - 장부금액 조정

	조정 전	재평가이익	재평가금액	손상차손	손상 후 금액
취 득 원 가	₩1,000,000	₩(100,000)	₩900,000	-	₩900,000
감가상각누계액	(200,000)	200,000	-	-	-
손상차손누계액	-	-	-	₩(140,000)	(140,000)
장 부 금 액	₩800,000	₩100,000❶	₩900,000	₩(140,000)	₩760,000

❶ 감가상각누계액 ₩200,000을 전부 제거하고, 재평가금액 ₩900,000으로 일치시키기 위해 취득원가를 ₩100,000 감소시킨다.

〈감가상각 인식〉

(차변)	감 가 상 각 비	200,000	(대변)	감 가 상 각 누 계 액	200,000

〈재평가 인식〉

(차변)	감 가 상 각 누 계 액	200,000	(대변)	기 계 장 치	100,000
				재평가이익(OCI)	100,000

〈손상차손 인식〉

(차변)	재평가이익(OCI)	100,000❷	(대변)	손상차손누계액	140,000
	손 상 차 손	40,000			

❷ 손상차손 ₩140,000 중에서 재평가이익(OCI) ₩100,000을 우선적으로 감소시키고, 나머지 ₩40,000을 손상차손으로 인식한다.

2. 20×2년도

- 감가상각비 = ₩760,000 ÷ 4년 = ₩190,000
- 장부금액 조정

	조정 전	재평가이익	재평가금액	손상차손	손상 후 금액
취 득 원 가	₩900,000	₩(130,000)	₩770,000	-	₩770,000
감가상각누계액	(190,000)	190,000	-	-	-
손상차손누계액	(140,000)	-	(140,000)	₩(30,000)	(170,000)
장 부 금 액	₩570,000	₩60,000❶	₩630,000	₩(30,000)	₩600,000

❶ 감가상각누계액 ₩190,000을 전부 제거하고, 재평가금액 ₩630,000으로 일치시키기 위해 취득원가를 ₩130,000 감소시킨다.

〈감가상각 인식〉

(차변)	감 가 상 각 비	190,000	(대변)	감가상각누계액	190,000

〈재평가 인식〉

(차변)	감가상각누계액	190,000	(대변)	기 계 장 치	130,000
				재평가이익(PL)	40,000❷
				재평가이익(OCI)	20,000

❷ 20×1년에 당기비용으로 인식한 손상차손 ₩40,000 한도까지 재평가이익을 당기수익으로 인식한다.

〈손상차손 인식〉

(차변)	재평가이익(OCI)	20,000❸	(대변)	손상차손누계액	30,000
	손 상 차 손	10,000			

❸ 손상차손 ₩30,000 중에서 재평가이익(OCI) ₩20,000을 우선적으로 감소시키고, 나머지 ₩10,000을 손상차손으로 인식한다.

7. 유형자산의 제거

유형자산의 장부금액은 해당 자산을 처분하는 때와 사용이나 처분을 통하여 미래 경제적 효익이 기대되지 않을 때 제거한다. 먼저 제거 시점까지의 감가상각비를 계상하고, 이 회계처리까지 반영한 취득원가와 감가상각누계액을 전부 장부에서 제거해야 한다. 취득원가에서 감가상각누계액을 차감한 장부금액과 처분금액 간에 차이를 유형자산처분손익(gain or loss on disposal of PP&E)으로 손익계산서에 당기손익으로 보고한다.[10]

예제 11 ▮ 감가상각대상 유형자산의 처분

대박회사는 20×1년 1월 1일 취득하여 사용하던 기계장치(취득원가 ₩100,000, 정액법상각, 잔존가치 ₩10,000, 내용연수 5년)를 20×2년 10월 1일에 현금 ₩50,000을 받고 처분하였다.

물음

기계장치의 취득 시부터 처분 시까지 분개하시오.

풀이

〈20×1. 1. 1.〉

(차변)	기계장치	100,000	(대변)	현금	100,000

〈20×1. 12. 31.〉

(차변)	감가상각비	18,000❶	(대변)	감가상각누계액	18,000

❶ (₩100,000 - 10,000) ÷ 5년 = ₩18,000

10 그러나 통상적인 활동과정에서 타인에게 임대할 목적으로 보유하던 유형자산을 판매하는 기업은, 유형자산의 임대가 중단되고 판매목적으로 보유하게 되는 시점에 이러한 자산의 장부금액을 재고자산으로 대체하여야 한다. 이러한 자산의 판매 대가는 K-IFRS 제1115호 '고객과의 계약에서 생기는 수익'에 따라 수익으로 인식해야 한다. 통상적인 활동과정에서 판매목적으로 보유하는 자산이 재고자산으로 대체되는 경우에는 K-IFRS 제1105호 '매각예정비유동자산과 중단영업'이 적용되지 않는다(1016:68A).

〈20×2. 10. 1.〉

(차변)	감가상각비	13,500❷	(대변)	감가상각누계액	13,500

❷ (₩100,000 - 10,000) ÷ 5년 × (9/12개월) = ₩13,500

(차변)	현금	50,000	(대변)	기계장치	100,000
	감가상각누계액	31,500❸			
	유형자산처분손실	18,500❹			

❸ ₩18,000 + 13,500 = ₩31,500
❹ ₩50,000 - (100,000 - 31,500) = (-)₩18,500

앞서 설명한 것처럼 재평가모형을 적용하는 유형자산을 제거하는 시점에 기타포괄손익누계액에 남아 있는 재평가잉여금을 당기손익으로 재분류되는 것을 금지한다. 단, 기업의 선택에 따라 재평가잉여금을 이익잉여금으로 대체되는 것은 허용된다.

예제 12 ┃ 토지의 재평가와 처분

대박회사는 20×1년 중에 토지를 ₩200,000에 취득하였으며, 재평가모형을 적용하기로 했다.

물음

1. 20×1년 말 현재 토지의 공정가치가 ₩220,000이라고 할 때 20×1년 말 토지 재평가와 관련하여 해야 할 분개를 하시오.

2. 20×2년 말 현재 토지의 공정가치가 각각 ₩230,000, ₩213,000 및 ₩195,000이라고 할 때 20×2년 말 토지 재평가와 관련하여 해야 할 분개를 하시오.

3. (물음 2)와 관계없이 20×1년 말에 공정가치가 ₩220,000인 토지를 20×2년 초에 ₩221,000에 처분할 경우 해야 할 분개를 하시오.

풀이

1. 〈20×1. 12. 31.〉

(차변)	토지	20,000❶	(대변)	재평가이익(OCI)	20,000

❶ ₩220,000 - 200,000 = ₩20,000

2. 〈20×2. 12. 31.〉

① 공정가치가 ₩230,000인 경우

(차변)	토 지	10,000❶	(대변)	재평가이익(OCI)	10,000

❶ ₩230,000 - 220,000 = ₩10,000

② 공정가치가 ₩213,000인 경우

(차변)	재평가잉여금(OCI)	7,000❷	(대변)	토 지	7,000

❷ ₩213,000 - 220,000 = (-)₩7,000

③ 공정가치가 ₩195,000인 경우

(차변)	재평가잉여금(OCI)	20,000	(대변)	토 지	25,000
	재평가손실(PL)	5,000❸			

❸ ₩195,000 - 220,000 = (-)₩25,000
₩25,000 감소 중 전기이월 재평가잉여금 ₩20,000을 우선 감소시키고 초과액은 당기비용(재평가손실)으로 인식

3. 〈20×2년 처분 시〉

(차변)	현 금	221,000	(대변)	토 지	220,000
				유형자산처분이익	1,000

기타포괄손익누계액에 남아 있는 재평가잉여금은 당기손익으로 재분류되지 않는다. 단, 이익잉여금으로 대체할 수 있다. 만약 토지 처분시 재평가잉여금을 이익잉여금으로 대체할 경우에 다음과 같이 회계처리한다.

(차변)	재평가잉여금(OCI)	20,000	(대변)	이 익 잉 여 금	20,000

보론 Ⅰ 투자부동산과 생물자산

1. 투자부동산

1.1 투자부동산의 의의

투자부동산(investment property)이란 임대수익이나 시세차익 또는 둘 다를 얻기 위하여 소유자가 보유하거나 금융리스이용자가 사용권자산으로 보유하고 있는 부동산을 말한다. 이러한 투자부동산은 회사가 보유하고 있는 다른 자산과 독립적으로 현금흐름을 창출한다는 측면에서 별도의 K-IFRS 제1040호 '투자부동산'에 따라 회계처리하는데, 투자부동산으로 분류하는 사례는 다음과 같다.

① 장기 시세차익을 얻기 위하여 보유하고 있는 토지
② 장래 용도를 결정하지 못한 채로 보유하고 있는 토지
③ 직접 소유하고 운용리스로 제공하는 건물
④ 운용리스로 제공하기 위하여 보유하는 미사용 건물
⑤ 미래에 투자부동산으로 사용하기 위하여 건설 또는 개발 중인 부동산

②에서 토지를 자가사용할지, 통상적인 영업과정에서 단기간에 판매할지를 결정하지 못한 경우에 해당 토지는 시세차익을 얻기 위하여 보유한다고 본다.

한편, 다음의 경우는 투자부동산으로 분류하지 않는다.

① 통상적인 영업과정에서 판매하기 위한 부동산이나 이를 위하여 건설 또는 개발 중인 부동산
② 자가사용부동산(유형자산)
③ 금융리스로 제공한 부동산

통상적인 영업과정에서 판매하기 위한 부동산이나 이를 위하여 건설 또는 개발 중인 부동산은 재고자산으로 분류한다. 자가사용부동산(미래에 자가사용하기 위한 부

동산, 미래에 개발 후 자가사용할 부동산, 임차료 지급여부와 관계없이 종업원이 사용하고 있는 부동산 포함)은 유형자산으로 분류하고, 처분예정 자가사용부동산은 매각예정비유동자산으로 분류한다. 금융리스로 제공한 부동산은 보유자산을 제거하고 리스채권을 인식한다.[11]

1.2 투자부동산의 분류

(1) 부동산의 일부분을 자가사용하는 경우

부동산 중 일부분은 임대수익이나 시세차익을 얻기 위하여 보유하고, 일부분은 재화나 용역의 생산 또는 제공이나 관리목적에 사용하기 위하여 보유할 수 있다. 부분별로 분리하여 매각(또는 금융리스로 제공)할 수 있으면 각 부분을 분리하여 회계처리한다. 부분별로 분리하여 매각할 수 없다면 재화나 용역의 생산 또는 제공이나 관리목적에 사용하기 위하여 보유하는 부분이 경미한 경우에만 해당 부동산 전체를 투자부동산으로 분류한다.

(2) 부동산에 용역을 제공하는 경우

부동산 보유자가 부동산 사용자에게 부수적인 용역을 제공하는 경우가 있다. 전체 계약에서 그러한 용역의 비중이 경미하다면 부동산 보유자는 당해 부동산 전체를 투자부동산으로 분류한다. 예를 들면, 사무실 건물의 소유자가 그 건물을 사용하는 리스이용자에게 보안과 관리용역을 제공하는 경우이다.

다른 경우에는, 부동산 사용자에게 제공하는 용역이 유의적인 경우가 있다. 예를 들면, 호텔을 소유하고 직접 경영하는 경우, 투숙객에게 제공하는 용역은 전체 계약에서 유의적인 비중을 차지한다. 그러므로 소유자가 직접 경영하는 호텔은 투자부동산이 아니며 자가사용부동산이다. 즉, 유형자산으로 분류한다.

11 금융리스와 운용리스 대상 부동산의 분류를 요약하면 다음과 같다.

구 분	금융리스	운용리스
리스제공자	리스채권(금융상품)	운용리스자산(투자부동산)
리스이용자	사용권자산(투자부동산)	해당 없음

(3) 연결실체 간 부동산 리스를 제공하는 경우

지배기업 또는 다른 종속기업에게 부동산을 리스하는 경우가 있는데, 이러한 부동산은 연결재무제표에 투자부동산으로 분류할 수 없다. 경제적 실체 관점에서 당해 부동산은 자가사용부동산이기 때문에 유형자산으로 분류한다. 그러나 부동산을 소유하고 있는 개별기업 관점에서는 그 부동산이 투자부동산이므로, 리스제공자의 개별재무제표에 당해 자산을 투자부동산으로 분류하여 회계처리한다.

1.3 인식과 측정

(1) 투자부동산의 인식

투자부동산은 다른 자산과 마찬가지로 다음 조건을 모두 충족할 때 자산으로 인식한다.

① 투자부동산에서 발생하는 미래 경제적 효익의 유입가능성이 높다.
② 투자부동산의 원가를 신뢰성 있게 측정할 수 있다.

(2) 인식시점에서의 측정

소유 투자부동산은 최초 인식시점에 원가로 측정하고, 거래원가는 최초 측정치에 포함한다. 구입한 투자부동산의 원가는 구입금액과 구입에 직접 관련이 있는 지출로 구성된다. 직접 관련이 있는 지출의 예를 들면, 법률용역의 대가로 전문가에게 지급하는 수수료, 부동산 구입과 관련된 세금 및 그 밖의 거래원가 등이 있다.

(3) 원가모형과 공정가치모형의 선택

투자부동산은 공정가치모형[12]과 원가모형 중 하나를 선택하여 모든 투자부동산에 적용한다. 즉, 유형자산처럼 자산의 분류별로 원가모형 또는 재평가모형을 선택하

---

12 K-IFRS 제1040호 '투자부동산'에서는 재평가모형(revaluation model) 대신 공정가치모형(fair value model)이라는 용어를 사용하고 있으며, 재평가모형과 공정가치모형을 동일한 의미라고 판단하는 것이 타당하다.

여 적용할 수 없다.[13]

1) 공정가치모형

① 공정가치를 신뢰성 있게 측정가능한 경우

투자부동산에 대하여 공정가치모형을 선택한 경우에는 최초 인식 후 모든 투자부동산을 공정가치로 측정한다. 금융리스이용자가 사용권자산으로 보유하는 투자부동산을 공정가치모형을 사용하여 측정할 때 기초자산이 아닌 사용권자산을 공정가치로 측정한다.

투자부동산의 공정가치 변동으로 발생하는 손익은 발생한 기간의 당기손익에 반영한다. 투자부동산에 대하여 공정가치모형을 선택한 경우에는 감가상각비를 인식하지 않는다. 공정가치로 평가한 평가손익을 당기손익에 반영하기 때문에 감가상각비를 인식하더라도 그만큼 평가이익이 증가하기 때문에 당기손익에 미치는 영향은 없다.

② 공정가치를 신뢰성 있게 측정하기 어려운 경우

기업은 투자부동산의 공정가치를 계속 신뢰성 있게 측정할 수 있다고 추정한다. 그러나 예외적인 경우에 처음으로 취득한 투자부동산의 공정가치를 계속 신뢰성 있게 측정하기가 어려울 것이라는 명백한 증거가 있을 수 있다. 투자부동산의 공정가치를 신뢰성 있게 측정할 수 없다면 원가모형을 사용하여 그 투자부동산을 측정한다. 투자부동산의 잔존가치는 영(₩0)으로 가정하며, 해당 투자부동산은 처분할 때까지 원가모형을 계속 적용한다.

만일 기업이 건설중인 투자부동산의 공정가치를 신뢰성 있게 측정할 수 없지만, 건설이 완료된 시점에는 공정가치를 신뢰성 있게 측정할 수 있다고 예상하는 경우에는, 공정가치를 신뢰성 있게 측정할 수 있는 시점과 건설이 완료되는 시점 중 이른 시점까지는 건설중인 투자부동산을 원가로 측정하고, 그 이후부터는 공정가치로 측정한다. 이 경우 공정가치로 평가하게 될 자기건설 투자부동산의 건설이나 개발이 완

---

13 예외적으로 다음 두 범주의 투자부동산은 각 범주별로 다음과 같이 평가한다(1040:32A).

① 투자부동산을 포함한 특정 자산군의 공정가치와 연동하는 수익 또는 그 자산군에서 얻는 수익으로 상환하는 부채와 연계되어 있는 모든 투자부동산은 공정가치모형 또는 원가모형을 선택하여 평가한다.

② 위 ①에서 어떤 방법을 선택하였는지 상관없이 그 밖의 모든 투자부동산에 대해서는 공정가치모형 또는 원가모형을 선택하여 평가한다.

료되면 해당일의 공정가치와 기존 장부금액의 차액은 당기손익으로 인식한다.

2) 원가모형

투자부동산에 대하여 원가모형을 선택한 경우에는 최초 인식 후 모든 투자부동산을 원가모형으로 측정한다. 공정가치모형과 달리 원가모형을 선택한 경우 감가상각과 손상차손 회계처리를 수행해야 한다.

1.4 계정대체

부동산의 용도가 변경되는 경우에만 투자부동산의 대체가 발생한다. 부동산이 투자부동산의 정의를 충족하게 되거나(투자부동산으로 대체) 충족하지 못하게 되고(다른 자산으로 대체), 용도 변경의 증거가 있는 경우에, 부동산의 용도가 변경되는 것이다. 부동산의 용도에 대한 경영진의 의도 변경만으로는 용도 변경의 증거가 되지 않는다. 용도 변경 증거의 예는 다음을 포함한다.

① 자가사용의 개시나 자가사용을 목적으로 개발을 시작하는 경우 투자부동산에서 자가사용부동산(유형자산)으로 대체한다.
② 통상적인 영업과정에서 판매할 목적으로 개발을 시작하는 경우 투자부동산에서 재고자산으로 대체한다.
③ 자가사용이 종료되는 경우 자가사용부동산(유형자산)에서 투자부동산으로 대체한다.
④ 제3자에 대한 운용리스 제공을 약정한 경우 재고자산에서 투자부동산으로 대체한다.

위의 ②에서 투자부동산을 개발하지 않고 처분하기로 결정하는 경우에는 그 부동산이 제거될 때까지 재무상태표에 투자부동산으로 계속 분류하며, 재고자산으로 재분류하지 않는다.

(1) 원가모형을 적용하는 투자부동산의 계정대체

원가모형을 적용하는 투자부동산의 대체가 발생하는 경우에는 장부금액으로 대체를 하기 때문에 차손익이 발생하지 않는다.

(2) 공정가치모형을 적용하는 투자부동산의 계정대체

공정가치모형을 적용하는 투자부동산의 대체가 발생하는 경우에는 차손익이 발생할 수 있으며, 이를 요약·정리하면 다음 〈표 6-7〉과 같다.

표 6-7 공정가치모형 적용 투자부동산의 계정대체

계정대체		회계처리
from	to	
투자부동산	자가사용부동산 또는 재고자산	용도 변경시점의 투자부동산의 공정가치를 자가사용부동산 또는 재고자산의 원가로 간주
자가사용부동산	투자부동산	용도 변경시점의 자가사용부동산의 장부금액과 공정가치의 차액을 유형자산 재평가 회계처리와 동일한 방식으로 회계처리
재고자산 또는 건설중인자산	투자부동산	용도 변경시점의 재고자산 또는 건설중인자산의 장부금액과 공정가치의 차액을 당기손익으로 인식

1.5 처분

투자부동산을 처분하거나, 투자부동산의 사용을 영구히 중지하고 처분으로도 더 이상의 경제적 효익을 기대할 수 없는 경우에는 재무상태표에서 제거한다. 투자부동산의 폐기나 처분으로 생기는 손익은 순처분금액과 장부금액의 차액이며 폐기하거나 처분한 기간에 당기손익으로 인식한다. 한편, 투자부동산의 손상, 멸실 또는 포기로 제3자에게서 받는 보상은 받을 수 있게 되는 시점에 당기손익으로 인식한다.

2. 생물자산

2.1 생물자산과 수확물의 의의

농림어업활동이란 판매목적 또는 수확물이나 추가적인 생물자산으로의 전환목적으로 생물자산의 생물적 변환과 수확을 관리하는 활동을 말한다. 이때 종이 제품을 생산하기 위한 조림지의 나무나 우유를 생산하기 위한 목장의 젖소와 같은 살아있는 식물이나 동물을 생물자산(biological asses)이라고 하며, 원목이나 우유와 같이 생물자산에서 수확한 생산물을 수확물(agricultural produce)이라고 한다. K-IFRS 제1001호 '재무제표 표시'에 따라 생물자산은 재무상태표에 별도의 자산으로 표시하고, 수확물은 재고자산으로 표시한다.

2.2 생물자산의 인식과 측정

다음의 조건이 모두 충족되는 경우에 한하여 생물자산이나 수확물을 인식한다.

① 과거 사건의 결과로 자산을 통제한다.
② 자산과 관련된 미래 경제적 효익의 유입가능성이 높다
③ 자산의 공정가치나 원가를 신뢰성 있게 측정할 수 있다.

생물자산은 최초 인식시점과 매 보고기간 말에 순공정가치(공정가치 - 처분부대원가)로 측정하여야 한다. 다만, 공정가치를 신뢰성 있게 측정할 수 없는 경우는 제외한다. 또한 생물자산에서 수확된 수확물도 수확시점에 순공정가치로 측정하며, 이 측정치는 K-IFRS 제1002호 '재고자산'을 적용하는 시점의 원가가 된다. 따라서 생물자산은 최초 인식시점 이후 순공정가치 변동액을 평가손익으로 인식하지만, 재고자산으로 분류되는 수확물의 경우 최초 인식시점 이후 순공정가치 변동은 고려 대상이 아니다.

다만, 생물자산의 공정가치를 신뢰성 있게 측정할 수 없는 경우에는 생물자산은 취득원가에서 감가상각누계액과 손상차손누계액을 차감한 금액으로 측정한다. 이후 그러한 생물자산의 공정가치를 신뢰성 있게 측정할 수 있게 되면 공정가치에서 처분부대원가를 뺀 금액으로 측정한다. 이를 요약·정리하면 다음 〈표 6-8〉과 같다.

표 6-8 생물자산과 수확물의 인식과 측정

구 분			회계처리
생물자산	공정가치 측정가능	최초 측정	순공정가치로 측정
		후속 측정	순공정가치 변동액을 평가손익으로 인식함
	공정가치 측정불가능	최초 측정	취득원가로 측정
		후속 측정	취득원가가 기준으로 감가상각누계액과 손상차손누계액을 차감한 금액으로 측정
수확물	최초 측정		순공정가치로 측정
	후속 측정		순공정가치의 변동은 고려 대상이 아님 단, 재고자산의 저가법은 적용가능함

SUMMARY & CHECK

유형자산의 의의

- 유형자산은 기업이 영업활동에 사용하기 위해서 보유하는 물리적 형태가 있는 자산으로서, 1년을 초과하여 사용할 것으로 예상되는 자산을 말한다.

유형자산의 인식

- 유형자산으로 인식하기 위해서는 자산의 정의를 충족하여야 하며, 인식조건(미래 경제적 효익의 유입가능성, 신뢰성 있는 측정가능성)을 모두 충족해야 한다.
- 후속 원가 중에서 유형자산의 원가를 구성하는 지출은 자본적 지출로서 자본화되고, 당기비용으로 처리하는 지출은 수익적 지출로서 비용화된다.

유형자산의 측정

- 유형자산을 최초로 인식할 때에는 원가로 측정한다.
- 토지와 건물을 일괄취득하는 경우에는 개별자산의 취득원가를 알 수 없기 때문에 일괄취득원가를 개별자산의 상대적 공정가치에 비례하여 배분하는 것이 원칙이다.
- 미래에 소요될 것으로 추정한 복구원가는 자산의 취득원가에 포함하고, 복구충당부채를 인식한다.

차입원가의 자본화

- 국제회계기준은 적격자산의 취득, 건설 또는 생산과 직접 관련되는 차입원가는 당해 자산의 원가에 포함시키고, 기타 차입원가는 발생기간의 비용으로 인식하도록 하고 있다.
- 적격자산이란 의도된 용도로 사용 또는 판매가능하게 하는 데 상당한 기간을 필요로 하는 자산으로서 재고자산, 제조설비자산, 전력생산설비, 무형자산 및 투자부동산이 적격자산이 될 수 있다.

감가상각

- 감가상각은 원가의 배분과정이며, 자산의 평가과정이 아니다.
- 감가상각비를 계산하기 위해서는 잔존가치, 감가상각대상금액, 내용연수 및 감가상각방법의 요소가 필요하다.
- 감가상각방법에는 정액법, 체감잔액법(정률법, 연수합계법) 및 생산량비례법 등이 있다.

유형자산의 손상과 재평가

- 유형자산을 취득한 후에 원가모형이나 재평가모형 중에서 어느 한 방법을 선택하여 평가하여야 한다.
- 자산손상의 징후가 있는 경우에는 해당 자산의 회수가능액을 추정하여 회수가능액과 장부금액 간에 차이를 손상차손으로 인식한다.

유형자산의 제거

- 취득원가에서 감가상각누계액을 차감한 장부금액과 처분금액 간에 차이를 유형자산처분손익으로 인식한다.

OX QUIZ

1 유형자산은 회사의 영업활동에 사용할 목적으로 보유하는 자산이라는 점에서 생산이나 판매 목적으로 보유하는 재고자산과 구별된다.

2 안전 또는 환경상의 이유로 취득하는 유형자산은 그 자체로는 직접적인 미래 경제적 효익을 얻을 수 없기 때문에 자산으로 인식할 수 없다.

3 새로운 기능의 추가 또는 생산능력의 증대, 효율성 제고, 내용연수 연장 또는 잔존가치의 증가되는 지출은 그 금액이 경미하더라도 자본적 지출로 처리한다.

4 정기적인 종합검사를 하는 경우 종합검사 과정에서 발생한 원가가 자산의 인식기준을 충족하면 유형자산의 장부금액에 포함하여 인식하고, 직전 종합검사의 원가와 관련하여 유형자산으로 남아 있는 금액이 있다면 이를 장부에서 제거한다.

5 유형자산 원가는 해당 자산이 경영진이 의도하는 방식으로 가동될 수 있는 장소와 상태에 이른 후에는 더 이상 인식하지 않는다.

6 진입로개설, 도로포장, 조경공사 등으로 인한 추가적인 지출은 내용연수와 유지·보수책임과 관계없이 토지로 분류한다.

7 건물을 신축하기 위해서 사용하던 기존 건물을 철거하는 경우에는 기존 건물의 장부금액과 철거 관련 순지출(지출-수입)을 토지의 취득원가에 가산한다.

8 유형자산을 교환하면서 제공한 자산의 공정가치를 취득원가로 결정하고 현금을 추가로 주고받는 경우, 현금지급액은 취득원가에 가산하고 현금수취액은 취득원가에서 차감한다.

9 원상복구의무가 있는 유형자산은 매 결산일에 매입가격과 현재가치로 계산된 복구충당부채를 더한 취득원가에 근거하여 감가상각비를 인식하고, 현재가치로 계산할 때 복구충당부채에 적용한 유효이자율을 이용하여 이자비용을 인식한다.

10 자산관련 정부보조금을 수령하는 경우 이를 부채로 인식하는 이연수익법과 관련자산을 차감하는 형식으로 표시하는 자산차감법, 두 가지 회계처리방법이 모두 인정된다.

11 자산의 취득시점에 이미 의도된 용도로 사용할 수 있거나 판매가능한 상태에 있는 자산도 적격자산에 해당한다.

12 상당한 기술 및 관리활동을 진행하고 있거나, 자산을 의도된 용도로 사용 또는 판매가능하게 위한 과정에 있어 일시적인 지연이 필수적인 경우에도 차입원가의 자본화를 중단한다.

13 특정차입금과 일반차입금 모두 회계기간 동안 그 차입금으로부터 실제 발생한 차입원가에서 당해 차입금의 일시적 운용에서 생긴 투자수익을 차감한 금액을 자본화가능차입원가로 결정한다.

14 유형자산의 생산능률이 높지만 사용시간이 경과할수록 그 능률이 저하되는 기계장치나 설비자산의 경우에 정액법을 사용하는 것이 적절하다.

15 유형자산을 매각예정자산으로 분류되더라도 감가상각을 중단하지 않는다.

16 기업이 재평가모형을 선택하는 경우에는 유형자산 분류 전체를 동시에 재평가해야 한다.

17 재평가모형을 적용하는 유형자산을 제거하는 시점에 기타포괄손익누계액에 남아 있는 재평가잉여금을 당기손익으로 재분류되는 것을 금지한다.

Multiple-choice Questions

1 유형자산의 감가상각에 관한 설명으로 옳은 것은? (CTA 2021)

① 감가상각이 완전히 이루어지기 전이라도 유형자산이 운휴 중이거나 적극적인 사용상태가 아니라면 상각방법과 관계없이 감가상각을 중단해야 한다.

② 유형자산의 잔존가치와 내용연수는 매 3년이나 5년마다 재검토하는 것으로 충분하다.

③ 유형자산의 전체원가에 비교하여 해당 원가가 유의적이지 않은 부분은 별도로 분리하여 감가상각할 수 없다.

④ 자산의 사용을 포함하는 활동에서 창출되는 수익에 기초한 감가상각방법은 적절하지 않다.

⑤ 유형자산의 공정가치가 장부금액을 초과하는 상황이 발생하면 감가상각액을 인식할 수 없다.

2 ㈜세무와 ㈜한국은 다음과 같은 기계장치를 서로 교환하였다. 교환과정에서 ㈜세무는 ㈜한국에게 현금 ₩20,000을 지급하였다.

구분	(주)세무	(주)한국
취득원가	₩500,000	₩350,000
감가상각누계액	₩220,000	₩20,000
공정가치	₩270,000	₩300,000

동 거래에 관한 설명으로 옳은 것은? (CTA 2019)

① 교환거래에 상업적 실질이 있으며, 각 기계장치의 공정가치가 신뢰성 있게 측정된 금액이라면 ㈜세무가 교환취득한 기계장치의 취득원가는 ₩300,000이다.

② 교환거래에 상업적 실질이 있으며, 각 기계장치의 공정가치가 신뢰성 있게 측정된 금액이라면 ㈜한국이 교환취득한 기계장치의 취득원가는 ₩290,000이다.

③ 교환거래에 상업적 실질이 있으며, ㈜세무가 사용하던 기계장치의 공정가치가 명백하지 않을 경우 ㈜세무가 교환취득한 기계장치의 취득원가는 ₩280,000이다.

④ 교환거래에 상업적 실질이 없다면 ㈜세무만 손실을 인식한다.

⑤ 교환거래에 상업적 실질이 있으며, 각 기계장치의 공정가치가 신뢰성 있게 측정된 금액이라면 ㈜세무와 ㈜한국 모두 손실을 인식한다.

3 ㈜대한은 20×1년 7월 1일 폐기물처리장을 신축하여 사용하기 시작하였으며, 해당 공사에 대한 대금으로 ₩4,000,000을 지급하였다. 폐기물처리장은 내용연수 4년, 잔존가치는 ₩46,400, 원가모형을 적용하며 감가상각방법으로는 정액법을 사용한다. ㈜대한은 해당 폐기물처리장에 대해 내용연수 종료시점에 원상복구의무가 있으며, 내용연수 종료시점에 복구비용(충당부채의 인식요건을 충족)은 ₩800,000으로 예상된다. ㈜대한의 복구충당부채에 대한 할인율은 연 10%이며, 폐기물처리장 관련 금융원가 및 감가상각비는 자본화하지 않는다. ㈜대한의 동 폐기물처리장 관련 회계처리가 20×1년도 포괄손익계산서의 당기순이익에 미치는 영향은 얼마인가? (단, 금융원가 및 감가상각비는 월할 계산하며, 단수차이로 인해 오차가 있다면 가장 근사치를 선택한다. 10%, 4기간 일시금현가계수는 0.6830이다) (CPA 2020)

① ₩1,652,320 감소 ② ₩1,179,640 감소 ③ ₩894,144 감소
④ ₩589,820 감소 ⑤ ₩374,144 감소

4 ㈜대한은 20×1년 1월 1일 국가로부터 설비자산 취득목적으로 만기 5년(일시상환), 표시이자율 연 2%(매년 말 지급)로 ₩1,000,000을 차입하여 설비자산(내용연수 5년, 잔존가치 ₩0, 정액법 상각)을 구입하였다. 20×1년 1월 1일 설비자산 구입당시 ㈜대한이 금전대차 거래에서 부담해야 할 시장이자율은 연 10%이다. ㈜대한은 정부보조금을 자산의 취득원가에서 차감하는 원가(자산)차감법을 사용하여 회계처리하고 있다. ㈜대한이 설비자산과 관련하여 20×1년 포괄손익계산서에 인식할 당기비용은 얼마인가? 10%의 현가계수는 아래 표와 같으며, 단수차이로 인해 오차가 있다면 가장 근사치를 선택한다. (CPA 2018)

기간	단일현금 ₩1의 현재가치	정상연금 ₩1의 현재가치
5년	0.6209	3.7908

① ₩139,343 ② ₩169,671 ③ ₩200,000
④ ₩209,015 ⑤ ₩248,036

5 ㈜대한은 20×1년 7월 1일에 공장건물을 신축하기 시작하여 20×2년 10월 31일에 해당 공사를 완료하였다. ㈜대한의 동 공장건물은 차입원가를 자본화하는 적격자산이다.

- 공장건물 신축 관련 공사비 지출 내역은 다음과 같다.

구 분	20×1.7.1.	20×1.10.1.	20×2.4.1.
공사비 지출액	₩1,500,000	₩3,000,000	₩1,000,000

- ㈜대한은 20×1년 7월 1일에 ₩200,000의 정부보조금을 수령하여 즉시 동 공장건물을 건설하는 데 모두 사용하였다.
- 특정차입금 ₩2,500,000 중 ₩300,000은 20×1년 7월 1일부터 9월 30일까지 연 4% 수익률을 제공하는 투자처에 일시적으로 투자하였다.
- ㈜대한의 차입금 내역은 다음과 같으며, 모든 차입금은 매년 말 이자지급 조건이다.

차입금	차입일	차입금액	상환일	연 이자율
특정	20×1.7.1.	₩2,500,000	20×2.8.31.	5%
일반	20×1.1.1.	2,000,000	20×3.12.31.	4%
일반	20×1.7.1.	4,000,000	20×2.12.31.	8%

㈜대한이 동 공사와 관련하여 20×1년에 자본화할 차입원가는 얼마인가? (단, 연평균지출액, 이자수익 및 이자비용은 월할로 계산한다) (CPA 2022)

① ₩73,000　② ₩83,000　③ ₩92,500

④ ₩148,500　⑤ ₩152,500

6 ㈜대한은 건물(유형자산)에 대해서 원가모형을 선택하여 회계처리하고 있고 관련 자료는 다음과 같다.

- ㈜대한은 20×1년 초에 본사 건물(유형자산)을 ₩600,000에 취득하였으며, 내용연수는 6년, 잔존가치는 없고, 감가상각방법은 정액법을 사용한다.
- ㈜대한은 20×1년 말에 보유중인 건물에 대해서 손상징후를 검토한 결과 손상징후가 존재하여 이를 회수가능액으로 감액하고 해당 건물에 대해서 손상차손을 인식하였다.
- 20×1년 말에 건물을 처분하는 경우 처분금액은 ₩370,000, 처분부대원가는 ₩10,000이 발생할 것으로 추정되었다. 20×1년 말에 건물을 계속 사용하는 경우 20×2년 말부터 내용연수 종료시점까지 매년 말 ₩80,000의 순현금유입이 있을 것으로 예상되며, 잔존가치는 없을 것으로 예상된다. 미래 순현금유입액의 현재가치 측정에 사용될 할인율은 연 8%이다. 8%, 5기간 연금현가계수는 3.9927이다.
- 20×2년 초에 건물의 일상적인 수선 및 유지비용(수익적지출)과 관련하여 ₩20,000이 발생하였다. 20×2년 말에 건물이 손상회복의 징후가 있는 것으로 판단되었고, 회수가능액은 ₩450,000으로 추정되고 있다.

㈜대한의 건물 관련 회계처리가 20×2년도 포괄손익계산서의 당기순이익에 미치는 영향은 얼마인가? (단, 단수차이로 인해 오차가 있다면 가장 근사치를 선택한다) (CPA 2020)

① ₩20,000 증가 ② ₩40,000 증가 ③ ₩80,000 증가
④ ₩92,000 증가 ⑤ ₩100,000 증가

7 ㈜세무는 20×1년 1월 1일 사용목적으로 건물(취득원가 ₩2,000,000, 내용연수 10년, 잔존가치 ₩400,000, 정액법 감가상각)을 취득하고 원가모형을 적용하고 있다. 20×2년 말과 20×4년 말 동 건물의 순공정가치와 사용가치가 다음과 같을 때, 20×4년도 손상차손환입액은? (CTA 2020)

구분	20×2년 말	20×4년 말
순공정가치	₩1,200,000	₩1,500,000
사용가치	₩1,400,000	₩1,300,000

① ₩200,000 ② ₩210,000 ③ ₩300,000
④ ₩310,000 ⑤ ₩350,000

8 차량운반구에 대해 재평가모형을 적용하고 있는 ㈜대한은 20×1년 1월 1일에 영업용으로 사용할 차량운반구를 ₩2,000,000(잔존가치: ₩200,000, 내용연수: 5년, 정액법 상각)에 취득하였다. 동 차량운반구의 20×1년 말 공정가치와 회수가능액은 각각 ₩1,800,000으로 동일하였으나, 20×2년 말 공정가치는 ₩1,300,000이고 회수가능액은 ₩1,100,000으로 자산손상이 발생하였다. 동 차량운반구와 관련하여 ㈜대한이 20×2년 포괄손익계산서에 당기비용으로 인식할 총 금액은 얼마인가? (단, 차량운반구의 사용기간 동안 재평가잉여금을 이익잉여금으로 대체하지 않는다) (CPA 2021)

① ₩200,000 ② ₩360,000 ③ ₩400,000
④ ₩540,000 ⑤ ₩600,000

9 투자부동산의 분류에 관한 설명으로 옳지 않은 것은? (CTA 2018)

① 통상적인 영업과정에서 단기간에 판매하기 위하여 보유하지 않고 장기 시세차익을 얻기 위하여 보유하고 있는 토지는 투자부동산으로 분류한다.

② 종업원으로부터 시장가격에 해당하는 임차료를 받고 있는 경우에도 종업원이 사용하는 부동산은 자가사용부동산이며 투자부동산으로 분류하지 않는다.

③ 장래 자가사용할지 또는 통상적인 영업과정에서 단기간에 판매할지를 결정하지 못한 토지는 자가사용부동산이며 투자부동산으로 분류하지 않는다.

④ 건물의 소유자가 그 건물 전체를 사용하는 리스이용자에게 보안과 관리용역을 제공하는 경우에는 당해 건물을 투자부동산으로 분류한다.

⑤ 투자부동산을 개발하지 않고 처분하기로 결정하는 경우에는 그 부동산이 제거될 때까지 투자부동산으로 계속 분류한다.

10 유통업을 영위하는 ㈜대한은 20×1년 1월 1일 건물을 ₩10,000에 취득하였다. 건물의 내용연수는 10년, 잔존가치는 ₩0이며, 정액법으로 상각한다. 다음은 20×1년 초부터 20×2년 말까지의 동 건물에 관한 공정가치 정보이다.

20×1년 초	20×1년 말	20×2년 말
₩10,000	₩10,800	₩8,800

㈜대한이 동 건물을 (A) 원가모형을 적용하는 유형자산과 (B) 재평가모형을 적용하는 유형자산, (C) 공정가치모형을 적용하는 투자부동산으로 분류하여 회계처리하는 경우 20×2년도 당기순이익 크기 순서대로 올바르게 나열한 것은? (단, 손상차손은 고려하지 않으며, 동 건물의 회계처리를 반영하기 전의 20×2년 도 당기순이익은 ₩10,000이라고 가정하며, 재평가모형을 적용하는 경우 재평가잉여금은 건물을 사용함에 따라 이익잉여금에 대체한다고 가정한다) (CPA 2018)

① A > B > C ② A > C > B ③ B > A > C
④ C > B > A ⑤ A > B = C

11 제조업을 영위하는 ㈜세무는 20×1년 4월 1일 시세차익을 위하여 건물을 ₩2,000,000에 취득하였다. 그러나 ㈜세무는 20×2년 4월 1일 동 건물을 자가사용으로 용도를 전환하고 동 일자에 영업지점으로 사용하기 시작하였다. 20×2년 4월 1일 현재 동 건물의 잔존내용연수는 5년, 잔존가치는 ₩200,000이며, 정액법으로 감가상각(월할 상각)한다. 동 건물의 일자별 공정가치는 다음과 같다.

20×1. 12. 31.	20×2. 4. 1.	20×2. 12. 31.
₩2,400,000	₩2,600,000	₩2,200,000

동 건물관련 회계처리가 ㈜세무의 20×2년도 당기순이익에 미치는 영향은? ㈜세무는 투자부동산에 대해서는 공정가치모형을 적용하고 있으며, 유형자산에 대해서는 원가모형을 적용하고 있다. (CTA 2021)

① ₩70,000 감소 ② ₩160,000 감소 ③ ₩200,000 감소
④ ₩40,000 증가 ⑤ ₩240,000 증가

12 20×1년 초 ㈜세무낙농은 우유 생산을 위하여 젖소 5마리(1마리당 순공정가치 ₩5,000,000)를 1마리당 ₩5,200,000에 취득하고 목장운영을 시작하였다. 20×1년 12월 25일에 처음으로 우유를 생산하였으며, 생산된 우유는 전부 1,000리터(ℓ)이다. 생산시점 우유의 1리터(ℓ)당 순공정가치는 ₩10,000이다. 20×1년 12월 27일 ㈜세무낙농은 생산된 우유 중 500리터(ℓ)를 유가공업체인 ㈜대한에 1리터(ℓ)당 ₩9,000에 판매하였다. 20×1년 말 목장의 실제 젖소는 5마리이고, 우유보관창고의 실제 우유는 500리터(ℓ)이다. 20×1년 말 젖소 1마리당 순공정가치는 ₩5,100,000이고 우유 1리터(ℓ)당 순실현가능가치는 ₩11,000이다. 위 거래가 ㈜세무낙농의 20×1년도 포괄손익계산서상 당기순이익에 미치는 영향은? (CTA 2022)

① ₩9,000,000 증가 ② ₩10,000,000 증가 ③ ₩11,000,000 증가
④ ₩12,000,000 증가 ⑤ ₩13,000,000 증가

CHAPTER 07

무형자산

1. 무형자산의 의의
2. 무형자산의 인식
3. 무형자산의 측정
4. 무형자산의 상각
5. 무형자산의 손상과 재평가
6. 무형자산의 제거

보론. 탐사평가자산 및 박토원가

학습목표

- 무형자산의 의의를 이해한다.
- 무형자산의 인식과 측정을 이해한다.
- 무형자산상각을 이해한다.
- 무형자산의 손상과 재평가를 이해한다.

K-IFRS 제1038호 '무형자산'에서는 무형자산의 정의 중에서 '식별가능성'을 강조한다. 식별가능성이란 자산이 분리가능하거나 계약상 권리 또는 기타 법적 권리로부터 발생하는 것을 의미한다. 무형자산의 정의에 식별가능성을 포함시킨 이유를 생각해 보면 무형자산이 유형자산과 다른 가장 큰 차이점이 물리적 실체가 존재하지 않는 불확실성이 높다는 것에서 찾아볼 수 있을 것이다.
무형자산의 정의를 포함해서 무형자산의 의의, 무형자산의 인식과 측정, 무형자산상각방법 및 무형자산의 손상과 재평가 관련 회계처리를 살펴보면서, 무형자산에 대해 심도 있게 학습해 보자.

1. 무형자산의 의의

무형자산(intangible assets)은 물리적 실체는 없지만 식별가능한 비화폐성자산을 말한다. 기업은 경제적 자원을 사용하거나 부채를 부담하여 과학적·기술적 지식, 새로운 공정이나 시스템의 설계와 실행, 라이선스, 지적재산권, 시장에 대한 지식과 상표(브랜드명 및 출판표제 포함) 등의 무형자원을 취득, 개발, 유지하거나 개선한다. 이러한 예로는 컴퓨터 소프트웨어, 특허권, 저작권, 영화필름, 고객목록, 모기지관리용역권, 어업권, 수입할당량, 프랜차이즈, 고객이나 공급자와의 관계, 고객충성도, 시장점유율과 판매권 등이 있다.

무형자산으로 정의되기 위해서 (1) 식별가능성 (2) 자원에 대한 통제 및 (3) 미래 경제적 효익의 존재라는 세 가지 조건을 충족해야 한다. 자산의 일반적 정의인 '과거 사건의 결과로 기업이 통제하고 있고 미래 경제적 효익이 유입될 것으로 기대되는 자원'[1]에 추가하여 물리적 실체가 없는 자산이므로 식별가능성을 무형자산의 정의에 포함시킨 것이다.

1.1 식별가능성

식별가능성(identifiability)이란 자산이 다음 중 하나에 해당하는 경우를 말한다.

① 자산이 분리가능하다.
② 자산이 계약상 권리 또는 기타 법적 권리로부터 발생한다.

우선 자산이 분리가능하다는 것은 기업의 의도와는 무관하게 기업에서 분리하거나 분할할 수 있고, 개별적으로 또는 관련된 계약, 식별가능한 자산이나 부채와 함께 매각, 이전, 라이선스, 임대, 교환할 수 있다는 것을 말한다. 예를 들어, 기업이 보유하는 특정 자산을 다른 기업에게 매각하거나 교환할 수 있다면, 해당 자산은 분리가능하다.

자산이 계약상 권리 또는 기타 법적 권리로부터 발생한다는 것은 그러한 권리가 이전

1 개념체계의 개정으로 자산의 정의는 '과거사건의 결과로 기업이 통제하는 현재의 경제적 자원'이다. 따라서 이전 자산의 정의 중에 '미래 경제적 효익'은 제외되어 있다.

가능한지 여부 또는 기업이나 기타 권리와 의무에서 분리가능한지 여부는 고려하지 않는다는 것을 의미한다. 예를 들어, 회사가 계약을 통해서 독점적 권리가 발생한 경우에 해당 독점적 권리를 타인에게 매각 등 분리가능하지 않더라도 계약상 권리로부터 발생한 것이므로 식별가능성을 충족한다.

1.2 통제

통제(control)란 기업이 기초가 되는 자원에서 유입되는 미래 경제적 효익을 확보할 수 있고 그 효익에 대한 제3자의 접근을 제한할 수 있는 능력을 말한다. 무형자산의 미래 경제적 효익에 대한 통제능력은 일반적으로 법원에서 강제할 수 있는 법적 권리에서 나오지만, 법적 집행가능성이 통제의 필요조건은 아니다.

시장에 대한 지식이나 기술적 지식도 저작권, 계약상의 제약이나 법에 의한 종업원의 기밀유지의무 등과 같이 법적 권리에 의해 보호된다면, 기업은 그러한 지식으로부터 얻을 수 있는 미래 경제적 효익을 통제하고 있는 것이다.

그러나 기업이 숙련된 종업원을 보유하고 있고, 숙련된 기술을 계속 이용할 수 있을 것으로 기대하더라도 종업원의 이직 등으로 종업원으로부터 발생하는 미래 경제적 효익에 대해서 충분한 통제를 가지고 있지 않으므로 무형자산의 정의를 충족하지 못한다. 마찬가지로 기업은 특정 경영능력이나 기술적 재능을 사용하여 미래 경제적 효익을 확보할 수 있고, 고객구성이나 시장점유율에 근거하여 고객관계나 고객충성도를 잘 유지함으로써 미래 경제적 효익을 창출할 것이라고 기대할 수 있다. 그러나 그러한 경영능력이나 고객충성도 등을 지속할 수 있는 법적 권리나 그것을 통제할 방법이 없다면 그로부터 창출될 미래 경제적 효익에 대해서 기업이 충분한 통제를 가지고 있지 않으므로, 무형자산의 정의를 충족하지 못한다.

1.3 미래 경제적 효익

무형자산의 미래 경제적 효익(future economic benefits)은 제품의 매출, 용역수익, 원가절감 또는 자산의 사용에 따른 기타 효익의 형태로 발생할 수 있다. 예를 들면, 제조과정에서 지적재산을 사용하면 미래 수익을 증가시키기 보다는 미래 제조원가를 감소시킬 수 있다.

2. 무형자산의 인식

2.1 최초 인식

무형자산으로 인식하기 위해서는 자산의 정의를 충족하여야 하며, 다음의 인식조건을 모두 충족해야 한다(문단 21).

① 자산에서 발생하는 미래 경제적 효익이 기업에 유입될 가능성이 높다.
② 자산의 원가를 신뢰성 있게 측정할 수 있다.

미래 경제적 효익이 기업에 유입될 가능성은 무형자산의 내용연수 동안의 경제적 상황에 대한 경영자의 최선의 추정치를 반영하는 합리적이고 객관적인 가정에 근거하여 평가하여야 한다. 자산의 사용에서 발생하는 미래 경제적 효익의 유입에 대한 확실성 정도에 대한 평가는 무형자산을 최초로 인식하는 시점에서 이용가능한 증거에 근거하며, 외부 증거에 비중을 더 크게 둔다.

2.2 후속 인식

무형자산의 정의와 인식조건은 무형자산을 취득하거나 내부적으로 창출하기 위하여 최초로 발생한 원가뿐만 아니라 취득이나 완성 후에 증가·대체·수선을 위하여 후속적으로 발생한 원가에도 적용한다.

무형자산의 특성상 자산이 증가하지 않거나 자산의 부분 대체가 이루어지지 않는 경우가 많다. 따라서 대부분의 취득이나 완성 후의 지출은 무형자산의 정의와 인식기준을 충족하기보다는 기존 무형자산이 갖는 미래 경제적 효익을 유지하는 것이 대부분이다. 또한 취득이나 완성 후의 지출을 사업 전체가 아닌 특정 무형자산에 직접 귀속시키기 어려운 경우가 많다. 그러므로 후속지출(예 취득한 무형자산의 최초 인식 후 또는 내부적으로 창출한 무형자산의 완성 후 발생한 지출)이 자산의 장부금액으로 인식되는 경우는 매우 드물다.

3. 무형자산의 측정

무형자산을 최초로 인식할 때에는 원가(cost)로 측정한다. 이때 원가란 자산을 취득하기 위하여 자산의 취득시점이나 건설시점에서 지급한 현금 또는 현금성자산이나 제공한 기타 대가의 공정가치를 말하여, 이는 유형자산의 취득원가와 동일하다.

무형자산의 측정을 취득상황별로 구분해서 살펴보자.

3.1 개별 취득

일반적으로 무형자산을 개별 취득하기 위하여 지급하는 가격은 그 자산이 갖는 기대 미래 경제적 효익이 기업에 유입될 확률에 대한 기대를 반영할 것이다. 즉, 기업은 유입의 시기와 금액이 불확실하더라도 미래 경제적 효익의 유입이 있을 것으로 기대한다. 따라서 개별 취득하는 무형자산은 문단 21①의 발생가능성 인식기준을 항상 충족하는 것으로 본다.

개별 취득하는 무형자산의 취득원가는 유형자산의 취득원가 결정방식과 거의 동일하다. 즉, 구입가격(매입할인과 리베이트를 차감하고, 수입관세와 환급받을 수 없는 제세금 포함)과 자산을 의도한 목적에 사용할 수 있도록 준비하는 데 직접 관련되는 원가로 구성된다.

취득원가에 포함되는 직접 관련원가와 취득원가에서 제외되는 지출의 예는 다음과 같다. 취득원가에서 제외되는 지출은 발생기간에 당기비용으로 처리한다.

직접 관련원가: 무형자산의 원가 구성	비관련 원가: 비용처리
• 무형자산을 사용가능한 상태로 만드는 데 직접적으로 관련되어 발생하는 종업원 급여 • 무형자산을 사용가능한 상태로 만드는 데 직접적으로 발생하는 전문가 수수료 • 무형자산이 적절하게 기능을 발휘하는지 검사하는 데 발생하는 원가	• 새로운 제품이나 용역의 홍보원가(예 광고 및 판매촉진활동 원가 포함) • 새로운 지역이나 새로운 고객층 대상으로 사업을 수행하는 데에서 발생하는 원가(예 교육훈련비 포함) • 관리 및 기타 일반간접원가

한편, 무형자산 취득원가의 인식은 그 자산을 경영자가 의도하는 방식으로 운용될 수 있는 상태에 이르면 중지한다. 따라서 무형자산을 사용하거나 재배치하는 데 발생하는 원가는 무형자산의 장부금액에 포함되지 않는다. 그 예는 다음과 같다.

① 경영자가 의도하는 방식으로 운용될 수 있으나 아직 사용하지 않고 있는 기간에 발생한 원가
② 자산의 산출물에 대한 수요가 확립되기 전까지 발생하는 손실과 같은 초기 영업손실

예제 1 ❙ 무형자산의 개별취득

대박회사는 영업활동에 필요한 소프트웨어를 취득하였으며, 다음과 같은 비용이 발생하였다.

• 총구입가격	₩1,000,000
• 매입할인	100,000
• 소프트웨어 구입에 필요한 전문가 수수료	20,000
• 소프트웨어의 기능 검사비용	15,000
• 소프트웨어 교육훈련비	35,000
• 소프트웨어 오작동으로 인한 초기 영업손실	150,000

물음

소프트웨어의 취득원가를 계산하시오.

풀이

소프트웨어 취득원가 = ₩1,000,000 - 100,000 + 20,000 + 15,000 = ₩935,000
소프트웨어 교육훈련비는 취득과 비관련 원가로 당기비용으로 처리한다.
소프트웨어 오작동으로 인한 초기 영업손실은 소프트웨어를 사용하면서 발생하는 원가이기 때문에 무형자산 장부금액에 포함되지 않는다.

3.2 사업결합으로 인한 취득[2]

사업결합으로 취득하는 무형자산의 원가는 K-IFRS 제1103호 '사업결합'에 따라 취득일 공정가치로 한다. 또한 사업결합으로 취득한 무형자산이 정의와 인식조건을 충족한다면 사업결합 전에 그 자산을 피취득자가 인식하였는지 여부에 관계없이 취득자는 취득일에 피취득자의 무형자산을 영업권과 분리하여 인식한다. 예를 들면, 무형자산으로 인식하지 않은 연구 프로젝트가 무형자산의 정의와 인식조건을 충족한다면 이를 영업권과 분리하여 별도의 무형자산으로 인식한다.

2 사업결합 회계처리는 고급회계에서 자세히 다룬다.

사업결합으로 취득하는 무형자산은 인식조건 중 미래 경제적 효익의 유입가능성이 높을 것으로 항상 간주한다. 무형자산의 공정가치는 취득일에 그 자산이 갖는 미래 경제적 효익이 기업에 유입될 확률에 대한 시장참여자의 기대를 반영할 것이며, 유입의 시기와 금액이 불확실하더라도 미래 경제적 효익의 유입이 있을 것으로 기대한다고 볼 수 있다.

또한 사업결합으로 취득하는 무형자산은 인식조건 중 신뢰성 있는 측정 기준을 충족하는 것으로 항상 간주된다. 사업결합으로 취득하는 자산이 분리가능하거나 계약상 또는 기타 법적 권리에서 발생한다면, 그 자산의 공정가치를 신뢰성 있게 측정하기에 충분한 정보가 존재한다고 볼 수 있다.

3.3 정부보조에 의한 취득[3]

정부보조로 무형자산을 무상이나 낮은 대가로 취득할 수 있다. 예를 들면, 정부가 공항 착륙권, 라디오나 텔레비전 방송국 운영권, 수입면허 또는 수입할당이나 기타 제한된 자원을 이용할 수 있는 권리를 기업에게 이전하거나 할당하는 경우이다.

K-IFRS 제1020호 '정부보조금의 회계처리와 정부지원의 공시'에 따라 무형자산과 정부보조금 모두를 최초에 공정가치로 인식할 수 있다. 정부보조로 취득한 무형자산을 최초에 공정가치로 인식하지 않기로 선택하는 경우에는, 대체적인 방법으로 명목상 금액과 자산을 의도한 용도로 사용할 수 있도록 준비하는 데 직접 관련되는 지출을 합한 금액으로 인식한다.

예를 들어, 공정가치가 ₩100,000인 공항시설 사용권을 ₩40,000에 취득하면서 직접 관련원가로 ₩5,000을 지출하였다고 가정한다. 공정가치와 명목상 금액의 회계처리는 다음과 같다.

〈공정가치 회계처리〉

(차변)	공항시설사용권	105,000	(대변)	이연보조금수익	60,000
				현 금	45,000

〈명목상 금액 회계처리〉

(차변)	공항시설사용권	45,000	(대변)	현 금	45,000

3 제6장 3.2(7)절 '정부보조에 의한 취득'에서 자세히 설명한다.

3.4 교환에 의한 취득[4]

하나 이상의 무형자산을 하나 이상의 비화폐성자산 또는 화폐성자산과 비화폐성 자산이 결합된 대가와 교환하여 취득하는 경우가 있다. 취득한 자산이나 제공한 자산의 공정가치를 신뢰성 있게 측정할 수 있다면, 취득한 자산의 공정가치가 더 명백한 경우를 제외하고는 취득한 자산의 원가를 제공한 자산의 공정가치로 측정한다. 그리고 취득원가와 제공한 자산의 장부금액의 차이를 무형자산처분손익으로 인식한다.

다만, 자산의 교환거래에 상업적 실질이 결여되어 있다면 제공한 자산의 장부금액을 취득원가로 측정함으로써 교환으로 인한 무형자산처분손익을 인식하지 않는다. 이러한 회계처리는 취득한 자산과 제공한 자산의 공정가치를 모두 신뢰성 있게 측정할 수 없는 경우에도 적용한다.

3.5 내부적으로 창출한 영업권

사업결합 과정에서 취득기업의 이전대가가 피취득기업의 순자산의 공정가치를 초과하는 경우에 영업권을 무형자산으로 인식한다. 그러나 내부적으로 창출한 영업권은 자산으로 인식하지 아니한다. 내부적으로 창출한 영업권은 원가를 신뢰성 있게 측정할 수 없고 기업이 통제하고 있는 식별가능한 자원이 아니기 때문에(즉, 분리가능하지 않고 계약상 또는 기타 법적 권리로부터 발생하지 않기 때문에) 자산으로 인식하지 아니한다.

또한 내부적으로 창출한 브랜드, 제호, 출판표제, 고객목록과 이와 실질이 유사한 항목은 사업을 전체적으로 개발하는 데 발생한 원가와 구별할 수 없으므로 무형자산으로 인식하지 아니한다.

4 제6장 3.2(5)절 '교환에 의한 취득'에서 자세히 설명한다.

3.6 내부적으로 창출한 무형자산(개발비)

(1) 연구단계와 개발단계의 구분

내부적으로 창출한 무형자산이 인식기준을 충족하는지를 평가하는 것은 다음의 이유 때문에 용이하지 않다.

① 기대 미래 경제적 효익을 창출한 식별가능한 자산이 있는지와 시점을 파악하기 어렵다.
② 자산의 원가를 신뢰성 있게 결정하는 것이 어렵다.

따라서 내부적으로 창출한 무형자산이 인식기준을 충족하는지를 평가하기 위하여 무형자산의 창출과정을 '연구단계'와 '개발단계'로 구분한다. K-IFRS 제1038호 '무형자산'에서 연구와 개발을 다음 〈표 7-1〉과 같이 정의한다.

표 7-1 연구와 개발의 정의

구분	정의
연구	새로운 과학적, 기술적 지식이나 이해를 얻기 위해 수행하는 독창적이고 계획적인 탐구활동
개발	상업적인 생산이나 사용 전에 연구결과나 관련 지식을 새롭거나 현저히 개량된 재료, 장치, 제품, 공정, 시스템이나 용역의 생산을 위한 계획이나 설계에 적용하는 활동

(2) 연구단계와 개발단계의 회계처리

연구(또는 내부 프로젝트의 연구단계)에서 발생하는 지출은 무형자산이 아닌 발생시점에 비용으로 인식한다. 개발단계는 연구단계보다 훨씬 더 진전되어 있는 상태이기 때문에 무형자산을 식별할 수 있으며, 그 무형자산이 미래 경제적 효익을 창출할 것임을 제시할 수 있는 경우에 무형자산을 인식한다. K-IFRS 제1038호 '무형자산'에서는 다음 사항을 모두 제시하는 경우에만 개발활동(또는 내부 프로젝트의 개발단계)에서 무형자산을 인식한다.

① 무형자산을 사용하거나 판매하기 위해 그 자산을 완성할 수 있는 기술적 실현가능성
② 무형자산을 완성하여 사용하거나 판매하려는 기업의 의도
③ 무형자산을 사용하거나 판매할 수 있는 기업의 능력
④ 무형자산이 미래 경제적 효익을 창출하는 방법(그 중에서도 특히 무형자산의 산출물이나 무형자산 자체를 거래하는 시장이 존재함을 제시할 수 있거나 또는 무형자산을 내부적으로 사용할 것이라면 그 유용성을 제시할 수 있다)
⑤ 무형자산의 개발을 완료하고 그것을 판매하거나 사용하는 데 필요한 기술적, 재정적 자원 등의 입수가능성
⑥ 개발과정에서 발생한 무형자산 관련 지출을 신뢰성 있게 측정할 수 있는 기업의 능력

K-IFRS 제1038호 '무형자산'에서 제시한 연구활동과 개발활동의 예는 다음과 같다. 단, 연구단계와 개발단계를 구분할 수 없는 경우에는 발생한 지출을 모두 연구단계에서 발생한 것으로 본다. 연구개발 활동과 관련된 특정 지출이 무형자산의 인식기준을 충족하지 못하여 이를 비용으로 인식하였다면, 이후 무형자산의 인식기준을 충족하더라도 과거에 비용으로 인식했던 금액을 무형자산의 원가로 인식할 수 없다.

연구활동	개발활동
• 새로운 지식을 얻고자 하는 활동 • 연구결과나 기타 지식을 탐색, 평가, 최종 선택, 응용하는 활동 • 재료, 장치, 제품, 공정, 시스템이나 용역에 대한 여러 가지 대체안을 탐색하는 활동 • 새롭거나 개선된 재료, 장치, 제품, 공정, 시스템이나 용역에 대한 여러 가지 대체안을 제안, 설계, 평가, 최종 선택하는 활동	• 생산이나 사용 전의 시제품과 모형을 설계, 제작, 시험하는 활동 • 새로운 기술과 관련된 공구, 지그(jigs), 주형(moulds), 금형(dies) 등을 설계하는 활동 • 상업적 생산 목적으로 실현가능한 경제적 규모(유형자산)가 아닌 시험공장을 설계, 건설, 가동하는 활동 • 신규 또는 개선된 재료, 장치, 제품, 공정, 시스템이나 용역에 대하여 최종적으로 선정된 안을 설계, 제작, 시험하는 활동

(3) 내부적으로 창출한 무형자산의 원가

내부적으로 창출한 무형자산의 취득원가에 포함되는 항목과 무형자산의 인식조건을 충족하지 못하여 발생시점의 비용으로 인식하는 항목을 요약하면 다음과 같다.

내부창출 무형자산의 취득원가에 포함	내부창출 무형자산의 취득원가에서 제외: 비용처리
• 무형자산의 창출에 사용되었거나 소비된 재료원가, 용역원가 등 • 무형자산의 창출을 위하여 발생한 종업원 급여 • 법적 권리를 등록하기 위한 수수료 • 무형자산의 창출에 사용된 특허권과 라이선스의 상각비 • 무형자산의 내부창출에 직접 관련된 차입원가	• 판매비, 관리비 및 기타 일반 간접 지출(다만, 자산을 의도한 용도로 사용할 수 있도록 준비하는 데 직접 관련된 경우는 제외한다.) • 자산이 계획된 성과를 달성하기 전에 발생한 명백한 비효율로 인한 손실과 초기 영업손실 • 자산을 운용하는 직원의 교육훈련과 관련된 지출

예제 2 ❙ 내부적으로 창출한 무형자산

다음은 대박바이오가 새로운 백신 개발을 위하여 수행한 프로젝트와 관련하여 당기(20×1.1.1~6.30)에 발생한 지출 내역이다. 개발단계에서 발생한 비용은 무형자산의 인식조건을 모두 충족한다. 연구단계와 개발단계를 구분할 수 없는 연구원 급여 ₩200,000과 원재료 투입액 ₩100,000은 포함되어 있지 않다. 단, 연구원 급여는 현금 지출하였다.

지출내역	연구단계에서 발생	개발단계에서 발생
급여	₩300,000	₩600,000
원재료	150,000	300,000
라이선스 상각비	40,000	80,000
계	₩490,000	₩980,000

물음

대박바이오의 연구단계와 개발단계에서 발생한 지출을 분개하시오.

풀이

〈연구비 인식〉

(차변)	연구비	790,000❶	(대변)	현금	500,000
				원재료	250,000
				상각누계액	40,000

❶ 연구단계와 개발단계를 구분할 수 없는 비용은 연구단계에서 발생한 것으로 보고 회계처리한다.

〈개발비 인식〉

(차변)	개발비	980,000	(대변)	현금	600,000
				원재료	300,000
				상각누계액	80,000

3.7 웹 사이트 원가

내부 또는 외부 접근을 위한 기업 자체의 웹 사이트의 개발과 운영에 내부 지출이 발생할 수 있다. 웹 사이트는 내부적으로 창출한 무형자산이다. 내부에서 창출한 웹 사이트가 무형자산의 인식조건을 충족하고, 개발단계에서 발생한 지출이 무형자산으로 인식되기 위해서 갖추어야 할 6가지 사항을 모두 제시할 수 있는 경우에만 무형자산으로 인식한다.

한편, 기업이 주로 자체의 재화와 용역의 판매촉진과 광고를 위해 웹 사이트를 개발한 경우에는 그 웹 사이트가 어떻게 미래 경제적 효익을 창출할지를 제시할 수 없다. 따라서 이러한 웹 사이트 개발에 대한 모든 지출은 발생시점에 비용으로 인식한다.

4. 무형자산의 상각

4.1 내용연수

유형자산을 감가상각(depreciation)하는 것처럼, 무형자산도 상각(amortisation)을 통해서 비용화한다. 다만, 내용연수가 유한한(finite) 무형자산만 상각하고, 내용연수가 비한정인(indefinite) 무형자산은 상각을 하지 않는다. 이때 비한정은 무한(infinite)을 의미하는 것이 아니라, 모든 관련요소를 분석한 결과 내용연수를 결정할 수 없다는 것을 의미한다. 따라서 내용연수가 비한정인 무형자산(예를 들어, 사업결합 시 발생하는 영업권)은 상각하지 않고 최소한 매 회계연도마다 또는 손상이 발생했다고 판단할 만한 징후가 있는 경우에 손상검사를 통해 손상차손 회계처리한다.[5]

5 상각하지 않는 무형자산에 대하여 사건과 상황이 그 자산의 내용연수가 비한정이라는 평가를 계속하여 정당화하는지를 매 회계기간에 검토한다. 사건과 상황이 그러한 평가를 정당화하지 않

무형자산의 내용연수를 결정하기 위해서 다음과 같은 요인을 포함하여 종합적으로 고려한다.

① 기업이 예상하는 자산의 사용방식과 자산이 다른 경영진에 의하여 효율적으로 관리될 수 있는지 여부
② 자산의 일반적인 제품수명주기와 유사한 방식으로 사용되는 자산들의 내용연수 추정치에 관한 공개된 정보
③ 기술적, 공학적, 상업적 또는 기타 유형의 진부화
④ 자산이 운용되는 산업의 안정성과 자산으로부터 산출되는 제품이나 용역의 시장수요 변화
⑤ 기존 또는 잠재적인 경쟁자의 예상 전략
⑥ 예상되는 미래 경제적 효익의 획득에 필요한 자산 유지비용의 수준과 그 수준의 비용을 부담할 수 있는 능력과 의도
⑦ 자산의 통제가능 기간과 자산사용에 대한 법적 또는 이와 유사한 제한(예 관련된 리스의 만기일)
⑧ 자산의 내용연수가 다른 자산의 내용연수에 의해 결정되는지의 여부

계약상 권리 또는 기타 법적 권리로부터 발생하는 무형자산의 내용연수는 그러한 계약상 권리 또는 기타 법적 권리의 기간을 초과할 수는 없지만, 자산의 예상사용기간에 따라 더 짧을 수는 있다. 만약 계약상 또는 기타 법적 권리가 갱신가능한 한정된 기간 동안 부여된다면, 유의적인 원가 없이 기업에 의해 갱신될 것이 명백한 경우에만 그 갱신기간을 무형자산의 내용연수에 포함한다.

4.2 무형자산의 상각 회계처리

무형자산의 상각은 유형자산의 감가상각과 유사하다. 내용연수가 유한한 무형자산의 상각대상금액은 내용연수 동안 체계적인 방법으로 배분한다. 상각대상금액이란 취득원가에서 잔존가치를 차감한 금액을 말하는데, 내용연수가 유한한 무형자산의 잔존가치는 다음 중 하나에 해당하는 경우를 제외하고는 영(₩0)으로 본다.

는 경우에 비한정 내용연수를 유한 내용연수로 변경하는 것은 회계추정의 변경으로 회계처리한다. 이와 같이 비한정 내용연수를 유한 내용연수로 재평가하는 것은 그 자산의 손상을 시사하는 하나의 징후가 된다. 따라서 그 자산에 대한 손상검사를 하고, 회수가능액을 초과하는 장부금액을 손상차손으로 인식한다(1038:109~110).

① 내용연수 종료시점에 제3자가 자산을 구입하기로 한 약정이 있다.
② 무형자산의 활성시장[6]이 있고 다음을 모두 충족한다.
㉠ 잔존가치를 그 활성시장에 기초하여 결정할 수 있다.
㉡ 그러한 활성시장이 내용연수 종료 시점에 존재할 가능성이 높다.

무형자산의 상각방법은 자산의 경제적 효익이 소비되는 형태를 반영하여 정액법, 체감잔액법, 생산량비례법 중에서 선택하고, 예상되는 그 소비형태가 변하지 않는다면 매 회계기간에 일관성(consistency) 있게 적용한다. 다만, 소비되는 형태를 신뢰성 있게 결정할 수 없는 경우에는 정액법을 사용한다. 차변에 무형자산상각비(amortisation expense)를 당기비용으로 인식한다. 대변에는 무형자산의 차감계정인 상각누계액(accumulated amortisation)을 기록한다.

〈무형자산상각비 인식〉

(차변)	무형자산상각비	×××	(대변)	상 각 누 계 액	×××

무형자산의 상각은 자산이 사용가능한 때부터(즉, 자산이 경영자가 의도하는 방식으로 운영할 수 있는 위치와 상태에 이르렀을 때부터) 시작하고, 매각예정으로 분류되거나 재무상태표에서 제거되는 때 중지한다.

예제 3 ▌ 무형자산의 상각

(예제 2)에 이어서, 대박바이오는 20×1년 7월 1일에 새로운 백신 개발을 완료하고 개발단계에서 지출한 ₩980,000에 대해 5년에 걸쳐 정액법으로 상각하기로 하였다. 해당 백신 개발과 관련하여 제3자가 이를 구입하기로 약정하거나 관련 활성시장은 없다.

6 활성시장이란 지속적으로 가격결정 정보를 제공하기에 충분할 정도의 빈도와 규모로 자산이나 부채를 거래하는 시장을 말한다(K-IFRS 제1113호).

물음

20×1년 12월 31일 결산일에 필요한 수정분개를 하시오.

풀이

〈20×1. 12. 31.〉

(차변)	무형자산상각비	98,000❶	(대변)	상각누계액	98,000

❶ ₩980,000 ÷ 5년 × (6/12개월) = ₩98,000

5. 무형자산의 손상과 재평가

내용연수가 비한정인 무형자산뿐만 아니라 상각하는 무형자산에 대해서도 손상이 발생했다고 판단할 만한 징후가 있는 경우에 손상검사를 통해 '손상차손(impairment loss)' 회계처리한다. 즉, 내용연수가 유한한 무형자산에 대해서는 매 회계연도마다 손상검사를 제외한다.

무형자산도 유형자산과 마찬가지로 원가모형(cost model)과 재평가모형(revaluation model) 중 한 가지 방법을 선택할 수 있다. 재평가모형을 적용하는 경우 재평가 목적상 공정가치는 활성시장을 기초로 하여 측정한다. 보고기간 말에 자산의 장부금액이 공정가치와 중요하게 차이가 나지 않도록 주기적으로 재평가를 실시한다. 재평가모형을 적용하는 경우에 다음 사항을 허용하지 않는다.

① 이전에 자산으로 인식하지 않은 무형자산의 재평가
② 원가가 아닌 금액으로 무형자산을 최초로 인식

무형자산의 손상과 재평가 관련 회계처리는 유형자산 회계처리에 준하여 처리한다.

6. 무형자산의 제거

무형자산은 처분하는 때와 사용이나 처분으로부터 미래 경제적 효익이 기대되지 않을 때 재무상태표에서 제거한다. 순매각금액(처분비용 차감 후의 매각대금)과 장부금액의 차이는 무형자산처분손익(gain or loss on disposal of intangible assets)으로 회계처리하며, 당기손익으로 인식한다. 또한 회계기간 중에 무형자산을 처분하는 경우 처분 시점까지 상각비를 우선 인식한 후에 처분 관련 회계처리를 한다.

예제 4 | 무형자산의 처분

(예제 3)에 이어서, 대박바이오는 20×2년 4월 1일에 백신 기술을 비상제약에 ₩1,000,000 현금을 받고 매각하였다.

물음

무형자산 처분과 관련한 분개를 하시오.

풀이

〈20×2. 4. 1.〉

(차변)	무형자산상각비	49,000❶	(대변)	상각누계액	49,000
(차변)	현금	1,000,000	(대변)	개발비	980,000
	상각누계액	147,000❷		무형자산처분이익	167,000❸

❶ ₩980,000 ÷ 5년 × (3/12개월) = ₩49,000

❷ 20×1년도와 20×2년도 무형자산상각비 각각 ₩98,000과 ₩49,000의 합계

❸ ₩1,000,000 − (980,000 − 147,000) = ₩167,000

보론 I 탐사평가자산 및 박토원가

1. 탐사평가자산

1.1 탐사평가자산의 의의

석유나 천연가스 등 광물자원을 개발하기 위해서 광물자원에 대한 탐사와 평가가 이루어져야 한다. 탐사와 평가 과정에서 발생한 지출을 기업의 회계정책에 따라 자산으로 인식한 것을 탐사평가자산(exploration and evaluation assets)이라고 한다. 광물자원 추출에 대한 기술적 실현가능성과 상업화가능성을 제시할 수 있는 시점에는 더 이상 탐사평가자산으로 분류하지 아니한다. 탐사평가자산을 재분류하기 전에 손상을 검토하여 손상차손을 인식한다. 이를 도식화하면 다음 [그림 7-1]과 같다.

[그림 7-1] 광물자원의 탐사와 평가

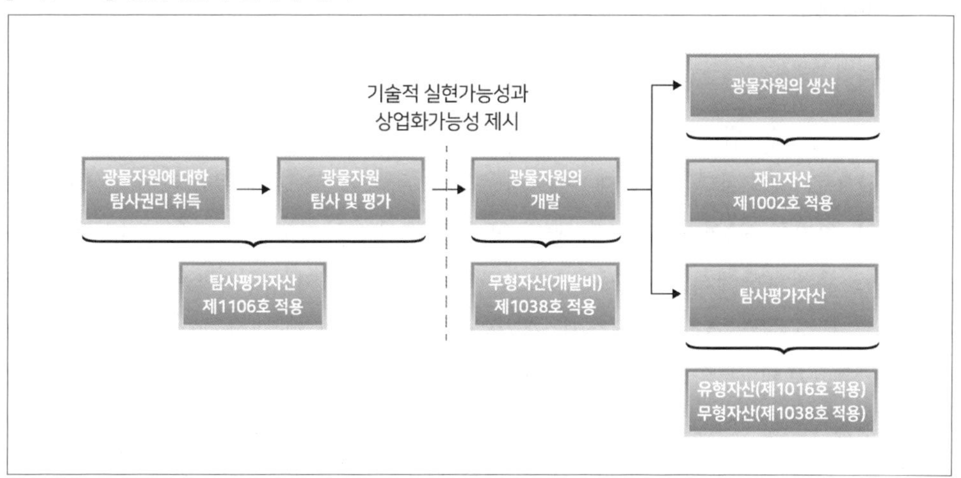

[그림 7-1]에서 보는 바와 같이 K-IFRS 제1106호 '광물자원의 탐사와 평가'가 적용될 때는 광물자원에 대한 탐사권리를 취득하고, 광물자원을 탐사하고 평가할 때이다. 그 이후에 광물자원에 대한 기술적 실현가능성과 상업화가능성을 제시할 수 있는 시점에는 내부프로젝트의 개발단계로 전환된다. 그리고 광물자원을 생산하고 판매하기 시작하는 시점에는 재고자산으로 회계처리하게 된다.

1.2 탐사평가자산의 최초 측정

탐사평가자산으로 인식되는 지출에 대한 회계정책을 결정하여 계속 적용한다.7 이러한 결정을 할 때 해당 지출이 특정 광물자원의 발견과 어느 정도 관련되는지를 고려한다. 탐사평가자산을 최초로 측정할 때 포함할 수 있는 지출의 예는 다음과 같다.

① 탐사 권리의 취득
② 지형학적, 지질학적, 지구화학적 및 지구물리학적 연구
③ 탐사를 위한 시추
④ 굴착
⑤ 표본추출
⑥ 광물자원 추출의 기술적 실현가능성과 상업화가능성에 대한 평가와 관련된 활동8

1.3 탐사평가자산의 후속 측정

탐사평가자산은 그 성격에 따라 유형자산이나 무형자산으로 분류하고 이 분류를 일관되게 적용한다. 탐사평가자산은 무형자산(예 시추권)이나 유형자산(예 차량운반구, 시추장비)으로 처리된다. 무형자산을 개발하기 위하여 소모된 유형자산 금액은 무형자산의 원가를 구성한다. 그러나 무형자산을 개발하기 위하여 유형자산을 사용하더라도 유형자산에서 무형자산으로 변경되는 것은 아니다. 광물자원의 탐사와 평가를 수행한 결과로 특정기간에 제거와 복구 의무가 발생한 때에는 K-IFRS 제1037호 '충당부채, 우발부채, 우발자산'에 따라 의무를 인식한다.

탐사평가자산을 인식한 후에는 원가모형이나 재평가모형을 적용한다. 재평가모형을 적용하는 경우에는 자산의 분류(유형자산 또는 무형자산)와 일관되게 K-IFRS 제1016호 '유형자산' 또는 K-IFRS 제1038호 '무형자산'의 재평가모형을 적용한다.

탐사평가자산의 장부금액이 회수가능액을 초과할 수 있는 사실이나 상황이 나타

7 성공한 탐사 및 평가와 관련된 지출만 자산으로 인식하는 성공원가법(successful efforts method)과 성공 여부와 관계없이 모든 지출을 자산으로 인식하는 전부원가법(full costing method) 등이 있으나 국제회계기준은 특정 회계처리방법을 제시하지 않고 있다.

8 광물자원의 개발과 관련된 지출은 탐사평가자산으로 인식하지 않는다(1106:10).

나면 손상여부를 검토하여 손상차손을 인식한다. 손상가능성이 있는 탐사평가자산을 식별하는 경우에는 K-IFRS 제1036호 '자산손상'의 손상징후 규정을 적용하지 않고, 다음과 같은 별도의 사실이나 상황을 검토하여 적용한다.

① 특정지역 탐사에 대한 권리의 보유기간이 당기 중 만료되었거나 가까운 미래에 만료될 예정이고 갱신될 가능성이 없는 경우
② 특정지역 광물자원의 추가적 탐사와 평가를 위한 중요한 지출에 대한 예산이 편성되지 아니하거나 계획되지 아니한 경우
③ 특정지역 광물자원의 탐사와 평가를 통하여 상업적으로 실행가능한 수량의 광물자원을 발견하지 못하였고 그 지역에 대한 탐사와 평가 활동을 중단하기로 결정한 경우
④ 특정지역을 개발할 가능성이 있더라도 탐사평가자산의 장부금액이 개발의 성공이나 판매로 전액 회수되지 아니할 수 있다는 충분한 자료가 있는 경우

2. 박토원가

2.1 박토원가의 의의

노천채광작업에서는 광상(mineral ore deposit)에 접근하기 위하여 광산폐석(표토층) 제거가 필요한데, 이러한 폐석 제거활동을 박토(stripping)라고 한다. 일반적으로 광산의 개발단계에서 표토층을 제거하는 활동이 필요하나 생산단계가 시작된 이후에도 계속적으로 표토층을 제거하고 박토원가를 발생시킬 수도 있다.

개발단계에서 박토원가는 광산의 개발 및 건설 관련 감가상각가능 원가의 일부로 보통 자본화된다. 자본화된 원가는 생산이 시작되면 체계적인 방법(보통 생산량비례법을 사용)에 따라 감가상각하거나 상각한다.

생산단계에서 박토로 제거되는 물질은 반드시 100% 폐석은 아니며, 종종 광석과 폐석이 혼재되어 있을 것이다. 폐석 대비 광석의 비율은 경제성이 없는 저품위에서 수익성 있는 고품위까지 분포할 수 있다. 폐석 대비 광석의 비율이 낮은 표토층을 제거함으로써 유용한 물질을 생산하여 재고자산 생산에 사용될 수 있다. 이러한 제거로 폐석 대비 광석의 비율이 더 높고 더 깊은 물질층에 접근할 수도 있을 것이다. 따라서 박토활동으로 기업은 두 가지 효익을 얻을 수 있다. 즉, 재고자산

을 생산하는 데 사용될 수 있는 유용한 광석을 얻고, 미래 기간에 채광될 수 있는 물질의 추가 물량에 대한 접근이 개선될 수 있다.

2.2 박토원가의 인식

박토활동에서 발생하는 효익이 생산된 재고자산의 형태로 실현되는 정도까지는 박토활동원가를 재고자산으로 인식한다. 또한 다음 기준을 충족하면 박토활동에서 발생하는 효익이 광석에 대한 접근을 개선하는 정도까지는 이 박토활동원가를 비유동자산인 박토활동자산(stripping activity assets)으로 인식한다.

① 박토활동과 관련된 미래 경제적 효익(광채에 대한 접근의 개선)이 기업에 유입될 가능성이 높다.
② 접근이 개선된 광체의 구성요소를 식별할 수 있다.
③ 그 구성요소와 관련된 박토활동의 원가를 신뢰성 있게 측정할 수 있다.

광체의 구성요소란 박토활동으로 접근하기 쉬워진 광체의 특정한 양을 말한다. 광체의 식별된 구성요소는 보통 광산의 전체 광체 중 일부이다. 광체의 구성요소를 식별하는 것은 인식단계에서 원가를 신뢰성 있게 측정하기 위한 기준을 제공하는 것뿐만 아니라, 광체의 식별된 구성요소의 채광에 따른, 박토활동자산의 후속적인 감가상각이나 상각을 위해서도 필요하다.

박토활동자산은 기존 자산에 부가되거나 기존 자산을 보강한 것으로 회계처리한다. 즉, 박토활동자산을 기존 자산의 성격에 따라 유형자산 또는 무형자산으로 분류하여 기존 자산의 일부로 회계처리한다.

2.3 박토원가의 최초 측정

박토활동자산은 최초에 원가로 측정한다. 이 원가는 광체의 식별된 구성요소에 대한 접근을 개선하는 박토활동을 수행하기 위해 직접 발생한 원가의 누계액에 직접 관련되는 간접원가 배분액을 더한 금액이다. 생산 관련 박토활동을 계획대로 계속하기 위해 필요한 것은 아니나 일부 부수적인 작업이 생산 관련 박토활동과 동시에 수행될 수도 있다. 이러한 부수적인 작업과 관련된 원가는 박토활동자산의 원가에 포함하지 않는다.

앞서 언급한 것처럼 생산단계에서 박토활동을 통해서 광석을 채취하는 것과 미래 기간에 광체에 대한 접근도 개선할 수 있다. 이때 박토활동원가 중 박토활동자산의 원가와 생산된 재고자산의 원가를 별도로 식별할 수 없는 경우, 관련된 생산측정치를 기초로 한 배분 기준을 이용하여 생산 관련 박토원가를 생산된 재고자산과 박토활동자산에 배분한다.

2.4 박토원가의 후속 측정

박토활동자산의 최초인식 후, 기존 자산의 일부를 구성하는 박토활동자산은 그 기존 자산과 같은 방법으로 원가 또는 재평가금액에서 감가상각비 또는 상각비와 손상차손을 차감한 금액을 장부금액으로 한다. 박토활동의 결과로 보다 더 접근하기 쉬워진, 광체의 식별된 구성요소의 예상내용연수에 걸쳐 체계적인 방법에 따라 박토활동자산을 감가상각하거나 상각한다. 다른 방법이 더 적절하지 않다면 생산량비례법을 적용한다.

SUMMARY & CHECK

무형자산의 의의

- 무형자산은 물리적 실체는 없지만 식별가능한 비화폐성자산을 말한다.
- 무형자산으로 정의되기 위해서 (1) 식별가능성 (2) 자원에 대한 통제 및 (3) 미래 경제적 효익의 존재라는 세 가지 조건을 충족해야 한다.
- 자산이 분리가능하거나, 계약상 권리 또는 기타 법적 권리로부터 발생하는 경우 식별가능하다.

무형자산의 인식

- 무형자산으로 인식하기 위해서는 자산의 정의를 충족하여야 하며, 미래 경제적 효익의 유입가능성과 신뢰성 있는 측정가능성의 인식조건을 모두 충족해야 한다.
- 무형자산의 정의와 인식조건은 무형자산을 취득하거나 내부적으로 창출하기 위하여 최초로 발생한 원가뿐만 아니라 취득이나 완성 후에 증가 · 대체 · 수선을 위하여 후속적으로 발생한 원가에도 적용한다.

무형자산의 측정

- 무형자산을 최초로 인식할 때에는 원가로 측정한다.
- 무형자산의 정의와 인식조건은 무형자산을 취득하거나 내부적으로 창출하기 위하여 최초로 발생한 원가뿐만 아니라 취득이나 완성 후에 증가 · 대체 · 수선을 위하여 후속적으로 발생한 원가에도 적용한다.
- 내부적으로 창출한 무형자산이 인식기준을 충족하는지를 평가하기 위하여 무형자산의 창출과정을 '연구단계'와 '개발단계'로 구분한다.
- 내부 또는 외부 접근을 위한 기업 자체의 웹 사이트는 내부적으로 창출한 무형자산이다.

무형자산의 상각

- 내용연수가 유한한 무형자산만 상각하고, 내용연수가 비한정인 무형자산은 상각을 하지 않는다.
- 무형자산의 소비되는 형태를 신뢰성 있게 결정할 수 없는 경우에는 정액법을 사용한다.

무형자산의 손상과 재평가

- 내용연수가 비한정인 무형자산뿐만 아니라 상각하는 무형자산에 대해서도 손상이 발생했다고 판단할 만한 징후가 있는 경우에 손상검사를 통해 '손상차손' 회계처리한다.
- 무형자산은 원가모형과 재평가모형 중 한 가지 방법을 선택할 수 있다.

무형자산의 제거

- 무형자산은 처분하는 때와 사용이나 처분으로부터 미래 경제적 효익이 기대되지 않을 때 재무상태표에서 제거한다.

OX QUIZ

1 자산이 계약상 권리 또는 기타 법적 권리로부터 발생한다는 것은 그러한 권리가 이전가능한지 여부 또는 기업이나 기타 권리와 의무에서 분리가능한지 여부는 고려하지 않는다는 것을 의미한다.

2 무형자산의 미래 경제적 효익에 대한 통제능력은 일반적으로 법원에서 강제할 수 있는 법적 권리에서 나오기 때문에 법적 집행가능성이 통제의 필요조건이다.

3 기업이 숙련된 종업원을 보유하고 있고, 숙련된 기술을 계속 이용할 수 있을 것으로 기대하더라도 무형자산의 정의를 충족하지 못한다.

4 자산의 사용에서 발생하는 미래 경제적 효익의 유입에 대한 확실성 정도에 대한 평가는 무형자산을 최초로 인식하는 시점에서 이용가능한 외부 증거에 비중을 더 크게 둔다.

5 무형자산의 후속지출이 자산의 장부금액으로 인식되는 경우는 매우 드물다.

6 일반적으로 무형자산을 개별 취득하는 경우 기업은 유입의 시기와 금액이 불확실하더라도 미래 경제적 효익의 유입이 있을 것으로 기대한다.

7 사업결합으로 취득하는 무형자산은 인식조건 중 미래 경제적 효익의 유입가능성이 높고 신뢰성 있는 측정 기준을 충족할 것으로 항상 간주한다.

8 정부보조금으로 무형자산을 취득한 경우에 무형자산과 정부보조금 모두를 최초에 공정가치로만 인식해야 한다.

9 교환으로 무형자산을 취득한 경우에 우선적으로 취득한 자산의 원가를 취득한 자산의 공정가치로 측정한다.

10 내부적으로 창출한 영업권은 자산으로 인식하지 아니한다.

11 내부적으로 창출한 브랜드, 제호, 출판표제, 고객목록과 이와 실질이 유사한 항목은 무형자산으로 인식한다.

12 연구단계와 개발단계를 구분할 수 없는 경우에는 발생한 지출을 모두 개발단계에서 발생한 것으로 본다.

13 기업이 주로 자체의 재화와 용역의 판매촉진과 광고를 위해 웹 사이트를 개발한 경우에 웹 사이트 개발에 대한 모든 지출은 발생시점에 비용으로 인식한다.

14 내용연수가 비한정인 무형자산은 상각하지 않고, 손상차손도 인식하지 않는다.

15 유의적인 원가 없이 기업에 의해 계약상 권리가 갱신될 것이 명백한 경우에는 그 갱신기간을 무형자산의 내용연수에 포함한다.

16 이전에 자산으로 인식하지 않은 무형자산의 경우에도 재평가모형을 적용하여 재평가를 실시할 수 있다.

17 무형자산의 순매각금액과 장부금액의 차이는 무형자산처분손익으로 회계처리한다.

Multiple-choice Questions

1 무형자산에 관한 설명 중 옳은 것은? (CPA 2018)

① 무형자산을 최초로 인식할 때에는 공정가치로 측정한다.

② 내용연수가 비한정인 무형자산은 상각하지 않는다.

③ 내용연수가 비한정인 무형자산을 유한 내용연수로 재평가하는 경우에는 자산손상의 징후에 해당하지 않으므로 손상차손을 인식하지 않는다.

④ 내용연수가 유한한 무형자산의 잔존가치는 내용연수 종료 시점에 제3자가 자산을 구입하기로 한 약정이 있다고 하더라도 영(0)으로 본다.

⑤ 미래 경제적 효익 창출에 대해 식별가능하고 해당 원가를 신뢰성 있게 결정할 수 있는 경우에는 내부적으로 창출한 영업권이라도 무형자산으로 인식할 수 있다.

2 기업회계기준서 제1038호 '무형자산'에 관한 다음 설명 중 옳지 않은 것은?(CPA 2021)

① 개별 취득하는 무형자산의 원가는 그 자산을 경영자가 의도하는 방식으로 운용될 수 있는 상태에 이를 때까지 인식하므로 무형자산을 사용하거나 재배치하는 데 발생하는 원가도 자산의 장부금액에 포함한다.

② 미래 경제적 효익이 기업에 유입될 가능성은 무형자산의 내용연수 동안의 경제적 상황에 대한 경영자의 최선의 추정치를 반영하는 합리적이고 객관적인 가정에 근거하여 평가하여야 한다.

③ 자산의 사용에서 발생하는 미래 경제적 효익의 유입에 대한 확실성 정도에 대한 평가는 무형자산을 최초로 인식하는 시점에서 이용가능한 증거에 근거하며, 외부 증거에 비중을 더 크게 둔다.

④ 무형자산의 미래경제적효익은 제품의 매출, 용역수익, 원가절감 또는 자산의 사용에 따른 기타 효익의 형태로 발생할 수 있다.

⑤ 내부적으로 창출한 영업권은 원가를 신뢰성 있게 측정할 수 없고 기업이 통제하고 있는 식별가능한 자원이 아니기 때문에 자산으로 인식하지 아니한다.

3 무형자산 회계처리에 관한 설명으로 옳은 것은? (CTA 2022)

① 내용연수가 비한정인 무형자산의 비한정 내용연수를 유한 내용연수로 변경하는 것은 회계정책의 변경이다.

② 자산을 운용하는 직원의 교육훈련과 관련된 지출은 내부적으로 창출한 내용연수가 비한정인 무형자산의 원가에 포함한다.

③ 내부적으로 창출한 브랜드, 제호, 출판표제, 고객목록과 이와 실질이 유사한 항목은 내용연수가 비한정인 무형자산으로 인식한다.

④ 내용연수가 유한한 무형자산을 내용연수 종료 시점에 제3자가 구입하기로 약정한 경우, 잔존가치는 영(0)으로 보지 않는다.

⑤ 경제적 효익이 소비될 것으로 예상되는 형태를 신뢰성 있게 결정할 수 없는 내용연수가 비한정인 무형자산은 정액법을 적용하여 상각한다.

4 다음은 ㈜대한의 무형자산과 관련된 자료이다.

- ㈜대한은 탄소배출량을 혁신적으로 감소시킬 수 있는 신기술에 대해서 연구 및 개발활동을 수행하고 있다. ㈜대한의 20×1년과 20×2년의 연구 및 개발활동에서 발생한 지출내역을 요약하면 다음과 같다.

구 분	20×1년	20×2년
연구활동	₩900,000	₩300,000
개발활동	-	₩3,500,000

- ㈜대한의 개발활동과 관련된 지출은 모두 무형자산의 인식요건을 충족한다.
- ㈜대한의 탄소배출량 감소와 관련된 신기술은 20×2년 중에 개발이 완료되었으며, 20×2년 10월 1일부터 사용가능하게 되었다.
- ㈜대한은 신기술 관련 무형자산에 대해서 원가모형을 적용하며 추정내용연수 20년, 잔존가치 ₩0, 정액법으로 상각한다.
- 20×3년 말 상기 신기술의 사업성이 매우 낮은 것으로 판명되었고, 신기술의 회수가능가액은 ₩2,000,000으로 평가되었다.

동 신기술 관련 무형자산 회계처리가 ㈜대한의 20×3년도 포괄손익계산서상 당기순이익에 미치는 영향은 얼마인가? (CPA 2022)

① ₩1,496,250 감소 ② ₩1,486,250 감소 ③ ₩1,480,250 감소

④ ₩1,456,250 감소 ⑤ ₩1,281,250 감소

5 **다음 내부창출 무형자산과 노천광산 생산단계의 박토원가의 회계처리에 대한 설명 중 옳은 것은?** (CPA 2016)

① 무형자산을 창출하기 위한 내부 프로젝트를 연구단계와 개발단계로 구분할 수 없는 경우에는 그 프로젝트에서 발생한 지출은 모두 개발단계에서 발생한 것으로 본다.

② 내부적으로 창출한 브랜드, 제호, 출판표제, 고객목록과 이와 실질이 유사한 항목은 무형자산으로 인식한다.

③ 개별 취득하는 무형자산이라도 자산에서 발생하는 미래 경제적 효익이 기업에 유입될 가능성이 높다는 발생가능성 기준을 항상 충족하는 것은 아니라고 본다.

④ 박토활동자산의 원가와 생산된 재고자산의 원가를 별도로 식별할 수 없는 경우, 관련된 생산측정치를 기초로 한 배분 기준을 이용하여 생산 관련 박토원가를 생산된 재고자산과 박토활동자산에 배분한다.

⑤ 박토활동의 결과로 보다 더 접근하기 쉬워진, 광체의 식별된 구성요소에 예상내용연수에 걸쳐 체계적인 방법에 따라 박토활동자산을 감가상각하거나 상각하는데, 다른 방법이 더 적절하지 않다면 정액법을 적용한다.

CHAPTER 08

금융자산

1. 금융상품과 금융자산
2. 금융자산의 회계처리
3. 금융자산의 손상
4. 금융자산의 기타사항
5. 금융자산의 제거

보론. 기타 유형의 금융자산 제거

학습목표

- 금융상품과 금융자산의 관계를 이해한다.
- 금융자산의 회계처리를 이해한다.
- 금융자산 손상 회계처리를 이해한다.
- 금융자산의 제거에 대해 이해한다.

K-IFRS 제1032호 '금융상품: 표시'에서는 금융자산을 포함한 금융상품의 정의와 분류에 대해서 규정하고, K-IFRS 제1109호 '금융상품'에서는 금융자산을 포함한 금융상품의 인식과 측정에 대해서 규정한다. 금융자산은 (1) 금융자산의 관리를 위한 사업모형, (2) 금융자산의 계약상 현금흐름의 특성에 따라 상각후원가측정금융자산, 기타포괄손익인식금융자산 및 당기손익인식금융자산으로 분류되고, 이러한 분류를 통해 최초 인식, 후속 측정 및 제거하는 방식과 회계처리가 달라지므로 본장을 통해서 금융자산에 대해 심도 있게 학습해 보자.

1. 금융상품과 금융자산

금융상품(financial instruments)은 거래당사자 어느 한쪽에는 금융자산을 발생시키고 동시에 거래상대방에게는 금융부채나 지분상품을 발생시키는 모든 계약을 말한다. 다음 [그림 8-1]은 금융상품에서 금융자산과 금융부채 및 지분상품 간의 관계를 보여준다.

[그림 8-1] 금융상품

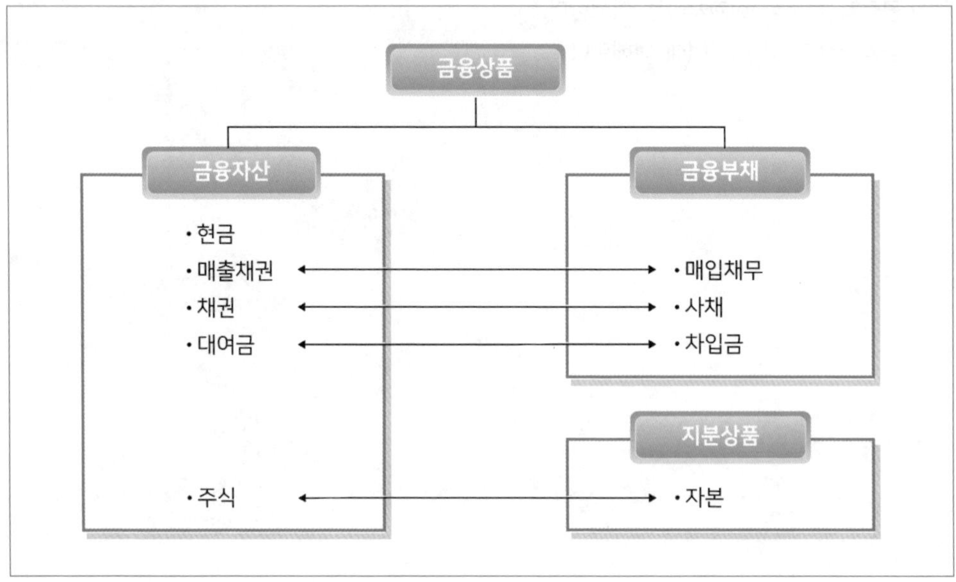

1.1 금융자산의 의의

금융자산(financial assets)은 현금, 타기업발행의 지분상품(주식 등), 거래상대방으로부터 현금 등 금융자산을 수취할 계약상 권리(대여금 등), 잠재적으로 유리한 조건으로 거래상대방과 금융자산이나 금융부채를 교환하기로 한 계약상 권리(파생상품자산) 등을 말한다.

K-IFRS 제1032호 '금융상품: 표시'에서 제시하는 금융자산 항목은 다음과 같다.

① 현금
② 다른 기업의 지분상품
③ 다음 중 하나에 해당하는 계약상 권리
  ㉠ 거래상대방에게서 현금 등 금융자산을 수취할 계약상 권리
  ㉡ 잠재적으로 유리한 조건으로 거래상대방과 금융자산이나 금융부채를 교환하기로 한 계약상 권리
④ 기업 자신의 지분상품(이하 '자기지분상품'이라 함)으로 결제되거나 결제될 수 있는 다음 중 하나의 계약
  ㉠ 수취할 자기지분상품의 수량이 변동가능한 비파생상품
  ㉡ 확정 수량의 자기지분상품에 대하여 확정금액의 현금 등 금융자산을 교환하여 결제하는 방법이 아닌 방법으로 결제되거나 결제될 수 있는 파생상품

④에서 변동가능한 수량의 자기지분상품으로 결제되는 계약의 경우, 자기지분상품의 단위당 가치가 하락(상승)하면 자기지분상품의 수량이 증가(감소)하여 결제되는 총가치에는 변동이 없기 때문에 자본위험[1]을 부담하지 않는다. 따라서 변동가능한 수량으로 자기지분상품을 인도하는 측은 금융부채로, 수취하는 측은 금융자산으로 분류한다.

반면에 확정된 수량의 자기지분상품으로 결제되는 계약의 경우, 자기지분상품의 단위당 가치가 하락(상승)하더라도 자기지분상품의 수량이 확정되어 있어 총가치가 하락(상승)하기 때문에 자본위험을 부담한다. 따라서 확정된 수량으로 자기지분상품을 인도하는 측은 지분상품으로, 수취하는 측은 지분상품의 감소로 분류한다.

1.2 금융자산의 분류

금융자산은 (1) 금융자산의 관리를 위한 사업모형, (2) 금융자산의 계약상 현금흐름의 특성에 따라 상각후원가측정(AC: amortised cost)금융자산과 공정가치측정금융자산으로 나눌 수 있다. 또한 공정가치측정금융자산은 기타포괄손익인식(FVOCI: fair value through other comprehensive income)금융자산과 당기손익인식(FVPL: fair value

1 자본위험(equity risk)은 지분상품을 보유함으로써 발생할 수 있는 주가변동 등의 재무적 위험을 의미한다.

through profit or loss)금융자산으로 나눌 수 있다. 다음 [그림 8-2]는 사업모형과 사업상 현금흐름의 특성에 따른 금융자산의 분류를 보여준다.

[그림 8-2] 금융자산의 분류

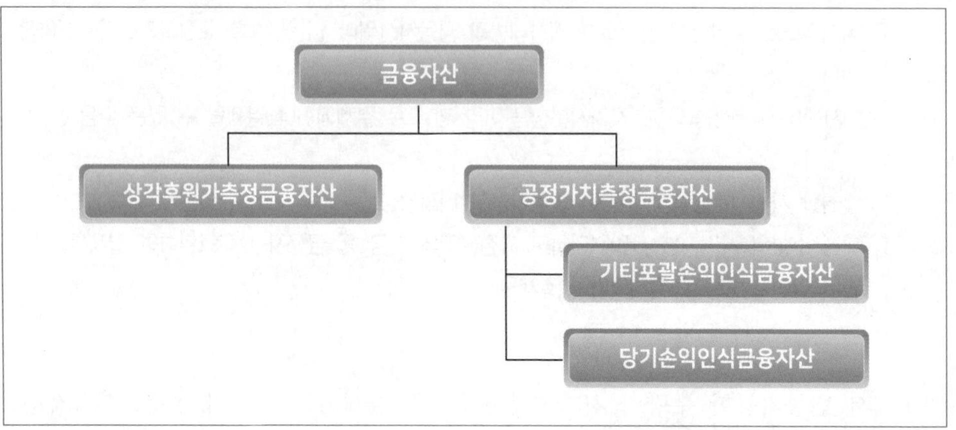

AC금융자산은 (1) 계약상 현금흐름을 수취하기 위해 보유하는 것이 목적인 모형하에서 금융자산을 보유하고, (2) 금융자산의 계약 조건에 따라 특정일에 원금과 원금잔액에 대한 이자 지급만으로 구성되어 있는 현금흐름이 발생하는 경우를 말한다. 즉, 만기까지 보유하면서 원금과 이자 수취를 목적으로 하는 채무상품(채권 등)의 경우가 여기에 해당된다.

FVOCI금융자산은 (1) 계약상 현금흐름의 수취와 금융자산의 매도 둘 다를 통해 목적을 이루는 사업모형하에서 금융자산을 보유하고, (2) 금융자산의 계약 조건에 따라 특정일에 원금과 원금잔액에 대한 이자 지급만으로 구성되어 있는 현금흐름이 발생하는 경우를 말한다. 즉, 만기까지 보유보다는 매도를 위해 보유하면서 원금과 이자 수취를 목적으로 하는 채무상품의 경우가 여기에 해당된다. 또한 지분상품에 대해서 FVOCI금융자산으로 표시가능하며, 최초 인식시점에 선택하면 이를 취소할 수 없다.

FVPL금융자산은 위 두 범주에 분류되지 않는 경우를 말한다. 즉, 단기보유와 매도를 위해 보유하면서, 원금과 이자 수취를 목적으로 하지 않는 지분상품(주식 등)의 경우가 여기에 해당된다. 또한 채무상품에 대해서 회계불일치 해소를 위해서 FVPL금융자산으로 지정하는 것을 선택할 수 있으며. 최초 인식시점에 선택하면 이를 취소할 수 없다. 즉, AC금융자산, FVOCI금융자산 및 FVPL금융자산을 다음 〈표 8−1〉과 같이 정리할 수 있다.

표 8-1 금융자산의 분류

분류	해당 금융자산
AC금융자산	만기까지 보유 목적의 채무상품
FVOCI금융자산	• 매도 목적의 채무상품 • FVOCI금융자산 선택 지분상품
FVPL금융자산	• AC금융자산과 FVOCI금융자산에 분류되지 않는 지분상품 • FVPL금융자산 지정 채무상품

2. 금융자산의 회계처리

2.1 최초 측정

유가증권 등 금융자산은 최초 취득 시점에 공정가치(fair value)로 측정한다. 이때 공정가치란 합리적인 판단력과 거래의사가 있는 독립된 당사자 사이의 거래에서 자산이 교환되거나 부채가 결제될 수 있는 금액으로 정의되는데, 증권거래소와 같은 활성시장에서 공시되는 가격은 이 정의를 충족한다.

일반적으로 자산을 취득할 때 발생하는 거래원가 등을 최초 취득원가에 가산한다. 금융자산도 마찬가지로 취득하는 과정에서 중개수수료 등 거래원가가 발생할 수 있는데, 이를 금융자산의 최초 취득원가에 가산한다. 다만, FVPL금융자산은 취득할 때 발생하는 거래원가를 취득원가에 가산하지 않고 당기비용으로 인식한다. 그러한 이유는 FVPL금융자산이 대부분 단기매매목적의 금융자산이므로 취득과 처분이 동일 기간에 이루어진다면, 거래원가를 취득원가에 가산하든 아니면 비용처리하든 동일한 손익을 가져오기 때문이다. 예를 들어, FVPL금융자산을 ₩10,000에 취득하고 거래수수료는 ₩1,000 발생하였다. 해당 FVPL금융자산을 한 달 뒤에 ₩11,000에 매각하였다고 가정하자. 거래수수료를 비용처리한 경우 손익을 계산하면, 수익으로 처분이익이 ₩1,000 발생하고 거래수수료비용 ₩1,000 발생하여 손익은 영(₩0)이다. 거래수수료를 취득원가에 가산한 경우 손익을 계산하면, 처분이익과 관련 비용이 모두 영(₩0)이다. 금융자산의 거래원가 처리기준을 정리하면 다음 〈표 8-2〉와 같다.

표 8-2 금융자산의 거래원가

분류	거래원가 처리
AC금융자산 FVOCI금융자산	최초 취득원가에 가산
FVPL금융자산	당기비용 처리

한편, 금융자산의 최초 인식시점에 금융자산의 공정가치가 거래가격과 다를 수도 있다. 금융자산을 취득하기 위해서 제공한 대가 중 일부가 해당 금융자산이 아닌 다른 것의 대가라면, 금융자산의 공정가치를 측정해서 이 금액으로 해당 금융자산을 인식한다. 추가로 지급한 금액이 자산의 인식기준을 충족한다면 자산으로 인식하고, 어떤 형태로든 자산의 인식기준을 충족하지 못한다면 해당 금액을 당기비용으로 회계처리한다.

예제 1 | 금융자산의 공정가치와 거래가격이 다른 경우

대박회사는 20×1년 초에 차량 1대를 ₩1,000,000에 취득하면서 취득과 직접 관련하여 3년 만기 국채를 액면금액인 ₩100,000(표시이자율 연 5%, 이자는 매년 말 지급)에 의무 매입하고, FVOCI금융자산으로 분류하였다. 국채 취득 당시 시장이자율은 연 7%이다.

물음

대박회사가 차량 취득과 관련하여 해야 할 분개를 하시오.

풀이

• 국채의 현재가치(공정가치)

= 이자의 현재가치 + 원금의 현재가치

= ₩5,000 × 2.6243(3기간, 7%, 정상연금현가계수)

+ 100,000 × 0.8163(3기간, 7%, 단일금액현가계수)

= ₩94,752

• 국채의 매입가격과 공정가치의 차이 = ₩100,000 - 94,752 = ₩5,248
국채의 매입가격과 공정가치의 차이는 취득과정에서 회피할 수 없는 지출이므로 유형자산의 취득원가에 가산한다. 따라서 국채의 매입이 아닌 기타의 회피할 수 있는 지출인 경우에는 취득 시에 비용처리한다.

〈차량 취득 시〉

(차변)	차 량 운 반 구	1,000,000	(대변)	현 금	1,000,000
(차변)	차 량 운 반 구	5,248	(대변)	현 금	100,000
	FVOCI금융자산	94,752			

2.2 상각후원가측정금융자산의 최초 측정

AC금융자산은 최초 측정 시점에서 공정가치를 미래현금흐름(이자와 원금)의 현재가치(present value)로 측정한다. AC금융자산의 현재가치는 표시이자(액면금액×표시이자율)와 원금(액면금액)에 대한 미래현금흐름을 취득일 현재 시장이자율(market interest rate)로 할인한 것이다. 이때 시장이자율이란 투자자 입장에서는 시장에서 투자하여 실제 얻을 수 있으리라 기대하는 최소필수수익률이며, 사채의 발행회사 입장에서는 실질적으로 부담하게 되는 이자율이 되기 때문에 이를 유효이자율(effective interest rate) 또는 실질이자율이라고 한다. AC금융자산의 현재가치는 다음과 같다.

상각후원가측정금융자산의 현재가치 = $\Sigma \frac{I}{(1+r)^n} + \frac{P}{(1+r)^n}$
= 이자 × (r, n, 정상연금현가계수) + 원금 × (r, n, 단일금액현가계수)
(I = 표시이자, P = 원금, r = 시장이자율, n = 기간)

AC금융자산의 현재가치를 도식화하면 다음 [그림 8-3]과 같다.

[그림 8-3] AC금융자산의 현재가치

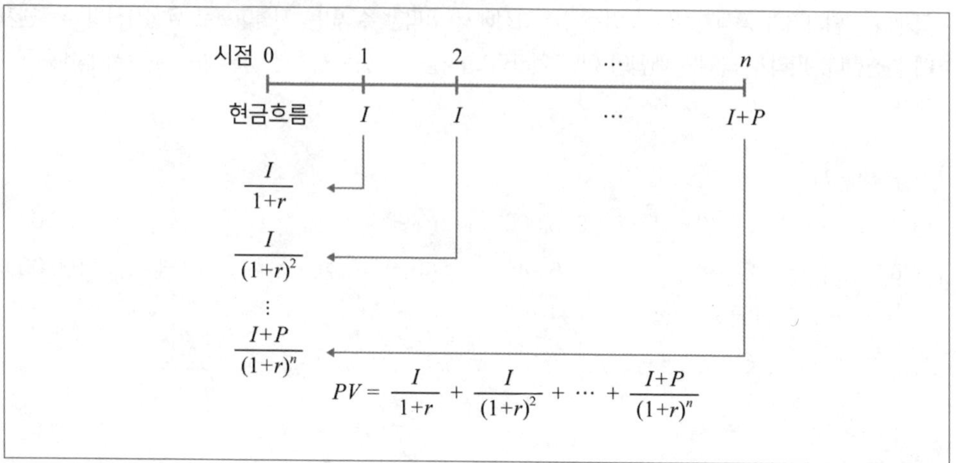

$$\frac{I}{1+r}$$

$$\frac{I}{(1+r)^2}$$

$$\vdots$$

$$\frac{I+P}{(1+r)^n}$$

$$PV = \frac{I}{1+r} + \frac{I}{(1+r)^2} + \cdots + \frac{I+P}{(1+r)^n}$$

예제 2 ❙ AC금융자산의 최초 측정

대박회사는 20×1년 1월 1일에 액면금액 ₩1,000,000(표시이자율 연 5%, 이자지급일 매년 12월 31일, 만기일 20×3년 12월 31일)의 조건으로 발행된 사채를 취득하고, AC금융자산으로 분류하였다.

물음

채무상품 취득일 현재 시장이자율이 3%, 5%, 7%일 때, 각각의 경우에 AC금융자산의 최초 측정금액을 계산하시오.

풀이

1. 시장이자율이 3%인 경우
   = 이자의 현재가치 + 원금의 현재가치
   = ₩50,000 × 2.8286(3기간, 3%, 정상연금현가계수)
   + 1,000,000 × 0.9151(3기간, 3%, 단일금액현가계수)
   = ₩1,056,530

2. 시장이자율이 5%인 경우
   = 이자의 현재가치 + 원금의 현재가치
   = ₩50,000 × 2.7232(3기간, 5%, 정상연금현가계수)
   + 1,000,000 × 0.8638(3기간, 5%, 단일금액현가계수)
   ≒ ₩1,000,000(현가계수의 단수 차이로 인하여 정확히 ₩1,000,000은 아님)

3. 시장이자율이 7%인 경우
   = 이자의 현재가치 + 원금의 현재가치
   = ₩50,000 × 2.6243(3기간, 7%, 정상연금현가계수)
     + 1,000,000 × 0.8163(3기간, 7%, 단일금액현가계수)
   = ₩947,515

즉, 표시이자율이 5%이기 때문에 유효이자율이 3%인 경우에 액면금액(₩1,000,000)보다 큰 금액으로 발행되고(할증발행), 유효이자율이 5%인 경우에 액면금액과 발행금액이 같다(액면발행). 그리고 유효이자율이 표시이자율보다 높은 7%인 경우에는 액면금액보다 적은 금액으로 발행된다(할인발행)는 것을 알 수 있다.

2.3 후속 측정

(1) 공정가치측정금융자산

FVOCI금융자산은 공정가치로 측정한다. 공정가치의 변동에 따른 손익은 기타포괄손익으로 인식한다. FVOCI금융자산이 채무상품인 경우는 우선적으로 유효이자율을 이용하여 계산한 이자수익을 당기손익으로 인식한 후, 공정가치와 장부금액의 차이인 FVOCI금융자산평가손익을 기타포괄손익으로 인식한다. 이때 FVOCI금융자산의 제거 시점에 관련 기타포괄손익누계액이 채무상품인 경우에는 당기손익으로 재분류되지만, 지분상품인 경우에는 당기손익으로 재분류되는 것을 금지한다. 단, 이익잉여금으로 대체되는 것은 허용한다.

지분상품의 FVOCI금융자산인 경우에 기타포괄손익누계액을 당기손익으로 재분류하는 것을 금지하는 이유는 경영자의 이익조작을 방지하기 위함이다. 예를 들어, 지분상품의 FVOCI금융자산에 대해 기타포괄손익누계액의 당기손익으로 재분류를 허용한다면 경영자가 해당 금융자산을 선택적으로 매도함으로써 당기순이익을 조정할 수 있다.

FVPL금융자산은 공정가치로 측정한다. 공정가치의 변동에 따른 손익은 당기손익으로 인식한다. 지분상품에 대한 모든 투자는 공정가치로 측정해야 한다. 그러나 제한된 상황(공정가치를 결정하기 위해 이용할 수 있는 더 최근의 정보가 불충분하거나, 가능한 공정가치 측정치의 범위가 넓고 그 범위에서 원가가 공정가치의 최선의 추정치를 나타내는 경우)에서 원가는 공정가치의 적절한 추정치가 될 수 있다.

FVOCI금융자산 평가와 관련한 기타포괄손익누계액을 당기손익으로 재분류할 수 있는지를 정리하면 다음 〈표 8-3〉과 같다.

표 8-3 금융자산의 평가와 재분류 여부

분류	평가	당기손익으로 재분류 여부
FVOCI금융자산-채무상품	공정가치(기타포괄손익으로 인식)	재분류 가능
FVOCI금융자산-지분상품	공정가치(기타포괄손익으로 인식)	재분류 불가능 단, 이익잉여금으로 대체 허용
FVPL금융자산	공정가치(당기손익으로 인식) 단, 원가가 공정가치의 적절한 추정치가 될 수 있음	해당사항 아님

예제 3 ❙ 금융자산의 취득과 보유

대박회사는 비상바이오 주식 10주를 20×1년 중에 현금 ₩1,000,000(주당 ₩100,000)을 지급하고 취득하였다. 거래수수료는 ₩50,000 발생하여 현금 지급하였다. 비상바이오 주식의 각 보고기간 말 현재 공정가치는 다음과 같다.

20×1년 말	20×2년 말
₩1,100,000	₩850,000

물음

비상바이오 주식을 FVPL금융자산으로 분류한 경우와 FVOCI금융자산으로 분류한 경우를 가정하여, 각 경우에 대박회사가 취득일 및 20×1년 말과 20×2년 말에 해야 할 분개를 하시오.

풀이

1. FVPL금융자산으로 분류한 경우

〈취득일〉

(차변)	FVPL금융자산	1,000,000	(대변)	현금	1,050,000
	수수료비용	50,000❶			

❶ FVPL금융자산의 거래원가는 당기비용으로 인식한다.

〈20×1년 말〉

(차변)	FVPL금융자산	100,000	(대변)	금융자산평가이익(PL)	100,000❷

❷ ₩1,100,000 - 1,000,000 = ₩100,000

〈20×2년 말〉

(차변)	금융자산평가손실(PL)	250,000❸	(대변)	FVPL금융자산	250,000

❸ ₩850,000 - 1,100,000 = (-)₩250,000

2. FVOCI금융자산으로 분류한 경우

〈취득일〉

(차변)	FVOCI금융자산	1,050,000❶	(대변)	현금	1,050,000

❶ FVOCI금융자산의 거래원가는 최초 취득원가에 가산한다.

〈20×1년 말〉

(차변)	FVOCI금융자산	50,000	(대변)	금융자산평가이익(OCI)	50,000❷

❷ ₩1,100,000 - 1,050,000 = ₩50,000

〈20×2년 말〉

(차변)	금융자산평가이익(OCI)	50,000	(대변)	FVOCI금융자산	250,000❸
	금융자산평가손실(OCI)	200,000			

❸ ₩850,000 - 1,100,000 = (-)₩250,000
전체 평가손실 ₩250,000 중 전기이월된 기타포괄이익 ₩50,000을 우선 감소시키고, 초과액 ₩200,000을 기타포괄손실로 인식한다.

(예제 3)에서 FVPL금융자산과 FVOCI금융자산으로 분류하는 경우에 20×1년과 20×2년 포괄손익계산서의 당기순이익 및 총포괄손익에 미치는 영향을 비교하면 다음 〈표 8-4〉와 같다.

표 8-4 FVPL금융자산과 FVPL금융자산의 경우 평가손익 비교

	FVPL금융자산의 경우		FVOCI금융자산의 경우	
	20×1년	20×2년	20×1년	20×2년
수수료비용	(50,000)			
금융자산평가손익	100,000	(250,000)	-	-
당기순이익	50,000	(250,000)	-	-
기타포괄손익				
금융자산평가손익	-	-	50,000	(250,000)
총포괄손익	50,000	(250,000)	50,000	(250,000)

(예제 3)에서 알 수 있듯이, FVPL금융자산의 거래원가를 금융자산의 최초 취득원가에 포함하더라도 20×1년 당기순이익에 미치는 영향은 ₩50,000임을 알 수 있다. 따라서 FVPL금융자산의 거래원가를 취득원가에 포함하든, 아니면 비용으로 회계처리하든 당기순이익에 미치는 영향에는 차이가 없음을 알 수 있다. 하지만, FVOCI금융자산의 거래원가를 비용으로 회계처리한다면 수수료비용이 (-)₩50,000이고, 금융자산평가이익이 ₩100,000으로 분류되기 때문에 FVOCI금융자산의 거래원가를 취득원가에 포함하는 것과 비용으로 회계처리하는 것에는 차이가 발생한다는 것을 알 수 있다.

(2) 상각후원가측정금융자산

AC금융자산으로 분류한 채무상품을 발행자 입장에서 액면발행, 할인발행 및 할증발행한 경우 유효이자율법을 적용하여 이자수익을 인식하는 회계처리는 다음과 같다.

〈액면발행 시 이자수익 인식〉

(차변)	현 금	×××	(대변)	이 자 수 익	×××

〈할인발행 시 이자수익 인식〉

(차변)	현 금	×××	(대변)	이 자 수 익	×××
	A C 금 융 자 산	×××			

〈할증발행 시 이자수익 인식〉

(차변)	현 금	×××	(대변)	이 자 수 익	×××
				AC금융자산	×××

액면발행한 AC금융자산은 유효이자율과 표시이자율이 동일하기 때문에 이자수익(유효이자율로 계산한 금액)과 실제 이자로 받는 금액(표시이자율로 계산한 금액, 표시이자)이 같다. 할인발행한 AC금융자산은 유효이자율이 표시이자율보다 크기 때문에 이자수익이 실제 이자로 받는 금액보다 크므로, 그 차이만큼 AC금융자산을 증가시킨다. 또한 할증발행한 AC금융자산은 유효이자율이 표시이자율보다 작기 때문에 이자수익이 실제 이자로 받는 금액보다 작으므로, 그 차이만큼 AC금융자산을 감소시킨다. 매 보고기간 말에 이와 같은 과정을 통해서 만기에 AC금융자산은 원금(액면금액)과 동일한 금액이 된다.

한편, 채무상품을 FVOCI금융자산으로 분류한 경우에도 AC금융자산과 동일하게 매 보고기간 말에 유효이자율법을 적용하여 이자수익을 인식하는 회계처리를 한다. FVOCI금융자산은 공정가치로 측정해야 하므로, 유효이자율법을 적용한 후의 장부금액과 공정가치의 차이를 금융자산평가손익(기타포괄손익)으로 회계처리한다.

예제 4 | 채무상품의 회계처리-AC금융자산과 FVOCI금융자산의 비교

대박회사는 20×1년 1월 1일에 액면금액 ₩1,000,000(표시이자율 연 5%, 이자지급일 매년 12월 31일, 만기일 20×3년 12월 31일)의 조건으로 발행된 사채를 취득하였다.
사채의 매년 말 공정가치는 다음과 같다.

20×1년 말	20×2년 말
₩950,000	₩990,000

물음

시장이자율이 7%일 때 다음의 각 경우로 구분하여 대박회사가 발행 시, 그리고 20×1년 말과 20×2년 말에 해야 할 분개를 하시오.

1. AC금융자산으로 분류한 경우

2. FVOCI금융자산으로 분류한 경우

풀이

유효이자율법을 이용한 채무상품 장부금액 조정표를 작성하면 다음과 같다.
채무상품의 발행금액 = ₩947,515(예제 2의 풀이 참조)

채무상품의 장부금액 조정표

일자	유효이자 (기초 장부금액 × 7%)	표시이자 (액면금액 × 5%)	채무상품 증액 (유효이자 - 표시이자)	채무상품의 장부금액
20×1. 1. 1.				₩947,515
20×1. 12. 31.	₩66,326	₩50,000	₩16,326	963,841
20×2. 12. 31.	67,469	50,000	17,469	981,310
20×3. 12. 31.	68,690❶	50,000	18,690	1,000,000
합계	₩202,485	₩150,000	₩52,485	

❶ ₩981,310 × 7% = ₩68,692이나 만기일에 채무상품의 장부금액을 액면금액과 일치시켜야 하기 때문에 단수차이 조정

1. AC금융자산으로 분류

〈20×1. 1. 1.〉

(차변)	A C 금 융 자 산	947,515	(대변)	현 금	947,515

〈20×1. 12. 31.〉

(차변)	현 금	50,000	(대변)	이 자 수 익	66,326
	A C 금 융 자 산	16,326			

〈20×2. 12. 31.〉

(차변)	현 금	50,000	(대변)	이 자 수 익	67,469
	A C 금 융 자 산	17,469			

2. FVOCI금융자산으로 분류한 경우

〈20×1. 1. 1.〉

(차변)	A C 금 융 자 산	947,515	(대변)	현 금	947,515

〈20×1. 12. 31.〉

(차변)	현 금	50,000	(대변)	이 자 수 익	66,326
	A C 금 융 자 산	16,326			
(차변)	금융자산평가손실(OCI)	13,841	(대변)	A C 금 융 자 산	13,841❶

❶ 공정가치 평가 = ₩950,000 - 963,841 = (-)₩13,841

〈20×2. 12. 31.〉

(차변)	현 금	50,000	(대변)	이 자 수 익	67,469
	A C 금 융 자 산	17,469			
(차변)	A C 금 융 자 산	22,531❷	(대변)	금융자산평가손실(OCI)	13,841
				금융자산평가이익(OCI)	8,690

❷ 공정가치 평가 전 장부금액 = ₩950,000 + 17,469 = ₩967,469
공정가치 평가 = ₩990,000 - 967,469 = ₩22,531
전체 평가이익 ₩22,531 중 전기이월된 기타포괄손실 ₩13,841을 우선 감소시키고, 초과액 ₩8,690을 기타 포괄이익으로 인식한다.

2.4 지분상품으로부터의 배당금수익 인식

금융상품을 취득한 후에 현금배당이나 주식배당 등을 받게 된다. 현금배당에 대해서는 배당금수익을 인식하지만, 주식배당에 대해서는 아무런 회계처리를 하지 않는다. 투자자 입장에서는 주식배당을 통해서 보유하는 주식 수는 늘어나지만 보유주식의 가치변동에 아무런 영향이 없고, 주식배당을 하는 회사는 주식배당 전·후에 순자산에 아무런 변동이 없기 때문이다.

일반적으로 배당금수익을 인식하는 시점은 지분상품을 발행한 회사가 현금배당을 하겠다고 주주총회에서 결의한 시점이다.[2] 이 시점에서 현금을 받았다면 차변에 현금을 회계처리하고, 현금을 받지 않았다면 미수배당금(미수수익)을 회계처리한다. 향후 현금을 수취하는 시점에서 차변에 현금을 회계처리하고, 대변에 미수배당금(미수수익)을 감소시킨다.

2 배당은 다음을 모두 충족한 경우에만 당기손익으로 인식한다(1109:5.7.1A).
① 배당을 받을 권리가 확정되었다.
② 배당과 관련된 경제적 효익의 유입가능성이 높다.
③ 배당액을 신뢰성 있게 측정할 수 있다.

예제 5 ❙ 배당금 수익 인식

(예제 3)에 이어서, 비상바이오는 20×2년 2월 1일에 주주총회에서 주당 ₩5,000의 현금배당을 지급하기로 결의하였다. 이후 3월 1일에 대박회사는 비상바이오로부터 현금배당을 수취하였다.

물음

대박회사가 20×2년 2월 1일과 3월 1일에 해야 할 분개를 하시오.

풀이

〈20×2.2.1.〉

(차변)	미 수 배 당 금	50,000❶	(대변)	배 당 금 수 익	50,000

❶ 10주 × ₩5,000 = ₩50,000

〈20×2.3.1.〉

(차변)	현 금	50,000	(대변)	미 수 배 당 금	50,000

3. 금융자산의 손상

3.1 손상의 의의

결산일 현재 기업이 보유하고 있는 금융자산을 차기 이후에 현금으로 모두 회수하지 못할 수도 있다. 상대방의 재무상태 악화 등으로 인하여 금융자산의 회수가 지연되거나 금융자산의 일부 또는 전부가 회수불가능한 경우가 발생할 수 있기 때문이다.

보고기간 말 현재 금융자산을 미래에 모두 회수하지 못할 것으로 판단하였음에도 불구하고 여기에 대해서 아무런 회계처리도 하지 않는다면, 재무상태표에 금융자산이 과대계상되는 문제가 발생한다. 따라서 금융자산의 회수가 불가능하게 되었을 때 비용을 인식하는 것이 아니라, 보고기간 말 현재 금융자산의 신용위험[3]이 유의적으로 증가하였다고 판단되면 미리 금융자산을 감소시키면서 이를 비용으로 인식하여야

3 신용위험(credit risk)이란 금융자산 발행자가 의무를 이행하지 않아 상대방에게 재무손실을 입힐 위험을 말한다.

한다. 이때 차변에 인식하는 비용을 손상차손(impairment loss)이라고 하고, 대변에 상대계정으로 금융자산의 차감계정인 손실충당금(loss allowance)을 사용한다.

3.2 손상차손 인식 대상 금융자산

손상차손은 신용위험 증가로 인하여 미래 수취할 것으로 예상하는 현금흐름의 부족액에 기초하여 측정하기 때문에 지분상품은 손상차손을 인식하는 대상이 아니다. 또한 FVPL금융자산으로 분류한 채무상품에 대해서도 손상차손을 인식하지 않는데, 신용위험의 증가로 공정가치 하락하면 손상차손 해당액이 금융자산평가손실에 포함되어 당기손익에 반영되기 때문이다. 즉, 손상차손을 인식 대상에 해당되는 금융자산은 AC금융자산과 FVOCI금융자산으로 분류되는 채무상품, 수취채권 등이다.

3.3 기대신용손실

손상차손을 인식하기 위한 기대신용손실(expected credit loss)은 해당 금융자산의 신용손실을 이용하여 추정한다. 신용손실(credit loss)은 계약에 따라 수취하기로 한 현금흐름과 수취할 것으로 예상하는 현금흐름의 차이를 최초 유효이자율로 할인한 금액으로 계산한다. 기대신용손실은 신용손실금액에 해당 금융자산의 개별 채무불이행 발생위험(확률)을 이용해 가중평균하여 계산한다. 이를 정리하면 다음과 같다.

① 신용손실 = (수취하기로 한 현금흐름 - 수취할 것으로 예상하는 현금흐름)의 현재가치
② 기대신용손실 = 신용손실 × 개별 채무불이행 발생위험(확률)

(1) 기대신용손실의 측정기간

1) 신용위험이 유의하게 증가하지 않는 경우

최초 인식 후에 금융상품의 신용위험이 유의적으로 증가하지 아니한 경우에는 보고기간 말에 12개월 기대신용손실에 해당하는 금액으로 손실충당금을 측정한다. 여기서 기대신용손실은 전체기간 신용손실에 보고기간 말 후 12개월 이내에 채무불이행 발생확률을 적용하여 계산한 금액이다.

2) 신용위험이 유의하게 증가한 경우

최초 인식 후에 금융상품의 신용위험이 유의적으로 증가한 경우에는 보고기간 말에 전체기간 기대신용손실에 해당하는 금액으로 손실충당금을 측정한다. 여기서 전체기간 기대신용손실은 전체기간 신용손실에 보고기간 말 후 전체기간의 채무불이행 발생확률을 적용하여 계산한 금액이다.

3) 신용이 손상된 경우

금융자산의 추정미래현금흐름에 악영향을 미치는 하나 이상의 사건이 생긴 경우에 해당 금융자산의 신용이 손상된 것이다. 금융자산의 신용이 손상된 증거는 다음의 사건에 대한 관측 가능한 정보를 포함한다.

① 발행자나 차입자의 유의적인 재무적 어려움
② 채무불이행이나 연체 같은 계약 위반
③ 차입자의 재무적 어려움에 관련된 경제적 또는 계약상 이유로 당초 차입조건의 불가피한 완화
④ 차입자의 파산가능성이 높아지거나 그 밖의 재무구조조정 가능성이 높아짐
⑤ 재무적 어려움으로 해당 금융자산에 대한 활성시장의 소멸
⑥ 이미 발생한 신용손실을 반영하여 크게 할인한 가격으로 금융자산을 매입하거나 창출하는 경우

신용이 손상된 경우에도 보고기간 말에 전체기간 기대신용손실에 해당하는 금액으로 손실충당금을 측정한다. 여기서 전체기간 기대신용손실은 전체기간 신용손실에 보고기간 말 후 전체기간의 채무불이행 발생확률을 적용하여 계산한 금액이다.

신용위험 단계에 따른 기대신용손실 측정방법은 다음 〈표 8-5〉와 같다.

표 8-5 신용위험 단계에 따른 기대신용손실

신용위험 단계	기대신용손실 측정방법
유의하게 증가하지 않은 경우	신용손실 × 12개월 개별 채무불이행 발생확률
유의하게 증가한 경우	신용손실 × 전체기간 개별 채무불이행 발생확률
신용이 손상된 경우	

(2) 유효이자율

신용손실을 계산하기 위한 현재가치를 측정할 때에는 해당 금융자산의 최초 인식시점에 산정한 유효이자율을 이용한다. 그러나 취득 시 신용이 손상되어 있는 금융자산에 대한 기대신용손실은 최초 인식시점에 산정한 신용조정 유효이자율[4]로 할인한다.

3.4 손상차손의 회계처리

보고기간 말에 기대신용손실을 추정하였다면 손상차손을 수정분개한다. 기대신용손실 추정액이 수정분개 전 장부금액보다 크다면, 그 차이만큼 손상차손을 차변에 인식하고 대변에 손실충당금을 회계처리한다. 기대신용손실 추정액이 수정분개 전 장부금액보다 작으면, 그 차이만큼 손상차손환입을 대변에 인식하고 차변에 손실충당금을 회계처리한다. 금융자산의 전부 또는 일부가 회수불능으로 확정될 경우, 회수불능으로 확정된 금융자산을 제거(write-off)하면서 이미 인식한 손실충당금과 상계하는 회계처리한다.[5] 이때 회수불능으로 확정된 금융자산이 이미 인식한 손실충당금을 초과할 경우, 그 차이만큼 손상차손을 인식한다. 금융자산 손상차손 관련 회계처리는 다음과 같다.

〈기대신용손실 추정액 > 수정분개 전 장부금액〉

(차변)	손상차손	×××	(대변)	손실충당금	×××

〈기대신용손실 추정액 < 수정분개 전 장부금액〉

(차변)	손실충당금	×××	(대변)	손상차손환입	×××

〈금융자산 제각 시〉

(차변)	손실충당금	×××	(대변)	금융자산	×××
	손상차손	×××*			

* (회수불능으로 확정된 금융자산 - 이미 인식한 손실충당금)의 차이 금액

---

4 신용조정 유효이자율이란 취득 시 신용이 손상되어 있는 금융자산의 기대존속기간에 추정 미래현금흐름 지급액이나 수취액의 현재가치를 해당 금융자산의 상각후원가와 정확히 일치시키는 이자율을 말한다. 신용조정유효이자율을 계산할 때 해당 금융상품의 모든 계약조건(예 중도상환옵션, 콜옵션 등)과 기대신용손실을 고려하여 기대현금흐름을 추정한다.

5 금융자산 전체나 일부의 회수를 합리적으로 예상할 수 없는 경우에는 해당 금융자산의 총 장부금액을 직접 줄인다. 제각은 금융자산을 제거하는 사건으로 본다(1109:5.4.4).

3.5 기타포괄손익인식금융자산의 손상차손 회계처리

채무상품인 FVOCI금융자산에 대해 손상차손을 인식할 때 상대계정으로 손실충당금을 회계처리하지 않고, 기타포괄손익(금융자산평가손익)에서 조정한다. 왜냐하면 공정가치평가 후에 손상차손을 인식하면서 상대계정으로 손실충당금을 회계처리하면, FVOCI금융자산의 장부금액이 공정가치와 다른 금액으로 표시되는 문제가 발생한다. 예를 들어, 공정가치가 ₩1,000인 FVOCI금융자산의 기대신용손실이 ₩100인 경우 손상차손을 인식하면서 상대계정으로 손실충당금으로 회계처리하면 장부금액이 ₩900이 되므로, 장부금액이 공정가치와 다른 금액으로 표시된다. 따라서 FVOCI금융자산의 손상차손은 상대계정으로 손실충당금 대신 기타포괄손익으로 인식했던 금융자산평가손익에서 조정한다. 이렇게 회계처리하면 FVOCI금융자산의 장부금액과 공정가치가 동일한 금액으로 표시된다. 따라서 FVOCI금융자산의 손상차손 회계처리는 다음과 같다.

〈FVOCI금융자산에 대한 평가손익 인식: 평가손실 가정〉

(차변)	금융자산평가손실(OCI)	×××	(대변)	FVOCI금융자산	×××

〈FVOCI금융자산에 대한 손상차손 인식〉

(차변)	손상차손	×××	(대변)	금융자산평가손실(OCI)	×××

3.6 손상차손 인식 후 이자수익

손상차손을 인식한 금융자산에 대한 이자수익을 계산할 때 신용위험이 유의적으로 증가하지 않거나 유의적으로 증가한 경우, 손실충당금을 차감하기 전 금액인 총장부금액에 유효이자율을 적용한다. 신용이 손상된 경우에는 손실충당금을 차감한 후 금액인 상각후원가에 유효이자율을 적용한다. 손상차손 인식 후 이자수익을 계산하는 기준금액을 정리하면 다음 〈표 8-6〉과 같다.

표 8-6 손상차손 인식 후 이자수익

신용위험 단계	이자수익
유의하게 증가하지 않은 경우	총장부금액(손실충당금 차감 전 금액) × 유효이자율
유의하게 증가한 경우	
신용이 손상된 경우	상각후원가(손실충당금 차감 후 금액) × 유효이자율

한편, 후속적으로 채무자의 신용등급이 개선되는 등 해당 금융자산의 신용위험이 개선되어 더는 신용이 손상된 것으로 볼 수 없고, 그 개선이 이후에 발생한 사건과 객관적으로 관련된다면 후속 보고기간에 총장부금액에 유효이자율을 적용하여 이자수익을 계산한다.

예제 6 ▌ 채무상품의 손상차손 회계처리

대박회사는 20×1년 1월 1일에 액면금액 ₩1,000,000(표시이자율 연 5%, 이자지급일 매년 12월 31일, 만기일 20×3년 12월 31일)의 조건으로 발행된 사채를 취득하였다. 사채 취득 시 시장이자율은 7%이며, AC금융자산으로 분류하였다.

물음

1. 대박회사는 20×1년 말에 AC금융자산의 신용위험이 유의하게 증가하였다고 판단하고 전체기간의 기대신용손실을 ₩50,000으로 추정하였다. 대박회사가 20×1년 말에 해야 할 분개를 하시오.

2. (물음 1)과 관련하여 대박회사는 20×2년 말에 AC금융자산의 신용위험이 지속적으로 유의하게 증가하였다고 판단하고 전체기간의 기대신용손실을 ₩150,000으로 추정하였다. 대박회사가 20×2년 말에 해야 할 분개를 하시오.

풀이

유효이자율법을 이용한 채무상품 장부금액 조정표를 작성하면 다음과 같다.

• 채무상품의 발행금액 = ₩947,515(예제 2의 풀이 참조)

채무상품의 장부금액 조정표

일자	유효이자 (기초 장부금액 × 7%)	표시이자 (액면금액 × 5%)	채무상품 증액 (유효이자 - 표시이자)	채무상품의 장부금액
20×1. 1. 1.				₩947,515
20×1. 12. 31.	₩66,326	₩50,000	₩16,326	963,841
20×2. 12. 31.	67,469	50,000	17,469	981,310
20×3. 12. 31.	68,690❶	50,000	18,690	1,000,000
합계	₩202,485	₩150,000	₩52,485	

❶ ₩981,310 × 7% = ₩68,692이나 만기일에 채무상품의 장부금액을 액면금액과 일치시켜야 하기 때문에 단수차이 조정

1. 〈20×1. 12. 31.〉

① 이자수익 인식

(차변)	현 금	50,000	(대변)	이 자 수 익	66,326
	A C 금 융 자 산	16,326			

② 손상차손 인식

(차변)	손 상 차 손	50,000	(대변)	손 실 충 당 금	50,000

2. 신용위험이 유의하게 증가한 경우에는 총장부금액을 기준으로 이자수익을 계산한다.

〈20×2. 12. 31.〉

① 이자수익 인식

(차변)	현 금	50,000	(대변)	이 자 수 익	67,469
	A C 금 융 자 산	17,469			

② 손상차손 인식

(차변)	손 상 차 손	100,000❶	(대변)	손 실 충 당 금	100,000

❶ ₩150,000 - 50,000 = ₩100,000. 이미 인식한 손실충당금은 제외하고 추가 금액을 손상차손으로 회계처리한다.

예제 7 ❙ 채무상품의 손상차손 회계처리-AC금융자산과 FVOCI금융자산의 비교

대박회사는 20×1년 1월 1일에 액면금액 ₩1,000,000(표시이자율 연 5%, 이자지급일 매년 12월 31일, 만기일 20×3년 12월 31일)의 조건으로 발행된 사채를 취득하였다. 사채 취득 시 시장이자율은 7%이며, AC금융자산으로 분류하였다.

물음

1. 대박회사는 20×1년도 이자는 정상적으로 수취하였지만, 20×1년 말에 AC금융자산의 신용이 후속적으로 손상되었다고 판단하였다. 대박회사는 AC금융자산의 전체기간의 신용손실과 전체기간의 채무불이행 발생확률을 고려하여 20×2년부터 20×3년까지 매년 말에 수취할 이자의 현금흐름을 ₩10,000으로, 만기에 수취할 원금의 현금흐름을 ₩800,000으로 추정하였다. 대박회사가 AC금융자산에 대해서 20×1년 말에 해야 할 분개를 하시오.

2. (물음 1)과 관련하여 대박회사는 20×2년 말에 AC금융자산의 전체기간의 신용손실과 전체기간의 채무불이행 발생확률을 고려하여 20×3년 말에 수취할 이자의 현금흐름을 ₩20,000으로, 만기에 수취할 원금의 현금흐름을 ₩900,000으로 추정하였다. 대박회사가 AC금융자산에 대해서 20×2년 말에 해야 할 분개를 하시오.

3. 대박회사가 동 채무상품을 FVOCI금융자산으로 분류한 것을 제외하고 모든 자료는 동일하다고 가정하고, (물음 1)과 (물음 2)에서 요구한 사항에 따라 20×1년과 20×2년 말에 해야 할 분개를 하시오. 단, 사채의 매년 말 공정가치는 다음과 같다.

20×1년 말	20×2년 말
₩700,000	₩900,000

풀이

유효이자율법을 이용한 채무상품 장부금액 조정표를 작성하면 다음과 같다.

• 채무상품의 발행금액 = ₩947,515(예제 2의 풀이 참조)

채무상품의 장부금액 조정표

일자	유효이자 (기초 장부금액 × 7%)	표시이자 (액면금액 × 5%)	채무상품 증액 (유효이자 - 표시이자)	채무상품의 장부금액
20×1. 1. 1.				₩947,515
20×1. 12. 31.	₩66,326	₩50,000	₩16,326	963,841
20×2. 12. 31.	67,469	50,000	17,469	981,310
20×3. 12. 31.	68,690❶	50,000	18,690	1,000,000
합계	₩202,485	₩150,000	₩52,485	

❶ ₩981,310 × 7% = ₩68,692이나 만기일에 채무상품의 장부금액을 액면금액과 일치시켜야 하기 때문에 단수차이 조정

1. 〈20×1. 12. 31.〉

① 이자수익 인식

(차변)	현 금	50,000	(대변)	이 자 수 익	66,326
	A C 금 융 자 산	16,326			

② 손상차손 인식

(차변)	손 상 차 손	247,041❶	(대변)	손 실 충 당 금	247,041

❶ 신용위험의 손상에 따른 미래현금흐름의 현재가치
= ₩10,000 × 1.8080(2기간, 7%, 정상연금현가계수)
+ 800,000 × 0.8734(2기간, 7%, 단일금액현가계수) = ₩716,800
기대신용손실 = ₩963,841 − 716,800 = ₩247,041

참고로 조정 후 채무상품의 장부금액 조정표는 다음과 같다.

채무상품의 장부금액 조정표

일자	유효이자 (기초 장부금액 × 7%)	표시이자	채무상품 증액 (유효이자 − 표시이자)	채무상품의 장부금액
20×1. 12. 31.				₩716,800
20×2. 12. 31.	50,176	10,000	40,176	756,976
20×3. 12. 31.	53,024❷	10,000	43,024	800,000
합계	₩103,200	₩20,000	₩83,200	

❷ ₩756,976 × 7% = ₩52,988이나 만기일에 채무상품의 장부금액을 액면금액과 일치시켜야 하기 때문에 단수차이 조정

2. 신용이 손상된 경우에는 상각후원가를 기준으로 이자수익을 계산한다.

〈20×2. 12. 31.〉

① 이자수익 인식

(차변)	현 금	10,000	(대변)	이 자 수 익	50,176
	A C 금 융 자 산	40,176			

② 손상차손환입 인식

(차변)	손 실 충 당 금	102,856❶	(대변)	손 상 차 손 환 입	102,856

❶ 신용위험의 손상에 따른 미래현금흐름의 현재가치
= (₩20,000 + 900,000) × 0.9346(2기간, 7%, 단일금액현가계수) = ₩859,832
기대신용손실 = ₩756,976 − 859,832 = (−)₩102,856

3. 공정가치 평가와 손상의 회계처리를 함께 할 경우에는 공정가치 평가를 회계처리 후에 손상의 회계처리를 한다.

〈20×1. 12. 31.〉

① 이자수익 인식

(차변)	현금	50,000	(대변)	이자수익	66,326
	AC금융자산	16,326			

② 공정가치 평가 및 손상차손 인식

(차변)	금융자산평가손실(OCI)	263,841❶	(대변)	FVOCI금융자산	263,841
(차변)	손상차손	247,041❷	(대변)	금융자산평가손실(OCI)	247,041

❶ ₩700,000 − 963,841 = (−)₩263,841

❷ 신용위험의 손상에 따른 미래현금흐름의 현재가치
= ₩10,000 × 1.8080(2기간, 7%, 정상연금현가계수)
+ 800,000 × 0.8734(2기간, 7%, 단일금액현가계수) = ₩716,800
기대신용손실 = ₩963,841 − 716,800 = ₩247,041. 손실충당금 대신 기타포괄손익으로 인식했던 금융자산평가손실에서 조정한다.

〈20×2. 12. 31.〉

① 이자수익 인식

(차변)	현금	10,000	(대변)	이자수익	50,176
	AC금융자산	40,176			

② 공정가치 평가 및 손상차손 인식

(차변)	FVOCI금융자산	159,824❸	(대변)	금융자산평가손실(OCI)	16,800❹
				금융자산평가이익(OCI)	143,024
(차변)	금융자산평가이익(OCI)	102,856❺	(대변)	손상차손환입	102,856

❸ ₩900,000 − 740,176(700,000(20×1년 말 공정가치) + 40,176) = ₩159,824

❹ 20×1년 말 기타포괄이익 잔액 ₩16,800(263,841 − 247,041)을 먼저 상계한다.

❺ 신용위험의 손상에 따른 미래현금흐름의 현재가치
= (₩20,000 + 900,000) × 0.9346(2기간, 7%, 단일금액현가계수) = ₩859,832
기대신용손실 = ₩756,976 − 859,832 = (−)₩102,856. 손실충당금 대신 기타포괄손익으로 인식했던 금융자산평가이익에서 조정한다.

(예제 7)에서 AC금융자산과 FVOCI금융자산으로 분류하는 경우에 20×1년과 20×2년 포괄손익계산서의 당기순이익에 미치는 영향을 비교하면 다음 〈표 8-7〉과 같다.

표 8-7 AC금융자산과 FVPL금융자산의 경우 당기순이익 비교

	AC금융자산의 경우		FVOCI금융자산의 경우	
	20×1년	20×2년	20×1년	20×2년
이자수익	66,326	50,176	66,326	50,176
손상차손환입(손상차손)	(247,041)	102,856	(247,041)	102,856
당기순이익	(180,715)	153,032	(180,715)	153,032

(예제 7)에서 알 수 있듯이, AC금융자산 또는 FVOCI금융자산으로 분류하더라도 당기순이익에 미치는 영향은 동일하다는 것을 알 수 있다. 다만, FVOCI금융자산의 경우 보고기간 말에 공정가치로 평가하기 때문에 총포괄손익에 미치는 영향이 달라질 수 있다.

4. 금융자산의 기타사항

4.1 금융자산의 재분류

AC금융자산, FVOCI금융자산, FVPL금융자산 중 어떤 금융자산으로 분류하느냐에 따라 이후 재무제표에 영향을 미친다. 따라서 K-IFRS 제1109호 '금융상품'에서는 금융자산의 재분류에 대해 금융자산을 관리하는 사업모형을 변경하는 경우에만 금융자산의 재분류를 허용하고 있다. 단, 금융부채는 재분류를 허용하지 않는다.

지분상품은 사업모형과 관계없이 FVPL금융자산으로 분류하며, 단기매매목적 등이 아닐 경우 FVOCI금융자산으로 선택이 가능하기 때문에 재분류 대상 금융자산이 아니다. 왜냐하면 지분상품에 대해서 FVOCI금융자산으로 최초 인식시점에 선택 가능하며 선택한 경우에는 이를 취소할 수 없기 때문이다. 따라서 금융자산 재분류의 대상은 사업모형과 관계가 있는 채무상품이라고 보면 된다.

K-IFRS 제1109호 '금융상품'에서 제시하고 있는 사업모형 변경의 예는 다음과 같다.

① 단기 매도를 목적으로 상업 대여금의 포트폴리오를 보유하고 있는 기업이 있다. 기업은 상업 대여금을 관리하면서 계약상 현금흐름을 수취하기 위해 그러한 대여금을 보유하는 사업모형을 갖고 있는 회사를 취득한다. 상업 대여금의 포트폴리오는 더는 매도가 목적이 아니며, 이제는 취득한 상업 대여금과 함께 관리하는 동시에 계약상 현금흐름을 수취하기 위해 그 포트폴리오 전체를 보유한다.

② 금융서비스회사가 소매부동산담보부대여업을 중단하기로 결정했다. 회사는 더 이상 새로운 사업을 수용하지 않고, 부동산담보대출 포트폴리오를 매도하기 위해 활발히 마케팅활동을 수행한다.

다음은 사업모형 변경이 아니다.

① 특정 금융자산과 관련된 의도의 변경(시장 상황이 유의적으로 변경되는 경우도 포함)
② 금융자산에 대한 특정 시장의 일시적 소멸
③ 기업 내 서로 다른 사업모형을 갖고 있는 부문 간 금융자산의 이전

금융자산을 재분류하는 경우에는 그 재분류를 재분류일부터 전진적으로 적용하도록 하고 있다. 이때 재분류일이란 금융자산의 재분류를 초래하는 사업모형의 변경 후 첫 번째 보고기간의 첫 번째 날을 말한다. 즉, 회계기간 중에 사업모형을 변경하였더라도 그 시점에 변경의 회계처리를 하는 것은 아니다. 예를 들어, 12월 31일이 보고기간 말인 회사가 20×1년 기중에 사업모형을 변경하였다면, 금융자산의 재분류일은 20×2년 1월 1일이므로 20×2년 1월 1일에 재분류의 회계처리를 한다.

K-IFRS 제1109호 '금융상품'에 따르면 금융자산의 재분류 시 재분류일의 공정가치로 측정한다. AC금융자산에서 FVPL금융자산이나 FVOCI금융자산으로 재분류한 경우에 장부금액과 공정가치의 차이를 각각 당기손익과 기타포괄손익으로 인식한다.

FVOCI금융자산에서 FVPL금융자산으로 재분류한 경우에 재분류 전에 인식한 기타포괄손익누계액은 재분류일에 당기손익으로 재분류한다. FVOCI금융자산에서 AC금융자산으로 재분류한 경우에 재분류 전에 인식한 기타포괄손익누계액을 자본에서 제거하고 금융자산의 공정가치에서 조정한다. 이렇게 회계처리하는 이유는 최초 인식시점부터 AC금융자산으로 측정했던 것처럼 하기 위해서이다.

FVPL금융자산에서 FVOCI금융자산이나 AC금융자산으로 재분류한 경우에 재분류일의 공정가치에 기초하여 유효이자율을 산정한다. 이렇게 하는 이유는 FVPL금융자산에 대해서는 이자수익과 손상차손(환입)을 구분하여 인식할 필요가 없었기 때문이다.

금융자산의 재분류 시 회계처리를 요약·정리하면 다음 〈표 8-8〉과 같다.

표 8-8 금융자산의 재분류 시 회계처리

재분류		회계처리
from	to	
AC금융자산	FVPL금융자산	장부금액과 공정가치 차이를 각각 당기손익과 기타포괄손익으로 인식
	FVOCI금융자산	
FVOCI금융자산	FVPL금융자산	기타포괄손익누계액을 당기손익으로 재분류
	AC금융자산	기타포괄손익누계액을 자본에서 제거하고 금융자산의 공정가치에서 조정
FVPL금융자산	FVOCI금융자산	재분류일의 공정가치에 기초하여 유효이자율을 산정
	AC금융자산	

예제 8 ❙ 금융자산의 재분류

대박회사는 20×1년 1월 1일에 액면금액 ₩1,000,000(표시이자율 연 5%, 이자지급일 매년 12월 31일, 만기일 20×3년 12월 31일)의 조건으로 발행된 사채를 취득하였다. 사채 취득 시 시장이자율은 7%이다. 사채의 20×1년 말 공정가치는 ₩950,000이다. 대박회사는 20×1년 중에 사업모형을 변경하였다.

물음

1 대박회사는 해당 채무상품을 취득 시 AC금융자산으로 분류하였다. 20×1년 말 현재 금융자산의 장부금액은 ₩963,841이다. AC금융자산을 FVPL금융자산과 FVOCI금융자산으로 재분류하는 경우 재분류일인 20×2년 1월 1일에 해야 할 분개를 하시오.

2. 대박회사는 해당 채무상품을 취득 시 FVOCI금융자산으로 분류하였다. 20×1년 말 현재 관련 기타포괄손익누계액으로 금융자산평가손실이 ₩13,841이다. FVOCI금융자산을 FVPL금융자산과 AC금융자산으로 재분류하는 경우 재분류일인 20×2년 1월 1일에 해야 할 분개를 하시오.

3. 대박회사는 해당 채무상품을 취득 시 FVPL금융자산으로 분류하였다. 20×1년 말 현재 관련 당기손익으로 금융자산평가손실이 ₩13,841이다. FVPL금융자산을 FVOCI금융자산과 AC금융자산으로 재분류하는 경우 재분류일인 20×2년 1월 1일에 해야 할 분개를 하시오.

풀이

1. AC금융자산에서

① FVPL금융자산으로 재분류하는 경우

(차변)	FVPL금융자산	950,000	(대변)	AC금융자산	963,841
	금융자산평가손실(PL)	13,841			

② FVOCI금융자산으로 재분류하는 경우

(차변)	FVPL금융자산	950,000	(대변)	AC금융자산	963,841
	금융자산평가손실(OCI)	13,841			

2. FVOCI금융자산에서

① FVPL금융자산으로 재분류하는 경우

(차변)	FVPL금융자산	950,000	(대변)	FVOCI금융자산	950,000
	금융자산평가손실(PL)	13,841		금융자산평가손실(OCI)	13,841

② AC금융자산으로 재분류하는 경우

(차변)	AC금융자산	950,000	(대변)	FVOCI금융자산	950,000
	AC금융자산	13,841❶		금융자산평가손실(OCI)	13,841

❶ 재분류 전에 인식한 기타포괄손익누계액을 자본에서 제거하고 금융자산의 공정가치에서 조정한다. 결국 AC금융자산의 20×1년 말 현재 장부금액은 ₩963,841이다.

3. FVPL금융자산에서

① FVOCI금융자산으로 재분류하는 경우.

(차변)	FVOCI금융자산	950,000	(대변)	FVPL금융자산	950,000

② AC금융자산으로 재분류하는 경우

(차변)	AC금융자산	950,000	(대변)	FVPL금융자산	950,000

다만, 재분류일에 유효이자율을 다시 계산해야 한다.

4.2 계약상 현금흐름의 변경

금융자산의 계약상 현금흐름이 변경되는 경우가 발생할 수 있다. 예를 들어, 채무자의 재무적 곤경으로 인하여 채권자와 채무자가 당해 금융자산의 만기 연장, 원금 감면, 이자율 하향 조정 등을 통하여 금융자산의 계약상 현금흐름을 변경하기도 한다.

(1) 계약상 현금흐름의 변경이 제거조건을 충족하지 않는 경우

금융자산의 계약상 현금흐름이 재협상되거나 변경되었으나 그 금융자산이 제거되지 아니하는 경우에는 해당 금융자산의 총장부금액을 재계산하고 변경손익을 당기손익으로 인식한다. 재계산한 총장부금액은 재협상되거나 변경된 계약상 현금흐름을 해당 금융자산의 최초 유효이자율로 할인한 현재가치로 재계산한다. 발생한 원가나 수수료는 변경된 금융자산의 장부금액에 반영하여 해당 금융자산의 남은 존속기간에 상각한다.

(2) 계약상 현금흐름의 변경이 제거조건을 충족하는 경우

일부 상황에서, 금융자산의 계약상 현금흐름의 재협상이나 변경 때문에 해당 금융상품이 제거될 수 있다. 금융자산의 변경으로 기존 금융자산이 제거되고, 후속적으로 변경된 금융자산을 인식하는 경우에 변경된 금융자산은 새로운 금융자산으로 본다.

새로운 금융자산은 새로운 조건에 따라 변경된 현금흐름을 변경일의 현행이자율로 할인한 공정가치로 최초 측정한다. 제거되는 기존 금융자산과 새로운 금융자산의 차이는 당기손익으로 인식하면 될 것이다.

계약상 현금흐름의 변경이 제거조건을 충족하지 않는 경우 발생한 원가나 수수료는 변경된 금융자산의 장부금액에 반영하여 해당 금융자산의 남은 존속기간에 상각하지만, 계약상 현금흐름의 변경이 제거조건을 충족하는 경우 발생한 원가나 수수료를 금융자산 소멸에 따른 손익의 일부로 회계처리한다.

계약상 현금흐름의 변경이 제거조건을 충족하는 경우와 충족하지 않는 경우에 회계처리를 비교하면 다음 〈표 8-9〉와 같다.

표 8-9 계약상 현금흐름 변경의 회계처리

구 분	제거조건을 충족하는 경우	제거조건을 충족하지 않는 경우
기존 금융자산	제거	계속 인식
유효이자율	변경일의 현행이자율	최초 유효이자율
변경손익	변경된 현금흐름 × 변경일의 현행이자율 - 최초 현금흐름 × 최초 유효이자율	변경된 현금흐름 × 최초 유효이자율 - 최초 현금흐름 × 최초 유효이자율
수수료	손익에 반영	장부금액에 반영(가산)

예제 9 ❙ 계약상 현금흐름의 변경

대박회사는 20×1년 1월 1일에 액면금액 ₩1,000,000(표시이자율 연 5%, 이자지급일 매년 12월 31일, 만기일 20×3년 12월 31일)의 조건으로 발행된 사채를 취득하였다. 사채 취득 시 시장이자율은 7%이고, AC금융자산으로 분류하였다.

물음

대박회사는 20×1년 12월 31일에 채무자와 조건을 재협상하여 만기를 20×4년 12월 31일로 1년 연장하고, 20×2년부터 20×4년까지 표시이자율은 연 3%로 매년 12월 31일로 지급하는 것으로 변경하였다. 20×1년 12월 31일 현행이자율은 9%이고, 이자는 정상적으로 지급되었다. 각 경우에 대해서 해야 할 분개를 하시오.

1. 계약상 현금흐름의 변경이 제거조건을 충족하지 않는 경우

2. 계약상 현금흐름의 변경이 제거조건을 충족하는 경우

풀이

1. 계약상 현금흐름의 변경이 제거조건을 충족하지 않는 경우(최초 유효이자율로 할인)
   - 변경 후 현재가치 = ₩30,000 × 2.6243(3기간, 7%, 정상연금현가계수)
     + 1,000,000 × 0.8163(3기간, 7%, 단일금액현가계수)
     = ₩895,029
   - 변경손실 = ₩895,029 - 963,841(장부금액) = (-)₩68,812

(차변)	변 경 손 실	68,812	(대변)	A C 금 융 자 산	68,812

2. 계약상 현금흐름의 변경이 제거조건을 충족하는 경우(현행이자율로 할인)
   - 변경 후 현재가치 = ₩30,000 × 2.5313(3기간, 9%, 정상연금현가계수)
     + 1,000,000 × 0.7722(3기간, 9%, 단일금액현가계수)
     = ₩848,139
   - 변경손실 = ₩848,139 − 963,841(장부금액) = (−)₩115,702

(차변)	A C 금 융 자 산	848,139	(대변)	A C 금 융 자 산	963,841
	변 경 손 실	115,702			

❶ 기존 금융자산(W963,841)을 제거하고, 새로운 금융자산(₩848,139)을 인식한다.

4.3 금융자산의 정형화된 매입 또는 매도

금융자산의 정형화된 매입 또는 매도(regular way purchase or sale)[6]에 대해서는 매매일 회계처리방법과 결제일 회계처리방법 중 하나를 선택하여 인식한다. 이때 기업은 같은 방식으로 분류한 금융자산의 매입이나 매도 모두에 일관성 있게 같은 방법을 사용하여 적용한다.

(1) 매매일 회계처리

매매일(trade date)은 자산을 매입하거나 매도하기로 약정한 날을 말하며, 매입과 매도 시 회계처리는 다음 〈표 8−10〉과 같다.

표 8-10 매매일 회계처리

구 분	회계처리
매입	매매일(매입약정일)에 수취할 자산과 그 자산에 대하여 지급할 부채 인식
매도	매매일(매도약정일)에 매도한 자산을 제거하고 처분손익을 인식하며 매입자의 지급할 금액을 채권으로 인식

6 금융자산의 정형화된 매입 또는 매도는 관련 시장의 규정이나 관행에 따라 일반적으로 설정된 기간 내에 해당 금융상품을 인도하는 계약조건에 따른 금융자산의 매입 또는 매도를 의미한다.

(2) 결제일 회계처리

결제일(settlement date)은 자산을 인수하거나 인도하는 날을 말하며, 매입과 매도 시 회계처리는 다음 〈표 8-11〉과 같다.

표 8-11 결제일 회계처리

구 분	회계처리
매입	자산을 인수하는 날에 자산을 인식하고, 매매일과 결제일 사이에 수취할 자산의 공정가치 변동 인식. 단, AC금융자산의 가치변동은 인식하지 않음
매도	자산을 인도하는 날에 자산을 제거하고 처분손익을 인식. 단, 매매일과 결제일 사이에 금융자산 공정가치의 변동은 인식하지 않음[7]

예제 10 ❙ 금융자산의 정형화된 매입 또는 매도 회계처리

12월 결산법인인 대박회사는 20×1년 12월 29일에 금융자산을 매매일(매입약정일)의 공정가치인 ₩1,000에 매입하는 계약을 체결하였다. 결산일인 20×1년 12월 31일과 결제일인 20×2년 1월 3일에 자산의 공정가치가 각각 ₩1,005와 ₩1,008이다.

물음

금융자산을 다음과 같이 분류한 경우 매매일과 결제일 회계처리방법을 각각 적용하여 대박회사가 매매일(매입약정일), 결산일 및 결제일에 해야 할 분개를 하시오.

1. AC금융자산으로 분류한 경우

2. FVOCI금융자산으로 분류한 경우

3. FVPL금융자산으로 분류한 경우

7 공정가치의 변동에 대한 매도자의 권리는 매매일에 중지되기 때문에 정형화된 방법으로 매도하는 거래에 결제일 회계처리방법을 적용하더라도 매매일과 결제일 사이의 금융자산 공정가치의 변동은 재무제표에 기록하지 아니한다(1109:D2.2).

풀이

1. AC금융자산으로 분류한 경우

일 자	매매일 회계처리	결제일 회계처리
20×1.12.29.	(차변) AC금융자산 1,000 (대변) 미지급금 1,000	분개 없음
20×1.12.31.	분개 없음	분개 없음
20×2. 1. 3.	(차변) 미지급금 1,000 (대변) 현금 1,000	(차변) AC금융자산 1,000 (대변) 현금 1,000

2. FVOCI금융자산으로 분류한 경우

일 자	매매일 회계처리	결제일 회계처리
20×1.12.29.	(차변) FVOCI금융자산 1,000 (대변) 미지급금 1,000	분개 없음
20×1.12.31.	(차변) FVOCI금융자산 5 (대변) 평가이익(OCI) 5	(차변) FVOCI금융자산 5 (대변) 평가이익(OCI) 5
20×2. 1. 3.	(차변) FVOCI금융자산 3 (대변) 평가이익(OCI) 3 (차변) 미지급금 1,000 (대변) 현금 1,000	(차변) FVOCI금융자산 3 (대변) 평가이익(OCI) 3 (차변) FVOCI금융자산 1,000 (대변) 현금 1,000

3. FVPL금융자산으로 분류한 경우

일 자	매매일 회계처리	결제일 회계처리
20×1.12.29.	(차변) FVPL금융자산 1,000 (대변) 미지급금 1,000	분개 없음
20×1.12.31.	(차변) FVPL금융자산 5 (대변) 평가이익(PL) 5	(차변) FVPL금융자산 5 (대변) 평가이익(PL) 5
20×2. 1. 3.	(차변) FVPL금융자산 3 (대변) 평가이익(PL) 3 (차변) 미지급금 1,000 (대변) 현금 1,000	(차변) FVPL금융자산 3 (대변) 평가이익(PL) 3 (차변) FVPL금융자산 1,000 (대변) 현금 1,000

5. 금융자산의 제거

금융자산의 제거(derecognition)란 인식(recognition)의 반대 개념으로 금융자산을 재무상태표에서 삭제하는 것을 말한다. K-IFRS 제1109호 '금융자산'에서 제시하는 금융자산 제거 여부와 제거 정도를 평가하는 방법의 순서는 다음 [그림 8-4]와 같다.

[그림 8-4] 금융자산의 제거 순서도

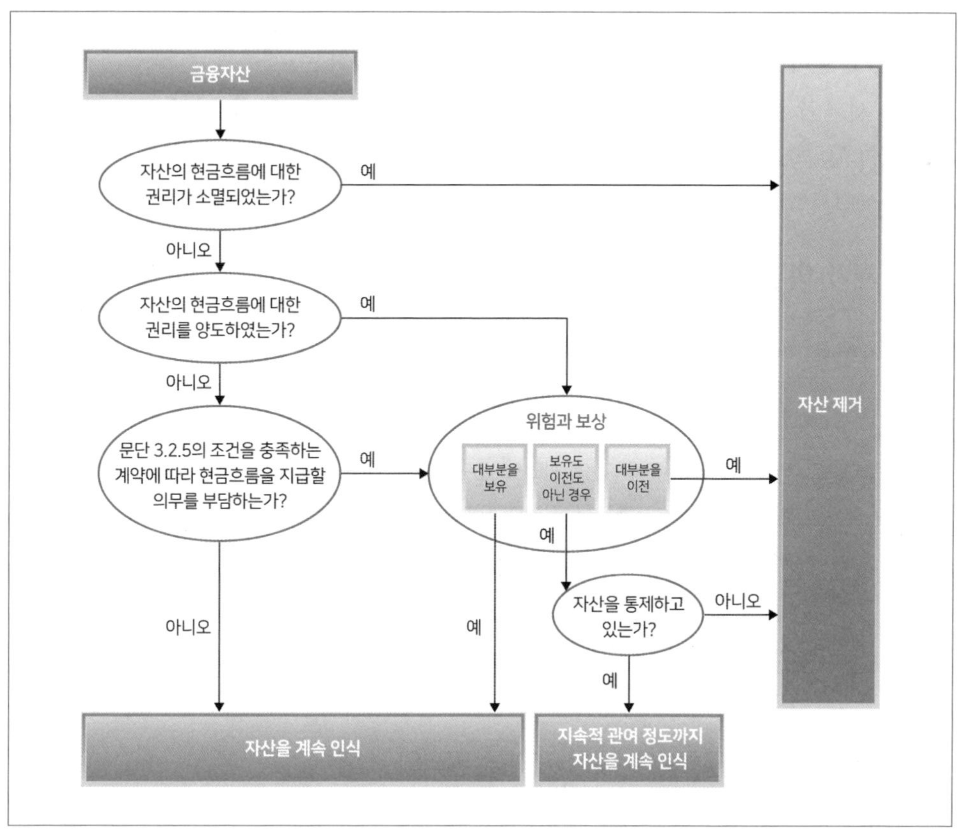

5.1 제거 범위의 판단

금융자산의 제거 여부와 제거 정도의 적정성을 평가하기 전에 제거의 회계처리를 금융자산(또는 비슷한 금융자산의 집합)의 일부에 적용하여야 하는지 아니면 전체에 적용하여야 하는지를 결정해야 한다. 제거 대상이 다음 세 가지 조건 중 하나를 충족하는 경우에만 금융자산의 일부만이 제거된 것으로 본다. 따라서 다음의 조건 중 어느 하나라도 충족하지 않는다면 금융자산의 전체가 제거된 것으로 본다.

① 제거 대상이 금융자산의 현금흐름에서 식별된 특정 부분만으로 구성된다.
② 제거 대상이 금융자산의 현금흐름에 완전히 비례하는 부분만으로 구성된다.
③ 제거 대상이 금융자산의 현금흐름에서 식별된 특정 부분 중 완전히 비례하는 부분만으로 구성된다.

한편, 금융자산의 일부만이 제거되는 조건을 충족하는 경우에는 금융자산의 전체에서 제거되는 부분과 계속 인식되는 부분의 양도일 현재 각 부분의 상대적 공정가치를 기준으로 배분하여 각각의 장부금액을 계산한다.

5.2 제거 여부의 판단

금융자산은 다음 중 하나에 해당하는 경우에 한하여 제거할 수 있다.

① 금융자산의 현금흐름에 대한 계약상 권리의 소멸: 제거
② 금융자산의 현금흐름에 대한 계약상 권리의 양도
  ㉠ 위험과 보상의 대부분을 이전: 제거
  ㉡ 위험과 보상의 대부분을 보유: 계속 인식
  ㉢ 위험과 보상의 대부분을 보유하지도 이전하지도 않은 경우 → 자산의 통제 여부

(1) 금융자산의 현금흐름에 대한 계약상 권리의 소멸

금융자산의 현금흐름에 대한 계약상 권리가 소멸한 경우에는 추가적인 조건이 필요 없이 금융자산을 제거한다.

(2) 금융자산의 현금흐름에 대한 계약상 권리의 양도

금융자산의 현금흐름에 대한 계약상 권리를 양도한 경우 양도자는 금융자산의 소유에 따른 위험과 보상의 정도를 다시 평가한다. 1) 위험과 보상, 2) 통제 기준을 순차적으로 적용한다.

1) 위험과 보상

금융자산의 소유에 따른 위험과 보상의 대부분을 이전했다면 금융자산을 제거한다. 양도자가 소유에 따른 위험과 보상의 대부분을 이전하는 경우의 예는 다음과 같다.

① 금융자산을 아무런 조건 없이 매도한 경우
② 양도자가 매도한 금융자산을 재매입시점의 공정가치로 재매입할 수 있는 권리를 보유하고 있는 경우
③ 양도자가 매도한 금융자산에 대한 콜옵션을 보유하고 있거나 양수자가 해당 금융자산에 대한 풋옵션을 보유하고 있지만, 해당 콜옵션이나 풋옵션이 현재까지 깊은 외가격(out of the money) 상태이기 때문에 만기 이전에 해당 옵션이 내가격(into the money) 상태가 될 가능성이 매우 낮은 경우

그러나 금융자산의 소유에 따른 위험과 보상의 대부분을 보유하고 있으면 금융자산을 계속하여 인식하며, 수취한 현금이 있다면 금융부채로 인식한다. 양도자는 후속기간에 양도자산에서 생기는 모든 수익과 금융부채에서 생기는 모든 비용을 인식한다. 양도자가 소유에 따른 위험과 보상의 대부분을 보유하는 경우의 예는 다음과 같다.

① 양도자가 매도 후에 미리 정한 가격으로 또는 매도가격에 양도자에게 금전을 대여하였더라면 그 대가로 받았을 이자수익을 더한 금액으로 양도자산을 재매입하는 거래의 경우
② 유가증권대여계약을 체결한 경우
③ 시장위험 익스포저(market risk exposure)를 양도자에게 다시 이전하는 총수익스왑 체결과 함께 금융자산을 매도한 경우
④ 양도자가 매도한 금융자산에 대한 콜옵션을 보유하고 있거나 양수자가 해당 금융자산에 대한 풋옵션을 보유하고 있으며, 해당 콜옵션이나 풋옵션이 현재까지 깊은 내가격(into the money) 상태이기 때문에 만기 이전에 해당 옵션이 외가격(out of the money) 상태가 될 가능성이 매우 낮은 경우
⑤ 양도자가 발생 가능성이 높은 신용손실의 보상을 양수자에게 보증하면서 단기 수취채권을 매도한 경우

2) 통제

양도자가 금융자산의 소유에 따른 위험과 보상의 대부분을 보유하지도 이전하지도 않는다면, 양도자가 해당 금융자산을 통제하는지를 판단하여 다음과 같이 회계처리한다.

① 양도자가 금융자산을 통제하고 있지 않다면, 해당 금융자산을 제거하고 양도하여 생기거나 보유하게 된 권리와 의무는 각각 자산과 부채로 인식한다.

② 양도자가 금융자산을 통제하고 있다면, 해당 금융자산에 지속적으로 관여하는 정도까지 그 금융자산을 계속 인식하며, 이와 관련된 부채도 함께 인식한다.[8]

(3) 현금흐름을 지급할 계약상 의무의 부담

[그림 8-4]에서 현금흐름을 수취할 계약상 권리를 양도하지는 않았으나 해당 현금흐름을 거래상대방(최종 수취인)에게 지급할 계약상 의무를 부담하는 경우, 그 거래가 다음의 3가지 조건을 모두 충족하면 양도거래로 본다(문단 3.2.5).

① 최초 자산에서 최종 수취인에게 지급할 금액에 상응하는 금액을 회수하지 못한다면, 그 금액을 최종 수취인에게 지급할 의무가 없다.
② 현금흐름을 지급할 의무를 이행하기 위해 최종 수취인에게 담보물로 제공하는 경우를 제외하고는, 양도자는 양도계약의 조건 때문에 최초 자산을 매도하거나 담보물로 제공하지 못한다.
③ 양도자는 최종 수취인을 대신해서 회수한 현금을 중요하게 지체하지 않고 최종 수취인에게 지급할 의무가 있다. 또 양도자는 해당 현금을 재투자할 권리가 없다.

위의 문단 3.2.5에 따르면 양도자가 아닌 금융자산을 보유하고 있는 제3자가 현금흐름을 수취하면 이를 즉시 거래상대방인 최종 수취인에게 전달해야 하는 경우, 이러한 거래는 현금흐름에 대한 계약상 권리를 양도한 것과 실질이 같다고 본다. 따라서 위험과 보상의 대부분이 이전되었는지를 평가하여 회계처리를 결정한다.

금융자산의 제거를 판단하는 기준을 정리하면 다음 〈표 8-12〉와 같다.

---

8 지속적 관여에 대한 금융자산과 금융부채에 대한 회계처리는 제9장 금융부채의 '보론'에서 자세히 설명한다.

표 8-12 금융자산 제거의 판단 기준

<table>
<tr><th colspan="3">판단 기준</th><th>회계처리</th></tr>
<tr><td colspan="3">권리의 소멸</td><td>금융자산 제거</td></tr>
<tr><td rowspan="4">권리의 양도
(권리의 양도는 아니지만 지급의무의 부담)</td><td colspan="2">위험과 보상의 대부분 이전</td><td>금융자산 제거</td></tr>
<tr><td colspan="2">위험과 보상의 대부분 보유</td><td>금융자산 계속 인식. 수취한 현금이 있다면 금융부채 인식</td></tr>
<tr><td rowspan="2">위험과 보상의 대부분을 보유하지도 이전하지도 않는 경우</td><td>통제하지 않음</td><td>금융자산 제거</td></tr>
<tr><td>통제함</td><td>지속적 관여 정도까지 금융자산 계속 인식. 관련 부채도 인식</td></tr>
</table>

5.3 제거 시 회계처리

금융자산을 제거하는 경우 처분가액이 처분 직전의 장부금액보다 많으면 처분이익을 인식하고, 처분가액이 처분 직전의 장부금액보다 적으면 처분손실을 인식한다. 앞서 설명하였듯이 지분상품인 FVOCI금융자산의 제거 시점에 기타포괄손익누계액이 당기손익으로 재분류되는 것을 금지한다. 단, 이익잉여금으로 대체되는 것은 허용되기 때문에 지분상품인 FVOCI금융자산 관련 평가손익에 대해 아무런 회계처리를 하지 않고 기타포괄손익으로 분류하든지, 아니면 이익잉여금으로 대체할 수 있다.

예제 11 ❙ 금융자산의 제거

대박회사는 20×1년 1월 1일 현재 원금(장부금액) ₩1,000,000, 표시이자율 연 5%, 이자지급일 매년 12월 31일, 만기일 20×3년 12월 31일의 조건으로 대여금을 보유하고 있다.

물음

1. 20×1년 1월 1일 현재 시장수익률이 연 3%일 때 대여금의 공정가치를 계산하시오.

2. 대박회사가 20×1년 1월 1일에 대여금 전부를 공정가치에 처분할 때(제거조건 충족) 해야 할 분개를 하시오.

3. (물음 1)과 관계없이 대박회사가 20×1년 1월 1일에 대여금에서 발생하는 이자만 공정가치에 처분할 때(제거조건 충족) 해야 할 분개를 하시오.

풀이

1. 대여금의 공정가치 = 이자의 현재가치 + 원금의 현재가치 = ₩1,056,530
   - 이자의 현재가치 = ₩50,000 × 2.8286(3기간, 3%, 정상연금현가계수) = ₩141,430
   - 원금의 현재가치 = ₩1,000,000 × 0.9151(3기간, 3%, 단일금액현가계수) = ₩915,100

2. 전부제거

(차변)	현금	1,056,530	(대변)	대여금	1,000,000
				금융자산처분이익	56,530

3. 일부제거 시에 상대적 공정가치를 기준으로 배분하여 제거부분의 장부금액을 계산한다.

(차변)	현금	141,430	(대변)	대여금	133,863❶
				금융자산처분이익	7,567

❶ 이자부분 장부금액 = ₩1,000,000 × (141,430/1,056,530) = ₩133,863

보론 | 기타 유형의 금융자산 제거

1. 받을어음의 할인

상품 등을 외상으로 판매하고 거래처로부터 어음을 수령하는 경우 어음발행일부터 어음만기일까지 상당 기간이 소요될 수 있다. 받을어음을 보유하고 있는 기업이 어음의 만기일 이전에 금융기관 등에 어음을 양도하여 필요한 자금을 확보하기도 하는데, 이를 받을어음의 할인(discounting note)이라고 한다.

받을어음을 할인하여 금융기관에 양도함으로써 받을어음의 소유에 따른 위험과 보상의 대부분을 금융기관에 이전하였다면 매출채권을 제거하는 회계처리를 한다(예 소구권이 없는 양도). 그러나 받을어음을 할인하여 금융기관에 양도하였더라도 받을어음의 소유에 따른 위험과 보상의 대부분을 양도자가 계속 보유한다면 차입거래로 회계처리한다(예 소구권이 있는 양도).

예제 12 | 받을어음의 할인

20×1년 4월 1일에 대박회사는 거래처에 ₩100,000 상품판매를 하고 거래처가 발행한 90일 만기 무이자부약속어음을 받았다. 이를 발행일로부터 30일이 경과한 5월 1일에 한빛은행에서 연리 15% 조건으로 할인하여 할인료를 제외한 잔액을 현금으로 받았다(계산의 편의상 1년은 360일로 가정함). 대박회사는 만기일에 한빛은행에 정상적으로 결제하였다.

물음

위 할인에 대해 매각으로 보는 경우와 차입으로 보는 경우 각각에 대해 5월 1일과 만기 시에 해야 할 분개를 하시오.

풀이

일 자	매각으로 보는 경우 (위험과 보상의 대부분을 이전)		차입으로 보는 경우 (위험과 보상의 대부분을 보유)	
20×1. 5. 1.	(차변) 현금	97,500	(차변) 현금	97,500
	매출채권처분손실	2,500❶	이자비용	2,500❶
	(대변) 매출채권	100,000	(대변) 단기차입금	100,000

일 자	매각으로 보는 경우 (위험과 보상의 대부분을 이전)	차입으로 보는 경우 (위험과 보상의 대부분을 보유)
만기 시	분개 없음	(차변) 단기차입금 100,000 (대변) 매출채권 100,000

❶ ₩100,000 × 15% × 60/360일 = ₩2,500 (60일을 계산하는 이유는 은행이 어음을 수취하여 만기일까지 보유하는 동안의 할인료를 계산한 것이기 때문임)

2. 양도자산에 대한 관리용역 제공

금융자산 전체가 제거조건을 충족하는 양도로 금융자산을 양도하고, 수수료를 대가로 해당 양도자산의 관리용역을 제공하기로 한다면 관리용역제공계약과 관련하여 자산이나 부채를 인식한다. 여기서 관리용역이란 투자자들을 대신하여 금융자산과 관련된 활동과 수익 배분활동을 말한다.

(1) 적정대가에 미달하는 관리용역수수료

관리용역 수수료가 용역제공의 적절한 대가에 미달할 것으로 예상한다면 용역제공의무에 따른 부채를 공정가치로 인식한다.

(2) 적정대가를 초과하는 관리용역수수료

관리용역 수수료가 용역제공의 적절한 대가를 초과할 것으로 예상한다면 용역제공권리에 따른 자산을 인식한다. 이때 금융자산의 전체에서 제거되는 부분과 계속 인식되는 부분의 양도일 현재 각 부분의 상대적 공정가치를 기준으로 배분하여 각각의 장부금액을 계산한다.

예제 13 | 양도자산에 대한 관리용역 제공

20×1년 7월 1일에 대박회사는 거래처에 AC금융자산(장부금액 ₩100,000, 공정가치 ₩115,000)을 양도하였다. 대박회사는 AC금융자산을 양도하면서 향후 해당 금융자산에 대한 관리용역을 제공하기로 하였다. 관리용역의 공정가치를 ₩10,000으로 추정하였다.

물음

다음 각 물음은 상호 독립적이다.

1. 대박회사는 AC금융자산을 공정가치에 양도하였으며, 관리용역에 대한 수수료는 지급받지 않기로 계약하였다. 양도일에 대박회사가 해야 할 분개를 하시오.

2. 대박회사는 AC금융자산을 양도하면서 관리용역을 제공하는 대가로 수수료를 지급받기로 계약하였고, 관리용역수수료의 공정가치는 ₩17,250으로 추정되었다. AC금융자산의 양도금액은 공정가치에서 관리용역수수료의 공정가치를 차감한 ₩97,750으로 결정되었다. 양도일에 대박회사가 해야 할 분개를 하시오.

풀이

1. 적정대가에 미달하는 관리용역수수료

(차변)	현 금	115,000	(대변)	AC금융자산	100,000
				관리용역부채	10,000
				금융자산처분이익	5,000

2. 적정대가를 초과하는 관리용역수수료

(차변)	현 금	97,750	(대변)	AC금융자산	100,000
	관리용역자산	15,000❶		관리용역부채	10,000
				금융자산처분이익	2,750

❶ 관리용역자산의 장부금액 = ₩100,000 × 17,250/115,000 = ₩15,000

3. 담보물의 회계처리

양도자가 비현금담보물(예 채무상품, 지분상품)을 양수자에게 제공한 경우에 그 담보물에 대한 양도자와 양수자의 회계처리는 양수자가 그 담보물을 매도할 권리나 다시 담보로 제공할 권리를 가지고 있는지와 양도자의 채무불이행 여부에 따라 결정한다. 양도자와 양수자는 담보물을 다음과 같이 회계처리한다. 다음 중 (3)을 제외하고는 양도자는 담보물을 계속 자산으로 인식하며, 양수자는 해당 담보물을 자산으로 인식하지 아니한다.

(1) 양수자의 담보물에 대한 권리가 없는 경우

양수자가 계약이나 관행에 따라 담보물을 매도할 권리나 다시 담보로 제공할 권리를 가지고 있다면, 양도자는 그 담보자산을 그 밖의 자산과 구분하여 재무상태표에 재분류(예 대여자산, 담보제공지분상품, 재매입수취채권)한다.

(2) 양수자가 담보물을 매도로 수취한 대가를 돌려줄 의무가 있는 경우

양수자가 담보물을 매도하면, 양수자는 매도로 수취한 대가와 그 담보물을 돌려줄 의무를 공정가치로 측정한 부채를 인식한다.

(3) 양도자의 채무불이행으로 담보물을 돌려받을 권리가 없는 경우

양도자가 계약조건에 따른 채무를 이행하지 못하여 담보물을 돌려받을 권리가 없으면, 양도자는 그 담보물을 제거하며, 양수자는 그 담보물을 공정가치로 측정하여 자산으로 최초 인식하거나 담보물을 이미 매도하였다면 그 담보물을 돌려줄 의무를 제거한다.

SUMMARY & CHECK

금융상품과 금융자산

- 금융상품은 거래당사자 어느 한쪽에는 금융자산을 발생시키고 동시에 거래상대방에게는 금융부채나 지분상품을 발생시키는 모든 계약을 말한다.
- 금융자산은 현금, 타기업발행의 지분상품(주식 등), 거래상대방으로부터 현금 등 금융자산을 수취할 계약상 권리(대여금 등), 잠재적으로 유리한 조건으로 거래상대방과 금융자산이나 금융부채를 교환하기로 한 계약상 권리(파생상품자산) 등을 말한다.
- 금융자산은 (1) 금융자산의 관리를 위한 사업모형, (2) 금융자산의 계약상 현금흐름의 특성에 따라 AC금융자산, FVOCI금융자산 및 FVPL금융자산으로 나눌 수 있다.

금융자산의 회계처리

- 유가증권 등 금융자산은 최초 취득 시점에 공정가치로 측정하고, FVPL금융자산을 제외한 금융자산의 거래원가는 최초 취득원가에 가산한다.
- AC금융자산은 최초 측정 시점에서 공정가치를 미래현금흐름(이자와 원금)의 현재가치로 측정한다.
- 공정가치와 장부금액의 차이인 FVOCI금융자산평가손익은 기타포괄손익으로, FVPL금융자산평가손익은 당기손익으로 인식한다.
- 보고기간 말 현재 금융자산의 신용위험이 유의적으로 증가하였다고 판단되면 손상차손 회계처리한다.

금융자산의 기타사항

- 금융자산의 재분류에 대해 금융자산을 관리하는 사업모형을 변경하는 경우에만 금융자산의 재분류를 허용하고 있다. 단, 금융부채는 재분류를 허용하지 않는다.
- 계약상 현금흐름의 변경이 제거조건을 충족하지 않는 경우와 충족하지 않는 경우에 따라 기존 금융자산의 제거 여부, 적용하는 이자율, 변경손익 계산 및 발생한 원가나 수수료에 대해 회계처리가 달라진다.
- 금융자산의 정형화된 매입 또는 매도에 대해서는 매매일 회계처리방법과 결제일 회계처리방법 중 하나를 선택하여 인식한다.

금융자산의 제거

- 금융자산의 현금흐름에 대한 계약상 권리의 소멸되거나 금융자산의 현금흐름에 대한 계약상 권리의 양도로 금융자산의 소유에 따른 위험과 보상의 대부분을 이전한 경우에 금융자산을 제거한다.
- 금융자산의 현금흐름에 대한 계약상 권리의 양도로 금융자산의 소유에 따른 위험과 보상의 대부분을 보유하고 있으면 금융자산을 계속하여 인식하며, 수취한 현금이 있다면 금융부채로 인식한다.
- 금융자산의 현금흐름에 대한 계약상 권리의 양도로 금융자산의 소유에 따른 위험과 보상의 대부분을 보유하지도 이전하지도 않는다면, 양도자가 해당 금융자산을 통제하는지를 판단한다.
- 지분상품인 FVOCI금융자산의 제거 시점에 기타포괄손익누계액이 당기손익으로 재분류되는 것을 금지한다.

OX QUIZ

1 모든 금융자산은 거래상대방이 존재한다.

2 확정 수량의 자기지분상품에 대하여 확정금액의 현금 등 금융자산을 교환하여 결제하는 방법이 아닌 방법으로 결제되거나 결제될 수 있는 파생상품은 금융자산이다.

3 지분상품은 FVPL금융자산으로만 분류가능하다.

4 FVPL금융자산은 취득할 때 발생하는 거래원가를 취득원가에 가산하지 않고 당기비용으로 인식한다.

5 손상차손을 인식 대상에 해당되는 금융자산은 AC금융자산, FVOCI금융자산 및 FVPL금융자산이다.

6 신용손실을 계산하기 위한 현재가치를 측정할 때에는 해당 금융자산의 최초 인식시점에 산정한 유효이자율을 이용한다.

7 FVOCI금융자산의 손상차손을 인식할 때 상대계정으로 손실충당금을 인식한다.

8 손상차손을 인식한 금융자산에 대한 이자수익을 계산할 때 신용위험이 유의적으로 증가하지 않거나 유의적으로 증가한 경우, 총장부금액에 유효이자율을 적용하고, 신용이 손상된 경우에는 상각후원가에 유효이자율을 적용한다.

9 AC금융자산에서 FVPL금융자산이나 FVOCI금융자산으로 재분류한 경우에 장부금액과 공정가치의 차이를 각각 당기손익과 기타포괄손익으로 인식한다.

10 FVOCI금융자산에서 AC금융자산으로 재분류한 경우에 재분류 전에 인식한 기타포괄손익누계액을 자본에서 제거하고 금융자산의 공정가치에서 조정한다.

11 FVPL금융자산에서 FVOCI금융자산이나 AC금융자산으로 재분류한 경우에 최초 인식시점의 유효이자율을 적용한다.

12 계약상 현금흐름의 변경이 제거조건을 충족하는 경우 발생한 원가나 수수료를 금융자산 소멸에 따른 손익의 일부로 회계처리하고, 제거조건을 충족하지 않는 경우에 발생한 원가나 수수료는 변경된 금융자산의 장부금액에 반영하여 해당 금융자산의 남은 존속기간에 상각한다.

13 매매일 회계처리에서 매도약정일에 매도한 자산을 제거하고 처분손익을 인식하며 매입자의 지급할 금액을 채권으로 인식한다.

14 결제일 회계처리에서 자산을 인수하는 날에 자산을 인식하므로 매매일과 결제일 사이에 수취할 자산의 공정가치 변동을 인식하지 않는다.

15 콜옵션이나 풋옵션이 현재까지 깊은 외가격 상태이면 금융자산의 소유에 따른 위험과 보상의 대부분을 이전한 예로 볼 수 있다.

16 양도자가 금융자산의 소유에 따른 위험과 보상의 대부분을 보유하지도 이전하지도 않는 상황에서 양도자가 금융자산을 통제하고 있다면, 해당 금융자산을 제거하고 양도하여 생기거나 보유하게 된 권리와 의무는 각각 자산과 부채로 인식한다.

Multiple-choice Questions

1 기업회계기준서 제1109호 '금융상품'에 관한 다음 설명 중 옳은 것은? (CPA 2018)

① 회계불일치 상황이 아닌 경우의 금융자산은 금융자산의 관리를 위한 사업모형과 금융자산의 계약상 현금흐름 특성 모두에 근거하여 상각후원가, 기타포괄손익-공정가치, 당기손익-공정가치로 측정되도록 분류한다.

② 당기손익-공정가치로 측정되는 지분상품에 대한 특정 투자의 후속적인 공정가치 변동은 최초 인식시점이라도 기타포괄손익으로 표시하는 것을 선택할 수 없다.

③ 금융자산의 전체나 일부의 회수를 합리적으로 예상할 수 없는 경우에도 해당 금융자산의 총장부금액을 직접 줄일 수는 없다.

④ 기타포괄손익-공정가치 측정 금융자산의 손상차손은 당기손실로 인식하고, 손상차손환입은 기타포괄손익으로 인식한다.

⑤ 회계불일치를 제거하거나 유의적으로 줄이는 경우에는 최초 인식시점에 해당 금융자산을 기타포괄손익-공정가치 측정 항목으로 지정할 수 있으며, 지정 후 이를 취소할 수 있다.

2 ㈜대한은 ㈜민국이 다음과 같이 발행한 사채를 20×1년 1월 1일에 발행가액으로 현금취득(취득 시 신용이 손상되어 있지 않음)하고, 기타포괄손익-공정가치로 측정하는 금융자산(FVOCI 금융자산)으로 분류하였다.

- 사채발행일: 20×1년 1월 1일
- 액면금액: ₩1,000,000
- 만기일: 20×3년 12월 31일(일시상환)
- 표시이자율: 연 10%(매년 12월 31일에 지급)
- 사채발행시점의 유효이자율: 연 12%

20×1년 말 ㈜대한은 동 금융자산의 이자를 정상적으로 수취하였으나, ㈜민국의 신용이 손상되어 만기일에 원금은 회수가능 하지만 20×2년부터는 연 6%(표시이자율)의 이자만 매년 말 수령할 것으로 추정하였다. 20×1년 말 현재 동 금융자산의 공정가치가 ₩800,000인 경우, ㈜대한의 20×1년도 포괄손익계산서의 당기순이익과 기타포괄이익에 미치는 영향은 각각 얼마인가? (단, 단수차이로 인해 오차가 있다면 가장 근사치를 선택한다) (CPA 2020)

할인율 / 기간	단일금액 ₩1의 현재가치			정상연금 ₩1의 현재가치		
	6%	10%	12%	6%	10%	12%
1년	0.9434	0.9091	0.8929	0.9434	0.9091	0.8929
2년	0.8900	0.8264	0.7972	1.8334	1.7355	1.6901
3년	0.8396	0.7513	0.7118	2.6730	2.4868	2.4019

	당기순이익	기타포괄이익
①	₩67,623 감소	₩14,239 감소
②	₩67,623 감소	₩98,606 감소
③	₩67,623 감소	₩166,229 감소
④	₩46,616 증가	₩98,606 감소
⑤	₩46,616 증가	₩166,229 감소

3 다음은 금융자산의 분류 및 재분류 등에 관한 설명이다. 옳은 설명을 모두 고른 것은?

(CTA 2022)

ㄱ. 계약상 현금흐름을 수취하기 위해 보유하는 것이 목적인 사업모형 하에서 금융자산을 보유하고, 금융자산의 계약 조건에 따라 특정일에 원금과 원금잔액에 대한 이자 지급만으로 구성되어 있는 현금흐름이 발생하는 금융자산은 상각후원가로 측정한다.
ㄴ. 계약상 현금흐름의 수취와 금융자산의 매도 둘 다를 통해 목적을 이루는 사업모형 하에서 금융자산을 보유하고, 금융자산의 계약 조건에 따라 특정일에 원금과 원금잔액에 대한 이자 지급만으로 구성되어 있는 현금흐름이 발생하는 금융자산은 당기손익-공정가치로 측정한다.
ㄷ. 서로 다른 기준에 따라 자산이나 부채를 측정하거나 그에 따른 손익을 인식한 결과로 발생한 인식이나 측정의 불일치를 제거하거나 유의적으로 줄이는 경우에는 최초 인식시점에 해당 금융자산을 당기손익-공정가치 측정 항목으로 지정할 수 있다.
ㄹ. 금융자산을 기타포괄손익-공정가치 측정 범주에서 당기손익-공정가치 측정 범주로 재분류하는 경우, 재분류 전에 인식한 기타포괄손익누계액은 재분류일에 자본의 다른 항목으로 직접 대체한다.

① ㄱ, ㄴ　② ㄱ, ㄷ　③ ㄴ, ㄷ
④ ㄴ, ㄹ　⑤ ㄷ, ㄹ

4 ㈜대한은 ㈜민국이 20×1년 1월 1일에 발행한 액면금액 ₩50,000(만기 5년(일시상환), 표시이자율 연 10%, 매년 말 이자지급)인 사채를 동 일자에 액면금액으로 취득하고, 상각후원가로 측정하는 금융자산(AC 금융자산)으로 분류하여 회계처리하였다. 그러나 ㈜대한은 20×2년 중 사업모형의 변경으로 동 사채를 당기손익-공정가치로 측정하는 금융자산(FVPL 금융자산)으로 재분류하였다. 20×2년 말 현재 동 사채와 관련하여 인식한 손실충당금은 ₩3,000이다. 동 사채의 20×3년 초와 20×3년 말의 공정가치는 각각 ₩45,000과 ₩46,000이다. 동 사채가 ㈜대한의 20×3년 포괄손익계산서 상 당기순이익에 미치는 영향은 얼마인가? (단, 동 사채의 20×3년 말 공정가치는 이자수령 후 금액이다)

(CPA 2021)

① ₩2,000 감소　② ₩1,000 감소　③ ₩4,000 증가
④ ₩5,000 증가　⑤ ₩6,000 증가

5 20×1년 1월 1일 ㈜세무는 ㈜대한이 동 일자에 발행한 사채(액면금액 ₩1,000,000, 만기 3년, 표시이자율 연 8%, 매년 말 이자지급)를 ₩950,252에 취득하였다. 취득 당시의 유효이자율은 연 10%이며, ㈜세무는 동 사채를 기타포괄손익-공정가치측정 금융자산으로 분류하였다. 한편, ㈜세무는 20×1년 중 사업모형을 변경하여 동 사채를 당기손익-공정가치측정 금융자산으로 재분류하였다. 20×1년 말 동 사채의 신용위험은 유의적으로 증가하지 않았으며, 12개월 기대신용손실은 ₩10,000이다. ㈜세무는 20×1년 말과 20×2년 말에 표시이자를 정상적으로 수령하였다. 동 사채의 각 연도 말의 공정가치는 다음과 같으며, 재분류일의 공정가치는 20×1년 말의 공정가치와 동일하다.

(CTA 2021)

	20×1. 12. 31.	20×2. 12. 31.
공정가치	₩932,408	₩981,828

㈜세무의 동 사채관련 회계처리가 20×2년도 당기순이익에 미치는 영향은? (단, 계산금액은 소수점 이하 첫째 자리에서 반올림한다)

① ₩16,551 감소 ② ₩22,869 감소 ③ ₩26,551 증가
④ ₩96,551 증가 ⑤ ₩106,551 증가

6 ㈜대한은 ㈜민국이 20×1년 1월 1일 발행한 사채를 발행일에 취득하였으며, 취득 시 상각후원가로 측정하는 금융자산(AC금융자산)으로 분류하였다. ㈜민국의 사채는 다음과 같은 조건으로 발행되었다. (CPA 2022)

- 액면금액: ₩500,000
- 표시이자율: 연 6%
- 이자지급일: 매년 말
- 유효이자율: 연 8%
- 만기일: 20×3년 12월 31일

20×2년 12월 31일 ㈜대한과 ㈜민국은 다음과 같은 조건으로 재협상하여 계약상 현금흐름을 변경하였다. 변경시점의 현행시장이자율은 연 10%이다.

- 만기일을 20×4년 12월 31일로 연장
- 표시이자율을 연 4%로 인하

위 계약상 현금흐름의 변경이 금융자산의 제거조건을 충족하지 않는 경우 ㈜대한이 인식할 변경손익은 얼마인가? (단, 단수차이로 인해 오차가 있다면 가장 근사치를 선택한다)

할인율 / 기간	단일금액 ₩1의 현재가치			정상연금 ₩1의 현재가치		
	6%	8%	10%	6%	8%	10%
1년	0.9434	0.9259	0.9091	0.9434	0.9259	0.9091
2년	0.8900	0.8573	0.8264	1.8334	1.7832	1.7355
3년	0.8396	0.7938	0.7513	2.6730	2.5770	2.4868

① 변경이익 ₩42,809 ② 변경이익 ₩26,405 ③ ₩0

④ 변경손실 ₩26,405 ⑤ 변경손실 ₩42,809

7 **다음 금융자산 제거의 회계처리에 대한 설명 중 옳지 않은 것은?** (CPA 2016)

① 양도자가 금융자산의 소유에 따른 위험과 보상의 대부분을 이전하면, 당해 금융자산을 제거하고 양도함으로써 발생하거나 보유하게 된 권리와 의무를 각각 자산과 부채로 인식한다.

② 양도자가 금융자산의 소유에 따른 위험과 보상의 대부분을 보유하면, 당해 금융자산을 계속하여 인식한다.

③ 양도자가 금융자산의 소유에 따른 위험과 보상의 대부분을 소유하지도 아니하고 이전하지도 아니한 상태에서, 양도자가 금융자산을 통제하고 있다면 당해 금융자산을 제거하고 양도함으로써 발생하거나 보유하게 된 권리와 의무를 각각 자산과 부채로 인식한다.

④ 양도자가 양도자산을 통제하고 있는지 여부는 양수자가 그 자산을 매도할 수 있는 실질적인 능력을 가지고 있는지 여부에 따라 결정한다.

⑤ 금융자산 전체가 제거조건을 충족하는 양도로 금융자산을 양도하고, 수수료를 대가로 당해 양도자산의 관리용역을 제공하기로 한다면, 관리용역제공계약과 관련하여 자산이나 부채를 인식한다.

8 **㈜대한은 ㈜민국이 20×1년 1월 1일에 발행한 액면금액 ₩100,000(만기 3년(일시상환), 표시이자율 연 10%, 매년 말 이자지급)의 사채를 동 일자에 ₩95,198(유효이자율 연 12%)을 지급하고 취득하였다. 동 금융자산의 20×1년 말과 20×2년 말의 이자수령 후 공정가치는 각각 ₩93,417과 ₩99,099이며, ㈜대한은 20×3년 초 ₩99,099에 동 금융자산을 처분하였다. 동 금융자산과 관련한 다음의 설명 중 옳지 않은 것은? (단, 필요 시 소수점 첫째 자리에서 반올림한다)** (CPA 2021)

① 금융자산을 상각후원가로 측정하는 금융자산(AC 금융자산)으로 분류한 경우에 기타포괄손익-공정가치로 측정하는 금융자산(FVOCI 금융자산)으로 분류한 경우보다 ㈜대한의 20×1년 말 자본총액은 더 크게 계상된다.

② 금융자산을 상각후원가로 측정하는 금융자산(AC 금융자산)으로 분류한 경우 ㈜대한이 금융자산과 관련하여 20×1년의 이자수익으로 인식할 금액은 ₩11,424이다.

③ 금융자산을 상각후원가로 측정하는 금융자산(AC 금융자산)으로 분류한 경우와 기타포괄손익-공정가치로 측정하는 금융자산(FVOCI 금융자산)으로 분류한 경우를 비교하였을 때, 금융자산이 ㈜대한의 20×2년 당기손익에 미치는 영향은 차이가 없다.

④ 금융자산을 기타포괄손익-공정가치로 측정하는 금융자산(FVOCI 금융자산)으로 분류한 경우 금융자산과 관련한 ㈜대한의 20×2년 말 재무상태표상 기타포괄손익누계액은 ₩882이다.

⑤ 금융자산을 상각후원가로 측정하는 금융자산(AC 금융자산)으로 분류한 경우에 기타포괄손익-공정가치로 측정하는 금융자산(FVOCI 금융자산)으로 분류한 경우보다 ㈜대한이 20×3년 초 금융자산 처분 시 처분이익을 많이 인식한다.

9 ㈜대한은 20×1년 4월 1일에 ㈜민국이 20×1년 1월 1일 발행한 액면금액 ₩1,000,000(만기 3년, 표시이자율 연 4%, 매년 말 이자지급)의 사채를 취득하면서 상각후원가로 측정하는 금융자산(AC금융자산)으로 분류하였다. ㈜대한이 사채 취득 시 적용할 유효이자율은 연 6%이다. ㈜민국이 20×2년 10월 1일 사채액면금액의 60%를 ₩610,000(경과이자 포함)에 조기상환 시 ㈜대한이 인식할 처분손익은 얼마인가? (단, 이자는 월할로 계산하며, 단수차이로 인해 오차가 있다면 가장 근사치를 선택한다) (CPA 2022)

기간 \ 할인율	단일금액 ₩1의 현재가치		정상연금 ₩1의 현재가치	
	4%	6%	4%	6%
1년	0.9615	0.9434	0.9615	0.9434
2년	0.9246	0.8900	1.8861	1.8334
3년	0.8890	0.8396	2.7751	2.6730

① 처분이익 ₩24,004 ② 처분이익 ₩6,004 ③ ₩0

④ 처분손실 ₩6,004 ⑤ 처분손실 ₩24,004

부채와 자본

CHAPTER 09

금융부채

1. 금융부채와 지분상품
2. 사채
3. 금융부채의 제거
보론. 별도의 후속 측정기준 적용 금융부채

학습목표

- 금융부채와 지분상품의 차이를 이해한다.
- 사채의 회계처리를 이해한다.
- 금융부채의 제거에 대해 이해한다.

K-IFRS 제1032호 '금융상품: 표시'에서는 금융부채와 지분상품의 정의와 분류에 대해서 규정하고, K-IFRS 제1109호 '금융상품'에서는 금융부채의 인식과 측정에 대해서 규정한다.
금융부채와 지분상품이 완전히 다른 금융상품으로 인식되지만, 내용에 조금 깊숙이 다가가면 하나의 금융상품이 금융부채로 또는 지분상품으로 분류되기도 한다. 따라서 금융부채와 지분상품의 정확한 정의를 이해하는 것이 중요하다. 금융부채와 지분상품의 정의와 분류를 포함해서, 사채의 회계처리, 그리고 금융부채의 제거뿐만 아니라 보론에서 다룬 별도의 후속 측정기준을 적용하는 금융부채에 대해 심도 있게 학습해 보자.

1. 금융부채와 지분상품

1.1 금융부채와 지분상품의 의의

금융부채(financial liabilities)는 거래상대방에게 현금 등 금융자산을 인도하기로 한 계약상 의무(차입금 등), 잠재적으로 불리한 조건으로 거래상대방과 금융자산이나 금융부채를 교환하기로 한 계약상 의무(파생상품부채) 등을 말한다. 지분상품(equity instruments)은 기업의 자산에서 모든 부채를 차감한 후의 잔여지분을 나타내는 모든 계약을 말하며, 타기업발행의 지분상품은 금융자산이고 자기회사가 발행한 지분상품은 자본이 된다.

K-IFRS 제1032호 '금융상품: 표시'에서 제시하는 금융부채 항목은 다음과 같다.

① 다음 중 하나에 해당하는 계약상 의무
  ㉠ 거래상대방에게서 현금 등 금융자산을 인도하기로 한 계약상 의무
  ㉡ 잠재적으로 불리한 조건으로 거래상대방과 금융자산이나 금융부채를 교환하기로 한 계약상 의무
② 기업 자신의 지분상품(이하 '자기지분상품'이라 함)으로 결제되거나 결제될 수 있는 다음 중 하나의 계약
  ㉠ 인도할 자기지분상품의 수량이 변동가능한 비파생상품
  ㉡ 확정 수량의 자기지분상품에 대하여 확정금액의 현금 등 금융자산을 교환하여 결제하는 방법이 아닌 방법으로 결제되거나 결제될 수 있는 파생상품

금융자산과 마찬가지로 금융부채도 차입금 등과 같이 계약에 기초하여야 한다. 계약에 의하지 않은 부채나 자산은 금융부채나 금융자산이 아니다. 이러한 예로는 정부가 부과하는 법적 요구에 따라 발생하는 법인세와 관련된 부채를 들 수 있다. 또한 충당부채를 설정할 수 있는 의제의무[1]도 계약에서 생긴 것이 아니며, 금융부채가 아니다.

제8장 '금융자산'에서 언급한 것처럼 ②에서 변동가능한 수량의 자기지분상품으로 결제되는 계약의 경우, 자기지분상품의 단위당 가치가 하락(상승)하면 자기지분

---

1 의제의무(constructive obligation)란 기업이 실무 관행, 공개한 경영방침, 특정 성명(서)과 상충되는 방식으로 행동할 실제 능력이 없는 경우에 기업의 그러한 실무 관행, 경영방침이나 성명(서)에서 발생하는 의무를 말한다.

상품의 수량이 증가(감소)하여 결제되는 총가치에는 변동이 없기 때문에 자본위험을 부담하지 않는다. 따라서 변동가능한 수량으로 자기지분상품을 인도하는 측은 금융부채로, 수취하는 측은 금융자산으로 분류한다.

반면에 확정된 수량의 자기지분상품으로 결제되는 계약의 경우, 자기지분상품의 단위당 가치가 하락(상승)하더라도 자기지분상품의 수량의 확정되어 있어 총가치가 하락(상승)하기 때문에 자본위험을 부담한다. 따라서 확정된 수량으로 자기지분상품을 인도하는 측은 지분상품으로, 수취하는 측은 지분상품의 감소로 분류한다.

1.2 금융부채와 지분상품의 구분

(1) 금융부채와 지분상품의 구분 기준

특정 금융상품을 금융부채와 지분상품 중 어느 것으로 분류하느냐에 따라 재무상태와 재무성과에 미치는 영향은 다르다. 따라서 특정 금융상품이 금융부채인지, 아니면 지분상품인지를 구분하는 것이 매우 중요하다.

금융부채와 지분상품을 구분하는 가장 중요한 특징은 계약상 의무를 결제하기 위한 현금 등 금융자산의 인도를 회피할 수 있는 권리를 가지고 있는지 여부이다. 만일 기업이 금융자산의 인도를 회피할 수 있는 무조건적인 권리를 가지고 있지 않다면 금융부채로, 회피할 수 있는 권리를 가지고 있다면 지분상품으로 분류한다.

예를 들어, 어떤 기업이 주식을 발행하면 주주들은 지분율에 따라 각자 배당을 수취할 자격을 갖지만 해당 기업이 주주들에게 현금 등 금융자산을 반드시 인도해야 할 의무를 부담하는 것은 아니므로 해당 기업은 발행한 주식을 지분상품으로 분류한다. 그러나 해당 기업이 주주들에게 배당을 지급하겠다고 주주총회에서 결의했다면 주주들에게 현금 등 금융자산을 반드시 인도해야 할 의무가 발생하였으므로 금융부채(미지급배당금)를 인식한다.

예제 1 ❙ 지분상품의 결제

대박회사는 상품 ₩1,000,000을 매입하고 이에 대한 대가로 3개월 후에 공정가치 ₩1,000,000에 상당하는 수량의 대박회사 주식(주당 액면금액: ₩1,000)을 인도하여 결제하는 계약을 체결하였다.

물음

1. 3개월 후의 주가가 ₩1,250원이고, ₩1,000,000에 상당하는 800주를 지급하는 경우 대박회사가 상품 매입 시와 자기지분상품 인도 시에 해야 할 분개를 하시오.

2. (물음 1)과 관계없이 상품 매입 시에 대박회사 주식 600주를 인도하여 결제하기로 확정수량 계약을 체결하는 경우 대박회사가 상품 매입 시와 자기지분상품 인도 시에 해야 할 분개를 하시오.

풀이

1. 〈상품 매입 시〉

(차변)	상 품	1,000,000	(대변)	매 입 채 무 ❶	1,000,000

❶ 인도할 자기지분상품의 수량이 변동가능하므로 금융부채(매입채무)를 회계처리한다.

〈자기지분상품 인도 시〉

(차변)	매 입 채 무	1,000,000	(대변)	자 본 금	800,000❷
				주 식 발 행 초 과 금	200,000❸

❷ ₩1,000(액면금액) × 800주 = ₩800,000
❸ (₩1,250 - 1,000) × 800주 = ₩200,000

2. 〈상품 매입 시〉

(차변)	상 품	1,000,000	(대변)	기 타 자 본 항 목 ❶	1,000,000

❶ 인도할 자기지분상품의 수량이 확정되어 있으므로 지분상품(기타자본항목)을 회계처리한다.

〈자기지분상품 인도 시〉

(차변)	기 타 자 본 항 목	1,000,000	(대변)	자 본 금	600,000❷
				주 식 발 행 초 과 금	400,000❸

❷ ₩1,000(액면금액) × 600주 = ₩600,000
❸ ₩1,000,000 - 600,000 = ₩400,000

(2) 상환우선주와 풋가능 금융상품

금융상품은 법적 형식이 아니라 실질에 따라 재무상태표에 분류하여야 한다. 일반적으로 실질과 법적 형식이 일치하지만 반드시 그런 것은 아니다. 어떤 금융상품이 법적으로 지분상품의 형식을 가지고 있더라도 실질적으로 금융부채에 해당된다면 다음의 상환우선주와 풋가능 금융상품은 금융부채로 분류한다.

① 확정되었거나 결정 가능한 미래의 시점에 확정되었거나 결정 가능한 금액을 발행자가 보유자에게 의무적으로 상환해야 하는 우선주 또는 보유자가 발행자에게 특정일이나 그 후에 확정되었거나 결정 가능한 금액으로 상환해줄 것을 청구할 수 있는 권리가 있는 우선주는 금융부채이다.
② 금융상품의 보유자가 발행자에게 해당 금융상품의 환매를 요구하여 현금 등 금융자산을 수취할 권리가 부여된 금융상품(풋가능 금융상품)은 금융부채이다.

모든 상환우선주가 금융부채로 분류되는 것이 아니다. 상환우선주 중에서도 발행자가 상환여부에 대한 권리를 갖는 경우(callable preferred share)와 보유자(주주)가 갖는 경우(redeemable preferred share)가 있다. 발행자가 상환여부에 대한 권리를 갖는 경우에는 발행자가 상환의무를 부담하는 것이 아니므로 상환우선주를 지분상품으로 분류한다. 그러나 보유자(주주)가 상환여부에 대한 권리를 갖는 경우에는 발행자가 상환의무를 회피할 수 없기 때문에 상환우선주를 금융부채로 분류해야 한다.

금융상품의 보유자에게 환매를 요구할 수 있는 권리(풋옵션)가 부여되어 있는 금융상품을 풋가능 금융상품(puttable instrument)이라고 하는데, 보유자가 환매를 요구하면 발행자는 당해 금융자산을 매입 또는 상환해야 한다. 따라서 풋가능 금융상품의 발행자는 이를 금융부채로 분류해야 한다.

1.3 금융부채의 분류와 최초 측정

(1) 금융부채의 분류

금융부채는 최초 인식시점에서 공정가치로 측정하지만 후속적인 측정기준에 따라 다음 세 가지로 분류가능하다.

① 상각후원가측정 금융부채(사채 등)
② 당기손익-공정가치 측정 금융부채(FVPL금융부채)
③ 별도의 후속 측정기준을 적용하는 금융부채

후속 측정에 대해서 ①은 2절에서, 그리고 ②와 ③은 보론에서 자세히 설명한다.

(2) 최초 측정

최초 인식시점에 금융부채를 공정가치로 측정한다. 금융부채의 발행과 직접 관련되는 거래원가는 당해 금융부채의 공정가치에서 차감한다. 그러나 FVPL금융자산과 마찬가지로 FVPL금융부채 역시 거래원가를 공정가치에 차감하더라도 보고기간 말에 공정가치평가로 인한 금융부채평가손익을 당기손익으로 인식하기 때문에 거래원가를 당기손익으로 인식한다.

한편, 금융부채의 발행으로 수취한 대가 중 일부가 당해 금융부채가 아닌 다른 것의 대가라면, 금융부채의 공정가치를 측정해서 이 금액으로 해당 금융부채를 인식한다. 이때 금융부채의 공정가치를 초과하여 수취한 금액이 부채의 인식기준을 충족한다면 부채로 인식하고, 부채의 인식기준을 충족하지 못한다면 당기수익으로 회계처리한다.

2. 사채

2.1 사채의 의의

사채(bonds)는 기업이 장기적으로 거액의 자금을 조달하기 위해서 일반 대중을 대상으로 발행하는 유가증권이다. 일반 대중을 대상으로 자금을 조달하는 방식은 주식발행과 동일하다. 그러나 사채의 권면에 액면금액, 표시이자율, 이자지급일, 상환일 및 상환방법 등이 기재되어 있으며, 발행회사(채무자)는 사채의 권면에 기재되어 있는 조건에 따라 채권자에게 이자 및 원금을 지급해야 한다는 점은 주식과 다른 점이다. 차입금과의 차이점은 차입금은 특정인이나 금융기관으로부터 자금을 차입하는 경우에 발생하지만, 사채는 공개적으로 다수의 일반 대중으로부터 자금을 조달한다는 점이다.

2.2 사채의 발행금액

사채의 발행금액은 표시이자(액면금액×표시이자율)와 원금(액면금액)에 대한 미래현금흐름을 사채발행일 현재 시장이자율(market interest rate)로 할인한 것이다. 이때 시장이자율이란 투자자 입장에서는 시장에서 투자하여 실제 얻을 수 있으리라 기대하는 최소필수수익률이며, 사채의 발행회사 입장에서는 실질적으로 부담하게 되는 이자율이 되기 때문에 이를 유효이자율(effective interest rate) 또는 실질이자율이라고 한다. 사채의 발행금액은 다음과 같다.

$$\text{사채의 발행금액} = \Sigma \frac{I}{(1+r)^n} + \frac{P}{(1+r)^n}$$

= 이자 × (r, n, 정상연금현가계수) + 원금 × (r, n, 단일금액현가계수)

(I = 표시이자, P = 원금, r = 시장이자율, n = 기간)

사채의 발행금액을 도식화하면 다음 [그림 9-1]과 같다.

[그림 9-1] 사채의 발행금액

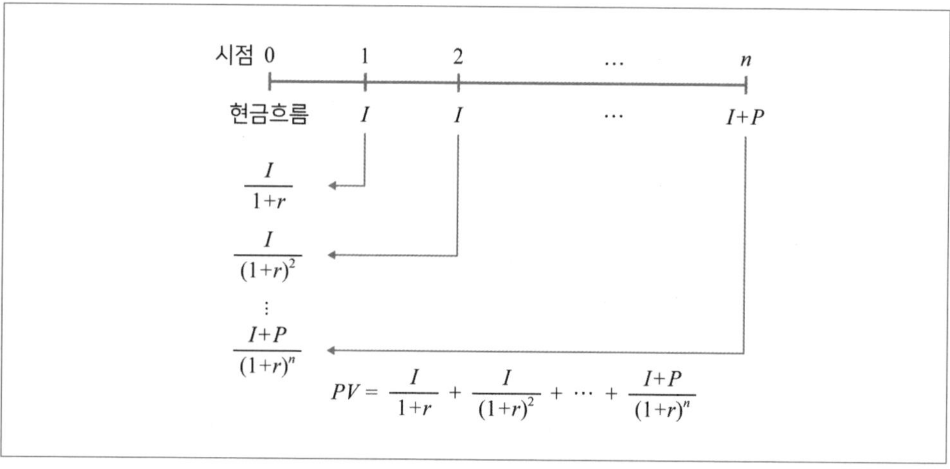

사채의 발행금액이 액면발행인지, 할인발행인지, 아니면 할증발행인지 여부는 시장이자율과 사채권면에 표시되어 있는 표시이자율(stated interest rate) 또는 액면이자율(coupon interest rate)의 관계에 따라 다음과 같이 결정된다.

표시이자율 = 시장이자율 → 액면발행
표시이자율 < 시장이자율 → 할인발행
표시이자율 > 시장이자율 → 할증발행

표시이자율과 시장이자율의 관계에 따른 사채의 발행금액을 도식화하면 다음 [그림 9-2]와 같다.

[그림 9-2] 사채의 발행

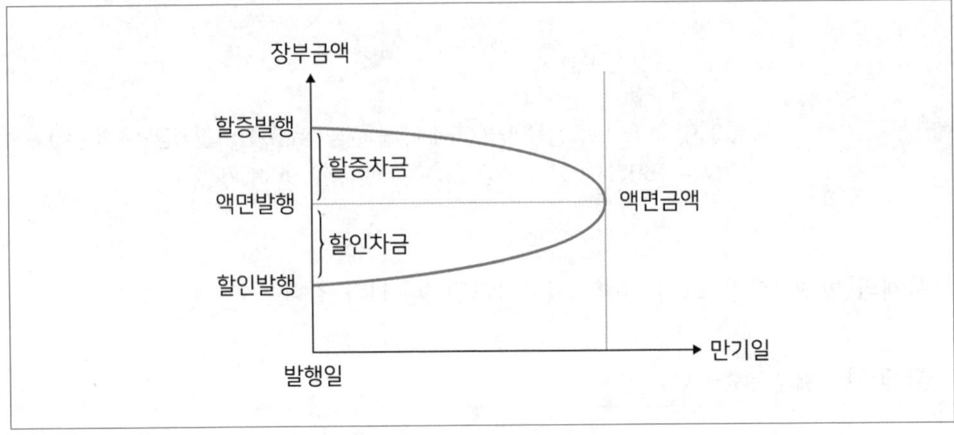

사채를 발행할 때 금융기관수수료 등 사채발행비가 발생한다. 사채발행비는 사채의 발행금액에서 차감된다. 즉, 사채를 발행해서 받게 되는 실제 현금수취액은 사채의 발행금액에서 사채발행비를 차감한 금액이다. 따라서 사채발행비를 사채의 발행금액에 포함하면 그렇게 하지 않을 때보다 유효이자율은 높아진다.

예제 2 ❙ 사채의 발행금액

대박회사는 20×1년 1월 1일에 액면금액 ₩1,000,000(표시이자율 연 5%, 이자지급일 매년 12월 31일, 만기일 20×3년 12월 31일)의 사채를 발행하였다.

물음

다음 경우에 사채의 발행금액을 계산하시오.

1. 시장이자율이 3%일 경우
2. 시장이자율이 5%일 경우
3. 시장이자율이 7%일 경우
4. 시장이자율이 7%이고, 사채발행비가 ₩30,000일 경우

풀이

1. 시장이자율이 3%인 경우 사채의 발행금액(할증발행)
   = 이자지급액의 현재가치 + 원금상환액의 현재가치
   = ₩50,000 × 2.8286(3기간, 3%, 정상연금현가계수)
   + 1,000,000 × 0.9151(3기간, 3%, 단일금액현가계수)
   ₩1,056,530

2. 시장이자율이 5%인 경우 사채의 발행금액(액면발행)
   = 이자지급액의 현재가치 + 원금상환액의 현재가치
   = ₩50,000 × 2.7232(3기간, 5%, 정상연금현가계수)
   + 1,000,000 × 0.8638(3기간, 5%, 단일금액현가계수)
   ≒ ₩1,000,000(현가계수의 단수 차이로 인하여 정확히 ₩1,000,000은 아님)

3. 시장이자율이 7%인 경우 사채의 발행금액(할인발행)
   = 이자지급액의 현재가치 + 원금상환액의 현재가치
   = ₩50,000 × 2.6243(3기간, 7%, 정상연금현가계수)
   + 1,000,000 × 0.8163(3기간, 7%, 단일금액현가계수)
   = ₩947,515

4. 시장이자율이 7%이고 사채발행비가 ₩30,000인 경우 사채의 발행금액(할인발행)
   = 이자지급액의 현재가치 + 원금상환액의 현재가치 - 사채발행비
   = ₩947,515 - 30,000 = ₩917,515
   - 유효이자율: $₩917,515 = \frac{50,000}{(1+r)^1} + \frac{50,000}{(1+r)^2} + \frac{1,050,000}{(1+r)^3}$ ∴ 유효이자율 = 8.21%

즉, 표시이자율이 5%이기 때문에 시장이자율이 3%인 경우에 사채가 할증발행되고, 시장이자율이 5%인 경우에 사채가 액면발행된다. 그리고 시장이자율이 표시이자율보다 높은 7%인 경우에는 사채가 할인발행된다는 것을 알 수 있다. 또한 사채발행비를 사채의 발행금액에서 차감하면 유효이자율은 시장이자율보다 높아진다는 것을 알 수 있다.

2.3 사채발행 시의 회계처리

사채는 액면발행, 할인발행 및 할증발행 조건으로 발행될 수 있으며 각 경우의 회계처리는 다음과 같다.

〈액면발행〉

(차변)	현 금	×××	(대변)	사 채	×××

〈할인발행〉

(차변)	현 금	×××	(대변)	사 채	×××
	사채할인발행차금	×××			

〈할증발행〉

(차변)	현 금	×××	(대변)	사 채	×××
				사채할증발행차금	×××

사채할인발행차금은 사채에서 차감하는 평가계정이며 발행 당시 발행금액인 장부금액은 액면금액보다 작다. 사채할증발행차금은 사채에 가산하는 평가계정이며 발행 당시 발행금액인 장부금액은 액면금액보다 크다.

예제 3 ▍ 사채의 발행금액 계산 및 발행 시 회계처리

대박회사는 20×1년 1월 1일에 액면금액 ₩1,000,000(표시이자율 연 5%, 이자지급일 매년 12월 31일, 만기일 20×3년 12월 31일)의 사채를 발행하였다.

물음

다음의 각 경우로 구분하여 사채의 발행금액을 계산하고, 대박회사가 발생 시 해야 할 분개를 하시오.

1. 유효이자율이 5%인 경우

2. 유효이자율이 7%인 경우

3. 유효이자율이 3%인 경우

풀이

1. 유효이자율이 5%인 경우(액면발행)

   사채의 발행금액
   = 이자지급액의 현재가치 + 원금상환액의 현재가치
   = ₩50,000 × 2.7232(3기간, 5%, 정상연금현가계수)
   + 1,000,000 × 0.8638(3기간, 5%, 단일현금현가계수)
   ≒ ₩1,000,000(현가계수의 단수 차이로 인하여 정확히 ₩1,000,000은 아님)

〈20×1. 1. 1.〉

(차변)	현금	1,000,000	(대변)	사채	1,000,000

참고로 사채를 취득한 투자자의 회계처리(AC금융자산으로 분류)는 다음과 같다.

〈투자자의 회계처리〉

(차변)	AC금융자산	1,000,000	(대변)	현금	1,000,000

2. 유효이자율이 7%인 경우

   사채의 발행금액
   = 이자지급액의 현재가치 + 원금상환액의 현재가치
   = ₩50,000 × 2.6243(3기간, 7%, 정상연금현가계수)
   + 1,000,000 × 0.8163(3기간, 7%, 단일현금현가계수)
   = ₩947,515

〈20×1. 1. 1.〉

(차변)	현금	947,515	(대변)	사채	1,000,000
	사채할인발행차금	52,485			

참고로 사채를 취득한 투자자의 회계처리(AC금융자산으로 분류)는 다음과 같다.

〈투자자의 회계처리〉

(차변)	AC금융자산	947,515	(대변)	현금	947,515

3. 유효이자율이 3%인 경우
사채의 발행금액
= 이자지급액의 현재가치 + 원금상환액의 현재가치
= ₩50,000 × 2.82861(3기간, 3%, 정상연금현가계수)
+ 1,000,000 × 0.91514(3기간, 3%, 단일현금현가계수)
= ₩1,056,530

〈20×1. 1. 1.〉

(차변)	현 금	1,056,530	(대변)	사 채	1,000,000
				사채할증발행차금	56,530

참고로 사채를 취득한 투자자의 회계처리(AC금융자산으로 분류)는 다음과 같다.

〈투자자의 회계처리〉

(차변)	A C 금 융 자 산	1,056,530	(대변)	현 금	1,056,530

(예제 3)을 통해서 확인한 것처럼, 사채는 원금(액면금액)에서 사채할인발행차금을 차감하거나 사채할증발행차금을 더해서 장부금액을 회계처리하는 데 반해서, AC금융자산은 장부금액을 그대로 회계처리한다. 이렇게 회계처리 방식이 다른 이유는 사채 원금에 대한 중요성에 있다. 사채를 원금 대비하여 얼마나 할인하여 발행하였는지, 또는 얼마나 할증되어 발행하였는지가 재무제표이용자들에게는 중요한 정보이기 때문이다.

사채발행 시 유효이자율이 5%, 7%, 3%인 경우 재무제표에 각각 표시하면 다음 〈표 9-1〉과 같다.

표 9-1 사채발행 관련 재무제표 표시

재무제표	5%(액면발행)	7%(할인발행)	3%(할증발행)
[재무상태표]			
부채:			
사채(원금)	₩1,000,000	₩1,000,000	₩1,000,000
사채할인발행차금		(52,485)	
사채할증발행차금			56,530
장부금액	₩1,000,000	₩947,515	₩1,056,530

2.4 사채이자비용의 계산

(예제 3)을 이용해 사채를 액면발행, 할인발행 및 할증발행한 경우에 각각 얼마의 이자비용을 부담하는지 알아보자. 먼저 액면발행한 경우에는 발행금액과 액면금액이 동일하기 때문에 3년 동안 매년 말에 ₩50,000씩 총 ₩150,000의 이자비용을 부담한다.

할인발행한 경우에 3년 동안 매년 말에 ₩50,000씩 총 ₩150,000의 이자비용을 부담하는 것은 액면발행한 경우와 동일하다. 그러나 ₩947,515에 사채를 발행해서 만기인 3년 말에 원금인 ₩1,000,000을 상환한다. 따라서 그 차액인 ₩52,485를 더 지급하는 셈이 된다. 이때 ₩52,485도 사채 기간 동안 인식해야 할 이자비용에 포함한다.

할증발행한 경우에도 마찬가지로 3년 동안 매년 말에 ₩50,000씩 총 ₩150,000의 이자비용을 부담한다. 그러나 ₩1,056,530에 사채를 발행해서 만기인 3년 말에 원금인 ₩1,000,000을 상환한다. 따라서 그 차액인 ₩56,530을 덜 지급하는 셈이 된다. 이때 ₩56,530은 사채 기간 동안 인식해야 할 이자비용의 차감액이다.

(예제 3)에서 액면발행, 할인발행 및 할증발행한 사채의 이자비용을 정리하면 다음과 같다.

- 액면발행한 사채의 이자비용 총액 = ₩50,000 × 3 = ₩150,000
- 할인발행한 사채의 이자비용 총액 = ₩50,000 × 3 + 52,485 = ₩202,485
- 할증발행한 사채의 이자비용 총액 = ₩50,000 × 3 - 56,530 = ₩93,470

그렇다면 연도별로 인식할 이자비용은 어떻게 계산하는가? 다음과 같이 유효이자율법을 적용한다. 사채를 액면발행한 경우에는 유효이자율법에 따라 계산한 이자비용과 표시이자가 동일하기 때문에 추가적인 조정사항이 없다. 그러나 사채를 할인발행하거나 할증발행한 경우에는 유효이자율법에 따라 계산한 이자비용과 표시이자가 다르기 때문에 그 차이만큼을 사채할인발행차금 또는 사채할증발행차금으로 다음과 같이 조정한다.

이자비용 = 사채의 기초장부금액 × 유효이자율
사채 장부금액 조정액 = 이자비용 - 표시이자

사채를 액면발행, 할인발행 및 할증발행한 경우 이자비용을 인식하는 회계처리는 다음과 같다.

〈액면발행 시 이자비용 인식〉

(차변)	이 자 비 용	×××	(대변)	현 금	×××

〈할인발행 시 이자비용 인식〉

(차변)	이 자 비 용	×××	(대변)	현 금	×××
				사채할인발행차금	×××

〈할증발행 시 이자비용 인식〉

(차변)	이 자 비 용	×××	(대변)	현 금	×××
	사채할증발행차금	×××			

예제 4 ❙ 사채이자비용의 인식

대박회사는 20×1년 1월 1일에 액면금액 ₩1,000,000(표시이자율 연 5%, 이자지급일 매년 12월 31일, 만기일 20×3년 12월 31일)의 사채를 발행하였다.

물음

다음의 각 경우로 구분하여 대박회사가 해야 할 연도별 사채이자비용 인식 분개와 만기상환 분개를 하시오.

1. 유효이자율이 5%인 경우

2. 유효이자율이 7%인 경우

3. 유효이자율이 3%인 경우

풀이

1. 유효이자율이 5%인 경우
   - 사채의 발행금액 = ₩1,000,000(예제 3의 풀이 참조)

   액면발행이기 때문에 사채할인(할증)발행차금은 발생하지 않는다. 따라서 매년 인식하는 이자비용은 동일하며, 표시이자와 일치한다.

〈매년 12. 31.〉

(차변)	이 자 비 용	50,000	(대변)	현 금	50,000

〈상환 시〉

(차변)	사 채	1,000,000	(대변)	현 금	1,000,000

2. 유효이자율이 7%인 경우
   - 사채의 발행금액 = ₩947,515(예제 3의 풀이 참조)
   - 사채할인발행차금 = ₩1,000,000(액면금액) − 947,515(발행금액) = ₩52,485

   유효이자율법을 이용한 사채의 장부금액 조정표를 작성하면 다음과 같다.

사채의 장부금액 조정표

일자	유효이자 (기초 장부금액 × 7%)	표시이자 (액면금액 × 5%)	사채할인발행차금상각 (유효이자 − 표시이자)	사채의 장부금액
20×1. 1. 1.				₩947,515
20×1. 12. 31.	₩66,326	₩50,000	₩16,326	963,841
20×2. 12. 31.	67,469	50,000	17,469	981,310
20×3. 12. 31.	68,690❶	50,000	18,690	1,000,000
합계	₩202,485	₩150,000	₩52,485	

❶ ₩981,310 × 7% = ₩68,692이나 만기일에 사채의 장부금액을 액면금액과 일치시켜야 하기 때문에 단수차이 조정

〈20×1. 12. 31.〉

(차변)	이 자 비 용	66,326	(대변)	현 금	50,000
				사채할인발행차금	16,326

〈20×2. 12. 31.〉

(차변)	이 자 비 용	67,469	(대변)	현 금	50,000
				사채할인발행차금	17,469

〈20×3. 12. 31.〉

(차변)	이 자 비 용	68,690	(대변)	현 금	50,000
				사채할인발행차금	18,690
(차변)	사 채	1,000,000	(대변)	현 금	1,000,000

3. 유효이자율이 3%인 경우
   - 사채의 발행금액 = ₩1,056,530(예제 3의 풀이 참조)
   - 사채할증발행차금 = ₩1,056,530(발행금액) - 1,000,000(액면금액) = ₩56,530

유효이자율법을 이용한 사채의 장부금액 조정표를 작성하면 다음과 같다.

사채의 장부금액 조정표

일자	유효이자 (기초 장부금액 × 3%)	표시이자 (액면금액 × 5%)	사채할증발행차금상각 (표시이자-유효이자)	사채의 장부금액
20×1. 1. 1.				₩1,056,530
20×1. 12. 31.	₩31,696	₩50,000	₩18,304	1,038,226
20×2. 12. 31.	31,147	50,000	18,853	1,019,373
20×3. 12. 31.	30,627❶	50,000	19,373	1,000,000
합계	₩93,470	₩150,000	₩56,530	

❶ ₩1,019,373 × 3% = ₩30,581이나 만기일에 사채의 장부금액을 액면금액과 일치시켜야 하기 때문에 단수차이 조정

〈20×1. 12. 31.〉

(차변)	이 자 비 용	31,696	(대변)	현 금	50,000
	사채할증발행차금	18,304			

〈20×2. 12. 31.〉

(차변)	이 자 비 용	31,147	(대변)	현 금	50,000
	사채할증발행차금	18,853			

〈20×3. 12. 31.〉

(차변)	이 자 비 용	30,627	(대변)	현 금	50,000
	사채할증발행차금	19,373			
(차변)	사 채	1,000,000	(대변)	현 금	1,000,000

채권자 입장에서 회계처리를 살펴보면 다음과 같다.

1. 유효이자율이 5%인 경우

〈이자수익 인식 분개. 매년 12. 31. 동일〉

(차변)	현 금	50,000	(대변)	이 자 수 익	50,000

〈20×3. 12. 31.〉

(차변)	현 금	1,000,000	(대변)	A C 금 융 자 산	1,000,000

2. 유효이자율이 7%인 경우

〈20×1. 12. 31.〉

(차변)	현 금	50,000	(대변)	이 자 수 익	66,326
	A C 금 융 자 산	16,326			

〈20×2. 12. 31.〉

(차변)	현 금	50,000	(대변)	이 자 수 익	67,469
	A C 금 융 자 산	17,469			

〈20×3. 12. 31.〉

(차변)	현 금	50,000	(대변)	이 자 수 익	68,690
	A C 금 융 자 산	18,690			
(차변)	현 금	1,000,000	(대변)	A C 금 융 자 산	1,000,000

3. 유효이자율이 3%인 경우

〈20×1. 12. 31.〉

(차변)	현 금	50,000	(대변)	이 자 수 익	31,696
				A C 금 융 자 산	18,304

〈20×2. 12. 31.〉

(차변)	현 금	50,000	(대변)	이 자 수 익	31,147
				A C 금 융 자 산	18,853

〈20×3. 12. 31.〉

(차변)	현 금	50,000	(대변)	이 자 수 익	30,627
				A C 금 융 자 산	19,373
(차변)	현 금	1,000,000	(대변)	A C 금 융 자 산	1,000,000

2.5 이자지급일 사이의 사채발행

이미 발행한 사채의 투자자를 찾지 못하는 등의 이유로 사채권면에 표시된 발행일로부터 일정 기간이 경과된 후에 사채를 매각하는 경우가 있는데, 이를 이자지급일 사이의 사채발행이라고 한다.

이때 사채의 발행금액은 사채권면에 표시된 발행일로부터 실제 발행일까지 유효이자율법을 적용한 조정된 금액이며, 다음과 같이 계산한다.

사채의 조정된 발행금액
= 사채의 발행금액 + 사채권면에 표시된 발행일로부터 실제 발행일까지(유효이자* - 표시이자)

* 사채권면에 표시된 발행일의 유효이자율과 실제 발행일의 유효이자율이 다른 경우 실제 발행일의 유효이자율을 적용

또한 이자지급일 사이에 사채를 발행하면서 경과된 미지급이자를 함께 수령하게 되는데, 나중에 이자를 지급할 때 경과된 미지급이자를 포함해서 지급하기 때문이다. 따라서 사채 발행자는 사채의 조정된 발행금액과 경과된 미지급이자를 더한 금액을 현금을 받고, 이와 동시에 경과된 미지급이자를 미지급비용으로 회계처리한다. 이자지급일 사이에 사채를 발행할 경우 발행자의 회계처리는 다음과 같다.

〈액면발행〉

(차변)	현 금	×××	(대변)	사 채	×××
				미 지 급 비 용	×××

〈할인발행〉

(차변)	현 금	×××	(대변)	사 채	×××
	사채할인발행차금	×××		미 지 급 비 용	×××

〈할증발행〉

(차변)	현 금	×××	(대변)	사 채	×××
				사채할증발행차금	×××
				미 지 급 비 용	×××

예제 5 ❙ 이자지급일 사이의 사채발행

대박회사는 20×1년 1월 1일에 액면금액 ₩1,000,000(표시이자율 연 5%, 이자지급일 매년 12월 31일, 만기일 20×3년 12월 31일)의 사채를 발행하지 못하여 3개월이 경과된 20×1년 4월 1일에 동 사채를 발행하였다. 이자기산일은 20×1년 1월 1일이다.

물음

다음의 각 경우로 구분하여 사채발행일인 20×1년 4월 1일과 이자지급일인 20×1년 12월 31일에 대박회사가 해야 할 분개를 하시오.

1. 유효이자율이 5%인 경우

2. 유효이자율이 7%인 경우

3. 유효이자율이 3%인 경우

풀이

1. 유효이자율이 5%인 경우

20×1년 1월 1일 발행가액(예제 3의 풀이 참조)	₩1,000,000
+ 유효이자(₩1,000,000 × 5% × 3/12)	12,500
– 표시이자(₩1,000,000 × 5% × 3/12)	(12,500)
조정된 발행가액	₩1,000,000

〈20×1. 4. 1.〉

(차변) 현 금	1,012,500	(대변)	사 채	1,000,000
			미 지 급 비 용	12,500

〈20×1. 12. 31.〉

(차변) 미 지 급 비 용	12,500	(대변)	현 금	50,000
이 자 비 용	37,500❶			

❶ ₩1,000,000 × 5% × 9/12 = ₩37,500

2. 유효이자율이 7%인 경우

20×1년 1월 1일 발행가액(예제 3의 풀이 참조)	₩947,515
+ 유효이자(₩947,515 × 7% × 3/12)	16,582
- 표시이자(₩1,000,000 × 5% × 3/12)	(12,500)
조정된 발행가액	₩951,597

〈20×1. 4. 1.〉

(차변) 현 금	964,097	(대변)	사 채	1,000,000
사채할인발행차금	48,403		미 지 급 비 용	12,500

❶ ₩1,000,000 - 951,597 = ₩48,403

〈20×1. 12. 31.〉

(차변) 미 지 급 비 용	12,500	(대변)	현 금	50,000
이 자 비 용	49,745❷		사채할인발행차금	12,245❸

❷ ₩947,515 × 7% × 9/12 = ₩49,745

❸ (₩947,515 × 7% × 9/12 - 1,000,000 × 5% × 9/12) = ₩12,245

3. 유효이자율이 3%인 경우

20×1년 1월 1일 발행가액(예제 3의 풀이 참조)	₩1,056,530
+ 유효이자(₩1,056,530 × 3% × 3/12)	7,924
- 표시이자(₩1,000,000 × 5% × 3/12)	(12,500)
조정된 발행가액	₩1,051,954

〈20×1. 4. 1.〉

(차변)	현 금	1,064,454	(대변)	사 채	1,000,000
				미 지 급 비 용	12,500
				사채할증발행차금	51,954❶

❶ ₩1,051,954 - 1,000,000 = ₩51,954

〈20×1. 12. 31.〉

(차변)	미 지 급 비 용	12,500	(대변)	현 금	50,000
	이 자 비 용	23,772❷			
	사채할증발행차금	13,728❸			

❷ ₩1,056,530 × 3% × 9/12 = ₩23,772
❸ (1,056,530 × 3% × 9/12 - 1,000,000 × 5% × 9/12) = ₩13,728

채권자 입장에서 회계처리(AC금융자산으로 분류)를 살펴보면 다음과 같다.

1. 유효이자율이 5%인 경우

〈20×1. 4. 1.〉

(차변)	A C 금 융 자 산	1,000,000	(대변)	현 금	1,012,500
	미 수 수 익	12,500			

〈20×1. 12. 31.〉

(차변)	현 금	50,000	(대변)	미 수 수 익	12,500
				이 자 수 익	37,500❶

2. 유효이자율이 7%인 경우

〈20×1. 4. 1.〉

(차변)	A C 금 융 자 산	951,597	(대변)	현 금	964,097
	미 수 수 익	12,500			

〈20×1. 12. 31.〉

(차변)	현 금	50,000	(대변)	미 수 수 익	12,500
	A C 금 융 자 산	12,245		이 자 수 익	49,745

3. 유효이자율이 3%인 경우

〈20×1. 4. 1.〉

(차변)	AC금융자산	1,051,954	(대변)	현금	1,064,454
	미수수익	12,500			

〈20×1. 12. 31.〉

(차변)	현금	50,000	(대변)	미수수익	12,500
				이자수익	23,772
				AC금융자산	13,728

3. 금융부채의 제거

3.1 금융부채의 제거 회계처리

금융부채(또는 금융부채의 일부)는 소멸한 경우(계약상 의무가 이행, 취소, 만료된 경우)에만 재무상태표에서 제거한다. 이때 소멸하거나 제3자에게 양도한 금융부채의 장부금액과 지급한 대가의 차액을 당기손익으로 인식한다.

금융부채의 일부를 재매입(즉, 부분 상환)하는 경우에 종전 금융부채의 장부금액을 계속 인식하는 부분과 제거하는 부분에 대해 재매입일 현재 각 부분의 상대적 공정가치를 기준으로 배분한다. 그리고 제거하는 부분에 배분된 금융부채의 장부금액과 제거하는 부분에 대하여 지급한 대가의 차이를 당기손익으로 인식한다.

예제 6 Ⅰ 금융부채의 제거

대박회사는 20×1년 1월 1일 현재 원금(장부금액) ₩1,000,000, 표시이자율 연 5%, 이자지급일 매년 12월 31일, 만기일 20×3년 12월 31일의 조건으로 금융부채를 가지고 있다.

물음

1. 20×1년 1월 1일 현재 시장수익률이 연 3%일 때 금융부채의 공정가치를 계산하시오.

2. 대박회사가 20×1년 1월 1일에 금융부채 전부를 공정가치에 상환할 때(제거 조건 충족) 해야 할 분개를 하시오.
3. (물음 1)과 관계없이 대박회사가 20×1년 1월 1일에 금융부채에서 발생하는 이자만 공정가치에 상환할 때(제거 조건 충족) 해야 할 분개를 하시오.

풀이

1. 금융부채의 공정가치 = 이자지급액의 현재가치 + 원금상환액의 현재가치 = ₩1,056,530
   - 이자의 현재가치 = ₩50,000 × 2.8286(3기간, 3%, 정상연금현가계수) = ₩141,430
   - 원금의 현재가치 = ₩1,000,000 × 0.9151(3기간, 3%, 단일금액현가계수) = ₩915,100

2. 전부제거

(차변)	금융부채	1,000,000	(대변)	현금	1,056,530
	금융부채상환손실	56,530			

3. 일부제거 시에 상대적 공정가치를 기준으로 배분하여 제거부분의 장부금액을 계산한다.

(차변)	금융부채	133,863❶	(대변)	현금	141,430
	금융부채상환손실	7,567			

❶ 이자부분 장부금액 = ₩1,000,000 × (141,430/1,056,530) = ₩133,863

3.2 사채의 조기상환

사채를 만기일 이전에 조기상환(early redemption)하는 경우에는 사채의 장부금액과 상환금액에 차이가 발생하기 때문에 사채상환손익(gain or loss on bond redemption)을 당기손익에 반영한다. 이때 사채의 장부금액은 조기상환일에 유효이자율법을 이용해 이자비용을 인식한 후의 금액이다. 사채의 조기상환에 대한 회계처리는 다음과 같다.

〈사채상환손실 인식(장부금액 < 상환금액)〉

(차변)	사채	×××	(대변)	현금(상환금액)	×××
	사채할증발행차금	×××		사채할인발행차금	×××
	사채상환손실	×××			

〈사채상환이익 인식(장부금액 > 상환금액)〉

(차변)	사 채	×××	(대변)	현금(상환금액)	×××
	사채할증발행차금	×××		사채할인발행차금	×××
				사채상환이익	×××

예제 7 ❙ 사채의 조기상환

(예제 4)에서 20×1년 12월 31일에 사채를 ₩1,020,000에 조기상환하였다고 가정하자.

물음

다음의 각 경우로 구분하여 대박회사가 조기상환일에 해야 할 분개를 하시오.

1. 유효이자율이 5%인 경우

2. 유효이자율이 7%인 경우

3. 유효이자율이 3%인 경우

풀이

1. 유효이자율이 5%인 경우
   - 20×1.12.31. 사채의 장부금액 = ₩1,000,000
   - 사채상환손실 = ₩1,000,000 − ₩1,020,000 = (−)₩20,000

〈이자비용 인식〉

(차변)	이 자 비 용	50,000	(대변)	현 금	50,000

〈사채의 조기상환〉

(차변)	사 채	1,000,000	(대변)	현 금	1,020,000
	사 채 상 환 손 실	20,000			

2. 유효이자율이 7%인 경우
   - 20×1.12.31. 사채의 장부금액 = ₩963,841
   - 사채상환손실 = ₩963,841 − ₩1,020,000 = (−)₩56,159

〈이자비용 인식〉

(차변)	이 자 비 용	66,326	(대변)	현 금	50,000
				사채할인발행차금	16,326

〈사채의 조기상환〉

(차변)	사 채	1,000,000	(대변)	현 금	1,020,000
	사 채 상 환 손 실	56,159		사채할인발행차금	36,159

3. 유효이자율이 3%인 경우
   - 20×1.12.31. 사채의 장부금액 = ₩1,038,226
   - 사채상환이익 = ₩1,038,226 - ₩1,020,000 = ₩18,226

〈이자비용 인식〉

(차변)	이 자 비 용	31,696	(대변)	현 금	50,000
	사채할증발행차금	18,304			

〈사채의 조기상환〉

(차변)	사 채	1,000,000	(대변)	현 금	1,020,000
	사채할증발행차금	38,226		사 채 상 환 이 익	18,226

채권자 입장에서 회계처리를 살펴보면 다음과 같다.

1. 유효이자율이 5%인 경우

〈이자수익 인식〉

(차변)	현 금	50,000	(대변)	이 자 수 익	50,000

〈사채의 조기상환〉

(차변)	현 금	1,020,000	(대변)	A C 금 융 자 산	1,000,000
				금융자산처분이익	20,000

2. 유효이자율이 7%인 경우

〈이자수익 인식〉

(차변)	현 금	50,000	(대변)	이 자 수 익	66,326
	A C 금 융 자 산	16,326			

〈사채의 조기상환〉

(차변)	현 금	1,020,000	(대변)	A C 금 융 자 산	963,841
				금융자산처분이익	56,159

3. 유효이자율이 3%인 경우

〈이자수익 인식〉

(차변)	현 금	50,000	(대변)	이 자 수 익	31,696
				A C 금 융 자 산	18,304

〈사채의 조기상환〉

(차변)	현 금	1,020,000	(대변)	A C 금 융 자 산	1,038,226
	금융자산처분손실	18,226			

3.3 연속상환사채

연속상환사채(serial bonds)는 만기에 일시상환하는 일반사채와 달리 원금(액면금액)을 사채기간 동안 분할하여 상환하는 사채이다. 매년 원금을 분할하여 상환하기 때문에 만기에 가까워질수록 지급해야 할 이자가 감소한다. 따라서 매년의 현금흐름을 계산한 후에 각 현금흐름에 단일금액현가계수를 곱한 값을 모두 더해서 다음과 같이 발행금액을 계산한다.

$$\text{연속상환사채의 발행금액} = \frac{P_1 + I_1}{(1+r)^1} + \frac{P_2 + I_2}{(1+r)^2} \cdots\cdots \frac{P_n + I_n}{(1+r)^n}$$

$$= \Sigma\ (P_n + I_n) \times (r,\ n,\ \text{단일금액현가계수})$$

$(P_n$ = 원금, I_n = 표시이자, r = 시장이자율, n = 기간$)$

예제 8 ❙ 연속상환사채

대박회사는 20×1년 1월 1일에 액면금액 ₩3,000,000(표시이자율 연 10%, 이자지급일 매년 12월 31일, 만기일 20×3년 12월 31일)의 사채를 발행하였다. 동 사채는 매년 말 액면금액 ₩1,000,000씩 상환하는 연속상환사채이며, 사채 발행 당시 유효이자율은 12%이다.

물음

연속상환사채의 발행금액을 계산하고, 사채의 장부금액 조정표를 작성하시오. 그리고 발행일과 매년 말에 대박회사가 해야 할 분개를 하시오.

풀이

• 연속상환사채의 발행금액

1차년도 현금흐름 × (1기간, 12%, 단일현금현가계수)	₩1,300,000 × 0.8929
+ 2차년도 현금흐름 × (2기간, 12%, 단일현금현가계수)	1,200,000 × 0.7972
+ 3차년도 현금흐름 × (3기간, 12%, 단일현금현가계수)	1,100,000 × 0.7118
	₩2,900,390

• 유효이자율을 적용하여 연속상환사채의 장부금액 조정표를 작성하면 다음과 같다.

연속상환사채의 장부금액 조정표

일자	유효이자 (기초 장부금액 × 12%)	표시이자 (액면금액 × 10%)	사채할인 발행차금상각 (유효이자 - 표시이자)	상환	사채의 장부금액
20×1. 1. 1.					₩2,900,390
20×1. 12. 31.	₩348,047	₩300,000	₩48,047	₩1,000,000	1,948,437
20×2. 12. 31.	233,812	200,000	33,812	1,000,000	982,249
20×3. 12. 31.	117,751	100,000	17,751	1,000,000	0
합계	₩699,610	₩600,000	₩99,610	₩3,000,000	

❶ ₩982,249 × 12% = ₩117,870이나 만기일에 사채의 장부금액을 영(₩0)과 일치시켜야 하기 때문에 단수 차이 조정

〈20×1. 1. 1.〉

(차변)	현금	2,900,390	(대변)	사채	3,000,000
	사채할인발행차금	99,610			

〈20×1.12.31.〉

(차변)	사채	1,000,000	(대변)	현금	1,300,000
	이자비용	348,047		사채할인발행차금	48,047

〈20×2.12.31.〉

(차변)	사 채	1,000,000	(대변)	현 금	1,200,000
	이 자 비 용	233,812		사채할인발행차금	33,812

〈20×3.12.31.〉

(차변)	사 채	1,000,000	(대변)	현 금	1,100,000
	이 자 비 용	117,751		사채할인발행차금	17,751

3.4 금융부채의 조건변경

제8장에서 '금융자산'의 계약상 현금흐름이 변경되는 경우 기존의 금융자산을 제거하는 변경과 제거하지 않는 변경으로 구분하여 회계처리하였다. 금융부채의 조건이 변경되는 경우 역시 기존의 금융부채를 제거하는 변경(실질적 조건변경의 경우)과 제거하지 않는 변경(실질적 조건변경이 아닌 경우)으로 구분하여 회계처리할 수 있다.

(1) 실질적 조건변경(제거조건을 충족하는 경우)

기존 금융부채(또는 금융부채의 일부)의 조건이 실질적으로 변경된 경우(채무자의 재무적 어려움으로 인한 경우와 그렇지 아니한 경우를 포함)에 최초의 금융부채를 제거하고 새로운 금융부채를 인식한다. 새로운 금융부채는 변경된 현금흐름을 조건변경일의 현행이자율을 적용하여 공정가치로 측정하며, 기존의 금융부채와의 차이는 당기손익으로 인식한다. 계약상 현금흐름의 변경이 제거조건을 충족하는 금융자산과 마찬가지로 발생한 원가나 수수료를 금융부채 소멸에 따른 손익의 일부로 회계처리한다.

새로운 조건에 따른 현금흐름의 현재가치와 최초 금융부채의 나머지 현금흐름의 현재가치의 차이가 적어도 10% 이상이라면, 계약조건이 실질적으로 달라진 것이다. 이때 새로운 조건에 따른 현금흐름에는 지급한 수수료에서 수취한 수수료를 차감한 수수료 순액이 포함되며, 현금흐름을 할인할 때에는 최초의 유효이자율을 사용한다.

(2) 실질적 조건변경이 아닌 경우(제거조건을 충족하지 않는 경우)

새로운 조건에 따른 현금흐름의 현재가치와 최초 금융부채의 나머지 현금흐름의 현재가치의 차이가 10% 미만이라면, 계약조건이 실질적으로 달라진 것으로 보지 않는다. 이때는 기존의 금융부채를 제거하지 않고, 최초 유효이자율을 적용하여 측정한 기존 금융부채의 변동액을 당기손익으로 인식한다.

채무상품의 교환이나 계약조건의 변경을 금융부채의 소멸로 회계처리하지 아니한다면, 발생한 원가나 수수료는 금융부채의 장부금액에서 조정하며, 변경된 금융부채의 남은 기간에 걸쳐 상각한다.

금융부채의 조건변경의 회계처리는 금융자산의 계약상 현금흐름의 변경과 동일하며, 금융자산의 계약상 현금흐름에 '10% 기준'이 없는 것이 다른 점이다. 금융부채의 조건변경이 실질적인 경우와 실질적이지 않는 경우에 회계처리를 비교하면 다음 〈표 9-2〉와 같다.

표 9-2 조건변경의 회계처리

구 분	실질적인 경우	실질적이지 않은 경우
기준	차이가 10% 이상	차이가 10% 미만
기존 금융부채	제거	계속 인식
유효이자율	변경일의 현행이자율	최초 유효이자율
변경손익	변경된 현금흐름 × 변경일의 현행이자율 - 최초 현금흐름 × 최초 유효이자율	변경된 현금흐름 × 최초 유효이자율 - 최초 현금흐름 × 최초 유효이자율
수수료	손익에 반영	장부금액에서 조정(차감)

예제 9 ❙ 금융부채의 조건변경

대박회사는 20×1년 1월 1일에 액면금액 ₩1,000,000(표시이자율 연 5%, 이자지급일 매년 12월 31일, 만기일 20×3년 12월 31일)의 조건으로 사채를 발행하였다. 사채 발행 시 유효이자율은 5%이다.

물음

1. 대박회사는 20×1년 12월 31일에 채무자와 조건을 재협상하여 만기를 20×4년 12월 31일로 1년 연장하고, 20×2년부터 20×4년까지 표시이자율은 연 3%로 매년 12월 31일로 지급하는 것으로 변경하였다. 원금에는 조건변경이 없다. 20×1년 12월 31일 현행이자율은 9%이고, 이자는 정상적으로 지급되었다. 금융부채의 조건변경이 실질적인지 여부를 판단하고 조건변경일에 해야 할 분개를

하시오.

2. 대박회사는 20×1년 12월 31일에 채무자와 조건을 재협상하여 만기를 20×4년 12월 31일로 1년 연장하고, 20×2년부터 20×4년까지 표시이자율은 연 3%로 매년 12월 31일로 지급하고, 원금은 연장된 만기에 ₩900,000을 상환하는 것으로 변경하였다. 20×1년 12월 31일 현행이자율은 9%이고, 이자는 정상적으로 지급되었다. 금융부채의 조건변경이 실질적인지 여부를 판단하고 조건변경일에 해야 할 분개를 하시오.

3. 조건변경과 관련하여 수수료 ₩1,000이 발생하였다고 가정하고 (물음 1)과 (물음 2)를 다시 답하시오.

풀이

1. 금융부채의 조건변경이 실질적인지 여부 판단(최초 유효이자율로 할인)
   - 변경 후 현재가치 = ₩30,000 × 2.7232(3기간, 5%, 정상연금현가계수)
     + 1,000,000 × 0.8638(3기간, 5%, 단일금액현가계수)
     = ₩945,496
   - 차이 = ₩1,000,000(장부금액) - 945,496 = ₩54,504 < ₩1,000,000 × 10%

   차이가 기존 금융부채의 10% 미만이므로 실질적 조건변경이 아니라고 판단한다.

(차변)	금융부채	54,504	(대변)	변경이익	54,504

2. 금융부채의 조건변경이 실질적인지 여부 판단(최초 유효이자율로 할인)
   - 변경 후 현재가치 = ₩30,000 × 2.7232(3기간, 5%, 정상연금현가계수)
     + 900,000 × 0.8638(3기간, 5%, 단일금액현가계수)
     = ₩859,116
   - 차이 = ₩1,000,000(장부금액) - 859,116 = ₩140,884 > ₩1,000,000 × 10%

   차이가 기존 금융부채의 10% 이상이므로 실질적 조건변경이라고 판단한다.
   실질적 조건변경인 경우 새로운 금융부채는 변경된 현금흐름을 조건변경일의 현행이자율을 적용하여 공정가치로 측정한다.
   - 새로운 공정가치 = ₩30,000 × 2.5313(3기간, 9%, 정상연금현가계수)
     + 900,000 × 0.7722(3기간, 9%, 단일금액현가계수)
     = ₩770,919

(차변)	금융부채	1,000,000	(대변)	금융부채	770,919❶
				변경이익	229,081

❶ 기존 금융부채(W1,000,000)를 제거하고, 새로운 금융자산(₩770,919)을 인식한다.

3. (물음 1)에서 조건변경으로 지급한 수수료 ₩1,000을 현재가치에 차감하더라도 실질적 조건변경이 아니라는 판단은 바뀌지 않는다.

조건변경이 실질적이지 않은 경우에는 조건변경으로 발생한 수수료는 금융부채의 장부금액에서 조정하며, 변경된 금융부채의 남은 기간에 걸쳐 상각한다.

(차변)	금 융 부 채	55,504❶	(대변)	변 경 이 익	54,504
				현 금	1,000

❶ 변경된 금융부채의 장부금액이 조정되었으므로 유효이자율은 5%가 아니라 다시 계산하여 이후 이자비용을 인식할 때 적용하여야 한다.

(물음 2)에서 조건변경으로 지급한 수수료 ₩1,000을 현재가치에 차감하더라도 실질적 조건변경이라는 판단은 바뀌지 않는다.

조건변경이 실질적인 경우에는 조건변경으로 발생한 수수료를 금융부채 소멸에 따른 손익의 일부로 회계처리한다.

(차변)	금 융 부 채	1,000,000	(대변)	금 융 부 채	770,919
				변 경 이 익	228,081
				현 금	1,000

3.5 금융부채의 출자전환

K-IFRS 해석서 제2119호 '지분상품에 의한 금융부채의 소멸'에서는 기업이 지분상품을 발행하여 기존의 금융부채가 소멸하는 출자전환(debt for equity swaps)에 대한 회계처리를 규정하고 있다. 출자전환이란 채무자와 채권자가 금융부채의 조건을 재협상한 결과, 채무자가 채권자에게 지분상품을 발행하여 금융부채의 전부 또는 일부를 소멸시키는 거래를 말한다.

금융부채의 전부 또는 일부를 소멸시키기 위하여 채권자에게 발행한 지분상품을 최초에 인식할 때, 해당 지분상품의 공정가치를 신뢰성 있게 측정할 수 없는 경우가 아니라면, 공정가치로 측정한다. 이때 발행된 지분상품의 공정가치를 신뢰성 있게 측정할 수 없다면 소멸된 금융부채의 공정가치를 반영하여 지분상품을 측정한다. 소멸된 금융부채(또는 금융부채의 일부)의 장부금액과 지급한 대가의 차이는 당기손익으로 인식한다.

예제 10 | 금융부채의 출자전환

대박회사는 20×1년 1월 1일에 액면금액 ₩1,000,000(표시이자율 연 5%, 이자지급일 매년 12월 31일, 만기일 20×3년 12월 31일)의 조건으로 사채를 발행하였다. 사채 발행 시 유효이자율은 5%이다.

물음

1. 20×2년 1월 1일에 대박회사의 액면총액 ₩800,000, 공정가치 ₩1,200,000인 보통주를 발행하여 채권자와 출자전환에 합의하였다면 대박회사가 출자전환일에 해야 할 분개를 하시오.
2. (물음 1)과 관계없이 발행한 지분상품의 공정가치를 신뢰성 있게 측정할 수 없을 때 사채의 공정가치가 ₩920,000이라면 대박회사가 출자전환일에 해야 할 분개를 하시오.

풀이

1. 발행한 지분상품의 공정가치로 측정

(차변)	사채	1,000,000	(대변)	보통주자본금	800,000
	사채상환손실	200,000		주식발행초과금	400,000

2. 소멸된 금융부채의 공정가치로 측정

(차변)	사채	1,000,000	(대변)	보통주자본금	800,000
				주식발행초과금	120,000
				사채상환이익	80,000

보론 I 별도의 후속 측정기준 적용 금융부채

다음 항목은 상각후원가로 후속 측정하지 않는다.

① 당기손익-공정가치 측정 금융부채
② 금융자산의 양도가 제거 조건을 충족하지 못하거나, 지속적 관여 접근법이 적용되는 경우에 생기는 금융부채
③ 금융보증계약
④ 시장이자율보다 낮은 이자율로 대출하기로 한 약정
⑤ 사업결합에서 취득자가 인식하는 조건부 대가

1. 당기손익-공정가치 측정 금융부채

당기손익-공정가치 측정 금융부채는 후속적으로 공정가치 변동을 당기손익으로 인식한다. 당기손익-공정가치 측정 금융부채는 보유목적에 따라 단기매매금융부채와 당기손익인식 지정(FVPL) 금융부채로 구분된다.

(1) 단기매매금융부채

단기매매는 일반적으로 매입과 매도가 적극적이고 빈번하게 이루어지는 것을 말하며, 단기매매금융상품은 일반적으로 단기간의 매매차익을 얻기 위하여 취득한 금융상품을 말한다. 단기매매금융부채의 예는 다음과 같다.

① 위험회피수단으로 회계처리하지 아니하는 파생상품부채
② 공매자(차입한 금융자산을 매도하고 아직 보유하고 있지 아니한 자)가 차입한 금융자산을 인도할 의무
③ 단기간에 재매입할 의도로 발행하는 금융부채(예 공정가치 변동에 따라 발행자가 단기간에 재매입할 수 있으며 공시가격이 있는 채무상품)
④ 최근의 실제 운용형태가 단기적 이익획득 목적이라는 증거가 있으며, 그리고 공동으로 관리하는 특정 금융상품 포트폴리오의 일부인 금융부채

(2) 당기손익-공정가치 측정 항목으로 지정한 금융부채

금융부채를 당기손익-공정가치 측정 항목으로 지정하는 것이 다음 중 하나 이상을 충족하여 정보를 더 목적적합하게 하는 경우에는 금융부채를 최초 인식시점에 당기손익-공정가치 측정 항목으로 지정할 수 있다. 다만 한번 지정하면 이를 취소할 수 없다.

① 당기손익-공정가치 측정 항목으로 지정하면, 서로 다른 기준에 따라 자산이나 부채를 측정하거나 그에 따른 손익을 인식하여 생길 수 있는 인식이나 측정의 불일치('회계불일치'라 말하기도 한다)를 제거하거나 유의적으로 줄인다.
② 문서화된 위험관리전략이나 투자전략에 따라, 금융상품 집합(금융부채, 금융자산과 금융부채의 조합으로 구성된 집합)을 공정가치 기준으로 관리하고 그 성과를 평가하며 그 정보를 이사회, 대표이사 등 주요 경영진에게 그러한 공정가치 기준에 근거하여 내부적으로 제공한다.

당기손익-공정가치 측정 항목으로 지정한 금융부채도 후속적으로 공정가치 변동을 당기손익으로 인식한다. 그러나 금융부채의 자기신용위험 변동 때문에 금융부채의 공정가치가 변동되는 부분까지 당기손익으로 인식하는 것은 문제가 있다. 금융부채의 자기신용위험이 높아지면 금융부채를 발행한 회사는 금융부채의 공정가치가 낮아지고 평가이익을 인식하게 된다. 이와 같은 회계처리를 허용하면 금융부채를 발행한 회사는 자기신용위험이 높아질 경우 오히려 평가이익을 인식하게 되어 당기순이익이 증가하는 문제가 발생한다. 따라서 금융부채의 자기신용위험 변동에 따른 금융부채의 공정가치 변동은 기타포괄손익으로 인식하고, 그 이외의 공정가치 변동은 당기손익으로 인식한다.

여기서 유의할 점은 자기신용위험으로 인한 금융부채의 공정가치 변동손익을 기타포괄손익으로 인식한 금액은 후속적으로 당기손익으로 재분류되지 않는다. 그러나 금융부채의 자기신용위험 변동효과를 기타포괄손익으로 인식하는 회계처리가 당기손익의 회계불일치를 일으키거나 확대하는 경우에는 해당 부채의 모든 손익(신용위험 변동효과를 포함)을 당기손익으로 표시한다.

2. 금융자산의 양도로 인해 발생하는 금융부채

제8장 '금융자산'의 제거에서 살펴본 것처럼 금융자산의 현금흐름에 대한 계약상 권리를 양도한 경우 양도자는 금융자산의 소유에 따른 위험과 보상의 정도를 다시 평가하여 금융자산과 관련 부채의 인식여부를 결정한다.

(1) 양도자가 양도자산의 소유에 따른 위험과 보상의 대부분을 보유하는 경우

금융자산의 소유에 따른 위험과 보상의 대부분을 보유하고 있으면 금융자산을 계속하여 인식하며, 수취한 현금이 있다면 금융부채로 인식한다. 양도자는 후속기간에 양도자산에서 생기는 모든 수익과 금융부채에서 생기는 모든 비용을 인식한다. 제8장 보론 '받을어음의 할인'에서 자세히 설명한다.

(2) 양도자가 양도자산의 소유에 따른 위험과 보상의 일부를 보유하는 경우

양도자가 금융자산의 소유에 따른 위험과 보상의 대부분을 보유하지도 이전하지도 않는다면, 양도자가 해당 금융자산을 통제하는지를 판단한다. 양도자가 금융자산을 통제하고 있지 않다면, 해당 금융자산을 제거한다. 그러나 양도자가 금융자산을 통제하고 있다면, 해당 금융자산에 지속적으로 관여하는 정도까지 그 금융자산을 계속 인식하며, 이와 관련된 부채도 함께 인식한다. 지속적 관여 자산과 부채의 최초 인식금액은 다음과 같이 계산한다. 이때 양도자산을 상각후원가 또는 공정가치로 측정하면 관련 부채도 각각 상각후원가 또는 공정가치로 측정한다.

지속적 관여 자산의 최초 인식금액
① 양도자가 양도자산에 보증을 제공하는 형태로 지속적으로 관여하는 경우
Min(㉠ 양도자산의 장부금액, ㉡ 수취한 대가 중 상환을 요구받을 수 있는 최대 금액(보증금액))
② 공정가치로 측정하는 자산에 대하여 풋옵션을 발행하는 경우
Min(㉠ 양도자산의 공정가치, ㉡ 옵션의 행사가격)

지속적 관여 부채의 최초 인식금액
보증금액 + 보증의 공정가치(일반적으로 보증의 대가로 수취한 금액)

사례 1. 지속적 관여 자산과 부채의 최초 인식(제1109호 B3.2.17)

액면이자율과 유효이자율이 10%이며, 원금과 상각후원가가 ₩10,000이고 중도상환이 가능한 대여금 포트폴리오를 대박회사가 보유하고 있다고 가정하자. 대박회사는 ₩9,115을 받고 양수자에게 원금회수액 중 ₩9,000과 ₩9,000에 대한 이자 9.5%에 대한 권리를 부여하는 계약을 체결하였다. 대박회사는 원금회수액 중 ₩1,000과 ₩1,000에 대한 10%의 이자, 원금의 나머지 부분인 ₩9,000에 대한 0.5%의 초과 스프레드에 대한 권리를 보유한다. 중도상환에 따른 회수액은 1 : 9의 비율로 대박회사와 양수자에게 배분되지만, 채무불이행이 생기면 대박회사의 지분인 ₩1,000이 소멸될 때까지 ₩1,000에서 차감하여 그 손실을 반영한다. 거래일에 해당 대여금의 공정가치는 ₩10,100이고, 0.5%인 초과 스프레드의 공정가치는 ₩40이다.
소유에 따른 유의적인 위험과 보상의 일부(예 유의적인 중도상환위험)는 이전하였지만, 일부는 보유하고 있으며(후순위 지분을 보유하고 있기 때문), 해당 금융자산에 대한 통제를 상실하지 아니하였다고 판단한다. 따라서 지속적 관여 접근법을 적용한다.
이 기준서를 적용하기 위해 이 거래는 (1) 완전 비례적 지분인 ₩1,000을 보유하는 것과 (2) 신용손실에 대하여 양수자에게 신용을 보강해주기 위하여 해당 보유지분을 후순위로 보유하는 것으로 분석된다.
수취한 대가 ₩9,115 중 ₩9,090(10,100×90%)을 전체 자산의 완전 비례적인 90%에 해당하는 대가로 계산한다. 수취한 대가 중 나머지 금액(₩25)은 신용손실에 대하여 신용을 보강하기 위하여 보유지분을 후순위로 한 것에 대한 대가를 나타낸다. 또 0.5%의 초과 스프레드는 신용보강제공에 대하여 수취한 대가를 나타낸다. 따라서 신용보강에 대하여 수취한 대가의 총액은 ₩65(25+40)이다.
현금흐름의 90% 매도에 대하여 손익을 계산한다. 양도시점에서 양도한 90%와 보유하는 10% 각각에 대한 공정가치가 존재하지 아니하여, 양도하는 부분과 보유하는 부분의 상대적 공정가치에 비례하여 다음과 같이 해당 자산의 장부금액을 배분한다고 가정한다.

	공정가치	비율	배분한 장부금액
양도하는 부분	₩9,090	90%	₩9,000
보유하는 부분	1,010	10%	1,000
합계	₩10,100	100%	₩10,000

현금흐름의 90% 매도에 따른 손익을 수취한 대가에서 양도한 부분에 배분한 장부금액을 차감한 금액인 ₩90(9,090-9,000)으로 계산한다. 보유하는 부분에 대한 장부금액은 ₩1,000이다.
또 신용손실에 대하여 보유지분을 후순위로 보유함에 따라 생기는 지속적 관여 정도를 인식한다. 따라서 자산 ₩1,000(수취하지 못할 수 있는 후순위 현금흐름의 최대 금액)과 관련 부채 ₩1,065(수취하지 못할 수 있는 후순위 현금흐름의 최대 금액인 ₩1,000에 후순위로 한 것의 공정가치인 ₩65을 더한 금액)을 인식한다.
위의 모든 정보를 사용하여 다음과 같이 회계처리한다.

	차변	대변
최초 자산	-	₩9,000
후순위 또는 나머지 지분에 대하여 인식한 자산	₩1,000	-
초과 스프레드의 형태로 수취한 대가에 해당하는 자산	40	-
당기손익(양도에 대한 이익)	-	90
부채	-	1,065
수취한 현금	9,115	
합계	₩10,155	₩10,155

거래 직후 자산의 장부금액은 계속 보유하는 부분에 배분된 금액인 ₩1,000과 신용손실에 대한 후순위 제공에 따라 추가되는 지속적 관여 정도인 ₩1,040(₩40의 초과 스프레드 포함)으로 구성되어 ₩2,040이 된다.
후속적으로, 신용보강에 대하여 수취한 대가인 ₩65은 시간의 경과에 따라 인식하고, 인식한 자산에 대한 이자를 유효이자율법으로 인식하며, 인식한 자산에 손상차손을 인식한다. 예를 들면, 다음 회계연도에 기초자산(대여금)에 손상차손 ₩300이 생겼다고 가정하자. 인식한 자산에서 ₩600(보유하는 지분에 관련된 ₩300과 추가되는 지속적 관여 정도와 관련된 ₩300)을 줄이고, 인식한 부채에서 ₩300을 줄인다. 결과적으로 손상차손 ₩300을 당기손익으로 인식한다.

3. 금융보증계약에 의한 금융부채

금융보증계약(financial guarantee contracts)이란 채무상품의 최초 계약조건이나 변경된 계약조건에 따라 지급기일에 특정 채무자가 원금이나 이자를 지급하지 못하여 보유자(대여자)가 입은 손실을 보상하기 위해 발행자(보증제공자)가 특정 금액을 지급해야 하는 계약을 말한다. 금융보증계약은 보증, 신용장, 신용위험이전계약, 보험계약 등 다양한 법적 형식으로 나타날 수 있으나, 이에 대한 회계처리는 법적 형식에 따라 달라지지 않는다.

금융보증계약은 금융부채에 해당하므로 최초 인식시점에 공정가치로 인식한다. 금융보증계약의 발행자(보증제공자)는 후속적으로 다음 중 큰 금액으로 금융보증계약을 측정한다.

금융보증계약 = Max(①, ②)
① K-IFRS 제1109호 '금융상품'의 손상 규정에 따라 산정한 손실충당금
② 최초 인식금액에서 K-IFRS 제 1115호 '고객과의 계약에서 생기는 수익'에 따라 인식한 이익누계액을 차감한 금액

②에서 이익누계액이란 특정 시점 또는 기간 경과에 따라 금융보증부채를 수익으로 대체한 누적금액을 말한다. ①의 경우 채무자의 신용위험이 증가하지 않는다면 대여자가 금융자산에 대한 손실충당금을 거의 인식하지 않을 것이므로 발행자(보증제공자)의 금융보증부채는 ②의 금액으로 측정될 것이다.

예를 들면, A보증회사가 20×1년 초에 B회사가 소유한 채무증권의 지급불이행으로 인하여 손실을 입을 경우 보상하는 금융보증계약을 체결하고, ₩30,000의 보증수수료를 수취하였다. 금융보증기간은 20×1년 초부터 20×3년 말까지 3년간이다. 연도별 해당 채무증권에 대한 손실충당금이 각각 ₩5,000, ₩15,000 및 ₩20,000이고, 금융보증부채를 정액법을 이용하여 수익으로 대체하는 경우 회계처리는 다음과 같다.

〈20×1년 초〉

(차변)	현 금	30,000	(대변)	금융보증부채	30,000

〈20×1년 말〉

(차변)	금융보증부채	10,000	(대변)	금융보증수익	10,000

* Max(₩5,000(손실충당금), ₩20,000(30,000-10,000)(장부금액))이므로 20×1년 말 금융보증부채 측정금액은 ₩20,000이며, 장부금액이 이미 ₩20,000이므로 추가적인 회계처리는 없다.

〈20×2년 말〉

(차변)	금융보증부채	10,000	(대변)	금융보증수익	10,000
(차변)	금융보증수익	5,000	(대변)	금융보증부채	5,000

* Max(₩15,000(손실충당금), ₩10,000(30,000-20,000)(장부금액))이므로 20×2년 말 금융보증부채 측정금액은 ₩15,000이다. 장부금액이 ₩10,000이므로 금융보증부채를 ₩5,000 증가시키고 금융보증수익 ₩5,000을 취소시키는 회계처리한다.

〈20×3년 말〉

(차변)	금융보증부채	10,000	(대변)	금융보증수익	10,000
(차변)	금융보증수익	10,000	(대변)	금융보증부채	15,000
	금융보증비용	5,000			

* Max(₩20,000(손실충당금), ₩0(30,000-30,000)(장부금액))이므로 20×3년 말 금융보증부채 측정금액은 ₩20,000이다. 장부금액이 ₩5,000이므로 금융보증부채를 ₩15,000 증가시키고 금융보증수익 ₩10,000을 취소시킨다. 부족분은 금융보증비용으로 ₩5,000 인식한다.

4. 시장이자율보다 낮은 이자율로 대출하기로 한 약정

기업이 미래에 특정 채무자와 시장이자율보다 낮은 이자율로 대출하기로 한 취소불가능한 약정을 체결한 경우 최초 인식시점에서 공정가치로 측정한다. 예를 들어, 비슷한 대여금의 시장이자율이 8%인데 이보다 낮은 4%로 대출하는 약정을 체결하고 이 약정이 취소불가능하다면, 대출약정에 보유자(잠재적 대여자)의 입장에서 경제적 효익이 희생되는 계약이므로 부채가 존재한다. 후속기간에 측정방법은 금융보증계약과 동일하다.

5. 사업결합에서 취득자가 인식한 조건부 대가[2]

조건부 대가(contingent consideration)는 합병 등 사업결합과정에서 특정 미래 사건이 발생하거나 특정 조건이 충족되면 취득자가 피취득자의 이전 소유주에게 추가로 자산이나 지분을 이전해 주기로 계약한 취득자의 의무를 말한다.

취득자는 계약조건에 따라 조건부 대가가 확정수량의 자기지분상품을 인도하는 계약이라면 이를 지분상품으로 분류하고, 그렇지 않은 경우에는 금융부채로 분류한다.

조건부 대가가 지분상품으로 분류된다면 지분상품에 대해서는 후속적으로 공정가치 변동을 인식하지 않는다. 그러나 조건부 대가가 금융부채로 분류된다면 최초 인식과 후속적으로 모두 공정가치로 측정하고, 그 변동을 당기손익으로 인식한다.

2 조건부 대가 회계처리는 고급회계에서 자세히 다룬다.

SUMMARY & CHECK

금융부채와 지분상품

- 금융부채는 거래상대방에게 현금 등 금융자산을 인도하기로 한 계약상 의무(차입금 등), 잠재적으로 불리한 조건으로 거래상대방과 금융자산이나 금융부채를 교환하기로 한 계약상 의무(파생상품부채) 등을 말한다.
- 지분상품은 기업의 자산에서 모든 부채를 차감한 후의 잔여지분을 나타내는 모든 계약을 말한다.
- 발행자가 상환여부에 대한 권리를 갖는 경우에는 발행자가 상환의무를 부담하는 것이 아니므로 상환우선주를 지분상품으로 분류한다. 그러나 보유자(주주)가 상환여부에 대한 권리를 갖는 경우에는 발행자가 상환의무를 회피할 수 없기 때문에 상환우선주를 금융부채로 분류해야 한다.
- 최초 인식시점에 금융부채를 공정가치로 측정한다.
- 금융부채의 발행과 직접 관련되는 거래원가는 당해 금융부채의 공정가치에서 차감하고, FVPL금융부채의 거래원가는 당기손익으로 인식한다.

사채

- 사채는 기업이 장기적으로 거액의 자금을 조달하기 위해서 일반 대중을 대상으로 발행하는 유가증권이며, 발행회사(채무자)는 사채의 권면에 기재되어 있는 조건에 따라 채권자에게 이자 및 원금을 지급해야 한다는 점은 주식과 다른 점이다.
- 사채의 표시이자율과 시장이자율의 관계에 따라 발행금액이 액면발행(표시이자율=시장이자율)인지, 할인발행(표시이자율〈시장이자율)인지, 아니면 할증발행(표시이자율〉시장이자율)인지가 결정된다.
- 사채발행비는 사채의 발행금액에서 차감된다.
- 사채의 이자비용 총액은 액면발행은 총 표시이자금액이고, 할인발행은 총 표시이자금액에 사채할인발행차금을 더한 금액이며, 할증발행은 총 표시이자금액에 사채할증발행차금을 차감한 금액이다.
- 이자지급일 사이에 발행된 사채의 발행금액은 사채권면에 표시된 발행일로부터 실제 발행일까지 유효이자율법을 적용한 조정된 금액이다.

금융부채의 제거

- 소멸하거나 제3자에게 양도한 금융부채의 장부금액과 지급한 대가의 차액을 당기손익으로 인식한다.
- 사채를 만기일 이전에 조기상환하는 경우에는 사채의 장부금액과 상환금액에 차이가 발생하기 때문에 사채상환손익을 당기손익에 반영한다.
- 연속상환사채는 만기에 일시상환하는 일반사채와 달리 원금(액면금액)을 사채기간 동안 분할하여 상환하는 사채이다.
- 새로운 조건에 따른 현금흐름의 현재가치와 최초 금융부채의 나머지 현금흐름의 현재가치의 차이가 적어도 10% 이상이라면 계약조건이 실질적으로 달라진 것으로 보고, 10% 미만이라면 계약조건이 실질적으로 달라지지 않은 것으로 본다.
- 출자전환이란 채무자와 채권자가 금융부채의 조건을 재협상한 결과, 채무자가 채권자에게 지분상품을 발행하여 금융부채의 전부 또는 일부를 소멸시키는 거래를 말한다.

OX QUIZ

1 인도할 자기지분상품의 수량이 변동가능한 비파생상품은 금융부채에 해당된다.

2 정부가 부과하는 법적 요구에 따라 발생하는 법인세와 관련된 부채나 충당부채를 설정할 수 있는 의제의무는 금융부채에 해당된다.

3 기업이 금융자산의 인도를 회피할 수 있는 무조건적인 권리를 가지고 있지 않다면 지분상품으로, 회피할 수 있는 권리를 가지고 있다면 금융부채로 분류한다.

4 모든 상환우선주의 발행자는 이를 금융부채로 분류해야 한다.

5 금융상품의 보유자에게 환매를 요구할 수 있는 권리(풋옵션)가 부여되어 있는 풋가능 금융상품의 발행자는 이를 금융부채로 분류해야 한다.

6 FVPL금융부채는 직접 관련되는 거래원가를 당기손익으로 인식한다.

7 사채발행비를 사채의 발행금액에 포함하면 그렇게 하지 않을 때보다 유효이자율은 낮아진다.

8 금융부채의 일부를 재매입(즉, 부분 상환)하는 경우에 종전 금융부채의 장부금액을 계속 인식하는 부분과 제거하는 부분에 대해 재매입일 현재 각 부분의 상대적 장부금액을 기준으로 배분한다.

9 새로운 금융부채는 변경된 현금흐름을 조건변경일의 현행이자율을 적용하여 공정가치로 측정하며, 기존의 금융부채와의 차이는 당기손익으로 인식한다.

10 금융부채의 조건변경이 실질적이지 않은 경우 발생한 원가나 수수료를 금융부채 소멸에 따른 손익의 일부로 회계처리한다.

11 금융부채의 전부 또는 일부를 소멸시키기 위하여 채권자에게 발행한 지분상품을 최초에 인식할 때, 우선적으로 소멸된 금융부채의 공정가치를 반영하여 지분상품을 측정한다.

Multiple-choice Questions

1 ㈜대한은 20×1년 1월 1일 사채(액면금액 ₩5,000,000, 표시이자율 연 6%, 매년 말 이자지급, 3년 만기)를 발행하였으며, 동 사채를 상각후원가로 측정하는 금융부채로 분류하였다. 사채발행일의 시장이자율은 연 8%이며, 사채발행비 ₩50,000이 지급되었다. 20×1년 12월 31일 사채의 장부금액이 ₩4,814,389일 경우 ㈜대한이 동 사채와 관련하여 20×2년에 인식할 이자비용은 얼마인가? (단, 단수차이로 인해 오차가 있다면 가장 근사치를 선택한다) (CPA 2022)

할인율 / 기간	단일금액 ₩1의 현재가치		정상연금 ₩1의 현재가치	
	6%	8%	6%	8%
1년	0.9434	0.9259	0.9434	0.9259
2년	0.8900	0.8573	1.8334	1.7832
3년	0.8396	0.7938	2.6730	2.5770

① ₩394,780 ② ₩404,409 ③ ₩414,037

④ ₩423,666 ⑤ ₩433,295

※ ㈜대한이 발행한 상각후원가(AC)로 측정하는 금융부채(사채)와 관련된 다음 <자료>를 이용하여 2번과 3번에 대해 답하시오. (CPA 2021)

<자료>

액면금액	₩3,000,000
사채권면상 발행일	20×1년 1월 1일
사채 실제 발행일	20×1년 3월 1일
표시이자율	연 6%(매년 12월 31일에 지급)
사채권면상 발행일의 유효이자율	연 6%
상환만기일	20×3년 12월 31일(만기 일시상환)

현가계수표

기간 \ 할인율	단일금액 ₩1의 현재가치			정상연금 ₩1의 현재가치		
	6%	7%	8%	6%	7%	8%
1년	0.9434	0.9346	0.9259	0.9434	0.9346	0.9259
2년	0.8900	0.8734	0.8573	1.8334	1.8080	1.7832
3년	0.8396	0.8163	0.7938	2.6730	2.6243	2.5770

2 다음 (A) 또는 (B)의 조건으로 사채를 발행하는 경우, ㈜대한이 20×1년 3월 1일에 사채발행으로 수취하는 금액에 대한 설명으로 옳은 것은? (단, 이자는 월할로 계산하며, 단수차이로 인해 오차가 있다면 가장 근사치를 선택한다)

(A) 사채 실제 발행일의 유효이자율이 연 8%인 경우
(B) 사채 실제 발행일의 유효이자율이 연 7%인 경우

① (A)가 (B)보다 수취하는 금액이 ₩76,014만큼 많다.

② (A)가 (B)보다 수취하는 금액이 ₩72,159만큼 많다.

③ (A)가 (B)보다 수취하는 금액이 ₩76,014만큼 적다.

④ (A)가 (B)보다 수취하는 금액이 ₩72,159만큼 적다.

⑤ (A)와 (B)의 수취하는 금액은 동일하다.

3 ㈜대한은 20×3년 4월 1일에 사채액면금액 중 30%를 경과이자를 포함하여 현금 ₩915,000에 조기상환하였다. 위 〈자료〉에서 사채 실제 발행일(20×1년 3월 1일)의 유효이자율이 연 8%인 경우, ㈜대한이 조기상환시점에 사채상환손실로 인식할 금액은 얼마인가? (단, 이자는 월할로 계산하며, 단수차이로 인해 오차가 있다면 가장 근사치를 선택한다)

① ₩9,510 ② ₩14,030 ③ ₩15,000
④ ₩31,700 ⑤ ₩46,800

4 ㈜세무는 20×1년 1월 1일 액면금액 ₩1,000,000(표시이자율 연 5%, 매년 말 이자지급, 만기 3년)인 사채를 발행하였으며, 사채발행비로 ₩46,998을 지출하였다. 사채발행 당시 시장이자율은 연 8%이며, 20×1년 말 이자비용으로 ₩87,566을 인식하였다. 사채의 액면금액 중 ₩600,000을 20×3년 4월 1일에 경과이자를 포함하여 ₩570,000에 조기상환 한 경우 사채상환손익은? (단, 계산금액은 소수점 이하 첫째 자리에서 반올림한다) (CTA 2021)

할인율 / 기간	단일금액 ₩1의 현재가치		정상연금 ₩1의 현재가치	
	5%	8%	5%	8%
3년	0.8638	0.7938	2.7233	2.5771

① 손실 ₩7,462 ② 손실 ₩9,545 ③ 이익 ₩7,462
④ 이익 ₩9,545 ⑤ 이익 ₩17,045

5 ㈜세무는 20×1년 1월 1일 상각후원가로 측정하는 금융부채에 해당하는 다음과 같은 조건의 연속상환사채를 발행하였다. 20×2년 말 재무상태표상 동 상각후원가측정 금융부채의 장부금액은? (단, 현재가치 계산 시 다음에 제시된 현가계수표를 이용한다)

(CTA 2022)

- 액면금액: ₩1,200,000
- 이자지급: 연 5%의 이자율을 적용하여 매년 12월 31일에 지급
- 상 환: 20×2년부터 20×4년까지 매년 12월 31일에 ₩400,000씩 연속상환
- 발행당시 유효이자율: 연 6%

할인율 / 기간	단일금액 ₩1의 현재가치		정상연금 ₩1의 현재가치	
	5%	6%	5%	6%
1년	0.9524	0.9434	0.9524	0.9434
2년	0.9070	0.8900	1.8594	1.8334
3년	0.8638	0.8396	2.7232	2.6730
4년	0.8227	0.7921	3.5459	3.4651

① ₩396,221 ② ₩788,896 ③ ₩796,221
④ ₩988,221 ⑤ ₩1,188,896

6 ㈜세무는 20×1년 1월 1일 ㈜대한에게 ₩500,000(만기 4년, 표시이자율 연 5%, 매년 말 지급)을 차입하였으며, 유효이자율은 연 5%이다. 20×2년 12월 31일 ㈜세무는 경영 상황이 악화되어 ㈜대한과 차입금에 대해 다음과 같은 조건으로 변경하기로 합의하였다. (CTA 2021)

- 만기일: 20×7년 12월 31일
- 표시이자율: 연 2%, 매년 말 지급
- 유효이자율: 연 8%

할인율 / 기간	단일금액 ₩1의 현재가치		정상연금 ₩1의 현재가치	
	5%	8%	5%	8%
2년	0.9070	0.8573	1.8594	1.7833
5년	0.7835	0.6806	4.3295	3.9927

20×2년 12월 31일 ㈜세무가 재무상태표에 인식해야 할 장기차입금은?

① ₩380,227 ② ₩435,045 ③ ₩446,483
④ ₩472,094 ⑤ ₩500,000

7 ㈜대한은 20×1년 1월 1일에 ㈜민국에게 사채(액면금액 ₩1,000,000, 3년 만기, 표시이자율 연 10%, 매년 말 이자지급)를 발행하였으며, 동 사채를 상각후원가로 측정하는 금융부채로 분류하였다. 사채발행일의 시장이자율은 연 12%이다. ㈜대한은 20×1년 12월 31일 동 사채의 만기를 20×4년 12월 31일로 연장하고 매년 말 연 4%의 이자를 지급하는 조건으로 ㈜민국과 합의하였다. 조건변경 전 20×1년 12월 31일 사채의 장부금액은 ₩966,218이며, 현행시장이자율은 연 15%이다. ㈜대한이 20×1년 12월 31일 동 사채의 조건변경으로 인식할 조정손익은 얼마인가? (단, 단수차이로 인해 오차가 있다면 가장 근사치를 선택한다) (CPA 2022)

할인율 / 기간	단일금액 ₩1의 현재가치			정상연금 ₩1의 현재가치		
	10%	12%	15%	10%	12%	15%
3년	0.7513	0.7118	0.6575	2.4868	2.4018	2.2832

① 조정이익 ₩217,390 ② 조정이익 ₩158,346 ③ ₩0
④ 조정손실 ₩158,346 ⑤ 조정손실 ₩217,390

8 ㈜세무는 사채(사채권면상 발행일 20×1년 1월 1일, 액면금액 ₩1,000,000, 표시이자율 연 8%, 만기 3년, 매년 말 이자지급)를 20×1년 4월 1일에 발행하고 사채발행비용 ₩1,000을 지출하였다. 사채권면상 발행일인 20×1년 1월 1일의 시장이자율은 연 10%이며, 실제 발행일(20×1년 4월 1일)의 시장이자율은 연 12%이다. 동 사채를 당기손익-공정가치 측정 금융부채로 분류했을 경우 20×1년 4월 1일의 장부금액은? (단, 현재가치 계산 시 다음에 제시된 현가계수표를 이용한다) (CTA 2022)

할인율 / 기간	단일금액 ₩1의 현재가치			정상연금 ₩1의 현재가치		
	8%	10%	12%	8%	10%	12%
3년	0.7938	0.7513	0.7118	2.5771	2.4868	2.4018

① ₩910,062 ② ₩911,062 ③ ₩953,000
④ ₩954,000 ⑤ ₩1,000,000

9 ㈜세무는 20×1년 1월 1일 금융회사인 ㈜대한에 장부금액 ₩500,000의 매출채권을 양도하였다. ㈜세무는 동 매출채권의 위험과 보상의 대부분을 이전하지도 않고 보유하지도 않으며, ㈜대한은 양도받은 동 매출채권을 제3자에게 매도할 수 있는 능력이 없다. 한편 ㈜세무는 매출채권 양도 후 5개월간 동 매출채권의 손상발생에 대해 ₩100,000까지 지급을 보증하기로 하였으며, 동 보증의 공정가치(보증의 대가로 수취한 금액)는 ₩20,000이다. ㈜세무가 동 매출채권을 양도하면서 ㈜대한으로부터 보증의 대가를 포함하여 ₩480,000을 수령하였다면, ㈜세무가 20×1년 1월 1일 매출채권 양도 시 부채로 인식할 금액은? (CTA 2021)

① ₩20,000 ② ₩40,000 ③ ₩80,000
④ ₩100,000 ⑤ ₩120,000

CHAPTER 10

충당부채와 우발부채

1. 충당부채
2. 우발부채와 우발자산

학습목표

- 충당부채의 의의와 추정을 이해한다.
- 우발부채의 의의와 충당부채와의 차이점을 이해한다.
- 우발자산에 대해 이해한다.

K-IFRS 제1037호 '충당부채, 우발부채 및 우발자산'에서는 발생가능성이 불확실한 부채와 자산에 대해서 규정한다. 여기서 다양한 상황이 충당부채의 인식 여부에 영향을 미칠 수 있기 때문에 많은 사례를 제시하고 있으며, 본장에서도 이러한 사례를 내용에 맞추어 소개하였다.

충당부채와 우발부채 모두 지출의 시기와 금액이 불확실하다. 그러나 충당부채는 자원을 유출할 가능성이 높고 그 금액을 신뢰성 있게 추정가능한 경우이지만, 우발부채는 자원을 유출할 가능성이 높지 않거나 그 금액을 신뢰성 있게 측정할 수 없는 경우이다. 우발자산은 경제적 효익의 유입이 거의 확실하게 되는 경우가 아니라면, 즉 경제적 효익의 유입 가능성이 높더라도 자산으로 인식하지 않는다. 본장을 통해서 충당부채, 우발부채, 우발자산의 의의, 그리고 충당부채와 우발부채의 차이점 등을 심도 있게 학습해 보자.

1. 충당부채

1.1 충당부채의 의의

충당부채(provision 또는 estimated liabilities)는 지출의 시기와 금액이 확실한 사채와 달리 지출하는 시기와 금액이 불확실한 부채를 말한다. 지출의 시기와 금액이 불확실하지만 부채로 인식하는 것이 정보이용자들의 경제적 의사결정과정에 더 유용한 정보를 제공한다. 충당부채의 예로는 제품보증충당부채, 손실충당부채, 구조조정충당부채 등이 있다.

금융부채와의 차이점은 금융부채는 지출의 시기와 금액이 확실한 확정부채이다. 확정부채는 지출의 시기와 금액이 확실하기 때문에 지급시기나 금액에 대해서 추정할 필요가 거의 없지만, 충당부채는 지출의 시기와 금액이 불확실하기 때문에 미래 의무를 이행하기 위하여 필요한 금액을 신뢰성 있게 추정해야 한다.

1.2 충당부채의 인식조건

충당부채는 다음의 요건을 모두 충족해야 인식가능하다.

① 과거사건의 결과로 현재의무(법적의무나 의제의무)가 존재한다.
② 해당 의무를 이행하기 위하여 경제적 효익이 있는 자원을 유출할 가능성이 높다.
③ 해당 의무를 이행하기 위하여 필요한 금액을 신뢰성 있게 추정(estimate)할 수 있다.

(1) 현재의무

충당부채를 인식하기 위해서는 현재의무를 부담하고 있어야 한다. 충당부채는 명시적 또는 묵시적 조항에 따른 계약, 법률 등 법적 효력에 의하여 발생하는 법적의무(legal obligations)뿐만 아니라 다음 조건을 충족하는 의제의무(constructive obligations)도 포함한다.

① 과거의 실무관행, 발표된 경영방침, 구체적이고 유효한 약속 등으로 기업이 특정 책임을 부담할 것이라고 상대방에게 표명함
② 위 ①의 결과로 기업이 해당 책임을 이행할 것이라는 정당한 기대를 상대방이 갖도록 함

드물지만 현재의무가 있는지 분명하지 않은 경우가 있다. 이 경우에는 사용할 수 있는 증거를 모두 고려하여 보고기간 말에 현재의무가 존재할 가능성이 존재하지 않을 가능성보다 높으면(more likely than not) 과거사건이 현재의무를 생기게 한 것으로 본다.

(2) 과거사건

현재의무가 생기게 하는 과거사건을 의무발생사건(obligation event)이라고 한다. 의무발생사건이 되려면 해당 사건으로 생긴 의무의 이행 외에는 현실적인 대안이 없어야 한다. 다음의 ①이나 ②의 경우만 이에 해당한다.

① 의무의 이행을 법적으로 집행할 수 있는 경우
② 의제의무와 관련해서는 기업이 해당 의무를 이행할 것이라는 정당한 기대를 상대방에게 갖도록 하는 경우

의무에는 언제나 해당 의무의 이행 대상이 되는 상대방이 존재한다. 그러나 상대방이 누구인지 반드시 알아야 하는 것은 아니며 경우에 따라서는 일반 대중일 수도 있다. 의무에는 반드시 상대방에 대한 확약이 포함되므로, 경영진이나 이사회의 결정이 보고기간 말이 되기 전에 충분히 구체적인 방법으로 전달되어 기업이 자신의 책임을 이행할 것이라는 정당한 기대를 상대방에게 갖도록 해야만 해당 결정이 의제의무를 생기게 하는 것으로 본다.

재무제표는 미래 시점의 예상 재무상태가 아니라 보고기간 말의 재무상태를 표시하는 것이므로, 미래 영업에서 생길 원가는 충당부채로 인식하지 아니한다. 보고기간 말에 존재하는 부채만을 재무상태표에 인식한다.

1) 오염으로 인한 환경정화비용

불법적인 환경오염으로 인한 범칙금이나 환경정화비용은 기업의 미래 행위에 관계없이 해당 의무의 이행에 경제적 효익이 있는 자원의 유출을 불러온다. 따라서 범칙금이나 환경정화비용은 현재의무이며 충당부채로 인식한다. 이와 마찬가지로 유류보관시설이나 원자력 발전소 때문에 이미 일어난 피해에 대하여 기업은 복구할 의무가 있는 범위에서 유류보관시설이나 원자력 발전소의 사후처리원가와 관련된 충당부채를 인식한다.

2) 법령에 의한 환경정화장치 설치비용

환경 관련 법률 규정이나 상업적 압력 때문에 공장에 특정 정화장치를 설치하는 지출을 계획하고 있거나 그런 지출이 필요한 경우에는 공장 운영방식을 바꾸는 등의 미래 행위로 미래의 지출을 회피할 수 있으므로 미래에 지출을 해야 할 현재의무는 없으며 충당부채도 인식하지 아니한다.

3) 법령의 제정 · 개정에 따른 의무 발생

어떤 사건은 발생 당시에는 현재의무를 생기게 하지 않지만 나중에 의무를 생기게 할 수 있다. 법률이 제정 · 개정되면서 의무가 생기거나 기업의 행위(예 충분할 정도로 구체적인 공표)에 따라 나중에 의제의무가 생기는 경우가 있기 때문이다. 예를 들어, 일어난 환경오염에 대하여 지금 당장 정화해야 하는 의무가 없는 경우에도 나중에 새로운 법률에서 그러한 환경오염을 정화하도록 요구하거나 기업이 그러한 정화의무를 의제의무로서 공개적으로 수용한다면, 해당 법률의 제정 · 개정 시점이나 기업의 공개적인 수용 시점에 그 환경오염을 일으킨 것은 의무발생사건이 된다.

입법 예고된 법률의 세부 사항이 아직 확정되지 않은 경우에는 해당 법안대로 제정될 것이 거의 확실한(virtually certain) 때에만 의무가 발생한 것으로 본다.

다음 사례들을 통해서 충당부채 인식 여부를 살펴보자.

사례1. 법률 제정이 거의 확실한 경우(제1037호 사례 2A와 2B)

〈사례 A〉

석유산업에 속한 대박정유는 오염을 일으키고 있지만 사업을 운영하는 특정 국가의 법률에서 요구하는 경우에만 오염된 토지를 정화한다. 이러한 사업이 운영되는 어떤 국가에서도 오염된 토지를 정화하도록 요구하는 법률이 제정되지 않았고, 대박정유는 몇 년 동안 그 국가의 토지를 오염시켰다. 20×1년 12월 31일 현재 이미 오염된 토지를 정화하도록 요구하는 법률 초안이 연말 후에 곧 제정될 것이 거의 확실하다.

의무발생사건은 토지의 오염이고, 토지 정화를 요구하는 법률 제정이 거의 확실하기 때문에 과거 의무발생사건의 결과로 현재의무가 발생한다. 또한 해당 의무 이행에 따른 경제적 효익이 있는 자원의 유출가능성이 높다. 따라서 대박정유는 토지 정화를 요구하는 법률 제정이 거의 확실해진 20×1년도 재무제표에 **토지 정화원가의 최선의 추정치로 충당부채를 인식**한다.

〈사례 B〉

대박산업은 환경 관련 법률이 없는 국가에서 오염을 일으키는 석유사업을 운영하고 있다. 그러나 대박산업은 사업을 운영하면서 유발한 모든 오염을 정화한다는 환경 방침을 널리 발표하였다. 그리고 대박산업은 발표한 그 방침을 준수한 사실이 있다.

토지 오염은 의무발생사건이 된다. 이는 의제의무를 생기게 한다. 대박산업의 행위가 오염의 영향을 받은 상대방에게 대박산업이 오염된 토지를 정화할 것이라는 정당한 기대를 갖도록 하기 때문에 과거 의무발생사건의 결과로 현재의무가 발생한다. 또한 해당 의무 이행에 따른 경제적 효익이 있는 자원의 유출가능성이 높다. 따라서 **토지 정화원가의 최선의 추정치로 충당부채를 인식**한다.

사례2. 수선유지(제1037호 사례 11A와 11B)

〈사례 A〉

기술적인 이유로 5년마다 대체할 필요가 있는 내벽을 갖춘 용광로가 있다. 보고기간 말에 이 내벽은 3년 동안 사용되었다.

과거 의무발생사건의 결과로 현재의무가 없기 때문에 **충당부채를 인식하지 않는다**.
보고기간 말에는 내벽을 교체할 의무가 기업의 미래 행위와 관계없이 존재하지 않기 때문에 내벽의 교체원가를 인식하지 아니한다. 지출하려는 의도는 용광로를 그대로 계속 운영할지 아니면 내벽을 교체할지에 대한 기업의 의사결정에 달려 있다. 충당부채로 인식하는 대신에 5

년에 걸쳐 감가상각하는 것이 내벽의 사용을 반영해 준다. 내벽 교체원가가 생기면 이를 자본화하고, 이후 5년에 걸쳐 감가상각하여 각각의 새로운 내벽의 사용을 보여준다.

〈사례 B〉
항공사는 법률에 따라 항공기를 3년에 한 번씩 정밀하게 정비하여야 한다.

과거 의무발생사건의 결과로 현재의무가 없기 때문에 **충당부채를 인식하지 않는다.**
사례 A에서 내벽 교체원가를 충당부채로 인식하지 않은 것과 같은 이유로 항공기 정밀 정비원가도 충당부채로 인식하지 아니한다. 정밀 정비를 하도록 한 법률 규정이 있더라도 정밀 정비원가가 부채를 생기게 하지 않는다. 이는 기업의 미래 행위와 상관없이 항공기의 정밀 정비의무가 있는 것은 아니기 때문이다. 예를 들면, 기업이 항공기를 팔아버리면 그러한 지출을 하지 않아도 될 것이다. 항공기의 미래 유지원가에 상당하는 금액은 충당부채로 인식하는 대신에 감가상각에 반영된다. 즉, 예상되는 유지원가와 동일한 금액을 3년에 걸쳐 감가상각한다.

(3) 경제적 효익이 있는 자원의 유출 가능성

충당부채를 부채로 인식하기 위해서는 현재의무가 존재하여야 할 뿐만 아니라 해당 의무를 이행하기 위하여 경제적 효익이 있는 자원의 유출 가능성이 높아야 한다. 여기서 자원의 유출가능성이 높다는 것은 특정 사건이 일어날 가능성이 일어나지 않을 가능성보다 높다(more likely than not to occur)는 의미이며, 확률적으로 발생할 확률이 50%를 초과할 경우 충당부채로 인식한다.

제품보증이나 이와 비슷한 계약 등 비슷한 의무가 다수 있는 경우에 의무 이행에 필요한 자원의 유출 가능성은 해당 의무 전체를 고려하여 판단한다. 비록 개별 항목에서 의무 이행에 필요한 자원의 유출 가능성이 높지 않더라도 전체적인 의무 이행에 필요한 자원의 유출 가능성이 높을 경우(그 밖의 인식기준이 충족된다면)에는 충당부채를 인식한다.

(4) 의무의 신뢰성 있는 추정

충당부채를 부채로 인식하기 위해서는 현재의무를 이행하기 위하여 필요한 금액을 신뢰성 있게 추정할 수 있어야 한다. 충당부채의 특성상 재무상태표의 다른 항목보다 불확실성이 더 크기 때문이다.

극히 드문 경우를 제외하고는 가능한 결과의 범위를 판단할 수 있으므로 충당부채를 인식할 때 충분히 신뢰성 있는 금액을 추정할 수 있다. 극히 드문 경우로 신뢰성 있는 금액의 추정을 할 수 없는 때에는 부채로 인식하지 않고 우발부채로 공시한다.

1.3 충당부채의 측정과 회계처리

(1) 최선의 추정치

충당부채로 인식하는 금액은 현재의무를 보고기간 말에 이행하기 위하여 필요한 지출에 대한 최선의 추정치(best estimate)여야 한다. 최선의 추정치란 보고기간 말에 의무를 이행하거나 제3자에게 이전하는 경우에 합리적으로 지급하여야 하는 금액이다. 결과와 재무적 영향의 추정은 비슷한 거래에 대한 과거의 경험이나 경우에 따라 독립적인 전문가의 보고서를 고려하여 경영자의 판단으로 결정한다. 이때 보고기간 후사건[1]에서 제공되는 추가 증거를 고려한다.

충당부채로 인식하여야 하는 금액과 관련된 불확실성은 상황에 따라 판단한다. 다수의 항목과 관련되는 충당부채를 측정하는 경우에 해당 의무는 가능한 모든 결과에 관련된 확률을 가중평균하여 추정한다. 이러한 통계적 추정방법을 기댓값(expected value)이라고 한다. 따라서 특정 금액의 손실이 생길 확률에 따라 충당부채로 인식하는 금액은 달라진다. 가능한 결과가 연속적인 범위에 분포하고 각각의 발생 확률이 같을 경우에는 해당 범위의 중간값(mid-point of the range)을 사용한다.

하나의 의무를 측정하는 경우에는 가능성이 가장 높은(most likely) 단일의 결과가 해당 부채에 대한 최선의 추정치가 될 수 있다. 그러나 그러한 경우에도 그 밖의 가능한 결과들을 고려한다. 만약 그 밖의 가능한 결과들이 가능성이 가장 높은 결과보다 대부분 높거나 낮다면 최선의 추정치도 높거나 낮은 금액일 것이다. 예를 들면, 고객을 위하여 건설한 주요 설비의 심각한 결함을 해결하여야 하는 경우에, 가능성이 가장 높은 결과는 한 차례의 시도로 ₩1,000의 원가를 들여 수선에 성공하는 것이다. 그러나 추가 수선이 필요할 가능성이 유의적이라면 더 많은 금액을 충당부채로 인식하여야 한다.

1 보고기간후사건은 제20장 2절 '보고기간후사건'에서 자세히 설명한다.

사례 3. 최선의 추정치(제1037호 39 사례)

대박회사는 구입 후 첫 6개월 이내에 제조상 결함으로 생기는 수선비용을 보장하는 보증을 재화에 포함하여 판매하고 있다. 판매한 모든 생산품에서 사소한 결함이 확인될 경우에는 ₩1,000,000의 수선비용이 발생한다. 판매한 모든 생산품에서 중요한 결함이 확인될 경우에는 ₩4,000,000의 수선비용이 발생한다. 대박회사의 과거 경험과 미래 예상에 따르면 내년에 판매할 재화 중에서 75%는 전혀 결함이 없지만, 20%는 사소한 결함이 있고, 나머지 5%는 중요한 결함이 있을 것으로 예상한다. 이 경우에 대박회사는 보증의무와 관련된 자원의 유출 가능성을 해당 의무 전체에 대하여 평가한다.

수선비용의 기댓값은 다음과 같이 계산한다.

구 분	수선비용	발생확률	기댓값
결함 없음	₩0	75%	₩0
사소한 결함	1,000,000	20%	200,000
중요한 결함	4,000,000	5%	200,000
합계		100%	₩400,000

(2) 위험과 불확실성

충당부채에 대한 최선의 추정치를 구할 때에는 관련된 여러 사건과 상황에 따르는 불가피한 위험과 불확실성을 고려한다. 위험은 결과의 변동성을 의미한다. 위험조정으로 부채의 측정금액이 증가할 수 있다. 불확실한 상황에서는 수익이나 자산을 과대 표시하거나 비용이나 부채를 과소 표시하지 않도록 주의하여야 한다. 불확실성을 이유로 충당부채를 과도하게 인식하거나 부채를 의도적으로 과대 표시하는 것은 정당화될 수 없다. 예를 들어, 특별히 부정적인 결과에 대해 예상원가를 신중하게 추정하였다고 해서 의도적으로 해당 결과의 발생 가능성이 실제보다 더 높은 것처럼 취급하여서는 안 된다.

(3) 현재가치

화폐의 시간가치 영향이 중요한 경우에 충당부채는 의무를 이행하기 위하여 예상되는 지출액의 현재가치로 평가한다. 화폐의 시간가치 때문에, 보고기간 후에 즉시 지급하는 충당부채의 부담은 같은 금액을 더 늦게 지급하는 충당부채보다 더 크다. 따라서 그 영향이 중요한 경우에는 충당부채를 현재가치로 평가한다. 할인율은 부채의 특유한 위험과 화폐의 시간가치에 대한 현행 시장의 평가를 반영한 세전 이자율[2]이다. 이 할인율에는 미래현금흐름을 추정할 때 고려한 위험을 반영하지 아니한다.[3] 충당부채를 현재가치로 평가하여 표시하는 경우에는 장부금액을 기간 경과에 따라 증액하고 해당 증가 금액은 차입원가(이자비용)로 인식한다.[4]

(4) 미래사건

현재의무를 이행하기 위하여 필요한 지출 금액에 영향을 미치는 미래사건이 일어날 것이라는 충분하고 객관적인 증거가 있는 경우에는 그 미래사건을 고려하여 충당부채 금액을 추정한다.

1) 미래의 기술변화

내용연수 종료 후에 부담하여야 하는 오염 지역의 정화원가는 미래의 기술변화에 따라 감소할 수 있다. 이 경우에 부채 인식금액은 정화시점에 이용할 수 있는 기술에 대하여 사용할 수 있는 모든 증거를 고려하여 자격이 있는 독립된 전문가의 합리적인 예측을 반영한다. 예를 들면, 현재 기술을 적용할 때 축적된 경험과 관련하여 예상되는 원가 절감이나 현재의 기술을 과거에 수행한 것보다 광범위하고 복잡한 오염정화작업에 적용할 때 예상되는 원가를 반영하는 것이 적절하다. 그러나 충분하고 객관적인 증거로 뒷받침되지 않는다면 정화와 관련하여 완전히 새로운 기술 개발을 예상해서는 안 된다.

2) 새로운 법률의 제정

새로운 법률의 제정이 거의 확실하다는 충분하고 객관적인 증거가 존재할 때 해당 법률의 영향을 고려하여 충당부채를 측정한다. 따라서 새로운 법률에서 요구하게 될 사항과 해당 법률이 적당한 시일 안에 제정되어 시행될 것이 거의 확실하다는 증거가

---

2 충당부채의 법인세효과는 K-IFRS 제1012호 '법인세'에 따라 회계처리하므로 충당부채는 세전 금액으로 측정한다.

3 미래에 대한 위험은 현금흐름 추정액에 반영되어 있으므로 할인율을 추정할 때에는 반영하지 아니한다.

4 제6장 3.2(6)절 '복구원가'에서 자세히 설명한다.

있어야 한다. 일반적으로 새로운 법률이 제정되기 전까지는 충분하고 객관적인 증거가 존재하지 않는다.

(5) 관련자산의 예상처분이익

예상되는 자산 처분이 충당부채를 생기게 한 사건과 밀접하게 관련되었더라도 예상되는 자산 처분이익은 충당부채를 측정하는 데 고려하지 아니한다. 즉, 충당부채와 밀접한 관련 있는 자산의 처분이익이 예상되더라도 충당부채는 전체 금액을 인식하고, 자산의 처분이익은 실제 처분한 시점에 인식한다.

(6) 충당부채의 변제

충당부채를 결제하기 위하여 필요한 지출액의 일부나 전부를 제3자가 변제할 것으로 예상되는 경우에는 기업이 의무를 이행한다면 변제를 받을 것이 거의 확실하게 되는 때에만 변제금액을 별도의 자산으로 인식하고 회계처리한다. 다만, 자산으로 인식하는 금액은 관련 충당부채 금액을 초과할 수 없다. 이때 충당부채와 관련하여 포괄손익계산서에 인식한 비용은 제3자의 변제와 관련하여 인식한 자산과 상계하여 표시할 수 있다.

(7) 충당부채의 변동

매 보고기간 말 충당부채의 잔액을 검토하고, 보고기간 말 현재 최선의 추정치를 반영하여 조정한다. 의무를 이행하기 위하여 경제적 효익이 있는 자원을 유출할 가능성이 높지 않게 된 경우에는 관련 충당부채를 환입한다.

(8) 충당부채의 사용

충당부채는 최초 인식과 관련 있는 지출에만 사용한다. 다른 목적으로 인식된 충당부채를 그 목적이 아닌 지출에 사용하면 서로 다른 두 사건의 영향이 적절하게 표시되지 않기 때문이다.

충당부채에 대한 회계처리를 요약하면 다음과 같다.

〈충당부채의 인식〉

(차변)	비 용	×××	(대변)	충 당 부 채	×××

〈충당부채의 사용〉

(차변)	충 당 부 채	×××	(대변)	현 금 등	×××

〈충당부채의 환입〉

(차변)	충 당 부 채	×××	(대변)	환입(당기수익)	×××

〈충당부채의 변제〉

(차변)	자산(미수금 등)	×××	(대변)	비 용*	×××

* 충당부채와 관련하여 포괄손익계산서에 인식한 비용은 제3자의 변제와 관련하여 인식한 자산과 상계하여 표시할 수 있다.

〈현재가치로 평가한 충당부채의 기간 경과에 따른 증가〉

(차변)	이 자 비 용	×××	(대변)	충 당 부 채	×××

예제 1 ▎ 충당부채의 회계처리

대박모터는 20×1년에 처음으로 판매하는 오토바이에 대해 2년간 무상 수리서비스를 제공해주기로 결정하였다. 대박모터는 오토바이 한 대당 ₩100의 제품보증비가 발생할 것으로 추정하였다. 대박모터는 20×1년도에 오토바이 총 10,000대를 판매하였고, 제품보증 이행에 인건비 등 ₩250,000의 현금을 지급하였다. 20×2년도에는 오토바이 총 12,000대를 판매하였고, 제품보증 이행에 인건비 등 ₩1,100,000의 현금을 지급하였다.

물음

20×1년과 20×2년에 대박모터가 해야 할 제품보증과 관련한 분개를 하시오.

풀이

〈20×1년〉

기중	(차변)	제 품 보 증 비	250,000	(대변)	현 금	250,000

기말	(차변)	제 품 보 증 비	750,000❶	(대변)	제품보증충당부채	750,000

❶ 20×1년 인식할 총 제품보증비 = ₩100(대당 제품보증비) × 10,000대 = ₩1,000,000
기말에 인식할 제품보증비 = ₩1,000,000 − 250,000(이미 인식한 제품보증비) = ₩750,000

〈20×2년〉

기중	(차변)	제품보증충당부채	750,000	(대변)	현 금	1,100,000
		제 품 보 증 비	350,000			
기말	(차변)	제 품 보 증 비	850,000❷		제품보증충당부채	850,000

❷ 20×2년 인식할 총 제품보증비 = ₩100(대당 제품보증비) × 12,000대 = ₩1,200,000
기말에 인식할 제품보증비 = ₩1,200,000 − 350,000(이미 인식한 제품보증비) = ₩850,000

연도별 재무제표에 제품보증 관련 계정은 다음 〈표 10−1〉과 같이 표시된다.

표 10-1 제품보증 관련 재무제표 표시

재무제표	20×1	20×2
[손익계산서] 당기손익: 제품보증비	₩(1,000,000)	₩(1,200,000)
[재무상태표] 부채: 제품보증충당부채	₩750,000	₩850,000

1.4 충당부채의 인식과 측정기준의 적용

(1) 미래의 예상 영업손실

미래의 예상 영업손실은 충당부채로 인식하지 아니한다. 미래의 예상 영업손실은 부채의 정의에 부합하지 않을 뿐만 아니라 충당부채의 인식기준도 충족하지 못하기 때문이다. 다만, 미래에 영업손실이 예상되는 경우에는 영업과 관련된 자산이 손상되었을 가능성이 있으므로 K-IFRS 제1036호 '자산손상'에 따라 손상검사를 수행한다.[5]

5 내부보고에서 발견할 수 있는 자산손상 징후 증거의 예는 다음과 같다(1036:14).
① 자산의 매입에 드는 현금이나 자산의 운영·관리에 쓰는 후속적인 현금이 당초 예상 수준보다 유의적으로 많다.
② 자산에서 유입되는 실제 순현금흐름이나 실제 영업손익이 당초 예상 수준에 비해 유의적으로 악화된다.

(2) 손실부담계약

손실부담계약(onerous contracts)은 계약상 의무 이행에 필요한 회피불가능 원가가 그 계약에서 받을 것으로 예상되는 경제적 효익을 초과하는 계약을 말한다. 손실부담계약을 체결하고 있는 경우에는 관련된 현재의무를 충당부채로 인식하고 측정한다. 회피불가능 원가는 계약을 해지하기 위한 최소 순원가로서 다음의 ①과 ② 중에서 적은 금액을 말한다.

손실부담계약의 회피불가능 원가 = Min(①, ②)
① 계약을 이행하기 위하여 필요한 원가
② 계약을 이행하지 못하였을 때 지급하여야 할 보상금이나 위약금

계약을 이행하는 데 드는 원가는 계약에 직접 관련되는 원가로 구성된다. 계약에 직접 관련되는 원가는 다음 ①과 ②로 구성된다.

① 그 계약을 이행하는 데 드는 증분원가(예 직접 노무원가 및 재료원가)
② 계약을 이행하는 데 직접 관련되는 그 밖의 원가 배분액(예 그 계약을 이행하는 데 사용하는 유형자산 항목의 감가상각비 배분액)

당사자 사이에 권리와 의무를 생기게 하는 계약도 있으며, 그런 계약에서 부담하는 의무가 주장할 권리보다 더 크기 때문에 손실부담계약이 될 경우에는 충당부채를 인식한다. 그러나 통상적인 구매주문과 같이 상대방에게 보상하지 않고도 해약할 수 있는 계약은 아무런 손실을 부담하지 않는 미이행계약[6]이므로 충당부채를 인식하지 않는다.

한편, 손실부담계약에 대한 별도 충당부채를 설정하기 전에 해당 손실부담계약을 이행하는 데 사용하는 자산에서 생긴 손상차손을 먼저 인식한다.

---

③ 자산에서 유입될 것으로 예상되는 순현금흐름이나 예상 영업손익이 유의적으로 악화된다.
④ 당기 실적치와 미래 예상치를 합산한 결과, 자산에 대한 순현금유출이나 영업손실이 생길 것으로 예상된다.

6 제1장 4.7(5.2)절 '미이행계약'에서 자세히 설명한다.

(3) 구조조정

구조조정(restructuring)은 경영진의 계획과 통제에 따라 기업의 사업범위나 사업수행 방식을 중요하게 바꾸는 일련의 절차를 말한다.[7] 구조조정과 관련된 충당부채는 충당부채의 인식기준을 모두 충족하는 경우에만 인식한다. 구조조정과 관련된 의제의무는 보고기간 말에 다음의 두 가지 요건을 모두 충족하는 경우에만 발생한 것으로 본다.

① 기업이 구조조정에 대한 구체적인 공식 계획을 가지고 있다.[8]
② 기업이 구조조정 계획의 실행에 착수하였거나 구조조정의 주요 내용을 공표함으로써 구조조정의 영향을 받을 당사자가 기업이 구조조정을 실행할 것이라는 정당한 기대를 갖게 한다.

구조조정충당부채로 인식할 수 있는 지출과 포함되지 않는 지출은 다음과 같다.

포함되는 지출	포함되지 않는 지출
• 구조조정과 관련하여 필수적으로 발생하는 지출 • 기업의 계속적인 활동과 관련 없는 지출	• 계속 근무하는 종업원에 대한 교육 훈련과 재배치 • 마케팅 • 새로운 제도와 물류체제의 구축에 대한 투자

7 구조조정의 정의에 해당할 수 있는 사건의 예는 다음과 같다(1037:70).
① 일부 사업의 매각이나 폐쇄
② 특정 국가 또는 지역에 소재하는 사업체를 폐쇄하거나 다른 국가 또는 지역으로 이전하는 경우
③ 경영구조의 변경(예 특정 경영진 계층을 조직에서 없앰)
④ 영업의 특성과목적에 중대한 변화를 가져오는 근본적인 사업구조조정

8 구조조정에 대한 구체적인 공식 계획에서 적어도 다음에 열거하는 내용을 모두 확인할 수 있어야 한다(1037:72).
① 구조조정 대상이 되는 사업이나 사업의 일부
② 구조조정의 영향을 받는 주사업장 소재지
③ 해고에 대한 보상을 받는 종업원의 근무지, 역할, 대략적인 인원수
④ 구조조정에 필요한 지출
⑤ 구조조정 계획의 실행 시기

사례 4. 사업부의 폐쇄(제1037호 사례 5)

각 사례는 서로 독립적이다.

〈사례 A: 보고기간 말이 되기 전에 실행하지 않은 경우〉
20×1년 12월 12일에 이사회에서는 한 사업부를 폐쇄하기로 결정하였다. 보고기간 말(20×1년 12월 31일)이 되기 전에 이 의사결정의 영향을 받는 당사자들에게 그 결정을 알리지 않았고 그 결정을 실행하기 위한 어떠한 절차도 착수하지 않았다.

의무발생사건이 일어나지 않았기 때문에 과거 의무발생사건의 결과로 현재의무가 발생하지 않는다. 따라서 20×1년도 재무제표에 사업부의 폐쇄 관련 충당부채를 인식하지 않는다.

〈사례 B: 보고기간 말이 되기 전에 한 의사소통과 실행〉
20×1년 12월 12일에 이사회에서는 특정한 제품을 생산하는 하나의 사업부를 폐쇄하기로 결정하였다. 20×1년 12월 20일에 사업부를 폐쇄하기 위한 구체적인 계획에 대하여 이사회의 동의를 받았고, 고객들에게 다른 제품 공급처를 찾아야 한다고 알리는 서한을 보냈으며, 사업부의 종업원들에게는 감원을 통보하였다.

의무발생사건은 결정을 고객과 종업원에게 알리는 것이며, 그날부터 의제의무가 생긴다. 사업부가 폐쇄될 것이라는 정당한 기대를 갖도록 하기 때문에 과거 의무발생사건의 결과로 현재의무가 발생한다. 또한 해당 의무 이행에 따른 경제적 효익이 있는 자원의 유출가능성이 높다. 따라서 20×1년도 재무제표에 사업부 폐쇄원가의 최선의 추정치로 충당부채를 인식한다.

2. 우발부채와 우발자산

2.1 우발부채

우발부채(contingent liabilities)는 충당부채와 그 성격이 유사하지만 부채의 인식조건을 충족하지 못하여 재무상태표에 부채로 인식할 수 없다. 우발부채는 다음의 요건 중 어느 하나에 해당하는 의무이다.

① 과거사건에 의하여 발생하였으나, 기업이 전적으로 통제할 수 없는 하나 이상의 불확실한 미래 사건의 발생 여부에 의하여서만 그 존재가 확인되는 잠재적 의무
② 과거사건에 의하여 발생하였으나 다음 ㉠ 또는 ㉡의 경우에 해당하여 인식하지 않는 현재의무
㉠ 당해 의무를 이행하기 위하여 경제적 효익이 내재된 자원이 유출될 가능성이 높지 않은 경우
㉡ 당해 의무를 이행하여야 할 금액을 신뢰성 있게 측정(measure)할 수 없는 경우

잠재적 의무(possible obligation)는 기업이 통제할 수 없는 미래의 특정 사건의 발생 여부에 따라 그 존재를 확인할 수 있는 불확실한 의무로서 재무제표에 부채로 인식할 수 없다. 또한 현재의무이더라도 기업의 자원이 유출될 가능성이 높지 않거나, 그 금액을 신뢰성 있게 측정할 수 없다면 재무제표에 부채로 인식할 수 없다. 따라서 우발부채는 재무제표의 부채로 인식하지 않고 주석에 공시한다. K-IFRS 제1037호 '충당부채, 우발부채 및 우발자산'에서 제시하는 충당부채와 우발부채의 회계처리 순서도는 다음 [그림 10-1]과 같다.

[그림 10-1] 충당부채와 우발부채의 회계처리 순서도

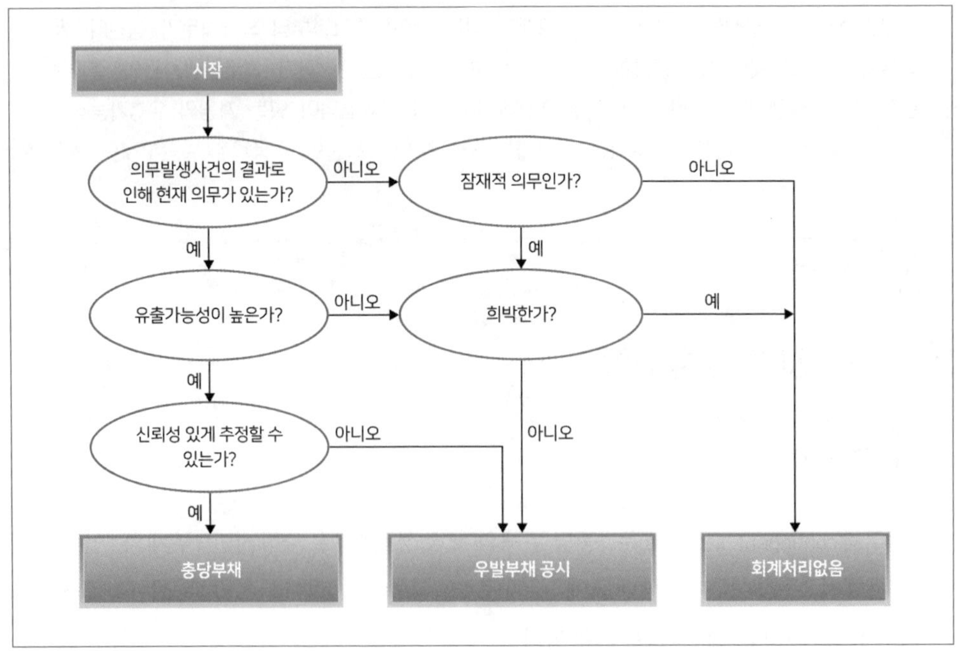

다음 〈표 10-2〉는 K-IFRS 제1037호 '충당부채, 우발부채 및 우발자산'에서 충당부채와 우발부채의 차이를 정리한 내용이다.

표 10-2 충당부채와 우발부채의 비교

정의	자원 유출이 필요할 가능성이 높은 현재 의무가 존재한다.	자원 유출이 필요할 수는 있지만, 그렇지 않을 가능성이 높은 잠재적 의무 또는 현재 의무가 존재한다.	자원 유출 가능성이 희박한 (remote) 잠재적 의무 또는 현재의무가 존재한다.
재무제표 표시 여부	충당부채 인식	충당부채 인식하지 않음	충당부채 인식하지 않음
주석 공시 여부	충당부채에 대한 공시	우발부채에 대한 공시	공시할 의무 없음

재무상태표에 부채로 인식하기 위해서는 미래 자원의 유출가능성이 높고,[9] 금액을 신뢰성 있게 추정할 수 있어야 한다. 그러나 우발부채는 이러한 조건을 충족하지 못하기 때문에 주석으로 공시하며, 자원의 유출가능성이 희박한 경우에는 주석 공시도 필요하지 않다. 예를 들어, 기업이 소송이 진행 중인 경우에 패소가능성이 높고, 패소하는 경우 얼마의 금액을 배상해야 할지 신뢰성 있게 추정할 수 있다면 이를 충당부채로 인식하여 재무제표에 표시한다. 그러나 패소가능성은 높지만 금액을 신뢰성 있게 측정할 수 없는 경우나 소송의 결과가 기업이 통제할 수 없는 추가적인 증거를 포함한 미래사건의 발생 여부에 달려 있는 경우라면 우발부채로 재무제표에 표시하지 않고 주석에 이러한 내용을 공시한다. 만약 패소가능성이 희박하다면 주석에 공시할 의무는 없다.

우발부채는 처음에 예상하지 못한 상황에 따라 변할 수 있으므로, 경제적 효익이 있는 자원의 유출 가능성이 높아졌는지를 판단하기 위하여 우발부채를 지속적으로 평가한다. 과거에 우발부채로 처리하였더라도 미래 경제적 효익의 유출가능성이 높아진 경우에는 그러한 가능성의 변화가 생긴 기간의 재무제표에 충당부채로 인식한다.

9 개념체계의 개정으로 부채의 정의는 '과거사건의 결과로 기업이 경제적 자원을 이전해야 하는 현재의무'이다. 따라서 이전 부채의 정의 중에 '미래 자원의 유출가능성'은 제외되어 있다.

사례 5. 소송사건(제1037호 사례 10)

20×1년 결혼식 후에 10명이 사망하였는데, 대박식품이 판매한 제품 때문에 식중독이 생겼을 가능성이 있다. 이에 손해배상을 청구하는 법적 절차가 시작되었으나, 대박식품은 그 책임에 대해 이의를 제기하였다. 법률 전문가는 20×1년 12월 31일로 종료하는 연차 재무제표의 발행승인일까지는 대박식품에 책임이 있는지 밝혀지지 않을 가능성이 높다고 조언하였다. 그러나 법률 전문가는 20×2년 12월 31일로 종료하는 연차 재무제표를 작성할 때에는 소송사건의 진전에 따라 대박식품의 책임이 있다고 밝혀질 가능성이 높다고 조언하였다.

〈20×1.12.31.〉
재무제표가 승인되는 시점에 사용 가능한 증거에 따르면 과거 의무발생사건의 결과로 현재의무가 발생하지 않는다. 따라서 20×1년 12월 31일에 소송사건과 관련된 충당부채를 인식하지 않는다. 다만, 경제적 효익이 있는 자원의 유출가능성이 희박하지 않다면 그 사항을 우발부채로 공시한다.

〈20×1.12.31.〉
사용 가능한 증거에 따르면 과거 의무발생사건의 결과로 현재의무가 발생한다. 또한 해당 의무 이행에 따른 경제적 효익이 있는 자원의 유출가능성이 높다. 따라서 소송 결과의 의무를 이행하기 위한 금액의 최선의 추정치로 충당부채를 인식한다.

2.2 우발자산

우발자산(contingent assets)은 과거사건으로 생겼으나, 기업이 전적으로 통제할 수 없는 하나 이상의 불확실한 미래사건의 발생 여부로만 그 존재 유무를 확인할 수 있는 잠재적 자산을 말한다. 우발자산은 미래에 전혀 실현되지 않을 수도 있는 수익을 인식하는 결과를 가져올 수 있기 때문에 재무제표에 자산으로 인식하지 않는다. 그러나 수익의 실현이 거의 확실(virtually certain)하다면 관련 자산은 우발자산이 아니므로 해당 자산을 재무제표에 인식하는 것이 타당하다.

관련 상황의 변화가 적절하게 재무제표에 반영될 수 있도록 우발자산을 지속적으로 평가한다. 상황 변화로 경제적 효익의 유입이 거의 확실하게 되는 경우에는 그러한 상황변화가 일어난 기간의 재무제표에 그 자산과 관련 이익을 인식한다. 경제적 효익의 유입 가능성이 높아진 경우에는 우발자산을 주석에 공시한다.

다음 〈표 10-3〉은 K-IFRS 제1037호 '충당부채, 우발부채 및 우발자산'에서 우발자산의 재무제표 인식 및 주석 공시 여부를 정리한 내용이다.

표 10-3 우발자산의 재무제표 인식 및 주석 공시

상황	경제적 효익의 유입이 거의 확실하다.	경제적 효익의 유입 가능성은 높지만 거의 확실하지는 않다.	경제적 효익의 유입 가능성이 높지 않다.
재무제표 인식	자산 인식 (우발자산 아님)	어떠한 자산도 인식하지 않음	어떠한 자산도 인식하지 않음
주석 공시	-	우발자산에 대한 공시	공시할 의무 없음

사례 6. LG화학의 우발상황과 약정사항 공시

연결재무제표의 주석
20×1.1.1부터 20×1.12.31까지

18. 우발사항과 약정사항

. . .

(6) 2021년 12월 31일 현재 종속기업 LG Polymers India는 SM 유증기 유출사고로 인하여 인도환경재판소(NGT) 및 고등법원(APHC)에 피소되어 있으며, 현재로서는 소송 전망을 예측할 수 없습니다. 인도환경재판소(NGT)의 명령에 따라 INR 500백만을 공탁하였으며, 고등법원(APHC)의 명령에 따라 재고자산 판매로 인한 수익금 INR 814백만을 공탁하였습니다. 고등법원(APHC)의 명령에 따라 현재 공장은 봉쇄되었고 일부 인원의 출입만 가능합니다.

(7) 2021년 12월 31일 현재 소형 2차 전지 가격 담합과 관련하여 이스라엘의 직·간접 소비자들이 제소한 1건의 집단소송에 종속기업이 피소되어 있으며, 현재로서는 동 소송의 전망을 예측할 수 없습니다.

(8) 2021년 12월 31일 현재 연결회사와 관련된 제너럴모터스(GM) Bolt EV 집단소송이 진행중이며, 현재로서는 동 소송의 전망을 예측할 수 없습니다.

(9) 2021년 12월 31일 현재 상기 인도 SM 유증기 유출사고, 소형 2차 전지 가격 담합과 제너럴모터스(GM) Bolt EV와 관련된 소송 이외 계류중인 소송사건은 회사와 일부 종속

기업이 제소한 건이 각각 9건(관련금액 29,979백만원)과 20건(관련금액 10,127백만원)이며, 피소된 건은 각각 13건(관련금액 43,095백만원)과 151건(관련금액 3,856백만원)입니다. 현재로서는 동 소송의 전망을 예측할 수 없습니다.

(10) 2021년 12월 31일 현재 여수산업단지 미세먼지 원인 물질 배출 조작과 관련하여 재판 진행중이며, 현재로서는 전망을 예측할 수 없습니다. 현재 회사는 관련 생산시설을 폐쇄했습니다.

. . .

(13) 회사는 일부 장치 설치 후 품질 보증 관련하여 해당 거래처에 대한 USD 150백만의 지급보증계약을 체결하고 있으며, 일부 종속기업은 USD 25백만, EUR 2백만 및 7,755백만원의 지급보증계약을 금융기관과 체결하고 있습니다. 일부 종속기업은 수입원재료 통관 등과 관련하여 CNY 280백만의 지급보증계약을 금융기관과 체결하고 있습니다.

SUMMARY & CHECK

충당부채

- 충당부채는 지출의 시기와 금액이 확실한 사채와 달리 지출하는 시기와 금액이 불확실한 부채를 말한다.
- 충당부채는 명시적 또는 묵시적 조항에 따른 계약, 법률 등 법적 효력에 의하여 발생하는 법적의무뿐만 아니라 의제의무도 포함한다.
- 현재의무가 생기게 하는 과거사건을 의무발생사건이라고 한다. 의무발생사건이 되려면 해당 사건으로 생긴 의무의 이행 외에는 현실적인 대안이 없어야 한다.
- 충당부채를 부채로 인식하기 위해서는 현재의무가 존재하여야 할 뿐만 아니라 해당 의무를 이행하기 위하여 경제적 효익이 있는 자원의 유출 가능성이 높아야 한다.
- 제품보증이나 이와 비슷한 계약 등 비슷한 의무가 다수 있는 경우에 의무 이행에 필요한 자원의 유출 가능성은 해당 의무 전체를 고려하여 판단한다.
- 충당부채를 부채로 인식하기 위해서는 현재의무를 이행하기 위하여 필요한 금액을 신뢰성 있게 추정할 수 있어야 한다.
- 충당부채로 인식하는 금액은 현재의무를 보고기간 말에 이행하기 위하여 필요한 지출에 대한 최선의 추정치여야 한다.
- 충당부채에 대한 최선의 추정치를 구할 때에는 관련된 여러 사건과 상황에 따르는 불가피한 위험과 불확실성을 고려한다.
- 화폐의 시간가치 영향이 중요한 경우에 충당부채는 의무를 이행하기 위하여 예상되는 지출액의 현재가치로 평가한다.
- 현재의무를 이행하기 위하여 필요한 지출 금액에 영향을 미치는 미래사건이 일어날 것이라는 충분하고 객관적인 증거가 있는 경우에는 그 미래사건을 고려하여 충당부채 금액을 추정한다.
- 예상되는 자산 처분이 충당부채를 생기게 한 사건과 밀접하게 관련되었더라도 예상되는 자산 처분이익은 충당부채를 측정하는 데 고려하지 아니한다.
- 충당부채를 결제하기 위하여 필요한 지출액의 일부나 전부를 제3자가 변제할 것으로 예상되는 경우에는 기업이 의무를 이행한다면 변제를 받을 것이 거의 확실하게 되는 때에만 변제금액을 별도의 자산으로 인식하고 회계처리한다.
- 손실부담계약은 계약상 의무 이행에 필요한 회피불가능 원가가 그 계약에서 받을 것으로 예상되는 경제적 효익을 초과하는 계약을 말한다.
- 구조조정은 경영진의 계획과 통제에 따라 기업의 사업범위나 사업수행방식을 중요하게 바꾸는 일련의 절차를 말한다.

우발부채와 우발자산

- **우발부채는 과거사건에 의하여 발생하였으나,** 기업이 전적으로 통제할 수 없는 하나 이상의 불확실한 미래사건의 발생 여부에 의하여서만 그 존재가 확인되는 잠재적 의무, **또는** 현재의무이더라도 기업의 자원이 유출될 가능성이 높지 않거나, 그 금액을 신뢰성 있게 측정할 수 없는 경우이다.
- **우발자산은 과거사건으로 생겼으나,** 기업이 전적으로 통제할 수 없는 하나 이상의 불확실한 미래사건의 발생 여부로만 그 존재 유무를 확인할 수 있는 잠재적 자산을 **말한다.**

OX QUIZ

1 충당부채는 지출의 시기와 금액이 불확실하기 때문에 미래 의무를 이행하기 위하여 필요한 금액을 신뢰성 있게 추정해야 한다.

2 사용할 수 있는 증거를 모두 고려하여 보고기간 말에 현재의무가 존재할 가능성이 존재하지 않을 가능성보다 높으면 과거사건이 현재의무를 생기게 한 것으로 본다.

3 의무에는 언제나 해당 의무의 이행 대상이 되는 상대방이 존재하며, 상대방이 누구인지 반드시 알아야 한다.

4 미래 영업에서 생길 원가는 충당부채로 인식할 수 있다.

5 범칙금이나 환경정화비용은 현재의무이며 충당부채로 인식한다.

6 입법 예고된 법률의 세부 사항이 아직 확정되지 않은 경우에는 해당 법안대로 제정될 것이 거의 확실한 경우에도 의무가 발생하지 않은 것으로 본다.

7 개별 항목에서 의무 이행에 필요한 자원의 유출 가능성이 높지 않다면 전체적인 의무 이행에 필요한 자원의 유출 가능성이 높더라도 충당부채를 인식하지 않는다.

8 극히 드문 경우를 제외하고는 가능한 결과의 범위를 판단할 수 있으므로 충당부채를 인식할 때 충분히 신뢰성 있는 금액을 추정할 수 있다.

9 하나의 의무를 측정하는 경우에는 가능성이 가장 높더라도 단일의 결과가 해당 부채에 대한 최선의 추정치가 될 수 없다.

10 불확실성을 이유로 충당부채를 과도하게 인식하거나 부채를 의도적으로 과대 표시하는 것은 정당화될 수 없다.

11 충당부채와 밀접한 관련 있는 자산의 처분이익이 예상된다면 충당부채는 예상처분이익을 차감한 금액을 인식한다.

12 손실부담계약을 체결하고 있는 경우에도 미래예상손실과 관련된 것이므로 충당부채를 인식하지 않는다.

13 손실부담계약에 대한 별도 충당부채를 설정하기 전에 해당 손실부담계약을 이행하는 데 사용하는 자산에서 생긴 손상차손을 먼저 인식한다.

14 기업의 계속적인 활동과 관련 없는 지출은 구조조정충당부채에 포함된다.

15 우발부채는 재무제표의 부채로 인식하지 않고 주석에도 공시하지 않는다.

16 우발부채로 처리하였더라도 미래 경제적 효익의 유출가능성이 높아진 경우에는 그러한 가능성의 변화가 생긴 기간의 재무제표에 충당부채로 인식한다.

17 우발자산을 지속적으로 평가하며, 상황 변화로 경제적 효익의 유입이 거의 확실하게 되는 경우에는 그러한 상황변화가 일어난 기간의 재무제표에 그 자산과 관련 이익을 인식한다. 경제적 효익의 유입 가능성이 높아진 경우에도 우발자산을 재무제표에 자산으로 인식한다.

Multiple-choice Questions

1 다음 중 충당부채를 인식할 수 없는 상황은?(단, 금액은 모두 신뢰성 있게 측정할 수 있다) (CTA 2022)

① 법률에 따라 항공사의 항공기를 3년에 한 번씩 정밀하게 정비하도록 하고 있는 경우

② 법적규제가 아직 없는 상태에서 기업이 토지를 오염시켰지만, 이에 대한 법률 제정이 거의 확실한 경우

③ 보고기간 말 전에 사업부를 폐쇄하기 위한 구체적인 계획에 대하여 이사회의 동의를 받았고, 고객들에게 다른 제품 공급처를 찾아야 한다고 알리는 서한을 보냈으며, 사업부의 종업원들에게는 감원을 통보한 경우

④ 기업이 토지를 오염시킨 후 법적의무가 없음에도 불구하고 오염된 토지를 정화한다는 방침을 공표하고 준수하는 경우

⑤ 관련 법규가 제정되어 매연여과장치를 설치하여야 하나, 당해 연도말까지 매연여과장치를 설치하지 않아 법규위반으로 인한 벌과금이 부과될 가능성이 그렇지 않은 경우 보다 높은 경우

2 다음 사례는 ㈜대한의 20×1년과 20×2년에 발생한 사건으로, 금액은 신뢰성 있게 추정이 가능하다고 가정한다.

사례 A	석유산업에 속한 ㈜대한은 오염을 일으키고 있지만 사업을 영위하는 특정 국가의 법률에서 요구하는 경우에만 오염된 토지를 정화한다. ㈜대한은 20×1년부터 토지를 오염시켰으나, 이러한 사업이 운영되는 어떤 국가에서도 오염된 토지를 정화하도록 요구하는 법률이 20×1년 말까지 제정되지 않았다. 20×2년 말 현재 ㈜대한이 사업을 영위하는 국가에서 이미 오염된 토지를 정화하도록 요구하는 법안이 연말 후에 곧 제정될 것이 거의 확실하다.
사례 B	20×1년 초 새로운 법률에 따라 ㈜대한은 20×1년 말까지 매연여과장치를 공장에 설치해야 하고, 해당 법률을 위반할 경우 벌과금이 부과될 가능성이 매우 높다. ㈜대한은 20×2년 말까지 매연 여과장치를 설치하지 않아 20×2년 말 관계 당국으로부터 벌과금 납부서(납부기한: 20×3년 2월 말)를 통지받았으나 아직 납부하지 않았다.
사례 C	20×1년 12월 12일 해외사업부를 폐쇄하기 위한 구체적인 계획에 대하여 이사회 동의를 받았다. 20×1년 말이 되기 전에 이러한 의사결정의 영향을 받는 대상자들에게 그 결정을 알리지 않았고 실행을 위한 어떠한 절차도 착수하지 않았다. 20×2년 말이 되어서야 해당 사업부의 종업원들에게 감원을 통보하였다.

위 사례 중 ㈜대한의 20×1년 말과 20×2년 말 재무상태표에 충당부채로 인식해야 하는 사항을 모두 고른다면? (CPA 2018)

	20×1년 말	20×2년 말		20×1년 말	20×2년 말
①	A, B	B, C	②	B, C	A, B, C
③	B	A, C	④	B	A, B, C
⑤	C	B, C			

3 ㈜세무는 20×1년부터 제품을 판매하기 시작하고 2년간 품질을 보증하며, 품질보증기간이 지나면 보증의무는 사라진다. 과거의 경험에 의하면 제품 1단위당 ₩200의 제품보증비가 발생하며, 판매량의 5%에 대하여 품질보증요청이 있을 것으로 추정된다. 20×3년 말 현재 20×3년 말 현재 20×1년에 판매한 제품 중 4%만 실제 제품보증활동을 수행하였다. 20×1년부터 20×3년까지의 판매량과 보증비용 지출액 자료는 다음과 같다. ㈜세무가 제품보증과 관련하여 충당부채를 설정한다고 할 때, 20×3년 말 보증손실충당부채는? (단, 모든 보증활동은 현금지출로 이루어진다) (CTA 2020)

연도	판매량(대)	보증비용 지출액
20×1년	3,000	20,000
20×2년	4,000	30,000
20×3년	6,000	40,000

① ₩10,000 ② ₩14,000 ③ ₩20,000
④ ₩34,000 ⑤ ₩40,000

CHAPTER 11

종업원급여

1. 종업원급여의 의의
2. 단기종업원급여
3. 기타장기종업원급여
4. 퇴직급여
5. 해고급여

학습목표

- 종업원급여의 의의와 분류를 이해한다.
- 단기종업원급여와 기타장기종업원급여에 대해 이해한다.
- 퇴직급여의 회계처리를 이해한다.
- 해고급여에 대해 이해한다.

K-IFRS 제1019호 '종업원급여'에서는 종업원급여를 단기종업원급여, 퇴직급여, 기타장기종업원급여 및 해고급여 등 4가지 범주로 식별한다. 이 중에서 퇴직급여를 가장 중요하게 다루고 있다. 일반기업회계기준에서 퇴직급여충당부채는 보고기간 말 현재 종업원이 퇴직할 경우 지급해야 할 퇴직금을 기초로 한 금액이지만, 국제회계기준에서 퇴직급여충당부채에 해당하는 확정급여채무는 종업원의 예상퇴직시점을 예측하고 예상퇴직급여를 계산한 후에 이를 할인율로 할인한 금액이다. 따라서 매우 정교한 예측과 복잡한 가정들이 내포되어 있다.

기업의 경영활동 중에서 인적관리의 중요성이 높아지고 있는 만큼 본장을 통해서 퇴직급여를 포함한 다양한 종업원급여의 회계처리에 대해 심도 있게 학습해 보자.

1. 종업원급여의 의의

종업원급여(employee benefits)란 종업원이 제공한 근무용역과 교환하거나 종업원을 해고하면서 기업이 제공하는 모든 종류의 대가로서, 공식적인 제도나 협약 또는 법률에 의해 종업원에게 지급하는 급여뿐만 아니라 의제의무를 발생시키는 비공식적 관행에 따라 제공하는 급여도 포함된다. K-IFRS 제1019호 '종업원급여'의 분류를 요약하면 다음 [그림 11-1]과 같다.

[그림 11-1] 종업원급여의 분류

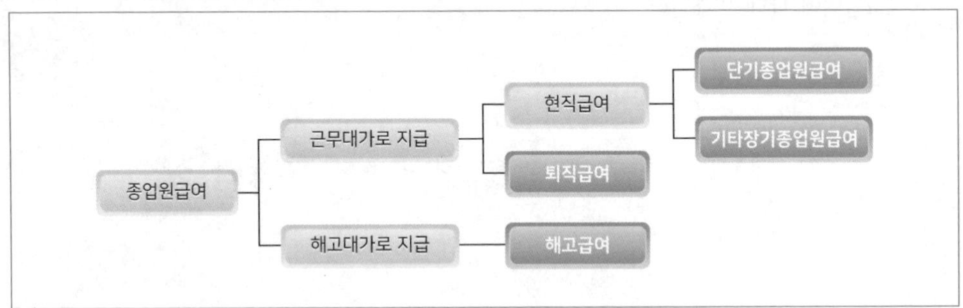

2. 단기종업원급여

2.1 단기종업원급여의 인식

단기종업원급여(short-term employee benefits)는 종업원이 관련 근무용역을 제공하는 회계기간의 말부터 12개월 이내에 모두 결제될 것으로 예상되는 다음의 급여를 포함한다.

① 임금, 사회보장분담금(예 국민연금 등)
② 유급연차휴가와 유급병가
③ 이익분배금 · 상여금
④ 현직종업원을 위한 비화폐성급여(예 의료, 주택, 자동차, 무상 또는 일부 보조로 제공되는 재화나 용역)

결제 예상시기가 일시적으로 바뀐다면 단기종업원급여를 재분류할 필요는 없다. 그러나 급여의 특성이 달라지거나(비누적 급여에서 누적 급여로 변경) 결제 예상시기의 변동이 일시적이지 않다면, 그 급여가 단기종업원 급여의 정의를 계속 충족하는지를 고려한다.

종업원이 회계기간에 근무용역을 제공할 때, 그 대가로 지급이 예상되는 단기종업원급여를 할인하지 않은 금액으로 다음과 같이 인식한다.

① 이미 지급한 금액이 있다면 이를 차감한 후 부채(미지급비용)로 인식한다. 이미 지급한 금액이 해당 급여의 할인하지 않은 금액보다 많은 경우, 그 초과액으로 미래 지급액이 감소하거나 현금이 환급된다면 그만큼을 자산(선급비용)으로 인식한다.
② 해당 급여를 자산의 원가에 포함하는 경우(예 재고자산의 제조원가)가 아니라면, 비용으로 인식한다.

단기종업원급여를 인식하면서 다음과 같이 회계처리한다.

〈부족지급 시〉

(차변)	단기종업원급여	×××	(대변)	현　금	×××
				미지급비용	×××

〈초과지급 시〉

(차변)	단기종업원급여	×××	(대변)	현　금	×××
	선급비용	×××			

2.2 단기유급휴가

유급휴가(paid absences)는 일정한 조건을 갖춘 근로자가 임금을 받으면서 휴가를 사용하는 것을 말한다. 연차휴가, 병가, 단기장애휴가, 출산·육아휴가 등이 있으며, 유급휴가 형식의 단기종업원급여의 예상원가는 다음과 같이 누적유급휴가와 비누적유급휴가로 구분하여 회계처리한다.

① 누적유급휴가는 종업원이 미래 유급휴가 권리를 확대하는 근무용역을 제공할 때 인식한다.
② 비누적유급휴가는 종업원이 휴가를 실제로 사용할 때 인식한다.

(1) 누적유급휴가

당기에 사용하지 않으면 이월되어 차기 이후에 사용되는 유급휴가를 누적유급휴가(accumulating paid absences)라고 한다. 누적유급휴가는 가득되거나(종업원이 퇴사하는 경우 미사용 유급휴가에 상응하는 현금을 수령할 수 있는 자격을 가지고 있음), 가득되지 않을(종업원이 퇴사하는 경우 미사용 유급휴가에 상응하는 현금을 수령할 자격이 없음) 수 있다. 어느 경우라도 기업은 종업원이 미래 유급휴가에 대한 자격을 증가시키는 근무를 제공한 때 채무를 인식한다. 이는 유급휴가가 아직 가득되지 않을 경우에도 관련 채무는 존재하기 때문이다. 다만, 채무를 측정할 때에는 가득되지 않은 누적유급휴가를 사용하기 전에 종업원이 퇴사할 가능성을 고려한다. 누적 유급휴가의 예상원가는 보고기간 말 현재 미사용 유급휴가가 누적되어 기업이 지급할 것으로 예상하는 추가 금액으로 측정한다.

(2) 비누적유급휴가

당기에 사용하지 않으면 차기 이후로 이월되지 않는 유급휴가를 비누적유급휴가(non-accumulating paid absences)라고 한다. 비누적유급휴가는 이월되지 않으므로 당기에 사용하지 않은 유급휴가는 소멸되며 관련 종업원이 퇴사하더라도 미사용 유급휴가에 상응하는 현금을 수령할 자격이 없다. 이 경우 종업원이 근무용역을 제공하더라도 관련 급여가 증가되지 않기 때문에 종업원이 실제로 유급휴가를 사용하기 전에는 부채나 비용을 인식하지 않는다.

누적유급휴가와 비누적유급휴가의 인식시점을 비교하면 다음 〈표 11-1〉과 같다.

표 11-1

구 분			인식시점
유급휴가	누적유급휴가	가득	근무용역를 제공할 때
		비가득	근무용역를 제공할 때. 단, 퇴사할 가능성을 고려
	비누적유급휴가		실제 사용할 때

예제 1 ❙ 누적유급휴가의 인식(제1019호 16과 17 사례)

대박회사는 100명의 종업원에게 1년에 5일의 근무일수에 해당하는 유급병가를 주고 있으며, 미사용 유급병가는 다음 1년 동안 이월하여 사용할 수 있다. 유급병가는 해당 연도에 부여된 권리를 먼저 사용한 다음 직전 연도에서 이월된 권리를 사용하는 것으로 본다(후입선출법). 20×1년 12월 31일 현재 미사용 유급병가는 종업원 1명에 평균 2일이고, 경험에 비추어 볼 때 20×1년도 중에 종업원 92명이 사용할 유급병가일수는 5일 이하, 나머지 8명이 사용할 유급병가일수는 평균 6.5일이 될 것으로 예상된다.

물음

20×1년 말에 대박회사가 유급병가와 관련하여 해야 할 회계처리를 하시오. 단, 유급휴가에 대해서 1일당 ₩1,000의 급여가 지급될 것으로 예상된다.

풀이

종업원 92명은 20×2년에 새로 부여한 유급휴가를 모두 사용하지 않을 것으로 예상되므로 20×1년에서 이월된 미사용 유급휴가는 20×2년 말에 소멸될 것이다. 그러나 나머지 종업원 8명은 20×2년에 새로 부여한 5일의 유급휴가뿐만 아니라 20×1년에서 이월된 미사용 유급휴가 중 1.5일을 더해 모두 6.5일을 사용할 것으로 예상된다. 따라서 대박회사는 20×1년 말에 다음의 부채와 비용으로 인식한다.

〈20×1. 12. 31〉

(차변)	단기종업원급여	12,000❶	(대변)	미 지 급 비 용	12,000

❶ 8명 × 1.5일 × ₩1,000 = ₩12,000

2.3 이익분배제도 및 상여금제도

이익분배제도(profit-sharing)란 종업원이 특정기간 계속 근무하는 조건으로 이익을 분배받는 제도들 말한다. 이러한 제도에서 종업원이 특정시점까지 계속 근무할 경우, 기업은 종업원이 근무용역을 제공함에 따라 지급할 금액이 증가하므로 의제의무가 생긴다.

또한 기업이 별도의 상여금(bonus)을 지급할 법적의무가 없음에도 관행적으로 상여금을 지급하기도 한다. 이러한 경우에 기업은 상여금을 지급하는 방법 외에 다른 현실적인 대안이 없으므로 의제의무를 부담한다. 기업은 이 의제의무를 측정할 때 일부 종업원이 이익분배금이나 상여금을 받지 못하고 퇴사할 가능성을 고려한다.

기업은 다음의 요건이 모두 충족되는 경우 이익분배금과 상여금의 예상원가를 인식한다.

① 과거 사건의 결과로 현재의 지급의무(법적의무 또는 의제의무)가 생긴다. 현재 의무는 급여를 지급하는 방법 외에 다른 현실적인 대안이 없을 때 존재한다.
② 채무금액을 신뢰성 있게 추정할 수 있다.

이익분배제도와 상여금제도에 따라 기업이 부담하는 법적의무나 의제의무는 다음 중 어느 하나를 충족할 때 신뢰성 있게 측정할 수 있다.

① 제도의 공식적 규약에 급여계산방식이 포함되어 있다.
② 재무제표 발행이 승인되기 전에 지급액이 산정된다.
③ 과거 관행에 비추어 볼 때 기업이 부담하는 의제의무의 금액을 명백히 결정할 수 있다.

예제 2 ▎ 이익분배제도

대박회사는 당기순이익의 일정부분을 해당 회계연도에 근무한 종업원에게 지급하는 이익분배제도를 시행하고 있다. 20×1년도 이익분배금 반영 전 당기순이익은 ₩1,000,000이다. 20×1년도에 퇴사자가 없다고 가정하면 이익분배금 총액은 이익분배금 반영 전 당기순이익의 5%이며, 종업원의 퇴사를 고려하면 4%로 예상된다. 대박회사는 과거 관행에 비추어 볼 때 기업이 부담하는 이익분배금 총액을 명백히 결정할 수 있다.

물음

20×1년 말에 대박회사가 이익분배금과 관련하여 해야 할 회계처리를 하시오.

풀이

〈20×1. 12. 31〉

(차변)	단기종업원급여	40,000❶	(대변)	미지급비용	40,000

❶ ₩1,000,000 × 4% = ₩40,000

3. 기타장기종업원급여

기타장기종업원급여(other long-term employee benefits)는 종업원이 관련 근무용역을 제공하는 회계기간 말 이후 12개월 이내에 모두 결제될 것으로 예상되지 않는 급여로서 다음의 급여를 포함한다.

① 장기근속휴가나 안식년휴가와 같은 장기유급휴가
② 그 밖의 장기근속급여
③ 장기장애급여
④ 이익분배금과 상여금
⑤ 이연된 보상

일반적으로 기타장기종업원급여를 측정할 때 나타나는 불확실성은 퇴직급여를 측정할 때 나타나는 불확실성에 비하여 크지 않다. 따라서 K-IFRS 제1019호 '종업원급여'에서는 퇴직급여에 대한 회계처리와는 달리 재측정요소를 기타포괄손익으로 인식하지 않고, 당기손익으로 인식한다.

기타장기종업원급여와 관련하여 자산의 원가에 포함하는 경우를 제외하고는 다음의 순합계금액을 당기손익으로 인식한다.

① 근무원가
② 순확정급여부채(자산)의 순이자
③ 순확정급여부채(자산)에 대한 재측정요소

4. 퇴직급여

4.1 퇴직급여의 의의

퇴직급여(post-employment benefits)는 퇴직 후 종업원의 생활안정을 도모하고자 퇴직 후에 지급되는 퇴직금(예 퇴직연금과 퇴직일시금) 및 그 밖의 퇴직후생명보험과 퇴직후의료급여 등과 같은 급여를 말한다. 퇴직급여제도는 제도의 주요 규약에서 도출되는 경제적 실질에 따라 확정기여제도와 확정급여제도로 분류한다.

확정기여제도(DC: defined contribution plans)에서 기업의 법적의무나 의제의무는 기업이 기금에 출연하기로 약정한 금액으로 한정된다. 따라서 종업원이 받을 퇴직급여액은 기업과 종업원이 퇴직급여제도나 보험회사에 출연하는 기여금과 그 기여금에서 생기는 투자수익에 따라 산정된다. 그 결과 종업원이 보험수리적위험(급여가 예상에 미치지 못할 위험)과 투자위험(투자한 자산이 예상급여액을 지급하는 데 충분하지 못할 위험)을 실질적으로 부담한다. 그리고 이 제도에서는 기금이 종업원의 퇴직급여를 지급해야 하는 충분한 자산을 보유하지 못하더라도 기업이 추가로 기여금을 납부해야 하는 의무를 부담하지 않는다.

확정급여제도(DB: defined benefit plans)는 확정기여제도 이외의 모든 퇴직급여제도를 말하는데, 이 제도 하에서는 종업원이 받을 퇴직급여의 규모와 내용이 사전에 확정되고 기업이 퇴직급여와 관련된 기금의 운용을 책임지기 때문에 기금의 운용실적에 따라 기업이 부담해야 하는 기여금이 변한다.

확정기여제도와 확정급여제도의 특징을 요약하면 다음 〈표 11－2〉와 같다.

표 11-2 확정기여제도와 확정급여제도의 특징

구분	확정기여제도	확정급여제도
기업의 기여금	약정한 금액으로 한정됨	기금의 운용실적에 따라 달라짐
종업원의 퇴직급여액	기금의 운용실적에 따라 차이가 있음	사전에 확정되기 때문에 기금의 운용실적에 따라 차이가 없음
위험부담	종업원이 투자위험과 보험수리적위험을 부담함	기업이 투자위험과 보험수리적위험을 부담함
확정급여부채(자산)	인식하지 않음	인식함

4.2 확정기여제도

확정기여제도의 회계처리는 보고기업이 각 기간에 부담하는 채무를 해당 기간의 기여금으로 결정하기 때문에 비교적 단순하다. 따라서 채무나 비용을 측정하기 위해 보험수리적 가정(actuarial assumptions)[1]을 할 필요가 없고, 그 결과 보험수리적손익이 생길 가능성도 없다. 그리고 기여금 전부나 일부의 납부기일이 종업원이 관련 근무용역을 제공하는 회계기간 말 이후 12개월이 되기 전에 모두 결제될 것으로 예상되지 않는 경우를 제외하고는 할인되지 않은 금액으로 채무를 측정한다.

일정기간 종업원이 근무용역을 제공하면 기업은 그 대가로 확정기여제도에 납부할 기여금을 자산의 원가에 포함되는 경우를 제외하고는 비용으로 인식한다. 이미 납부한 기여금이 있다면 이를 차감한 후 부채(미지급비용)로 인식한다. 이미 납부한 기여금이 보고기간 말 전에 제공된 근무용역에 대해 납부할 기여금을 초과하는 경우, 그 초과 기여금 때문에 미래 지급액이 감소하거나 현금이 환급된다면 그만큼을 자산(선급비용)으로 인식한다.

예제 3 ▎ 확정기여제도

> 대박회사는 확정기여제도를 도입하여 종업원에게 퇴직급여를 지급한다. 20×1년도에 대박회사가 종업원의 근무용역에 대한 대가로 확정기여제도에 납부해야 할 기여금은 ₩500,000이며, 20×1년 중 ₩350,000의 기여금을 이미 납부하였다.

물음

1. 대박회사가 20×1년 중에 기여금을 납부할 때 해야 할 분개를 하시오.

2. 대박회사가 20×1년 말에 확정기여제도에 납부할 기여금에 대한 분개를 하시오.

풀이

1. 〈20×1년 중〉

(차변)	퇴 직 급 여	350,000	(대변)	현 금	350,000

---

1 보험수리적 가정은 인구통계학적 가정과 재무적 가정으로 구분한다. 인구통계학적 가정에는 사망률, 종업원이직률, 퇴직률 등과 같이 퇴직급여수혜자인 종업원이 미래에 얼마의 퇴직연금을 어느 기간 동안 받을 것인지에 대한 계산을 위해 필요한 예측이다. 재무적 가정은 임금상승률, 할인율 등 현재가치 계산을 위해 필요한 예측이다.

2. 〈20×1. 12. 31〉

(차변) 퇴 직 급 여 150,000❶ (대변) 미 지 급 비 용 150,000

❶ ₩500,000 - 350,000 = ₩150,000

4.3 확정급여제도

(1) 확정급여제도의 회계처리 개요

재무상태표에 확정급여제도와 관련하여 표시되는 자산 또는 부채는 순확정급여부채 또는 순확정급여자산(net defined benefit liabilities or net defined benefit assets)이며, 다음 〈표 11-3〉과 같이 측정한다.

표 11-3 순확정급여부채 또는 순확정급여자산 측정

재무상태표	
자산	부채
사외적립자산의 공정가치 (-)확정급여채무의 현재가치 순 확 정 급 여 자 산 (초과적립액: 사외적립자산>확정급여채무)	확정급여채무의 현재가치 (-)사외적립자산의 공정가치 순 확 정 급 여 부 채 (과소적립액: 사외적립자산<확정급여채무)

확정급여채무(defined benefit obligations)는 종업원이 당기와 과거 기간에 근무용역을 제공하여 생긴 채무를 결제하기 위해 필요한 예상 미래지급액의 현재가치이다. 이때 앞서 언급한 보험수리적 가정을 이용하여 종업원이 언제 퇴직할지, 퇴직할 때까지의 임금상승률이 얼마일지, 할인율은 몇 %일지를 예측하고, 이를 적용하여 확정급여채무의 현재가치를 산출한다.

사외적립자산(plan assets)이란 기업이 종업원의 퇴직급여 지급을 위해 적립해 놓은 장기종업원급여기금 또는 적격보험계약을 말한다. 장기종업원급여기금은 종업원급여를 지급하거나 그 재원을 마련하기 위해서만 존재하는 실체(기금)가 보유하는 자산이며, 적격보험계약은 종업원급여를 지급하거나 그 재원을 마련하기 위한 보험자와의 보험계약이다. 사외적립자산은 보고기간 말의 공정가치로 측정한다.

〈표 11-3〉에서 보는 바와 같이 확정급여채무의 현재가치와 사외적립자산의 공

정가치를 비교하여 확정급여채무의 현재가치가 사외적립자산의 공정가치를 초과하는 경우에는 과소적립액(deficit)이라고 하고, 순확정급여부채를 보고한다. 반대로 사외적립자산의 공정가치가 확정급여채무의 현재가치를 초과하는 경우에는 초과적립액(surplus)이라고 하고, 순확정급여자산을 보고한다.

(2) 확정급여제도의 회계처리

1) 당기근무원가와 이자비용

당기근무원가(current service costs)란 당기에 종업원이 근무용역을 제공함에 따라 증가하는 미래퇴직급여액 중에서 당해 회계기간에 귀속되는 금액이다. 확정급여채무의 현재가치와 당기근무원가를 결정하기 위해서는 예측단위적립방식(projected unit credit method)이라는 보험수리적기법을 사용한다. 예측단위적립방식은 보험수리적 가정을 이용하여 예상퇴직시점에서 지급할 미래퇴직급여 총액을 계산하고, 이를 각 기간별로 배분한 후에 배분된 금액을 적절한 할인율[2]로 할인하여 확정급여채무의 현재가치를 계산한다. 이를 도식화하면 다음 [그림 11－2]와 같다.

[그림 11-2] 예측단위적립방식에 의한 확정급여채무의 현재가치

미래퇴직급여 (총액 = nC)					C, C, C, ⋮, C
기간	1	2	3	…	n
당기근무원가	$\frac{C}{(1+r)^{n-1}}$	$\frac{C}{(1+r)^{n-2}}$	$\frac{C}{(1+r)^{n-3}}$	…	C
이자비용	–	$\frac{C}{(1+r)^{n-1}} \times r$	$\frac{2C}{(1+r)^{n-2}} \times r$	…	$\frac{(n-1)C}{(1+r)^{n-2}} \times r$
확정급여채무	$\frac{C}{(1+r)^{n-1}}$	$\frac{2C}{(1+r)^{n-2}}$	$\frac{3C}{(1+r)^{n-3}}$	…	nC

(nC = 미래퇴직급여, r = 할인율, n = 기간)

2 퇴직급여채무를 할인하기 위해 사용하는 할인율은 보고기간 말 현재 우량회사채의 시장수익률을 참조하여 결정한다. 만약 그러한 우량회사채에 대해 거래 층이 두터운 해당 통화의 시장이 없는 경우에는 보고기간 말 현재 그 통화로 표시된 국공채의 시장수익률을 사용한다. 왜냐하면 신용등급이 낮은 이유로 높은 할인율을 적용하면 부채를 더 적게 인식할 것이기 때문이다.

[그림 11−2]에서 보는 바와 같이 당기근무원가는 미래퇴직급여 총액(nC)을 n 기간으로 배분한 후에 할인율 r로 할인한 금액이며, 다음과 같이 회계처리한다.

〈당기근무원가 인식〉

(차변)	퇴 직 급 여	×××	(대변)	확정급여채무	×××

이자비용은 기초 확정급여채무에 할인율 r을 곱해서 산출한 금액이며, 다음과 같이 회계처리한다. 이자비용을 퇴직급여로 회계처리하는 이유는 기간이 경과하면서 종업원에게 지급할 미래퇴직급여(확정급여채무)가 증가하기 때문이다.

〈이자비용 인식〉

(차변)	퇴직급여(이자비용)	×××	(대변)	확정급여채무	×××

예제 4 ❙ 예측단위적립방식(제1019호 68 사례)

대박회사는 종업원이 퇴직한 시점에 일시불급여를 지급하며, 일시불급여는 종업원의 퇴직 전 최종 연간 임금의 1%에 근무연수를 곱하여 산정한다. 종업원의 연간 임금은 1차년도에 ₩10,000이며 향후 매년 7%(복리)씩 상승하는 것으로 가정한다. 또 연간 할인율은 10%라고 가정한다. 단, 보험수리적 가정에 변화가 없으며, 종업원이 당초 예상보다 일찍 또는 늦게 퇴직할 가능성을 반영하기 위해 필요한 추가적인 조정은 없다고 가정한다.

물음

1. 대박회사가 5차년도 말에 퇴직하는 종업원과 관련하여 각 연도 말 확정급여채무를 계산하시오.

2. 20×1년과 20×2년 말 확정급여채무와 관련한 분개를 하시오.

풀이

1. 각 연도 말 확정급여채무 계산
   - 5차년도 말 최종 연간 임금 = ₩10,000 × $(1.07)^4$ = ₩13,108
   - 일시불 미래퇴직급여 총액 = ₩13,108 × 1% × 5년 = ₩655
   - 연간 미래퇴직급여 배분액 = ₩655 ÷ 5년 = ₩131

확정급여채무 계산표

연도	20×1	20×2	20×3	20×4	20×5
귀속 급여					
과거연도	–	131	262	393	524
당해연도(퇴직전 최종임금의 1%)	131	131	131	131	131
당해연도와 과거연도	131	262	393	524	655
기초 확정급여채무	–	89	196	324	476
이자비용(할인율=10%)	–	9❷	20	33	48
당기근무원가	89❶	98	108	119	131
기말 확정급여채무	89	196	324	476	655

❶ 1차년도 말 미래퇴직급여 배분액의 현재가치 = ₩131 / $(1.1)^4$ = ₩89

❷ 2차년도 이자비용 = ₩89(기초 확정급여채무) × 10% = ₩9

2. 〈20×1. 12. 31.〉

(차변)	퇴 직 급 여	89	(대변)	확 정 급 여 채 무	89

〈20×2. 12. 31.〉

(차변)	퇴직급여(이자비용)	9	(대변)	확 정 급 여 채 무	9
(차변)	퇴 직 급 여	98	(대변)	확 정 급 여 채 무	98

2) 과거근무원가

과거근무원가(past service costs)란 확정급여제도를 개정(도입, 철회 또는 변경)한 경우에 종업원의 과거기간 근무용역에 대한 확정급여채무의 현재가치가 증가 또는 감소하는 것을 말한다. 과거근무원가는 확정급여제도가 개정된 연도에 비용으로 인식한다.

예제 5 ❙ 과거근무원가

대박회사는 종업원이 퇴직한 시점에 일시불급여를 지급하며, 일시불급여는 종업원의 퇴직 전 최종 연간 임금의 1%에 근무연수를 곱하여 산정한다. 종업원의 연간 임금은 1차년도에 ₩10,000이며 향후 매년 7%(복리)씩 상승하는 것으로 가정한다. 또 연간 할인율은 10%라고 가정한다. 단, 보험수리적 가정에 변화가 없으며, 종업원이 당초 예상보다 일찍 또는 늦게 퇴직할 가능성을 반영하기 위해 필요한 추가적인 조정은 없다고 가정한다.
그러나 20×3년 초에 일시불급여는 종업원의 퇴직 전 최종 연간 임금의 2%에 근무연수를 곱하여 산정하는 것으로 확정급여제도를 변경하였다.

물음

1. 대박회사가 확정급여제도를 변경함에 따라 각 연도 말 확정급여채무를 재계산하시오.

2. 20×3년 초 과거근무원가와 관련한 분개를 하시오.

풀이

1. 각 연도 말 확정급여채무 계산
   - 5차년도 말 최종 연간 임금 = ₩10,000 × $(1.07)^4$ = ₩13,108
   - 일시불 미래퇴직급여 총액 = ₩13,108 × 2% × 5년 = ₩1,310
   - 연간 미래퇴직급여 배분액 = ₩1,310 ÷ 5년 = ₩262

확정급여채무 계산표

연도	20×1	20×2	20×3	20×4	20×5
귀속 급여					
과거연도	-	262	524	786	1,048
당해연도(퇴직전 최종임금의 2%)	262	262	262	262	262
당해연도와 과거연도	262	524	786	1,048	1,310
기초 확정급여채무	-	179	394	650	953
이자비용(할인율=10%)	-	18❷	39	65	95
당기근무원가	179❶	197	217	238	262
기말 확정급여채무	179	394	650	953	1,310

❶ 1차년도 말 미래퇴직급여 배분액의 현재가치 = ₩262 / $(1.1)^4$ = ₩179

❷ 2차년도 이자비용 = ₩179(기초 확정급여채무) × 10% = ₩18

2. 〈20×3년 초〉

(차변)	퇴직급여(과거근무원가)	198	(대변)	확 정 급 여 채 무	198

❸ 20×2년도 말 확정급여채무 변경 금액 = ₩394 - 196(변경 전 금액) = ₩198

3) 사외적립자산의 출연 및 이자수익의 인식

확정급여제도에 따라 기업은 종업원이 퇴직할 때 퇴직급여를 지급할 수 있도록 사외기금에 출연하여 충분한 사외기금을 확보해야 한다. 기업이 기여액을 추가한 만큼 사외적립자산은 증가한다. 또한 사외적립자산을 운용하여 수익이 발생하면 사외적립자산이 증가한다. 수익 중에서 이자수익이 많은 부분을 차지하는데, 기초 사외적립자산의 장부금액에 확정급여채무 계산 시 적용했던 할인율을 곱하여 이자수익을 인식한다.

확정급여채무의 이자비용과 사외적립자산의 이자수익을 측정할 때 동일한 이자율을 적용하는데, 그 이유는 국제회계기준위원회가 순이자접근법을 수용하기 때문이다. 즉, 순확정급여부채는 기업이 제도 또는 종업원으로부터 차입하여 조달한 금액과 동일한 금액이며, 순확정급여자산은 제도 또는 종업원이 기업으로부터 차입한 금액으로 보기 때문에 순이자를 계산하기 위해서는 확정급여부채와 사외적립자산에 동일한 이자율을 적용하여 이자수익과 이자비용을 계산해야 한다는 관점이다.

사외적립자산의 출연과 이자수익을 인식하는 회계처리는 다음과 같다. 이자수익을 인식할 때 퇴직급여를 대변에 회계처리하는 이유는 사외적립자산의 운용수익이 기업의 비용 부담을 덜어주기 때문이다.

〈사외적립자산의 출연〉

(차변)	사 외 적 립 자 산	×××	(대변)	현 금	×××

〈이자수익의 인식〉

(차변)	사 외 적 립 자 산	×××	(대변)	퇴직급여(이자수익)	×××

4) 퇴직급여의 지급

종업원이 퇴직할 경우 기업이 퇴직급여를 지급하는 것이 아니라 사외적립자산에서 종업원에게 직접 퇴직급여가 지급된다. 따라서 종업원에게 퇴직급여를 지급하면 기업은 다음과 같이 확정급여채무와 사외적립자산을 각각 감소시키는 회계처리를 한다.

〈퇴직급여의 지급〉

(차변)	확 정 급 여 채 무	×××	(대변)	사 외 적 립 자 산	×××

5) 확정급여채무의 보험수리적손익

앞서 언급한 것처럼 기말 확정급여채무 장부금액은 다음과 같이 산출된다.

기초 확정급여채무 + 근무원가 + 이자비용 - 퇴직급여의 지급 = 기말 확정급여채무 장부금액

기말 확정급여채무를 결정하기 위해서는 보험수리적 가정을 고려해야 한다. 당기 중에 보험수리적 가정의 변동과 경험조정(experience adjustments)[3]이 있다면 이를 반영한 기말 확정급여채무의 현재가치는 확정급여채무의 장부금액과 동일하지 않을 수 있다. 회사가 기말에 인식할 확정급여채무의 현재가치와 확정급여채무의 장부금액 간의 차이를 보험수리적손익(actuarial gains and losses)이라고 하며, 기타포괄손익으로 인식한다. 보험수리적손익은 순확정급여부채 또는 순확정급여자산에 대한 재측정요소(remeasurements)[4] 중에 하나이다.

기말 확정급여채무의 현재가치 - 기말 확정급여채무의 장부금액 = ±보험수리적손익

---

3 경험조정이란 이전의 보험수리적 가정과 실제 일어난 결과의 차이를 말한다.

4 순확정급여부채(자산)의 재측정요소는 기타포괄손익(당기손익으로 재분류 불가능)으로 회계처리하며, 그 구성요소는 다음과 같다.
① 확정급여채무에 대한 재측정요소(보험수리적손익)
② 사외적립자산의 재측정요소
③ 자산인식상한효과의 변동

확정급여채무의 현재가치가 장부금액을 초과하는 경우에는 보험수리적손실을 차변에 기록하고, 확정급여채무를 대변에 기록한다. 반대로 확정급여채무의 현재가치가 장부금액을 미달하는 경우에는 보험수리적이익을 대변에 기록하고, 확정급여채무를 차변에 기록한다.

〈확정급여채무의 현재가치 > 확정급여채무의 장부금액〉

(차변)	보험수리적손실(OCI)	×××	(대변)	확 정 급 여 채 무	×××

〈확정급여채무의 현재가치 < 확정급여채무의 장부금액〉

(차변)	확 정 급 여 채 무	×××	(대변)	보험수리적이익(OCI)	×××

6) 사외적립자산의 재측정요소

앞서 언급한 것처럼 기말 사외적립자산의 장부금액은 다음과 같이 산출된다.

기초 사외적립자산 + 당기 기여액 + 이자수익 - 퇴직급여의 지급 = 기말 사외적립자산 장부금액

기말 사외적립자산을 결정하기 위해서는 경제적 상황을 고려해야 한다. 당기 중에 시장이자율이나 사외적립자산을 운용하는 금융기관의 투자실적 등이 예상과 달리 변동한다면 이를 반영한 기말 사외적립자산의 공정가치가 사외적립자산의 장부금액과 동일하지 않을 수 있다. 회사가 기말에 인식할 사외적립자산의 공정가치와 사외적립자산의 장부금액 간의 차이를 재측정요소(remeasurements)라고 한다.

기말 사외적립자산의 공정가치 - 기말 사외적립자산의 장부금액 = ±재측정요소

사외적립자산의 공정가치가 장부금액을 초과하는 경우에는 재측정요소를 대변에 기록하고, 사외적립자산을 차변에 기록한다. 반대로 사외적립자산의 공정가치가 장부금액을 미달하는 경우에는 재측정요소를 차변에 기록하고, 사외적립자산을 대변에 기록한다.

〈사외적립자산의 공정가치 > 사외적립자산의 장부금액〉

(차변)	사 외 적 립 자 산	×××	(대변)	재측정요소(OCI)	×××

〈사외적립자산의 공정가치 < 사외적립자산의 장부금액〉

(차변)	재측정요소(OCI)	×××	(대변)	사 외 적 립 자 산	×××

예제 6 ❙ 확정급여제도의 회계처리

20×1년 1월 1일에 설립된 대박회사는 20×1년에 확정급여제도를 도입하였다. 20×1년도 확정급여채무 계산 시 적용한 할인율은 연 10%이며, 20×1년 이후 할인율의 변동은 없다. 다음은 연도별 관련 자료이다.

<20×1년>
- 20×1년도 당기근무원가는 ₩200,000이다.
- 20×1년 말에 사외적립자산에 ₩110,000을 현금으로 출연하였다.

<20×2년>
- 20×2년도 당기근무원가는 ₩250,000이다.
- 20×2년 말에 퇴직종업원에게 ₩7,000의 현금이 사외적립자산에서 지급되었다.
- 20×2년 말에 사외적립자산에 ₩120,000을 현금으로 출연하였다.
- 20×2년 말 현재 사외적립자산의 공정가치는 ₩230,000이다.
- 20×2년 말 현재 확정급여채무의 현재가치는 ₩450,000이다.

물음

1. 20×1년에 대박회사가 해야 할 분개를 하시오. 단, 20×1년 말에 확정급여채무의 장부금액은 현재가치와 동일하며, 사외적립자산의 장부금액은 공정가치와 동일하다.

2. 20×2년에 대박회사가 해야 할 분개를 하시오.

3. 20×2년도 재무제표에 표시될 순확정급여부채, 퇴직급여, 기타포괄손익을 각각 제시하시오.

풀이

1. 〈당기근무원가 인식〉

(차변)	퇴직급여	200,000	(대변)	확정급여채무	200,000

〈사외적립자산 출연〉

(차변)	사외적립자산	110,000	(대변)	현금	110,000

2. 〈당기근무원가 인식〉

(차변)	퇴직급여	250,000	(대변)	확정급여채무	250,000

〈퇴직급여 지급〉

(차변)	확정급여채무	7,000	(대변)	사외적립자산	7,000

〈사외적립자산 출연〉

(차변)	사외적립자산	120,000	(대변)	현금	120,000

〈이자비용 인식〉

(차변)	퇴직급여(이자비용)	20,000❶	(대변)	확정급여채무	20,000

❶ ₩200,000(기초 확정급여채무 장부금액) × 10% = ₩20,000

〈이자수익 인식〉

(차변)	사외적립자산	11,000❷	(대변)	퇴직급여(이자수익)	11,000

❷ ₩110,000(기초 사외적립자산 장부금액) × 10% = ₩11,000

〈확정급여채무의 보험수리적손익 인식〉

(차변)	확정급여채무	13,000❸	(대변)	보험수리적이익	13,000

❸ 기말 확정급여채무 장부금액 = ₩200,000 + 250,000 − 7,000 + 20,000 = ₩463,000
보험수리적손익 = ₩450,000 − 463,000 = (−)₩13,000(보험수리적이익)

〈사외적립자산의 재측정요소 인식〉

(차변) 재 측 정 요 소 4,000❹ (대변) 사 외 적 립 자 산 4,000

❹ 기말 사외적립자산 장부금액 = ₩110,000 + 120,000 - 7,000 + 11,000 = ₩234,000
재측정요소 = ₩230,000 - 234,000 = (-)₩4,000(손실)

3. 확정급여제도 관련 재무제표 표시

구 분	확정급여채무	사외적립자산	퇴직급여	기타포괄손익
기 초	₩200,000	₩110,000		
당기근무원가	250,000		₩250,000	
퇴 직 금 지 급	(7,000)	(7,000)		
현 금 출 연		120,000		
이 자 비 용	20,000		20,000	
이 자 수 익		11,000	(11,000)	
소 계	463,000	234,000	259,000	
재 측 정 요 소		(4,000)		₩(4,000)
보험수리적손익	(13,000)			13,000
합 계	₩450,000	₩230,000	₩259,000	₩9,000

20×2년 말 재무상태표에는 순확정급여부채로 ₩220,000(450,000-230,000)이 표시된다.

4.4 자산인식상한

일반적으로 기업은 사외적립자산에 현금을 출연하는 데 자금부담을 갖기 때문에 확정급여채무가 사외적립자산보다 더 큰 상황, 즉 과소적립액이 발생할 가능성이 높다.

반대로 사외적립자산이 확정급여채무보다 큰 상황 즉, 초과적립액이 발생할 수도 있으며, 이때 순확정급여자산이 표시될 것이다. 기업은 사외적립자산 운영자(일반적으로 금융회사)와의 사전 계약에 의해 사외적립자산이 확정급여채무를 초과하면 사외적립자산의 운영자로부터 환급을 받을 수도 있고, 다음 기간에 사외적립자산에 출연하는 기여금을 적게 납입할 수도 있다. 확정급여제도에서 미래에 환급받거나 납부할 기여금을 절감하는 형태로 얻을 수 있는 경제적 효익의 현재가치를 자산인식상한(asset ceiling)이라고 한다. 따라서 초과적립액이 있는 경우 이를 무조건 순확정급여자산으로 인식하는 것이 아니라 자산인식상한을 한도로 하여 순확정급여자산을 인식한다.

순확정급여자산 = Min(초과적립액*, 자산인식상한**)

* 초과적립액 = 사외적립자산의 공정가치 - 확정급여채무의 현재가치

** 확정급여제도에서 사외적립자산 환급금이나 기여금 절감액의 현재가치

그리고 초과적립액이 자산인식상한보다 큰 경우에는 그 차이 금액을 차변에 재측정요소(기타포괄손익)로 회계처리한다. 대변에는 직접 사외적립자산을 감소시키지 않고 '자산인식상한효과'라는 차감계정을 회계처리한다.

〈초과적립액 > 자산인식상한, 기초 자산인식상한효과 계정이 없는 경우〉

(차변)	재측정요소(OCI)	×××	(대변)	자산인식상한효과	×××

만약 기초에 자산인식상한효과 계정이 있다면 할인율(확정급여채무의 이자비용과 사외적립자산의 이자수익 계산에 적용된 할인율)을 적용하여 이자비용을 계산한다. 기말에 추가로 인식할 자산인식상한효과 중에서 이자비용을 제외한 나머지 금액에 대해서 재측정요소를 회계처리한다.

〈초과적립액 > 자산인식상한, 기초 자산인식상한효과 계정이 있는 경우〉

(차변)	재측정요소(OCI)	×××	(대변)	자산인식상한효과	×××
	퇴직급여(이자비용)	×××			

예제 7 ❙ 자산인식상한의 회계처리

20×1년 1월 1일에 설립된 대박회사는 20×1년에 확정급여제도를 도입하였다. 20×1년도 확정급여채무 계산 시 적용한 할인율은 연 10%이며, 20×1년 이후 할인율의 변동은 없다. 다음은 연도별 관련 자료이다.

<20×1년>
- 20×1년도 당기근무원가는 ₩100,000이다.
- 20×1년 말에 사외적립자산에 ₩130,000을 현금으로 출연하였다.
- 자산인식상한은 ₩17,000이다.

<20×2년>
- 20×2년도 당기근무원가는 ₩125,000이다.
- 20×2년 말에 퇴직종업원에게 ₩9,000의 현금이 사외적립자산에서 지급되었다.
- 20×2년 말에 사외적립자산에 ₩115,000을 현금으로 출연하였다.
- 20×2년 말 현재 사외적립자산의 공정가치는 ₩270,000이다.
- 20×2년 말 현재 확정급여채무의 현재가치는 ₩230,000이다.
- 자산인식상한은 ₩24,000이다.

물음

1. 20×1년에 대박회사가 해야 할 분개를 하시오. 단, 20×1년 말에 확정급여채무의 장부금액은 현재가치와 동일하며, 사외적립자산의 장부금액은 공정가치와 동일하다.

2. 20×2년에 대박회사가 해야 할 분개를 하시오.

3. 20×2년도 재무제표에 표시될 순확정급여부채, 자산인식상한효과, 퇴직급여, 기타포괄손익을 각각 제시하시오.

풀이

1. 〈당기근무원가 인식〉

(차변)	퇴 직 급 여	100,000	(대변)	확 정 급 여 채 무	100,000

〈사외적립자산 출연〉

(차변)	사 외 적 립 자 산	130,000	(대변)	현 금	130,000

〈자산인식상한효과 인식〉

(차변) 재 측 정 요 소 13,000 (대변) 자산인식상한효과 13,000

❶ ₩30,000(초과적립액) - 17,000(자산인식상한) = ₩13,000

2. 〈당기근무원가 인식〉

(차변) 퇴 직 급 여 125,000 (대변) 확 정 급 여 채 무 125,000

〈퇴직급여 지급〉

(차변) 확 정 급 여 채 무 9,000 (대변) 사 외 적 립 자 산 9,000

〈사외적립자산 출연〉

(차변) 사 외 적 립 자 산 115,000 (대변) 현 금 115,000

〈확정급여채무의 이자비용 인식〉

(차변) 퇴직급여(이자비용) 10,000❶ (대변) 확 정 급 여 채 무 10,000

❶ ₩100,000(기초 확정급여채무 장부금액) × 10% = ₩10,000

〈이자수익 인식〉

(차변) 사 외 적 립 자 산 13,000❷ (대변) 퇴직급여(이자수익) 13,000

❷ ₩130,000(기초 사외적립자산 장부금액) × 10% = ₩13,000

〈확정급여채무의 보험수리적손익 인식〉

(차변) 보 험 수 리 적 손 실 4,000❸ (대변) 확 정 급 여 채 무 4,000

❸ 기말 확정급여채무 장부금액 = ₩100,000 + 125,000 - 9,000 + 10,000 = ₩226,000
보험수리적손익 = ₩230,000 - 226,000 = ₩4,000(보험수리적손실)

〈사외적립자산의 재측정요소 인식〉

(차변) 사 외 적 립 자 산 21,000❹ (대변) 재 측 정 요 소 21,000

❹ 기말 사외적립자산 장부금액 = ₩130,000 + 115,000 - 9,000 + 13,000 = ₩249,000
재측정요소 = ₩270,000 - 249,000 = ₩21,000(이익)

〈자산인식상한효과 인식〉

(차변)	퇴직급여(이자비용)	1,300❻	(대변)	자산인식상한효과	3,000❺
	재 측 정 요 소	1,700			

❺ ₩40,000(초과적립액) - 24,000(자산인식상한) = ₩16,000
자산인식상한효과 추가 인식 = ₩16,000 - 13,000(기초 자산인식상한효과 장부금액) = ₩3,000
❻ ₩13,000(기초 자산인식상한효과 장부금액) × 10% = ₩1,300

3. 확정급여제도 관련 재무제표 표시

구 분	확정급여채무	사외적립자산	자산인식 상한효과	퇴직급여	기타포괄손익
기 초	₩100,000	₩130,000	₩13,000		₩(13,000)
당기근무원가	125,000			₩125,000	
퇴 직 금 지 급	(9,000)	(9,000)			
현 금 출 연		115,000			
이 자 비 용	10,000		1,300	11,300	
이 자 수 익		13,000		(13,000)	
소 계	226,000	249,000	14,300	123,300	
재 측 정 요 소		21,000			₩21,000
보험수리적손익	4,000				(4,000)
자산인식상한효과			1,700		(1,700)
합 계	₩230,000	₩270,000	₩16,000	₩123,300	₩2,300

20×2년 말에 재무상태표에는 순확정급여자산으로 ₩24,000(270,000-230,000-16,000)이 표시된다.

4.5 확정급여제도의 정산

제도의 정산(settlement)은 확정급여제도에 따라 발생한 급여의 전부나 일부에 대한 법적의무나 의제의무를 기업이 더 이상 부담하지 않기로 하는 거래가 있을 때 일어난다. 예를 들어, 보험 계약의 체결을 통해 제도하에서 기업의 유의적인 확정급여채무를 보험회사에 일시에 이전하는 것은 정산이다. 반면에 특정 퇴직급여를 지급받을 권리와 교환하여 제도의 규약에 따라 제도가입자에게 일시불 현금을 지급하는 것은 제도의 정산이 아니다.

정산으로 인한 손익은 다음의 ①과 ②의 차이이다.

① 정산일에 결정되는 확정급여채무의 현재가치
② 정산가격(이전되는 사외적립자산과 정산과 관련하여 기업이 직접 지급하는 금액 포함)

확정급여제도의 정산이 발생할 때 정산가격과 확정급여채무의 현재가치 간의 차이를 당기손익으로 인식한다. 예를 들어, 사외적립자산이 ₩125,000이며 확정급여채무가 ₩150,000인 기업이 보험회사에 현금 ₩60,000을 지급하고, 확정급여제도에 관한 모든 법적의무나 의제의무를 이전하기로 한 경우 회계처리는 다음과 같다.

〈정산손익 인식〉

(차변)	확정급여채무	150,000	(대변)	사외적립자산	125,000
	퇴직급여(정산손익)	35,000		현금	60,000

5. 해고급여

K-IFRS 제1019호 '종업원급여'에서는 해고급여(termination benefits)에 대해 다른 종업원급여와 구별하여 규정한다. 왜냐하면 채무가 생기는 사건은 종업원의 근무가 아니라 해고이기 때문이다.

기업의 요청으로 해고하는 경우에는 종업원의 요청으로 해고할 때 지급하는 급여(실질적으로 퇴직급여)보다 더 많은 급여를 제공할 수 있다. 종업원의 요청에 따라 해고할 때 지급하는 급여와 기업의 요청으로 해고할 때 더 많이 지급하는 급여와의 차이가 해고급여이다. 한편, 기업의 제안이 아닌 종업원의 요청에 따른 해고나 의무 퇴직규정에 따라 생기는 종업원급여는 퇴직급여이기 때문에 해고급여에 포함하지 아니한다.

해고급여는 다음 중 이른 날에 부채와 비용을 인식한다.

① 기업이 해고급여의 제안을 더 이상 철회할 수 없을 때
② 기업이 K-IFRS 제1037호 '충당부채와 우발부채'의 적용범위에 포함되고, 해고급여의 지급을 수반하는 구조조정에 대한 원가를 인식할 때

해고급여는 그 종업원급여의 성격에 따라 최초 인식시점에 측정하고, 후속적 변동을 측정 및 인식한다. 해고급여가 퇴직급여를 증액시키는 것이라면 퇴직급여에 대한 규정을 적용하다. 그 밖의 경우에는 다음과 같이 처리한다.

① 해고급여가 인식되는 연차보고기간 말 이후 12개월 이전에 해고급여가 모두 결제될 것으로 예상되는 경우 단기종업원급여에 대한 규정을 적용한다.
② 해고급여가 인식되는 연차보고기간 말 이후 12개월 이전에 해고급여가 모두 결제될 것으로 예상되지 않는 경우 기타장기종업원급여에 대한 규정을 적용한다.

SUMMARY & CHECK

종업원급여의 의의

- 종업원급여는 공식적인 제도나 협약 또는 법률에 의해 종업원에게 지급하는 급여뿐만 아니라 의제의무를 발생시키는 비공식적 관행에 따라 제공하는 급여도 포함된다.

단기종업원급여

- 단기종업원급여는 종업원이 관련 근무용역을 제공하는 회계기간의 말부터 12개월 이내에 모두 결제될 것으로 예상되는 급여이다.
- 종업원이 회계기간에 근무용역을 제공할 때, 그 대가로 지급이 예상되는 단기종업원급여를 할인하지 않은 금액으로 인식한다.
- 유급휴가는 종업원이 미래 유급휴가 권리를 확대하는 근무용역을 제공할 때 인식하는 누적유급휴가와 종업원이 휴가를 실제로 사용할 때 인식하는 비누적유급휴가로 구분할 수 있다.
- 이익분배금과 상여금은 과거 사건의 결과로 현재의 지급의무(법적의무 또는 의제의무)가 생기고, 채무금액을 신뢰성 있게 추정할 수 있을 때 예상원가를 인식한다.

기타장기종업원급여

- 기타장기종업원급여는 종업원이 관련 근무용역을 제공하는 회계기간 말 이후 12개월 이내에 모두 결제될 것으로 예상되지 않는 급여이다.

퇴직급여

- 확정기여제도에서는 기업이 부담해야 하는 기여금이 약정한 금액으로 한정되지만, 확정급여제도에서는 기금의 운용실적에 따라 기업이 부담해야 하는 기여금이 변한다.
- 당기근무원가란 당기에 종업원이 근무용역을 제공함에 따라 증가하는 미래퇴직급여액 중에서 당해 회계기간에 귀속되는 금액이다.
- 확정급여채무의 현재가치를 결정하기 위해서는 예측단위적립방식이라는 보험수리적기법을 사용한다.
- 과거근무원가란 확정급여제도를 개정(도입, 철회 또는 변경)한 경우에 종업원의 과거기간 근무용역에 대한 확정급여채무의 현재가치가 증가 또는 감소하는 것을 말한다.
- 초과적립액이 있는 경우 이를 무조건 순확정급여자산으로 인식하는 것이 아니라 자산인식상한을 한도로 하여 순확정급여자산을 인식한다.

- 퇴직급여제도의 정산은 확정급여제도에 따라 발생한 급여의 전부나 일부에 대한 법적의무나 의제의무를 기업이 더 이상 부담하지 않기로 하는 거래가 있을 때 일어난다.

해고급여

- 종업원의 요청에 따라 해고할 때 지급하는 급여와 기업의 요청으로 해고할 때 더 많이 지급하는 급여와의 차이가 해고급여이다.

OX QUIZ

1 종업원급여는 공식적인 제도나 협약 또는 법률에 의해 종업원에게 지급하는 급여는 포함되지만, 의제의무를 발생시키는 비공식적 관행에 따라 제공하는 급여는 포함되지 않는다.

2 단기종업원급여의 결제 예상시기가 일시적으로 바뀐다면 단기종업원급여를 재분류할 필요는 없다.

3 누적유급휴가는 종업원이 휴가를 실제로 사용할 때 인식하고, 비누적유급휴가는 종업원이 미래 유급휴가 권리를 확대하는 근무용역을 제공할 때 인식한다.

4 기업이 별도의 상여금을 지급할 법적의무가 없음에도 관행적으로 상여금을 지급하기도 한다.

5 기타장기종업원급여를 측정할 때 재측정요소를 기타포괄손익으로 인식한다.

6 퇴직급여에서 발생하는 투자위험과 보험수리적위험을 확정기여제도에서는 기업이 부담하고 확정급여제도에서는 종업원이 부담한다.

7 확정급여제도 하에서 재무상태표에 초과적립액인 경우 자산에, 과소적립액인 경우 부채에 표시한다.

8 예측단위적립방식은 보험수리적 가정을 이용하여 보고기간 말에 지급할 퇴직급여 총액을 계산하고, 이를 각 기간별로 배분한 후에 배분된 금액을 적절한 할인율로 할인하여 확정급여채무의 현재가치를 계산한다.

9 퇴직급여채무를 할인하기 위해 사용하는 할인율은 보고기간 말 현재 우량회사채의 시장수익률을 참조하여 결정한다.

10 확정급여채무의 이자비용과 사외적립자산의 이자수익을 측정할 때 서로 다른 이자율을 적용할 수 있다.

11 기말에 인식할 확정급여채무의 현재가치와 확정급여채무의 장부금액 간의 차이를 보험수리적 손익이라고 하며, 기타포괄손익으로 인식한다.

12 초과적립액이 자산인식상한보다 큰 경우에는 그 차이 금액을 대변에 직접 사외적립자산을 감소시킨다.

13 확정급여제도의 정산이 발생할 때 정산가격과 확정급여채무의 현재가치 간의 차이를 당기손익으로 인식한다.

14 기업의 제안이 아닌 종업원의 요청에 따른 해고나 의무 퇴직규정에 따라 생기는 종업원급여는 해고급여에 포함된다.

Multiple-choice Questions

1 20×1년 1월 1일에 설립된 ㈜대한은 확정급여제도를 채택하고 있으며, 관련 자료는 다음과 같다. 순확정급여자산(부채) 계산 시 적용한 할인율은 연 8%로 매년 변동이 없다.

<20×1년> • 20×1년 말 사외적립자산의 공정가치는 ₩1,100,000이다. • 20×1년 말 확정급여채무의 현재가치는 ₩1,000,000이다. • 20×1년 말 순확정급여자산의 자산인식상한금액은 ₩60,000이다.
<20×2년> • 20×2년 당기근무원가는 ₩900,000이다. • 20×2년 말에 일부 종업원의 퇴직으로 ₩100,000을 사외적립자산에서 현금으로 지급하였다. • 20×2년 말에 ₩1,000,000을 현금으로 사외적립자산에 출연하였다. • 20×2년 말 사외적립자산의 공정가치는 ₩2,300,000이다. • 20×2년 말 확정급여채무의 현재가치는 ₩2,100,000이다.

㈜대한의 20×2년 말 재무상태표에 표시될 순확정급여자산이 ₩150,000인 경우, ㈜대한의 확정급여제도 적용이 20×2년 포괄손익계산서의 기타포괄이익(OCI)에 미치는 영향은 얼마인가? (CPA 2021)

① ₩12,800 감소 ② ₩14,800 감소 ③ ₩17,800 감소

④ ₩46,800 감소 ⑤ ₩54,800 감소

2 20×1년 1월 1일에 설립된 ㈜대한은 확정급여제도를 채택하고 있으며, 관련 자료는 다음과 같다. 순확정급여자산(부채) 계산 시 적용한 할인율은 연 6%로 매년 변동이 없다.

<20×1년> • 20×1년 말 확정급여채무 장부금액은 ₩500,000이다. • 20×1년 말 사외적립자산에 ₩460,000을 현금으로 출연하였다.
<20×2년> • 20×2년 말에 퇴직종업원에게 ₩40,000의 현금이 사외적립자산에서 지급되었다. • 20×2년 말에 사외적립자산에 ₩380,000을 현금으로 출연하였다. • 당기근무원가는 ₩650,000이다. • 20×2년 말 현재 사외적립자산의 공정가치는 ₩850,000이다. • 할인율을 제외한 보험수리적가정의 변동을 반영한 20×2년 말 확정급여채무는 ₩1,150,000이다.

㈜대한의 확정급여제도 적용이 20×2년도 총포괄이익에 미치는 영향은 얼마인가?

(CPA 2022)

① ₩580,000 감소 ② ₩635,200 감소 ③ ₩640,000 감소
④ ₩685,000 감소 ⑤ ₩692,400 감소

3 ㈜세무는 확정급여제도를 채택하여 시행하고 있다. ㈜세무의 확정급여채무와 관련된 자료가 다음과 같을 때, 20×1년도에 인식할 퇴직급여와 기타포괄손익은? (CTA 2021)

• 20×1년 초 사외적립자산 잔액은 ₩560,000이며, 확정급여채무 잔액은 ₩600,000이다.
• 20×1년도의 당기근무원가는 ₩450,000이다.
• 20×1년 말에 사외적립자산 ₩150,000이 퇴직종업원에게 현금으로 지급되었다.
• 20×1년 말에 현금 ₩400,000을 사외적립자산에 출연하였다.
• 20×1년 말 현재 사외적립자산의 공정가치는 ₩920,000이며, 할인율을 제외한 보험수리적 가정의 변동을 반영한 20×1년 말 확정급여채무는 ₩1,050,000이다.
• 확정급여채무 계산 시 적용한 할인율은 연 15%이다.

	퇴직급여	기타포괄손익		퇴직급여	기타포괄손익
①	₩456,000	손실 ₩34,000	②	₩456,000	이익 ₩26,000
③	₩540,000	손실 ₩34,000	④	₩540,000	이익 ₩26,000
⑤	₩540,000	손실 ₩60,000			

4 ㈜세무는 확정급여제도를 채택하여 시행하고 있으며, 관련 자료는 다음과 같다. ㈜세무의 확정급여채무 및 사외적립자산과 관련된 회계처리가 20×1년도의 기타포괄이익에 미치는 영향은? (CTA 2022)

- 20×1년 초 확정급여채무와 사외적립자산의 잔액은 각각 ₩1,000,000과 ₩600,000이다.
- 확정급여채무의 현재가치 계산에 적용할 할인율은 연 10%이다.
- 20×1년도의 당기근무원가 발생액은 ₩240,000이고, 20×1년 말 퇴직한 종업원에게 ₩100,000을 사외적립자산에서 지급하였다.
- 20×1년 말 현금 ₩300,000을 사외적립자산에 출연하였다.
- 20×1년 말 현재 확정급여채무의 현재가치와 사외적립자산의 공정가치는 각각 ₩1,200,000과 ₩850,000이다.

① ₩30,000 감소 ② ₩10,000 감소 ③ ₩10,000 증가
④ ₩30,000 증가 ⑤ ₩40,000 증가

5 ㈜세무의 확정급여제도와 관련된 20×1년도 자료가 다음과 같을 때, 포괄손익계산서 상 당기손익으로 인식할 퇴직급여 관련 비용은? (CTA 2017)

확정급여채무		사외적립자산	
구 분	20×1년	구 분	20×1년
기초금액	150,000	기초금액	120,000
당기근무원가	25,000	이자수익	12,000
이자비용	15,000	현금출연	35,000
과거근무원가	5,000	퇴직금 지급	(3,000)
퇴직금 지급	(3,000)	재측정요소	500
재측정요소	(600)		
기말금액	191,400	기말금액	164,500

① ₩30,000 ② ₩33,000 ③ ₩40,000
④ ₩45,000 ⑤ ₩50,000

CHAPTER 12

자본

1. 자본
2. 자본금
3. 이익잉여금
4. 자본조정
5. 기타포괄손익누계액
6. 자본변동표

학습목표

- 자본의 의의와 구성을 이해한다.
- 자본금의 회계처리를 이해한다.
- 이익잉여금 처분에 대해 이해한다.
- 자기주식의 회계처리를 이해한다.

국제회계기준은 자본에 대한 별도의 기준서를 제시하지 않고 있다. 따라서 K-IFRS 제1032호 '금융상품: 표시'와 제1102호 '주식기준보상'의 일부 규정을 제외하고는 대부분 「일반기업회계기준」에 근거하고 있다.

자본은 자본금, 자본잉여금 및 자본조정의 자본거래와 관련된 계정과 이익잉여금과 기타포괄손익누계액의 영업거래와 관련된 계정으로 분류된다. 즉, 자본은 자본거래뿐만 아니라 영업거래의 결과도 함께 표시되고, 이들의 변동을 보여주는 재무제표가 자본변동표이다. 본장을 통해서 자본의 분류와 다양한 회계처리에 대해 심도 있게 학습해 보자.

1. 자본

1.1 자본의 의의

자본(equity)은 주식시장에서 주식을 발행하여 주주로부터 조달된 자금이다. 채권시장에서 사채를 발행하여 채권자들로부터 조달된 자금은 재무상태표의 부채(liabilities)에 표시되고, 주주로부터 조달된 자금은 자본에 표시되는 것이다. 주식과 사채 모두 자금을 조달하기 위해서 발행된 유가증권이라는 점에서 유사하나 다음 〈표 12-1〉과 같이 몇 가지 차이점이 있다.

表 12-1 주식과 사채의 차이점

구 분	주 식	사 채
상환의무	상환의무 없음	상환의무 있음
이자지급의무	이자지급의무 없음 단, 이익수준을 고려해 배당금 지급할 수 있으나 의무는 아님	이자지급의무 있음
경영참여 여부	의결권을 통해 경영에 직·간접적 참여가능	경영에 참여할 수 없음
청산 시	잔여재산에 대한 분배청구권	주주에 우선하여 채무변제권

일반적으로 부채는 상환의무가 있기 때문에 타인자본(debt capital)이라 하고, 자본은 상환의무가 없기 때문에 자기자본(equity capital) 또는 소유주지분(owners' equity)이라고 한다. 또한 자산에서 부채를 차감한 후라는 의미에서 잔여지분(residual equity) 또는 순자산(net assets)이라고 한다.

1.2 자본의 구성

자본은 자본금, 자본잉여금, 자본조정, 이익잉여금 및 기타포괄손익누계액으로 분류할 수 있다. 자본금, 자본잉여금 및 자본조정은 소유주의 납입 등 자본거래를 통해서 발생한 계정들을 반영한다. 이익잉여금과 기타포괄손익누계액은 매출과 평가손익 등 영업거래를 통해서 발생한 계정들을 반영한다. 한국채택국제회계기준에서는 재무상태표에 표시되는 자본으로 자본금과 적립금만 언급하고 있다(제3장 2.2절 '재무상태표에 표시되는 항목' 참조). 따라서 〈표 12-2〉와 같은 분류방법은 「일반기업회계기준」에 따른 것이다.

표 12-2 자본의 분류

분류	세부계정
자본금	보통주자본금, 우선주자본금
자본잉여금	주식발행초과금, 감자차익, 자기주식처분이익 등
자본조정	자기주식, 감자차손, 자기주식처분손실, 주식할인발행차금, 미교부주식배당금 등
기타포괄손익누계액	FVOCI금융자산평가손익, 재평가잉여금 등
이익잉여금	법정적립금, 임의적립금, 미처분이익잉여금(또는 미처리결손금)

2. 자본금

2.1 자본금의 의의

자본금(capital stock)이란 「상법」에서 규정하는 법정자본금으로서 주당 액면금액(par value)에 발행주식(issued shares) 수를 곱한 것이다.

이사회가 발행할 수 있는 자본의 한도액을 정관에서 규정하고 있는데 이를 수권자본금(authorized capital stock)이라고 한다. 신주발행의 결정은 주주의 이해관계에 중요한 영향을 미치는 사항이기 때문에 주주총회를 통해서 이루어져야 할 것이다. 그러나 주주총회를 소집하고 개최하는 데 상당한 시간이 걸리기 때문에 신속하게 신주발행을 결정하기 위해서 주주총회는 정관에 '발행할 수 있는 주식의 총수'만을 규정하고, 이 범위 내에서 이사회가 신주의 발행을 결정할 수 있도록 하고 있다.

2.2 주식의 종류

(1) 보통주

보통주(common stock)란 이익배당 및 잔여재산분배에 있어서 기업의 표준이 되는 주식이다. 보통주 주주는 배당의 형태로 이익을 분배받을 권리가 있다. 또한 신주를 우선적으로 인수할 수 있는 권리가 있으며, 회사가 청산할 때 잔여재산을 분배

받을 권리가 있다.

보통주의 주주는 자신의 지분율만큼 주주총회에서 의결권을 행사할 수 있다. 주주총회는 주식회사의 최고의 의결기관이며, 주주총회의 의결사항은 일반적으로 임원의 선임·해임, 임원의 보수, 재무제표의 승인 등이다.

(2) 우선주

우선주(preferred stock)는 이익배당 및 잔여재산분배에 있어서 보통주보다 우선하는 권리를 갖는 주식을 말한다. 보통주보다 우선하여 분배를 받는 대신에 보통주에 있는 의결권은 주어지지 않는다. 우선주는 약정된 권리에 따라 다음과 같이 구분된다.

① 참가적 우선주(participating preferred stock): 보통주에 지급되는 배당률이 우선주 배당률을 초과하는 경우 그 초과분에 대해서 보통주와 동일한 배당률이 되도록 추가배당에 참가할 수 있는 권리가 부여된 우선주이다. 이러한 권리가 부여되어 있지 않으면 비참가적 우선주이다.

② 누적적 우선주(cumulative preferred stock): 손실 등의 사유로 배당금을 약정된 우선주 배당금을 지급하지 못하는 경우에 소급하여 누적적으로 배당을 받을 수 있는 권리가 부여된 우선주이다. 이러한 권리가 부여되어 있지 않으면 비누적적 우선주이다.

③ 전환우선주(convertible preferred stock): 일정 요건을 충족하면 보통주로 전환할 수 있는 권리가 부여된 우선주이다.

④ 상환우선주(redeemable preferred stock): 일정 요건을 충족하면 우선주의 발행회사가 우선주를 상환할 수 있는 권리가 있거나 우선주 주주가 발행회사에 우선주의 상환을 청구할 수 있는 권리가 부여된 우선주이다. 만약 발행회사가 특정 시점에 의무적으로 상환해야 하는 계약상의 의무를 부담하거나 주주가 상환을 청구할 수 있는 권리가 부여된 상환우선주의 경우에는 그 경제적 실질이 부채와 동일하기 때문에 한국채택국제회계기준에서는 자본이 아니라 부채항목으로 보고하도록 규정하고 있다.

예제 1 ‖ 보통주와 우선주의 배당금

대박회사는 20×3년 12월 31일 현재의 발행주식은 다음과 같다.

	금액
보통주자본금(액면금액 ₩5,000, 발행주식수 400주)	₩2,000,000
우선주자본금(액면금액 ₩5,000, 발행주식수 200주)	₩1,000,000

우선주에 대해서 20×1년도와 20×2년도에 배당가능이익이 부족하여 배당금을 지급하지 못하였다. 20×3년도에는 총 ₩450,000의 현금배당을 계획하고 있다. 우선주의 배당률은 5%이다.

물음

우선주의 성격이 다음과 같을 때 20×3년도 총 현금배당금 ₩450,000을 보통주와 우선주에 배분하시오.

1. 우선주가 비누적적, 비참가적인 경우
2. 우선주가 누적적, 비참가적인 경우
3. 우선주가 비누적적, 완전참가적인 경우
4. 우선주가 누적적, 완전참가적인 경우
5. 우선주가 누적적, 10% 부분참가적인 경우

풀이

1. 우선주가 비누적적, 비참가적인 경우

구 분	자본금	배당금			
		누적분	당기분	참가분	계
우선주(5%)	₩1,000,000	-	₩50,000❶	-	₩50,000
보통주	2,000,000	-	400,000❷	-	400,000
		-	₩450,000	-	₩450,000

❶ 우선주 당기배당 = ₩1,000,000 × 5% = ₩50,000

❷ 보통주 잔여배당 = ₩450,000 - 50,000 = ₩400,000

2. 우선주가 누적적, 비참가적인 경우

구 분	자본금	배당금			
		누적분	당기분	참가분	계
우선주(5%)	₩1,000,000	₩100,000❶	₩50,000	-	₩150,000
보통주	2,000,000	-	300,000❷	-	300,000
		₩100,000	₩350,000	-	₩450,000

❶ 우선주 전기배당 = ₩1,000,000 × 5% × 2년 = ₩100,000

❷ 보통주 잔여배당 = ₩450,000 - 100,000 - 50,000 = ₩300,000

3. 우선주가 비누적적, 완전참가적인 경우

구 분	자본금	배당금			
		누적분	당기분	참가분	계
우선주(5%)	₩1,000,000	-	₩50,000	₩100,000❷	₩150,000
보통주	2,000,000	-	100,000❶	200,000❸	300,000
		-	₩150,000	₩300,000	₩450,000

❶ 보통주 당기배당 = ₩2,000,000 × 5% = ₩100,000

❷ 우선주 참가배당 = ₩300,000 × (100,000/(100,000 + 200,000)) = ₩100,000

❸ 보통주 참가배당 = ₩300,000 × (200,000/(100,000 + 200,000)) = ₩200,000

4. 우선주가 누적적, 완전참가적인 경우

구 분	자본금	배당금			
		누적분	당기분	참가분	계
우선주(5%)	₩1,000,000	₩100,000	₩50,000	₩66,667❶	₩216,667
보통주	2,000,000	-	100,000	133,333❷	233,333
		₩100,000	₩150,000	₩200,000	₩450,000

❶ 우선주 참가배당 = ₩200,000 × (100,000/(100,000 + 200,000)) = ₩66.667

❷ 보통주 참가배당 = ₩200,000 × (200,000/(100,000 + 200,000)) = ₩133,333

5. 우선주가 누적적, 10% 부분참가적인 경우

구 분	자본금	배당금			
		누적분	당기분	참가분	계
우선주(5%)	₩1,000,000	₩100,000	₩50,000	₩50,000❶	₩200,000
보통주	2,000,000	-	100,000	150,000❷	250,000
		₩100,000	₩150,000	₩200,000	₩450,000

❶ 우선주 참가배당 = Min(₩66,667(완전참가적), 50,000(부분참가적 = ₩1,000,000 × (10% - 5%))
= ₩50,000

❷ 보통주 잔여배당 = ₩200,000 - 50,000 = ₩150,000

2.3 주식의 발행

(1) 현금출자

기업은 필요한 자금을 조달하기 위해서 주식을 발행하는 경우 현재의 주주 또는 제3자로부터 현금을 납입받고 신주를 발행한다. 이때 주식의 발행금액과 액면금액 간의 관계에 따라 액면발행인지, 할증발행인지, 아니면 할인발행인지 여부가 다음과 같이 결정된다.

액면금액 = 발행금액 → 액면발행
액면금액 < 발행금액 → 할증발행
액면금액 > 발행금액 → 할인발행

① 액면발행(issue at par): 액면금액과 동일하게 발행하는 경우를 말한다. 발행금액이 액면금액과 동일하기 때문에 발행금액을 자본금으로 대변에 회계처리한다.

② 할증발행(issue at a premium): 발행금액이 액면금액보다 높은 경우를 말한다. 액면금액은 자본금으로, 초과하는 금액(발행금액 - 액면금액)은 주식발행초과금(paid-in capital in excess of par value)으로 대변에 회계처리한다.

③ 할인발행(issue at a discount): 발행금액이 액면금액보다 낮은 경우를 말한다. 이때도 마찬가지로 액면금액은 자본금으로 대변에 회계처리하고, 할인액(액면금

액－발행금액)은 주식할인발행차금(discount on stock)은 차변에 회계처리한다. 기존에 주식발행초과금이 있는 경우에는 주식발행초과금을 먼저 상계하고 나머지 금액에 대해서 주식할인발행차금을 회계처리한다. 그리고 주식을 발행할 때 발생하는 금융기관수수료 등 주식발행비는 주식의 발행금액에서 차감한다.

주식의 액면발행, 할증발행 및 할인발행 시 발행회사의 회계처리는 다음과 같다.

〈액면발행〉

(차변)	현 금	×××	(대변)	자 본 금	×××

〈할증발행〉

(차변)	현 금	×××	(대변)	자 본 금	×××
				주식발행초과금 (자본잉여금)	×××

〈할인발행〉

(차변)	현 금	×××	(대변)	자 본 금	×××
	주식할인발행차금 (자본조정)	×××			

예제 2 ❙ 주식의 발행-현금출자

대박회사는 주당 액면금액이 ₩5,000인 보통주 200주를 발행하였다.

물음

1. 1주당 발행금액이 ₩5,000인 경우 분개를 하시오.

2. 1주당 발행금액이 ₩6,000인 경우 분개를 하시오.

3. 1주당 발행금액이 ₩4,000인 경우 분개를 하시오.

4. (물음 2)에서 주식발행비 ₩20,000이 발생하여 현금을 지급하였다고 가정하고 다시 답하시오.

풀이

1. 발행금액이 ₩5,000인 경우

(차변)	현 금	1,000,000	(대변)	보 통 주 자 본 금	1,000,000

2. 발행금액이 ₩6,000인 경우

(차변)	현 금	1,200,000	(대변)	보 통 주 자 본 금	1,000,000
				주식발행초과금	200,000

3. 발행금액이 ₩4,000인 경우

(차변)	현 금	800,000	(대변)	자 본 금	1,000,000
	주식할인발행차금❶	200,000			

❶ 기존에 주식발행초과금이 있다면 먼저 상계한다.

4. 발행금액이 ₩6,000이고 주식발행비 ₩20,000 현금을 지급한 경우

(차변)	현 금	1,200,000	(대변)	자 본 금	1,000,000
				주식발행초과금	200,000
(차변)	주식발행초과금	20,000	(대변)	현 금	20,000

두 개의 회계처리를 합치면 다음과 같다.

(차변)	현 금	1,180,000	(대변)	자 본 금	1,000,000
				주식발행초과금	180,000

(2) 현물출자

주식을 발행하는 경우 현금을 납입받는 것이 일반적이지만 현금 이외의 자산(부동산 등)을 납입받는 경우도 있는데, 이를 현물출자라고 한다. 현물출자는 K-IFRS 제1102호 '주식기준보상'을 준용하여 제공받는 현물의 공정가치를 주식의 발행금액으로 한다. 그러나 제공받는 현물의 공정가치가 명확하지 않으면 예외적으로 발행하는 주식의 공정가치를 주식의 발행금액으로 한다.[1]

1 제공받는 재화나 용역과 그에 상응하는 자본의 증가를 제공받는 재화나 용역의 공정가치로 직접 측정한다. 그러나 제공받는 재화나 용역의 공정가치를 신뢰성 있게 추정할 수 없다면 제공받는 재화나 용역과 그에 상응하는 자본의 증가는 부여한 지분상품의 공정가치에 기초하여 간접 측정한다(1102:3).

예제 3 | 주식의 발행-현물출자

대박회사는 주당 액면금액이 ₩5,000인 보통주 200주를 발행하면서 그 대가로 토지를 취득하였다.

물음

1. 주식발행일 현재 토지의 공정가치가 ₩1,500,000인 경우 대박회사가 해야 할 분개를 하시오.
2. 주식발행일 현재 토지의 공정가치를 신뢰성 있게 측정할 수 없으나, 발행주식의 공정가치를 주당 ₩7,000으로 측정될 경우 대박회사가 해야 할 분개를 하시오.

풀이

1. 토지의 공정가치가 ₩1,500,000인 경우

(차변)	토지	1,500,000	(대변)	보통주자본금	1,000,000
				주식발행초과금	500,000

2. 발행주식의 공정가치가 주당 ₩7,000

(차변)	토지	1,400,000❶	(대변)	보통주자본금	1,000,000
				주식발행초과금	400,000

❶ ₩7,000 × 200주 = ₩1,400,000

(3) 무액면주식의 발행

무액면주식(no-par value stock)이란 액면금액이 없는 주식을 말한다. 「상법」에서는 발행주식이 무액면주식일 경우에는 주식 발행가액의 1/2 이상을 자본금으로 계상하고, 나머지 금액은 주식발행초과금(자본준비금)으로 인식하도록 하고 있다.[2] 무액면주식의 발행을 허용하여 기업들이 액면가 이하의 유상증자를 통해 원활하게 자금조달을 하는 데 의의가 있다.

2 상법 제451조(자본금)
② 회사가 무액면주식을 발행하는 경우 회사의 자본금은 주식 발행가액의 2분의 1 이상의 금액으로서 이사회(제416조 단서에서 정한 주식발행의 경우에는 주주총회를 말한다)에서 자본금으로 계상하기로 한 금액의 총액으로 한다. 이 경우 주식의 발행가액 중 자본금으로 계상하지 아니하는 금액은 자본준비금으로 계상하여야 한다.

예제 4 ❙ 주식의 발행-무액면주식의 발행

> 대박회사는 이사회 결의로 무액면 보통주를 ₩1,000,000에 발행하기로 하고, ₩800,000을 자본금으로 나머지는 주식발행초과금으로 계상하기로 결정하였다.

물음

대박회사가 무액면 보통주를 발행하면서 해야 할 분개를 하시오.

풀이

(차변)	현 금	1,000,000	(대변)	보통주자본금	800,000
				주식발행초과금	200,000

2.4 자본금의 증가와 감소

(1) 자본금의 증가

기업이 자기자본을 조달할 때 주식을 발행하는데 이를 증자라고 한다. 증자에는 실질적 증자와 형식적 증자가 있다.

1) 실질적 증자

유상증자라고도 하며, 주주가 현금 또는 현물을 출자함으로써 실질적으로 기업의 순자산과 자본이 동시에 증가한다.

2) 형식적 증자

무상증자라고도 하며, 주주에게 신주를 무상으로 발행하기 때문에 순자산의 증가는 수반되지 않는다. 자본잉여금 또는 이익잉여금(이익준비금 등의 법정적립금)이 자본전입되면서 자본금은 증가하지만 자본총액에는 변화가 없다. 대변에 자본금을 회계처리하면서 자본이 증가하지만, 차변에 자본잉여금 또는 이익잉여금을 회계처리하면서 동일한 금액의 자본이 감소하기 때문이다. 형식적 증자(주식발행초과금의 자본전입 가정) 시 발행회사의 회계처리는 다음과 같다.

〈형식적 증자(주식발행초과금 자본전입 가정〉

(차변)	주식발행초과금	×××	(대변)	자 본 금	×××

예제 5 ❙ 형식적 증자

대박회사는 주주총회의 결의에 따라 주식발행초과금 중 ₩50,000을 자본전입하면서 액면금액 ₩5,000인 보통주 10주를 발행하였다.

물음

자본전입과 관련하여 대박회사가 해야 할 분개를 하시오.

풀이

(차변)	주 식 발 행 초 과 금	50,000❶	(대변)	보 통 주 자 본 금	50,000

❶ ₩5,000 × 10주 = ₩50,000

(2) 자본의 감소

기업이 이미 발행된 주식을 소각하기 위해서 자본금을 감소시키는 경우가 있는데 이를 감자라고 한다. 증자와 마찬가지로 감자에도 실질적 감자와 형식적 감자가 있다.

1) 실질적 감자

유상감자라고도 하며, 주주에게 일정 금액을 지급하여 주식을 소각함으로써 실질적으로 기업의 순자산과 자본이 동시에 감소한다. 실질적 감자를 하면서 주주에게 지급되는 금액이 자본금 감소액보다 작은 경우에 그 차이를 감자차익으로 대변에 회계처리한다. 반대로 주주에게 지급되는 금액이 자본금 감소액보다 큰 경우에는 그 차이를 감자차손으로 차변에 회계처리한다. 이때 기존에 감자차익의 잔액이 있으면 이를 먼저 상계한다. 실질적 감자 시 회계처리는 다음과 같다.

〈실질적 감자〉

(차변)	자 본 금	×××	(대변)	현 금	×××
	감 자 차 손 (자본금 < 현금)	×××		감 자 차 익 (자본금 > 현금)	×××

예제 6 ❙ 실질적 감자

대박회사는 주주총회의 결의에 따라 액면금액 ₩5,000인 보통주 10주를 주당 ₩6,000에 매입소각하였다.

물음

주식소각과 관련하여 대박회사가 해야 할 분개를 하시오.

풀이

(차변)	보 통 주 자 본 금	50,000	(대변)	현 금	60,000
	감 자 차 손	10,000❶			

❶ (₩6,000 × 10주) - (₩5,000 × 10주) = ₩10,000
이때 감자차익 잔액이 있으면 이를 먼저 상계하고, 부족한 금액을 감자차손으로 회계처리한다.

2) 형식적 감자

무상감자라고도 하며, 주주에게 주식소각의 대가를 지급하지 않기 때문에 순자산의 감소는 수반되지 않는다. 이익잉여금이 부(-)의 상태인 결손금의 잔액을 영(₩0)으로 만들기 위해 대변에 이익잉여금(미처리결손금)을 회계처리하면서 차변에 동일한 금액의 자본금을 회계처리하기 때문에 자본총액에는 변화가 없다. 이를 결손보전이라고 한다. 형식적 감자의 회계처리는 다음과 같다.

〈형식적 감자〉

(차변)	자 본 금	×××	(대변)	미 처 리 결 손 금	×××
				감 자 차 익	×××

예제 7 | 형식적 감자

대박회사는 주주총회의 결의에 따라 누적된 결손금 ₩800,000을 보전하기 위하여 보통주 2주당 1주의 비율로 감소시켰다. 감자전 (주)한걸음의 발행주식수는 400주이며, 주당 액면금액은 ₩5,000이다.

물음

결손보전과 관련하여 대박회사가 해야 할 분개를 하시오.

풀이

(차변)	보통주자본금	1,000,000❶	(대변)	미처리결손금	800,000
				감자차익	200,000

❶ (400주×1/2) × ₩5,000 = ₩1,000,000

(3) 주식의 분할과 병합

주식분할(stock split)은 주식 액면금액을 감소시켜 하나의 주식을 여러 개의 주식으로 분할하는 것을 말한다. 예를 들어, 액면금액 ₩5,000의 주식 1주를 액면금액 ₩1,000의 주식 5주로 분할하는 것이다. 주식분할을 하면 발행주식수는 증가하고 액면금액은 감소하지만 자본금은 변동하지 않으므로 아무런 회계처리를 하지 않는다.

주식병합(reverse stock split)은 주식분할과 반대로 주식 액면금액을 증가시켜 여러 개의 주식을 하나의 주식으로 병합하는 것을 말한다. 예를 들어, 액면금액 ₩5,000의 주식 2주를 액면금액 ₩10,000의 주식 1주로 병합하는 것이다. 주식병합을 하면 발행주식수는 감소하고 액면금액은 증가하지만 자본금은 변동하지 않으므로 주식분할과 마찬가지로 아무런 회계처리를 하지 않는다.

2.5 전환우선주의 전환

전환우선주(convertible preferred stock)는 일정 요건을 충족하면 보통주로 전환할 수 있기 때문에 발행 시 또는 전환 시에 모두 유상증자와 동일하게 회계처리한다. 한국채택국제회계기준에 전환우선주를 전환할 경우의 회계처리에 대해서 명확한 규정은 없다. 제13장에서 설명하는 것처럼, K-IFRS 제1032호 '금융상품: 표시'에서는 전환사채를 주식으로 전환하는 경우 전환손익을 인식하지 않는 장부금액법을 사용하여 회계처리하도록 규정하고 있다. 이 규정을 따르면 전환우선주를 보통주로 전환하는 경우 전환우선주의 발행금액을 보통주의 발행금액으로 하여 전환손익을 인식하지 않는 것이 타당하다.

예제 8 ｜ 전환우선주

대박회사는 20×1년 1월 1일에 전환우선주 200주(액면금액 ₩5,000)를 주당 ₩6,000에 발행하였다. 20×1년 7월 1일에 전환우선주 200주가 보통주 220주(액면금액 ₩5,000)로 전환되었다.

물음

전환우선주와 관련하여 대박회사가 해야 할 분개를 하시오.

풀이

〈20×1. 1. 1.〉

(차변)	현 금	1,200,000	(대변)	전환우선주자본금	1,000,000
				주식발행초과금	200,000

〈20×1. 7. 1.〉

(차변)	전환우선주자본금	1,000,000	(대변)	보통주자본금	1,100,000
	주식발행초과금	200,000		주식발행초과금	100,000❶

❶ 전환손익이 인식되지 않도록 (보통주자본금)주식발행초과금 금액을 결정한다.

2.6 상환우선주의 상환

상환우선주(redeemable preferred stock)가 채무상품으로 분류하기 위한 요건[3]을 만족하지 않는 경우 지분상품으로 분류하여 재무상태표에 자본으로 최초 인식한다. 상환우선주를 상환하여 소각할 때 앞서 설명한 일반적인 자본금 감소의 규정을 따

3 제9장 1.2(2)절 '상환우선주와 풋가능 금융자산'에서 자세히 설명한다.

르지 않는다. 「상법」상 주식을 소각하려면 주주총회 특별결의와 채권자 보호절차를 취해야 하며, 이와 같은 자본금 감소에 관한 규정에 따라 소각해야만 자본금을 감소시킬 수 있다. 그러나 상환우선주는 발행 당시 상환조건에 따라 상환하는 것이므로 상환우선주를 상환할 때에는 이익잉여금의 감소로 회계처리한다. 한편, 상환우선주의 상환으로 상환우선주자본금이 발행주식의 액면총액과 일치하지 않게 되는데, 이러한 사유를 주석에 공시한다. 상환우선주의 발행과 상환 시 회계처리는 다음과 같다.

〈상환우선주 발행 시〉

(차변)	현　금	×××	(대변)	상환우선주자본금	×××
	주식할인발행차금	×××		주식발행초과금	×××
	(발행금액 < 액면금액)			(발행금액 > 액면금액)	

〈상환우선주 상환 시〉

(차변)	미처분이익잉여금	×××	(대변)	현　금	×××

예제 9 ▎ 상환우선주

대박회사는 20×1년 1월 1일에 상환우선주 ₩1,000,000을 액면발행하고 지분상품으로 분류하였다. 20×1년 7월 1일에 액면금액과 동일한 ₩1,000,000을 지급하고 상환을 완료하였다.

물음

상환우선주와 관련하여 대박회사가 해야 할 분개를 하시오.

풀이

〈20×1. 1. 1.〉

(차변)	현　금	1,000,000	(대변)	상환우선주자본금	1,000,000

〈20×1. 7. 1.〉

(차변)	미처분이익잉여금	1,000,000	(대변)	현　금	1,000,000

3. 이익잉여금

이익잉여금(retained earnings)이란 영업을 통한 이익창출활동에 의해 획득된 이익으로서 기업 밖으로 배당되거나 자본금이나 자본잉여금으로 대체되지 않고 기업내부에 유보되어 누적된 당기순손익을 말한다. 이익잉여금의 증·감의 요인은 다음 〈표 12-3〉과 같다.

표 12-3 이익잉여금의 증가와 감소

감소(차변)	증가(대변)
• 당기순손실	• 당기순이익
• 배당	
• 전기오류수정손실	• 전기오류수정이익
• 회계정책변경누적효과(손실)	• 회계정책변경누적효과(이익)
• 주식할인발행차금상각 등	• 결손금 보전에 따른 이입액 등

3.1 당기순이익 · 손실

당기순이익 또는 손실(profit or loss)은 손익계산서의 최종 금액(bottom line)이며, 이익잉여금을 증·감시키는 요인이다. 만약 기업이 설립이후 기업 외부로 배당(현금배당)하거나 이익잉여금을 자본금이나 자본잉여금으로 대체한 거래(주식배당)가 없다고 가정하면 기말이익잉여금은 다음과 같이 결정된다.

기초이익잉여금 + 당기순이익 또는 손실 = 기말이익잉여금

3.2 배당

기업은 이익잉여금을 재원으로 하여 주주들에게 배당(dividend)을 하게 된다. 만약 기업이 설립이후에 주주들에게 배당한 거래가 있다고 가정하면 (단, 배당 이외의 다른 처분은 없었다고 가정함) 기말이익잉여금은 다음과 같이 결정된다.

기초이익잉여금 + 당기순이익 또는 손실 - 배당금 = 기말이익잉여금

배당에는 현금배당과 주식배당이 있다. 현금배당(cash dividend)은 배당을 현금으로 지급하는 것이고, 주식배당(stock dividend)은 배당을 주식으로 지급하는 것을 말한다. 현금배당의 경우에는 주주들에게 직접 현금을 지급하기 때문에 실질적으로 기업의 자산과 자본이 동시에 감소한다. 주식배당의 경우에는 주주들에게 직접 현금 등을 지급하는 것이 아니기 때문에 자본총액에는 변화가 없다. 다만, 차변에 이익잉여금을 회계처리하고 대변에 동일한 금액의 자본금 등을 회계처리하기 때문에 자본 내에서의 변동이 있을 뿐이다.

배당결의일과 배당금 지급일이 다른 것이 일반적이기 때문에 배당결의일에 차변에 이익잉여금을 회계처리하고 대변에 현금배당은 미지급배당금(유동부채)을, 그리고 주식배당은 미교부주식배당금(자본조정)을 회계처리한다. 배당금 지급일에 차변에 미지급배당금과 미교부주식배당금을 상계하는 회계처리를 하고 대변에 현금배당은 현금을, 그리고 주식배당은 자본금을 회계처리한다.

한편, 주식배당의 회계처리에는 액면법과 시가법이 있다. 액면법(par value method)은 주식의 액면금액만큼의 이익잉여금을 자본금에 대체시키는 방법이다. 시가법(market value method)은 주식의 공정가치만큼의 이익잉여금을 자본금과 주식발행초과금에 대체시키는 방법이다. 한국채택국제회계기준에서는 주식배당을 액면금액으로 회계처리해야 하는지 아니면 시가로 해야 하는지에 대한 규정이 없다. 우리나라는 「상법」에 따라 주식배당을 액면법으로 회계처리한다.

현금배당과 주식배당의 회계처리는 다음과 같다.

〈결산일〉

분개 없음

〈배당결의일(주주총회 결의일)〉

(차변)	미처분이익잉여금	×××	(대변)	미 지 급 배 당 금	×××
				미교부주식배당금	×××

〈배당금 지급일〉

(차변)	미 지 급 배 당 금	×××	(대변)	현 금	×××
	미교부주식배당금	×××		자 본 금	×××
				주식발행초과금*	×××

* 시가법 적용 시에 시가와 액면금액의 차이를 주식발행초과금으로 회계처리한다.

예제 10 ❙ 현금배당과 주식배당의 회계처리

대박회사는 20×2년의 결산을 통해 당기 말 배당가능금액이 ₩200,000으로 확인되었다. 20×2년 12월 31일 현재 액면금액 ₩5,000, 시가 ₩6,000인 보통주 320주가 발행 · 유통되고 있다. 20×2년 12월 31일 현재를 기준일로 하여 10%의 배당을 선언하였고, 이 중에 5%는 주식으로 배당하기로 이사회 결의하였다. 20x3년 2월 10일 주주총회 결의에서도 이를 추인하고 동일 금액의 배당지급을 선언하였다. 배당금 지급일은 20×3년 4월 1일이다.

물음

1. 주식배당에 액면법을 적용하여 배당과 관련하여 배당기준일, 배당결의일 및 배당금지급일에 분개를 하시오.

2. 주식배당에 시가법을 적용하여 배당과 관련하여 배당기준일, 배당결의일 및 배당금지급일에 분개를 하시오.

풀이

1. 주식배당에 액면법 적용

〈20×2. 12. 31. 배당기준일〉

분개 없음

〈20×3. 2. 10. 배당결의일〉

(차변)	미처분이익잉여금	160,000❶	(대변)	미지급배당금	80,000❷
				미교부주식배당금	80,000

❶ ₩5,000 × 320주× 10% = ₩160,000
❷ ₩5,000 × 320주× 5% = ₩80,000

〈20×3. 4. 1. 배당지급일〉

(차변)	미지급배당금	80,000	(대변)	현금	80,000
	미교부주식배당금	80,000		자본금	80,000

2. 주식배당에 시가법 적용

〈20×2. 12. 31. 배당기준일〉

분개 없음

〈20×3. 2. 10. 배당결의일〉

(차변)	미처분이익잉여금	176,000	(대변)	미지급배당금	80,000
				미교부주식배당금	96,000❶

❶ ₩6,000 × 320주 × 5% = ₩96,000

〈20×3. 4. 1. 배당지급일〉

(차변)	미지급배당금	80,000	(대변)	현금	80,000
	미교부주식배당금	96,000		자본금	80,000
				주식발행초과금	16,000❷

❷ (₩6,000 − 5,000) × 320주 × 5% = ₩16,000

3.3 이익잉여금의 처분

기업은 처분가능한 이익잉여금을 재원으로 하여 법정적립금과 임의적립금에 적립하고, 주식할인발행차금 등을 상각하며, 현금배당 등을 할 수 있게 된다.

배당과 주식할인발행차금 등의 상각은 이익잉여금 자체를 감소시키는 처분이다. 그러나 법정적립금과 임의적립금의 적립은 이익잉여금 안에서 세부 계정을 옮기는 처분이며, 이익잉여금 자체가 감소되는 처분은 아니다. 즉, 법정적립금과 임의적립금을 적립하였다고 하여서 이익잉여금 총액이 변하지 않으며, 이익잉여금을 재원으로 하는 배당을 제한한다는 의미로 해석할 수 있다.

법정적립금(legal reserves)은 재무구조 강화를 위하여 법에서 강제로 규정함에 따라 이루어지는 적립금이다. 대표적으로 이익준비금이 있으며, 이것은 「상법」에 의하여 '매 결산기마다 금전에 의한 이익배당(현금배당)의 10% 이상에 해당하는 금액을, 자본금의 50%에 달할 때까지 이익준비금으로 적립'해야 한다. 법정적립금은 그것의 사용 역시 제한되며, 이익준비금은 자본전입 및 자본의 결손보전에만 사용할 수 있다.

임의적립금(voluntary reserves)은 주주총회 결의 혹은 정관 규정에 의하여 이루어지는 적립금이다. 대표적으로 감채기금적립금, 배당평균적립금 등이 있다. 임의적립금을 설정하는 이유가 기업의 소기의 목적을 달성할 때까지 배당을 제한하여 기업자원(현금)의 유출을 막기 위한 것이기 때문에 원래의 적립목적이 달성되면 미처분이익잉여금으로 다시 되돌려지고, 이것을 임의적립금의 '이입'이라고 한다. 이익잉여금의 처분과 임의적립금의 이입과 관련된 회계처리는 다음과 같다.

〈이익잉여금의 처분〉

(차변)	미처분이익잉여금	×××	(대변)	법 정 적 립 금	×××
				임 의 적 립 금	×××
				주식할인발행차금 등	×××
				미 지 급 배 당 금	×××

〈임의적립금의 이입〉

(차변)	임 의 적 립 금	×××	(대변)	미처분이익잉여금	×××

예제 11 ┃ 이익잉여금의 처분

대박회사의 20×2년 12월 31일 재무상태표의 일부분이다.

이익잉여금	
이익준비금	₩10,000
감채기금적립금	40,000
미처분이익잉여금	100,000
	₩150,000

대박회사의 20×2년도 재무제표에 대한 결산승인은 20×3년 2월 10일에 주주총회에서 이루어졌으며, 그 내용은 다음과 같다.

감채기금적립금 이입	₩40,000
배당평균적립금 적립	20,000
주식할인발행차금 상계	5,000
현금배당	80,000
이익준비금	8,000*

* 현금배당의 10%에 해당하는 금액

물음

1. 대박회사가 20×3년 2월 10일에 해야 할 이익잉여금 처분에 대한 분개를 하시오.

2. (물음 1)의 분개를 반영한 후에 이익준비금, 임의적립금 및 미처분이익잉여금의 잔액을 계산하시오.

풀이

1.

〈임의적립금 이입〉

(차변)	감 채 적 립 금	40,000	(대변)	미처분이익잉여금	40,000

〈이익잉여금 처분〉

(차변)	미처분이익잉여금	113,000	(대변)	배 당 평 균 적 립 금	20,000
				주식할인발행차금	5,000
				미 지 급 배 당 금	80,000
				이 익 준 비 금	8,000

2. 이익준비금 = ₩10,000 + 8,000 = ₩18,000
임의적립금 = ₩40,000 -40,000 + 20,000 = ₩20,000
미처분이익잉여금 = ₩100,000 +40,000 -113,000 = ₩27,000

참고로 이익잉여금 처분 분개를 반영한 후의 이익잉여금은 다음과 같다.

이익잉여금	
이익준비금	₩18,000
배당평균적립금	20,000
미처분이익잉여금	27,000
	₩65,000

4. 자본조정

자본조정(capital adjustment)이란 자본거래에 해당하나 최종 납입된 자본으로 볼 수 없는 임시적 항목이거나 다른 자본항목으로 최종 대체되는 과정 중에서 자본금이나 자본잉여금으로 분류할 수 없는 항목을 말한다. 자본조정의 대표적인 항목으로 자기주식, 자기주식처분손실, 주식할인발행차금, 감자차손, 미교부주식배당금 등이 있다.

4.1 자기주식

자기주식(treasury stock)이란 기업이 이미 발행하여 유통되고 있는 주식을 소각하거나 일시적으로 보유하기 위해 매입한 주식을 말한다. 상장기업은 주가의 안정적 유지를 위하여 자기주식을 취득하거나 적대적 인수합병의 방어 차원에서 대주주 지분율을 높이기 위하여 자기주식을 취득하기도 한다. 회사가 자기주식을 자유롭게 취득할 수 있게 되면 주가조작에 악용하거나, 자본충실을 저해할 수 있다. 따라서 위와 같은 이유가 있을 때 특별요건을 갖출 경우에만 제한적으로 자기주식 취득이 허용된다.[4]

자기주식은 타회사가 발행한 주식처럼 자산으로 분류하지 않고 자본조정, 즉 자본의 차감항목으로 분류한다. 자기주식의 회계처리방법으로는 원가법(cost method)과 액면법(par value method)이 있으나, 한국채택국제회계기준은 원가법에 근거하여 회계처리하도록 규정하고 있다.[5] 이 방법에서는 자기주식을 취득할 때 취득원가로 기록하고 나중에 재매각하는 경우 그 처분가액과 취득원가와 비교하여 그 차액을 자기주식처분이익(자본잉여금)이나 자기주식처분손실(자본조정)로 회계처리한다. 이때 자

4 상법에서 자기주식 취득을 허용하는 경우는 다음과 같다.
제341조의2(특정목적에 의한 자기주식의 취득)
① 회사의 합병 또는 다른 회사의 영업전부의 양수로 인한 경우
② 회사의 권리를 실행함에 있어 그 목적을 달성하기 위하여 필요한 경우
③ 단주의 처리를 위하여 필요한 경우
④ 주주가 주식매수청구권을 행사한 경우

5 K-IFRS 제1032호 '금융상품: 표시'에서 자기지분상품을 재취득하는 경우에는 이러한 지분상품('자기주식')은 자본에서 차감한다(1032:33)라고 규정하고 있다. 이 규정을 원가법으로 해석하는 것이 타당하다.

기주식처분손실은 기존에 자기주식처분이익 잔액이 없거나 부족한 금액에 대해서 회계처리한다. 자기주식과 관련된 회계처리는 다음과 같다.

〈자기주식 취득 시〉

(차변)	자 기 주 식	×××	(대변)	현 금	×××

〈자기주식 처분 시(처분가액 > 취득원가)〉

(차변)	현 금	×××	(대변)	자 기 주 식	×××
				자기주식처분이익	×××

〈자기주식 처분 시(처분가액 < 취득원가)〉

(차변)	현 금	×××	(대변)	자 기 주 식	×××
	자기주식처분이익	×××*			
	자기주식처분손실	×××			

* 기존에 남아 있는 자기주식처분이익을 먼저 회계처리한다.

〈자기주식 소각 시(액면금액 < 취득원가)〉

(차변)	자 본 금	×××	(대변)	자 기 주 식	×××
	감 자 차 손	×××			

예제 12 ▍ 자기주식의 회계처리

대박회사는 보통주식(액면금액 ₩5,000) 중 10주를 주당 ₩6,000원에 취득하였다. 이 중 5주를 ₩7,000에 매각한 후 3주를 다시 ₩4,000에 매각하였으며, 나머지 2주는 소각하였다.

물음

자기주식의 취득, 매각 및 소각(상법상 자본금 감소 규정을 따름) 시에 대박회사가 해야 할 분개를 하시오.

풀이

〈자기주식 취득 시〉

(차변)	자 기 주 식	60,000❶	(대변)	현 금	60,000

❶ ₩6,000 × 10주 = ₩60,000

〈5주 매각 시〉

(차변)	현 금	35,000❷	(대변)	자 기 주 식	30,000
				자기주식처분이익	5,000❸

❷ ₩7,000 × 5주 = ₩35,000
❸ (₩7,000 × 5주) − (₩6,000 × 5주) = ₩5,000

〈3주 매각 시〉

(차변)	현 금	12,000❹	(대변)	자 기 주 식	18,000
	자기주식처분이익	5,000❺			
	자기주식처분손실	1,000❺			

❹ ₩4,000 × 3주 = ₩12,000
❺ (₩4,000 × 3주) − (₩6,000 × 3주) = (−)₩6,000. 기존의 자기주식처분이익 ₩5,000을 먼저 상계하고, 나머지 ₩1,000을 자기주식처분손실로 회계처리한다.

〈2주 소각 시〉

(차변)	자 본 금	10,000	(대변)	자 기 주 식	12,000
	감 자 차 손	2,000❻			

❻ (₩5,000 × 2주) − (₩6,000 × 2주) = (−)₩2,000

4.2 주식할인발행차금

주식할인발행차금(discount on stock)은 주식을 발행할 때 발행금액이 액면금액보다 낮은 경우, 그 할인액(액면금액−발행금액)을 말한다. 기존에 주식발행초과금이 있는 경우에는 주식발행초과금을 먼저 상계하고 나머지 금액에 대해서 주식할인발행차금을 회계처리하여 자본조정으로 분류한다. 한편, 자본조정의 차감항목으로 남아있는 주식할인발행차금의 잔액에 대해서 한국채택국제회계기준에 별도의 규정은 없다.[6] 따라서 기업은 주주총회 결의에 따라 이익잉여금의 처분으로 주식할인발행차금을 상계하는 것을 선택적으로 할 수 있다.

6 과거 「상법」에서 주식할인발행차금은 주식발행후 3년내의 매결산기에 균등액 이상을 상각하도록 규정하였으나, 개정된 상법에서는 해당 규정이 삭제되었다.

5. 기타포괄손익누계액

기타포괄손익누계액(accumulated other comprehensive income)은 포괄손익계산서상에 표시되는 기타포괄손익(other comprehensive income)의 누적액이며, 자본에서 별도로 표시되는 자본항목이다. 기말의 기타포괄손익누계액은 다음과 같이 결정된다.

포괄손익계산서

　　당기순손익 ± 기타포괄손익 = 총포괄손익

재무상태표

　　기초 기타포괄손익누계액 ± 기타포괄손익 = 기말 기타포괄손익누계액

유형자산에 대해 재평가모형을 선택했을 때 발생하는 재평가이익이나 금융자산 중에서 FVOCI금융자산의 금융자산평가손익이 기타포괄손익에 포함된다. 당기손익과 기타포괄손익을 구분하는 이유는 기타포괄손익 항목은 대부분 가까운 미래에 실현될 가능성이 낮은 손익이기 때문에 단기간 내에 실현될 가능성이 높은 당기손익과 구분하기 위한 것이다.

인식된 기타포괄손익은 후속적으로 당기손익으로 재분류조정할 수 있는 기타포괄손익과 재분류조정할 수 없는 기타포괄손익으로 구분된다. 재분류조정할 수 없는 기타포괄손익은 이익잉여금으로 대체를 선택할 수 있다. 재분류조정가능 여부에 따라 기타포괄손익을 구분하여 정리하면 다음과 같다.

재분류조정 가능	재분류조정 불가
• FVOCI금융자산 중 채무상품의 평가손익 • 해외사업장의 재무제표 환산으로 인한 외환차이 • 현금흐름위험회피 파생상품의 평가손익 중 위험회피에 효과적인 부분	• 유 · 무형자산의 재평가잉여금 • FVPL금융부채의 신용위험 변동에 따른 평가손익 • FVOCI금융자산 중 지분상품의 평가손익 • 확정급여제도의 재측정요소

6. 자본변동표

자본변동표(statement of changes in equity)는 한 회계기간 동안 발생한 자본의 변동을 표시하는 재무제표로서 자본을 구성하고 있는 자본금, 자본잉여금, 자본조정, 기타포괄손익 및 이익잉여금의 변동에 대한 포괄적인 정보를 제공한다. 자본변동표는 재무상태표에 표시되어 있는 자본의 기초잔액과 기말잔액의 내용을 모두 제시함으로써 재무상태표와 연결할 수 있고, 당기순손익과 기타포괄손익은 포괄손익계산서와 연결되며, 유상증자와 배당금 등은 현금흐름표에 나타난 정보와 연결되어 있어 정보이용자들이 보다 명확하게 재무제표 간의 연계성을 파악할 수 있게 한다. 자본변동표의 양식은 다음과 같다.

자본변동표

제×기 20××년 ×월 ×일부터 20××년 ×월 ×일까지

회사명: ××× (단위: 원)

구 분	자본금	자본잉여금	자본조정	기타포괄손익누계액	이익잉여금	총 계
20××.×.×.(보고금액)	×××	×××	×××	×××	×××	×××
회계정책변경누적효과					(×××)	(×××)
전기오류수정					(×××)	(×××)
수정후 이익잉여금					×××	×××
연차배당					(×××)	(×××)
처분후 이익잉여금					×××	×××
중간배당					(×××)	(×××)
유상증자	×××	×××				×××
당기순이익					×××	×××
자기주식 취득			(×××)			(×××)
FVOCI금융자산평가손익				×××		×××
재평가이익				×××		×××
20××.×.×.	×××	×××	×××	×××	×××	×××

SUMMARY & CHECK

자본

- 자본은 주식시장에서 주식을 발행하여 주주로부터 조달된 자금이다.
- 자본은 자본금, 자본잉여금, 자본조정, 이익잉여금 및 기타포괄손익누계액으로 분류할 수 있다.

자본금

- 자본금이란 상법에서 규정하는 법정자본금으로서 주당 액면금액에 발행주식수를 곱한 것이다.
- 보통주란 이익배당 및 잔여재산분배에 있어서 기업의 표준이 되는 주식이다.
- 우선주는 이익배당 및 잔여재산분배에 있어서 보통주보다 우선하는 권리를 갖는 주식을 말한다.
- 주식의 발행금액과 액면금액 간의 관계에 따라 액면발행인지, 할증발행인지, 아니면 할인발행인지 여부가 결정된다.
- 현물출자란 주식을 발행하는 경우 현금을 납입받는 것이 일반적이지만 현금 이외의 자산(부동산 등)을 납입받는 경우를 말한다.
- 무액면주식이란 액면금액이 없는 주식을 말한다.
- 자본의 증가에는 실질적 증자(유상증자)와 형식적 증자(무상증자)가 있으며, 자본의 감소에도 실질적 감자(유상감자)와 형식적 감자(무상감자)가 있다.
- 주식분할은 주식 액면금액을 감소시켜 하나의 주식을 여러 개의 주식으로 분할하는 것을 말한다.
- 주식병합은 주식분할과 반대로 주식 액면금액을 증가시켜 여러 개의 주식을 하나의 주식으로 병합하는 것을 말한다.
- 전환우선주는 일정 요건을 충족하면 보통주로 전환할 수 있는 우선주이다.
- 상환우선주가 채무상품으로 분류하기 위한 요건을 만족하지 않는 경우 지분상품으로 분류하여 재무상태표에 자본으로 최초 인식한다.

이익잉여금

- 이익잉여금이란 영업을 통한 이익창출활동에 의해 획득된 이익으로서 기업 밖으로 배당되거나 자본금이나 자본잉여금으로 대체되지 않고 기업내부에 유보되어 누적된 당기순손익이며, 법정적립금, 임의적립금 및 미처분이익잉여금으로 구분된다.
- 현금배당은 배당을 현금으로 지급하는 것이고, 주식배당은 배당을 주식으로 지급하는 것을 말한다.

자본조정

- 자기주식이란 기업이 이미 발행하여 유통되고 있는 주식을 소각하거나 일시적으로 보유하기 위해 매입한 주식을 말한다.

기타포괄손익누계액

- 기타포괄손익누계액은 포괄손익계산서 상에 표시되는 기타포괄손익의 누적액이며, 자본에서 별도로 표시되는 자본항목이다.

OX QUIZ

1 주주와 채권자 모두 의결권을 통해 경영에 직 · 간접적으로 참여가능하다.

2 자본금, 자본잉여금, 자본조정 및 기타포괄손익누계액은 소유주의 납입 등 자본거래를 통해서 발생한 계정들을 반영한다.

3 참가적 우선주는 보통주에 지급되는 배당률이 우선주 배당률을 초과하는 경우 그 초과분에 대해서 보통주와 동일한 배당률이 되도록 추가배당에 참가할 수 있는 권리가 부여된 우선주이다.

4 국제회계기준에서는 모든 상환우선주를 금융부채로 분류하도록 규정하고 있다.

5 주식이 할인발행된 경우에 할인액은 주식할인발행차금은 차변에 회계처리하는데, 기존에 주식발행초과금이 있는 경우에는 주식발행초과금을 먼저 상계하고 나머지 금액에 대해서 주식할인발행차금을 회계처리한다.

6 주식을 발행할 때 발생하는 금융기관수수료 등 주식발행비는 당기비용으로 인식한다.

7 현물출자는 우선적으로 발행하는 주식의 공정가치를 주식의 발행금액으로 한다.

8 무상증자는 자본잉여금 또는 이익잉여금(이익준비금 등의 법정적립금)이 자본전입되면서 자본금은 증가하지만 자본총액에는 변화가 없다.

9 유상감자 시에 주주에게 지급되는 금액이 자본금 감소액보다 큰 경우에는 그 차이를 감자차손으로 차변에 회계처리하고, 기존에 감자차익의 잔액이 있으면 이를 먼저 상계한다.

10 주식분할은 하나의 주식이 여러 개의 주식으로 분할되므로 자본금이 증가한다.

11 전환우선주를 보통주를 전환할 경우 장부금액과 전환되는 보통주의 공정가치 간의 차이를 전환손익으로 인식한다.

12 지분상품으로 분류된 상환우선주를 상환할 때에 이익잉여금의 감소로 회계처리한다.

13 현금배당의 경우에는 자본이 감소하지만, 주식배당의 경우에는 자본총액에 변화가 없다.

14 이익잉여금 총액은 법정적립금과 임의적립금의 적립으로 감소하고, 이입으로 증가한다.

15 자기주식은 자본조정, 즉 자본의 차감항목으로 분류한다.

16 FVOCI금융자산 중 채무상품의 평가손익, 해외사업장의 재무제표 환산으로 인한 외환차이, 그리고 현금흐름위험회피 파생상품의 평가손익 중 위험회피에 효과적인 부분 등은 후속적으로 당기손익으로 재분류조정할 수 있는 기타포괄손익이다.

Multiple-choice Questions

1 ㈜세무의 20×1년 초 자본총계는 ₩3,000,000이었다. 20×1년 중 자본과 관련된 자료가 다음과 같을 때, 20×1년 말 자본총계는? (CTA 2022)

- 4월 1일: 1주당 액면금액 ₩5,000인 보통주 100주를 1주당 ₩12,000에 발행하였다.
- 7월 30일: 이사회에서 총 ₩200,000의 중간배당을 결의하고 즉시 현금으로 지급하였다.
- 10월 1일: 20주의 보통주(자기주식)를 1주당 ₩11,000에 취득하였다.
- 11월 30일: 10월 1일에 취득하였던 보통주(자기주식) 중에서 10주는 1주당 ₩13,000에 재발행하였고, 나머지 10주는 소각하였다.
- 12월 31일: 20×1년도의 당기순이익과 기타포괄이익으로 각각 ₩850,000과 ₩130,000을 보고하였다.

① ₩4,040,000 ② ₩4,470,000 ③ ₩4,690,000
④ ₩4,760,000 ⑤ ₩4,890,000

2 ㈜세무는 20×1년 초 보통주와 우선주(누적적, 완전참가)를 발행하여 영업을 개시하였으며, 영업개시 이후 자본금의 변동은 없었다. 20×3년 기말 현재 발행된 주식과 배당관련 자료는 다음과 같다. (CTA 2020)

보통주			우선주(누적적, 완전참가)		
액면금액	발행주식수	배당률	액면금액	발행주식수	배당률
₩1,000	3,000주	4%	₩1,000	2,000주	6%

20×4년 3월 말 주주총회에서 ₩1,000,000의 현금배당을 결의하였을 경우, 보통주 주주에게 지급할 배당금은? (단, 과거에 현금배당을 실시하지 않았고, 배당가능이익은 충분하다)

① ₩432,000 ② ₩568,000 ③ ₩576,000
④ ₩640,000 ⑤ ₩880,000

3 다음은 유통업을 영위하는 ㈜대한의 자본과 관련된 자료이다. 20×2년도 포괄손익계산서의 당기순이익은 얼마인가? (CPA 2020)

[부분재무상태표(20×1년 12월 31일)]

(단위: ₩)

Ⅰ. 자본금	2,000,000
Ⅱ. 주식발행초과금	200,000
Ⅲ. 이익잉여금	355,000
이익준비금	45,000
사업확장적립금	60,000
미처분이익잉여금	250,000
자본총계	2,555,000

(1) ㈜대한은 재무상태표의 이익잉여금에 대한 보충정보로서 이익잉여금처분계산서를 주석으로 공시하고 있다.

(2) ㈜대한은 20×2년 3월 정기 주주총회 결의를 통해 20×1년도 이익잉여금을 다음과 같이 처분하기로 확정하고 실행하였다.

- ₩100,000의 현금배당과 ₩20,000의 주식배당
- 사업확장적립금 ₩25,000 적립
- 현금배당의 10%를 이익준비금으로 적립

(3) 20×3년 2월 정기 주주총회 결의를 통해 확정될 20×2년도 이익잉여금 처분내역은 다음과 같으며, 동 처분내역이 반영된 20×2년도 이익잉여금처분계산서의 차기이월미처분이익잉여금은 ₩420,000이다.

- ₩200,000의 현금배당
- 현금배당의 10%를 이익준비금으로 적립

(4) 상기 이익잉여금 처분과 당기순이익 외 이익잉여금 변동은 없다.

① ₩545,000 ② ₩325,000 ③ ₩340,000
④ ₩220,000 ⑤ ₩640,000

4 ㈜대한의 20×1년 1월 1일 현재 자본은 자본금 ₩5,000,000(주당 액면금액 ₩5,000, 발행주식수 1,000주), 주식발행초과금 ₩3,000,000과 이익잉여금 ₩1,500,000이다. 20×1년에 발생한 ㈜대한의 자기주식거래는 다음과 같다. (CPA 2019)

> 20×1년 3월 1일: 자기주식 60주를 주당 ₩6,000에 취득하였다.
> 5월 10일: 자기주식 20주를 주당 ₩7,500에 처분하였다.
> 7월 25일: 자기주식 10주를 주당 ₩5,000에 처분하였다.
> 9월 15일: 자기주식 20주를 주당 ₩4,500에 처분하였다.
> 10월 30일: 자기주식 10주를 소각하였다.
> 11월 20일: 대주주로부터 보통주 20주를 무상으로 증여받았으며,
> 수증 시 시가는 주당 ₩8,000이었다.

㈜대한의 20×1년도 당기순이익은 ₩300,000이다. ㈜대한은 선입선출법에 따른 원가법을 적용하여 자기주식거래를 회계처리한다. ㈜대한의 20×1년 12월 31일 재무상태표에 표시되는 자본총계는 얼마인가?

① ₩9,710,000 ② ₩9,730,000 ③ ₩9,740,000
④ ₩9,820,000 ⑤ ₩9,850,000

CHAPTER 13

복합금융상품

1. 복합금융상품
2. 전환사채
3. 신주인수권부사채
4. 상환우선주

보론. 전환사채의 할인발행과 할증발행

학습목표

- 복합금융상품에 대해 이해한다.
- 전환사채에 대해 이해한다.
- 신주인수권부사채에 대해 이해한다.
- 상환우선주에 대해 이해한다.

K-IFRS 제1032호 '금융상품: 표시'에서는 하나의 금융상품에 부채요소와 자본요소를 동시에 가지고 있는 것을 복합금융상품으로 정의하였다. 전환사채와 신주인수권부사채가 대표적인 복합금융상품이다. 전환사채는 일반사채와 주식으로 전환할 수 있는 권리(전환권)가 있으며, 신주인수권부사채는 일반사채와 주식을 인수할 수 있는 권리(신주인수권)가 있다.
다소 복잡한 과정을 통해서 전환사채의 자본요소인 전환권 또는 신주인수권부사채의 자본요소인 신주인수권이 산출되지만 재무제표에 자본요소를 부채요소에서 분리하여 표시하기 위해서 반드시 필요한 절차이다. 본장을 통해서 복합금융상품의 자본요소를 부채요소에서 분리하는 과정과 회계처리 절차에 대해 심도 있게 학습해 보자.

1. 복합금융상품

1.1 복합금융상품의 의의

복합금융상품(compound financial instrument)이란 발행자의 관점에서 부채요소와 자본요소를 동시에 가지고 있는 비파생금융상품을 말한다. 대표적인 복합금융상품인 전환사채의 예를 들면, 이자지급과 원금의 상환의무는 금융부채에 해당하며, 확정수량의 주식으로 전환할 수 있는 전환권은 지분상품, 즉 자본에 해당한다. 또 다른 복합금융상품인 신주인수권부사채 역시 이자지급과 원금의 상환의무는 금융부채에 해당하며, 미리 결정된 가격으로 확정 수량의 주식을 인수할 수 있는 신주인수권은 지분상품, 즉 자본에 해당한다.

1.2 복합금융상품의 회계처리

전환사채는 전환권을, 신주인수권부사채는 신주인수권이라는 자본요소를 가지고 있다. 전환사채나 신주인수권부사채가 가지고 있는 금융부채의 가치와 별도로 전환권이나 신주인수권의 가치를 인식할 것인지에 대한 문제가 발생한다.

(1) 전환권가치 인식법

전환권의 가치를 별도로 인식하여야 한다고 주장하는 근거는 전환사채나 신주인수권부사채는 부채요소와 자본요소를 동시에 가지고 있는 복합금융상품이므로 경제적 실질에 기초하여 전환권의 가치를 별도로 인식하여야 한다는 것이다.

(2) 전환권가치 무인식법

전환권의 가치를 인식하지 않아야 한다고 주장하는 근거는 전환사채나 신주인수권부사채가 금융부채 부분과 전환권 또는 신주인수권을 구분하여 거래되고 있지 않고, 특정한 시점까지는 순수한 부채로서 행사가능성이 불확실한 전환권의 가치를 별도로 인식하지 않아야 한다는 것이다.

(3) 국제회계기준(전환권가치 인식법)

전환사채나 신주인수권부사채의 발행자는 ① 금융부채 요소와 ② 발행자의 지분상품으로 전환할 수 있는 옵션을 보유자에게 부여하는 요소(전환권 또는 신주인수권)를 별도로 분리하여 인식한다. 예를 들면, 확정 수량의 발행자의 보통주로 보유자가 전환할 수 있는 사채나 이와 비슷한 금융상품은 복합금융상품이다. 발행자의 관점에서 이러한 금융상품은 금융부채(현금 등 금융자산을 인도하는 계약)의 요소와 지분상품(확정 수량의 발행자의 보통주로 전환할 수 있는 권리를 정해진 기간에 보유자에게 부여하는 콜옵션)의 요소로 구성된다. 이러한 금융상품을 발행하는 거래는 조기상환 조항이 있는 채무상품과 주식을 매입할 수 있는 주식매입권을 동시에 발행하는 거래나 분리형 주식매입권이 있는 채무상품을 발행하는 거래와 실질적으로 같은 경제적 효과가 있다. 따라서 발행자는 이러한 모든 거래를 부채요소와 자본요소로 분리하여 재무상태표에 표시한다.

2. 전환사채

2.1 전환사채의 의의

전환사채(CB: convertible bond)는 일반사채에 주식으로 전환할 수 있는 권리, 즉 전환권(conversion option)이 부여되어 있는 사채이다. 전환사채는 일반사채처럼 표시이자율에 의한 이자를 지급하고, 발행회사의 주가가 상승하면 주식으로 전환하여 주가차익을 취할 수 있는 권리를 부여하므로 투자자 입장에서는 매력적인 투자수단이 된다. 발행회사 입장에서는 일반사채보다 낮은 표시이자율로 발행할 수 있으므로 적은 이자비용으로 자금을 조달할 수 있는 이점이 있다. 또한 전환사채가 주식으로 전환되면 부채가 감소하고 자본이 증가하여 재무구조가 개선될 수 있으며, 이자지급 및 원금상환에 따르는 자금부담도 덜 수 있다.

만약 예상과 달리 주가가 상승하지 않아 전환사채를 전환할 기회를 놓친다면 투자자 입장에서는 일반사채의 수익률보다 더 낮아질 위험이 있다. 이러한 위험 때문에 투자자들이 전환사채의 투자를 꺼리는 것을 방지하기 위해서 원금에 상환할증금을 추가 지급하는 조건으로 전환사채를 발행하기도 한다. 상환할증금은 전환사채를 주식으로 전환하지 않고 만기가 도래하면 원금에 추가된 금액을 더하여 상환하는 조건을 말한다. 상환할증금 지급조건의 전환사채를 취득한 투자자는 전환사채의 만기상환 시 원금에 상환할증금을 추가로 수령함으로써 표시이자율보다 높은 수익률을 보장받는데, 이를 보장수익률이라고 한다.

2.2 전환권의 가치

전환사채는 주식으로 전환할 수 있는 전환권을 부여하기 때문에 전환권이 없는 일반사채의 발행금액보다 높은 금액으로 발행된다. 따라서 전환권의 가치는 전환사채 전체의 공정가치에서 일반사채의 공정가치를 차감하여 계산하며, 이를 일반사채와 분리하여 전환권대가 계정의 자본으로 인식한다.

전환권의 가치 = 전환사채의 공정가치(발행금액) - 일반사채의 공정가치(현재가치)

한편, 국제회계기준에서는 전환권대가의 분류에 대한 구체적인 규정이 없다. 전환권대가가 전환권을 행사하기 위한 증거금의 성격이므로, 자본조정으로 분류한 후 전환권을 행사하는 시점에 자본잉여금으로 대체하는 것이 타당하다.

2.3 보장수익률과 상환할증금 간의 관계

앞서 언급한 것처럼 전환사채 발행자가 전환사채를 발행하면서 투자자들의 수익을 보장해주기 위해 표시이자율보다 높은 보장수익률을 제시하고, 이에 따라 투자자들이 전환사채를 주식으로 전환하지 않고 만기가 도래하면 원금에 추가된 상환할증금을 받는다. 따라서 상환할증금은 전환사채 기간 동안 보장이자와 표시이자 차이 금액을 만기에 일시에 지급하는 미래가치로 계산한 금액이며 계산식은 다음과 같다.

상환할증금 = $\Sigma\,(I^g - I\,) \times (1+r^g)^{n-1}$

= 전환사채 액면금액 × (보장수익률 - 표시이자율) × (r^g, n, 연금미래가치계수)

(I^g = 보장이자 , I = 표시이자, r^g = 보장수익률, n = 기간)

위와 같이 계산한 상환할증금을 전환사채 액면금액으로 나누면 상환할증률이며 계산식은 다음과 같다.

$$상환할증률 = \frac{상환할증금}{전환사채\ 액면금액}$$
$$= (보장수익률 - 표시이자율) \times (r^g,\ n,\ 연금미래가치계수)$$

2.4 전환사채의 발행 및 후속 측정

전환사채의 발행 시에 부채요소와 자본요소를 분리하여 표시한다. 앞서 언급한 것처럼 전환사채의 자본요소는 전환사채 전체 공정가치에서 일반사채의 공정가치를 차감하여 계산한다. 부채요소의 결정금액은 전환권이 없는 유사한 일반사채의 공정가치를 측정하여 결정한다. 이때 유사한 일반사채의 공정가치는 동일한 조건하에서 유사한 신용상태와 실질적으로 동일한 현금흐름을 제공하지만 전환권이 없는 채무상품의 정해진 미래현금흐름을 시장이자율을 적용하여 할인한 현재가치로 계산한다. 전환사채의 발행과 직접 관련된 거래원가는 부채요소와 자본요소에 배분된 금액에 비례하여 부채요소와 자본요소로 배분한다. 또한 전환권을 행사할 가능성이 변동되더라도 전환사채의 부채요소와 자본요소의 최초 분류를 수정하지 않는다.

상환할증금을 지급하는 조건에 액면발행한 전환사채의 발행 시 회계처리는 다음과 같다.

〈전환사채의 액면발행(상환할증금 지급조건)〉

(차변)	현금	×××	(대변)	전환사채	×××
	전환권조정	×××		상환할증금	×××
				전환권대가	×××

이때 전환권조정은 전환사채의 차감계정으로서 상환할증금과 전환권대가를 더한 금액이다. 전환사채 기간 동안 유효이자율법으로 상각하여 이자비용에 가산한다. 이자비용 인식 시의 회계처리는 다음과 같다.

〈이자비용 인식〉

(차변)	이 자 비 용	×××	(대변)	현 금	×××
				전 환 권 조 정	×××

또한 상환할증금은 전환사채의 가산계정으로서 전환권이 행사되어 주식을 발행할 때 행사된 부분만큼 장부에서 제거되고, 전환권이 행사되지 않은 부분에 해당하는 금액은 만기상환 시 현금 지급하면서 장부에서 제거된다.

예제 1 ❙ 전환사채의 발행 및 후속 측정

대박회사는 20×1년 1월 1일에 다음과 같은 조건의 전환사채를 액면발행하였다.

- 액면금액: ₩1,000,000
- 표시이자율: 연 5%
- 일반사채 시장이자율: 연 10%
- 이자지급일: 매년 12월 31일
- 만기상환일: 20×3년 12월 31일

물음

1. 상환할증금이 없다고 가정하고, 전환사채 발행일에 부채요소와 자본요소를 구분하고, 전환사채의 장부금액 조정표를 작성하여 발행 시와 20×1년 말 이자지급 시에 해야 할 분개를 하시오.

2. 상환할증금 ₩64,298(보장수익률 7%)의 지급조건을 가정하고, 전환사채 발행일에 부채요소와 자본요소를 구분하고, 전환사채의 장부금액 조정표를 작성하여 발행 시와 20×1년 말 이자지급 시에 해야 할 분개를 하시오.

풀이

1. 상환할증금이 없는 경우
   - 부채요소(일반사채의 현재가치) = 이자지급액의 현재가치 + 원금상환액의 현재가치
     = ₩50,000 × 2.4869(3기간, 10%, 정상연금현가계수)
     + 1,000,000 × 0.7513(3기간, 10%, 단일금액현가계수)
     = ₩875,645
   - 자본요소(전환권대가) = ₩1,000,000 − 875,645 = ₩124,355

유효이자율법을 이용한 전환사채의 장부금액 조정표를 작성하면 다음과 같다.

전환사채의 장부금액 조정표

일자	유효이자 (기초 장부금액 × 10%)	표시이자 (액면금액 × 5%)	전환권조정 (유효이자 - 표시이자)	전환사채의 장부금액
20×1. 1. 1.				₩875,645
20×1. 12. 31.	₩87,565	₩50,000	₩37,565	913,210
20×2. 12. 31.	91,321	50,000	41,321	954,531
20×3. 12. 31.	95,469❶	50,000	45,469	1,000,000
합계	₩274,355	₩150,000	₩124,355	

❶ 단수차이 조정

〈20×1. 1. 1.〉

(차변)	현 금	1,000,000	(대변)	전 환 사 채	1,000,000
	전 환 권 조 정	124,355		전 환 권 대 가	124,355

〈20×1. 12. 31.〉

(차변)	이 자 비 용	87,565	(대변)	현 금	50,000
				전 환 권 조 정	37,565

2. 상환할증금 ₩64,298(보장수익률 7%)의 지급조건인 경우
   - 부채요소(일반사채의 현재가치) = 이자지급액의 현재가치 + 원금상환액의 현재가치
     = ₩50,000 × 2.4869(3기간, 10%, 정상연금현가계수)
     + 1,064,298 × 0.7513(3기간, 10%, 단일금액현가계수)
     = ₩923,952
   - 자본요소(전환권대가) = ₩1,000,000 - 923,952 = ₩76,048

유효이자율법을 이용한 전환사채의 장부금액 조정표를 작성하면 다음과 같다.

전환사채의 장부금액 조정표

일자	유효이자 (기초 장부금액 × 10%)	표시이자 (액면금액 × 5%)	전환권조정 (유효이자 - 표시이자)	전환사채의 장부금액
20×1. 1. 1.				₩923,952
20×1. 12. 31.	₩92,395	₩50,000	₩42,395	966,347
20×2. 12. 31.	96,635	50,000	46,635	1,012,982
20×3. 12. 31.	101,316❶	50,000	51,316	1,064,298
합계	₩290,346	₩150,000	₩140,346	

❶ 단수차이 조정

〈20×1. 1. 1.〉

(차변)	현 금	1,000,000	(대변)	전 환 사 채	1,000,000
	전 환 권 조 정	140,346		상 환 할 증 금	64,298
				전 환 권 대 가	76,048

〈20×1. 12. 31.〉

(차변)	이 자 비 용	92,395	(대변)	현 금	50,000
				전 환 권 조 정	42,395

2.5 전환사채의 전환

(1) 전환사채의 전환 시 회계처리

전환사채의 전환권이 행사되면 전환사채를 감소시키고 자본을 증가시키는 회계처리를 한다. 전환사채를 전환할 때 주식의 발행금액을 결정하는 방법으로 장부금액법과 시가법이 있다. K-IFRS 제1032호 '금융상품: 표시'에서는 전환손익을 인식하지 않는 장부금액법을 사용하여 회계처리하도록 규정하고 있다.[1] 최초 인식한 전환권대가는

1 지분이론(equity theory)에는 자본주이론과 실체이론이 있다. 자본주이론은 전환사채의 전환을 주식을 발행하여 부채를 상환하는 이원거래로 보기 때문에 전환손익이 발생할 수 있다. 실체이론은 전환사채의 전환을 타인자본에서 자기자본으로 대체되는 지분의 재분류로 보기 때문에 전환손익이 발생하지 않는다. 국제회계기준은 지분이론 중에서 실체이론을 따른 것이다.

주식발행초과금으로 대체할 수 있으며, 대체한 경우 주식의 발행금액에 가산한다. 따라서 전환권 행사에 따른 주식의 발행금액은 다음과 같다.

주식의 발행금액 = (전환사채의 장부금액 + 전환권대가(선택적)) × 전환비율

상환할증금을 지급하는 조건에 액면발행한 전환사채를 전환할 때 회계처리는 다음과 같다.

〈전환사채의 전환〉

(차변)	전환사채	×××*	(대변)	전환권조정	×××*
	상환할증금	×××*		자본금	×××
				주식발행초과금	×××

* 전환비율만큼 감소시킨다.

〈선택적 회계처리〉

(차변)	전환권대가	×××	(대변)	주식발행초과금	×××

* 전환비율만큼 감소시킨다.

(2) 전환권 행사 후 이자지급 시 회계처리

전환사채의 전환권을 행사하면 행사한 전환사채는 주식으로 전환되면서 장부에서 제거되므로 전환권을 행사하지 않은 비율을 적용하여 이자비용을 인식한다. 이때 적용하는 이자율은 최초 전환사채의 현재가치를 계산할 때 적용한 최초 유효이자율이다.

(3) 만기상환 시 회계처리

전환사채 중 전환권을 행사하지 않은 부분의 경우 발행자는 전환사채의 전환권을 행사하지 않은 비율만큼의 액면금액과 상환할증금을 상환해야 한다. 만기에 전환사채의 상각후원가가 액면금액과 동일한 금액으로 계상되어 있으므로, 전환사채의 만기상환 시 상환손익은 발생하지 않는다. 또한 만기 시에 남아 있는 전환권대가는 자본의 다른 항목(자본잉여금)으로 대체될 수 있지만 계속하여 자본으로 유지된다.

예제 2 ❙ 전환사채의 전환

(예제 1)에 이어서, 20×2년 1월 1일에 전환사채 중 액면금액 ₩600,000이 보통주(액면금액 ₩5,000)로 전환되었으며, 전환사채 액면금액 ₩10,000당 보통주 1주를 발행 · 교부한다.

물음

1. 상환할증금이 없다고 가정하고, 전환사채의 장부금액 조정표를 재작성하고 전환일, 20×2년 말과 20×3년 말 이자지급 시, 그리고 만기상환 시에 해야 할 분개를 하시오. 단, 전환일에 전환권대가를 주식발행초과금으로 대체한다.

2. 상환할증금 ₩64,298(보장수익률 7%)의 지급조건을 가정하고, 전환사채의 장부금액 조정표를 재작성하고 전환일, 20×2년 말과 20×3년 말 이자지급 시, 그리고 만기상환 시에 해야 할 분개를 하시오. 단, 전환일에 전환권대가를 주식발행초과금으로 대체한다.

풀이

1. 상환할증금이 없는 경우

전환사채의 장부금액 조정표

일자	유효이자 (기초 장부금액 × 10%)	표시이자 (액면금액 × 5%)	전환권조정 (유효이자 - 표시이자)	전환사채의 장부금액
20×1. 1. 1.				₩875,645
20×1. 12. 31.	₩87,565	₩50,000	₩37,565	913,210
20×2. 1. 1.				365,284❶
20×2. 12. 31.	36,528	20,000❷	16,528	381,812
20×3. 12. 31.	38,188❸	20,000	18,188	400,000
합계	₩162,281	₩90,000	₩72,281	

❶ 장부금액 배분

	전환 직전 장부금액	행사(60%)	미행사(40%)
전환사채	₩1,000,000	₩600,000	₩400,000
전환권조정	(86,790)	(52,074)	(34,716)
장부금액	₩913,210	₩547,926	₩365,284

❷ ₩400,000(미행사 전환사채) × 5% = ₩20,000

❸ 단수차이 조정

〈20×2. 1. 1.〉

(차변)	전 환 사 채	600,000	(대변)	전 환 권 조 정	52,074
				보 통 주 자 본 금	300,000❹
				주 식 발 행 초 과 금	247,926
(차변)	전 환 권 대 가	74,613❺	(대변)	주 식 발 행 초 과 금	74,613

❹ 교부주식수 = ₩600,000/10,000(전환가격) = 60주
보통주자본금 = 60주 × ₩5,000(액면금액) = ₩300,000

❺ ₩124,355(최초 전환권대가) × 60% = ₩74,613

〈20×2. 12. 31.〉

(차변)	이 자 비 용	36,528	(대변)	현 금	20,000
				전 환 권 조 정	16,528

〈20×3. 12. 31.〉

(차변)	이 자 비 용	38,188	(대변)	현 금	20,000
				전 환 권 조 정	18,188
(차변)	전 환 사 채	400,000	(대변)	현 금	400,000

❻ 만기 시에 남아 있는 전환권대가(₩49,742)는 자본의 다른 항목(자본잉여금)으로 대체될 수 있지만 계속하여 자본으로 유지된다.

2. 상환할증금 ₩64,298(보장수익률 7%)의 지급조건인 경우

전환사채의 장부금액 조정표

일자	유효이자 (기초 장부금액 × 10%)	표시이자 (액면금액 × 5%)	전환권조정 (유효이자 – 표시이자)	전환사채의 장부금액
20×1. 1. 1.				₩923,952
20×1. 12. 31.	₩92,395	₩50,000	₩42,395	966,347
20×2. 1. 1.				386,539❶
20×2. 12. 31.	38,654	20,000❷	18,654	405,193
20×3. 12. 31.	40,526❸	20,000	20,526	425,719
합계	₩171,575	₩90,000	₩81,575	

❶ 장부금액 배분

	전환 직전 장부금액	행사(60%)	미행사(40%)
전환사채	₩1,000,000	₩600,000	₩400,000
상환할증금	64,298	38,579	25,719
전환권조정	(97,951)	(58,771)	(39,180)
장부금액	₩966,347	₩579,808	₩386,539

❷ ₩400,000(미행사 전환사채) × 5% = ₩20,000

❸ 단수차이 조정

〈20×2. 1. 1.〉

(차변)	전환사채	600,000	(대변)	전환권조정	58,771
	상환할증금	38,579		보통주자본금	300,000❹
				주식발행초과금	279,808
(차변)	전환권대가	45,629❺	(대변)	주식발행초과금	45,629

❹ 교부주식수 = ₩600,000/10,000(전환가격) = 60주

보통주자본금 = 60주 × ₩5,000(액면금액) = ₩300,000

❺ ₩76,048(최초 전환권대가) × 60% = ₩45,629

〈20×2. 12. 31.〉

(차변)	이자비용	38,654	(대변)	현금	20,000
				전환권조정	18,654

〈20×3. 12. 31.〉

(차변)	이자비용	40,526	(대변)	현금	20,000
				전환권조정	20,526
(차변)	전환사채	400,000	(대변)	현금	425,719
	상환할증금	25,719			

❻ 만기 시에 남아 있는 전환권대가(₩30,419)는 자본의 다른 항목(자본잉여금)으로 대체될 수 있지만 계속하여 자본으로 유지된다.

2.6 전환사채 발행 시 거래원가

앞서 언급한 것처럼 전환사채의 발행과 직접 관련된 거래원가는 부채요소와 자본요소에 배분된 금액에 비례하여 부채요소와 자본요소로 배분한다. 즉, 비례적으로 계산한 거래원가를 부채요소와 자본요소에 각각 차감한다. 이로 인하여 부채에 적용되는 유효이자율은 상승하게 된다.

예제 3 ❙ 전환사채의 발행 및 후속 측정

대박회사는 20×1년 1월 1일에 다음과 같은 조건의 전환사채를 액면발행하였다.

- 액면금액: ₩1,000,000
- 표시이자율: 연 5%
- 일반사채 시장이자율: 연 10%
- 이자지급일: 매년 12월 31일
- 만기상환일: 20×3년 12월 31일
- 거래원가: ₩20,000

물음

상환할증금이 없다고 가정하고, 전환사채 발행일에 부채요소와 자본요소를 구분하고, 전환사채의 장부금액 조정표를 작성하여 발행 시와 20×1년 말 이자지급 시에 해야 할 분개를 하시오.

풀이

- 거래원가의 배분

	발행금액 (예제 1 참조)	거래원가 배분	거래원가 반영 후 발행금액
부채요소	₩875,645	₩17,513❶	₩858,132
자본요소	124,355	2,487❷	121,868
합　계	₩1,000,000	₩20,000	₩980,000

❶ 거래원가의 부채요소 = ₩20,000 × 875,645/1,000,000 = ₩17,513

❷ 거래원가의 자본요소 = ₩20,000 × 124,355/1,000,000 = ₩2,487

〈20×1. 1. 1.〉

(차변)	현금	1,000,000	(대변)	전환사채	1,000,000
	전환권조정	124,355		전환권대가	124,355
(차변)	전환권조정	17,513	(대변)	현금	20,000
	전환권대가	2,487			

참고로 전환사채의 발행 시 거래원가가 발생한 경우 일반사채에 적용되는 유효이자율은 거래원가가 발생하지 않았을 경우에 시장이자율 10%보다 높아진다.

• 유효이자율: $₩858,132 = \frac{50,000}{(1+r)^1} + \frac{50,000}{(1+r)^2} + \frac{1,050,000}{(1+r)^3}$

∴ 유효이자율 = 10.78%

2.7 전환사채의 조기상환(재매입)

전환사채의 조기상환 또는 재매입은 발행자가 만기 전에 현금상환을 통해 일반사채와 전환권을 모두 청산시키는 것을 말한다. 전환사채가 조기상환 또는 재매입을 통해 소멸되는 경우 지급한 대가와 거래원가를 거래 발생시점의 부채요소와 자본요소에 배분한다. 이때 지급한 대가를 배분하는 방법은 전환사채가 발행되는 시점에 발행금액을 각 요소별로 배분한 방법과 일관되어야 한다. 그 결과로 발생되는 손익 중 부채요소와 관련된 손익은 당기손익으로 인식하고, 자본요소와 관련된 손익은 자본으로 인식한다.

상환할증금을 지급하는 조건에 액면발행한 전환사채의 조기상환 시 회계처리는 다음과 같다.

〈부채요소의 상환〉

(차변)	전환사채	×××	(대변)	현금	×××
	상환할증금	×××		전환권조정	×××
	사채상환손실(당기손익)	×××		사채상환이익(당기손익)	×××

〈자본요소의 상환〉

(차변)	전환권대가	×××	(대변)	현금	×××
	사채상환손실(기타자본)	×××		사채상환이익(기타자본)	×××

예제 4 | 전환사채의 조기상환(재매입)

(예제 1)에 이어서, 20×2년 1월 1일에 전환사채 전부를 공정가치인 ₩1,000,000에 조기상환하였다. 조기상환일 현재 일반사채의 시장이자율은 연 12%이다.

물음

1. 상환할증금이 없다고 가정하고, 조기상환일에 해야 할 분개를 하시오.

2. 상환할증금 ₩64,298(보장수익률 7%)의 지급조건을 가정하고, 조기상환일에 해야 할 분개를 하시오.

풀이

1. 상환할증금이 없는 경우
   - 조기상환일에 장부금액과 공정가치 배분

	장부금액 (예제 1 참조)	공정가치	상환손익
부 채 요 소	₩913,210	₩881,705❶	₩31,505
자 본 요 소	124,355	118,295❷	6,060
합 계	₩1,037,565	₩1,000,000	₩37,565

❶ 조기상환일 현재 부채요소 공정가치
= ₩50,000 × 1.6901(2기간, 12%, 정상연금현가계수)
+ 1,000,000 × 0.7972(2기간, 12%, 단일금액현가계수)
= ₩881,705

❷ 조기상환일 현재 자본요소 공정가치 = ₩1,000,000 − 881,705 = ₩118,295

〈부채요소의 상환〉

(차변)	전 환 사 채	1,000,000	(대변)	현 금	881,705
				전 환 권 조 정	86,790
				사채상환이익(당기손익)	31,505

〈자본요소의 상환〉

(차변)	전 환 권 대 가	124,355	(대변)	현 금	118,295
				사채상환이익(기타자본)	6,060

2. 상환할증금 ₩64,298(보장수익률 7%)의 지급조건인 경우
   • 조기상환일에 장부금액과 공정가치 배분

	장부금액 (예제 1 참조)	공정가치	상환손익
부채요소	₩966,347	₩932,963❶	₩33,384
자본요소	76,048	67,037❷	9,011
합 계	₩1,042,395	₩1,000,000	₩42,395

❶ 조기상환일 현재 부채요소 공정가치
= ₩50,000 × 1.6901(2기간, 12%, 정상연금현가계수)
+ 1,064,298 × 0.7972(2기간, 12%, 단일금액현가계수)
= ₩932,963

❷ 조기상환일 현재 자본요소 공정가치 = ₩1,000,000 - 932,963 = ₩67,037

〈부채요소의 상환〉

(차변)	전환사채	1,000,000	(대변)	현금	932,963
	상환할증금	64,298		전환권조정	97,951
				사채상환이익(당기손익)	33,384

〈자본요소의 상환〉

(차변)	전환권대가	76,048	(대변)	현금	67,037
				사채상환이익(기타자본)	9,011

2.8 전환사채의 전환조건 변경(유도전환)

전환사채의 전환조건 변경 또는 유도전환은 발행자가 전환사채의 조기전환을 유도하기 위하여 좀 더 유리한 전환조건을 제시하는 등의 방법으로 전환사채의 조건을 변경하는 것을 말한다.

유도전환의 경우에는 조건이 변경되는 시점에 변경된 조건하에서 전환으로 인하여 보유자가 수취하게 되는 대가의 공정가치와 원래의 조건하에서 전환으로 인하여 보유자가 수취하였을 대가의 공정가치의 차이를 손실로 하여 즉시 당기손익으로 인식한다. 이는 조건변경으로 인한 손실을 부채의 상환과정으로 보기 때문이다. 조건변경일의 회계처리는 다음과 같다.

〈전환 조건변경일〉

(차변)	변 경 손 실	×××	(대변)	기타자본(전환권대가)	×××

K-IFRS 제1032호 '금융자산: 표시'에서 대변의 자본항목에 대한 구체적인 언급은 하고 있지 않다. 전환사채의 보유자에게 더 유리한 조건으로 전환조건이 변경되면 전환권의 가치가 더 높아지기 때문에 전환권대가로 회계처리하는 것이 타당하다.

예제 5 ❙ 전환사채의 전환조건 변경(유도전환)

(예제 1)에 이어서, 20X1년 1월 1일에 전환조건을 전환사채 액면금액 ₩10,000당 보통주 1주에서 전환사채 액면금액 ₩10,000당 보통주 1.1주를 발행 · 교부하는 것으로 변경하였다. 전환일의 보통주 시가는 주당 ₩12,000이다.

물음

조건변경일에 대박회사가 해야 할 분개를 하시오.

풀이

〈20×2. 1. 1.〉

(차변)	변 경 손 실	120,000❶	(대변)	기타자본(전환권대가)	120,000

❶ 추가 발행주식수 = ₩1,000,000 / 10,000 × 0.1주 = 10주
추가 발행될 보통주의 공정가치 = 10주 × ₩12,000 = ₩120,000

3. 신주인수권부사채

3.1 신주인수권부사채의 의의

신주인수권부사채(BW: bond with warrants)는 일반사채에 주식을 인수할 수 있는 권리, 즉 신주인수권(stock warrants)이 부여되어 있는 사채이다. 전환사채와 마찬가지로 신주인수권부사채는 일반사채처럼 표시이자율에 의한 이자를 지급하고, 발행회사의

주가가 상승하면 신주인수권의 행사로 주식을 취득하여 주가차익을 취할 수 있는 권리를 부여하므로 투자자 입장에서는 매력적인 투자수단이 된다. 발행회사 역시 일반사채보다 낮은 표시이자율로 발행할 수 있으므로 적은 이자비용으로 자금을 조달할 수 있는 이점이 있다. 또한 신주인수권부사채도 사채기간 중에 신주인수권을 행사하지 않고 만기상환될 때 상환할증금을 지급하는 조건으로 발행할 수 있다.

다만, 전환사채와 차이점은 전환사채는 전환권을 행사하는 시점에 전환사채가 주식으로 직접 전환되므로 현금의 납입이 없고 전환사채가 제거된다. 그러나 신주인수권부사채는 신주인수권을 행사하는 시점에 현금을 납입하므로 사채가 그대로 존속하게 된다.

3.2 신주인수권부사채의 분류

신주인수권부사채는 분리형 신주인수권부사채와 비분리형 신주인수권부사채로 구분된다. 분리형 신주인수권부사채는 사채권과 신주인수권을 각각 별도의 증권으로 발행하여 독립적으로 양도할 수 있는 사채를 말한다. 반면에 비분리형 신주인수권부사채는 사채권과 신주인수권을 하나의 증권으로 발행하여 두 가지 권리를 분리하여 양도할 수 없는 사채를 말한다. 하지만 신주인수권 분리 여부에 따라 회계처리가 달라지는 것이 아니므로 회계적으로 차이는 없다.

3.3 신주인수권의 가치

신주인수권부사채는 주식을 인수할 수 있는 신주인수권을 부여하기 때문에 신주인수권이 없는 일반사채의 발행금액보다 높은 금액으로 발행된다. 따라서 전환사채와 마찬가지로 신주인수권의 가치는 신주인수권부사채 전체의 공정가치에서 일반사채의 공정가치를 차감하여 계산하며, 이를 일반사채와 분리하여 신주인수권대가 계정의 자본으로 인식한다.

신주인수권의 가치 = 신주인수권부사채의 공정가치(발행금액) - 일반사채의 공정가치(현재가치)

한편, 국제회계기준에서는 신주인수권대가의 분류에 대한 구체적인 규정이 없다. 신주인수권대가가 신주인수권을 행사하기 위한 증거금의 성격이므로, 자본조정으로 분류한 후 신주인수권을 행사하는 시점에 자본잉여금으로 대체하는 것이 타당하다.

3.4 신주인수권부사채의 발행과 후속 측정

전환사채와 마찬가지로 신주인수권부사채의 발행 시에도 부채요소와 자본요소를 분리하여 표시한다. 앞서 언급한 것처럼 신주인수권부사채의 자본요소는 신주인수권부사채 전체 공정가치에서 일반사채의 공정가치를 차감하여 계산한다. 부채요소의 결정금액은 신주인수권이 없는 유사한 일반사채의 공정가치를 측정하여 결정한다. 이때 유사한 일반사채의 공정가치는 동일한 조건하에서 유사한 신용상태와 실질적으로 동일한 현금흐름을 제공하지만 신주인수권이 없는 채무상품의 정해진 미래현금흐름을 시장이자율을 적용하여 할인한 현재가치로 계산한다. 신주인수권부사채의 발행과 직접 관련된 거래원가는 부채요소와 자본요소에 배분된 금액에 비례하여 부채요소와 자본요소로 배분한다.

상환할증금을 지급하는 조건에 액면발행한 신주인수권부사채의 발행 시 회계처리는 다음과 같다.

〈신주인수권부사채 액면발행(상환할증금 지급조건)〉

(차변)	현 금	×××	(대변)	신주인수권부사채	×××
	신주인수권조정	×××		상 환 할 증 금	×××
				신주인수권대가	×××

이때 신주인수권조정은 신주인수권부사채의 차감계정으로서 신주인수권부사채 기간 동안 유효이자율법으로 상각하여 이자비용에 가산한다. 이자비용 인식 시의 회계처리는 다음과 같다.

〈이자비용 인식〉

(차변)	이 자 비 용	×××	(대변)	현 금	×××
				신주인수권조정	×××

전환사채와 차이점은 신주인수권부사채는 신주인수권을 행사하더라도 사채가 그대로 존속하므로 표시이자 지급액은 감소하지 않는다.

3.5 신주인수권부사채의 신주인수권 행사

신주인수권부사채의 신주인수권이 행사되면 사채발행회사는 현금을 수령하고 주식을 발행한다. 최초 인식한 신주인수권대가는 주식발행초과금으로 대체할 수 있으며, 대체한 경우 주식의 발행금액에 가산한다.

상환할증금 지급조건이 없는 경우 액면발행한 신주인수권부사채의 신주인수권이 행사되었다면 다음과 같이 회계처리한다.

〈신주인수권 행사(상환할증금 지급조건이 없는 경우)〉

(차변)	현 금	×××	(대변)	자 본 금	×××
				주식발행초과금	×××

〈선택적 회계처리〉

(차변)	신주인수권대가	×××*	(대변)	주식발행초과금	×××

* 행사비율만큼 감소시킨다.

한편, 상환할증금을 지급하는 조건의 신주인수권부사채의 신주인수권이 행사된 경우, 신주인수권을 행사하면 만기에 상환할증금을 지급하지 않을 것이므로 최초 인식했던 상환할증금 중 신주인수권 행사 부분만큼 감소시켜야 한다. 추가적으로 고려해야 하는 것은 최초 발행 당시에 상환할증금의 명목금액과 현재가치의 차이를 신주인수권조정에 포함시켰으므로 상환할증금의 감소 부분만큼 신주인수권조정(**감소되는 상환할증금의 명목금액과 현재가치의 차이**)을 감소시켜야 한다.

상환할증금 지급조건이 있는 경우 액면발행한 신주인수권부사채의 신주인수권이 행사되었다면 다음과 같이 회계처리한다.

〈신주인수권 행사(상환할증금 지급조건이 있는 경우)〉

(차변)	현　　금	×××	(대변)	신주인수권조정	×××**
	상환할증금	×××*		자　본　금	×××
				주식발행초과금	×××

* 행사비율만큼 감소시킨다.

** 상환할증금 감소 부분의 명목금액과 현재가치의 차이만큼 감소시킨다.

〈선택적 회계처리〉

(차변)	신주인수권대가	×××*	(대변)	주식발행초과금	×××

* 행사비율만큼 감소시킨다.

3.6 신주인수권부사채의 상환

신주인수권을 행사하더라도 신주인수권부사채는 만기까지 그대로 존속한다. 따라서 상환할증금을 지급하지 않는 조건이라면 신주인수권이 행사 여부와 상관없이 만기 시 지급해야 하는 금액은 동일하다. 다만, 상환할증금을 지급하는 조건이라면 신주인수권이 행사되면 행사비율만큼 상환할증금이 감소하므로 신주인수권의 행사 여부에 따라 행사비율만큼 상환할증금 지급 금액에 차이가 발생한다.

예제 6 ❙ 신주인수권부사채의 회계처리

대박회사는 20×1년 1월 1일에 다음과 같은 조건의 신주인수권부사채를 액면발행하였다.

- 액면금액: ₩1,000,000
- 표시이자율: 연 5%
- 일반사채 시장이자율: 연 10%
- 이자지급일: 매년 12월 31일
- 행사가격: ₩10,000
- 만기상환일: 20×3년 12월 31일
- 보통주 액면금액: ₩5,000

20×2년 1월 1일에 사채 액면금액의 60%의 신주인수권이 행사되었다.

물음

1. 상환할증금이 없다고 가정하고, 전환사채 발행일에 부채요소와 자본요소를 구분하고, 전환사채의 장부금액 조정표를 작성하고 사채기간 동안 해야 할 분개를 하시오. 단, 행사일에 신주인수권대가를 주식발행초과금으로 대체한다.

2. 상환할증금 ₩64,298(보장수익률 7%)의 지급조건을 가정하고, 전환사채 발행일에 부채요소와 자본요소를 구분하고, 전환사채의 장부금액 조정표를 작성하고 사채기간 동안 해야 할 분개를 하시오. 단, 행사일에 신주인수권대가를 주식발행초과금으로 대체한다.

풀이

1. 상환할증금이 없는 경우
   - 부채요소(일반사채의 현재가치) = 이자지급액의 현재가치 + 원금상환액의 현재가치
     = ₩50,000 × 2.4869(3기간, 10%, 정상연금현가계수)
       + 1,000,000 × 0.7513(3기간, 10%, 단일금액현가계수)
     = ₩875,645
   - 자본요소(신주인수권대가) = ₩1,000,000 − 875,645 = ₩124,355

유효이자율법을 이용한 신주인수권부사채의 장부금액 조정표를 작성하면 다음과 같다.

신주인수권부사채의 장부금액 조정표

일자	유효이자 (기초 장부금액 × 10%)	표시이자 (액면금액 × 5%)	신주인수권조정 (유효이자 − 표시이자)	사채의 장부금액
20×1. 1. 1.				₩875,645
20×1. 12. 31.	₩87,565	₩50,000	₩37,565	913,210❷
20×2. 12. 31.	91,321	50,000	41,321	954,531
20×3. 12. 31.	95,469❶	50,000	45,469	1,000,000
합계	₩274,355	₩150,000	₩124,355	

❶ 단수차이 조정

❷ 신주인수권이 행사되더라도 장부금액이 동일하다.

〈20×1. 1. 1.〉

(차변)	현 금	1,000,000	(대변)	신주인수권부사채	1,000,000
	신주인수권조정	124,355		신주인수권대가	124,355

〈20×1. 12. 31.〉

(차변)	이 자 비 용	87,565	(대변)	현 금	50,000
				신주인수권조정	37,565

〈20×2. 1. 1.〉

(차변)	현 금	600,000	(대변)	보통주자본금	300,000❸
				주식발행초과금	300,000
(차변)	신주인수권대가	74,613❹	(대변)	주식발행초과금	74,613

❸ 교부주식수 = ₩600,000/10,000(행사가격) = 60주
보통주자본금 = 60주 × ₩5,000(액면금액) = ₩300,000

❹ ₩124,355(최초 신주인수권대가) × 60% = ₩74,613

〈20×2. 12. 31.〉

(차변)	이 자 비 용	91,321	(대변)	현 금	50,000
				신주인수권조정	41,321

〈20×3. 12. 31.〉

(차변)	이 자 비 용	95,469	(대변)	현 금	50,000
				신주인수권조정	45,469
(차변)	신주인수권부사채	1,000,000	(대변)	현 금	1,000,000

2. 상환할증금 ₩64,298(보장수익률 7%)의 지급조건인 경우
   - 부채요소(일반사채의 현재가치) = 이자지급액의 현재가치 + 원금상환액의 현재가치
     = ₩50,000 × 2.4869(3기간, 10%, 정상연금현가계수)
     + 1,064,298 × 0.7513(3기간, 10%, 단일금액현가계수)
     = ₩923,952
   - 자본요소(신주인수권대가) = ₩1,000,000 − 923,952 = ₩76,048

유효이자율법을 이용한 신주인수권부사채의 장부금액 조정표를 작성하면 다음과 같다.

신주인수권부사채의 장부금액 조정표

일자	유효이자 (기초 장부금액 × 10%)	표시이자 (액면금액 × 5%)	신주인수권조정 (유효이자 - 표시이자)	사채의 장부금액
20×1. 1. 1.				₩923,952
20×1. 12. 31.	₩92,395	₩50,000	₩42,395	966,347
20×2. 1. 1.				934,465❶
20×2. 12. 31.	93,447	50,000	43,447	977,912
20×3. 12. 31.	97,807❷	50,000	47,807	1,025,719
합계	₩283,649	₩150,000	₩133,649	

❶ 상환할증조정

	장부금액	행사시 제거(60%)	행사 직후
신주인수권부사채	₩1,000,000	-	₩1,000,000
상환할증금	64,298	₩38,579	25,719
신주인수권조정	(97,951)	(6,697)*	(91,254)
합　계	₩966,347	₩31,882	₩934,465

* ₩38,579과 ₩38,579의 현재가치 차이를 신주인수권조정에서 감소시킨다.
₩38,579 - 38,579 × 0.8264(2기간, 10%, 단일금액현가계수) = ₩6,697

❷ 단수차이 조정

〈20×1. 1. 1.〉

(차변)	현　　　금	1,000,000	(대변)	신주인수권부사채	1,000,000
	신주인수권조정	140,346		상환할증금	64,298
				신주인수권대가	76,048

〈20×1. 12. 31.〉

(차변)	이 자 비 용	92,395	(대변)	현　　　금	50,000
				신주인수권조정	42,395

〈20×2. 1. 1.〉

(차변)	현금	600,000	(대변)	신주인수권조정	6,697
	상환할증금	38,579		보통주자본금	300,000❸
				주식발행초과금	331,882
(차변)	신주인수권대가	45,629❹	(대변)	주식발행초과금	45,629

❸ 교부주식수 = ₩600,000/10,000(행사가격) = 60주
보통주자본금 = 60주 × ₩5,000(액면금액) = ₩300,000

❹ ₩76,048(최초 신주인수권대가) × 60% = ₩45,629

〈20×2. 12. 31.〉

(차변)	이자비용	93,447	(대변)	현금	50,000
				신주인수권조정	43,447

〈20×3. 12. 31.〉

(차변)	이자비용	97,807	(대변)	현금	50,000
				신주인수권조정	47,807
(차변)	신주인수권부사채	1,000,000	(대변)	현금	1,025,719
	상환할증금	25,719❺			

❺ 신주인수권을 행사하지 않은 ₩400,000에 대한 상환할증금이다.
₩400,000(7% - 5%) × 3.2149(3기간, 7%, 연금미래가치계수) = ₩25,719

4. 상환우선주

제9장 '금융부채'에서 설명한 것처럼 상환우선주와 같은 다음의 성격의 금융상품은 금융부채로 분류하도록 규정하고 있다.

> 확정되었거나 결정 가능한 미래의 시점에 확정되었거나 결정 가능한 금액을 발행자가 보유자에게 의무적으로 상환해야 하는 우선주 또는 보유자가 발행자에게 특정일이나 그 후에 확정되었거나 결정 가능한 금액으로 상환해줄 것을 청구할 수 있는 권리가 있는 우선주는 금융부채이다.

주의할 점은 발행자가 상환여부에 대한 권리를 갖는 경우에는 발행자가 상환의무를 부담하는 것이 아니므로 상환우선주를 지분상품으로 분류해야 한다. 지분상품으로 분류하는 상환우선주에 대한 회계처리는 제10장 '자본'에서 설명한다.

K-IFRS 제1032호 '금융상품: 표시'에서는 금융부채로 분류되는 상환우선주 중 비누적적 상환우선주를 부채요소와 자본요소를 모두 가지고 있는 복합금융상품으로 보고 있다. 예를 들어, 의무적으로 5년 후에 현금으로 상환되어야 하지만 배당은 상환 전까지 발행자의 재량에 따라 지급하는 비누적적 우선주는 상환금액의 현재가치에 상당하는 부채요소가 있는 복합금융상품에 해당한다. 부채요소에 관련된 현재가치할인차금의 상각액은 당기손익으로 인식하고 이자비용으로 분류한다. 배당은 자본요소와 관련되므로 당기손익의 분배로 인식한다. 그러나 지급하지 않는 배당을 상환금액에 가산해서 지급해야 하는 누적적 상환우선주는 금융상품 전체가 부채에 해당하고 배당을 이자비용으로 분류한다.

누적적 상환우선주와 비누적적 상환우선주를 비교·정리하면 다음 〈표 13－1〉과 같다.

표 13-1 누적적 상환우선주와 비누적적 상환우선주의 비교

구 분	누적적 상환우선주	비누적적 상환우선주
금융상품 분류	금융부채 의무상환금액과 배당 모두 부채요소	복합금융상품 의무상환금액은 부채요소이나 배당은 자본요소로 봄
배당의 성격	발행자가 의무적 지급	발행자의 재량에 따라 지급
배당의 분류	이자비용(당기비용)	배당금(이익잉여금 처분)
현재가치할인차금 상각액 분류	이자비용(당기비용)	이자비용(당기비용)

예제 7 ❙ 상환우선주의 회계처리

대박회사는 20×1년 1월 1일에 상환우선주 200주(액면금액 ₩5,000, 배당률 연 5%)를 발행하였다. 대박회사는 20×3년 12월 31일에 ₩1,200,000을 의무적으로 상환해야 한다. 상환우선주 발행 시 유효이자율은 연 10%이다.

물음

1. 상환우선주가 누적적 우선주라고 가정하고, 상환우선주 기간 동안 대박회사가 해야 할 분개를 하시오. 단, 해당 연도 배당금은 매년 말에 지급되었다고 가정한다.

2. (물음 1)과 관계없이 상환우선주가 비누적적 우선주라고 가정하고, 상환우선주 기간 동안 대박회사가 해야 할 분개를 하시오. 단, 해당 연도 배당금은 매년 말에 지급되었다고 가정한다.

풀이

1. 상환우선주가 누적적 우선주인 경우
   - 상환우선주의 현재가치 = 배당금의 현재가치 + 원금상환액의 현재가치
     = ₩50,000 × 2.4869(3기간, 10%, 정상연금현가계수)
     + 1,200,000 × 0.7513(3기간, 10%, 단일금액현가계수)
     = ₩1,025,905

   유효이자율법을 이용한 상환우선주의 장부금액 조정표를 작성하면 다음과 같다.

상환우선주의 장부금액 조정표

일자	유효이자 (기초 장부금액 × 10%)	배당금 (액면금액 × 5%)	현재가치할인차금 상각 (유효이자 - 배당금)	우선주의 장부금액
20×1. 1. 1.				₩1.025,905
20×1. 12. 31.	₩102,591	₩50,000	₩52,591	1.078,496
20×2. 12. 31.	107,850	50,000	57,850	1,136,346
20×3. 12. 31.	113,654❶	50,000	63,654	1,200,000
합계	₩324,095	₩150,000	₩174,095	

❶ 단수차이 조정

〈20×1. 1. 1.〉

(차변)	현금	1.025,905	(대변)	상환우선주(금융부채)	1,200,000
	현재가치할인차금	174,095			

〈20×1. 12. 31.〉

(차변)	이자비용 ❶	102,591	(대변)	현금	50,000
				현재가치할인차금	52,591

〈20×2. 12. 31.〉

(차변)	이자비용 ❶	107,850	(대변)	현금	50,000
				현재가치할인차금	57,850

〈20×3. 12. 31.〉

(차변)	이자비용 ❶	113,654	(대변)	현금	50,000
				신주인수권조정	63,654
(차변)	상환우선주	1,200,000	(대변)	현금	1,200,000

❶ 배당금과 현재가치할인차금 상각액을 모두 이자비용으로 회계처리한다.

2. 상환우선주가 비누적적 우선주인 경우
   - 상환우선주의 현재가치 = 원금상환액의 현재가치
     = 1,200,000 × 0.7513(3기간, 10%, 단일금액현가계수)
     = ₩901,560

유효이자율법을 이용한 상환우선주의 장부금액 조정표를 작성하면 다음과 같다.

상환우선주의 장부금액 조정표

일자	유효이자 (기초 장부금액 × 10%)	배당금	현재가치할인차금 상각 (유효이자 − 배당금)	우선주의 장부금액
20×1. 1. 1.				₩901,560
20×1. 12. 31.	₩90,156	−	₩90,156	991,716
20×2. 12. 31.	99,172	−	99,172	1,090,888
20×3. 12. 31.	109,112❶	−	109,112	1,200,000
합계	₩298,440	−	₩298,440	

❶ 단수차이 조정

〈20×1. 1. 1.〉

(차변)	현금	901,560	(대변)	상환우선주(금융부채)	1,200,000
	현재가치할인차금	298,440			

〈20×1. 12. 31.〉

(차변)	이자비용	90,156	(대변)	현재가치할인차금	90,156
	배당금	50,000		현금	50,000

〈20×2. 12. 31.〉

(차변)	이자비용	99,172	(대변)	현재가치할인차금	99,172
	배당금	50,000		현금	50,000

〈20×3. 12. 31.〉

(차변)	이자비용	109,112	(대변)	현재가치할인차금	109,112
	배당금	50,000		현금	50,000
(차변)	상환우선주	1,200,000	(대변)	현금	1,200,000

보론 I 전환사채의 할인발행과 할증발행

1. 전환사채의 할인발행

전환사채를 할인발행하는 경우 사채할인발행차금, 전환권대가 및 전환권조정은 다음과 같이 계산된다.

- 사채할인발행차금 = 액면금액 - 발행금액
- 전환권대가 = 발행금액 - 일반사채 현재가치
- 전환권조정 = 상환할증금 + 전환권대가

상환할증금을 지급하는 조건에 할인발행한 전환사채의 발행 시 회계처리는 다음과 같다.

〈전환사채의 할인발행(상환할증금 지급조건)〉

(차변)	현 금	×××	(대변)	전 환 사 채	×××
	사채할인발행차금	×××		상 환 할 증 금	×××
	전 환 권 조 정	×××		전 환 권 대 가	×××

이자비용 인식 시 유효이자와 표시이자의 차이를 사채할인발행차금과 전환권조정의 장부금액 비율로 배분하여 다음과 같이 회계처리는 다음과 같다.

〈이자비용 인식〉

(차변)	이 자 비 용	×××	(대변)	현 금	×××
				사채할인발행차금	×××
				전 환 권 조 정	×××

예제 8 ▎ 전환사채의 할인발행

대박회사는 20×1년 1월 1일에 다음과 같은 조건의 전환사채를 ₩980,000에 할인발행하였다.

- 액면금액: ₩1,000,000
- 표시이자율: 연 5%
- 일반사채 시장이자율: 연 10%
- 이자지급일: 매년 12월 31일
- 만기상환일: 20×3년 12월 31일

20×2년 1월 1일에 전환사채 중 액면금액 ₩600,000이 보통주(액면금액 ₩5,000)로 전환되었으며, 전환사채 액면금액 ₩10,000당 보통주 1주를 발행 · 교부한다.

물음

1. 상환할증금이 없다고 가정하고, 전환사채 발행일에 부채요소와 자본요소를 구분하고, 전환사채의 장부금액 조정표를 작성하여 전환사채 기간 동안 해야 할 분개를 하시오. 단, 전환일에 전환권대가를 주식발행초과금으로 대체하지 않는다.

2. 상환할증금 ₩64,298(보장수익률 7%)의 지급조건을 가정하고, 전환사채 발행일에 부채요소와 자본요소를 구분하고, 전환사채의 장부금액 조정표를 작성하여 발행 시와 20×1년 말 이자지급 시에 해야 할 분개를 하시오. 단, 전환일에 전환권대가를 주식발행초과금으로 대체하지 않는다.

풀이

1. 상환할증금이 없는 경우
   - 부채요소(일반사채의 현재가치) = 이자지급액의 현재가치 + 원금상환액의 현재가치
     = ₩50,000 × 2.4869(3기간, 10%, 정상연금현가계수)
     + 1,000,000 × 0.7513(3기간, 10%, 단일금액현가계수)
     = ₩875,645
     사채할인발행차금 = ₩1,000,000 − 980,000 = ₩20,000
   - 자본요소(전환권대가) = ₩980,000 − 875,645 = ₩104,355

유효이자율법을 이용한 전환사채의 장부금액 조정표를 작성하면 다음과 같다.

전환사채의 장부금액 조정표

일자	유효이자	표시이자	유효이자 - 표시이자❶	사채할인 발행차금 상각	전환권조정 상각	전환사채의 장부금액
20×1. 1. 1.						₩875,645
20×1. 12. 31.	₩87,565	₩50,000	₩37,565	₩6,042	₩31,523	913,210
20×2. 1. 1.						365,284❷
20×2. 12. 31.	36,528	20,000❸	16,528	2,658	13,870	381,812
20×3. 12. 31.	38,188❹	20,000	18,188	2,925	15,263	400,000
합계	₩162,281	₩90,000	₩72,281	₩11,625	₩60,656	

❶ (유효이자 - 표시이자) 금액을 사채할인발행차금 장부금액과 전환권조정 장부금액 비율로 배분한다.

❷ 장부금액 배분

	전환 직전 장부금액	행사(60%)	미행사(40%)
전환사채	₩1,000,000	₩600,000	₩400,000
사채할인발행차금	(13,958)	(8,375)	(5,583)
전환권조정	(72,832)	(43,699)	(29,133)
장부금액	₩913,210	₩547,926	₩365,284

❸ ₩400,000(미행사 전환사채) × 5% = ₩20,000

❹ 단수차이 조정

〈20×1. 1. 1.〉

(차변)	현 금	980,000	(대변)	전 환 사 채	1,000,000
	사채할인발행차금	20,000		전 환 권 대 가	104,355
	전 환 권 조 정	104,355			

〈20×1. 12. 31.〉

(차변)	이 자 비 용	87,565	(대변)	현 금	50,000
				사채할인발행차금	6,042
				전 환 권 조 정	31,523

〈20×2. 1. 1.〉

(차변)	전환사채	600,000	(대변)	사채할인발행차금	8,375
				전환권조정	43,699
				보통주자본금	300,000❺
				주식발행초과금	247,926

❺ 교부주식수 = ₩600,000/10,000(전환가격) = 60주
보통주자본금 = 60주 × ₩5,000(액면금액) = ₩300,000

〈20×2. 12. 31.〉

(차변)	이자비용	36,528	(대변)	현금	20,000
				사채할인발행차금	2,658
				전환권조정	13,870

〈20×3. 12. 31.〉

(차변)	이자비용	38,188	(대변)	현금	20,000
				사채할인발행차금	2,925
				전환권조정	15,263
(차변)	전환사채	400,000	(대변)	현금	400,000

❻ 만기 시에 남아 있는 전환권대가(₩104,355)는 자본의 다른 항목(자본잉여금)으로 대체될 수 있지만 계속하여 자본으로 유지된다.

2. 상환할증금 ₩64,298(보장수익률 7%)의 지급조건인 경우
   - 부채요소(일반사채의 현재가치) = 이자지급액의 현재가치 + 원금상환액의 현재가치
     = ₩50,000 × 2.4869(3기간, 10%, 정상연금현가계수)
     + 1,064,298 × 0.7513(3기간, 10%, 단일금액현가계수)
     = ₩923,952
     사채할인발행차금 = ₩1,000,000 − 980,000 = ₩20,000
   - 자본요소(전환권대가) = ₩980,000 − 923,952 = ₩56,048

유효이자율법을 이용한 전환사채의 장부금액 조정표를 작성하면 다음과 같다.

전환사채의 장부금액 조정표

일자	유효이자	표시이자	유효이자 - 표시이자❶	사채할인 발행차금 상각	전환권조정 상각	전환사채의 장부금액
20×1. 1. 1.						₩923,952
20×1. 12. 31.	₩92,395	₩50,000	₩42,395	₩6,021	₩36,374	966,347
20×2. 1. 1.						386,539❷
20×2. 12. 31.	38,654	20,000❸	18,654	2,649	16,005	405,193
20×3. 12. 31.	40,526❹	20,000	20,526	2,915	17,611	425,719
합계	₩171,575	₩90,000	₩81,575	₩11,585	₩69,990	

❶ (유효이자 - 표시이자) 금액을 사채할인발행차금 장부금액과 전환권조정 장부금액 비율로 배분한다.

❷ 장부금액 배분

	전환 직전 장부금액	행사(60%)	미행사(40%)
전환사채	₩1,000,000	₩600,000	₩400,000
상환할증금	64,298	38,579	25,719
사채할인발행차금	(13,910)	(8,346)	(5,564)
전환권조정	(84,041)	(50,425)	(33,616)
장부금액	₩966,347	₩579,808	₩386,539

❸ ₩400,000(미행사 전환사채) × 5% = ₩20,000

❹ 단수차이 조정

〈20×1. 1. 1.〉

(차변)	현 금	980,000	(대변)	전 환 사 채	1,000,000
	사채할인발행차금	20,000		상 환 할 증 금	64,298
	전 환 권 조 정	120,346		전 환 권 대 가	56,048

〈20×1. 12. 31.〉

(차변)	이 자 비 용	92,395	(대변)	현 금	50,000
				사채할인발행차금	6,021
				전 환 권 조 정	36,374

〈20×2. 1. 1.〉

(차변)	전 환 사 채	600,000	(대변)	사채할인발행차금	8,346
	상 환 할 증 금	38,579		전 환 권 조 정	50,425
				보 통 주 자 본 금	300,000❺
				주 식 발 행 초 과 금	279,808

❺ 교부주식수 = ₩600,000/10,000(전환가격) = 60주
보통주자본금 = 60주 × ₩5,000(액면금액) = ₩300,000

〈20×2. 12. 31.〉

(차변)	이 자 비 용	38,654	(대변)	현 금	20,000
				사채할인발행차금	2,649
				전 환 권 조 정	16,005

〈20×3. 12. 31.〉

(차변)	이 자 비 용	40,526	(대변)	현 금	20,000
				사채할인발행차금	2,915
				전 환 권 조 정	17,611
(차변)	전 환 사 채	400,000	(대변)	현 금	425,719
	상 환 할 증 금	25,719			

❻ 만기 시에 남아 있는 전환권대가(₩56,048)는 자본의 다른 항목(자본잉여금)으로 대체될 수 있지만 계속하여 자본으로 유지된다.

2. 전환사채의 할증발행

전환사채를 할증발행하는 경우 사채할증발행차금, 전환권대가 및 전환권조정은 다음과 같이 계산된다.

- 사채할증발행차금 = 발행금액 - 액면금액
- 전환권대가 = 발행금액 - 일반사채 현재가치
- 전환권조정 = 상환할증금 + 전환권대가

상환할증금을 지급하는 조건에 할증발행한 전환사채의 발행 시 회계처리는 다음과 같다.

〈전환사채의 할증발행(상환할증금 지급조건)〉

(차변)	현금	×××	(대변)	전환사채	×××
	전환권조정	×××		상환할증금	×××
				사채할증발행차금	×××
				전환권대가	×××

이자비용 인식 시 유효이자와 표시이자의 차이를 사채할증발행차금과 전환권조정의 장부금액 비율로 배분하여 다음과 같이 회계처리는 다음과 같다.

〈이자비용 인식〉

(차변)	이자비용	×××	(대변)	현금	×××
	사채할증발행차금	×××		전환권조정	×××

예제 9 ❙ 전환사채의 할증발행

대박회사는 20×1년 1월 1일에 다음과 같은 조건의 전환사채를 ₩1,020,000에 할증발행하였다.

- 액면금액: ₩1,000,000
- 표시이자율: 연 5%
- 일반사채 시장이자율: 연 10%
- 이자지급일: 매년 12월 31일
- 만기상환일: 20×3년 12월 31일

20×2년 1월 1일에 전환사채 중 액면금액 ₩600,000이 보통주(액면금액 ₩5,000)로 전환되었으며, 전환사채 액면금액 ₩10,000당 보통주 1주를 발행·교부한다.

물음

1. 상환할증금이 없다고 가정하고, 전환사채 발행일에 부채요소와 자본요소를 구분하고, 전환사채의 장부금액 조정표를 작성하여 전환사채 기간 동안 해야 할 분개를 하시오. 단, 전환일에 전환권대가를 주식발행초과금으로 대체하지 않는다.

2. 상환할증금 ₩64,298(보장수익률 7%)의 지급조건을 가정하고, 전환사채 발행일에 부채요소와 자본요소를 구분하고, 전환사채의 장부금액 조정표를 작성하여 발행 시와 20×1년 말 이자지급 시에 해야 할 분개를 하시오. 단, 전환일에 전환권대가를 주식발행초과금으로 대체하지 않는다.

풀이

1. 상환할증금이 없는 경우
   - 부채요소(일반사채의 현재가치) = 이자지급액의 현재가치 + 원금상환액의 현재가치
     = ₩50,000 × 2.4869(3기간, 10%, 정상연금현가계수)
       + 1,000,000 × 0.7513(3기간, 10%, 단일금액현가계수)
     = ₩875,645
     사채할증발행차금 = ₩1,020,000 - 1,000,000 = ₩20,000
   - 자본요소(전환권대가) = ₩1,020,000 - 875,645 = ₩144,355

유효이자율법을 이용한 전환사채의 장부금액 조정표를 작성하면 다음과 같다.

전환사채의 장부금액 조정표

일자	유효이자	표시이자	유효이자 - 표시이자❶	사채할증 발행차금 상각	전환권조정 상각	전환사채의 장부금액
20×1. 1. 1.						₩875,645
20×1. 12. 31.	₩87,565	₩50,000	₩37,565	₩(6,042)	₩43,607	913,210
20×2. 1. 1.						365,284❷
20×2. 12. 31.	36,528	20,000❸	16,528	(2,658)	19,186	381,812
20×3. 12. 31.	38,188❹	20,000	18,188	(2,925)	21,113	400,000
합계	₩162,281	₩90,000	₩72,281	₩(11,625)	₩83,906	

❶ (유효이자 - 표시이자) 금액을 사채할증발행차금 장부금액과 전환권조정 장부금액 비율로 배분한다.

❷ 장부금액 배분

	전환 직전 장부금액	행사(60%)	미행사(40%)
전환사채	₩1,000,000	₩600,000	₩400,000
사채할증발행차금	13,958	8,375	5,583
전환권조정	(100,748)	(60,449)	(40,299)
장부금액	₩913,210	₩547,926	₩365,284

❸ ₩400,000(미행사 전환사채) × 5% = ₩20,000

❹ 단수차이 조정

〈20×1. 1. 1.〉

(차변)	현 금	1,020,000	(대변)	전 환 사 채	1,000,000
	전 환 권 조 정	144,355		사채할증발행차금	20,000
				전 환 권 대 가	144,355

〈20×1. 12. 31.〉

(차변)	이 자 비 용	87,565	(대변)	현 금	50,000
	사채할증발행차금	6,042		전 환 권 조 정	43,607

〈20×2. 1. 1.〉

(차변)	전 환 사 채	600,000	(대변)	전 환 권 조 정	60,449
	사채할증발행차금	8,375		보 통 주 자 본 금	300,000❺
				주 식 발 행 초 과 금	247,926

❺ 교부주식수 = ₩600,000/10,000(전환가격) = 60주
보통주자본금 = 60주 × ₩5,000(액면금액) = ₩300,000

〈20×2. 12. 31.〉

(차변)	이 자 비 용	36,528	(대변)	현 금	20,000
	사채할증발행차금	2,658		전 환 권 조 정	19,186

〈20×3. 12. 31.〉

(차변)	이 자 비 용	38,188	(대변)	현 금	20,000
	사채할증발행차금	2,925		전 환 권 조 정	21,113
(차변)	전 환 사 채	400,000	(대변)	현 금	400,000

❻ 만기 시에 남아 있는 전환권대가(₩144,355)는 자본의 다른 항목(자본잉여금)으로 대체될 수 있지만 계속하여 자본으로 유지된다.

2. 상환할증금 ₩64,298(보장수익률 7%)의 지급조건인 경우
   - 부채요소(일반사채의 현재가치) = 이자지급액의 현재가치 + 원금상환액의 현재가치
     = ₩50,000 × 2.4869(3기간, 10%, 정상연금현가계수)
       + 1,064,298 × 0.7513(3기간, 10%, 단일금액현가계수)
     = ₩923,952
     사채할증발행차금 = ₩1,020,000 − 1,000,000 = ₩20,000

• 자본요소(전환권대가) = ₩1,020,000 - 923,952 = ₩96,048

유효이자율법을 이용한 전환사채의 장부금액 조정표를 작성하면 다음과 같다.

전환사채의 장부금액 조정표

일자	유효이자	표시이자	유효이자 - 표시이자❶	사채할증 발행차금 상각	전환권조정 상각	전환사채의 장부금액
20×1. 1. 1.						₩923,952
20×1. 12. 31.	₩92,395	₩50,000	₩42,395	₩(6,021)	₩48,416	966,347
20×2. 1. 1.						386,539❷
20×2. 12. 31.	38,654	20,000❸	18,654	(2,649)	21,303	405,193
20×3. 12. 31.	40,526❹	20,000	20,526	(2,915)	23,441	425,719
합계	₩171,575	₩90,000	₩81,575	₩(11,585)	₩93,160	

❶ (유효이자 - 표시이자) 금액을 사채할증발행차금 장부금액과 전환권조정 장부금액 비율로 배분한다.

❷ 장부금액 배분

	전환 직전 장부금액	행사(60%)	미행사(40%)
전환사채	₩1,000,000	₩600,000	₩400,000
상환할증금	64,298	38,579	25,719
사채할증발행차금	13,910	8,346	5,564
전환권조정	(111,861)	(67,117)	(44,744)
장부금액	₩966,347	₩579,808	₩386,539

❸ ₩400,000(미행사 전환사채) × 5% = ₩20,000

❹ 단수차이 조정

〈20×1. 1. 1.〉

(차변)	현 금	1,020,000	(대변)	전 환 사 채	1,000,000
	전 환 권 조 정	160,346		상 환 할 증 금	64,298
				사채할증발행차금	20,000
				전 환 권 대 가	96,048

〈20×1. 12. 31.〉

(차변)	이 자 비 용	92,395	(대변)	현 금	50,000
	사채할증발행차금	6,021		전 환 권 조 정	48,416

〈20×2. 1. 1.〉

(차변)	전 환 사 채	600,000	(대변)	전 환 권 조 정	67,117
	상 환 할 증 금	38,579		보 통 주 자 본 금	300,000❺
	사채할증발행차금	8,346		주 식 발 행 초 과 금	279,808

❺ 교부주식수 = ₩600,000/10,000(전환가격) = 60주
보통주자본금 = 60주 × ₩5,000(액면금액) = ₩300,000

〈20×2. 12. 31.〉

(차변)	이 자 비 용	38,654	(대변)	현 금	20,000
	사채할증발행차금	2,649		전 환 권 조 정	21,303

〈20×3. 12. 31.〉

(차변)	이 자 비 용	40,526	(대변)	현 금	20,000
	사채할증발행차금	2,915		전 환 권 조 정	23,441
(차변)	전 환 사 채	400,000	(대변)	현 금	425,719
	상 환 할 증 금	25,719			

❻ 만기 시에 남아 있는 전환권대가(₩96,048)는 자본의 다른 항목(자본잉여금)으로 대체될 수 있지만 계속하여 자본으로 유지된다.

SUMMARY & CHECK

복합금융상품

- 복합금융상품이란 발행자의 관점에서 부채요소와 자본요소를 동시에 가지고 있는 비파생금융상품을 말한다.
- 국제회계기준에서 따르면 전환사채나 신주인수권부사채의 발행자는 ① 금융부채 요소와 ② 발행자의 지분상품으로 전환할 수 있는 옵션을 보유자에게 부여하는 요소(전환권 또는 신주인수권)를 별도로 분리하여 인식해야 한다.

전환사채

- 전환사채는 일반사채에 주식으로 전환할 수 있는 권리, 즉 전환권이 부여되어 있는 사채이다.
- 상환할증금은 전환사채를 주식으로 전환하지 않고 만기가 도래하면 원금에 추가된 금액을 더하여 상환하는 조건을 말하며, 이때의 수익률을 보장수익률이라고 한다.
- 전환권의 가치는 전환사채 전체의 공정가치에서 일반사채의 공정가치를 차감하여 계산하며, 이를 일반사채와 분리하여 전환권대가 계정의 자본으로 인식한다.
- 전환사채의 발행과 직접 관련된 거래원가는 부채요소와 자본요소에 배분된 금액에 비례하여 부채요소와 자본요소로 배분한다.
- 전환권조정은 전환사채의 차감계정으로서 상환할증금과 전환권대가를 더한 금액이다. 전환사채 기간 동안 유효이자율법으로 상각하여 이자비용에 가산한다.
- 국제회계기준은 전환사채를 전환하는 경우 전환손익을 인식하지 않는 장부금액법을 사용하여 회계처리하도록 규정하고 있다.
- 전환사채의 조기상환 또는 재매입은 발행자가 만기 전에 현금상환을 통해 일반사채와 전환권을 모두 청산시키는 것을 말한다.
- 전환사채의 전환조건 변경 또는 유도전환은 발행자가 전환사채의 조기전환을 유도하기 위하여 좀 더 유리한 전환조건을 제시하는 등의 방법으로 전환사채의 조건을 변경하는 것을 말한다.

신주인수권부사채

- 신주인수권부사채는 일반사채에 주식을 인수할 수 있는 권리, 즉 신주인수권이 부여되어 있는 사채이다.
- 신주인수권의 가치는 신주인수권부사채 전체의 공정가치에서 일반사채의 공정가치를 차감하여 계산하며, 이를 일반사채와 분리하여 신주인수권대가 계정의 자본으로 인식한다.

상환우선주

- 확정되었거나 결정 가능한 미래의 시점에 확정되었거나 결정 가능한 금액을 발행자가 보유자에게 의무적으로 상환해야 하는 우선주는 금융부채로 분류한다.
- 국제회계기준에서는 금융부채로 분류되는 상환우선주 중 비누적적 상환우선주를 부채요소와 자본요소를 모두 가지고 있는 복합금융상품으로 보고 있다.

OX QUIZ

1 국제회계기준에서는 발행자 입장에서 복합금융상품을 부채요소와 자본요소로 분리하여 재무상태표에 표시하도록 한다.

2 전환사채는 투자자 입장에서 주가가 상승하면 주식으로 전환하여 주가차익을 취할 수 있는 권리를 부여한다.

3 전환사채는 발행회사 입장에서 일반사채보다 낮은 표시이자율로 발행할 수 있으므로 적은 이자비용으로 자금을 조달할 수 있는 이점이 있지만, 전환사채가 주식으로 전환되면 재무구조가 나빠지는 것은 단점이다.

4 상환할증금은 보장이자와 표시이자의 차이에 연금미래가치계수를 곱해서 산출하고, 상환할증률은 보장수익률과 표시이자율의 차이에 연금미래가치계수를 곱해서 산출한다.

5 전환권을 행사할 가능성이 변동된다면 전환사채의 부채요소와 자본요소의 최초 분류를 수정한다.

6 상환할증금은 전환권이 행사되어 주식을 발행할 때 행사된 부분만큼 장부에서 제거되고, 전환권이 행사되지 않은 부분에 해당하는 금액은 만기상환 시 현금 지급하면서 장부에서 제거된다.

7 전환사채를 전환하는 경우 최초 인식한 전환권대가는 주식발행초과금으로 반드시 대체하여 주식의 발행금액에 가산한다.

8 전환사채의 발행 시 거래원가가 발생한 경우 일반사채에 적용되는 유효이자율은 거래원가가 발생하지 않았을 경우에 시장이자율보다 높아진다.

9 전환사채를 조기상환 또는 재매입을 통해 소멸되는 경우 발생되는 손익 중 부채요소와 자본요소와 관련된 손익 모두 당기손익으로 인식한다.

10 유도전환의 경우에는 조건이 변경되는 시점에 변경된 조건하에서 전환으로 인하여 보유자가 수취하게 되는 대가의 공정가치와 원래의 조건하에서 전환으로 인하여 보유자가 수취하였을 대가의 공정가치의 차이를 손실로 하여 즉시 당기손익으로 인식한다.

11 전환사채와 신주인수권부사채의 차이점은 전환사채는 전환권을 행사하는 시점에 전환사채가 주식으로 직접 전환되므로 현금의 납입이 없고 전환사채가 제거된다. 그러나 신주인수권부사채는 신주인수권을 행사하는 시점에 현금을 납입하므로 사채가 그대로 존속하게 된다.

12 금융부채로 분류되는 상환우선주 중 비누적적 상환우선주의 경우 배당을 당기손익의 분배로 인식하지만, 누적적 상환우선주는 배당을 이자비용으로 분류한다.

Multiple-choice Questions

※ 다음 자료를 이용하여 1번과 2번에 답하시오.

• ㈜대한은 20×1년 1월 1일 액면금액 ₩1,000,000의 전환사채를 다음과 같은 조건으로 액면발행하였다. (CPA 2022)

• 표시이자율: 연 4%
• 일반사채 시장이자율: 연 8%
• 이자지급일: 매년 말
• 만기일: 20×3년 12월 31일
• 전환조건: 사채액면금액 ₩5,000당 1주의 보통주(1주당 액면금액 ₩3,000)로 전환되며, 후속적으로 변경되지 않는다.
• 만기일까지 전환권을 행사하지 않으면 만기일에 액면금액의 108.6%를 지급
• 적용할 현가계수는 아래의 표와 같다.

할인율 / 기간	단일금액 ₩1의 현재가치			정상연금 ₩1의 현재가치		
	4%	8%	10%	4%	8%	10%
1년	0.9615	0.9259	0.9091	0.9615	0.9259	0.9091
2년	0.9246	0.8573	0.8264	1.8861	1.7832	1.7355
3년	0.8890	0.7938	0.7513	2.7751	2.5770	2.4868

1 20×2년 1월 1일 위 전환사채의 액면금액 40%가 전환되었을 때, ㈜대한의 자본증가액은 얼마인가? (단, 단수차이로 인해 오차가 있다면 가장 근사치를 선택한다)

① ₩365,081 ② ₩379,274 ③ ₩387,003
④ ₩400,944 ⑤ ₩414,885

2 ㈜대한은 전환되지 않고 남아 있는 전환사채를 모두 20×3년 1월 1일 조기상환하였다. 조기상환 시 전환사채의 공정가치는 ₩650,000이며, 일반사채의 시장이자율은 연 10%이다. ㈜대한의 조기상환이 당기순이익에 미치는 영향은 얼마인가? (단, 단수차이로 인해 오차가 있다면 가장 근사치를 선택한다)

① ₩3,560 증가 ② ₩11,340 증가 ③ ₩14,900 증가
④ ₩3,560 감소 ⑤ ₩11,340 감소

※ 3번과 4번은 서로 독립적이다. ㈜대한의 전환사채와 관련된 다음 <자료>를 이용하여 3번과 4번에 대해 각각 답하시오. (CPA 2020)

<자료>

㈜대한은 20×1년 1월 1일 다음과 같은 상환할증금 미지급조건의 전환사채를 액면발행하였다.

액면금액	₩3,000,000
표시이자율	연 10%(매년 12월 31일에 지급)
일반사채 유효이자율	연 12%
상환만기일	20×3년 12월 31일
전환가격	사채액면 ₩1,000당 보통주 3주(주당 액면금액 ₩200)로 전환
전환청구기간	사채발행일 이후 1개월 경과일로부터 상환만기일 30일 이전까지

3 ㈜대한은 20×2년 1월 1일에 전환사채 전부를 동 일자의 공정가치인 ₩3,100,000에 현금으로 조기상환하였다. 만약 조기상환일 현재 ㈜대한이 표시이자율 연 10%로 매년 말에 이자를 지급하는 2년 만기 일반사채를 발행한다면, 이 사채에 적용될 유효이자율은 연 15%이다. ㈜대한의 조기상환으로 발생하는 상환손익이 20×2년도 포괄손익계산서의 당기순이익에 미치는 영향은 얼마인가? (단, 단수차이로 인해 오차가 있다면 가장 근사치를 선택한다)

기간 \ 할인율	단일금액 ₩1의 현재가치			정상연금 ₩1의 현재가치		
	10%	12%	15%	10%	12%	15%
1년	0.9091	0.8929	0.8696	0.9091	0.8929	0.8696
2년	0.8264	0.7972	0.7561	1.7355	1.6901	1.6257
3년	0.7513	0.7118	0.6575	2.4868	2.4019	2.2832

① ₩76,848 증가 ② ₩76,848 감소 ③ ₩100,000 증가
④ ₩142,676 증가 ⑤ ₩142,676 감소

4 20×2년 1월 1일에 ㈜대한의 자금팀장과 회계팀장은 위 <자료>의 전환사채 조기전환을 유도하고자 전환조건의 변경방안을 각각 제시하였다. 자금팀장은 다음과 같이 [A]를, 회계팀장은 [B]를 제시하였다. ㈜대한은 20×2년 1월 1일에 [A]와 [B] 중 하나의 방안을 채택하려고 한다. ㈜대한의 [A]와 [B] 조건변경과 관련하여 조건변경일(20×2년 1월 1일)에 발생할 것으로 예상되는 손실은 각각 얼마인가?

변경방안	내용
[A]	만기 이전 전환으로 발행되는 보통주 1주당 ₩200을 추가로 지급한다.
[B]	사채액면 ₩1,000당 보통주 3.2주(주당 액면금액 ₩200)로 전환할 수 있으며, 조건변경일 현재 ㈜대한의 보통주 1주당 공정가치는 ₩700이다.

	[A]	[B]
①	₩600,000	₩0
②	₩600,000	₩420,000
③	₩1,800,000	₩0
④	₩1,800,000	₩140,000
⑤	₩1,800,000	₩420,000

5 ㈜세무는 20×1년 1월 1일 다음과 같은 조건의 신주인수권부사채를 액면발행하였다.

- 액면금액: ₩100,000
- 표시이자율: 연 4%
- 사채발행시 신주인수권이 부여되지 않은 일반사채의 시장이자율: 연 6%
- 이자지급일: 매년 12월 31일
- 행사가격: 1주당 ₩1,000
- 만기상환일: 20×3년 12월 31일
- 상환조건: 신주인수권 미행사시 상환기일에 액면금액의 105%를 일시상환

20×2년 초 상기 신주인수권의 60%가 행사되어 주식 60주가 발행되었다. 20×2년 초 상기 신주인수권의 행사로 인한 ㈜세무의 자본총계 증가액은? (단, 상기 신주인수권은 지분상품에 해당하며, 현재가치 계산이 필요한 경우 다음에 제시된 현가계수표를 이용한다) (CPA 2022)

할인율 / 기간	단일금액 ₩1의 현재가치		정상연금 ₩1의 현재가치	
	4%	6%	4%	6%
1년	0.9615	0.9434	0.9615	0.9434
2년	0.9246	0.8900	1.8861	1.8334
3년	0.8890	0.8396	2.7751	2.6730

① ₩60,000 ② ₩62,670 ③ ₩63,000
④ ₩63,700 ⑤ ₩65,000

6 ㈜대한은 20×1년 1월 1일에 상환우선주 200주(1주당 액면금액 ₩500)를 공정가치로 발행하였다. 동 상환우선주와 관련된 자료는 다음과 같다. (CPA 2021)

- ㈜대한은 상환우선주를 20×2년 12월 31일에 1주당 ₩600에 의무적으로 상환해야 한다.
- 상환우선주의 배당률은 액면금액기준 연 3%이며, 배당은 매년 말에 지급한다. 배당이 지급되지 않는 경우에는 상환금액에 가산하여 지급한다.
- 20×1년 1월 1일 현재 상환우선주에 적용되는 유효이자율은 연 6%이며, 그 현가계수는 아래 표와 같다.

기간 \ 할인율	6%	
	단일금액 ₩1의 현재가치	정상연금 ₩1의 현재가치
2년	0.8900	1.8334

- 20×1년 말에 ㈜대한은 동 상환우선주의 보유자에게 배당을 결의하고 지급하였다.

㈜대한이 동 상환우선주와 관련하여 20×1년 포괄손익계산서상 이자비용으로 인식해야 할 금액은 얼마인가? (단, 단수차이로 인해 오차가 있다면 가장 근사치를 선택한다)

① ₩0 ② ₩3,000 ③ ₩3,600

④ ₩6,408 ⑤ ₩6,738

CHAPTER 14

주식기준보상

학습목표

- 주식기준보상에 대해 이해한다.
- 주식결제형 주식기준보상에 대해 이해한다.
- 현금결제형 주식기준보상에 대해 이해한다.
- 선택형 주식기준보상에 대해 이해한다.

K-IFRS 제1102호 '주식기준보상'에서는 기업이 종업원 또는 제3자로부터 재화나 용역을 제공받는 대가로 기업의 지분상품(주식 또는 주식선택권 등)에 대한 권리를 부여하거나, 지분상품의 가격에 기초하여 현금을 지급하는 보상을 주식기준보상으로 정의하고 있다. 이 정의에서 알 수 있듯이 주식기준보상에는 주식결제형과 현금결제형이 있으며, 이 둘 중에서 선택할 수 있는 선택형 주식기준보상이 있다. 주식결제형 주식기준보상은 자본요소로 회계처리하고, 현금결제형 주식기준보상은 부채요소로 회계처리한다. 그리고 거래상대방이 선택권을 가지고 있는 선택형 주식기준보상은 자본요소와 부채요소를 모두 포함한 복합금융상품으로 회계처리하도록 규정하고 있다. 지금까지 배운 내용들과 함께 본장을 통해서 주식기준보상에 대해 심도 있게 학습해 보자.

1. 주식기준보상

1.1 주식기준보상의 의의 및 유형

주식기준보상(share-based payment)이란 기업이 종업원 또는 제3자로부터 재화나 용역을 제공받는 대가로 기업의 지분상품(주식 또는 주식선택권 등)에 대한 권리를 부여하거나, 지분상품의 가격에 기초하여 현금을 지급하는 보상을 말한다.
주식기준보상은 다음 [그림 14-1]과 같이 세 가지 유형으로 구분된다.

[그림 14-1] 주식기준보상 유형

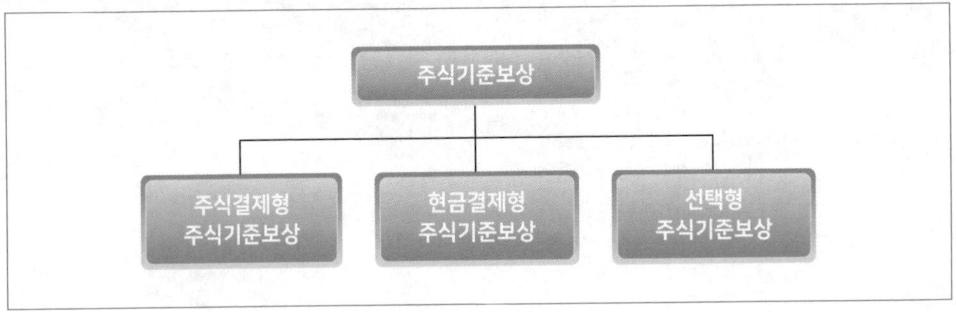

주식결제형 주식기준보상은 기업이 거래상대방(종업원 또는 제3자)으로부터 재화나 용역을 제공받은 대가로 기업의 지분상품(주식 또는 주식선택권 등)에 대한 권리를 부여하는 주식기준보상이다.

현금결제형 주식기준보상은 기업이 거래상대방(종업원 또는 제3자)으로부터 재화나 용역을 제공받은 대가로 기업의 지분상품의 가격에 기초하여 현금을 지급하는 주식기준보상이다.

선택형 주식기준보상은 기업 또는 거래상대방(종업원이나 제3자)이 대가의 결제방식을 주식결제형과 현금결제형 중에 선택할 수 있는 주식기준보상이다.

1.2 주식기준보상의 가득조건

주식기준보상약정에서 거래상대방이 기업의 지분상품이나 현금 등 자산을 받을 권리를 획득하는 것을 가득(vesting)이라고 한다. 또한 주식기준보상약정에 따라 거래상대방이 기업의 지분상품이나 현금 등 자산을 받을 권리를 획득하기 위하여 충족해야 하는 조건을 가득조건(vesting conditions)이라고 한다.

가득조건은 다음 [그림 14-2]와 같이 용역제공조건과 성과조건으로 구분되고, 성과조건은 다시 시장조건과 비시장조건으로 구분된다.

[그림 14-2] 가득조건의 구분

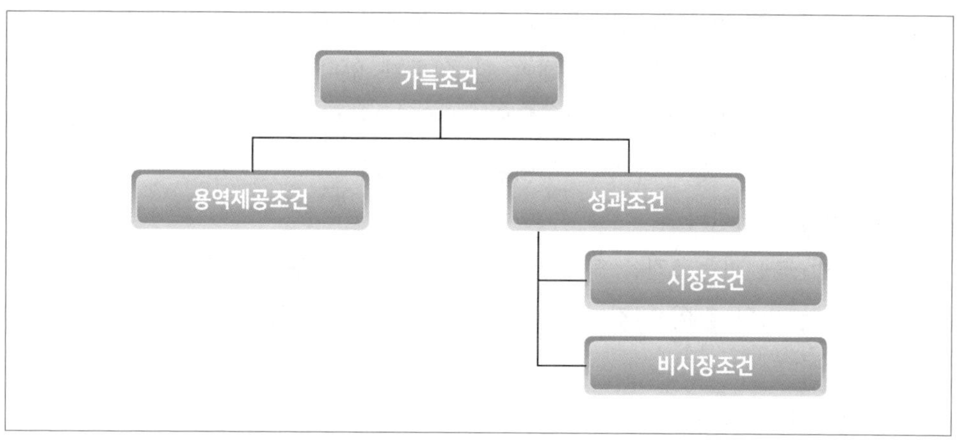

용역제공조건은 거래상대방이 특정 기간 동안 용역을 제공해야 하는 조건이다. 예를 들어, 종업원이 3년 이상 계속 근무하면 주식선택권을 행사가능한 조건 등이다.

성과조건은 거래상대방이 특정 기간 동안 용역을 제공하여 기업이 특정 성과목표를 달성해야 하는 조건이다. 성과조건은 시장조건과 비시장조건으로 구분된다. 시장조건은 기업 지분상품의 시장가격과 관련한 조건이다. 예를 들어 회사의 주가가 15% 이상 상승하면 주식선택권을 행사가능한 조건 등이다. 비시장조건은 특정 기간의 목표매출액이나 목표이익 등 영업성과와 관련한 조건이다. 예를 들어, 회사의 영업이익이 연평균 15% 이상 증가하면 주식선택권을 행사가능한 조건 등이다.

주식기준보상의 부여일은 기업과 거래상대방이 주식기준보상약정에 합의한 날, 즉 기업과 거래상대방이 거래조건에 대한 이해를 공유한 날을 말한다. 주식기준보상의 측정기준일은 부여된 지분상품의 공정가치를 측정하는 기준일을 말한다. 거래상대방이 종업원인 경우에는 부여일을 측정기준일로 하고, 거래상대방이 종업원이 아닌 경우에는 기업이 거래상대방에게서 재화나 용역을 제공받는 날을 측정기준일로 한다.

2. 주식결제형 주식기준보상

2.1 인식

주식결제형 주식기준보상은 기업이 거래상대방으로부터 재화나 용역을 제공받은 대가로 기업의 지분상품에 대한 권리를 부여하는 주식기준보상이다. 만약 지분상품이 부여되자마자 가득된다면 거래상대방은 지분상품에 대한 권리를 획득하기 위하여 특정 기간 동안 용역을 제공해야 할 의무가 없다. 이때 반증이 없는 한, 지분상품의 대가에 해당하는 용역을 거래상대방으로부터 이미 제공받은 것으로 본다. 따라서 제공받은 용역 전부를 부여일에 보상비용으로 인식하고, 그에 상응하여 자본의 증가를 인식한다.

거래상대방에게 가득조건을 충족할 것을 요구하는 경우에는 다음의 〈표 14-1〉에서 제시하는 바와 같이 일정기간에 걸쳐 보상비용을 인식한다.

표 14-1 보상비용의 인식

구 분		인식시점	미래 기대가득기간의 수정여부
용역제공조건		용역제공기간에 배분	확정된 용역제공기간 적용
성과조건	비시장조건	기대가득기간에 배분	수정가능
	시장조건	기대가득기간에 배분	수정불가

용역제공조건은 종업원이 일정기간 동안 용역을 제공해야 지분상품이 가득되는 조건이므로 보상비용의 인식기간이 명확하다. 그러나 성과조건의 경우에는 일정한 성과를 달성할 때까지 용역을 제공해야 지분상품이 가득되는 조건이므로 부여일 현재 가장 실현가능성이 높다고 판단되는 성과조건의 결과에 기초하여 기대가득기간을 추정한다.

성과조건이 시장조건이면 부여한 주식선택권 공정가치를 추정할 때 사용하는 가정에 맞게 기대가득기간을 추정하며 후속적으로 수정하지 아니한다. 그러나 성과조건이 비시장조건이면 후속적인 정보로 추정한 기대가득기간이 앞서 추정했던 기대가득기간과 다르면 기대가득기간 추정치를 변경한다.

대부분의 주식결제형 주식기준보상은 거래상대방으로부터 재화나 용역을 제공받

고 그 대가로 지분상품을 발행하는 거래[1]이므로 다음과 같이 회계처리한다.[2]

〈보상비용 인식(주식결제형 주식기준보상)〉

(차변)	보 상 비 용	×××	(대변)	주식선택권(자본조정)	×××

2.2 측정

기업이 거래상대방으로부터 재화나 용역을 제공받으면 그에 상응하는 자본의 증가를 재화나 용역의 공정가치로 직접 측정한다. 그러나 제공받는 재화나 용역의 공정가치를 신뢰성 있게 추정할 수 없다면 제공받는 재화나 용역과 그에 상응하는 자본의 증가는 부여한 지분상품의 공정가치에 기초하여 간접 측정한다. 앞서 언급한 것처럼 재화나 용역을 제공받는 날을 기준으로 공정가치를 측정한다. 종업원으로부터 용역을 제공받는 경우에는 용역의 공정가치는 일반적으로 신뢰성 있게 추정할 수 없기 때문에 부여한 지분상품의 공정가치에 기초하여 측정한다. 종업원으로부터 용역을 제공받은 경우에는 부여일을 기준으로 공정가치를 측정한다. 이를 정리하면 다음 〈표 14－2〉와 같다.

---

1 K-IFRS 제1032호 '금융상품: 표시'에 따르면 자기지분상품으로 결제되거나 결제될 수 있는 계약이 ① 인도할 자기지분상품의 수량이 변동 가능한 비파생상품이거나 ② 확정 수량의 자기지분상품을 확정 금액의 현금 등 금융자산과 교환하여 결제하는 방법 외의 방법으로 결제하거나 결제할 수 있는 파생상품 중 하나에 해당될 경우 부채로 분류한다. 따라서 종업원이 가득하는 주식의 수량이 변동될 수 있도록 주식선택권을 부여하는 경우에 제1032호를 적용하면 부채로 분류해야 한다. IASB는 이러한 문제점을 해소하기 위해서 제1032호의 요구사항(일부 지분상품발행의무가 부채로 분류된다)을 주식기준보상에 관한 기준서에서는 적용하지 않아야 한다고 결론 내렸다(1102:6, 1102:BC110).

2 제1장 회계와 재무정보에서 경제적 효익을 얻기 위해 일시적으로 존재하는 권리도 자산의 정의를 충족한다는 사례가 주식기준보상거래에 해당된다. 해당 회계처리를 다음과 같이 설명할 수 있다.

<용역이라는 자원의 제공>

(차변)	용 역 자 산	×××	(대변)	주 식 선 택 권	×××

<용역의 소비>

(차변)	보 상 비 용	×××	(대변)	용 역 자 산	×××

표 14-2 보상비용의 측정금액

재화나 용역의 제공자		보상비용의 측정금액
종업원이 아닌 거래상대방	제공받은 재화나 용역의 공정가치를 신뢰성 있게 추정할 수 있는 경우	제공받는 재화나 용역의 공정가치
	제공받은 재화나 용역의 공정가치를 신뢰성 있게 추정할 수 없는 경우	부여한 지분상품의 공정가치
종업원인 경우		부여한 지분상품의 공정가치

2.3 회계처리

(1) 가득기간 동안 회계처리

부여한 지분상품의 시장가격을 구할 수 있다면 시장가격을 기초로 하되, 지분상품의 부여조건을 고려하여 측정기준일 현재 공정가치를 측정한다. 만일 시장가격을 구할 수 없다면 가치평가기법을 사용하여 부여한 지분상품의 공정가치를 추정한다. 이때 가치평가기법은 합리적 판단력과 거래의사가 있는 독립된 당사자 사이의 거래에서 측정기준일 현재 지분상품 가격이 얼마인지를 추정하는 가치평가기법이어야 한다. 이 가치평가기법은 일반적으로 인정된 금융상품 가치평가방법과 일관되어야 하며 합리적 판단력과 거래의사가 있는 시장참여자가 가격을 결정할 때 고려할 모든 요소와 가정을 포함하여야 한다.

추정된 지분상품의 공정가치를 이용하여 가득기간 동안 회계기간별 보상비용을 다음과 같이 산출한다.

당기 보상비용 = 당기말 누적보상비용* − 전기말 누적보상비용

* 당기말 누적보상비용 = 총보상비용# × 당기말 누적기간비율##

\# 총보상비용 = 단위당 지분상품의 공정가치 × 가득될 지분상품 수량
\## 당기말 누적기간비율 = 당기말까지 누적기간 / 가득기간(용역제공기간 또는 미래 기대가득기간)

지분상품은 특정 가득조건을 충족하는 것을 조건으로 부여될 수 있다. 예를 들

면, 종업원에게 주식이나 주식선택권을 부여하는 경우 일반적으로 특정기간 계속 근무할 것을 조건으로 한다. 경우에 따라서는 특정 이익성장 또는 주가상승을 달성하는 것과 같은 성과조건을 부과할 수 있다. 용역제공조건이나 시장조건이 아닌 가득조건은, 측정기준일 현재 주식 또는 주식선택권의 공정가치를 추정할 때 고려하지 아니한다. 그 대신에 용역조건이나 시장조건이 아닌 가득조건은 거래금액을 측정할 때 포함하는 지분상품의 수량을 조정하는 방식으로 고려함으로써, 부여한 지분상품 대가로 제공받는 재화나 용역에 대해 인식하는 금액이 궁극적으로 가득되는 지분상품의 수량에 기초하여 결정될 수 있도록 한다. 따라서 거래상대방이 정해진 용역제공기간을 다 채워 근무하지 못하거나 시장조건이 아닌 가득조건이 충족되지 못하여 부여한 지분상품이 가득되지 못한다면, 누적기준으로 볼 때 제공받은 재화나 용역에 대해 어떠한 금액도 인식하지 아니하고 과년도에 인식했던 보상비용을 환입한다.

그러나 시장조건인 가득조건의 경우에 부여한 지분상품의 공정가치를 추정할 때, 가득(이나 행사 가능성) 여부를 좌우하는 목표 주가와 같은 시장조건을 고려한다. 따라서 시장조건이 있는 지분상품을 부여한 때에는 그 시장조건이 충족되는지에 관계없이 다른 모든 가득조건(예 정해진 기간에 계속 근무하는 종업원에게서 제공받는 근무용역)을 충족하는 거래상대방에게서 제공받는 재화나 용역을 인식한다. 이와 같은 내용을 정리하면 다음 〈표 14-3〉과 같다.

표 14-3 가득기간 동안 회계처리

구 분		공정가치 결정시 가득조건 고려여부	지분상품 수량의 조정여부	가득조건 미충족시 보상비용의 환입여부
용역제공조건		고려하지 않음	조정함	환입함
성과조건	비시장조건			
	시장조건	고려함	조정하지 않음	환입하지 않음

(2) 가득일 이후 회계처리

기업이 제공받는 재화나 용역과 그에 상응하는 자본의 증가를 인식한다면, 가득일이 지난 뒤에는 자본을 수정하지 않는다. 예를 들면, 가득된 지분상품이 추후에 상실되거나 주식선택권이 행사되지 않더라도 종업원에게서 제공받은 근무용역에 대해 인식한 금액을 환입하지 않는다. 주식선택권이 만기소멸되더라도 주식선택권을 발행하는 대가로 종업원으로부터 근무용역을 제공받았다는 사실에는 변함이 없으며, 기업의 순자산에 어떠한 변동이 발생하지도 않기 때문이다. 다만, 자본계정에서 다른 자본계정으로 대체할 수 있다.

예제 1 ▎ 용역제공조건 회계처리(제1102호 IG 사례 1A)

대박회사는 20×1년 1월 1일에 종업원 500명에게 각각 주식선택권 100개를 부여하였다. 주식선택권은 종업원이 향후 3년간 근무할 것을 조건으로 한다. 부여일 현재 주식선택권의 단위당 공정가치는 ₩15으로 추정되었다. 대박회사는 20×1년 말에 가득기간 동안 종업원의 퇴사율을 15%로 추정하였으며, 20×2년 말에는 가득기간 동안 종업원의 퇴사율을 12%로 추정하였다. 20×3년 말에 주식선택권을 가득한 최종 종업원 수는 443명이며, 가득된 주식선택권은 가득일로부터 3년간 행사가능하다. 20×4년 초에 종업원 3/4이 권리를 행사하였다. 대박회사 주식의 단위당 액면금액과 주식선택권의 행사가격은 각각 ₩50과 ₩60이다.

물음

대박회사가 가득기간 동안 인식할 보상비용을 계산하고 20×1년 말부터 20×3년 말까지, 그리고 20×4년 초에 해야 할 분개를 하시오.

풀이

연도	계산근거	당기 보상비용	누적 보상비용
20×1	50,000개 × 85% × ₩15 × 1/3	₩212,500	₩212,500
20×2	(50,000개 × 88% × ₩15 × 2/3) − 212,500	227,500	440,000
20×3	(44,300개❶ × ₩15 × 3/3) − 440,000	224,500	664,500

❶ 443명 × 100개 = 44,300개

〈20×1년 말〉

(차변)	보 상 비 용	212,500	(대변)	주 식 선 택 권	212,500

〈20×2년 말〉

(차변)	보 상 비 용	227,500	(대변)	주 식 선 택 권	227,500

〈20×3년 말〉

(차변)	보상비용	224,500	(대변)	주식선택권	224,500

〈20×4년 초〉

(차변)	현금	1,993,500❷	(대변)	자본금	1,661,250❸
	주식선택권	498,375❹		주식발행초과금	830,625

❷ 44,300개 × 3/4 × ₩60 = ₩1,993,500
❸ 44,300주 × 3/4 × ₩50 = ₩1,661,250
❹ ₩664,500 × 3/4 = ₩498,375

예제 2 ▌ 비시장조건 회계처리 - 기대가득기간 수정(제1102호 IG 사례 2)

대박회사는 20×1년 1월 1일에 종업원 500명에게 가득기간 중 계속 근무할 것을 조건으로 각각 주식 100주를 부여하였다. 부여한 주식은 회사의 이익이 18% 이상 성장하면 1차년도 말에, 2년간 이익이 연평균 13% 이상 성장하면 2차년도 말에, 3년간 이익이 연평균 10% 이상 성장하면 3차년도 말에 가득된다. 20×1년 1월 1일 현재 부여한 주식의 단위당 공정가치는 ₩30이며 이는 부여일의 주가와 동일하다. 부여일부터 3년 동안 배당금은 지급되지 않을 것으로 예상되었다.

<20×1년 말>
20×1년에 회사의 영업이익은 14% 증가하였으며 20×2년에도 비슷한 비율로 영업이익이 성장하여 20×2년 말에 주식이 가득될 것으로 예상하였다. 20×1년 중에 종업원 30명이 퇴사하였으며, 20×2년에도 30명이 추가로 퇴사하여 총 440명의 종업원이 주식을 가득할 것으로 예상하였다.

<20×2년 말>
20×2년에 회사의 영업이익은 10% 증가하는데 그쳐 주식이 가득되지 못하였으나, 20×3년에는 영업이익이 최소한 6% 이상 성장하여 누적 연평균 영업이익 성장률이 10%에 달할 수 있을 것이라고 예상하였다. 20×2년 중에 종업원 28명이 퇴사하였으며, 20×3년에 25명이 추가로 퇴사하여 총 417명의 종업원이 주식을 가득할 것으로 예상하였다.

<20×3년 말>
20×3년에 실제로 23명이 퇴사하였고, 회사의 영업이익은 8% 증가하여 누적 연평균 영업이익 성장률이 10.67%에 달하였다. 따라서 20×3년 말에 총 419명의 종업원이 각각 100주를 받았다.

물음

1. 대박회사가 20×1년부터 20×3년까지 인식할 보상비용을 계산하고 20×1년 말부터 20×3년 말까지 해야 할 분개를 하시오.

2. 20×3년 대박회사의 영업이익이 5% 증가하여 누적 연평균 영업이익 성장률이 10% 미만인 경우 해야 할 분개를 하시오.

풀이

1. 비시장조건의 경우 기대가득기간이 변경되면 이를 수정한다.

연도	계산근거	당기 보상비용	누적 보상비용
20×1	440명 × 100주 × ₩30 × 1/2	₩660,000	₩660,000
20×2	(417명 × 100주 × ₩30 × 2/3) - 660,000	174,000	834,000
20×3	(419명 × 100주 × ₩30 × 3/3) - 834,000	423,000	1,257,000

〈20×1년 말〉

(차변)	보 상 비 용	660,000	(대변)	주 식 선 택 권	660,000

〈20×2년 말〉

(차변)	보 상 비 용	174,000	(대변)	주 식 선 택 권	174,000

〈20×3년 말〉

(차변)	보 상 비 용	423,000	(대변)	주 식 선 택 권	423,000

2. 주식을 부여받을 수 있는 비시장조건인 가득조건(누적 연평균 영업이익 10% 성장)을 충족하지 못하였으므로 과년도에 인식했던 보상비용과 주식선택권을 환입한다.

〈20×3년 말〉

(차변)	주 식 선 택 권	834,000	(대변)	보 상 비 용 환 입 ❶	834,000

❶ 보상비용은 종업원급여의 성격이기 때문에 보상비용환입은 종업원급여에서 차감한다.

예제 3 ▎ 비시장조건 회계처리 - 지분상품의 수량 수정(제1102호 IG 사례 3)

대박회사는 20×1년 1월 1일에 판매부서 종업원 100명에게 각각 주식선택권을 부여하였다. 주식선택권은 종업원이 계속 근무하면서 특정 제품의 판매성과가 매년 최소 5%만큼 증가하면 20×3년 말에 가득된다. 판매성과가 연평균 5% 내지 10% 증가하는 경우에 각 종업원은 주식선택권 100개를 받게 된다. 판매성과가 연평균 10% 내지 15% 증가하는 경우에는 각 종업원은 주식선택권 200개를 받게 된다. 판매성과가 연평균 15% 이상 증가하는 경우에는 각 종업원은 주식선택권 300개를 받게 된다. 부여일 현재 주식선택권의 단위당 공정가치를 ₩20으로 추정하였다.

<20×1년 말>
20×1년 중에 7명이 퇴사하였고, 부여일로부터 20×3년 말까지 총 20명이 퇴사할 것으로 추정하였다. 따라서 20×3년 말까지 계속 근무할 것으로 기대되는 종업원 수는 80명이다. 제품판매는 12% 증가하였으며 회사는 이 증가율이 계속되어 부여일 이후 3년 동안 연평균 판매증가율이 10% 이상 15% 미만이 되어 20×3년 말에는 종업원 1인당 200개의 주식선택권을 가득할 것으로 추정하였다.

<20×2년 말>
20×2년에 5명이 추가로 퇴사하였고, 20×3년에 3명이 더 퇴사하여 20×3년 말까지 계속 근무할 것으로 기대되는 종업원수는 85명이다. 제품판매는 18% 증가하여 부여일 이후 2년간 연평균 증가율이 15%에 달하였다. 회사는 부여일 이후 3년 동안 연평균 판매증가율이 15% 이상에 달하여 20×3년 말에는 종업원 1인당 300개의 주식선택권을 가득할 것으로 추정하였다.

<20×3년 말>
20×3년에 추가로 2명이 퇴사하여 20×3년 말 현재 계속근무자는 86명이 되었다. 회사의 제품판매는 부여일 이후 3년 동안 연평균 16% 증가하여 20×3년 말에 종업원 1인당 300개의 주식선택권을 가득하였다.

물음

대박회사가 20×1년부터 20×3년까지 인식할 보상비용을 계산하고 20×1년 말부터 20×3년 말까지 해야 할 분개를 하시오.

풀이

(예제 2)에서는 비시장조건의 가득조건 중에 용역제공조건이 부과되지 않았으나, 본 예제에서는 비시장조건의 가득조건 중에 3년의 용역제공조건이 부과되었으므로 가득기간 3년은 수정되지 않는다. 반면에 3년 경과 후 가득될 주식선택권 수량이 연평균 판매증가율에 연계되어 있으므로 매 연도 말에 주식선택권의 수량을 수정할 수 있다. 즉, 20×1년 말에는 종업원 1인당 200개의 주식선택권이 가득될 것으로 추정하였으나, 20×2년 말에는 300개의 주식선택권이 가득될 것으로 추정하여 보상비용을 계산한다.

연도	계산근거	당기보상비용	누적보상비용
20×1	80명 × 200개 × ₩20 × 1/3	₩106,667	₩106,667
20×2	(85명 × 300개 × ₩20 × 2/3) - 106,667	233,333	340,000
20×3	(86명 × 300개 × ₩20 × 3/3) - 340,000	176,000	516,000

〈20×1년 말〉

(차변) 보 상 비 용 106,667 (대변) 주 식 선 택 권 106,667

〈20×2년 말〉

(차변) 보 상 비 용 233,333 (대변) 주 식 선 택 권 233,333

〈20×3년 말〉

(차변) 보 상 비 용 176,000 (대변) 주 식 선 택 권 176,000

예제 4 ❙ 시장조건 회계처리(제1102호 IG 사례 5)

대박회사는 20×1년 1월 1일에 임원에게 3년간 근무할 것을 조건으로 주식선택권 10,000개를 부여하였다. 그러나 20×1년 초에 ₩50인 주가가 20×3년 말에 ₩65 이상으로 상승하지 않는다면 이 주식선택권은 행사될 수 없다. 20×3년 말에 주가가 ₩65 이상이 되면 이 임원은 주식선택권을 다음 7년 동안 언제든지 행사할 수 있다.

대박회사는 주식선택권의 공정가치를 측정할 때 이항모형을 적용하며, 모형 내에서 20×3년 말에 기업의 주가가 ₩65 이상이 될 가능성(즉, 주식선택권이 행사가능하게 될 가능성)과 그렇지 못할 가능성(즉, 주식선택권이 상실될 가능성)을 고려한다. 기업은 이러한 시장조건이 부과된 주식선택권의 공정가치를 단위당 ₩24으로 예상한다.

물음

1. 20×3년 말 현재 대박회사의 주가는 ₩68이며, 모든 임원이 주식선택권을 가득하였다. 대박회사가 20×1년부터 20×3년까지 인식할 보상비용을 계산하고 20×1년 말부터 20×3년 말까지 해야 할 분개를 하시오.

2. (물음 1)에서 20×3년 말 현재 대박회사의 주가가 ₩60일 경우 20×3년 말에 대박회사의 인식할 당기보상비용 또는 보상비용환입을 계산하고, 해야 할 분개를 하시오.

3. (물음 1)에서 20×3년 말 현재 대박회사의 주가는 ₩68을 달성하였나, 모든 임원이 20×3년 중에 퇴사하였다. 20×3년 말에 대박회사의 인식할 당기보상비용 또는 보상비용환입을 계산하고, 해야 할 분개를 하시오.

풀이

연도	계산근거	당기보상비용	누적보상비용
20×1	10,000개 × ₩24 × 1/3	₩80,000	₩80,000
20×2	(10,000개 × ₩24 × 2/3) - 80,000	80,000	160,000
20×3	(10,000개 × ₩24 × 3/3) - 160,000	80,000	240,000

1. 〈20×1년 말〉

(차변)	보 상 비 용	80,000	(대변)	주 식 선 택 권	80,000

〈20×2년 말〉

(차변)	보 상 비 용	80,000	(대변)	주 식 선 택 권	80,000

〈20×3년 말〉

(차변)	보 상 비 용	80,000	(대변)	주 식 선 택 권	80,000

2. 보상비용은 시장조건의 달성여부와 무관하게 인식한다. 따라서 20×3년 말에 인식하는 주식보상비용은 (풀이 1)과 동일한 ₩80,000이다. 20×3년 말에 주가가 ₩65에 미달 되더라도 과년도에 인식한 보상비용과 주식선택권은 환입하지 않는다. 따라서 (풀이 1)과 분개는 동일하다.

3. 가득조건이 시장조건이더라도 용역조건을 충족하지 않았다면 (풀이 2)와 다르게 과년도에 인식한 보상비용을 환입하여야 한다. 환입할 금액은 과년도까지 인식한 ₩160,000이다.

〈20×3년 말〉

(차변)	주 식 선 택 권	160,000	(대변)	보 상 비 용 환 입	160,000

(3) 지분상품의 내재가치로 보상비용의 측정

드문 경우이지만, 부여한 지분상품의 공정가치를 측정기준일 현재 신뢰성 있게 추정할 수 없는 경우에는 거래상대방에게서 재화나 용역을 제공받는 날을 기준으로 지분상품을 내재가치(intrinsic value)로 최초 측정한다. 내재가치란 거래상대방이 청약할 수 있는 (조건부나 무조건부) 권리나 제공받을 권리가 있는 주식의 공정가치와 거래상대방이 해당 주식에 대해 지급해야 하는 가격의 차이를 말한다. 예를 들면, 주식선택권의 행사가격이 ₩15이고 기초주식의 공정가치가 ₩20이라면 내재가치는 ₩5(20 − 15)이 된다.

앞서 설명한 바와 같이 주식선택권을 지분상품의 공정가치로 측정하는 경우에는 가득일 이후에 자본을 수정하지 않는다. 반면에 내재가치로 측정하는 경우 가득일 이후에도 매 보고기간 말과 최종결제일[3]에 내재가치를 재측정하고, 내재가치의 변동을 당기손익으로 인식한다. 왜냐하면 내재가치의 결정에는 공정가치의 결정과 달리 가치평가모형에 시간가치가 반영되어 있지 않아서 이를 수정해야 한다. 이에 따라 가득일 이후에 주식선택권이 상실되거나 만기소멸된다면, 제공받은 재화나 용역에 대하여 인식한 금액을 환입한다.

예제 5 ❙ 내재가치법을 적용한 회계처리(제1102호 IG 사례 10)

대박회사는 20×1년 1월 1일에 종업원 50명에게 각각 주식선택권 1,000개를 부여하였다. 각 주식선택권은 종업원이 20×3년 말까지 근무하면 가득된다. 주식선택권의 만기는 10년이다. 주식선택권의 행사가격은 ₩60이고 부여일 현재 회사의 주가도 ₩60이다. 대박회사 주식의 주당 액면금액은 ₩50이다. 부여일 현재 회사는 주식선택권의 공정가치를 신뢰성 있게 추정할 수 없다고 판단하였다.

<연도별 퇴사자 추정>
- 20×1년 말 현재 부여한 주식선택권의 80%가 가득될 것으로 추정하였다.
- 20×2년 말 현재 부여한 주식선택권의 86%가 가득될 것으로 재추정하였다.
- 20×3년 말 현재 총 43,000개의 주식선택권이 가득되었다.

---

3 지분상품이 주식선택권이라면 그 주식선택권이 상실(예 고용의 종결)되거나 만기소멸(예 주식선택권의 계약기간 만료)되는 날을 최종결제일로 한다.

<연도별 주가와 행사 또는 미행사된 주식선택권>

연차	연도말 주가	당기 행사된 주식선택권 수량	기초까지 미행사된 주식선택권 수량
1	₩63	-	-
2	65	-	-
3	75	-	-
4	88	6,000	43,000
5	100	8,000	37,000
6	90	5,000	29,000
7	96	9,000	24,000
8	105	8,000	15,000
9	108	5,000	7,000
10	115	2,000	2,000

물음

1. 연차별 대박회사가 인식할 보상비용을 계산하시오.

2. 20×1년부터 20×6년까지 대박회사가 매 회계기간에 해야 할 분개를 하시오.

풀이

1. 용역제공기간인 20×1년부터 20×3년까지는 누적기준으로 연도별 보상비용을 인식한다. 주식선택권 행사기간인 20×4년부터는 해당 연도의 주가변동에 따른 내재가치 변동액을 연도별 보상비용으로 인식한다. 20×4년부터 인식하는 보상비용은 기초까지 미행사된 주식선택권 수량에 당기 내재가치 변동액(즉, 주가변동액)을 곱하여 연도별 보상비용을 계산한다.

연 차	계산근거	당기보상비용	누적보상비용
1	50,000개 × 80% × (₩63-60) × 1/3	₩40,000	₩40,000
2	(50,000개 × 86% × (₩65-60) × 2/3) - 40,000	103,333	143,333
3	43,000개 × (₩75-60) - 143,333	501,667	645,000
4	43,000개 × (₩88-75)	559,000	1,204,000
5	37,000개 × (₩100-88)	444,000	1,648,000
6	29,000개 × (₩90-100)	(290,000)	1,358,000
7	24,000개 × (₩96-90)	144,000	1,502,000
8	15,000개 × (₩105-96)	135,000	1,637,000
9	7,000개 × (₩108-105)	21,000	1,658,000
10	2,000개 × (₩115-108)	14,000	1,672,000

2. 〈20×1년 말〉

(차변)	보 상 비 용	40,000	(대변)	주 식 선 택 권	40,000

〈20×2년 말〉

(차변)	보 상 비 용	103,333	(대변)	주 식 선 택 권	103,333

〈20×3년 말〉

(차변)	보 상 비 용	501,667	(대변)	주 식 선 택 권	501,667

〈20×4년 말〉

(차변)	보 상 비 용	559,000	(대변)	주 식 선 택 권	559,000
(차변)	현 금	360,000❶	(대변)	자 본 금	300,000❸
	주 식 선 택 권	168,000❷		주식발행초과금	228,000

❶ 6,000개 × ₩60 = ₩360,000
❷ 6,000개 × (₩88-60) = ₩168,000
❸ 6,000개 × ₩50 = ₩300,000

〈20×5년 말〉

(차변)	보 상 비 용	444,000	(대변)	주 식 선 택 권	444,000
(차변)	현 금	480,000❹	(대변)	자 본 금	400,000❻
	주 식 선 택 권	320,000❺		주식발행초과금	400,000

❹ 8,000개 × ₩60 = ₩480,000
❺ 8,000개 × (₩100-60) = ₩320,000
❻ 8,000개 × ₩50 = ₩400,000

〈20×6년 말〉

(차변)	주식선택권	290,000	(대변)	보상비용환입	290,000❼

❼ 주가가 하락함으로써 감소된 내재가치 금액(29,000개 × (₩90-100)을 환입한다.

(차변)	현금	300,000❽	(대변)	자본금	250,000❿
	주식선택권	150,000❾		주식발행초과금	200,000

❽ 5,000개 × ₩60 = ₩300,000
❾ 5,000개 × (₩90-60) = ₩150,000
❿ 5,000개 × ₩50 = ₩250,000

2.4 지분상품의 조건변경

(1) 조건변경

기업은 이미 부여한 지분상품의 조건을 변경하는 경우가 있다. 예를 들면, 이미 종업원에게 부여한 주식선택권의 행사가격을 낮추어 주식선택권의 공정가치를 높이거나 부여한 지분상품의 수량이나 가득기간을 변경할 수 있다.

기업이 지분상품을 부여한 당시의 조건을 변경할 때에는 제공받는 근무용역은 지분상품의 부여일 당시의 공정가치에 따라 인식한다. 다만, 주식기준보상약정의 총 공정가치를 높이거나 종업원에게 더 유리하도록 조건을 변경하는 경우에는 추가로 조건변경의 효과, 즉 조건변경으로 증가한 증분가치를 인식한다. 그러나 종업원에게 불리하도록 조건을 변경하는 경우에는 조건이 변경되지 않는 것으로 보고 부여한 지분상품의 대가로 제공받는 근무용역을 계속해서 인식한다.

1) 지분상품의 공정가치를 증가시키는 경우

주식선택권의 행사가격을 낮추면 해당 주식선택권의 공정가치가 증가하게 된다. 이렇게 조건이 변경된 공정가치 차이를 증분공정가치(incremental fair value)라고 하며, 다음과 같이 산출한다.

증분공정가치 = 변경된 지분상품의 공정가치 – 당초 지분상품의 공정가치

가득기간 중에 조건이 변경되면 당초 지분상품의 공정가치는 당초 가득기간의 잔여기간에 걸쳐 인식한다. 즉, 원래 기대가득기간 동안 보상비용을 인식한다. 증분공정가치는 조건변경일부터 가득되는 날까지 보상비용을 추가로 인식한다.

가득일 이후에 조건이 변경되면 증분공정가치를 즉시 인식한다. 다만, 종업원이 변경된 지분상품에 무조건적인 권리를 획득하려고 추가 용역제공기간을 근무해야 한다면 증분공정가치를 추가된 가득기간에 걸쳐 인식한다.

2) 지분상품의 수량을 증가시키는 경우

조건이 변경되어 부여한 지분상품의 수량이 증가하는 경우에는 1)의 요구사항과 일관되게, 가득기간 중에 조건이 변경되면 부여일에 측정한 당초 지분상품의 공정가치는 당초 가득기간의 잔여기간에 걸쳐 인식하며, 이에 추가하여 증분공정가치를 조건변경일부터 가득되는 날까지 제공받는 근무용역에 대해 인식할 금액의 측정치에 포함한다.

3) 가득기간을 변경하는 경우

가득기간을 줄이거나 성과조건(시장조건은 제외. 시장조건의 변경은 1)을 적용하여 회계처리함)을 변경 또는 제거할 때와 같이 종업원에게 유리하도록 가득조건을 변경할 때에는 2.3절에서 설명한 바와 같이 변경한 가득조건을 고려하여 기대가득기간을 조정한다.

예제 6 ❙ 주식선택권의 행사가격 조건변경(제1102호 IG 사례 7)

대박회사는 20×1년 초에 종업원 500명에게 각각 100개의 주식선택권을 부여하였다. 각 주식선택권은 종업원이 앞으로 3년간 근무할 것을 조건으로 한다. 부여일 현재 주식선택권의 단위당 공정가치를 ₩15으로 추정하였다. 대박회사는 20×1년 말에 390명, 20×2년 말에 395명의 종업원이 주식선택권을 가득할 것으로 판단하였으며, 20×3년 말에 최종적으로 397명의 종업원이 주식선택권을 가득하였다.

물음

1. 대박회사는 20×1년 말에 주가하락으로 주식선택권의 행사가격을 낮추는 조건변경을 하였다. 이러한 조건변경으로 인하여 주식선택권의 단위당 공정가치는 ₩3 증가하였으며, 조건변경은 20×2년부터 적용한다. 20×1년부터 20×3년까지 매 보고기간 말에 인식할 보상비용과 해야 할 분개를 하시오.

2. 대박회사는 20×1년 말에 주가상승으로 주식선택권의 행사가격을 높이는 조건변경을 하였다. 이러한 조건변경으로 인하여 주식선택권의 단위당 공정가치는 ₩3 감소하였다. 20×1년부터 20×3년까지 매 보고기간 말에 인식할 보상비용을 계산하시오.

풀이

1. 가득기간 중 행사가격을 낮추는 조건변경은 종업원에게 유리한 것이므로 증분공정가치는 조건변경일부터 가득되는 날까지 보상비용을 인식한다.

연도	당초 보상비용	추가보상비용	당기 보상비용	누적 보상비용
20×1	390명×100개×₩15×1/3 =₩195,000	해당 없음	₩195,000	₩195,000
20×2	395명×100개×₩15×2/3 −195,000=₩200,000	395명×100개×₩3 ×1/2=₩59,250	259,250	454,250
20×3	397명×100×₩15 −395,000=₩200,500	397명×100×₩3 −59,250=₩59,850	260,350	714,600

〈20×1년 말〉

(차변)	보 상 비 용	195,000	(대변)	주 식 선 택 권	195,000

〈20×2년 말〉

(차변)	보 상 비 용	259,250	(대변)	주 식 선 택 권	259,250

〈20×3년 말〉

(차변)	보 상 비 용	260,350	(대변)	주 식 선 택 권	260,350

2. 가득기간 중 행사가격을 높이는 조건변경은 종업원에게 불리한 것이므로 추가보상비용을 인식하지 않는다.

연도	당초 보상비용	추가보상비용	당기 보상비용	누적 보상비용
20×1	390명×100개×₩15×1/3 =₩195,000	해당 없음	195,000	195,000
20×2	395명×100개×₩15×2/3 -195,000=₩200,000	해당 없음	200,000	395,000
20×3	397명×100×₩15 -395,000=₩200,500	해당 없음	200,500	595,500

(2) 취소 및 중도청산

부여한 지분상품이 가득기간 중에 취소되거나 중도청산되면 다음과 같이 회계처리한다. 다만, 가득조건이 충족되지 못해 부여된 지분상품이 상실되어 취소될 때는 제외한다.

① 취소나 중도청산 때문에 부여한 지분상품이 일찍 가득되었다고 보아 회계처리하므로, 취소하거나 중도청산을 하지 않는다면 잔여가득기간에 제공받을 용역에 대해 인식될 금액을 즉시 인식한다.

② 취소나 중도청산 시 종업원에게 지급하는 금액은 자기지분상품의 재매입[4]으로 보아 자본에서 차감한다. 다만, 지급액이 부여한 지분상품의 재매입일 현재 공정가치를 초과하면 그 초과액을 보상비용으로 인식한다.

주식기준보상을 취소 또는 중도청산하는 경우 회계처리를 제시하면 다음과 같다.

〈주식기준보상의 취소 또는 중도청산〉

(차변)	주식선택권	×××*	(대변)	현금	×××
	자본항목	×××**			
	보상비용	×××***			

* 취소나 중도청산된 주식선택권 장부금액

** 취소나 중도청산된 주식선택권 공정가치 - 취소나 중도청산된 주식선택권 장부금액

*** 현금 지급액 - 취소나 중도청산된 주식선택권 공정가치

4 종업원에게 권리가 있는 회사의 주식을 매입하는 것과 유사하므로 자본항목(자본조정이나 기타 자본잉여금)으로 처리한다.

예제 7 ❙ 주식선택권의 중도청산 회계처리

대박회사는 20×1년 초에 종업원 500명에게 각각 100개의 주식선택권을 부여하였다. 각 주식선택권은 종업원이 앞으로 3년간 근무할 것을 조건으로 한다. 부여일 현재 주식선택권의 단위당 공정가치를 ₩15으로 추정하였으며, 3년간 퇴사할 종업원은 없다고 추정하였다. 대박회사는 종업원과의 합의로 20×2년 초에 주식선택권을 개당 현금 ₩20(단, 중도청산일 현재 개당 공정가치는 ₩18)을 지급하고 주식선택권을 중도청산하였다. 중도청산일까지 퇴사한 종업원은 없다.

물음

대박회사가 20×1년 말과 20×2년 초에 해야 할 분개를 하시오.

풀이

〈20×1년 말〉

(차변)	보상비용	250,000❶	(대변)	주식선택권	250,000

❶ 500명 × 100개 × ₩15 × 1/3 = ₩250,000

〈20×2년 초, 잔여가득기간 2년 동안의 보상비용 즉시 인식〉

(차변)	보상비용	500,000❷	(대변)	주식선택권	500,000

❷ 500명 × 100개 × ₩15 × 2/3 = ₩500,000

〈중도청산 시〉

(차변)	주식선택권	750,000	(대변)	현금	1,000,000❸
	자본항목	150,000❹			
	보상비용	100,000❺			

❸ 현금 지급액 = 500명 × 100개 × ₩20 = ₩1,000,000
❹ 주식선택권의 공정가치와 장부금액의 차이 = 500명 × 100개 × (₩18-15) = ₩150,000
❺ 현금 지급액과 주식선택권의 공정가치의 차이 = 500명 × 100개 × (₩20-18) = ₩100,000

3. 현금결제형 주식기준보상

3.1 인식과 측정

현금결제형 주식기준보상은 기업이 거래상대방으로부터 재화나 용역을 제공받은 대가로 기업의 지분상품의 가격에 기초하여 현금을 지급하는 주식기준보상이다. 예를 들면, 기업은 특정 기간 기업의 주가 상승액에 기초하여 종업원에게 미래에 현금을 받을 권리를 획득하게 하는 주가차액보상권(SARs: share appreciation rights)을 부여할 수 있다. 또한 기업이 종업원에게 주식을 받을 수 있는 권리를 부여할 때 반드시 현금으로 상환하거나 종업원 선택으로 현금으로 상환할 수 있는 권리를 부여함으로써 종업원에게 미래에 현금을 받는 권리를 부여할 수도 있다. 이러한 약정들이 현금결제형 주식기준보상거래의 예이다.

주식결제형 주식기준보상은 제공받은 재화나 용역의 대가로 지분상품을 발행하여 지급하므로 자본을 인식한다. 그러나 현금결제형 주식기준보상은 제공받은 재화나 용역의 대가로 향후 현금을 지급해야 할 의무를 부담하므로 부채[5]를 인식한다. 기업은 다음과 같이 제공받는 재화나 용역과 그 대가로 부담할 부채의 공정가치를 회계처리한다.

〈보상비용 인식(현금결제형 주식기준보상)〉

(차변)	보 상 비 용	×××	(대변)	장기미지급비용	×××

부채가 결제될 때까지 매 보고기간 말과 결제일에 부채의 공정가치를 재측정하고, 공정가치 변동액을 당기손익으로 인식한다. 이는 인식하는 부채의 공정가치와 비용의 누적금액이 궁극적으로 현금 지급액과 동일해야 하므로 가득기간뿐만 아니라 가득일 이후에도 부채의 공정가치를 재측정한다. 주식결제형 주식기준보상에서 측정기

5 종업원이 무조건부로 현금지급에 대한 권리를 획득하기 위한 조건을 다 이행하기 전에는 기업이 종업원에게 현금을 지급할 현재의무가 없기 때문에 가득일 전에는 부채가 없다는 주장이 있을 수 있다. 즉 부여일과 가득일 사이에는 우발부채만 존재한다는 것이다. 이에 대해 IASB는 K-IFRS 제1019호 '종업원급여'에서 '퇴직급여에 대한 종업원의 수급권이 미래 근무를 조건으로 하는 것이더라도 의무가 존재한다'는 것과 일관되도록 현금결제형 주식기준보상에서도 종업원이 근무용역을 제공할 때 부채를 인식하도록 결론 내렸다(1102:BC243~245).

준일에 자본의 공정가치를 측정하고 그 이후에 재측정하지 않는 것과 차이가 있다. 이는 부채와 달리 지분상품을 발행한 경우에는 궁극적으로 현금 등 자산이 유출되지 않기 때문이다.

종업원에게서 제공받는 근무용역과 그 대가로 부담하는 부채는 근무용역을 제공받는 기간에 인식한다. 예를 들면, 부여하자마자 가득되는 주가차액보상권의 경우에 종업원이 현금에 대한 권리를 획득하려고 정해진 용역제공기간에 근무해야 할 의무가 없으므로 반증이 없는 한 종업원에게서 이미 근무용역을 제공받았다고 본다. 따라서 기업은 제공받는 용역과 그 대가 지급에 관한 부채를 즉시 인식한다. 만약 종업원이 특정 용역제공기간을 근무해야만 주가차액보상권이 가득된다면, 제공받는 근무용역과 그 대가로 부담하는 부채는 그 용역제공기간에 종업원이 근무용역을 제공할 때 인식한다.

현금결제형 주식기준보상에도 이익성장이나 주가상승을 달성하는 것과 같은 성과조건을 가득조건으로 할 수 있다. 다만, 시장조건이 아닌 가득조건은 측정기준일 현재 현금결제형 주식기준보상의 공정가치를 추정할 때 고려하지 않는다. 그 대신에 시장조건이 아닌 가득조건은 거래에서 생기는 부채의 측정에 포함하는 권리의 수량을 조정하는 방식으로 고려한다. 반면에 시장조건과 비가득조건은 현금결제형 주식기준보상의 공정가치를 추정할 때와 매 보고기간 말과 결제일에 권리의 공정가치를 재측정할 때 고려한다.[6]

지금까지 설명한 현금결제형 주식기준보상의 인식과 측정을 적용하면, 대가로 제공받는 재화나 용역에 대해 궁극적으로 인식하는 총보상비용의 누적금액은 현금지급액과 동일하다.

예제 8 ❙ 현금결제형 주가차액보상권(제1102호 IG 사례 12)

대박회사는 20×1년 1월 1일에 종업원 500명에게 앞으로 3년간 근무할 것을 조건으로 각각 현금결제형 주가차액보상권 100개씩 부여하였다. 관련 자료는 다음과 같다. 단, 주가차액보상권은 매년 말에 행사되는 것으로 하며, 권리행사 시 내재가치는 현금지급액과 일치한다고 가정한다.

---

6 공정가치를 측정할 때 옵션가격결정모형을 사용하도록 하고 있으며, 옵션가격결정모형에서 시장조건과 비가득조건의 달성가능성을 공정가치 추정할 때 고려할 수 있기 때문이다.

연도	예상 또는 최종가득자	권리행사자	공정가치	내재가치
20×1	405명	-	₩14.4	-
20×2	400명	-	15.5	-
20×3	403명	150명	18.2	₩15
20×4		140명	21.4	20
20×5		113명	25.0	25

물음

1. 대박회사가 20×1년부터 20×5년까지 매년 말 인식해야 할 보상비용을 계산하시오.

2. 대박회사가 20×1년부터 20×5년까지 매년 말 해야 할 분개를 하시오.

풀이

1. 권리행사 전 종업원수로 당기 보상비용을 계산한 후에 권리행사로 현금지급액과 감소하는 보상비용을 계산하고, 이것을 가감하여 장기미지급비용 잔액을 산출한다.

연도	계산근거	현금지급 (내재가치)	당기 보상비용	장기 미지급비용
20×1	405명 × 100개 × ₩14.4 × 1/3		₩194,400	₩194,400
20×2	400명 × 100개 × ₩15.5 × 2/3 - ₩194,400		218,933	413,333
20×3	403명 × 100개 × ₩18.2 - ₩413,333		320,127	
	권리행사분: 150명 × 100개 × ₩18.2 = ₩273,000	₩(225,000)❷	(48,000)❶	460,460
20×4	(403명-150) × 100개 × ₩21.4 - ₩460,460		80,960	
	권리행사분: 140명 × 100개 × ₩21.4 = ₩299,600	(280,000)❸	(19,600)❶	241,820
20×5	(403명-150-140) × 100개 × ₩25.0 - ₩241,820		40,680	
	권리행사분: 113명 × 100개 × ₩25.0 = ₩282,500	(282,500)❹	-❶	-
합계		₩(787,500)	₩787,500	

❶ 권리행사분에서 현금지급액을 차감한 금액이다.

❷ 150명 × 100개 × ₩15 = ₩225,000

❸ 140명 × 100개 × ₩20 = ₩280,000

❹ 113명 × 100개 × ₩25 = ₩282,500

보는 바와 같이 현금결제형 주식기준보상으로 인식한 총보상비용의 누적금액과 현금지급액이 ₩787,500 으로 일치함을 알 수 있다.

2. 〈20×1년 말〉

(차변)	보 상 비 용	194,400	(대변)	장기미지급비용	194,400

〈20×2년 말〉

(차변)	보 상 비 용	218,933	(대변)	장기미지급비용	218,933

〈20×3년 말〉

(차변)	보 상 비 용	320,127	(대변)	장기미지급비용	320,127

• 주가차액보상권 행사

(차변)	장기미지급비용	273,000	(대변)	현 금	225,000
				보 상 비 용	48,000❶

❶ 주식선택권의 공정가치와 현금 지급액의 차이 = 150명 × 100개 × (₩18.2-15) = ₩48,000

〈20×4년 말〉

(차변)	보 상 비 용	80,960	(대변)	장기미지급비용	80,960

• 주가차액보상권 행사

(차변)	장기미지급비용	299,600	(대변)	현 금	280,000
				보 상 비 용	19,600❷

❷ 주식선택권의 공정가치와 현금 지급액의 차이 = 140명 × 100개 × (₩21.4-20) = ₩19,600

〈20×5년 말〉

(차변)	보 상 비 용	40,680	(대변)	장기미지급비용	40,680

• 주가차액보상권 행사

(차변)	장기미지급비용	282,500	(대변)	현 금	282,500
				보 상 비 용	0❸

❸ 주식선택권의 공정가치와 현금 지급액의 차이 = 140명 × 100개 × (₩25.0-25) = ₩0

3.2 현금결제형에서 주식결제형으로 분류를 바꾸는 조건변경의 회계처리

현금결제형 주식기준보상을 주식결제형으로 변경하는 경우에 조건변경일 이전까지 현금결제형 주식기준보상으로 인식한 부채(장기미지급비용)를 제거하고, 조건변경일에 부여된 지분상품의 공정가치에 기초하여 측정한 주식결제형 주식기준보상 중에서 재화나 용역을 기존에 제공받은 만큼은 자본(주식선택권)으로 인식한다. 제거하는 부채와 인식하는 자본의 차이를 당기손익(보상비용 또는 보상비용환입)으로 인식한다. 회계처리는 다음과 같다.

〈조건변경일〉

(차변)	장기미지급비용	×××	(대변)	주 식 선 택 권	×××
	보 상 비 용			보상비용환입	

조건변경이 가득기간 후에 발생하더라도 동일한 회계처리를 한다. 만약 조건변경의 결과로 가득기간이 연장되거나 단축된다면 변경된 가득기간을 반영한다.

예제 9 ❙ 현금결제형에서 주식결제형으로 조건변경(제1102호 IG 사례 12C)

대박회사는 20×1년 초에 종업원 100명에게 향후 4년 동안 계속 근무할 것을 조건으로 각각 주가차액보상권을 100개씩 부여하였다. 20×1년 말과 20×2년 말 회사는 주가차액보상권의 단위당 공정가치를 각각 ₩10과 ₩12으로 추정하였다.
대박회사는 20×2년 말에 기존의 주가차액보상권을 모두 취소하고 그 대신 종업원에게 앞으로 2년간 근무할 것을 조건으로 주식선택권 100개씩을 부여하였다. 20×2년 말 현재 주식선택권의 단위당 공정가치는 ₩13.2이다. 모든 종업원이 요구되는 용역을 제공할 것으로 예상하였으며, 실제로도 그러하였다.

물음

1. 대박회사가 20×1년 말과 20×2년 말에 주가차액보상권에 대해서 해야 할 분개를 하시오.

2. 20×2년 말에 주가차액보상권이 주식선택권으로 조건이 변경될 때 대박회사가 해야 할 분개를 하시오.

3. (물음 2)에서 대박회사가 20×2년 말에 기존의 주가차액보상권을 모두 취소하고 종업원에게 주식선택권을 100개가 아니라 120개씩 부여하면서 향후 3년 동안 계속 근무할 것을 조건으로 변경하였을 때, 조건변경일에 해야 할 분개를 하시오.

풀이

1. 〈20×1년 말〉

(차변)	보 상 비 용	25,000❶	(대변)	장기미지급비용	25,000

❶ 100명 × 100개 × ₩10 × 1/4 = ₩25,000

〈20×2년 말〉

(차변)	보 상 비 용	35,000❷	(대변)	장기미지급비용	35,000

❷ 100명 × 100개 × ₩12 × 2/4 - ₩25,000 = ₩35,000

2. 〈20×2년 말〉

(차변)	장기미지급비용	60,000	(대변)	주 식 선 택 권	66,000❶
	보 상 비 용	6,000			

❶ 100명 × 100개 × ₩13.2 × 2/4 = ₩66,000

3. 〈20×2년 말〉

(차변)	장기미지급비용	60,000	(대변)	주 식 선 택 권	63,360❶
	보 상 비 용	3,360			

❶ 100명 × 120개 × ₩13.2 × 2/5 = ₩63,360
변경된 조건(종업원에게 주식선택권 120개 부여, 용역제공기간 5년 중 2년 근무)을 반영한다.

4. 선택형 주식기준보상

선택형 주식기준보상은 기업 또는 거래상대방이 대가의 결제방식을 주식결제형과 현금결제형 중에 선택할 수 있는 주식기준보상이다.

기업이 현금을 지급해야 하는 현재의무가 있다면 현금결제형 주식기준보상으로, 그렇지 않다면 주식결제형 주식기준보상으로 회계처리한다. 반면에 거래상대방이 주식결제형과 현금결제형 중에 선택권을 가지고 있다면 기업은 부여일에 거래상대방에게 부채요소와 자본요소를 모두 포함하는 복합금융상품을 부여한 것으로 회계처리한다.

4.1 거래상대방이 결제방식을 선택할 수 있는 경우

거래상대방이 결제방식을 선택할 수 있는 권리를 부여한 것은 부채요소(거래상대방의 현금결제요구권)와 자본요소(거래상대방의 지분상품결제요구권)가 포함된 복합금융상품을 부여한 것으로 본다. 이때 제공받는 재화나 용역의 공정가치를 직접 측정가능 여부에 따라 다음 〈표 14-4〉와 같이 부채요소와 자본요소를 측정한다.

표 14-4 거래상대방이 결제방식을 선택할 수 있는 경우 측정방법

<table>
<tr><th colspan="2">구 분</th><th>측정방법</th></tr>
<tr><td rowspan="2">종업원이 아닌 거래상대방</td><td>제공받는 재화나 용역의 공정가치를 직접 측정하는 경우</td><td>자본요소 = 복합금융상품의 공정가치*
− 부채요소의 공정가치
* 재화나 용역을 제공받은 날 현재 제공받은 재화나 용역의 공정가치</td></tr>
<tr><td>제공받는 재화나 용역의 공정가치를 직접 측정할 수 없는 경우</td><td rowspan="2">복합금융상품 = 부채요소의 공정가치
+ 자본요소의 공정가치</td></tr>
<tr><td colspan="2">종업원인 경우</td></tr>
</table>

복합금융상품 중에서 부채요소에 대해서는 현금결제형 주식기준보상과 같이 거래상대방에게서 재화나 용역을 제공받을 때 제공받는 재화나 용역과 그 대가로 부담하는 부채의 증가를 인식한다. 부채는 매 보고기간 말과 최종결제일까지 공정가치로 재측정한다. 자본요소에 대해서는 주식결제형 주식기준보상과 같이 거래상대방에게서 재화나 용역을 제공받을 때 제공받는 재화나 용역과 그에 상응하여 자본의 증가를 인식한다. 기업은 매 보고기간 말에 부채요소와 자본요소에 대해 다음과 같은 회계처리를 한다.

〈부채요소 인식〉

(차변) 보 상 비 용 ××× (대변) 장기미지급비용 ×××

〈자본요소 인식〉

(차변) 보 상 비 용 ××× (대변) 주 식 선 택 권 ×××

최종결제시점에 거래상대방이 현금결제방식을 선택하는 경우 현금지급액은 모두 부채의 상환액으로 본다. 거래상대방이 현금결제방식을 선택함으로써 지분상품결제요구권을 상실하게 되므로 이미 인식한 자본요소는 계속 자본으로 분류한다. 이때 자본계정 간 대체는 가능하다.

한편, 기업이 결제일에 현금을 지급하는 대신 지분상품을 발행하는 경우에는 부채의 장부금액을 지분상품의 대가로 보아 자본으로 직접 대체한다. 기업은 결제일에 현금결제방식과 주식결제방식에 따라 다음과 같은 회계처리를 한다.

〈현금결제방식〉

(차변)	장기미지급비용	×××	(대변)	현 금	×××

〈주식결제방식〉

(차변)	주식선택권	×××	(대변)	자 본 금	×××
	장기미지급비용	×××		주식발행초과금	×××

예제 10 ❙ 현금결제선택권이 있는 주식기준보상약정(제1102호 IG 사례 13)

대박회사는 20×1년 초에 종업원에게 가상주식 1,000주(주식 1,000주에 상당하는 현금지급에 대한 권리)와 주식 1,200주를 선택할 수 있는 권리를 부여하였다. 각 권리는 종업원이 3년간 근무할 것을 조건으로 한다. 종업원이 주식 1,200주를 제공받는 결제방식을 선택하는 경우에는 주식을 가득일 이후 3년간 보유하여야 하는 제한이 있다.
부여일에 대박회사의 주가는 단위당 ₩50이다. 20×1년, 20×2년 및 20×3년 말의 주가는 각각 ₩52, ₩55 및 ₩60이다. 대박회사는 부여일 이후 3년 동안 배당금을 지급 할 것으로 예상하지 않는다. 대박회사는 가득 이후 양도제한의 효과를 고려할 때 주식 1,200주를 제공받는 결제방식의 부여일 공정가치가 주당 ₩48이라고 추정하였다.

물음

1. 20×1년부터 20×3년까지 종업원이 권리 행사를 하지 않은 경우에 매 회계연도 말에 대박회사가 해야 할 분개를 하시오.

2. 20×3년 말에 종업원이 주식선택권 전부에 대해서 현금결제방식을 선택할 경우에 대박회사가 해야 할 분개를 하시오.

3. (물음 2)와 관계없이 20×3년 말에 종업원이 주식선택권 전부에 대해서 주식결제방식을 선택할 경우에 대박회사가 해야 할 분개를 하시오. 단, 대박회사의 주당 액면금액은 ₩25이다.

풀이

1. 부여일 현재 주식결제방식의 공정가치는 ₩57,600(1,200주 × ₩48)이고, 현금결제방식의 공정가치는 ₩50,000(1,000주 × ₩50)이다. 따라서 복합금융상품 내 자본요소의 공정가치는 ₩7,600(₩57,600 - 50,000)이다. 따라서 매 회계연도 말에 ₩2,533(₩7,600 × 1/3)을 자본의 증가로 인식한다.

   부채요소는 다음과 같이 계산한다.

연도	부채요소 계산근거	당기 보상비용	누적 보상비용
20×1	1,000주 × ₩52 × 1/3	₩17,333	₩17,333
20×2	1,000주 × ₩55 × 2/3 - ₩17,333	19,333	36,666
20×3	1,000주 × ₩60 - ₩36,666	23,334	60,000

〈20×1년 말〉

(차변)	보상비용	19,866	(대변)	장기미지급비용	17,333
				주식선택권	2,533

〈20×2년 말〉

(차변)	보상비용	21,866	(대변)	장기미지급비용	19,333
				주식선택권	2,533

〈20×3년 말〉

(차변)	보상비용	25,868	(대변)	장기미지급비용	23,334
				주식선택권	2,534❶

❶ 단수차이 조정

2. 〈20×3년 말〉

(차변)	장기미지급비용	60,000	(대변)	현금	60,000

❶ 주식선택권 ₩7,600은 계속 자본으로 분류한다.

3. 〈20×3년 말〉

(차변)	주식선택권	7,600	(대변)	자본금	30,000❶
	장기미지급비용	60,000		주식발행초과금	37,600

❶ 1,200주 × ₩25 = ₩30,000

4.2 기업이 결제방식을 선택할 수 있는 경우

기업이 현금이나 지분상품발행으로 결제할 수 있는 선택권을 갖는 조건이 있는 주식기준보상거래의 경우에는 현금을 지급해야 하는 현재의무가 있는지를 결정하고, 그에 따라 주식기준보상거래를 회계처리한다. 다음 중 어느 하나에 해당하는 경우에는 현금을 지급해야 하는 현재의무가 있는 것으로 본다.

① 지분상품을 발행하여 결제하는 선택권에 상업적 실질이 없는 경우(예 법률에 따른 주식발행의 금지)
② 현금으로 결제한 과거의 실무관행이 있거나 현금으로 결제한다는 방침이 명백한 경우
③ 거래상대방이 현금결제를 요구할 때마다 일반적으로 기업이 이를 수용하는 경우

현금을 지급해야 하는 현재의무가 있으면, 현금결제형 주식기준보상과 같이 부채의 증가를 회계처리한다. 그러나 실제로 결제가 지분상품의 발행으로 이루어진다면 이미 인식한 부채의 장부금액을 자본으로 대체한다.

현금을 지급해야 하는 현재의무가 없다면, 주식결제형 주식기준보상과 같이 자본의 증가를 회계처리한다. 그리고 실제로 결제가 지분상품의 발행으로 이루어진다면 이미 인식한 자본의 장부금액을 대체한다. 그러나 실제로 결제가 현금결제방식으로 이루어진다면 자기지분상품의 재매입으로 보아 자본(자본조정)에서 차감하는 회계처리를 한다.[7]

그리고 기업이 결제일에 더 높은 공정가치를 가진 결제방식을 선택하는 때에는 초과 결제가치를 추가 비용(보상비용)으로 인식한다. 이때 초과 결제가치는 실제로 지급

7 결제 후 남아 있는 주식선택권의 회계처리에 대한 명확한 규정이 없으나, 주식결제형 주식보상기준의 회계처리에 따라 다른 자본 계정으로 대체할 수 있을 것으로 판단된다.

한 금액이 주식결제방식을 선택할 때 발행하여야 하는 지분상품의 공정가치를 초과하는 금액이거나 실제로 발행한 지분상품의 공정가치가 현금결제방식을 선택할 때 지급하여야 하는 금액을 초과하는 금액이다.

주식결제형 주식기준보상거래를 실제로 현금으로 결제하는 경우와 지분상품을 발행하여 결제하는 경우에 회계처리는 다음과 같다.

〈현금 지급의무가 없는 경우 현금결제 선택 시〉

(차변)	자본(자본조정)	×××	(대변)	현 금	×××
	보 상 비 용	×××*			

* 현금지급액 중 초과 결제가치에 해당하는 부분

〈현금 지급의무가 없는 경우 주식결제 선택 시〉

(차변)	주 식 선 택 권	×××	(대변)	자 본 금	×××
	보 상 비 용	×××*		주식발행초과금	×××

* 발행한 지분상품의 공정가치 중 초과 결제가치에 해당하는 부분

SUMMARY & CHECK

주식기준보상

- 주식기준보상이란 기업이 종업원 또는 제3자로부터 재화나 용역을 제공받는 대가로 기업의 지분상품(주식 또는 주식선택권 등)에 대한 권리를 부여하거나, 지분상품의 가격에 기초하여 현금을 지급하는 보상을 말한다.
- 주식기준보상약정에서 거래상대방이 기업의 지분상품이나 현금 등 자산을 받을 권리를 획득하는 것을 가득이라고 한다. 또한 주식기준보상약정에 따라 거래상대방이 기업의 지분상품이나 현금 등 자산을 받을 권리를 획득하기 위하여 충족해야 하는 조건을 가득조건이라고 한다.

주식결제형 주식기준보상

- 주식결제형 주식기준보상은 기업이 거래상대방으로부터 재화나 용역을 제공받은 대가로 기업의 지분상품에 대한 권리를 부여하는 주식기준보상이다.
- 거래상대방에게 가득조건을 충족할 것을 요구하는 경우에는 일정기간(용역제공조건: 용역제공기간, 성과조건: 기대가득기간)에 걸쳐 보상비용을 인식한다.
- 기업이 거래상대방으로부터 재화나 용역을 제공받으면 그에 상응하는 자본의 증가를 재화나 용역의 공정가치로 직접 측정한다.
- 부여한 지분상품의 공정가치를 측정기준일 현재 신뢰성 있게 추정할 수 없는 경우에는 거래상대방에게서 재화나 용역을 제공받는 날을 기준으로 지분상품을 내재가치로 최초 측정한다.
- 기업이 지분상품을 부여한 당시의 조건을 변경할 때에는 제공받는 근무용역은 지분상품의 부여일 당시의 공정가치에 따라 인식한다.

현금결제형 주식기준보상

- 현금결제형 주식기준보상은 기업이 거래상대방으로부터 재화나 용역을 제공받은 대가로 기업의 지분상품의 가격에 기초하여 현금을 지급하는 주식기준보상이다.
- 현금결제형 주식기준보상은 제공받은 재화나 용역의 대가로 향후 현금을 지급해야 할 의무를 부담하므로 부채를 인식한다.
- 현금결제형 주식기준보상을 주식결제형으로 변경하는 경우에 조건변경일 이전까지 현금결제형 주식기준보상으로 인식한 부채(장기미지급비용)를 제거하고, 조건변경일에 부여된 지분상품의 공정가치에 기초하여 측정한 주식결제형 주식기준보상 중에서 재화나 용역을 기존에 제공받은 만큼은 자본(주식선택권)으로 인식한다.

선택형 주식기준보상

- 선택형 주식기준보상은 기업 또는 거래상대방이 대가의 결제방식을 주식결제형과 현금결제형 중에 선택할 수 있는 주식기준보상이다.
- 거래상대방이 주식결제형과 현금결제형 중에 선택권을 가지고 있다면 기업은 부여일에 거래상대방에게 부채요소와 자본요소를 모두 포함하는 복합금융상품을 부여한 것으로 회계처리한다.

OX QUIZ

1 거래상대방이 종업원인 경우에는 기업이 종업원에게서 재화나 용역을 제공받는 날을 측정기준일로 하고, 거래상대방이 종업원이 아닌 경우에는 부여일을 측정기준일로 한다.

2 성과조건이 시장조건이면 기대가득기간을 후속적으로 수정하지 않지만, 성과조건이 비시장조건이면 후속적으로 기대가득기간을 변경할 수 있다.

3 종업원으로부터 용역을 제공받는 경우에는 용역의 공정가치는 제공받는 재화나 용역의 공정가치에 기초하여 측정한다.

4 부여한 지분상품의 시장가격을 구할 수 있다면 시장가격을 기초로 하되, 지분상품의 부여조건을 고려하여 측정기준일 현재 공정가치를 측정한다.

5 시장조건이 아닌 가득조건은, 측정기준일 현재 주식 또는 주식선택권의 공정가치를 추정할 때 고려하지 않고, 부여한 지분상품 대가로 제공받는 재화나 용역에 대해 인식하는 금액이 궁극적으로 가득되는 지분상품의 수량에 기초하여 결정될 수 있도록 한다.

6 시장조건인 가득조건이 충족되지 못하여 부여한 지분상품이 가득되지 못한다면, 누적기준으로 볼 때 제공받은 재화나 용역에 대해 어떠한 금액도 인식하지 아니하고 과년도에 인식했던 보상비용을 환입한다.

7 주식선택권을 지분상품의 내재가치로 측정하는 경우 가득일 이후에도 매 보고기간 말과 최종결제일에 내재가치를 재측정하고, 내재가치의 변동을 당기손익으로 인식한다.

8 종업원에게 불리하도록 조건을 변경하는 경우에는 조건이 변경되지 않는 것으로 보고 부여한 지분상품의 대가로 제공받는 근무용역을 계속해서 인식한다.

9 주식기준보상의 취소나 중도청산 시 종업원에게 지급하는 금액은 자기지분상품의 재매입으로 보아 자본에서 차감한다. 지급액이 부여한 지분상품의 재매입일 현재 공정가치를 초과하면 그 초과액도 자본에서 차감한다.

10 주식결제형 주식기준보상과 마찬가지로 현금결제형 주식기준보상도 제공받은 재화나 용역의 대가로 주가차액보상권에 대한 자본을 인식한다.

11 현금결제형 주식기준보상에서 부채가 결제될 때까지 매 보고기간 말과 결제일에 부채의 공정가치를 재측정하고, 공정가치 변동액을 당기손익으로 인식한다.

12 현금결제형 주식기준보상으로 인식한 총 보상비용과 총 현금지급액은 일치한다.

13 최종결제시점에 기업이 현금을 지급하는 대신 지분상품을 발행하는 경우에는 부채의 장부금액을 지분상품의 대가로 보아 자본으로 직접 대체한다.

Multiple-choice Questions

1 기업회계기준서 제1102호 '주식기준보상'에 대한 다음 설명 중 옳지 않은 것은?

(CPA 2022)

① 주식결제형 주식기준보상거래에서는, 제공받는 재화나 용역과 그에 상응하는 자본의 증가를 제공받는 재화나 용역의 공정가치로 직접 측정한다. 그러나 제공받는 재화나 용역의 공정가치를 신뢰성 있게 추정할 수 없다면, 제공받는 재화나 용역과 그에 상응하는 자본의 증가는 부여한 지분상품의 공정가치에 기초하여 간접 측정한다.

② 주식결제형 주식기준보상거래에서 부여한 지분상품의 공정가치에 기초하여 거래를 측정하는 때에는 시장가격을 구할 수 있다면, 지분상품의 부여조건을 고려한 공정가치와 가치평가기법을 사용하여 부여한 지분상품의 공정가치 중 한 가지를 선택하여 측정한다.

③ 현금결제형 주식기준보상거래에서 주가차액보상권을 부여함에 따라 인식하는 부채는 부여일과 부채가 결제될 때까지 매 보고기간 말과 결제일에 주가차액보상권의 공정가치로 측정한다.

④ 거래상대방이 결제방식을 선택할 수 있는 주식기준보상거래의 경우 종업원과의 주식기준보상거래를 포함하여 제공받는 재화나 용역의 공정가치를 직접 측정할 수 없는 거래에서는 현금이나 지분상품에 부여된 권리의 조건을 고려하여 측정기준일 현재 복합금융상품의 공정가치를 측정한다.

⑤ 기업이 현금이나 지분상품발행으로 결제할 수 있는 선택권을 갖는 조건이 있는 주식기준보상거래의 경우에는, 현금을 지급해야 하는 현재의무가 있는지를 결정하고 그에 따라 주식기준보상거래를 회계처리한다.

2 ㈜세무는 20×1년 1월 1일 현재 근무 중인 임직원 300명에게 20×4년 12월 31일까지 의무적으로 근무할 것을 조건으로 임직원 1명당 주식선택권 10개씩을 부여하였다. 주식선택권 부여일 현재 동 주식선택권의 단위당 공정가치는 ₩200이다. 동 주식선택권은 20×5년 1월 1일부터 행사할 수 있다. 20×2년 1월 1일 ㈜세무는 주가가 크게 하락하여 주식선택권의 행사가격을 조정하였다. 이러한 조정으로 주식선택권의 단위당 공정가치는 ₩20 증가하였다. ㈜세무는 20×1년 말까지 상기 주식선택권을 부여받은 종업원 중 20%가 퇴사할 것으로 예상하여, 주식선택권의 가득률을 80%로 추정하였으나, 20×2년 말에는 향후 2년 내 퇴사율을 10%로 예상함에 따라 주식선택권의 가득률을 90%로 추정하였다. 부여한 주식선택권과 관련하여 ㈜세무가 20×2년에 인식할 주식보상비용은? (CTA 2022)

① ₩120,000 ② ₩150,000 ③ ₩168,000
④ ₩240,000 ⑤ ₩270,000

3 ㈜세무는 20×1년 1월 1일 종업원 100명에게 각각 현금결제형 주가차액보상권 10개씩 부여하였다. 주가차액보상권은 3년간 종업원이 용역을 제공하는 조건으로 부여되었으며, 주가차액보상권과 관련된 자료는 다음과 같다. ㈜세무가 20×3년도에 인식할 당기비용은? (CTA 2021)

- 20×1년 실제퇴사자는 10명이며, 미래 예상퇴사자는 15명이다.
- 20×2년 실제퇴사자는 12명이며, 미래 예상퇴사자는 8명이다.
- 20×3년 실제퇴사자는 5명이며, 주가차액보상권 최종가득자는 73명이다.
- 20×3년 말 주가차액보상권을 행사한 종업원수는 28명이다.
- 매 연도말 주가차액보상권에 대한 현금지급액과 공정가치는 다음과 같다.

연도	현금지급액	공정가치
20×1	-	₩1,000
20×2	-	₩1,260
20×3	₩1,200	₩1,400

① ₩56,000 ② ₩378,000 ③ ₩434,000
④ ₩490,000 ⑤ ₩498,000

4 ㈜대한은 20×1년 1월 1일에 종업원 30명 각각에게 앞으로 5년 간 근무할 것을 조건으로 주가차액보상권(SARs) 30개씩을 부여하였다. 20×1년 말과 20×2년 말 주가차액보상권의 1개당 공정가치는 각각 ₩100과 ₩110이다. 20×2년 말 ㈜대한은 동 주가차액보상권을 모두 취소하고, 그 대신 상기 종업원 30명 각각에게 앞으로 3년 간 근무할 것을 조건으로 주식선택권 30개씩을 부여하였다. 따라서 당초 가득기간에는 변함이 없다. 또한 ㈜대한은 모든 종업원이 요구되는 용역을 제공할 것으로 예상하였으며, 실제로도 모든 종업원이 용역을 제공하였다. ㈜대한의 주식기준보상거래 관련 회계처리가 20×2년 포괄손익계산서의 당기순이익을 ₩28,800만큼 감소시키는 경우, 20×2년 말 주식선택권의 1개당 공정가치는 얼마인가? (CPA 2021)

① ₩100 ② ₩110 ③ ₩120
④ ₩130 ⑤ ₩140

5 ㈜대한은 20×1년 초에 기업이 결제방식을 선택할 수 있는 주식기준보상을 종업원에게 부여하였다. ㈜대한은 결제방식으로 가상주식 1,000주(주식 1,000주에 상당하는 현금을 지급) 또는 주식 1,200주를 선택할 수 있고, 각 권리는 종업원이 2년 동안 근무할 것을 조건으로 한다. 또한 종업원이 주식 1,200주를 제공받는 경우에는 주식을 가득일 이후 2년 동안 보유하여야 하는 제한이 있다. ㈜대한은 부여일 이후 2년 동안 배당금을 지급할 것으로 예상하지 않으며, 부여일과 보고기간 말에 추정한 주식결제방식의 주당 공정가치와 주당 시가는 다음과 같다. (CPA 2019)

구분	20×1년 초	20×1년 말
주식 1,200주 결제방식의 주당 공정가치	₩400	₩480
주당 시가	₩450	₩520

종업원 주식기준보상약정과 관련하여 (A)현금을 지급해야 하는 현재의무가 ㈜대한에게 있는 경우와 (B)현금을 지급해야 하는 현재의무가 ㈜대한에게 없는 경우, 20×1년도에 ㈜대한이 인식할 주식보상비용은 각각 얼마인가? (단, 주식기준보상약정을 체결한 종업원 모두가 20×2년 말까지 근무할 것으로 예측하였고, 이 예측은 실현되었다고 가정한다)

	(A)	(B)		(A)	(B)
①	₩225,000	₩240,000	②	₩225,000	₩288,000
③	₩260,000	₩240,000	④	₩260,000	₩288,000
⑤	₩275,000	₩288,000			

CHAPTER 15

주당이익

1. 주당이익의 의의
2. 기본주당이익
3. 희석주당이익
4. 재무제표 표시

학습목표

- 주당이익에 대해 이해한다.
- 기본주당이익의 계산에 대해 이해한다.
- 희석주당이익의 계산에 대해 이해한다.

K-IFRS 제1033호 '주당이익'에서는 주당이익의 유용성으로 정보이용자가 기업의 경영성과를 기간별로 비교하고, 동일기간의 경영성과를 다른 기업과 비교하는 데 유용한 정보를 제공한다고 하였다. 반면에 주당이익 정보는 이익을 결정하는 데 적용하는 회계정책이 다를 수 있다는 한계가 있다고 하였다. 주당이익을 계산하는 것이 까다롭게 받아들여지는 이유는, 특히나 희석효과를 고려해야 하는 희석주당이익의 경우에 발행되지 않은 보통주가 발행될 것을 가정하여 계산해야 하기 때문이다. 본장을 통해서 여러 상황에서 기본주당이익과 희석주당이익의 계산에 대해 심도 있게 학습해 보자.

1. 주당이익의 의의

주당이익(EPS: earnings per share)은 1주당의 이익이 얼마인지를 의미하며, 기업의 투자수준을 반영한 수익성 측정치이다. 주당이익은 투자자들의 의사결정에 도움이 되는 다음과 같은 유용성과 한계점을 갖는다.

1.1 주당이익의 유용성

(1) 기간/기업 간의 경영성과 비교

발행주식수의 변화가 없다면 당기순이익만으로도 특정 기업의 기간 간 경영성과를 비교하는 데 충분하다. 만약 유상증자 등으로 발행주식수의 변화가 있다면 기업의 투자수준을 반영한 주당이익이 기간 간 경영성과를 비교하는 데 보다 유용하다. 또한 주당이익은 주당 배분되는 이익수준을 비교할 수 있기 때문에 주주 입장에서는 기업 간의 상대적인 경영성과를 평가하는 데 보다 유용하다.

(2) 주가이익비율(PER) 비교

주가를 주당이익으로 나눈 비율을 주가이익비율(PER: price－earnings ratio)이라고 한다. 특정 기업의 주가수준을 평가할 때 비교대상 기업의 주가이익비율을 이용하여 특정 기업의 주가가 높은지 또는 낮은지 여부를 판단하는 데 유용하다.

(3) 배당성향과 내부유보율 간의 비교

주당이익을 이용하여 특정 기업의 배당성향(주당배당금/주당이익)과 내부유보율(1－주당배당금/주당이익)을 쉽게 산출하여 비교할 수 있다.

1.2 주당이익의 한계점

(1) 과거의 경영성과

주당이익은 과거의 경영성과를 기초로 산정되므로 미래의 수익을 예측하는 데 한계가 있다.

(2) 회계이익을 기초

경영자의 회계선택이나 회계변경 등으로 회계이익이 달라질 수 있으며, 주당이익도 회계이익을 기초로 산정되므로 달라질 수 있다. 따라서 주당이익만으로 경영성과를 비교하는 데 한계가 있다.

(3) 질적 정보의 미반영

주당이익은 화폐로 측정할 수 있는 이익만을 가지고 산정되므로 인적자원에 대한 투자나 기업의 고유한 위험 등과 같은 질적 정보를 반영하지 못한다는 한계가 있다.

K-IFRS 제1033호 '주당이익'에서는 지배기업의 보통주에 대한 기본주당이익뿐만 아니라 전환사채 등 모든 희석효과[1]가 있는 잠재적보통주(이하 '희석성 잠재적보통주'라 한다)가 모두 보통주로 전환되었다고 가정하고 다시 계산한 희석주당이익도 포괄손익계산서에 표시하도록 하고 있다.

2. 기본주당이익

기본주당이익(basic EPS)은 기본주당계속영업이익과 기본주당순이익으로 구성되며 다음과 같이 계산한다.

$$\text{기본주당계속영업이익} = \frac{\text{계속영업이익} - \text{우선주 배당금}}{\text{가중평균 유통보통주식수}}$$

$$\text{기본주당순이익} = \frac{\text{당기순손익} - \text{우선주 배당금}}{\text{가중평균 유통보통주식수}}$$

1 희석효과란 전환금융상품이 전환되거나 옵션 또는 주식매입권이 행사되거나 또는 특정 조건이 충족되어 보통주가 발행된다고 가정하는 경우 주당이익이 감소하거나 주당손실이 증가하는 효과를 말한다.

2.1 보통주 귀속 계속영업이익과 당기순손익

보통주 귀속 계속영업이익과 당기순손익은 모두 법인세비용차감후 금액이며, 여기에 우선주 배당금과 우선주에서 발생한 금융비용을 조정하여 산출한다. 보통주 귀속 계속영업이익과 당기순손익을 계산할 때 우선주 배당금 및 관련 금융비용에 대해서 고려할 사항은 다음과 같다.

(1) 누적적/비누적적 우선주

누적적 우선주는 과거에 지급받지 못한 배당금을 소급하여 배당받을 권리가 부여된 우선주이므로 배당결의 여부와 관계없이 당해 회계기간과 관련한 세후 배당금을 차감한다. 따라서 누적적 우선주의 경우 과거에 지급하지 못한 배당금을 소급하여 지급하더라도 이를 제외하고 당해 회계기간과 관련한 우선주 배당금만 차감한다. 그러나 비누적적 우선주는 그러한 권리가 없는 우선주이므로 당해 회계기간과 관련하여 배당결의가 된 세후 배당금을 차감한다.

(2) 참가적 우선주

참가적 우선주는 보통주와 동일한 배당률이 되도록 추가배당에 참여할 수 있는 권리가 부여된 우선주이므로 참가비율을 고려하여 분배해야 할 세후 배당금을 차감한다.

2.2 가중평균유통보통주식수

가중평균유통보통주식수(weighted average number of ordinary shares outstanding)는 회계기간 중에 평균적으로 유통된 주식수를 말한다. 이때 유통기간에 따른 가중치는 그 회계기간의 총일수에 대한 특정 보통주의 유통일수의 비율로 산정한다.

가중평균유통보통주식수를 산정하기 위한 보통주 유통일수 계산의 기산일은 통상 주식발행의 대가를 받을 권리가 발생하는 시점(일반적으로 주식발행일)이다. 보통주의 유통일수를 계산하는 기산일의 예를 들면 다음 〈표 15-1〉과 같다.

표 15-1 보통주의 유통일수 기산일

구 분	기산일
유상증자, 신주인수권 행사, 주식선택권 행사	현금을 받을 권리가 발생하는 날 (현물출자의 경우 그 자산의 취득을 인식한 날)
무상증자, 주식배당, 주식분할, 주식병합	비교표시되는 최초기간의 개시일
자기주식 취득 및 처분	취득일 또는 처분일
채무상품(전환사채) 또는 전환우선주의 보통주로의 전환	최종이자발생일의 다음날. 즉, 전환일
조건부발행보통주	모든 필요조건이 충족된 날

조건부발행보통주는 모든 필요조건이 충족(즉, 사건의 발생)된 날에 발행된 것으로 보아 기본주당이익을 계산하기 위한 보통주식수에 포함한다. 단순히 일정기간이 경과한 후 보통주를 발행하기로 하는 계약 등의 경우 기간의 경과에는 불확실성이 없으므로 조건부발행보통주로 보지 아니한다.

조건부로 재매입할 수 있는 보통주를 발행한 경우 이에 대한 재매입가능성이 없어질 때까지는 보통주로 간주하지 아니하고, 기본주당이익을 계산하기 위한 보통주식수에 포함하지 아니한다.

자원의 실질적인 변동을 유발하지 않으면서 보통주가 새로 발행될 수도 있고 유통보통주식수가 감소할 수도 있다. 다음과 같은 예가 이에 해당한다.

① 자본금전입이나 무상증자, 주식배당
② 그 밖의 증자에서의 무상증자 요소(예 기존 주주에 대한 주주우선배정 신주발행의 무상증자 요소)
③ 주식분할
④ 주식병합

자본금전입, 무상증자, 주식배당 및 주식분할의 경우에는 추가로 대가를 받지 않고 기존 주주에게 보통주를 발행하므로 자원은 증가하지 않고 유통보통주식수만 증가한다. 이 경우 당해 사건이 있기 전의 유통보통주식수를 비교표시되는 최초기간의 개시일에 그 사건이 일어난 것처럼 비례적으로 조정한다. 따라서 당기 재무제표뿐만 아니라 비교표시되는 전기 재무제표도 주식수가 전기 초에 변동된 것으로 간주하고 소급수정한다.

주식병합의 경우에도 일반적으로 자원의 실질적인 유출 없이 유통보통주식수가 감소되므로 비교표시되는 최초기간의 개시일에 주식병합이 일어난 것처럼 비례적으로 조정한다. 그러나 특별배당과 결합된 주식병합 등과 같이 전반적으로 주식을 공정가치로 매입한 효과가 있는 경우에는 실질적으로 자원의 유출을 수반하기 때문에 특별배당이 인식된 날부터 보통주식수 감소를 가중평균에 반영한다. 예를 들면, 단순히 보통주 2주를 1주로 병합하는 경우에 비교표시되는 최초기간의 개시일에 주식병합이 일어난 것처럼 비례적으로 조정한다. 그러나 보통주 2주를 1주로 병합하면서 주주에게 특별배당으로 현금을 지급할 경우에는 특별배당이 인식된 날부터 보통주식수 감소를 반영한다.

예제 1 ▎ 기본주당이익

20×1년도 대박회사의 기초유통보통주식수는 10,000주이고, 법인세비용차감후 계속영업이익과 당기순이익은 각각 ₩1,500,000과 ₩1,200,000이다.
우선주에 배당결의가 된 세후 배당금은 다음과 같다.

• 비누적적 우선주 배당금: ₩100,000
• 누적적 우선주 배당금: 총 ₩150,000(당해 회계기간과 관련된 배당금은 ₩50,000임)

유통보통주식수의 변동 내역은 다음과 같다.

일자	변동 내역	발행주식수	자기주식수	유통주식수
1.1.	기초	10,000	-	10,000
3.1.	유상증자	2,000	-	12,000
4.1.	무상증자	1,200	-	13,200
7.1.	자기주식 취득	-	200	13,000
10.1.	자기주식 매각	-	100	13,100

물음

대박회사의 20×1년도 기본주당계속영업이익과 기본주당순이익을 계산하시오.

풀이

보통주 귀속 이익을 계산할 때 비누적적 우선주 배당금은 당해 회계기간과 관련하여 배당결의된 ₩100,000을 차감하고, 누적적 우선주 배당금은 배당결의 여부와 관계없이 당해 회계기간과 관련된 ₩50,000을 차감한다.

• 보통주 귀속 계속영업이익 = ₩1,500,000 - 100,000 - 50,000 = ₩1,350,000
• 보통주 귀속 당기순이익 = ₩1,200,000 - 100,000 - 50,000 = ₩1,050,000

유상증자와 자기주식 취득 및 매각은 해당 일자를 기산일로 하고, 무상증자는 기초부터 무상증자한 것으로 간주하여 기초를 기산일로 하여 가중평균유통보통주식수를 계산한다.

유통기간	변동 내역	주식수		유통일수	적수
1.1.~2.28.	기초	11,000	×	59	649,000
3.1.~6.30.	유상증자	13,200	×	122	1,610,400
7.1.~9.30.	자기주식 취득	13,000	×	92	1,196,000
10.1.~12.31.	자기주식 매각	13,100	×	92	1,205,200
합계				365	4,660,600

• 가중평균유통보통주식수 = 4,660,600주 / 365일 = 12,769주
• 기본주당계속영업이익 = ₩1,350,000 / 12,769주 = ₩106
• 기본주당순이익 = ₩1,050,000 / 12,769주 = ₩82

2.3 공정가치 미만의 유상증자

일반적으로 보통주를 공정가치로 유상증자할 경우에는 현금을 받을 권리가 발생하는 날로부터 증가한 주식수를 보통주식수에 반영한다. 그러나 공정가치 미만으로 보통주를 유상증자할 경우에는 유상증자와 무상증자가 혼합되어 있다고 볼 수 있기 때문에 증가한 주식수를 유상증자 주식수와 무상증자 주식수로 구분하여 보통주식수에 반영할 필요가 있다. 예를 들면, A회사의 보통주 주당 공정가치가 ₩1,200이고 ₩1,200,000의 유상증자를 통해 자금을 조달한다고 가정하자. 만약 공정가치인 ₩1,200으로 발행한다면 보통주 1,000주를 발행할 것이다. 그러나 공정가치 미만인 ₩1,000으로 발행한다면 보통주 1,200주를 발행하게 된다. 이때 발행한 보통주 1,200주 중에서 200주는 공정가치 미만으로 발행하였기 때문에 추가로 발행된 주식수이므로 1,000주는 공정가치 ₩1,200에 유상증자하고, 200주는 무상증자한 것과 실질적으로 동일하다.

따라서 공정가치 미만으로 유상증자하는 경우에 신주발행 전의 유통보통주식수에 다음의 조정비율을 곱해서 무상증자 효과를 반영하여 가중평균유통보통주식수를 계산한다.

$$\text{조정비율} = \frac{\text{권리행사 직전의 주당공정가치}}{\text{이론적 권리락 주당공정가치*}}$$

$$\text{* 이론적 권리락 주당공정가치} = \frac{\text{권리행사 직전 주식의 총시장가치 + 권리행사 시 유입되는 금액}}{\text{권리행사 후 유통보통주식수}}$$

예제 2 ❙ 공정가치 미만의 유상증자

20×1년도 대박회사의 기초유통보통주식수는 10,000주이다. 4월 1일에 주당 ₩375에 유상증자를 실시하여 보통주 3,200주가 증가하였다. 유상증자 직전 주당공정가치는 ₩1,200이다.

물음

대박회사의 20×1년도 가중평균유통보통주식수를 계산하시오.

풀이

• 이론적 권리락 주당공정가치
= (10,000주 × ₩1,200 + 3,200주 × ₩375) / (10,000주 + 3,200주) = ₩1,000

• 조정비율 = ₩1,200 / 1,000 = 1.2

• 가중평균유통보통주식수
유상증자는 해당 일자를 기산일로 하고, 무상증자는 기초부터 무상증자한 것으로 간주하여 기초를 기산일로 하여 가중평균유통보통주식수를 계산한다.

유통기간	변동 내역	주식수		유통일수	적수
1.1.~3.31.	기초	12,000	×	90	1,080,000
4.1.~12.31.	유상증자	13,200	×	275	3,630,000
합계				365	4,710,000

• 가중평균유통보통주식수 = 4,710,000주 / 365일 = 12,904주

앞서 설명한 것처럼 증가한 주식수를 유상증자 주식수와 무상증자 주식수로 구분하여 보통주식수에 반영하면,

• 공정가치 유상증자 주식수 = ₩1,200,000 / 1,200 = 1,000주

• 무상증자 간주 주식수 = 3,200주 - 1,000주 = 2,200주

무상증자 간주 주식수 2,200주를 증자 이전 유통보통주식수 10,000주와 공정가치 유상증자 주식수 1,000주의 비율로 안분하면,

- 증자 이전 유통보통주식수에 귀속될 무상증자 간주 주식수
  = 2,200주 × (10,000/11,000) = 2,000주
- 가중평균유통보통주식수
  = (10,000주 + 2,000주) × 90/365일 + 13,200주 × 275/365일 = 12,904주

3. 희석주당이익

3.1 희석주당이익의 의의

앞서 언급한 것처럼 희석주당이익(diluted EPS)은 기본주당이익에서 전환사채 등 모든 희석성 잠재적보통주가 모두 보통주로 전환되었다고 가정하고 계산한 주당이익이다. 잠재적보통주의 예는 다음과 같다.

① 보통주를 전환할 수 있는 금융부채나 지분상품(전환우선주 포함)
② 옵션과 주식매입권
③ 사업인수나 자산취득과 같이 계약상 합의에 따라 조건이 충족되면 발행하는 보통주

희석주당이익은 희석성 잠재적보통주가 보통주로 전환되었을 때 기본주당이익이 낮아질 수 있다는 정보를 제공한다. 즉, 현재 유통되고 있는 보통주로 계산된 기본주당이익이 과대표시될 수 있다는 것을 재무제표이용자에게 알려주는 역할을 한다.

희석주당이익은 희석성 잠재적보통주가 보통주로 전환되었다고 가정하고 다음과 같이 기본주당이익 계산식의 분모와 분자를 조정하여 계산한다.

$$\text{희석주당이익} = \frac{\text{당기순손익-우선주배당금+희석성 잠재적보통주 조정액}}{\text{가중평균유통보통주식수+가중평균 희석성 잠재적보통주식수}}$$

희석주당이익에 희석성 잠재적보통주가 보통주로 전환되는 경우만 반영하는 이유는 희석효과가 있는 잠재적보통주의 전환으로 기본주당이익이 낮아질 수 있다는

정보를 제공하기 위함이다. 따라서 기본주당이익을 높이는 반희석효과[2]가 있는 잠재적보통주는 희석주당이익을 계산할 때 반영하지 않는다.

3.2 희석성 잠재적보통주 조정액

전환우선주나 전환사채 등과 같은 희석성 잠재적보통주가 보통주로 전환되었을 때 보통주 귀속 당기순손익에 다음 조정액을 반영한다.

① 보통주 귀속 당기순손익을 계산할 때 차감했던 희석성 잠재적보통주에 대한 배당금 가산
② 보통주 귀속 당기순손익을 계산할 때 차감했던 희석성 잠재적보통주에 대한 세후이자비용 가산
③ 그 밖의 희석성 잠재적보통주에 대한 수익 또는 비용의 변동사항(예 종업원 주식선택권에 대한 세후보상비용) 가감

전환우선주에 지급된 우선주배당금을 보통주로 전환되었다고 가정하면 지급하지 않아도 되기 때문에 보통주 귀속 당기순손익에 우선주배당금을 가산한다.

전환사채에 지급된 이자비용을 보통주로 전환되었다고 가정하면 지급하지 않아도 되기 때문에 보통주 귀속 당기순손익에 세후이자비용을 가산한다.

이외에도 종업원에게 부여된 주식선택권에 대한 보상비용을 보통주로 전환되었다고 가정하면 인식하지 않아도 되기 때문에 보통주 귀속 당기순손익에 세후보상비용을 가산한다.

3.3 가중평균 희석성 잠재적보통주식수

일반적으로 희석주당이익을 계산할 때 유통보통주에 가산할 조정주식수는 희석성 잠재적보통주가 기초에 보통주로 전환된 것으로 가정할 경우 증가되었을 주식수로 한다. 다만, 당기에 발행한 잠재적보통주의 경우에는 그 발행일에 전환된 것으로 보고 조정주식수를 계산한다. 또한 당기에 전환한 잠재적보통주의 경우에는

2 반희석효과란 전환금융상품이 전환되거나 옵션 또는 주식매입권이 행사되거나 또는 특정 조건이 충족되어 보통주가 발행된다고 가정하는 경우 주당이익이 증가하거나 주당손실이 감소하는 효과를 말한다.

기초부터 전환일 직전일까지 조정주식수를 계산한다.

가중평균유통보통주식수에 가산할 희석성 잠재적보통주식수에 대한 유통일수를 다음 〈표 15-2〉와 같이 계산한다.

표 15-2 희석성 잠재적보통주의 유통일수

구 분	유통일수
일반적인 경우	기초부터 기말까지
당기에 발행된 경우	발행일부터 기말까지
당기에 전환된 경우	기초부터 전환일 직전일까지

한편, 희석주당이익을 계산할 때 희석효과가 있는 옵션이나 주식매입권은 행사된 것으로 가정한다. 이 경우 권리행사에서 예상되는 현금유입액은 보통주를 회계기간의 평균시장가격으로 발행하여 유입된 것으로 가정한다. 그 결과 권리를 행사할 때 발행하여야 할 보통주식수와 회계기간의 평균시장가격으로 발행한 것으로 가정하여 환산한 보통주식수의 차이는 무상으로 발행한 것으로 본다. 따라서 옵션이나 주식매입권에 대한 희석성 잠재적보통주식수는 다음 〈표 15-3〉과 같이 고려한다.

표 15-3 옵션/매입선택권의 희석성 잠재적보통주식수

구 분	희석성 잠재적보통주식수
행사가격 > 평균시가 (외가격)	행사할 가능성이 낮으므로 제외
행사가격 < 평균시가 (내가격)	권리행사 시 발행될 보통주식수 – 평균시장가격으로 환산한 보통주식수

예를 들면, 행사가격의 ₩1,000인 옵션 1개를 행사하면 보통주 1개가 발행되는데, 보통주의 평균시가가 ₩800이라면 행사할 가능성이 낮기 때문에 제외한다. 또한 희석성 잠재적보통주식수를 계산을 하더라도 (-)0.25주(1주-1주×₩1,000/800)가 계산되기 때문에 무상으로 발행하는 주식이 없는 것과 같다. 반대로 행사가격의 ₩1,000인 옵션 1개를 행사하면 보통주 1개가 발행되는데, 보통주의 평균시가가 ₩1,250이라면 행사할 가능성이 높다. 이때 희석성 잠재적보통주식수를 계산하면

0.2주(1주 − 1주 × ₩1,000/1,250)가 무상으로 발행되는 것과 같다.

여러 종류의 잠재적보통주를 발행한 경우에는 여러 종류의 잠재적보통주를 모두 통합해서 고려하는 것이 아니라 개별적으로 고려한다. 따라서 기본주당이익을 최대한 희석할 수 있도록 희석효과가 가장 큰 잠재적보통주부터 순차적으로 고려한다.

예제 3 ▎ 희석주당이익

20×1년도 대박회사의 기초유통보통주식수는 10,000주(액면금액 ₩1,000)이고, 당기순이익은 ₩1,200,000이다.

- 전기에 발행한 전환우선주 2,000주(액면금액 ₩1,000, 전환비율 1:1)에 배당결의가 된 세후 배당금은 ₩100,000이다.
- 20×1년 10월 1일에 발행한 전환사채(액면금액 ₩1,000,000, 전환가격 ₩5,000)의 세후 이자비용은 ₩25,000이다.

물음

대박회사의 20×1년도 기본주당순이익과 희석주당순이익을 계산하시오.

풀이

보통주 귀속 이익을 계산할 때 전환우선주 배당금 ₩100,000을 차감한다.

- 보통주 귀속 당기순이익 = ₩1,200,000 − 100,000 = ₩1,100,000
- 기본주당순이익 = ₩1,100,000 / 10,000주 = ₩110

희석주당순이익을 계산할 때 기본주당순이익을 최대한 희석할 수 있도록 희석효과가 가장 큰 전환우선주부터 순차적으로 고려한다.

① 우선 전환우선주만 고려하면 보통주 귀속 당기순이익에 전환우선주 배당금 ₩100,000을 가산한다.

- 보통주 귀속 당기순이익 +희석성 잠재적보통주 조정액
  = ₩1,100,000 + 100,000 = ₩1,200,000

전기에 발행한 전환우선주는 기초에 전환된 것으로 가정하여 가중평균 희석성 잠재적보통주식수를 계산한다.

구분	유통기간	주식수		유통일수	적수
보통주	1.1.~12.31.	10,000	×	365	3,650,000
전환우선주	1.1.~12.31.	2,000	×	365	730,000
합계					4,380,000

• 가중평균유통보통주식수 = 4,380,000주 / 365일 = 12,000주
• 희석주당순이익 = ₩1,200,000 / 12,000주 = ₩100

② 전환우선주와 전환사채 모두 고려하면 보통주 귀속 당기순이익에 전환우선주 배당금 ₩100,000과 전환사채 이자비용 ₩25,000을 가산한다.

• 보통주 귀속 당기순이익 + 희석성 잠재적보통주 조정액
 = ₩1,100,000 + 100,000 + 25,000 = ₩1,225,000

전기에 발행한 전환우선주는 기초에 전환된 것으로 가정하고, 10월 1일에 발행한 전환사채는 발행일에 전환된 것으로 가정하여 가중평균 희석성 잠재적보통주식수를 계산한다.

구분	유통기간	주식수		유통일수	적수
보통주	1.1.~12.31.	10,000	×	365	3,650,000
전환우선주	1.1.~12.31.	2,000	×	365	730,000
전환사채	10.1.~12.31.	200	×	92	18,400
합계					4,398,400

• 가중평균유통보통주식수 = 4,398,400주 / 365일 = 12,050주
• 희석주당순이익 = ₩1,225,000 / 12,050주 = ₩102

따라서 전환우선주만 고려했을 때 희석주당순이익(₩100)이 전환우선주와 전환사채를 모두 고려했을 때 희석주당순이익(₩102)보다 희석효과가 더 크기 때문에 ₩100을 희석주당순이익으로 결정한다.

예제 4 | 주식매입권이 있는 희석주당이익

20×1년도 대박회사의 기초유통보통주식수는 10,000주(액면금액 ₩1,000)이고, 당기순이익은 ₩1,200,000이다.

• 전기에 발행한 주식매입권 1,000개(행사가격 ₩4,000, 1개당 보통주 1주 인수) 중에서 4월 1일에 400개가 행사되어 보통주로 400주가 발행되고, 600개는 미행사로 남아 있다.
• 당기 보통주 평균시가는 주당 ₩5,000이다.

물음

대박회사의 20×1년도 기본주당순이익과 희석주당순이익을 계산하시오.

풀이

기초보통주식수 10,000주와 4월 1일에 발행된 400주의 가중평균유통보통주식수를 계산한다.

유통기간	변동 내역	주식수		유통일수	적수
1.1~3.31	기초	10,000	×	90	900,000
4.1~12.31	주식매입권 행사	10,400	×	275	2,860,000
합계				365	3,760,000

• 가중평균유통보통주식수 = 3,760,000주 / 365일 = 10,301주
• 기본주당순이익 = ₩1,200,000 / 10,301주 = ₩116

주식매입권의 희석효과를 계산할 때 당기 중에 행사된 부분과 미행사된 부분으로 구분하여 희석성 잠재적보통주식수를 계산한 후, 행사분에 대해서는 기초부터 행사 전까지의 유통일수를 곱하고 미행사분에 대해서는 기초부터 기말까지의 유통일수를 곱하여 가중평균 희석성 잠재적보통주식수를 계산한다.

• 행사분 희석성 잠재적보통주식수 = 400주 - 400주 × ₩4,000/5,000 = 80주
• 미행사분 희석성 잠재적보통주식수 = 600주 - 600주 × ₩4,000/5,000 = 120주

구분	변동 내역	주식수		유통일수	적수
행사분	1.1~3.31	80	×	90	7,200
미행사분	1.1~12.31	120	×	365	43,800
합계					51,000

• 가중평균 희석성 잠재적보통주식수 = 51,000주 / 365일 = 140주
• 희석주당순이익 = ₩1,200,000 / (10,301주 + 140주) = ₩115

3.4 희석주당이익 계산 시 추가 고려사항

(1) 주식기준보상

앞서 설명한 것처럼 희석효과가 있는 옵션이나 주식매입권의 경우에는 권리를 행사할 때 발행하여야 할 보통주식수와 회계기간의 평균시장가격으로 발행한 것으로 가정하여 환산한 보통주식수의 차이는 무상으로 발행한 것으로 보고 희석주당이익을 계산할 때 보통주식수에 포함한다. 주식선택권 등 주식기준보상약정도 옵션이나 주식매입권과 성격이 유사하기 때문에 희석효과가 있는 희석성 잠재적보통주식수를 동일하게 반영해야 한다.

주식선택권이나 그 밖의 주식기준보상약정의 경우 행사가격에는 주식선택권이나

그 밖의 주식기준보상약정에 따라 미래에 유입될 재화나 용역의 공정가치를 포함한다. 즉, 잔여가득기간 동안 추가적인 용역제공 등의 보상원가를 행사가격에 가산하여 조정행사가격을 산정한 후에 이를 이용하여 희석효과가 있는 희석성 잠재적보통주식수를 계산한다.

조건은 확정되었거나 결정할 수 있지만 아직 가득되지 않은 종업원 주식선택권은 미래 가득여부에 대한 불확실성에도 불구하고 희석주당이익을 계산할 때 옵션으로 보며 부여일부터 유통되는 것으로 취급한다. 성과조건이 부과된 종업원 주식선택권은 시간의 경과 외에 특정 조건이 충족되는 경우에 발행되므로 조건부발행보통주로 취급한다.

예제 5 | 주식기준보상이 있는 희석주당이익

20×1년도 대박회사의 기초유통보통주식수는 10,000주(액면금액 ₩1,000)이고, 당기순이익은 ₩1,200,000이다.

- 가득되지 않은 주식선택권 수량은 1,000개(행사가격 ₩2,000, 1개당 보통주 1주 인수)이다.
- 주식선택권의 대가로 제공하는 종업원 용역에 대한 잔여가득기간에 인식할 보상원가는 주당 ₩1,000이다.
- 당기 보통주 평균시가는 주당 ₩5,000이다.
- 당기 비용으로 인식한 세후 주식보상비용은 ₩10,000이다.

물음

대박회사의 20×1년도 기본주당순이익과 희석주당순이익을 계산하시오.

풀이

- 기본주당순이익 = ₩1,200,000 / 10,000주 = ₩120

주식선택권의 희석효과를 계산할 때 우선 잔여가득기간 동안 추가적인 용역제공 등의 보상원가를 행사가격에 가산하여 조정행사가격을 산정한 후에 이를 이용하여 희석효과가 있는 희석성 잠재적보통주식수를 계산한다.

- 주식선택권의 조정행사가격
  = ₩2,000 + 1,000(잔여가득기간에 인식할 보상원가) = ₩3,000
- 주식선택권의 희석성 잠재적보통주식수 = 1,000주 − 1,000주 × ₩3,000/5,000 = 400주
- 희석주당순이익 = (₩1,200,000 + 10,000) / (10,000주 + 400주) = ₩116

(2) 조건부발행보통주

앞서 설명한 것처럼 조건부발행보통주는 모든 필요조건이 충족(즉, 사건의 발생)된 날에 발행된 것으로 보아 기본주당이익을 계산하기 위한 보통주식수에 포함한다. 희석주당이익을 계산할 때에도 조건부발행보통주가 포함되는데, 희석성 잠재적보통주식수를 다음 〈표 15-4〉와 같이 계산한다.

표 15-4 조건부발행보통주의 희석성 잠재적보통주식수

구 분	희석성 잠재적보통주식수
이미 조건을 충족한 경우	기초부터 조건 충족일 전일까지의 가중치를 반영하여 희석성 잠재적보통주식수에 포함
조건이 충족되지 않은 상태인 경우	그 회계기간 말이 조건기간의 만료일이라면 발행할 보통주식수를 희석성 잠재적보통주식수에 포함(단, 실제로 조건기간이 만료될 때까지 조건이 충족되지 않은 경우에도 그 계산결과를 수정하지 않음)
일정기간 동안 특정한 목표이익을 달성 또는 유지하면 보통주를 발행하는 경우	보고기간 말의 이익수준이 조건기간 말의 이익수준과 같다면 발행할 보통주식수를 희석성 잠재적보통주식수에 포함
조건부발행보통주식수가 보통주의 미래 시장가격에 의해 결정되는 경우	보고기간 말의 시장가격이 조건기간 말의 시장가격과 같다면 발행할 보통주식수를 희석성 잠재적보통주식수에 포함
조건부발행보통주식수가 이익이나 보통주의 시장가격이외의 조건에 의해 결정되는 경우	현재의 조건 상태가 조건기간이 만료할 때까지 변동하지 않을 것으로 가정하고 조건부발행보통주를 보고기간 말의 상태에 기초하여 희석주당이익의 계산에 고려

예제 6 ❙ 조건부발행보통주가 있는 희석주당이익

20×1년도 대박회사의 기초유통보통주식수는 10,000주(액면금액 ₩1,000)이고, 당기순이익은 ₩1,200,000이다. 20×1년 말 주가는 ₩2,300이다.

물음

1. 20×1년과 20×2년의 당기순이익 평균이 ₩1,000,000을 초과하면 그 초과액의 ₩1,000마다 보통주 1주를 발행하는 조건이 부여된 조건부발행보통주가 있다. 대박회사의 20×1년도 희석주당순이익을 계산하시오.

2. 20×2년 말 주가가 ₩2,000을 초과하면 초과액 ₩1당 보통주 1주를 발행하는 조건이 부여된 조건부발행보통주가 있다. 대박회사의 20×1년도 희석주당순이익을 계산하시오.

풀이

1. 20×1년도의 이익수준이 20×2년도에도 동일하다고 가정하고 발행될 보통주식수를 계산한다.
   - 조건부발행보통주의 희석성 잠재적보통주식수
     = (₩1,200,000 - 1,000,000) / ₩1,000 = 200주
   - 희석주당순이익 = ₩1,200,000 / (10,000주 + 200주) = ₩118

2. 20×1년 말의 주가가 20×2년 말에도 동일하다고 가정하고 발행될 보통주식수를 계산한다.
   - 조건부발행보통주의 희석성 잠재적보통주식수 = (₩2,300 - 2,000) / ₩1 = 300주
   - 희석주당순이익 = ₩1,200,000 / (10,000주 + 300주) = ₩117

(3) 보통주나 현금으로 결제할 수 있는 계약

보통주나 현금으로 결제할 수 있는 계약의 예로는 만기에 원금을 현금이나 자기주식으로 결제할 수 있는 제한 없는 권리를 기업에 부여하는 채무상품이 있다. 또 다른 예로는 보통주나 현금으로 결제할 수 있는 선택권을 보유자에게 부여하는 풋옵션을 매도하는 경우가 있다. 보통주나 현금으로 결제하는 선택권이 누구에게 있는지에 따라서 희석주당이익을 계산하는 방법이 달라진다.

기업의 선택에 따라 보통주나 현금으로 결제할 수 있는 계약을 한 경우에 기업은 그 계약이 보통주로 결제될 것으로 가정하고 그로 인한 잠재적보통주가 희석효과를 가진다면 희석주당이익의 계산에 포함한다. K-IFRS 제1102호 '주식기준보상'에서 기업이 결제방식을 선택할 수 있는 주식기준보상에서 현금을 지급해야 하는 현재의무가 없다면 주식결제형 주식기준보상거래로 보고 회계처리한다는 규정과 일관된다.

보유자의 선택에 따라 보통주나 현금으로 결제하게 되는 계약의 경우에는 주식결제와 현금결제 중 희석효과가 더 큰 방법으로 결제된다고 가정하여 희석주당이익을 계산한다.

예제 7 ❙ 보통주 또는 현금으로 결제하는 계약이 있는 희석주당이익

20×1년도 대박회사의 기초유통보통주식수는 10,000주(액면금액 ₩1,000)이고, 당기순이익은 ₩1,200,000이다.

- 20×1년 1월 1일에 발행한 전환사채(액면금액 ₩1,000,000, 전환가격 ₩2,000)의 세후 이자비용은 ₩25,000이다.

물음

1. 대박회사에 결제방법의 선택권이 있는 경우에 대박회사의 20×1년도 희석주당순이익을 계산하시오.

2. 보유자에 결제방법의 선택권이 있는 경우에 대박회사의 20×1년도 희석주당순이익을 계산하시오.

풀이

1. 기업의 선택에 따라 보통주나 현금으로 결제할 수 있는 계약을 한 경우에 기업은 그 계약이 보통주로 결제될 것으로 가정하고 발행될 보통주식수를 계산한다.
   - 보통주로 결제하는 경우 희석성 잠재적보통주식수
     = ₩1,000,000 / 2,000 = 500주
   - 희석주당순이익 = (₩1,200,000 + 25,000) / (10,000주 + 500주) = ₩117

2. 보유자의 선택에 따라 보통주나 현금으로 결제하게 되는 계약의 경우에는 주식결제와 현금결제 중 희석효과가 더 큰 방법으로 결제된다고 가정하여 발행될 보통주식수를 계산한다. 만약 현금결제를 선택하는 경우에는 보통주가 발행되지 않기 때문에 희석성 잠재적보통주식수가 없다. 따라서 주식결제를 선택하는 경우에만 희석효과가 있기 때문에 희석주당순이익은 ₩117이다.

(4) 콜옵션과 풋옵션

기업이 자신의 보통주에 기초한 옵션(풋옵션이나 콜옵션)을 매입하여 보유하는 경우에는 반희석효과가 있으므로 희석주당이익의 계산에 포함하지 아니한다. 일반적으로 풋옵션은 행사가격이 시장가격보다 높을 경우에만 행사되고, 콜옵션은 행사가격이 시장가격보다 낮을 경우에만 행사된다.

매도풋옵션과 선도매입계약과 같이 기업이 자기주식을 매입하도록 하는 계약이 희석효과가 있다면 희석주당이익의 계산에 반영한다. 이러한 계약이 그 회계기간 동안에 '내가격'에 있다면(즉, 행사가격이나 결제가격이 그 회계기간의 평균시장가격보다 높으면), 주당이익에 대한 잠재적 희석효과는 다음과 같이 계산한다.

① 계약 이행에 필요한 자금 조달을 위해 충분한 수의 보통주를 그 회계기간의 평균시장가격으로 기초에 발행한다고 가정한다.
② 주식발행으로 유입된 현금은 그 계약을 이행하는 용도(즉, 자기주식의 매입)로 사용한다고 가정한다.
③ 증가될 보통주식수(즉, 발행할 것으로 가정하는 보통주식수와 계약을 이행할 경우 받게 되는 보통주식수의 차이)는 희석주당이익의 계산에 포함한다.

예제 8 ❙ 매입한 콜옵션과 풋옵션

20×1년도 대박회사는 자신의 보통주에 기초한 콜옵션과 풋옵션을 각각 1,000개씩 매입하여 보유하고 있다. 주당 평균시가는 ₩2,000이다.
- 콜옵션의 행사가격은 ₩1,500이다.
- 풋옵션의 행사가격은 ₩2,500이다.

물음

1. 콜옵션의 희석효과 또는 반희석효과가 있는 보통주식수를 계산하시오.

2. 풋옵션의 희석효과 또는 반희석효과가 있는 보통주식수를 계산하시오.

풀이

1. 기업이 자신의 보통주에 기초한 콜옵션을 매입하여 보유하는 경우에는 행사가격이 시가보다 낮은 경우에 행사된다. 콜옵션을 행사하면 자신의 보통주를 매입함으로써 자기주식이 증가하고, 유통보통주식수는 감소한다.
   - 자신의 보통주에 기초한 콜옵션을 매입하여 보유하는 경우 희석성 잠재적보통주식수
     = (-)1,000주 - (-)1,000주 × ₩1,500/2,000 = (-)250주(반희석효과)

   따라서 기업이 자신의 보통주에 기초한 콜옵션을 매입하여 행사하면 유통보통주식수가 감소하는 상황에서 평균시가로 750주가 감소하는 데 비해서 행사가격으로 1,000주가 감소하여 그 차이만큼 반희석효과가 나타난다.

2. 기업이 자신의 보통주에 기초한 풋옵션을 매입하여 보유하는 경우에는 행사가격이 시가보다 높은 경우에 행사된다. 풋옵션을 행사하면 자신의 보통주를 매도함으로써 자기주식이 감소하고, 유통보통주식수는 증가한다.
   - 자신의 보통주에 기초한 풋옵션을 매입하여 보유하는 경우 희석성 잠재적보통주식수
     = 1,000주 - 1,000주 × ₩2,500/2,000 = (-)250주(반희석효과)

따라서 기업이 자신의 보통주에 기초한 풋옵션을 매입하여 행사하면 유통보통주식수가 증가하는 상황에서 평균시가로 1,250주가 증가하는 데 비해서 행사가격으로 1,000주가 증가하여 그 차이만큼 반희석효과가 나타난다.

예제 9 | 매도한 풋옵션

20×1년도 대박회사는 자신의 보통주에 기초한 풋옵션을 1,000개 발행하여 매도하였다. 주당 평균시가는 ₩2,000이다.

- 풋옵션의 행사가격은 ₩2,500이다.

물음

풋옵션의 희석효과 또는 반희석효과가 있는 보통주식수를 계산하시오.

풀이

기업이 자신의 보통주에 기초한 풋옵션을 발행하여 매도하는 경우에는 행사가격이 시가보다 높은 경우에 행사된다. 풋옵션을 행사하면 자기주식을 매입하도록 함으로써 자기주식이 증가하고, 유통보통주식수는 감소한다.

- 자신의 보통주에 기초한 풋옵션을 매도하여 보유하는 경우 희석성 잠재적보통주식수
  = (−)1,000주 − (−)1,000주 × ₩2,500/2,000 = 250주(희석효과)

따라서 기업이 자신의 보통주에 기초한 풋옵션을 매도하여 보유자가 행사하면 유통보통주식수가 감소하는 상황에서 평균시가로 1,250주가 감소하는 데 비해서 행사가격으로 1,000주가 감소하여 그 차이만큼 희석효과가 나타난다.

4. 재무제표 표시

기본주당이익과 희석주당이익을 지배기업의 보통주에 귀속되는 계속영업손익과 당기순손익에 대하여 계산하고 포괄손익계산서에 표시한다. 희석주당이익이 기본주당이익과 동일하다면 한 줄로 표시할 수 있지만, 비교표시되는 손익계산서 중 희석주당이익이 별도로 표시되는 회계기간이 있다면 나머지 회계기간에도 희석주당이익을 별도로 표시한다. 포괄손익계산서가 아니라 별개의 손익계산서에 당기순손익의 구성요소를 표시하는 경우에는 그 별개의 손익계산서에 기본주당이익과 희석주당이익을 표시한다.

중단영업이 있는 경우 중단영업에 대한 기본주당이익과 희석주당이익을 포괄손익계산서 본문에 표시하거나 주석으로 공시한다.

다음은 네이버의 20×1년도 기본주당이익과 희석주당이익 관련한 재무제표 일부분이다.

사례 1. 네이버의 기본주당이익과 희석주당이익

연결포괄손익계산서

20×1.1.1부터 20×1.12.31까지 (단위: 원)

	당기	전기	전전기
주당이익			
기본주당순이익			
계속영업순이익	9,977	7,857	6,420
중단영업순이익(손실)	100,877	(980)	(2,414)
희석주당순이익			
계속영업순이익	9,887	7,813	6,420
중단영업순이익(손실)	99,973	(980)	(2,414)

연결재무제표의 주석

20×1.1.1부터 20×1.12.31까지

28. 주당이익

가. 당기 및 전기의 기본주당이익 산정내역은 다음과 같습니다.

(1) 기본주당영업손익 (단위: 천원, 주)

구 분	당 기	전 기
지배주주 계속영업이익	1,493,472,247	1,144,888,651
차감: 우선주배당금	(10,349,773)	-
지배기업의 보통주에 귀속되는 계속영업이익	1,483,122,474	1,144,888,651
가중평균유통보통주식수	148,659,354	145,724,906
기본주당이익(단위: 원)	9,977	7,857

(2) 기본주당중단영업이익 (단위: 천원, 주)

구 분	당 기	전 기
지배주주보통주중단영업손실	14,996,377,524	(142,801,885)
가중평균유통보통주식수	148,659,354	145,724,906
기본주당손익(단위: 원)	100,877	(980)

나. 당기 및 전기의 가중평균유통보통주식수의 산정내역은 다음과 같습니다.

(1) 당기 (단위: 주)

구 분	유통보통주식수	적 수
기 초	147,459,035	53,822,547,775
자기주식의처분	1,839,920	438,116,562
계		54,260,664,337

(2) 전기 (단위: 주)

구 분	유통보통주식수	적 수
기 초	145,447,795	53,233,892,970
자기주식취득	(83,000)	(26,325,964)
자기주식의처분	2,094,240	127,748,640
계		53,335,315,646

가중평균유통보통주식수: 53,335,315,646 ÷ 366일 = 145,724,906주

다. 희석주당이익은 모든 희석성 잠재적보통주가 보통주로 전환된다고 가정하여 조정한 가중평균 유통보통주식수를 적용하여 산정하고 있습니다. 연결회사가 보유하고 있는 희석성 잠재적보통주로는 주식선택권이 있습니다. 주식선택권으로 인한 주식수는 주식선택권에 부가된 권리행사의 금전적 가치에 기초하여 공정가치(회계기간의 평균시장가격)로 취득했을 때 얻게 될 주식수를 계산하고 동 주식수와 주식선택권이 행사된 것으로 가정할 경우 유통될 주식수를 비교하여 산정했습니다.

(단위: 천원, 주)

구 분	당기	전기
지배기업의 보통주에 귀속되는 계속영업이익	1,483,122,474	1,144,888,651
지배주주에게 귀속되는 중단영업이익(손실)	14,996,377,524	(142,801,885)
합 계	16,479,499,998	1,002,086,766
가중평균유통보통주식수	148,659,355	145,724,906

구 분	당기	전기
조정내역		
주식선택권	1,344,737	805,705
희석주당이익 산정을 위한 가중평균 유통보통주식수	150,004,092	146,530,611
희석주당순이익	109,860	6,839
계속영업 보통주 희석주당이익	9,887	7,813
중단영업 보통주 희석주당이익(손실)	99,973	(980)

SUMMARY & CHECK

주당이익의 의의

- 주당이익의 유용성은 기간/기업 간에 경영성과, 기업 간에 주가이익비율, 기업 내에 배당성향과 내부유보율 간의 비교가 용이하다는 점이다.
- 주당이익의 한계점은 주당이익이 과거 경영성과인 회계이익을 기초로 산정되고, 기업의 질적 정보를 반영하지 못한다는 점이다.
- 국제회계기준에서는 기본주당이익과 희석주당이익을 포괄손익계산서에 표시하도록 하고 있다.

기본주당이익의 의의

- 기본주당이익은 기본주당계속영업이익과 기본주당순이익으로 구성된다.
- 보통주 귀속 계속영업이익과 당기순손익은 모두 법인세비용차감후 금액이며, 여기에 우선주 배당금과 우선주에서 발생한 금융비용을 조정하여 산출한다.
- 누적적 우선주는 배당결의 여부와 관계없이 당해 회계기간과 관련한 세후 배당금을 차감한다. 그러나 비누적적 우선주는 당해 회계기간과 관련하여 배당결의가 된 세후 배당금을 차감한다.
- 참가적 우선주는 보통주와 동일한 배당률이 되도록 추가배당에 참여할 수 있는 권리가 부여된 우선주이므로 참가비율을 고려하여 분배해야 할 세후 배당금을 차감한다.
- 가중평균유통보통주식수는 회계기간 중에 평균적으로 유통된 주식수를 말한다.
- 공정가치 미만으로 보통주를 유상증자할 경우에는 유상증자와 무상증자가 혼합되어 있다고 볼 수 있기 때문에 증가한 주식수를 유상증자 주식수와 무상증자 주식수로 구분하여 보통주식수에 반영해야 한다.

희석주당이익의 의의

- 희석주당이익은 기본주당이익에서 전환사채 등 모든 희석성 잠재적보통주가 모두 보통주로 전환되었다고 가정하고 계산한 주당이익이다.
- 희석주당이익에 희석성 잠재적보통주가 보통주로 전환되는 경우만 반영하는 이유는 희석효과가 있는 잠재적보통주의 전환으로 기본주당이익이 낮아질 수 있다는 정보를 제공하기 위함이다.

재무제표 표시

- 기본주당이익과 희석주당이익을 지배기업의 보통주에 귀속되는 계속영업손익과 당기순손익에 대해여 계산하고 포괄손익계산서에 표시한다.

- 희석주당이익이 기본주당이익과 동일하다면 한 줄로 표시할 수 있지만, 비교표시되는 손익계산서 중 희석주당이익이 별도로 표시되는 회계기간이 있다면 나머지 회계기간에도 희석주당이익을 별도로 표시한다.
- 포괄손익계산서가 아니라 별개의 손익계산서에 당기순손익의 구성요소를 표시하는 경우에는 그 별개의 손익계산서에 기본주당이익과 희석주당이익을 표시한다.
- 중단영업이 있는 경우 중단영업에 대한 기본주당이익과 희석주당이익을 포괄손익계산서 본문에 표시하거나 주석으로 공시한다.

OX QUIZ

1 유상증자 등으로 발행주식수의 변화가 있다면 주당이익으로 특정 기업의 기간 간 경영성과를 비교하는 것은 유용성이 떨어진다.

2 주당이익은 회계이익을 기초로 산정되므로 경영자의 회계선택이나 회계변경에 영향을 받지 않는다.

3 누적적 우선주의 경우 과거에 지급하지 못한 배당금을 소급하여 지급하더라도 이를 제외하고 당해 회계기간과 관련한 우선주 배당금(세후)만 차감한다.

4 참가적 우선주는 참가비율을 고려하여 분배해야 할 세후 배당금을 차감한다.

5 유상증자, 신주인수권 행사 및 주식선택권 행사 등은 대가를 받을 권리가 발생하는 날에 발행된 것으로 보아 기본주당이익을 계산하기 위한 보통주식수에 포함한다.

6 무상증자, 주식배당, 주식분할 등은 당기 재무제표 기초에 유통보통주식수가 증가한 것처럼 조정하고, 전기 재무제표는 소급하여 조정하지 않는다.

7 기본주당이익을 높이는 반희석효과가 있는 잠재적보통주는 희석주당이익을 계산할 때 반영하지 않는다.

8 희석주당이익을 계산할 때 희석효과가 있는 옵션이나 주식매입권의 권리를 행사할 때 발행하여야 할 보통주식수와 회계기간의 평균시장가격으로 발행한 것으로 가정하여 환산한 보통주식수의 차이는 무상으로 발행한 것으로 본다.

9 주식선택권이나 그 밖의 주식기준보상약정의 경우 행사가격에는 주식선택권이나 그 밖의 주식기준보상약정에 따라 미래에 유입될 재화나 용역의 공정가치를 포함한 조정행사가격을 산정한 후에 이를 이용하여 희석효과가 있는 희석성 잠재적보통주식수를 계산한다.

10 기업의 선택에 따라 보통주나 현금으로 결제할 수 있는 계약을 한 경우에 주식결제와 현금결제 중 희석효과가 더 큰 방법으로 결제된다고 가정하여 희석주당이익을 계산한다.

11 매도풋옵션과 선도매입계약과 같이 기업이 자기주식을 매입하도록 하는 계약에는 반희석효과가 있으므로 희석주당이익의 계산에 포함하지 아니한다.

12 비교표시되는 손익계산서 중 희석주당이익이 별도로 표시되는 회계기간이 있더라도 희석주당이익이 기본주당이익과 동일하다면 한 줄로 표시할 수 있다.

13 중단영업이 있는 경우 중단영업에 대한 기본주당이익과 희석주당이익을 포괄손익계산서 본문에 표시하거나 주석으로 공시한다.

Multiple-choice Questions

1 ㈜세무의 20×1년 초 유통보통주식수는 10,000주이고, 유통우선주식수는 3,000주(1주당 액면금액 ₩100, 연 배당률 10%)로 우선주 2주당 보통주 1주로 전환이 가능하다. ㈜세무의 20×1년도 당기순이익은 ₩1,335,600이며, 주당이익과 관련된 자료는 다음과 같다. (CTA 2021)

> • 4월 1일 전년도에 발행한 전환사채(액면금액 ₩20,000, 전환가격 ₩50) 중 40%가 보통주로 전환되었다. 20×1년 말 전환사채에서 발생한 이자비용은 ₩1,200이며, 법인세율은 20%이다.
> • 7월 1일 자기주식 250주를 취득하였다.
> • 10월 1일 우선주 1,000주가 보통주로 전환되었다.

㈜세무의 20×1년도 기본주당이익은? (단, 기중에 전환된 전환우선주에 대해서 우선주배당금을 지급하지 않으며, 가중평균주식수는 월할계산한다)

① ₩110 ② ₩120 ③ ₩130

④ ₩140 ⑤ ₩150

2 20×1년 1월 1일 현재 ㈜대한의 보통주 발행주식수는 7,000주(1주당 액면금액 ₩500)이며, 이 중 600주는 자기주식이고, 전환우선주(누적적) 발행주식수는 900주(1주당 액면금액 ₩200, 연 배당률 20%, 3주당 보통주 1주로 전환 가능)이다. (CPA 2022)

- 3월 1일 유상증자를 실시하여 보통주 2,000주가 증가하였다. 유상증자 시 1주당 발행금액은 ₩2,000이고 유상증자 직전 1주당 공정가치는 ₩2,500이다.
- 7월 1일 전년도에 발행한 전환사채(액면금액 ₩500,000, 액면금액 ₩500당 1주의 보통주로 전환) 중 25%가 보통주로 전환되었다.
- 10월 1일 전환우선주 600주가 보통주로 전환되었다.

㈜대한이 20×1년 당기순이익으로 ₩2,334,600을 보고한 경우 20×1년도 기본주당이익은 얼마인가? (단, 기중에 전환된 전환우선주에 대해서는 우선주배당금을 지급하지 않는다. 가중평균유통보통주식수는 월할 계산하되, 잠재적보통주(전환사채, 전환우선주)에 대해서는 실제 전환일을 기준으로 한다)

① ₩220 ② ₩240 ③ ₩260
④ ₩280 ⑤ ₩300

3 ㈜세무의 20×1년도 주당이익 계산과 관련된 자료는 다음과 같다. ㈜세무의 20×1년도 기본주당순이익은? (CTA 2022)

- ㈜세무의 20×1년 초 유통보통주식수는 800주이며, 우선주는 모두 비참가적, 비누적적 우선주이다.
- ㈜세무는 20×1년 4월 1일 유상증자를 실시하여 보통주 300주를 추가발행하였다. 동 유상증자시 발행금액은 1주당 ₩1,000이었으나, 유상증자 전일의 보통주 종가는 1주당 ₩1,500이었다.
- ㈜세무는 20×1년 10월 1일 보통주(자기주식) 60주를 취득하여 20×1년 말까지 보유하고 있다.
- 20×1년도 우선주에 대하여 지급하기로 결의된 배당금은 ₩50,000이다.
- ㈜세무의 20×1년도 당기순이익은 ₩575,300이다.
- 가중평균유통보통주식수는 월할계산하고, 유상증자의 경우 발행금액 전액이 발행일에 납입완료되었다.

① ₩495 ② ₩498 ③ ₩500
④ ₩505 ⑤ ₩510

4 20×1년 1월 1일 현재 ㈜대한의 유통보통주식수는 200,000주(1주당 액면금액 ₩1,000)이며, 자기주식과 우선주는 없다. ㈜대한은 20×1년 1월 1일에 주식매입권 30,000개(20×3년 말까지 행사가능)를 발행하였으며, 주식매입권 1개가 행사되면 보통주 1주가 발행된다. 주식매입권의 행사가격은 1개당 ₩20,000이며, 20×1년 보통주의 평균시장가격은 1주당 ₩25,000이다. 20×1년 10월 1일에 동 주식매입권 20,000개가 행사되었다. ㈜대한이 20×1년 당기순이익으로 ₩205,000,000을 보고한 경우 20×1년 희석주당이익은 얼마인가? (단, 가중평균유통보통주식수는 월할로 계산하며, 단수차이로 인해 오차가 있다면 가장 근사치를 선택한다) (CPA 2021)

① ₩960 ② ₩972 ③ ₩976
④ ₩982 ⑤ ₩987

5 20×1년 초 현재 ㈜대한이 기발행한 보통주 10,000주(주당 액면금액 ₩100)가 유통중에 있으며, 자기주식과 우선주는 없다. 20×1년 중에 발생한 거래는 다음과 같다.

- 20×1년 1월 1일에 발행된 상환할증금 미지급조건의 신주인수권부사채의 액면금액은 ₩1,000,000이고, 행사비율은 사채액면금액의 100%로 사채액면 ₩500당 보통주 1주(주당 액면금액 ₩100)를 인수할 수 있다. 20×1년도 포괄손익계산서의 신주인수권부사채 관련 이자비용은 ₩45,000이며, 법인세율은 20%이다. 한편 20×1년 ㈜대한의 보통주 평균시장가격은 주당 ₩800이며, 20×1년 중에 행사된 신주인수권은 없다.
- 20×1년 3월 1일에 보통주 3,000주의 유상증자(기존의 모든 주주에게 부여되는 주주우선배정 신주발행)를 실시하였는데, 유상증자 직전의 보통주 공정가치는 주당 ₩3,000이고, 유상증자 시점의 발행가액은 주당 ₩2,500이다.
- 20×1년 7월 1일에 취득한 자기주식 500주 중 300주를 3개월이 경과한 10월 1일에 시장에서 처분하였다.

㈜대한이 20×1년도 당기순이익으로 ₩4,000,000을 보고한 경우, 20×1년도 희석주당이익은 얼마인가? (단, 가중평균유통보통주식수는 월할로 계산하며, 단수차이로 인해 오차가 있다면 가장 근사치를 선택한다) (CPA 2020)

① ₩298 ② ₩304 ③ ₩315
④ ₩323 ⑤ ₩330

04 특수회계

CHAPTER 16

리스

1. 리스의 기본 개념
2. 리스이용자의 회계처리
3. 리스제공자의 회계처리

보론. 기타의 리스거래

학습목표

- 리스의 개념을 이해한다.
- 리스이용자의 회계처리를 이해한다.
- 리스제공자의 회계처리를 이해한다.

K-IFRS 제1116호 '리스'에서는 리스의 인식, 측정, 표시, 공시 원칙을 제시하고 있다. 리스는 금융리스와 운용리스로 나눈다. 리스제공자의 경우 기초자산의 소유에 따른 위험과 보상의 대부분을 리스이용자에게 이전하면 금융리스로, 그렇지 않다면 운용리스로 분류하도록 선택권을 부여하고 있다. 그러나 리스이용자의 경우에는 단기리스 또는 소액 기초자산 리스를 제외한 모든 리스를 금융리스로 분류하도록 강제하고 있다.

리스제공자와 리스이용자에게 회계기준의 적용을 다르게 하는 이유를 본장을 통해서 찾아보도록 하자.

1. 리스의 기본 개념

1.1 리스의 의의

기업이 영업활동에 필요한 모든 자산을 직접 취득하여 사용한다면 초기 자금 부담이 클 뿐만 아니라 취득한 자산에 대한 진부화 위험도 부담하게 된다. 이러한 여러 가지 부담을 회피하기 위해 리스를 이용한다. 리스(lease)란 자산을 직접 취득하지 않고, 리스제공자에게 일정기간 사용료를 지급하면서 리스이용자에게 리스의 대상이 되는 기초자산(underlying assets)의 사용권을 이전하는 계약을 말한다. 일반적인 리스의 절차를 나타내면 다음 [그림 16－1]과 같다.

[그림 16-1] 리스의 절차

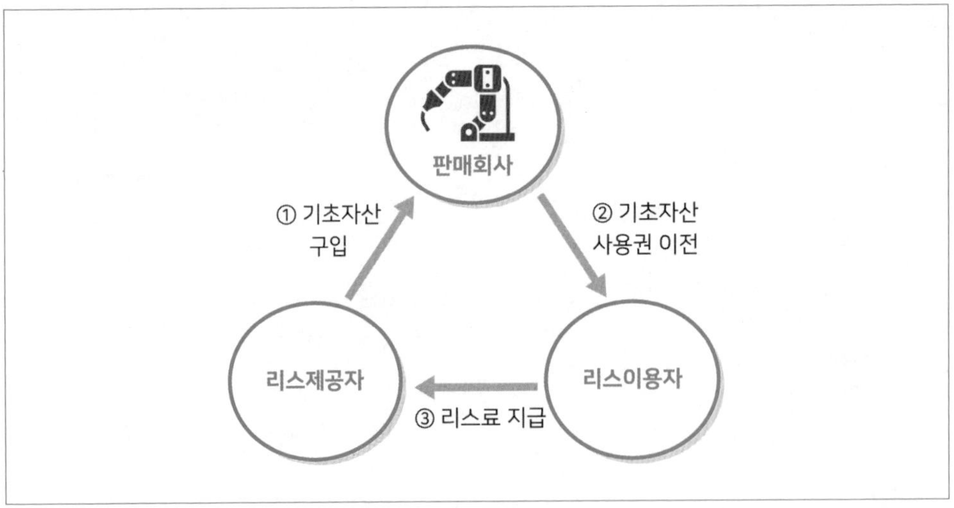

리스이용자가 자산을 직접 취득하지 않고 리스를 이용하는 경우 자산을 취득할 때 필요한 초기 자금에 대한 부담을 덜 수 있다. 리스기간 동안 나누어서 리스료를 지급하면 되기 때문이다. 또한 리스기간 종료시점 또는 리스 종료 전이라도 리스제공자에게 기초자산을 반환할 수 있다면 진부화 위험을 회피할 수 있다. 단기리스와 소액 기초자산 리스로 회계처리하는 경우에는 리스부채를 장부에 기록하지 않기 때문에 재무구조가 개선되는 효과가 있다.

1.2 운용리스와 금융리스

리스의 회계처리는 운용리스와 금융리스 두 가지가 있다. 운용리스(operating lease)의 경우 리스가 미이행계약(executory contract)[1]에 해당되므로 리스이용자는 아무런 자산이나 부채도 인식하지 않는다. 리스계약으로 리스제공자는 일정기간 동안 리스이용자에게 기초자산의 사용권을 제공하고 리스이용자는 기초자산을 사용한 대가로 리스료를 지급하지만, 기초자산의 소유권이 리스제공자로부터 리스이용자에게 이전되지는 않기 때문이다. 운용리스로 회계처리하는 경우에는 리스개시 시점에 특별한 회계처리를 하지 않고, 리스료 지급시점에 리스이용자는 비용을 리스제공자는 수익을 인식한다.

금융리스(finance lease)는 리스계약의 대상이 되는 기초자산이 식별되고 배타적으로 사용할 수 있는 통제권이 리스이용자에게 이전되기 때문에 리스이용자는 리스개시 시점에 기초자산의 사용권을 자산으로, 미래에 지급할 리스료를 부채로 회계처리한다.[2] 그러나 리스이용자의 입장에서 리스를 금융리스로 회계처리하면 리스개시 시점부터 거액의 부채를 인식하기 금융리스로 분류되는 것을 운용리스로 분류되도록 함으로써 부채의 인식을 회피하여 왔다.

따라서 K-IFRS 제1116호 '리스'에서는 리스이용자가 단기리스와 소액 기초자산리스를 제외한 모든 리스에 대해서 금융리스로서 기초자산의 사용권을 자산으로, 미래에 지급할 리스료를 부채로 회계처리하도록 규정하였다.

1.3 인식 면제

다음의 리스에 대해서는 사용권자산과 리스부채를 인식하지 않는 회계처리를 선택할 수 있다.

1 제1장 4.7절 '재무제표의 요소'에서 자세히 설명한다.

2 재무보고를 위한 개념체계 결론도출 근거에서 '리스'에 대해 개시일에 리스이용자들은 일정 기간 기초자산을 사용할 권리를 얻게 되고, 리스제공자는 리스이용자들에게 그 자산을 사용할 수 있게 하여 그 권리를 이전하였다. 리스제공자가 해당 권리를 이전할 의무를 수행하면, 리스계약은 더 이상 미이행계약이 아니다. 리스이용자는 사용권자산을 통제하고, 리스료 지급에 대한 부채를 부담한다(BC4.85).

① 단기리스
② 소액 기초자산 리스

단기리스(short-term lease)란 리스개시일에 리스기간이 12개월 이하인 리스를 말한다. 매수선택권[3]이 있는 리스는 단기리스에 해당하지 않는다. 단기리스를 회계처리하는 경우에 리스변경이 있는 경우나 리스기간에 변경이 있는 경우에 해당하면 그 리스를 새로운 리스로 본다. 단기리스에 대한 인식면제의 선택은 사용권이 관련되어 있는 기초자산의 유형별로 한다. 기초자산의 유형은 기업의 영업에서 특성과 용도가 비슷한 기초자산의 집합을 말한다.

소액 기초자산 리스(lease of low value assets)는 기초자산이 새것일 때 US$5,000 이하인 경우를 말한다. 새것일 때 일반적으로 소액이 아닌 특성이 있는 자산이라면, 해당 기초자산 리스는 소액자산 리스에 해당하지 않는다. 예를 들면, 자동차는 새것일 때 일반적으로 소액이 아닐 것이므로, 자동차 리스는 소액자산 리스에 해당하지 않을 것이다. 소액 기초자산의 예로는 태블릿, 개인 컴퓨터, 소형 사무용 가구, 전화기를 들 수 있다. 소액 기초자산 리스에 대한 선택은 리스별로 할 수 있다. 소액 기초자산 리스에 대한 선택을 유형별로 적용하도록 요구한다면 리스이용자에게 하나의 유형 안에 있는 모든 개별 리스자산을 평가하는 부담을 줄 수 있기 때문에 리스이용자가 적용하기 쉽도록 리스별로 선택하도록 하였다.

리스이용자가 단기리스 및 소액 기초자산 리스에 대해서 인식 면제 규정을 적용하기로 선택하였다면, 해당 리스에 관련되는 리스료를 리스기간에 걸쳐 정액 기준이나 다른 체계적인 기준에 따라 비용으로 인식한다. 다른 체계적인 기준이 리스이용자의 효익의 형태를 더 잘 나타내는 경우에는 그 기준을 적용한다.

〈리스료 지급〉

(차변)	리 스 료	×××	(대변)	현 금 (또는 미지급비용)	×××

3 리스이용자가 리스자산을 특정 금액으로 매수할 수 있는 권리를 말한다.

1.4 리스의 식별

계약의 약정시점에, 계약 자체가 리스인지, 계약이 리스를 포함하는지 판단한다. 계약에서 대가와 교환하여, 식별되는 자산의 사용 통제권을 일정기간 이전하게 한다면 그 계약은 리스이거나 리스를 포함한다.

다음 [그림 16−2]는 K-IFRS 제1116호 '리스'에서 제시한 리스 식별을 위한 순서도이다.

[그림 16-2] 리스의 식별

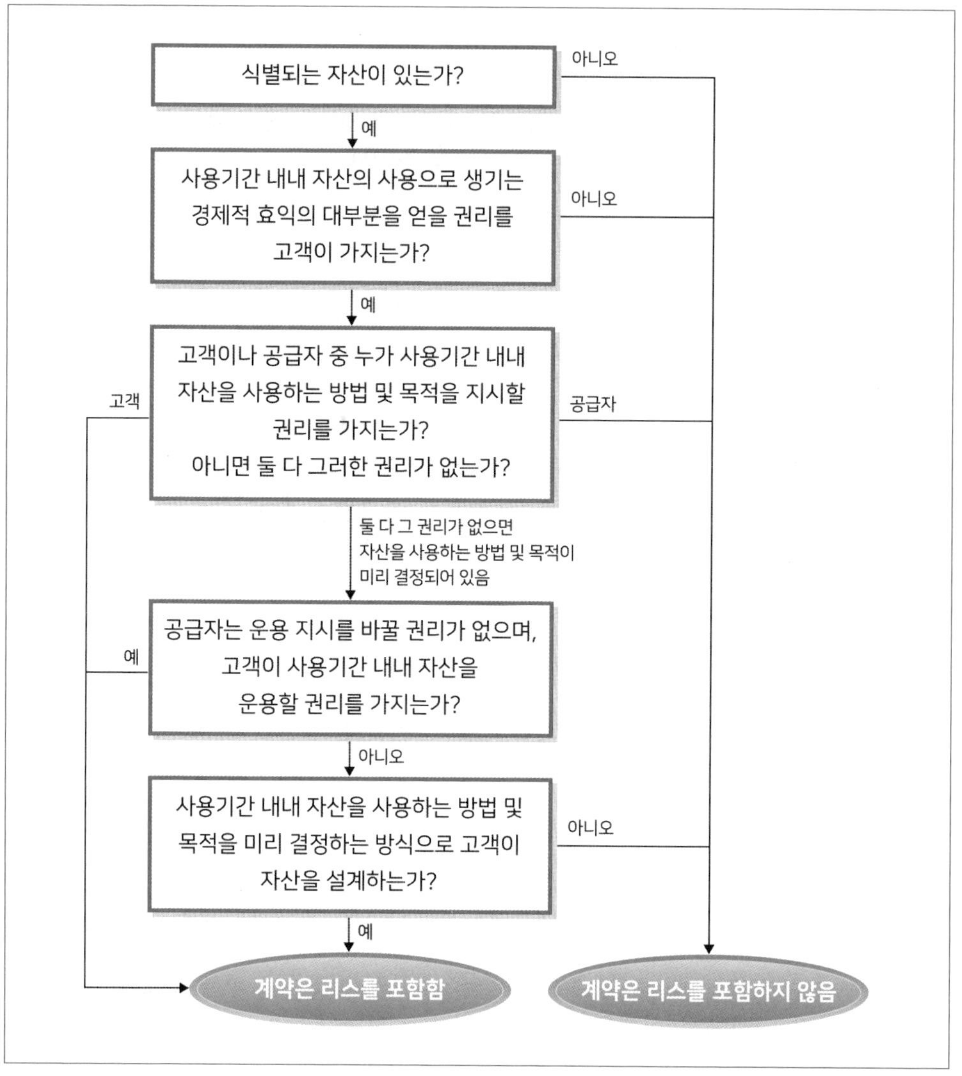

(1) 식별되는 자산

자산은 일반적으로 계약에서 분명히 식별되어야 한다. 그러나 어떤 자산은 고객이 사용할 수 있는 시점에 암묵적으로 특정되어 식별될 수도 있다.

자산이 특정되더라도, 공급자가 그 자산을 대체할 실질적 권리(대체권)를 사용기간 내내 가지면 고객은 식별되는 자산의 사용권을 가지지 못한다. 다음 조건을 모두 충족하는 경우에만 공급자의 자산 대체권이 실질적이다.

① 공급자가 대체 자산으로 대체할 실질적인 능력을 사용기간 내내 가진다(예 고객은 공급자가 그 자산을 대체하는 것을 막을 수 없고 공급자가 대체 자산을 쉽게 구할 수 있거나 적정한 기간 내에 공급받을 수 있음).
② 공급자는 자산 대체권의 행사에서 경제적으로 효익을 얻을 것이다(자산 대체에 관련되는 경제적 효익이 자산 대체에 관련되는 원가를 초과할 것으로 예상된다).

(2) 사용 통제권

계약이 식별되는 자산의 사용 통제권을 일정 기간 이전하는지를 판단하기 위하여 고객이 사용기간 내내 다음 권리를 모두 갖는지를 판단한다.

① 식별되는 자산의 사용으로 생기는 경제적 효익의 대부분을 얻을 권리
② 식별되는 자산의 사용을 지시할 권리

1) 사용으로 생기는 경제적 효익의 대부분을 얻을 권리

식별되는 자산의 사용을 통제하려면, 고객은 사용기간 내내 자산의 사용으로 생기는 경제적 효익의 대부분을 얻을 권리를 가질 필요가 있다(예 사용기간 내내 그 자산을 배타적으로 사용함). 고객은 그 자산의 사용, 보유, 전대리스와 같이 여러 가지 방법으로 직접적으로나 간접적으로 자산을 사용하여 경제적 효익을 얻을 수 있다. 자산의 사용으로 생기는 경제적 효익은 주요 산출물과 부산물(이 주요 산출물과 부산물에서 얻는 잠재적 현금흐름을 포함함), '자산의 사용으로 생기는 그 밖의 경제적 효익'으로 제3자와의 상업적 거래에서 실현될 수 있는 것을 포함한다.

2) 사용을 지시할 권리

다음 중 어느 하나에 해당하는 경우에만 고객은 사용기간 내내 식별되는 자산의 사용을 지시할 권리를 가진다.

① 고객이 사용기간 내내 자산을 사용하는 방법 및 목적을 지시할 권리를 가진다.
② 자산을 사용하는 방법 및 목적에 관련되는 결정이 미리 내려지고 다음 중 어느 하나에 해당한다.
  ㉠ 고객이 사용기간 내내 자산을 운용할(또는 고객이 결정한 방식으로 자산을 운용하도록 다른 자에게 지시할) 권리를 가지며, 공급자는 그 운용 지시를 바꿀 권리가 없다.
  ㉡ 고객이 사용기간 내내 자산을 사용할 방법 및 목적을 미리 결정하는 방식으로 자산(또는 자산의 특정 측면)을 설계하였다.

계약에는 ① 해당 자산이나 그 밖의 자산에 대한 공급자의 지분을 보호하고, ② 공급자의 인력을 보호하며, ③ 공급자가 법규를 지키도록 보장하기 위한 의도로 조건을 포함할 수 있는데, 이를 방어권[4]이라고 한다. 방어권은 일반적으로 고객의 사용권 범위를 정하지만 방어권만으로는 고객이 자산의 사용을 지시할 권리를 가지는 것을 막지 못한다.

예제 1 ❙ 리스의 식별(제1116호 사례 6)

각 사례는 서로 독립적이다.

<사례 A>
고객은 선주(공급자)와 특정 선박으로 로테르담에서 시드니까지 화물을 운송하는 계약을 체결하였다. 선박은 계약에 분명히 특정되어 있고 공급자는 대체권이 없다. 화물은 선박 용량의 대부분을 차지할 것이다. 계약에서는 선박으로 운송될 화물과 인수 및 배달 일정을 정한다.
공급자는 선박을 운용하고 유지하며 선박에 실린 화물을 안전하게 운반할 책임을 진다. 고객이 계약기간에 그 선박에 다른 운용자를 고용하거나 직접 선박을 운용하는 것은 금지되어 있다.

<사례 B>
고객은 공급자와 5년간 특정 선박을 사용하는 계약을 체결하였다. 이 선박은 계약에 분명히 특

---

4 방어권의 예로 계약에서 다음과 같이 정하거나 요구할 수 있다(1116:B30).
① 자산의 최대 사용량을 규정하거나 고객이 자산을 사용할 수 있는 장소 또는 시간을 제한한다.
② 고객에게 특정한 운용 관행을 따르도록 요구한다.
③ 고객이 자산을 사용하는 방법을 바꾸는 경우에 공급자에게 알리도록 요구한다.

정되어 있고 공급자는 대체권이 없다.
고객은 계약에 규정된 제약에 따라 사용기간 5년 내내 어떤 화물을 운송할지를 정하고 항해 여부와 언제, 어느 항구로 출항할지를 정한다. 그 제약은 고객이 해적의 위험이 높은 해역으로 선박을 운행하거나 위험한 물질을 화물로 운반하는 것을 막는다.
공급자는 선박을 운용하고 유지하며 선박에 실린 화물을 안전하게 운반할 책임을 진다. 고객이 계약기간에 그 선박에 다른 운용자를 고용하거나 직접 선박을 운용하는 것은 금지되어 있다.

물음

1. 사례 A의 계약이 리스로서 식별될 수 있는지 판단하시오.

2. 사례 B의 계약이 리스로서 식별될 수 있는지 판단하시오.

풀이

1. 이 계약은 리스를 포함하지 않는다.

(1) 식별되는 자산

이 계약에는 식별되는 자산이 있다. 선박은 계약에 분명히 특정되어 있고 공급자는 그 특정 선박을 대체할 권리가 없다.

(2) 사용 통제권

고객은 사용기간에 걸쳐 그 선박의 사용으로 생기는 경제적 효익의 대부분을 얻을 권리를 가진다. 고객의 화물은 선박 용량의 대부분을 차지할 것이므로, 다른 당사자가 그 선박의 사용으로 생기는 경제적 효익을 얻는 것을 막는다.

그러나 고객은 그 선박의 사용을 지시할 권리가 없으므로 선박의 사용 통제권을 가지지 못한다. 고객에게는 그 선박의 사용 방법 및 목적을 지시할 권리가 없다. 선박의 사용 방법 및 목적(특정 기간에 로테르담에서 시드니까지 특정 화물을 운송하는 것)은 계약에 미리 정해져 있다. 고객에게는 사용기간에 선박의 사용 방법 및 목적을 변경할 권리가 없다. 고객은 사용기간에 선박의 사용에 대한 다른 의사결정권이 없고(예를 들면, 고객은 선박을 운용할 권리가 없다), 고객이 선박을 설계하지 않았다. 고객은 선박의 사용에 대하여 선박으로 화물을 운송하는 많은 고객 중 하나와 같은 권리를 가진다.

2. 이 계약은 리스를 포함한다. 고객은 5년간 선박 사용권을 가진다.

(1) 식별되는 자산

이 계약에는 식별되는 자산이 있다. 선박은 계약에 분명히 특정되어 있고 공급자는 그 특정 선박을 대체할 권리가 없다.

(2) 사용 통제권

고객은 다음과 같은 이유로 사용기간 5년 내내 선박의 사용 통제권을 가진다.

① 고객은 사용기간 5년에 걸쳐 선박의 사용으로 생기는 경제적 효익의 대부분을 얻을 권리를

가진다. 고객은 선박을 사용기간 내내 독점적으로 사용한다.

② 고객은 선박의 사용을 지시할 권리를 가진다.
고객은 운송할 화물뿐만 아니라 출항 여부와 선박을 언제, 어디로 출항할지를 결정하므로 사용기간 5년 내내 선박의 사용 방법 및 목적에 관련되는 결정을 내린다. 고객은 사용기간 5년 내내 이 결정을 변경할 권리를 가진다.
비록 선박이 항해할 수 있는 곳과 선박으로 운송할 화물에 대한 계약상 제약은 고객의 선박 사용 범위를 정한다. 그러나 그 제약들은 공급자의 선박 투자와 공급자의 직원을 보호하는 방어권이다.

1.5 리스요소와 비리스요소의 분리

리스계약이나 리스를 포함하는 계약에서 계약의 각 리스요소를 비리스요소(예 유지용역)와 분리하여 리스로 회계처리한다.

(1) 리스이용자

하나의 리스요소와, 하나 이상의 추가 리스요소나 비리스요소를 포함하는 계약에서 리스이용자는 리스요소의 상대적 개별 가격과 비리스요소의 총 개별 가격에 기초하여 계약 대가를 각 리스요소에 배분한다.

(2) 리스제공자

하나의 리스요소와, 하나 이상의 추가 리스요소나 비리스요소를 포함하는 계약에서 리스제공자는 K-IFRS 제1115호 '수익'을 적용하여 계약 대가를 배분한다.

예제 2 ❙ 리스요소와 비리스요소의 분리(제1116호 사례 12)

리스제공자는 리스이용자의 채굴 작업에 사용하도록 리스이용자에게 불도저, 트럭, 장거리 굴착기를 4년간 리스하기로 계약을 체결하였다. 추가로 리스제공자는 리스기간 내내 각 장비를 유지보수하기로 합의하였으며, 연간리스료는 ₩120,000이다. 불도저, 트럭, 장거리 굴착기 리스의 관측가능한 개별 가격은 각각 ₩170,000, ₩102,000, ₩224,000이고, 장비의 유지보수의 관측가능한 개별 가격은 ₩104,000이다. 따라서 관측가능한 개별 가격의 총합계는 ₩600,000이다.

물음

1. 리스요소와 비리스요소를 분리하시오.

2. 리스이용자 입장에서 연간리스료 ₩120,000을 리스요소와 비리스요소에 각각 배분하시오.

풀이

1. 리스요소: 불도저, 트럭, 장거리 굴착기
   비리스요소: 장비의 유지보수

2. 개별 요소에 ₩120,000 배분
   - 불도저 = ₩120,000 × 170,000/600,000 = ₩34,000
   - 트럭 = ₩120,000 × 102,000/600,000 = ₩20,400
   - 장거리 굴착기 = ₩120,000 × 224,000/600,000 = ₩44,800
   - 장비의 유지보수 = ₩120,000 × 104,000/600,000 = ₩20,800

   따라서 리스요소 배분액은 ₩99,200(= 34,000 + 20,400 + 44,800)이고, 비리스요소 배분액은 ₩20,800이다.

1.6 리스기간

(1) 리스기간의 결정

리스기간(lease term)은 해지불능기간과 아래의 기간을 포함하여 산정한다.

> ① 리스이용자가 리스 연장선택권을 행사할 것이 상당히 확실한(reasonably certain) 경우에 그 선택권의 대상 기간
> ② 리스이용자가 리스 종료선택권을 행사하지 않을 것이 상당히 확실한 경우에 그 선택권의 대상 기간

예를 들어, 계약상 리스기간을 더 연장할 수 있는 권리(리스 연장선택권)가 있고 이러한 권리를 행사할 것이 상당히 확실하다면, 리스기간을 연장기간을 선택할 것으로 보고 회계처리를 한다. 이에 반해 계약상 리스기간 종료 전에 리스이용자가 리스를 종료할 수 있는 권리(리스 종료선택권)가 있으나 이러한 권리를 행사하지 않을 것이 상당히 확실하다면, 리스기간을 종료선택권을 행사하지 않을 것으로 보고 회계처리를 한다. 다만, 종료선택권을 행사할 것이 상당히 확실하다면, 종료선택권

을 행사할 것으로 보고 회계처리를 한다.

(2) 리스기간의 변경

리스의 해지불능기간이 달라지는 경우 리스기간을 변경한다. 예를 들어, 다음과 같은 경우에 리스의 해지불능기간이 달라질 것이다.

① 전에 리스기간을 산정할 때 포함되지 않았던 선택권을 리스이용자가 행사한다.
② 전에 리스기간을 산정할 때 포함되었던 선택권을 리스이용자가 행사하지 않는다.
③ 전에 리스기간을 산정할 때 포함되지 않았던 선택권을 리스이용자가 계약상 의무적으로 행사하게 하는 사건이 일어난다.
④ 전에 리스기간을 산정할 때 포함되었던 선택권을 리스이용자가 행사하는 것을 계약상 금지하는 사건이 일어난다.

2. 리스이용자의 회계처리

2.1 최초 측정

리스이용자가 1.3절에서 설명한 단기리스와 소액 기초자산 리스에 대해서 인식 면제 규정을 선택하지 않는다면, 다음과 같이 리스개시일에 사용권자산(right－of－use asset)과 리스부채(lease liability)를 인식한다. 리스개시일은 재무제표에 리스거래를 인식하는 날로서 리스제공자가 리스이용자에게 기초자산을 사용할 수 있도록 한 날을 말한다.

〈리스개시일〉

(차변)	사 용 권 자 산	×××	(대변)	리 스 부 채	×××

(1) 리스부채의 최초 측정

리스이용자는 리스개시일에 그날 현재 지급되지 않은 리스료의 현재가치로 리스부채를 측정한다. 리스료의 현재가치를 측정할 때, 그 리스의 내재이자율(implicit rate)[5]을 쉽게 산정할 수 있는 경우에는 그 이자율로 리스료를 할인한다. 내재이자율을 쉽게 산정할 수 없는 경우에는 리스이용자의 증분차입이자율(incremental borrowing rate)[6]을 사용한다.

리스개시일에 리스부채의 측정치에 포함되는 리스료는 리스기간에 걸쳐 기초자산을 사용하는 권리에 대한 지급액 중 그날 현재 지급되지 않은 다음의 금액으로 구성된다.

① 고정리스료
② 지수나 요율(이율)에 따라 달라지는 변동리스료
③ 잔존가치보증에 따라 리스이용자가 지급할 것으로 예상되는 금액
④ 리스이용자가 매수선택권을 행사할 것이 상당히 확실한 경우에 그 매수선택권의 행사가격
⑤ 리스기간이 리스이용자의 종료선택권 행사를 반영하는 경우에 그 리스를 종료하기 위하여 부담하는 금액

고정리스료(fixed lease payments)란 리스이용자가 리스기간 동안 지급하는 리스료가 고정되어 있는 경우를 말하는데, 고정리스료에 실질적인 고정리스료는 포함하고, 받을 리스인센티브[7]는 차감한다.

변동리스료(variable lease payments)는 처음에 리스개시일의 지수나 요율(이율)을 사용하여 측정한다. 변동리스료의 예에는 소비자물가지수에 연동되는 지급액, 기준금리(예 LIBOR)에 연동되는 지급액, 시장 대여요율(market rental rate)의 변동을 반영하기 위하여 변동되는 지급액이 포함된다.

리스계약에 리스이용자의 잔존가치 보증이 포함되어 있다면 리스이용자가 지급할 것으로 예상되는 금액을 리스부채의 최초 금액에 포함시킨다. 또한 리스개시일에 리스이용자가 미래에 매수선택권 또는 종료선택권을 행사할 것이 상당히 확실하다면 매수선택권의 행사가격이나 종료선택권 행사에 따른 위약금도 리스부채의 최초 금액에 포함시킨다.

---

5 여기서 내재이자율은 리스제공자의 투자수익률이다.

6 리스이용자의 증분차입이자율이란 리스이용자가 사용권자산과 가치가 비슷한 자산을 획득하는 데에 필요한 자금을 차입하기 위하여 부담해야 하는 이자율을 말한다.

7 리스인센티브는 리스와 관련하여 리스제공자가 리스이용자에게 지급하는 금액이나 리스이용자의 원가를 리스제공자가 보상하거나 부담하는 금액이다.

(2) 사용권자산의 최초 측정

리스이용자는 리스개시일에 사용권자산(right-of-use asset)을 원가로 측정한다. 사용권자산의 원가는 다음의 항목으로 구성된다.

① 리스부채의 최초 측정금액
② 리스개시일이나 그 전에 지급한 리스료(받은 리스 인센티브는 차감)
③ 리스이용자가 부담하는 리스개설직접원가
④ 리스 조건에서 요구하는 대로 기초자산을 원상복구할 때 리스이용자가 부담하는 원가의 추정치

위의 ②~④의 항목이 있는 경우에는 사용권자산과 리스부채가 달라질 수 있다. 리스개시일이나 그 전에 지급한 리스료는 리스개시일 현재 지급되지 않은 리스료가 아니기 때문에 리스부채의 최초 측정에 포함되지 않지만, 이 금액은 사용권자산의 취득과정에서 부담한 금액이므로 사용권자산의 최초 측정금액에 포함시킨다.

리스개설직접원가(initial direct costs)란 리스를 체결하지 않았더라면 부담하지 않았을 리스체결의 증분원가를 말한다. 이는 자산의 취득부대비용이나 다름없기 때문에 사용권자산의 최초 측정금액에 포함시킨다. 또한 리스 조건에서 기초자산을 해체하고 제거하거나, 기초자산이 위치한 부지를 복구하거나, 기초자산 자체를 복구하도록 요구하는 경우에 리스이용자가 부담하는 원가 추정치를 사용권자산의 최초 측정금액에 포함시킨다. 사용권자산에 대한 회계처리는 다음과 같다.

〈리스개시일 전〉

(차변)	리스료선급금	×××	(대변)	현금	×××

〈리스개시일〉

(차변)	사용권자산	×××	(대변)	리스료선급금	×××
				현금(리스개설직접원가)	×××
				리스부채	×××
				복구충당부채	×××

예제 3 ❙ 리스부채와 사용권자산의 최초 측정

대박회사는 20×1년 초에 다음과 같은 조건으로 기계장치에 대한 리스계약을 체결하였다.
- 리스기간: 20×1년 1월 1일부터 20×3년 12월 31일까지
- 리스료: 연간 고정리스료 ₩1,000,000, 매년 12월 31일 지급
- 리스개설직접원가: ₩500,000을 현금 지급
- 할인율: 내재이자율 연 7%

물음

1. 리스부채와 사용권자산의 최초 측정금액을 계산하고 리스개시일에 해야 할 분개를 하시오.

2. 리스종료일에 리스자산을 ₩300,000의 행사가격에 매수선택권을 갖는 조건의 리스계약이며, 매수선택권을 행사할 가능성이 상당히 확실한 경우를 가정하여 리스부채와 사용권자산의 최초 측정금액을 계산하고 리스개시일에 해야 할 분개를 하시오.

풀이

1. 리스부채와 사용권자산의 최초 측정금액을 계산
   - 리스부채 최초 측정금액 = ₩1,000,000 × 2.6243(3기간, 7%, 정상연금현가계수)
     = ₩2,624,300
   - 사용권자산 최초 측정금액 = ₩2,624,300 + 500,000 = ₩3,124,300

〈20×1. 1. 1. 리스개시일〉

(차변)	사 용 권 자 산	3,124,300	(대변)	리 스 부 채	2,624,300
				현 금	500,000

2. 매수선택권의 행사가격이 ₩300,000 일 때, 리스부채와 사용권자산의 최초 측정금액을 계산
   - 리스부채 최초 측정금액 = ₩1,000,000 × 2.6243(3기간, 7%, 정상연금현가계수)
     + 300,000 × 0.8163(3기간, 7%, 단일현금현가계수)
     = ₩2,869,190
   - 사용권자산 최초 측정금액 = ₩2,869,190 + 500,000 = ₩3,369,190

〈20×1. 1. 1. 리스개시일〉

(차변)	사 용 권 자 산	3,369,190	(대변)	리 스 부 채	2,869,190
				현 금	500,000

2.2 후속 측정

(1) 리스부채

리스부채를 최초 측정한 후에는 다음과 같이 유효이자율법에 따라 리스부채의 이자비용을 인식하고 장부금액을 조정하는 회계처리를 한다. 이때 유효이자율은 리스개시일에 리스부채를 최초 측정할 때 사용한 할인율을 말한다.

〈리스료 지급〉

(차변)	이 자 비 용	××× *	(대변)	현 금	×××
	리 스 부 채	××× **			

* 리스부채의 기초 장부금액 × 유효이자율
** 리스료와 이자비용의 차이를 리스부채 상환으로 인식한다.

(2) 사용권자산

리스이용자는 일반적으로 사용권자산을 원가로 측정하고, 이후 감가상각 및 손상차손을 인식할 것이다. 사용권자산이 K-IFRS 제1016호 '유형자산'의 재평가모형을 적용하는 유형자산의 유형에 관련되는 경우에, 리스이용자는 그 유형자산의 유형에 관련되는 모든 사용권자산에 재평가모형을 적용하기로 선택할 수 있다(선택규정).

한편, 리스이용자가 투자부동산에 대해서 K-IFRS 제1040호 '투자부동산'의 공정가치모형을 적용하는 경우에는, 모든 투자부동산에 대해서 공정가치모형을 적용해야 하므로 투자부동산의 정의를 충족하는 사용권자산에도 공정가치모형을 적용한다(강제규정).

공정가치모형을 적용하는 투자부동산으로 분류되는 사용권자산에 대해서는 상각을 하지 않으나, 유형자산으로 분류되는 사용권자산과 원가모형을 적용하는 투자부동산으로 분류되는 사용권자산에 대해서는 K-IFRS 제1016호 '유형자산'의 감가상각에 대한 규정을 적용한다. 사용권자산을 상각할 경우 상각기간은 〈표 16-1〉과 같이 결정한다.

표 16-1 사용권자산의 상각기간

구 분	상각기간
리스기간 종료시점 이전에 리스이용자에게 기초자산의 소유권을 이전하는 경우나 사용권자산의 원가에 리스이용자가 매수선택권을 행사할 것임이 반영되는 경우	리스개시일부터 기초자산의 내용연수 종료시점까지 상각
그 밖의 경우	리스개시일부터 기초자산의 내용연수 종료일과 리스기간 종료일 중 이른 날까지 상각

〈표 16-1〉에서 보는 것처럼 사용권자산의 상각기간을 결정할 때 리스이용자가 기초자산을 실질적으로 사용하는 기간 동안으로 판단하면 될 것이다.

예제 4 ┃ 리스부채와 사용권자산의 후속 측정

대박회사는 20×1년 초에 다음과 같은 조건으로 기계장치에 대한 리스계약을 체결하였다.

- 리스기간: 20×1년 1월 1일부터 20×3년 12월 31일까지
- 리스료: 연간 고정리스료 ₩1,000,000, 매년 12월 31일 지급
- 리스개설직접원가: ₩500,000을 현금 지급
- 할인율: 내재이자율 연 7%
- 기계장치의 내용연수는 5년(잔존가치 ₩0)이며, 매수선택권은 없다. 대박회사는 해당 유형자산에 대해 원가모형을 선택하고 정액법으로 상각한다.

물음

리스부채의 장부금액 조정표와 사용권자산의 연도별 상각금액을 계산하고, 각 연도말에 해야 할 분개를 하시오.

풀이

- 리스부채 최초 측정금액 = ₩1,000,000 × 2.6243(3기간, 7%, 정상연금현가계수)
  = ₩2,624,300
- 사용권자산 최초 측정금액 = ₩2,624,300 + 500,000 = ₩3,124,300

리스부채의 장부금액 조정표

일자	연간 리스료	이자비용 (기초 장부금액 × 7%)	원금 상환액	리스부채 장부금액
20×1. 1. 1.				₩2,624,300
20×1. 12. 31.	₩1,000,000	₩183,701	₩816,299	1,808,001
20×2. 12. 31.	1,000,000	126,560	873,440	934,561
20×3. 12. 31.	1,000,000	65,439❶	934,561	0
합 계	₩3,000,000	₩375,700	₩2,624,300	

❶ ₩934,561 × 7% = ₩65,419이나 만기일에 리스부채의 장부금액을 영(₩0)과 일치시켜야 하기 때문에 단수차이 조정

• 사용권자산의 연도별 감가상각비 = ₩3,124,300 ÷ 3년(리스기간) = ₩1,041,433

〈20×1. 12. 31.〉

(차변)	이 자 비 용	183,701	(대변)	현 금	1,000,000
	리 스 부 채	816,299			
(차변)	감 가 상 각 비	1,041,433	(대변)	감가상각누계액	1,041,433

〈20×2. 12. 31.〉

(차변)	이 자 비 용	126,560	(대변)	현 금	1,000,000
	리 스 부 채	873,440			
(차변)	감 가 상 각 비	1,041,433	(대변)	감가상각누계액	1,041,433

〈20×3. 12. 31.〉

(차변)	이 자 비 용	65,439	(대변)	현 금	1,000,000
	리 스 부 채	934,561			
(차변)	감 가 상 각 비	1,041,434❷	(대변)	감가상각누계액	1,041,434

❷ 단수차이 조정

2.3 리스변경

리스변경(lease modification)이란 변경 전 리스 조건의 일부가 아니었던 리스의 범위 또는 리스대가(예 하나 이상의 기초자산 사용권을 추가하거나 종료 또는 리스기간을 연장하거나 단축함)를 변경하는 경우를 말한다. 리스이용자는 다음 조건을 모두 충족하는 리스변경을 별도 리스로 회계처리한다.

① 하나 이상의 기초자산 사용권이 추가되어 리스의 범위가 넓어진다.
② 넓어진 리스 범위의 개별 가격에 상응하는 금액과 특정한 계약의 상황을 반영하여 그 개별 가격에 적절히 조정하는 금액만큼 리스대가가 증액된다.

위의 두 가지 조건을 모두 충족하면, 이는 실질적으로 새로운 리스가 창출된 것이므로 추가된 기초자산 사용권을 별도의 리스로 보고 사용권자산과 리스부채를 인식하며, 기존의 리스에 대해서는 아무런 조정을 하지 않는다. 따라서 기존 리스와 별도 리스의 각각에 대해서 이자비용 및 사용권자산에 대한 감가상각비를 인식한다.

위의 두 가지 조건을 충족하지 않으면, 이를 별도의 리스로 보지 않고 수정 리스료를 수정 할인율로 할인하여 리스부채를 재측정하고 사용권자산에서 조정한다. 리스부채를 재측정할 때 내재이자율을 쉽게 산정할 수 있는 경우에는 남은 리스기간의 내재이자율로 수정 할인율을 산정하나, 리스의 내재이자율을 쉽게 산정할 수 없는 경우에는 리스변경 유효일 현재 리스이용자의 증분차입이자율로 수정 할인율을 산정한다.

리스의 범위를 좁히는 리스변경에 대하여 리스이용자는 리스의 일부나 전부의 종료를 반영하기 위하여 사용권자산과 리스부채의 장부금액을 줄이고, 차액을 당기손익으로 인식한다. 차액을 당기손익으로 인식함으로써 범위 축소가 원인인 기존 리스의 일부나 전부 종료의 경제적 영향을 적절하게 반영할 수 있다. 그리고 수정 할인율로 리스변경을 반영한 리스부채를 재측정하고 사용권자산을 조정한다. 관련 회계처리는 다음과 같다.

〈사용권자산과 리스부채의 장부금액 감액〉

(차변)	리 스 부 채	×××	(대변)	사 용 권 자 산	×××
	변 경 손 실	×××		변 경 이 익	×××

〈리스부채 재측정〉

(차변)	리 스 부 채	×××	(대변)	사 용 권 자 산	×××
또는					
(차변)	사 용 권 자 산	×××	(대변)	리 스 부 채	×××

리스기간의 연장과 단축도 각각 리스범위를 넓히고 좁히는 리스변경과 동일하게 조정한다. 즉, 리스기간을 연장하는 경우 수정할인율로 리스료를 할인하여 리스부채를 재측정하고 사용권자산에서 조정한다. 리스기간을 단축하는 경우에는 리스부채의 장부금액과 단축된 기간의 리스료를 최초 할인율로 할인한 리스부채의 차이만큼 리스부채를 줄이고, 사용권자산도 단축된 기간만큼 줄이면서 그 차액을 당기손익으로 인식한다. 그리고 수정 할인율로 리스변경을 반영한 리스부채를 재측정하고 사용권자산을 조정한다.

리스이용자가 리스변경하는 상황과 회계처리를 요약하면 다음 〈표 16-2〉와 같다.

표 16-2 리스이용자의 리스변경

구 분			회계처리
리스 범위	확장	조건을 충족하는 경우	별도 리스계약으로 회계처리
		조건을 충족하지 않는 경우	수정 할인율로 리스부채 재측정하고, 이를 사용권자산에서 조정(손익을 인식하지 않음)
	축소		① 사용권자산과 리스부채를 줄이고(비율 적용), 차액을 당기손익으로 인식 ② 수정 할인율로 리스부채 재측정하고, 이를 사용권자산에서 조정(손익을 인식하지 않음)
리스 기간	연장		수정 할인율로 리스부채 재측정하고, 이를 사용권자산에서 조정(손익을 인식하지 않음)
	단축		① 사용권자산과 리스부채를 줄이고(최초 할인율 적용), 차액을 당기손익으로 인식 ② 수정 할인율로 리스부채 재측정하고, 이를 사용권자산에서 조정(손익을 인식하지 않음)

예제 5 ▎ 리스변경-범위의 확장과 축소

대박회사는 20×1년 초에 다음과 같은 조건으로 기계장치에 대한 리스계약을 체결하였다.
- 리스기간: 20×1년 1월 1일부터 20×3년 12월 31일까지
- 리스료: 연간 고정리스료 ₩1,000,000, 매년 12월 31일 지급
- 리스개설직접원가: ₩500,000을 현금 지급
- 할인율: 내재이자율 연 7%
- 기계장치의 내용연수는 5년(잔존가치 ₩0)이며, 매수선택권은 없다. 대박회사는 해당 유형자산에 대해 원가모형을 선택하고 정액법으로 상각한다.

한편, 대박회사는 20×2년 초에 다음과 같은 조건으로 기계장치를 추가하는 리스계약을 체결하였다.
- 리스기간: 20×2년 1월 1일부터 20×3년 12월 31일까지
- 리스료: 연간 고정리스료 ₩500,000, 매년 12월 31일 지급
- 리스개설직접원가: 없음
- 할인율: 20×2년 초 현재 내재이자율은 쉽게 산정할 수 없으나, 리스이용자의 증분차입이자율은 5%로 산정하였다.
- 추가 기계장치의 내용연수는 4년(잔존가치 ₩0)이며, 매수선택권은 없다.

물음 ………………………………………………………………………………………………

1. 20×2년 초에 기계장치의 추가 리스에 대한 리스료는 추가 사용권자산의 개별 가격에 상응한다고 가정하여 별도 리스의 리스부채의 장부금액 조정표와 사용권자산의 연도별 상각금액을 계산하고 대박회사가 20×2년 초와 20×2년 말에 해야 할 분개를 하시오.

2. (물음 1)과 관계없이 20×2년 초에 기계장치의 추가 리스에 대한 리스료는 추가 사용권자산의 개별 가격에 상응하는 금액만큼 적절히 조정된 것이 아니라고 가정하여 리스부채의 장부금액 조정표와 사용권자산의 연도별 상각금액을 다시 계산하고 대박회사가 20×2년 초와 20×2년 말에 해야 할 분개를 하시오.

3. 위의 문제와 관계없이 20×2년 초에 대박회사는 남은 리스기간 동안 기계장치의 일부인 50%만 사용하기로 리스제공자와 합의하였다. 남은 2년 동안 리스료는 매년 12월 31일에 ₩600,000씩 지급한다. 20×2년 초 현재 내재이자율은 쉽게 산정할 수 없으나, 리스이용자의 증분차입이자율은 5%로 산정하였다. 20×2년 초에 리스변경에 따른 리스부채와 사용권자산을 감액하는 분개를 하시오. 또한 수정 할인율을 반영한 리스부채의 장부금액 조정표와 사용권자산의 연도별 상각금액을 다시 계산하고 대박회사가 20×2년 초와 20×2년 말에 해야 할 분개를 하시오.

풀이

1. 리스변경은 추가 사용권자산의 개별 가격에 상응하는 금액으로 증액되기 때문에 기존의 리스와 구분되는 별도 리스로 회계처리한다.

• 별도 리스의 리스부채 = ₩500,000 × 1.8594(2기간, 5%, 정상연금현가계수)
= ₩929,700

별도 리스의 리스부채의 장부금액 조정표

일자	연간 리스료	이자비용 (기초 장부금액 × 5%)	원금 상환액	리스부채 장부금액
20×2. 1. 1.				₩929,700
20×2. 12. 31.	₩500,000	₩46,485	₩453,515	476,185
20×3. 12. 31.	500,000	23,815❶	476,185	0
합 계	₩1,000,000	₩70,300	₩929,700	

❶ ₩476,185 × 5% = ₩23,809이나 만기일에 리스부채의 장부금액을 영(₩0)과 일치시켜야 하기 때문에 단수차이 조정

• 추가 사용권자산의 연도별 감가상각비 = ₩929,700 ÷ 2년(리스기간) = ₩464,850

〈20×2. 1. 1. 리스변경일〉

(차변)	사 용 권 자 산	929,700	(대변)	리 스 부 채	929,700

〈20×2. 12. 31.〉

(차변)	이 자 비 용	173,045❷	(대변)	현 금	1,500,000
	리 스 부 채	1,326,955❷			
(차변)	감 가 상 각 비	1,506,283❷	(대변)	감가상각누계액	1,506,283

❷ 예제 4의 20×2. 12. 31. 금액과 추가된 리스로 인한 금액의 합계임
이자비용 = ₩126,560 + 46,485 = ₩173,045
리스부채 = ₩873,440 + 453,515 = ₩1,326,955
감가상각비 = ₩1,041,433 + 464,850 = ₩1,506,283

2. 리스변경은 추가 사용권자산의 개별 가격에 상응하는 금액으로 증액되지 않았기 때문에 새로운 리스료를 수정 할인율을 이용하여 리스부채를 재측정하고 사용권자산을 조정한다.

• 기존 리스부채의 20×2년 초 장부금액 = ₩1,808,001(예제 4 참조)

• 새 리스료로 재측정한 리스부채 = ₩1,500,000 × 1.8594(2기간, 5%, 정상연금현가계수)
= ₩2,789,100

• 리스부채 조정액 = ₩2,789,100 - 1,808,001 = ₩981,099

재측정한 리스부채의 장부금액 조정표

일자	연간 리스료	이자비용 (기초 장부금액 × 5%)	원금 상환액	리스부채 장부금액
20×2. 1. 1.				₩2,789,100
20×2. 12. 31.	₩1,500,000	₩139,455	₩1,360,545	1,428,555
20×3. 12. 31.	1,500,000	71,445❶	1,428,555	0
합 계	₩3,000,000	₩210,900	₩2,789,100	

❶ ₩1,428,555 × 5% = ₩71,428이나 만기일에 리스부채의 장부금액을 영(₩0)과 일치시켜야 하기 때문에 단수차이 조정

• 사용권자산의 연도별 감가상각비 = ₩1,041,433(기존 감가상각비)
+ 981,099(추가 인식 사용권자산) ÷ 2년
= ₩1,531,982

〈20×2. 1. 1. 리스변경일〉

(차변)	사용권자산	981,099	(대변)	리스부채	981,099

〈20×2. 12. 31.〉

(차변)	이자비용	139,455	(대변)	현금	1,500,000
	리스부채	1,360,545			
(차변)	감가상각비	1,531,982	(대변)	감가상각누계액	1,531,982

3. 기계장치의 일부인 50%만 사용하기로 하였으므로 사용권자산과 리스부채의 장부금액을 50%만큼 감소시키고, 차액을 당기손익으로 인식한다.
   • 사용권자산 감소액 = (₩3,124,300 - 1,041,433(1차년도 감가상각비)) × 50%
   = 1,041,433
   • 리스부채 감소액 = ₩1,808,001 × 50% = 904,001

〈20×2. 1. 1. 리스변경일 ①〉

(차변)	리스부채	904,001	(대변)	사용권자산	1,041,433
	변경손실	137,432			

• 새 리스료로 재측정한 리스부채 = ₩600,000 × 1.8594(2기간, 5%, 정상연금현가계수)
= ₩1,115,640

• 리스부채 조정액 = ₩1,115,640 - 904,000 = ₩211,640

재측정한 리스부채의 장부금액 조정표

일자	연간 리스료	이자비용 (기초 장부금액 × 5%)	원금 상환액	리스부채 장부금액
20×2. 1. 1.				₩1,115,640
20×2. 12. 31.	₩600,000	₩55,782	₩544,218	571,422
20×3. 12. 31.	600,000	28,578❶	571,422	0
합 계	₩1,200,000	₩84,360	₩1,115,640	

❶ ₩571,422 × 5% = ₩28,571이나 만기일에 리스부채의 장부금액을 영(₩0)과 일치시켜야 하기 때문에 단수 차이 조정

• 사용권자산의 연도별 상각금액
= (₩1,041,434(기존 사용권자산) + 211,640(추가 인식 사용권자산)) ÷ 2년
= ₩626,537

〈20×2. 1. 1. 리스변경일 ②〉

(차변)	사 용 권 자 산	211,640	(대변)	리 스 부 채	211,640

〈20×2. 12. 31.〉

(차변)	이 자 비 용	55,782	(대변)	현 금	600,000
	리 스 부 채	544,218			
(차변)	감 가 상 각 비	626,537	(대변)	감 가 상 각 누 계 액	626,537

예제 6 ❙ 리스변경-기간의 연장과 단축

대박회사는 20×1년 초에 다음과 같은 조건으로 기계장치에 대한 리스계약을 체결하였다.
- 리스기간: 20×1년 1월 1일부터 20×5년 12월 31일까지
- 리스료: 연간 고정리스료 ₩1,000,000, 매년 12월 31일 지급
- 리스개설직접원가: ₩500,000을 현금 지급
- 할인율: 내재이자율 연 7%
- 기계장치의 내용연수는 7년(잔존가치 ₩0)이며, 매수선택권은 없다. 대박회사는 해당 유형자산에 대해 원가모형을 선택하고 정액법으로 상각한다.

물음

1. 20×2년 초에 리스료 변동 없이 리스기간을 5년에서 7년으로 연장하는 리스변경을 리스제공자와 합의하였다. 20×2년 초 현재 내재이자율은 쉽게 산정할 수 없으나, 리스이용자의 증분차입이자율은 5%로 산정하였다. 대박회사가 20×2년 초와 20×2년 말에 해야 할 분개를 하시오.

2. (물음 1)과 관계없이 20×2년 초에 리스료 변동 없이 리스기간을 5년에서 3년으로 단축하는 리스변경을 리스제공자와 합의하였다. 20×2년 초 현재 내재이자율은 쉽게 산정할 수 없으나, 리스이용자의 증분차입이자율은 5%로 산정하였다. 대박회사가 20×2년 초와 20×2년 말에 해야 할 분개를 하시오.

풀이

1. 새로운 리스료를 수정 할인율을 이용하여 리스부채를 재측정하고 사용권자산을 조정한다.
   - 기존 리스부채의 20×2년 초 장부금액 = ₩1,000,000 × 3.3872(4기간, 7%, 정상연금현가계수)
     = ₩3,387,200
   - 기존 사용권자산의 20×2년 초 장부금액
     = (₩1,000,000 × 4.1002(5기간, 7%, 정상연금현가계수)
     + 500,000) × 4/5(1차년도 감가상각누계액 차감)
     = ₩3,680,160
   - 수정할인율로 재측정한 리스부채 = ₩1,000,000 × 5.0757(6기간, 5%, 정상연금현가계수)
     = ₩5,075,700
   - 리스부채 조정액 = ₩5,075,700 − 3,387,200 = ₩1,688,500
   - 사용권자산의 연도별 감가상각비
     = (₩3,680,160(기존 사용권자산) + 1,688,500(추가 사용권자산)) ÷ 6년
     = ₩894,777

〈20×2. 1. 1. 리스변경일〉

(차변)	사 용 권 자 산	1,688,500	(대변)	리 스 부 채	1,688,500

〈20×2. 12. 31.〉

(차변)	이 자 비 용	253,785❶	(대변)	현 금	1,000,000
	리 스 부 채	746,215			
(차변)	감 가 상 각 비	894,777	(대변)	감가상각누계액	894,777

❶ ₩5,075,700 × 5% = ₩253,785

2. 리스기간을 5년에서 3년으로 단축하였으므로 사용권자산과 리스부채의 장부금액의 조정금액을 감소시키고, 차액을 당기손익으로 인식한다.
   - 기존 리스부채의 20×2년 초 장부금액 = ₩3,387,200 (풀이 1 참조)
   - 변경 후 리스부채의 20×2년 초 장부금액
     = ₩1,000,000 × 1.8080 (2기간, 7%, 정상연금현가계수) = ₩1,808,000
   - 리스부채 감소액 = ₩3,387,200 - 1,808,000 = ₩1,579,200
   - 기존 사용권자산의 20×2년 초 장부금액 = ₩3,680,160 (풀이 1 참조)
   - 사용권자산 감소액 = ₩3,680,160 × 2/4(4년 중에 2년에 해당부분 제거) = ₩1,840,080

〈20×2. 1. 1. 리스변경일 ①〉

(차변)	리 스 부 채	1,579,200	(대변)	사 용 권 자 산	1,840,080
	변 경 손 실	260,880			

- 수정할인율로 재측정한 리스부채 = ₩1,000,000 × 1.8594(2기간, 5%, 정상연금현가계수)
  = ₩1,859,400
- 리스부채 조정액 = ₩1,859,400 - 1,808,000 = ₩51,400
- 사용권자산의 연도별 상각금액
  = (₩1,840,080(변경 후 사용권자산) + 51,400(조정액)) ÷ 2년 = ₩945,740

〈20×2. 1. 1. 리스변경일 ②〉

(차변)	사 용 권 자 산	51,400	(대변)	리 스 부 채	51,400

〈20×2. 12. 31.〉

(차변)	이 자 비 용	92,970❶	(대변)	현 금	1,000,000
	리 스 부 채	907,030			
(차변)	감 가 상 각 비	945,740	(대변)	감가상각누계액	945,740

❶ ₩1,859,400 × 5% = ₩92,970

2.4 재무제표 표시

(1) 재무상태표

리스이용자는 재무상태표에 사용권자산을 다른 자산과 구분하여 표시하거나 공시한다. 리스이용자가 재무상태표에서 사용권자산을 구분하여 표시하지 않으면, 다음과 같이 한다.

① 리스이용자가 대응하는 기초자산을 보유하였을 경우에 표시하였을 항목과 같은 항목에 사용권자산을 포함한다.
② 재무상태표의 어떤 항목에 그 사용권자산이 포함되어 있는지를 공시한다.

단, 사용권자산이 투자부동산의 정의를 충족한다면 위의 규정을 적용하지 않고, 그 사용권자산은 재무상태표에 투자부동산으로 표시한다. 즉, 자가사용 목적의 사용권자산과 임대 또는 시세차익 목적의 사용권자산을 분리해서 공시하도록 하고 있다.

사용권자산과 마찬가지로 리스부채를 다른 부채와 구분하여 표시하거나 공시한다. 리스이용자가 재무상태표에서 리스부채를 구분하여 표시하지 않으면 재무상태표의 어떤 항목에 그 부채가 포함되어 있는지를 공시한다.

(2) 포괄손익계산서

리스이용자는 포괄손익계산서에서 리스부채에 대한 이자비용을 사용권자산의 감가상각비와 구분하여 표시한다. 리스부채에 대한 이자비용은 K-IFRS 제1001호 '재무제표 표시'에서 포괄손익계산서에 구분하여 표시하도록 요구하는 금융원가의 구성 항목이다(제3장 3.2절 '포괄손익계산서에 표시되는 항목' 참조).

(3) 현금흐름표

리스이용자는 현금흐름표에서 다음과 같이 분류한다.

① 리스부채의 원금에 해당하는 현금 지급액은 재무활동으로 분류
② 리스부채의 이자에 해당하는 현금 지급액은 K-IFRS 제1007호 '현금흐름표'의 이자 지급에 관한 요구사항을 적용하여 영업활동 또는 재무활동으로 분류
③ 리스부채 측정치에 포함되지 않은 단기리스료, 소액자산 리스료, 변동리스료는 영업활동으로 분류

3. 리스제공자의 회계처리

3.1 리스의 분류

리스제공자는 각 리스를 운용리스(operating lease) 아니면 금융리스(finance lease)로 분류한다. 기초자산의 소유에 따른 위험과 보상의 대부분(substantially all)을 이전하는 리스는 금융리스로 분류한다. 그러나 기초자산의 소유에 따른 위험과 보상의 대부분을 이전하지 않는 리스는 운용리스로 분류한다. 앞서 언급한 것처럼 리스이용자의 경우에 단기리스와 소액 기초자산 리스에만 운용리스 회계처리를 선택할 수 있기 때문에 리스이용자와 리스제공자가 특정 리스에 대해서 대칭적인 회계처리를 하지 않을 수 있다.

리스가 금융리스인지 운용리스인지는 계약의 형식보다는 거래의 실질에 달려있다. 리스가 일반적으로 금융리스로 분류되는 상황(개별적으로나 결합되어)의 예는 다음과 같다.

① 리스기간 종료시점 이전에 기초자산의 소유권이 리스이용자에게 이전되는 리스
② 리스이용자가 선택권을 행사할 수 있는 날의 공정가치보다 충분히 낮을 것으로 예상되는 가격으로 기초자산을 매수할 수 있는 선택권을 가지고 있고, 그 선택권을 행사할 것이 리스약정일 현재 상당히 확실한 경우
③ 기초자산의 소유권이 이전되지는 않더라도 리스기간이 기초자산의 경제적 내용연수의 상당 부분(major part)을 차지하는 경우
④ 리스약정일 현재, 리스료의 현재가치가 적어도 기초자산 공정가치의 대부분에 해당하는 경우
⑤ 기초자산이 특수하여 해당 리스이용자만이 주요한 변경 없이 사용할 수 있는 경우

(1) 기초자산 소유권의 이전

리스기간 종료시점 이전까지 기초자산의 소유권이 리스이용자에게 이전된다면 기초자산의 소유에 따른 위험과 보상의 대부분은 리스개시일부터 리스이용자에게 이전된 것으로 볼 수 있다. 따라서 기초자산 소유권의 이전 조건이 부여된 리스는 금융리스로 분류한다.

(2) 염가매수선택권

리스이용자가 공정가치보다 충분히 낮을 것으로 예상되는 가격으로 기초자산을 매수할 수 있는 선택권(염가매수선택권)을 가지고 있고, 그 선택권을 행사할 것이 리스약정일 현재 상당히 확실하다면 기초자산의 소유에 따른 위험과 보상의 대부분이 리스이용자에게 이전된 것으로 볼 수 있으므로 금융리스로 분류한다.

(3) 리스기간이 기초자산의 경제적 내용연수의 상당부분 차지

기초자산의 소유권이 리스이용자에게 이전되지 않더라도 리스기간이 기초자산의 경제적 내용연수의 상당 부분(major part)을 차지한다면 기초자산의 소유에 따른 위험과 보상의 대부분이 리스이용자에게 이전된 것으로 볼 수 있다. 예를 들어, 내용연수 10년의 기계장치를 8년 넘게 리스한다면 리스이용자가 내용연수의 상당부분을 차지한다고 판단할 수 있으며, 당해 자산의 경제적 효익의 대부분을 사용한다고 볼 수 있다. 따라서 리스기간이 기초자산의 경제적 내용연수의 상당 부분을 차지한다면 금융리스로 분류한다.[8]

(4) 리스료의 현재가치가 기초자산 공정가치의 대부분에 해당

리스약정일 현재, 리스료의 현재가치가 적어도 기초자산 공정가치의 대부분에 해당하는 경우라면 리스제공자가 기초자산 소유에 따른 대부분의 위험과 보상의 대부분이 리스이용자에게 이전된 것으로 볼 수 있다. 예를 들어, 공정가치가 ₩1,000,000인 기계장치를 리스하면서 리스제공자가 수취할 리스료의 현재가치가 ₩900,000이라면 이는 리스료의 현재가치가 기초자산의 공정가치의 대부분에 해당하며, 실질

---

8 참고로 「일반기업회계기준」에서는 리스기간이 리스자산의 내용연수의 75% 이상이면 금융리스로 분류한다.

적으로 당해 자산을 취득한 것으로 볼 수 있다. 따라서 리스료의 현재가치가 기초자산 공정가치의 대부분에 해당한다면 금융리스로 분류한다.[9]

(5) 범용성이 없는 자산

기초자산이 특수하여 해당 리스이용자만 중요한 변경 없이 사용하는 경우라면 기초자산의 소유에 따른 위험과 보상의 대부분이 리스이용자에게 이전된 것으로 볼 수 있다. 왜냐하면 특수한 목적으로 제작한 기초자산에 대한 리스기간 종료 후 리스제공자가 다른 리스이용자에게 동 기초자산을 그대로 리스하기는 어려울 것이다. 따라서 기초자산이 특수하여 해당 리스이용자만이 중요한 변경 없이 사용할 수 있는 경우에는 금융리스로 분류한다.

3.2 운용리스의 회계처리

운용리스의 경우 기초자산의 소유에 따른 위험과 보상의 대부분이 리스제공자에게 있기 때문에 리스제공자는 기초자산을 인식하고 감가상각도 실시한다.

리스제공자는 정액기준이나 다른 체계적인 기준으로 운용리스의 리스료를 수익으로 인식한다. 다른 체계적인 기준이 기초자산의 사용으로 생기는 효익이 감소되는 형태를 더 잘 나타내는 기준이라면 그 기준을 적용한다.

리스제공자는 리스료 수익 획득 과정에서 부담하는 원가(감가상각비 포함)를 비용으로 인식한다. 리스제공자는 운용리스체결 과정에서 부담하는 리스개설직접원가를 기초자산의 장부금액에 더하고, 리스료 수익과 같은 기준으로 리스기간에 걸쳐 비용으로 인식한다.

운용리스에 해당하는 기초자산의 감가상각 정책은 리스제공자가 소유한 비슷한 자산의 감가상각 정책과 일치하여야 한다. 또한 리스제공자는 운용리스 대상 기초자산이 손상되었는지 판단하고, 식별되는 손상차손을 회계처리한다. 운용리스 대상 기초자산이 공정가치모형을 적용하는 투자부동산의 경우에도 손상차손은 인식할 수 있다.

리스제공자는 기초자산의 특성에 따라 재무상태표에 운용리스 대상 기초자산을 표시한다. 따라서 운용리스 대상 기초자산이 부동산이라면 임대 목적이므로 투자부동산에 포함하여 표시하고 부동산 이외의 자산이라면 유형자산 등으로 표시한다.

9 참고로 「일반기업회계기준」에서는 최소리스료의 현재가치가 리스자산의 공정가치의 90% 이상이 되면 금융리스로 분류한다.

리스제공자의 운용리스 회계처리는 다음과 같다.

〈기초자산 취득 시〉

(차변)	선급리스자산	×××	(대변)	현 금	×××

〈리스개설직접원가 발생〉

(차변)	리스개설직접원가	×××	(대변)	현 금	×××

〈리스개시일〉

(차변)	운용리스자산	×××	(대변)	선급리스자산	×××
				리스개설직접원가	×××

〈리스료 수익 인식〉

(차변)	현 금	×××	(대변)	리스료수익	×××

〈운용리스자산의 감가상각〉

(차변)	감가상각비	×××	(대변)	감가상각누계액	×××

예제 7 ❙ 운용리스의 회계처리

대박캐피탈은 리스이용자와 20×1년 초에 다음과 같은 조건으로 기계장치에 대한 리스계약을 체결하였다.

- 리스기간: 20×1년 1월 1일부터 20×3년 12월 31일까지
- 리스료: 연간 고정리스료 ₩150,000, 매년 12월 31일 지급(내재이자율로 계산한 리스료의 현재가치는 ₩400,000임)
- 리스개설직접원가: ₩60,000을 현금 지급
- 기계장치의 리스개시일 현재 장부금액은 ₩1,000,000(공정가치와 일치함)이며, 잔존 내용연수는 10년이다. 대박캐피탈이 소유하고 있는 모든 기계장치에 대해 원가모형을 선택하고 잔존가치 없이 정액법으로 감가상각한다.
- 기계장치는 범용성이 가진다.

물음

1. 해당 리스가 운용리스인지 금융리스인지 여부를 판단하시오.

2. 20×1년 초 리스개시일과 20×1년 말에 대박캐피탈이 해야 할 분개를 하시오.

풀이

1. 리스기간 종료시점에 기초자산의 소유권이 리스이용자에게 이전되거나 염가매수선택권이 없으며, 기초자산이 되는 기계장치는 범용성을 가진다. 또한 리스기간이 기초자산의 잔존 내용연수 중에서 30%를 차지하며, 리스료의 현재가치가 기초자산 공정가치의 40%에 해당하기 때문에 기초자산의 소유에 따른 위험과 보상의 대부분이 리스이용자에게 이전된 것으로 볼 수 없다. 따라서 해당 리스는 운용리스로 판단할 수 있다.

2. 〈20×1. 1. 1. 리스개시일〉

(차변)	리스개설직접원가	60,000	(대변)	현금	60,000
(차변)	운용리스자산	1,060,000	(대변)	리스개설직접원가	60,000
				기계장치	1,000,000

〈20×1. 12. 31.〉

(차변)	현금	150,000	(대변)	리스료수익	150,000
(차변)	감가상각비	120,000❶	(대변)	감가상각누계액	120,000

❶ 운용리스자산 감가상각비 = (₩1,000,000 ÷ 10년) + (60,000 ÷ 3년) = ₩120,000
기계장치는 내용연수 10년 동안 감가상각하고, 리스개설원가는 리스기간 3년 동안 감가상각한다.

3.3 금융리스의 회계처리

(1) 리스순투자

K-IFRS 제1116호 '리스'에서 내재이자율(implicit rate)을 리스료 및 무보증잔존가치[10]의 현재가치 합계액을 기초자산의 공정가치와 리스제공자의 리스개설직접원가의 합계액을 동일하게 하는 할인율이라고 하였다. 따라서 다음과 같은 등식이 성립된다.

---

10 무보증잔존가치란 리스제공자가 실현할 수 있을지 확실하지 않거나 리스제공자의 특수관계자만이 보증한, 기초자산의 잔존가치 부분을 말한다.

기초자산 공정가치 + 리스제공자의 리스개설직접원가
= 리스료의 현재가치 + 무보증잔존가치의 현재가치(단, 현재가치는 내재이자율로 할인)

리스제공자는 리스개시일에 금융리스에 따라 보유하는 자산을 재무상태표에 인식하고 그 자산을 리스순투자(net investment in the lease)와 동일한 금액의 수취채권(리스채권)으로 표시한다. 리스개시일에 리스순투자의 측정치에 포함되는 리스료는, 리스기간에 걸쳐 기초자산을 사용하는 권리에 대한 지급액 중 리스개시일 현재 지급받지 않은 다음 금액으로 구성된다.

① 고정리스료
② 지수나 요율(이율)에 따라 달라지는 변동리스료. 처음에는 리스개시일의 지수나 요율(이율)을 사용하여 측정한다.
③ 잔존가치보증에 따라 리스이용자, 리스이용자의 특수관계자, 리스제공자와 특수 관계에 있지 않고 보증의무를 이행할 재무적 능력이 있는 제3자가 리스제공자에게 제공하는 잔존가치보증
④ 리스이용자가 매수선택권을 행사할 것이 상당히 확실한 경우에 그 매수선택권의 행사가격
⑤ 리스기간이 리스이용자의 종료선택권 행사를 반영하는 경우에 그 리스를 종료하기 위하여 부담하는 금액

리스순투자의 측정에 포함되는 리스료 중에서 ③의 잔존가치보증을 제외한 나머지 항목은 리스이용자가 리스부채를 최초 측정할 때 포함하는 리스료와 동일하다. 리스이용자의 리스부채에는 잔존가치보증에 따라 리스이용자가 지급할 것으로 예상되는 금액만을 포함한다. 하지만 리스제공자의 리스료에는 리스이용자나 그 밖에 재무적 능력이 있는 제3자가 리스제공자에게 제공하는 잔존가치보증 전체를 포함한다.

리스제공자의 리스순투자에는 무보증잔존가치도 포함한다. 예를 들어, 기초자산의 잔존가치가 ₩10,000이며, 이 중에서 리스이용자가 ₩8,000을 보증하고 리스종료 시에 지급할 것으로 예상된다면 리스이용자의 리스부채에 ₩8,000의 현재가치를 포함할 것이다. 반면에 리스제공자는 리스이용자가 보증한 ₩8,000원뿐만 아니라 무보증한 ₩2,000의 현재가치도 리스순투자에 포함할 것이다.

(2) 최초 측정

금융리스의 경우 기초자산의 소유에 따른 위험과 보상의 대부분이 리스이용자에게 있기 때문에 리스제공자는 리스개시일에 기초자산을 장부에서 제거하고, 리스채권(lease payments receivable)을 인식한다. 리스제공자는 리스개시일에 금융리스에 따라 보유하는 자산을 리스순투자와 동일한 금액의 리스채권으로 인식한다.

리스채권의 최초 측정 = 리스순투자
= 리스료의 현재가치 + 무보증잔존가치의 현재가치

리스제공자가 기초자산을 취득할 경우 이를 선급리스자산으로 인식하기 때문에 리스채권의 최초 측정을 다음과 같이 표현할 수도 있다.

리스채권의 최초 측정 = 기초자산 취득원가(공정가치) + 리스개설직접원가
= 선급리스자산 장부금액 + 리스개설직접원가

리스제공자의 기초자산 취득일과 리스개시일에 회계처리는 다음과 같다.

〈기초자산 취득일〉

(차변)	선급리스자산	×××	(대변)	현금	×××

〈리스개시일〉

(차변)	리스개설직접원가	×××	(대변)	현금	×××
(차변)	리스채권	×××	(대변)	선급리스자산	×××
				리스개설직접원가	×××

리스제공자는 리스개시일에 기초자산의 장부금액과 리스개설직접원가를 리스채권으로 대체하며, 리스채권은 금융자산에 포함된다.

(3) 후속 측정

리스채권에 대해서 리스기간에 걸쳐 다음과 같이 수취하는 리스료를 이자수익과 리스채권의 원금회수로 구분하여 회계처리한다.

〈리스료 수취〉

(차변)	현 금	×××	(대변)	이 자 수 익	×××*
				리 스 채 권	×××

* 리스채권 장부금액 × 내재이자율

리스채권에 대해서 이자수익을 인식하는 방법은 유효이자율법을 적용하여 이자수익을 인식한다. 리스채권은 리스이용자로부터 회수해야 할 금융자산에 해당하기 때문에 K-IFRS 제1109호 '금융상품'을 적용하여 무보증잔존가치의 손상에 따른 리스채권의 감소를 손상차손의 회계처리도 해야 한다.

예제 8 ❙ 금융리스의 회계처리

대박캐피탈은 기계장치를 ₩434,460에 취득하고, 다음과 같은 조건으로 리스이용자와 20×1년 초에 금융리스계약을 체결하였다.
- 리스기간: 20×1년 1월 1일부터 20×3년 12월 31일까지
- 리스료: 연간 고정리스료 ₩150,000, 매년 12월 31일 지급
- 매수선택권: 리스이용자가 리스종료시 기계장치를 ₩50,000에 매수할 수 있는데, 권리 행사가능성이 상당히 확실함
- 내재이자율: 연 7%

물음

리스채권의 장부금액 조정표를 작성하고, 리스개시일과 각 연도말에 해야 할 분개를 하시오.

풀이

• 리스채권의 현재가치 = ₩150,000 × 2.6243(3기간, 7%, 정상연금현가계수)
+ 50,000 × 0.8163(3기간, 7%, 단일현금현가계수)
= ₩434,460

리스채권의 장부금액 조정표

일자	연간 리스료	이자수익 (기초 장부금액 × 7%)	원금 회수액	리스채권 장부금액
20×1. 1. 1.				₩434,460
20×1. 12. 31.	₩150,000	₩30,412	₩119,588	314,872
20×2. 12. 31.	150,000	22,041	127,959	186,913
20×3. 12. 31.	150,000	13,087❶	136,913	50,000
합 계	₩450,000	₩65,540	₩384,460	

❶ ₩186,913 × 7% = ₩13,083이나 만기일에 리스채권의 장부금액을 ₩50,000과 일치시켜야 하기 때문에 단수차이 조정

〈20×1. 1. 1. 리스개시일〉

(차변)	리스채권	434,460	(대변)	선급리스자산	434,460

〈20×1. 12. 31.〉

(차변)	현금	150,000	(대변)	이자수익	30,412
				리스채권	119,588

〈20×2. 12. 31.〉

(차변)	현금	150,000	(대변)	이자수익	22,041
				리스채권	127,959

〈20×3. 12. 31. 매수선택권 행사〉

(차변)	현금	150,000	(대변)	이자수익	13,087
				리스채권	136,913
(차변)	현금	50,000	(대변)	리스채권	50,000

(4) 제조자 또는 판매자인 리스제공자

제조자 또는 판매자가 취득 또는 제조한 자산을 고객에게 금융리스방식으로 판매하는 경우 이러한 리스를 판매형리스(sales-type lease)라고 한다. 일반적인 리스는 리스제공자와 판매자가 서로 다른 당사자인 반면에 판매형리스는 리스제공자가 제조자 또는 판매자이다. 판매형리스의 절차를 나타내면 다음 [그림 16-3]과 같다.

[그림 16-3] 판매형리스의 절차

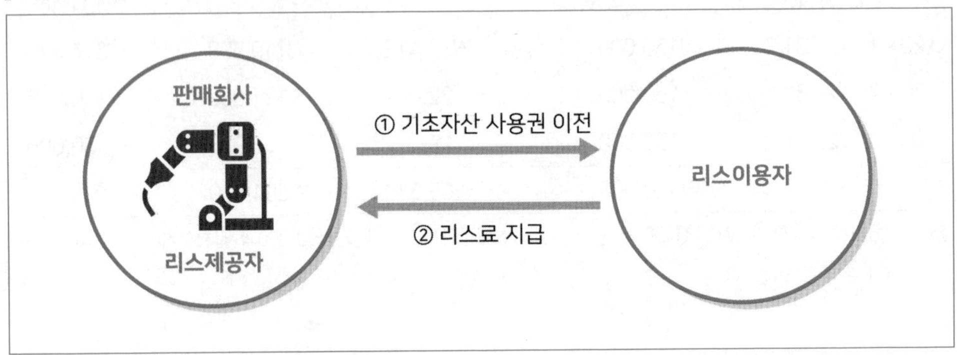

제조자 또는 판매자인 리스제공자는 리스개시일에 각 금융리스에 대하여 기초자산의 공정가치와 리스제공자에게 귀속되는 리스료를 시장이자율로 할인한 현재가치 중 적은 금액을 수익(매출)으로 인식한다. 일반적인 리스채권을 리스료와 무보증잔존가치의 현재가치의 합계로 계산하지만, 리스순투자 중 회수가 불확실한 현금흐름인 무보증잔존가치를 수익(매출)으로 인식할 수 없기 때문에 수익(매출)을 인식할 때는 리스료의 현재가치만 포함한다.

> 매출 = Min(기초자산의 공정가치, 리스료의 현재가치*)
>
> * 무보증잔존가치의 현재가치는 제외함

기초자산의 원가(원가와 장부금액이 다를 경우에는 장부금액)에서 무보증잔존가치의 현재가치를 뺀 금액을 매출원가로 인식한다.

매출원가 = 기초자산의 원가 - 무보증잔존가치의 현재가치

제조자 또는 판매자인 리스제공자는 고객을 끌기 위하여 의도적으로 낮은 이자율을 제시하기도 한다. 이러한 낮은 이자율의 사용은 리스제공자가 거래에서 생기는 전체 이익 중 과도한 부분을 리스개시일에 인식하는 결과를 가져온다. 의도적으로 낮은 이자율을 제시하는 경우라면 제조자 또는 판매자인 리스제공자는 시장이자율을 부과하였을 경우의 금액으로 매출이익을 제한한다.

제조자 또는 판매자인 리스제공자는 금융리스 체결과 관련하여 부담하는 원가를 리스개시일에 비용으로 인식한다. 그 원가는 주로 제조자 또는 판매자인 리스제공자가 매출이익을 벌어들이는 일과 관련되기 때문이다. 제조자 또는 판매자인 리스제공자가 금융리스 체결과 관련하여 부담하는 원가는 리스개설직접원가의 정의에서 제외되고, 따라서 리스순투자에서도 제외된다.

제조자 또는 판매자가 리스제공자인 경우에는 리스개시일에 매출과 매출원가를 모두 인식하고, 이후에는 일반적인 금융리스와 동일하게 유효이자율법을 적용하여 이자수익과 리스채권의 회수를 구분하여 다음과 같이 회계처리한다.

〈리스개시일〉

(차변)	리 스 채 권	×××	(대변)	매 출	×××
	매 출 원 가	×××		재 고 자 산	×××

〈리스채권의 회수〉

(차변)	현 금	×××	(대변)	이 자 수 익	×××
				리 스 채 권	×××

예제 9 Ⅰ 제조자 또는 판매자인 리스제공자의 회계처리

대박컴퓨터는 컴퓨터를 제조 · 판매하는 회사로서 다음과 같은 조건으로 리스이용자에게 컴퓨터를 판매하였는데, 금융리스에 해당한다.

- 컴퓨터의 장부금액은 ₩350,000이며, 공정가치는 ₩450,000임
- 리스기간: 20×1년 1월 1일부터 20×3년 12월 31일까지
- 리스료: 연간 고정리스료 ₩150,000, 매년 12월 31일 지급
- 반환조건: 리스기간 종료시점에 컴퓨터를 반환함
- 잔존가치와 보증잔존가치: 20×3년 말 예상잔존가치는 ₩50,000이며, 보증잔존가치는 ₩20,000임
- 할인율: 연 3%(시장이자율보다 의도적으로 낮은 이자율임)
- 시장이자율: 연 7%
- 대박컴퓨터가 부담하는 리스계약단계에서 발생한 비용: ₩10,000

물음

1. 대박컴퓨터가 인식할 매출액과 매출원가를 계산하시오.
2. 리스채권의 장부금액 조정표를 작성하고, 리스개시일과 각 연도말에 해야 할 분개를 하시오. 단, 반환일 현재 컴퓨터의 실제 잔존가치는 ₩15,000으로 가정한다.

풀이

1. 회사가 제시한 이자율 3%는 시장이자율보다 의도적으로 낮은 이자율이므로 시장이자율 7%를 적용하여 현재가치를 계산한다.
   - 리스료의 현재가치 = ₩150,000 × 2.6243(3기간, 7%, 정상연금현가계수)
     + 20,000(보증잔존가치) × 0.8163(3기간, 7%, 단일현금현가계수)
     = ₩409,971
   - 매출액 = Min(₩450,000, 409,971) = ₩409,971
   - 매출원가 = ₩350,000 − 30,000(무보증잔존가치 제외) × 0.8163(3기간, 7%, 단일현금현가계수)
     = ₩325,511
   - 리스채권의 현재가치 = ₩150,000 × 2.6243(3기간, 7%, 정상연금현가계수)
     + 50,000 × 0.8163(3기간, 7%, 단일현금현가계수)
     = ₩434,460

리스채권의 장부금액 조정표

일자	연간 리스료	이자수익 (기초 장부금액 × 7%)	원금 회수액	리스채권 장부금액
20×1. 1. 1.				₩434,460
20×1. 12. 31.	₩150,000	₩30,412	₩119,588	314,872
20×2. 12. 31.	150,000	22,041	127,959	186,913
20×3. 12. 31.	150,000	13,087❶	136,913	50,000
합 계	₩450,000	₩65,540	₩384,460	

❶ ₩186,913 × 7% = ₩13,083이나 만기일에 리스채권의 장부금액을 ₩50,000과 일치시켜야 하기 때문에 단수차이 조정

〈20×1. 1. 1. 리스개시일〉

(차변)	리 스 채 권	434,460	(대변)	매 출	409,971
	매 출 원 가	325,511		재 고 자 산	350,000
(차변)	판 매 비	10,000	(대변)	현 금	10,000

〈20×1. 12. 31.〉

(차변)	현 금	150,000	(대변)	이 자 수 익	30,412
				리 스 채 권	119,588

〈20×2. 12. 31.〉

(차변)	현 금	150,000	(대변)	이 자 수 익	22,041
				리 스 채 권	127,959

〈20×3. 12. 31.〉

(차변)	현 금	150,000	(대변)	이 자 수 익	13,087
				리 스 채 권	136,913
(차변)	재 고 자 산	15,000	(대변)	리 스 채 권	50,000
	손 상 차 손	35,000			
(차변)	현 금	5,000❷	(대변)	리 스 보 증 이 익	5,000

❷ ₩20,000(리스이용자의 보증잔존가치) − 15,000(실제 잔존가치) = ₩5,000

3.4 리스변경

리스이용자와 마찬가지로 리스변경(lease modification)이란 변경 전 리스 조건의 일부가 아니었던 리스의 범위 또는 리스대가(예 하나 이상의 기초자산 사용권을 추가하거나 종료 또는 리스기간을 연장하거나 단축함)를 변경하는 경우를 말한다. 아래에서는 리스제공자가 리스개시일에 금융리스와 운용리스로 분류했던 리스에 변경이 있는 경우로 구분하여 각각 리스변경의 회계처리를 설명한다.

(1) 금융리스의 변경

1) 별도 리스로 회계처리하는 금융리스의 변경

리스제공자는 다음 조건을 모두 충족하는 경우에 금융리스의 변경을 별도 리스로 회계처리한다.

① 하나 이상의 기초자산 사용권이 추가되어 리스의 범위가 넓어진다.
② 넓어진 리스 범위의 개별 가격에 상응하는 금액과 특정한 계약의 상황을 반영하여 그 개별 가격에 적절히 조정하는 금액만큼 리스대가가 증액된다.

리스제공자는 변경 유효일에 금융리스의 변경을 별도 리스로 구분할 때, 그 별도 리스가 금융리스로 분류되는지 아니면 운용리스로 분류되는지 판단하여야 한다.

2) 별도 리스로 회계처리하지 않는 금융리스의 변경

별도 리스로 회계처리하지 않는 금융리스의 변경에 대하여 리스제공자는 다음과 같이 그 변경을 회계처리한다.

① 변경이 리스약정일에 유효하였다면 그 리스를 운용리스로 분류하였을 경우에, 리스제공자는 다음과 같이 처리한다.
　㉠ 리스변경을 변경 유효일부터 새로운 리스로 회계처리한다.
　㉡ 기초자산의 장부금액을 리스변경 유효일 직전의 리스순투자로 측정한다.
② 그 밖에는 K-IFRS 제1109호(금융상품)의 요구사항을 적용한다.

리스변경이 리스약정일에 유효하였다면 처음부터 금융리스가 아니라 운용리스로 분류하였을 것이다. 따라서 전진적으로 리스변경 유효일부터 운용리스로 회계처리한다. 이때 리스변경 유효일 직전의 리스채권의 장부금액을 운용리스자산으로 대체하는 회계처리한다. 회계처리를 제시하면 다음과 같다.

〈금융리스에서 운용리스로 변경〉

(차변)	운용리스자산	×××	(대변)	리스채권	×××

한편, 그 밖의 리스변경의 경우에는 K-IFRS 제1109호 '금융상품'을 적용한다. 그 밖의 경우란 별도 리스로 회계처리하지 않는 금융리스의 변경이 있더라도 기존의 금융리스를 유지하는 경우를 말한다.

예제 10 ▎ 금융리스의 변경

대박캐피탈은 기계장치를 ₩434,460에 취득하고, 다음과 같은 조건으로 리스이용자와 20×1년 초에 금융리스계약을 체결하였다.

- 리스기간: 20×1년 1월 1일부터 20×3년 12월 31일까지
- 리스료: 연간 고정리스료 ₩150,000, 매년 12월 31일 지급
- 매수선택권: 리스이용자가 리스종료시 기계장치를 ₩50,000에 매수할 수 있는데, 권리 행사 가능성이 상당히 확실함
- 내재이자율: 연 7%

한편, 대박캐피탈은 20×2년 초에 다음과 같이 기계장치 1대(취득원가: ₩102,040)를 추가하는 리스변경을 리스이용자와 합의하였다.

- 추가 리스기간: 20×2년 1월 1일부터 20×3년 12월 31일까지
- 추가 리스료: 연간 고정리스료 ₩50,000, 매년 12월 31일 지급
- 매수선택권: 리스이용자가 리스종료시 기계장치를 ₩10,000에 매수할 수 있는데, 권리 행사 가능성이 상당히 확실함
- 리스변경일의 내재이자율: 연 5%

물음

1. 기계장치가 추가되어 리스의 범위가 넓어졌다. 추가 연간 고정리스료 ₩50,000은 넓어진 리스범위를 반영하여 적절히 조정하는 금액만큼 증액된 것이다. 추가 리스채권의 장부금액 조정표를 작성하고, 20×2년 초와 각 연도말에 대박캐피탈이 해야 할 분개를 하시오.

2. (물음 1)과 관계없이 연간 고정리스료 ₩50,000은 넓어진 리스범위를 반영하여 적절히 조정하는 금액만큼 증액된 것이 아니다. 리스변경이 리스약정일에 유효하였다면 그 리스를 운용리스로 변경하였을 것이다. 20×2년 초에 해야 할 분개를 하시오.

풀이

1. 리스의 범위가 넓어지고, 추가 리스료가 넓어진 리스범위를 반영하여 적절히 조정하는 금액으로 판단되므로 기계장치의 추가를 별도 리스로 회계처리한다.
   - 추가 리스채권의 현재가치 = ₩50,000 × 1.8594(2기간, 5% 정상연금현가계수)
     + 10,000 × 0.9070(2기간, 5% 단일현금현가계수)
     = ₩102,040

추가 리스채권의 장부금액 조정표

일자	연간 리스료	이자수익 (기초 장부금액 × 5%)	원금 회수액	리스채권 장부금액
20×2. 1. 1.				₩102,040
20×2. 12. 31.	₩50,000	₩5,102	₩44,898	57,142
20×3. 12. 31.	50,000	2,858❶	47,142	10,000
합 계	₩100,000	₩7,960	₩92,040	

❶ ₩57,142 × 5% = ₩2,857이나 만기일에 리스채권의 장부금액을 ₩10,000과 일치시켜야 하기 때문에 단수차이 조정

〈20×2. 1. 1.〉

(차변)	리스채권	102,040	(대변)	선급리스자산	102,040

〈20×2. 12. 31.〉

(차변)	현금	200,000	(대변)	이자수익	27,143❷
				리스채권	172,857❷

❷ 예제 8의 20×2. 12. 31. 금액과 추가된 금융리스로 인한 금액의 합계임
이자수익 = ₩22,041 + 5,102 = ₩27,143
리스채권 = ₩127,959 + 44,898 = ₩172,857

〈20×3. 12. 31. 매수선택권 행사〉

(차변)	현금	200,000	(대변)	이자수익	15,945❸
				리스채권	184,055❸
(차변)	현금	60,000	(대변)	리스채권	60,000❹

❸ 예제 8의 20×3. 12. 31. 금액과 추가된 금융리스로 인한 금액의 합계임
이자수익 = ₩13,087 + 2,858 = ₩15,945
리스채권 = ₩136,913 + 47,142 = ₩184,055
❹ ₩50,000(기존 금융리스 매수선택권) + 10,000(추가 금융리스 매수선택권) = ₩60,000

2. 추가 리스료가 넓어진 리스범위를 반영하여 적절히 조정하는 금액이 아니며, 리스변경이 리스약정일에 유효하였다면 그 리스를 운용리스로 변경하였을 것이므로 전진적으로 리스변경 유효일부터 운용리스로 회계처리한다.

〈20×2. 1. 1.〉

(차변)	운 용 리 스 자 산	416,912	(대변)	리 스 채 권	314,872❶
				선 급 리 스 자 산	102,040

❶ 20×1년 말 현재 기존 금융리스의 금융채권(예제 8 참조)

(2) 운용리스의 변경

리스제공자는 운용리스의 변경을 변경 유효일부터 새로운 리스로 회계처리한다. 이 경우에 변경 전 리스에 관련하여 선수하였거나 발생한 (미수)리스료를 새로운 리스의 리스료의 일부로 본다.

운용리스의 변경을 변경 유효일부터 새로운 리스로 회계처리하므로 변경된 리스가 운용리스로 분류된다면 운용리스로, 금융리스로 분류된다면 금융리스로 회계처리한다. 변경 유효일에 새로운 리스가 운용리스라면 별도의 회계처리가 필요하지 않지만, 새로운 리스가 금융리스라면 변경 유효일에 리스순투자 해당액을 리스채권으로 인식하고, 운용리스자산의 장부금액을 제거한다. 만약에 인식하는 리스채권과 제거하는 운용리스자산의 장부금액이 다르다면 차액을 당기손익으로 인식한다. 운용리스에서 금융리스로 변경할 경우에 회계처리를 제시하면 다음과 같다.

〈운용리스에서 금융리스로 변경〉

(차변)	리 스 채 권	×××	(대변)	운 용 리 스 자 산	×××
	감가상각누계액	×××		변 경 이 익	×××
	변 경 손 실	×××			

예제 11 ❙ 운용리스의 변경

대박캐피탈은 리스이용자와 20×1년 초에 다음과 같은 조건으로 기계장치에 대한 리스계약을 체결하였다.

- 리스기간: 20×1년 1월 1일부터 20×3년 12월 31일까지
- 리스료: 연간 고정리스료 ₩150,000, 매년 12월 31일 지급(내재이자율로 계산한 리스료의 현재가치는 ₩400,000임)
- 리스개설직접원가: ₩60,000을 현금 지급
- 기계장치의 리스개시일 현재 장부금액은 ₩1,000,000(공정가치와 일치함)이며, 잔존 내용연수는 10년이다. 대박캐피탈이 소유하고 있는 모든 기계장치에 대해 원가모형을 선택하고 잔존가치 없이 정액법으로 감가상각한다.
- 기계장치는 범용성이 가지며, 운용리스로 분류된다.

한편, 20×2년 초에 대박캐피탈은 리스이용자와 다음과 같이 리스변경에 합의하였다.

- 새 리스기간: 20×2년 1월 1일부터 20×4년 12월 31일까지
- 새 리스료: 연간 고정리스료 ₩120,000, 매년 12월 31일 지급
- 새 리스기간 종료 시 리스이용자가 ₩400,000에 매수선택권을 행사할 수 있으며, 리스이용자의 매수선택권 행사가능성은 상당히 확실함
- 할인율: 리스변경 유효일 현재 내재이자율은 5%
- 리스변경은 금융리스로 분류된다.

물음

리스변경에 따른 리스채권의 장부금액 조정표를 작성하고, 대박캐피탈이 20×2년 초와 20×2년 말에 해야 할 분개를 하시오.

풀이

운용리스를 금융리스로 변경하는 회계처리를 한다.

- 리스채권의 현재가치 = ₩120,000 × 2.7232(3기간, 5%, 정상연금현가계수)
  + 400,000 × 0.8638(3기간, 5%, 단일현금현가계수)
  = ₩672,304

리스채권의 장부금액 조정표

일자	연간 리스료	이자수익 (기초 장부금액 × 5%)	원금 회수액	리스채권 장부금액
20×2. 1. 1.				₩672,304
20×2. 12. 31.	₩120,000	₩33,615	₩86,385	585,919
20×3. 12. 31.	120,000	29,296	90,704	495,215
20×4. 12. 31.	120,000	24,785	95,215	400,000
합 계	₩360,000	₩87,696❶	₩272,304	

❶ ₩495,215 × 5% = ₩24,761이나 만기일에 리스채권의 장부금액을 ₩400,000과 일치시켜야 하기 때문에 단수차이 조정

〈20×2. 1. 1. 리스변경일〉

(차변)	리 스 채 권	672,304	(대변)	운 용 리 스 자 산	1,060,000
	감가상각누계액	120,000❷			
	변 경 손 실	267,696			

❷ 1차년도 감가상각비 = (₩1,000,000 ÷ 10년) + (60,000 ÷ 3년) = ₩120,000
기계장치는 내용연수 10년 동안 감가상각하고, 리스개설원가는 리스기간 3년 동안 감가상각한다.

〈20×2. 12. 31.〉

(차변)	현 금	120,000	(대변)	이 자 수 익	33,615
				리 스 부 채	86,385

리스제공자가 리스변경하는 상황과 회계처리를 요약하면 다음 〈표 16-3〉과 같다.

표 16-3 리스제공자의 리스변경

<table>
<tr><th colspan="3">구 분</th><th>회계처리</th></tr>
<tr><td rowspan="3">금융리스 변경</td><td rowspan="2">확장</td><td>조건을 충족하는 경우</td><td>별도 리스계약으로 회계처리</td></tr>
<tr><td>조건을 충족하지 않는 경우</td><td>(변경이 리스약정일에 유효하였다면 운용리스로 변경하였을 경우) 운용리스로 변경(손익을 인식하지 않음)</td></tr>
<tr><td colspan="2">그 밖의 경우</td><td>기존의 금융리스를 유지</td></tr>
<tr><td rowspan="2">운용리스 변경</td><td colspan="2">새로운 리스가 운용리스인 경우</td><td>회계처리 필요 없음</td></tr>
<tr><td colspan="2">새로운 리스가 금융리스인 경우</td><td>리스순투자 해당액을 리스채권으로 인식하고(변경 유효일 할인율 적용), 운용리스자산의 장부금액을 제거하면서 그 차액을 당기손익으로 인식</td></tr>
</table>

보론 Ⅰ 기타의 리스거래

1. 판매후리스 거래

1.1 판매후리스 거래의 의의

판매후리스(sale and leaseback) 거래란 기업(판매자-리스이용자)이 다른 기업(구매자-리스제공자)에 자산을 이전하고 그 구매자-리스제공자에게서 그 자산을 다시 리스하는 경우를 말한다. 다음의 [그림 16-4]는 판매후리스 거래의 절차를 보여준다.

[그림 16-4] 판매후리스 거래의 절차

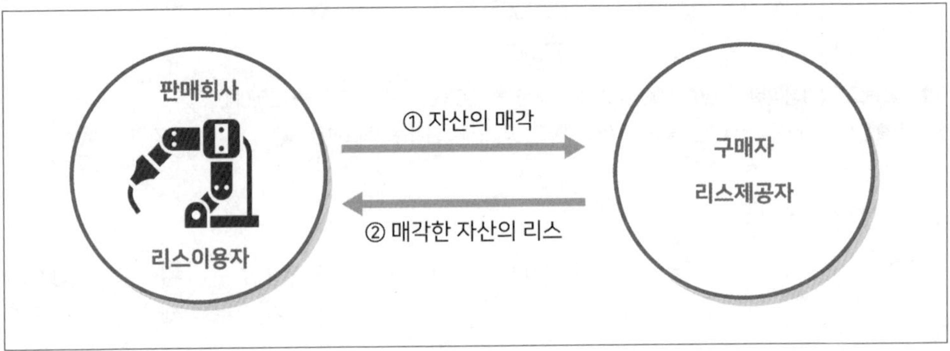

판매후리스 거래는 일반적으로 거액의 자금이 필요한 판매자-리스이용자가 보유 자산을 은행으로부터 자금을 차입하는 것이 여의치 않아 차선책으로 구매자-리스제공자에게 자산을 리스하는 조건으로 매각하여 필요한 자금을 확보하고자 할 때 발생한다.

판매자-리스이용자 입장에서 자산을 매각하면서 거액의 처분대금을 수령할 수 있다. 또한 처분한 자산을 즉시 리스함으로써 리스료를 장기간에 걸쳐 분할지급하므로 자금부담도 덜 수 있다. 한편, 구매자-리스제공자는 일반적인 은행대여이자율보다 높은 이자율을 적용한 리스료를 부과할 수 있다.

1.2 판매후리스 거래의 회계처리

판매후리스 거래를 자산 이전이 판매인 경우와 판매가 아닌 경우로 구분할 수 있다.

(1) 자산 이전이 판매인 경우

1) 판매대가와 이전하는 자산의 공정가치가 동일한 경우

판매후리스 거래를 법적 관점에서 보면 판매자-리스이용자는 흔히 전체 기초자산을 구매자-리스제공자에게 판매한 것이다. 그러나 경제적 관점에서는, 판매자-리스이용자가 판매후리스의 지속 기간에 대한 자산 사용권을 계속 가지므로 판매후리스 종료시점의 기초자산 가치의 지분만을 판매한 것이다. 판매자-리스이용자는 자산을 구매한 시점에 자산을 사용할 권리를 이미 획득했었다. 그 사용권은 예를 들면 유형자산을 매입할 때 획득한 권리의 일부에 내재되어 있다. 따라서 구매자-리스제공자에게 이전된 권리에 관련되는 차익을 인식하는 것이 거래의 경제적 실질을 적절하게 반영할 수 있다. 이에 판매자-리스이용자는 계속 보유하는 사용권에 관련되는 자산의 종전 장부금액에 비례하여 판매후리스에서 생기는 사용권자산을 측정한다. 따라서 판매자-리스이용자는 구매자-리스제공자에게 이전한 권리에 관련되는 차손익 금액만을 인식한다. 이를 식으로 나타내면 다음과 같다.

$$\text{사용권자산} = \text{매각자산의 장부금액} \times \frac{\text{리스료의 현재가치}}{\text{매각자산의 공정가치}}$$

$$\text{이전된 권리에 대한 차익} = \text{매각자산의 공정가치와 장부금액의 차이} \times \frac{(\text{매각자산의 공정가치} - \text{리스료의 현재가치})}{\text{매각자산의 공정가치}}$$

K-IFRS 제1116호 '리스'에서 판매후리스 거래에 대한 회계처리를 할 때 자산처분이익이 아니라 '이전된 권리에 대한 차익(gain on rights transferred)' 계정으로 표시하도록 하는데, 이는 판매후리스 거래에서 자산의 판매가 일반적인 자산의 판매와 그 성격이 다르기 때문이다. 판매자-리스이용자의 회계처리를 제시하면 다음과 같다.

〈판매자-리스이용자의 회계처리〉

(차변)	현 금	×××	(대변)	자 산	×××
	사 용 권 자 산	×××		리 스 부 채	×××
				이전된 권리에 대한 차익	×××

2) 판매대가와 이전하는 자산의 공정가치가 다른 경우

판매후리스 거래에서 리스료와 판매 가격은 일괄 협상되기 때문에 일반적으로 상호의존적이다. 예를 들면, 판매후리스료가 시장 요율보다 높아서 판매가격이 자산의 공정가치보다 높을 수 있고, 이와 반대로 판매후리스료가 시장 요율보다 낮아서 판매가격이 자산의 공정가치보다 낮을 수 있다. 그 금액을 사용하여 거래를 회계처리하면 판매자-리스이용자의 자산 처분에 따른 차손익을 잘못 표시하고, 구매자-리스제공자의 자산 장부금액을 잘못 표시하는 결과를 가져올 수 있다. 따라서 판매대가나 판매후리스료가 시장 요율이 아니라면, 시장 조건을 밑도는 부분을 리스료의 선급으로 회계처리하고, 시장 조건을 웃도는 부분을 구매자-리스제공자가 판매자-리스이용자에게 제공하는 추가 금융으로 회계처리하도록 요구한다.

한편, 구매자-리스제공자의 경우에 판매후리스 거래에서 자산 이전이 판매에 해당되면 구매자는 일반적인 자산 취득의 회계처리를 한다. 그리고 리스거래에 대해서는 리스제공자로서 리스거래의 실질을 검토하여 금융리스와 운용리스 중 어느 것으로 분류할 것인지 결정하고 앞에서 설명한 리스제공자의 회계처리를 한다. 구매자-리스제공자의 회계처리를 제시하면 다음과 같다.

〈자산 취득 시〉

(차변)	자 산	×××	(대변)	현 금	×××

〈리스개시일〉

① 운용리스로 분류되는 경우

(차변)	운 용 리 스 자 산	×××	(대변)	자 산	×××

② 금융리스로 분류되는 경우

(차변)	리 스 채 권	×××	(대변)	자 산	×××

(2) 자산 이전이 판매가 아닌 경우

판매자-리스이용자가 행한 자산 이전이 자산의 판매로 회계처리하게 하는 K-IFRS 제1115호 '고객과의 계약에서 생기는 수익'의 요구사항을 충족하지 못한다면 다음과 같이 회계처리한다.

판매자-리스이용자는 이전한 자산을 계속 인식하고, 이전금액(transfer proceeds)과 같은 금액으로 K-IFRS 제1109호 '금융상품'을 적용하여 차입금 등 금융부채를 인식한다.

한편, 구매자-리스제공자는 이전된 자산을 인식하지 않고, 이전금액과 같은 금액으로 K-IFRS 제1109호를 적용하여 대여금 등 금융자산을 인식한다.

판매후리스 거래의 상황과 회계처리를 요약하면 다음 〈표 16-4〉와 같다.

표 16-4 판매후리스 거래의 회계처리

<table>
<tr><th colspan="2">구 분</th><th>구매자-리스제공자</th><th>판매자-리스이용자</th></tr>
<tr><td rowspan="3">자산 이전이 판매인 경우</td><td>판매대가와 공정가치 동일</td><td>공정가치로 자산취득 회계처리와 리스제공자 회계처리(운용리스 또는 금융리스)</td><td rowspan="3">이전한 자산을 제거하고, 사용권자산과 리스부채를 인식
이전한 권리에 대한 차손익 인식</td></tr>
<tr><td>판매대가가 시장조건을 밑도는 경우</td><td>공정가치로 자산취득과 리스 회계처리 동일
단, 시장 조건을 밑도는 부분을 리스료의 선급으로 회계처리</td></tr>
<tr><td>판매대가가 시장조건을 웃도는 경우</td><td>공정가치로 자산취득과 리스 회계처리 동일
단, 시장 조건을 웃도는 부분을 구매자-리스제공자가 판매자-리스이용자에게 제공하는 추가 금융으로 회계처리</td></tr>
<tr><td colspan="2">자산이전이 판매가 아닌 경우</td><td>이전한 자산을 인식하지 않고, 금융자산을 인식</td><td>이전한 자산을 계속 인식하고, 금융부채를 인식</td></tr>
</table>

예제 12 ❙ 판매후리스 거래

대박회사는 소유하고 있는 토지(장부금액 ₩900,000, 공정가치 ₩1,200,000)를 20×1년 1월 1일에 비상회사에 매각하고, 동일자로 매각한 토지를 3년 동안 리스하였다. 리스료는 매년 12월 31일에 ₩150,000씩 지급하기로 하였다. 리스의 내재이자율은 연 7%이며, 대박회사가 쉽게 산정할 수 있다. 자산의 이전은 K-IFRS 제1115호의 요구조건을 충족하며, 해당 리스를 운용리스로 분류한다.

물음

1. 토지의 매각금액이 ₩1,200,000일 때, 20×1년 1월 1일에 대박회사와 비상회사가 해야 할 분개를 하시오.

2. 토지의 매각금액이 ₩1,300,000일 때, 20×1년 1월 1일에 대박회사와 비상회사가 해야 할 분개를 하시오.

3. 토지의 매각금액이 ₩1,100,000일 때, 20×1년 1월 1일에 대박회사와 비상회사가 해야 할 분개를 하시오.

풀이

1. 판매대가와 이전하는 자산의 공정가치가 동일한 경우

〈대박회사〉

(차변)	현금	1,200,000	(대변)	토지	900,000
	사용권자산	295,234❷		리스부채	393,645❶
				이전된 권리에 대한 차익	201,589❸

❶ 리스료의 현재가치 = ₩150,000 × 2.6243(3기간, 7%, 정상연금현가계수) = ₩393,645
❷ 사용권자산 = ₩900,000 × (393,645/1,200,000) = ₩295,234
❸ 이전된 권리에 대한 차익 = ₩300,000 × ((1,200,000 − 393,645)/1,200,000) = ₩201,589

〈비상회사〉

(차변)	토지	1,200,000	(대변)	현금	1,200,000
(차변)	운용리스자산	1,200,000	(대변)	토지	1,200,000

2. 토지의 공정가치가 ₩1,200,000인데, 매각금액이 ₩1,300,000이므로 초과 금액 ₩100,000은 판매자-리스이용자가 구매자-리스제공자로부터 추가 금융을 제공받은 것으로 인식한다. 따라서 리스료의 현재가치 ₩393,645를 추가 금융 ₩100,000과 리스와 관련되는 ₩293,645로 구분한다. 사용권자산과 이전된 권리에 대한 차익을 계산할 때는 추가 금융을 제외한 ₩293,645을 이용한다.

〈대박회사〉

(차변)	현금	1,300,000	(대변) 토지	900,000
	사용권자산	220,234❷	리스부채	393,645❶
			이전된 권리에 대한 차익	226,589❸

❶ 리스부채의 현재가치 = ₩150,000 × 2.6243(3기간, 7%, 정상연금현가계수) = ₩393,645
❷ 사용권자산 = ₩900,000 × (293,645/1,200,000) = ₩220,234
❸ 이전된 권리에 대한 차익 = ₩300,000 × ((1,200,000-293,645)/1,200,000) = ₩226,589

〈비상회사〉

(차변)	토지	1,200,000	(대변) 현금	1,300,000
	금융자산	100,000❹		
(차변)	운용리스자산	1,200,000	(대변) 토지	1,200,000

❹ 추가 금융 ₩100,000은 3기간 동안 매년 말 ₩38,105의 현금흐름을 7%로 할인한 금액과 같다.
₩38,105 × 2.6243(3기간, 7%, 정상연금현가계수) = ₩100,000

3. 토지의 공정가치가 ₩1,200,000인데, 매각금액이 ₩1,100,000이므로 미달 금액 ₩100,000은 판매자-리스이용자가 구매자-리스제공자로에게 리스료를 선급한 것으로 인식한다. 따라서 리스료의 현재가치 ₩393,645이지만, 사용권자산과 이전된 권리에 대한 차익을 계산할 때는 리스료 선급분인 ₩100,000을 더한 ₩493,645을 이용한다.

〈대박회사〉

(차변)	현금	1,100,000	(대변) 토지	900,000
	사용권자산	370,234❷	리스부채	393,645❶
			이전된 권리에 대한 차익	176,589❸

❶ 리스부채의 현재가치 = ₩150,000 × 2.6243(3기간, 7%, 정상연금현가계수) = ₩393,645
❷ 사용권자산 = ₩900,000 × (493,645/1,200,000) = ₩370,234
❸ 이전된 권리에 대한 차익 = ₩300,000 × ((1,200,000-493,645)/1,200,000) = ₩176,589

〈비상회사〉

(차변)	토지	1,200,000	(대변) 현금	1,100,000
			선수수익	100,000❹
(차변)	운용리스자산	1,200,000	(대변) 토지	1,200,000

❹ 미리 받은 리스료로 보고 선수수익 등 적절한 부채 계정으로 회계처리한다.

2. 전대리스

2.1 전대리스의 의의

전대리스(sublease)란 리스이용자(중간리스제공자)가 기초자산을 제3자(전대리스이용자)에게 다시 리스하는 거래를 말한다. 이때 상위리스제공자와 리스이용자(중간리스제공자) 사이의 리스(상위리스(head lease))는 여전히 유효하다. 다음의 [그림 16-5]는 전대리스 거래의 절차를 보여준다.

[그림 16-5] 전대리스 거래의 절차

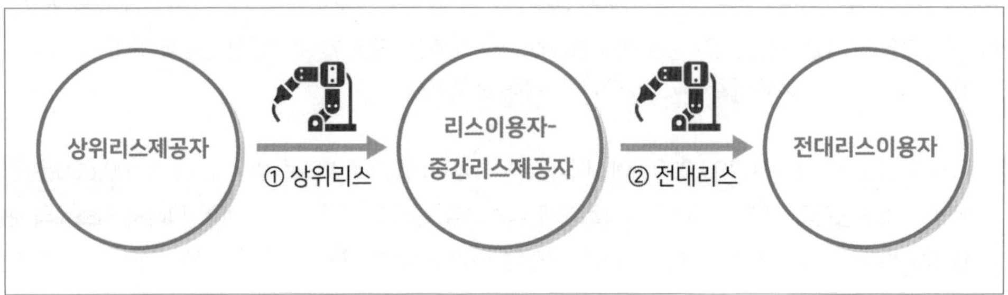

2.2 중간리스제공자의 회계처리

일반적으로 각 계약이 개별적으로 협상되고 상위리스의 상대방이 전대리스의 상대방과 다르기 때문에 중간리스제공자는 상위리스와 전대리스를 두 개의 별도 계약으로 회계처리한다. 중간리스제공자의 경우에 상위리스에서 생기는 의무는 일반적으로 전대리스의 조건 때문에 소멸되지 않는다.

전대리스를 분류할 때, 상위리스가 리스이용자인 기업이 인식면제 규정을 적용하여 회계처리하는 단기리스인 경우에 그 전대리스는 운용리스로 분류한다. 그 밖의 경우에는 기초자산(예 리스 대상인 유형자산)이 아니라 상위리스에서 생기는 사용권에 따라 전대리스를 금융리스 또는 운용리스로 분류한다.

(1) 운용리스로 분류되는 경우

전대리스를 운용리스로 분류하는 경우에 상위리스와 관련하여 인식했던 사용권자산과 리스부채는 재무상태표에 유지하며, 이후 사용권자산의 감가상각비와 리스부채의 이자비용을 인식한다. 또한 전대리스에서 발생한 운용리스료수익을 인식한다.

(2) 금융리스로 분류되는 경우

전대리스를 금융리스로 분류하는 경우에 상위리스와 관련하여 인식했던 사용권자산을 제거하고 전대리스 순투자를 리스채권으로 인식한다. 사용권자산과 전대리스 순투자의 차이를 당기손익으로 인식한다. 상위리스와 관련하여 인식했던 리스부채는 재무상태표에 유지하며 이후 리스부채의 이자비용을 인식한다. 또한 전대리스와 관련된 리스채권에 대한 이자수익을 인식한다.

전대리스의 경우에 전대리스의 내재이자율을 쉽게 산정할 수 없다면, 중간리스제공자는 전대리스의 순투자를 측정하기 위하여 상위리스에 사용된 할인율(전대리스에 관련되는 리스개설직접원가를 조정함)을 사용할 수 있다.

전대리스 거래의 상황과 회계처리를 요약하면 다음 〈표 16-5〉와 같다.

표 16-5 전대리스 거래의 회계처리

구 분	회계처리
전대리스가 운용리스로 분류되는 경우	① 상위리스의 사용권자산과 리스부채 유지 ② 전대리스의 운용리스료수익 인식
전대리스가 금융리스로 분류되는 경우	① 상위리스의 사용권자산과 제거 및 리스부채 유지 ② 전대리스의 순투자를 리스채권으로 인식 (제거되는 사용권자산 - 인식하는 리스채권)을 당기손익으로 인식 이때 전대리스의 내재이자율을 적용하고, 내재이자율 산정이 어렵다면 상위리스에 사용된 할인율 적용

예제 13 ▌ 전대리스의 회계처리

(1) 상위리스
대박회사는 20×1년 초에 거래처가 소유하고 있는 토지 10,000m²를 3년간 리스하기로 계약을 체결하였다. 대박회사는 20×1년부터 매년 말에 ₩150,000씩 리스료를 지급한다.

(2) 전대리스
대박회사는 20×2년 초에 상위리스계약으로 사용하던 토지 10,000m²를 나머지 기간인 2년간 또 다른 거래처인 비상회사에게 전대리스하기로 계약을 체결하였다. 비상회사는 20×2년부터 매년 말에 ₩120,000씩 리스료를 지급한다.

물음

1. 전대리스를 운용리스로 분류할 경우 20×2년 초와 20×2년 말에 대박회사가 해야 할 분개를 하시오. 단, 상위리스 개시일에 대박회사의 증분차입이자율 연 7%를 할인율로 사용하였다.

2. 전대리스를 금융리스로 분류할 경우 20×2년 초와 20×2년 말에 대박회사가 해야 할 분개를 하시오. 단, 전대리스 개시일에 대박회사의 내부이자율을 연 9%로 산정하였다.

풀이

1. 전대리스를 운용리스로 분류할 경우
   - 상위리스료의 현재가치 = ₩150,000 × 2.6243(3기간, 7%. 정상연금현가계수)
     = ₩393,645

상위리스채권의 장부금액 조정표

일자	연간 리스료	이자수익 (기초 장부금액 × 7%)	원금 회수액	리스채권 장부금액
20×1. 1. 1.				₩393,645
20×1. 12. 31.	₩150,000	₩27,555	₩122,445	271,200
20×2. 12. 31.	150,000	18,984	131,016	140,184
20×3. 12. 31.	150,000	9,816❶	140,184	0
합 계	₩450,000	₩56,355	₩393,645	

❶ ₩140,184 × 7% = ₩9,813이나 만기일에 리스채권의 장부금액을 영(₩0)과 일치시켜야 하기 때문에 단수차이 조정

〈20×2. 1. 1.〉

분개 없음

〈20×2. 12. 31.〉

상위리스의 리스부채에 대한 이자비용과 원금상환 인식

(차변)	이자비용	18,984	(대변)	현금	150,000
	리스부채	131,016			

상위리스의 사용권자산 상각

(차변)	감가상각비	131,215❷	(대변)	감가상각누계액	131,215

❷ ₩393,645 ÷ 3년 = ₩131,215

전대리스의 운용리스료수익 인식

(차변)	현금	120,000	(대변)	리스료수익	120,000

2. 전대리스를 금융리스로 분류하는 경우

- 전대리스료의 현재가치 = ₩120,000 × 1.7591(2기간, 9%, 정상연금현가계수)
  = ₩211,092

전대리스채권의 장부금액 조정표

일자	연간 리스료	이자수익 (기초 장부금액 × 9%)	원금 회수액	리스채권 장부금액
20×2. 1. 1.				₩211,092
20×2. 12. 31.	₩120,000	₩18,998	₩101,002	110,090
20×3. 12. 31.	120,000	9,910❶	110,090	0
합 계	₩240,000	₩28,908	₩211,092	

❶ ₩110,090 × 9% = ₩9,908이나 만기일에 리스채권의 장부금액을 영(₩0)과 일치시켜야 하기 때문에 단수차이 조정

〈20×2. 1. 1.〉

상위리스의 사용권자산을 제거하고 전대리스의 리스채권 인식

(차변)	감가상각누계액	131,215❶	(대변)	사용권자산	393,645
	리스채권	211,092			
	리스계약손실	51,338			

❶ ₩393,645 ÷ 3년 = ₩131,215

〈20×2. 12. 31.〉

상위리스의 리스부채에 대한 이자비용과 원금상환 인식

(차변)	이 자 비 용	18,984	(대변)	현 금	150,000
	리 스 부 채	131,016			

전대리스의 리스채권에 대한 이자수익과 원금회수

(차변)	현 금	120,000	(대변)	이 자 수 익	18,998
				리 스 채 권	101,002

3. 리스부채의 재평가

리스이용자는 리스개시일 후에 리스료에 생기는 변동을 반영하기 위하여 리스부채를 재측정하고, 이에 따라 사용권자산을 조정한다. 그러나 사용권자산의 장부금액이 영(₩0)으로 줄어들고 리스부채 측정치가 그보다 많이 줄어드는 경우에 리스이용자는 나머지 재측정 금액을 당기손익으로 인식한다.

리스기간에 변경이 있는 경우, 즉 연장선택권이나 종료선택권의 행사 여부에 대한 평가에 변동이 있거나 매수선택권의 평가에 변동이 있는 경우에는 수정 할인율을 사용하여 리스부채를 재측정한다. 수정 할인율을 사용하는 이유는 리스의 경제적 실질이 달라진 것으로 보기 때문이다.

리스기간에 변경이 있지 않은 경우, 즉 잔존가치보증에 따라 지급할 것으로 예상되는 금액에 변동이 있거나 리스료를 산정할 때 사용한 지수나 요율이 변동되어 미래 리스료가 변동되는 경우에는 최초 할인율을 사용하여 리스부채를 재측정한다. 최초 할인율을 사용하는 이유는 리스의 경제적 실질이 달라진 것이 아니라고 보기 때문이다.

한편, 변동리스료를 산정할 때 사용한 지수나 요율이 아닌 다른 이유(예 리스이용자의 성과 또는 리스자산의 사용정도)로 변동되는 경우에는 리스부채를 재평가하지 않고, 변동금액을 당기손익으로 인식한다. 이러한 이유는 변동리스료를 리스이용자의 미래 행위에 따라 회피할 수 있기 때문이다.

예제 14 | 리스부채의 재평가-리스기간에 변경이 있는 경우

대박회사는 20×1년 초에 다음과 같은 조건으로 기계장치에 대한 리스계약을 체결하였다.
- 리스기간: 20×1년 1월 1일부터 20×3년 12월 31일까지
- 리스료: 연간 고정리스료 ₩1,000,000, 매년 12월 31일 지급
- 리스개설직접원가: ₩500,000을 현금 지급
- 할인율: 내재이자율 연 7%
- 연장선택권: 리스종료 후 2년간 리스기간 연장가능
  연장 기간 동안 리스료는 매년 12월 31일에 ₩900,000 지급
- 기계장치의 내용연수는 5년(잔존가치 ₩0)이며, 대박회사는 해당 유형자산에 대해 원가모형을 선택하고 정액법으로 상각한다.

물음

1. 대박회사가 리스기간의 연장선택권을 행사할 것이 상당히 확실하지 않다고 보았을 때 리스부채의 장부금액 조정표와 사용권자산의 연도별 상각금액을 계산하고, 리스개시일과 20×1년 12월 31일에 해야 할 분개를 하시오.

2. 대박회사가 20×2년 초에 리스기간의 연장선택권을 행사할 것이 상당히 확실한 것으로 변경되었다. 연장선택권의 행사가능성 변경을 반영하기 위하여 리스부채를 재측정하시오. 또한 재평가된 리스부채의 장부금액 조정표와 사용권자산의 연도별 상각금액을 계산하고, 재평가일과 20×2년 12월 31일에 해야 할 분개를 하시오. 단, 20×2년 초 현재 내재이자율은 쉽게 산정할 수 없으며, 대박회사의 증분차입이자율은 5%이다.

풀이

1. 연장선택권을 행사할 것이 상당히 확실하지 않은 경우
   - 리스부채 최초 측정금액 = ₩1,000,000 × 2.6243(3기간, 7%, 정상연금현가계수)
     = ₩2,624,300
   - 사용권자산 최초 측정금액 = ₩2,624,300 + 500,000 = ₩3,124,300

리스부채의 장부금액 조정표

일자	연간 리스료	이자비용 (기초 장부금액 × 7%)	원금 상환액	리스부채 장부금액
20×1. 1. 1.				₩2,624,300
20×1. 12. 31.	₩1,000,000	₩183,701	₩816,299	1,808,001
20×2. 12. 31.	1,000,000	126,560	873,440	934,561
20×3. 12. 31.	1,000,000	65,439❶	934,561	0
합 계	₩3,000,000	₩375,700	₩2,624,300	

❶ ₩934,561 × 7% = ₩65,419이나 만기일에 리스부채의 장부금액을 영(₩0)과 일치시켜야 하기 때문에 단수차이 조정

사용권자산의 연도별 감가상각비 = ₩3,124,300 ÷ 3년(리스기간) = ₩1,041,433

〈20×1. 1. 1. 리스개시일〉

(차변)	사 용 권 자 산	3,124,300	(대변)	리 스 부 채	2,624,300
				현 금	500,000

〈20×1. 12. 31.〉

(차변)	이 자 비 용	183,701	(대변)	현 금	1,000,000
	리 스 부 채	816,299			
(차변)	감 가 상 각 비	1,041,433	(대변)	감가상각누계액	1,041,433

2. 연장선택권을 행사할 것이 상당히 확실한 경우
  - 리스부채 재측정금액 = ₩1,000,000 × 1.8594(2기간, 5%, 정상연금현가계수)
+ ₩900,000 × (3.5460 - 1.8594)
(4기간에서 2기간 차감, 5%, 정상연금현가계수)
= ₩3,377,340
  - 리스부채 조정액 = ₩3,377,340 - 1,808,001 = ₩1,569,339

리스부채의 장부금액 조정표

일자	연간 리스료	이자비용 (기초 장부금액 × 5%)	원금 상환액	리스부채 장부금액
20×2. 1. 1.				₩3,377,340
20×2. 12. 31.	₩1,000,000	₩168,867	₩831,133	2,546,207
20×3. 12. 31.	1,000,000	127,310	872,690	1,673,517
20×4. 12. 31.	900,000	83,676	816,324	857,193
20×5. 12. 31.	900,000	42,807❶	857,193	0
합 계	₩3,800,000	₩422,660	₩3,377,340	

❶ ₩857,193 × 5% = ₩42,860이나 만기일에 리스부채의 장부금액을 영(₩0)과 일치시켜야 하기 때문에 단수차이 조정

- 새로운 사용권자산 금액
  = ₩3,124,300 − (3,124,300 × 1/3)(1차년도 감가상각비) + 1,569,339 = ₩3,652,206
- 새로운 사용권자산 감가상각비 = ₩3,652,206 ÷ 4년(잔여리스기간) = ₩913,051

〈20×2. 1. 1. 재평가일〉

(차변)	사 용 권 자 산	1,569,339	(대변)	리 스 부 채	1,569,339

〈20×2. 12. 31.〉

(차변)	이 자 비 용	168,867	(대변)	현 금	1,000,000
	리 스 부 채	831,133			
(차변)	감 가 상 각 비	913,051	(대변)	감가상각누계액	913,051

예제 15 ▎ 리스부채의 재평가-리스기간에 변경이 있지 않은 경우

대박회사는 20×1년 초에 다음과 같은 조건으로 기계장치에 대한 리스계약을 체결하였다.

- 리스기간: 20×1년 1월 1일부터 20×3년 12월 31일까지
- 리스료: 변동리스료를 매년 12월 31일 지급
  20×1년 말 리스료는 ₩1,000,000이며, 직전 연도 1년간의 소비자물가지수 변동하여 다음 연도 리스료를 결정한다.
- 리스개설직접원가: ₩500,000을 현금 지급
- 할인율: 내재이자율 연 7%
- 연장선택권: 리스종료 후 2년간 리스기간 연장가능
  연장 기간 동안 리스료는 매년 12월 31일에 ₩900,000 지급
- 기계장치의 내용연수는 5년(잔존가치 ₩0)이며, 대박회사는 해당 유형자산에 대해 원가모형을 선택하고 정액법으로 상각한다.

물음

1. 20×1년도 소비자물가지수가 10% 상승하였다. 이를 반영하여 리스부채를 재측정하시오. 또한 재평가된 리스부채의 장부금액 조정표와 사용권자산의 연도별 상각금액을 계산하고, 재평가일과 20×2년 12월 31일에 대박회사가 해야 할 분개를 하시오. 단, 20×2년 초 현재 내재이자율은 쉽게 산정할 수 없으며, 대박회사의 증분차입이자율은 5%이다.

2. (물음 1)에 제시된 상황에 추가하여 대박회사가 리스한 기계장치에서 생기는 매출액의 1%를 변동리스료로 해당 연도말에 지급해야 한다면, 대박회사가 20×2년 12월 31일에 해야 할 분개를 하시오. 단, 20×2년도 기계장치에서 생기는 매출액은 ₩2,000,000이다.

풀이

1. 소비자물가지수를 반영한 리스부채 재평가
   - 리스부채 재측정금액 = ₩1,100,000 × 1.8080(2기간, 7%, 정상연금현가계수)
     = ₩1,988,800
   - 리스부채 조정액 = ₩1,988,800 - 1,808,001(기존 리스부채, 예제 14 참조) = ₩180,799

리스부채의 장부금액 조정표

일자	연간 리스료	이자비용 (기초 장부금액 × 7%)	원금 상환액	리스부채 장부금액
20×2. 1. 1.				₩1,988,800
20×2. 12. 31.	₩1,100,000	₩139,216	₩960,784	1,028,016
20×3. 12. 31.	1,100,000	71,984❶	1,028,016	0
합 계	₩2,200,000	₩211,200	₩1,988,800	

❶ ₩1,028,016 × 7% = ₩71,961이나 만기일에 리스부채의 장부금액을 영(₩0)과 일치시켜야 하기 때문에 단수차이 조정

- 새로운 사용권자산 금액
  = ₩3,124,300(기존 사용권자산, 예제 14참조) − (3,124,300 × 1/3)(1차년도 감가상각비)
  + 180,799 = ₩2,263,666
- 새로운 사용권자산 감가상각비 = ₩2,263,666 ÷ 2년(잔여리스기간) = ₩1,131,833

〈20×2. 1. 1. 재평가일〉

(차변)	사 용 권 자 산	180,799	(대변)	리 스 부 채	180,799

〈20×2. 12. 31.〉

(차변)	이 자 비 용	139,216	(대변)	현 금	1,100,000
	리 스 부 채	960,784			
(차변)	감 가 상 각 비	1,131,833	(대변)	감가상각누계액	1,131,833

2. 리스이용자의 매출액 등 성과에 변동하는 리스료는 당기손익으로 인식

〈20×2. 12. 31.〉

(차변)	이 자 비 용	139,216	(대변)	현 금	1,100,000
	리 스 부 채	960,784			
(차변)	감 가 상 각 비	1,131,833	(대변)	감가상각누계액	1,131,833
(차변)	리 스 료	20,000❶	(대변)	현 금	20,000

❶ ₩2,000,000 × 1% = ₩20,000

SUMMARY & CHECK

리스의 기본 개념

- 리스란 자산을 직접 취득하지 않고, 리스제공자에게 일정기간 사용료를 지급하면서 리스이용자에게 리스의 대상이 되는 기초자산의 사용권을 이전하는 계약을 말한다.
- 리스이용자 입장에서 초기자금 부담해소, 진부화 위험 회피할 수 있다.
- 국제회계기준에서는 리스이용자가 단기리스와 소액 기초자산 리스를 제외한 모든 리스에 대해서 금융리스로서 기초자산의 사용권을 자산으로, 미래에 지급할 리스료를 부채로 회계처리하도록 규정하였다.
- 계약에서 대가와 교환하여, 식별되는 자산의 사용 통제권을 일정기간 이전하게 한다면 그 계약은 리스이거나 리스를 포함한다.
- 리스기간에는 해지불능기간을 포함하고, 선택할 것이 상당히 확실한 연장선택권과 선택하지 않을 것이 상당히 확실한 종료선택권의 대상 기간을 포함한다.

리스이용자의 회계처리

- 리스이용자는 리스개시일에 사용권자산과 리스부채를 인식한다.
- 리스부채를 최초 측정한 후에는 다음과 같이 유효이자율법에 따라 리스부채의 이자비용을 인식하고 장부금액을 조정하는 회계처리를 한다.
- 리스변경이란 변경 전 리스 조건의 일부가 아니었던 리스의 범위 또는 리스대가를 변경하는 경우를 말한다.

리스제공자의 회계처리

- 기초자산의 소유에 따른 위험과 보상의 대부분을 이전하는 리스는 금융리스로 분류하고, 대부분을 이전하지 않는 리스는 운용리스로 분류한다.
- ① 기초자산의 소유권을 리스이용자에게 이전하거나, ② 리스이용자가 염가매수선택권을 가지고 있고 그 선택권을 행사할 것이 상당히 확실하거나, ③ 리스기간이 기초자산의 경제적 내용연수의 상당부분 차지하거나, ④ 리스료의 현재가치가 기초자산 공정가치의 대부분에 해당하거나, 그리고 ⑤ 기초자산이 특수하여 범용성이 없는 자산인 경우에 리스제공자는 금융리스로 분류한다.
- 운용리스의 경우 기초자산의 소유에 따른 위험과 보상의 대부분이 리스제공자에게 있기 때문에 리스제공자는 기초자산을 인식하고 감가상각도 실시한다.
- 금융리스의 경우 리스제공자는 리스개시일에 리스순투자와 동일한 금액의 수취채권(여기서는 리스채권)으로 표시한다.
- 판매형리스란 제조자 또는 판매자가 취득 또는 제조한 자산을 고객에게 금융리스방식으로 판매하는 경우를 말한다.

판매후리스 거래

- 판매후리스 거래란 기업(판매자-리스이용자)이 다른 기업(구매자-리스제공자)에 자산을 이전하고 그 구매자-리스제공자에게서 그 자산을 다시 리스하는 경우를 말한다.

전대리스

- 전대리스란 리스이용자(중간리스제공자)가 기초자산을 제3자(전대리스이용자)에게 다시 리스하는 거래를 말한다.

OX QUIZ

1 국제회계기준은 운용리스와 금융리스를 경영자가 선택하여 결정하도록 하고 있다.

2 단기리스에 대한 인식면제의 선택은 사용권이 관련되어 있는 기초자산의 유형별로 하고, 소액 기초자산 리스에 대한 선택은 리스별로 할 수 있다.

3 공급자가 그 자산을 대체할 실질적 권리(대체권)를 사용기간 내내 가지면 고객은 식별되는 자산의 사용권을 가지지 못한다.

4 식별되는 자산의 사용을 통제하려면, 고객은 사용기간 내내 자산의 사용으로 생기는 경제적 효익의 대부분을 얻을 권리를 가질 필요가 있다. 따라서 부산물 등에서 생기는 간접적 효익은 식별되는 자산의 사용을 통제하지 못한다.

5 전에 리스기간을 산정할 때 포함되지 않았던 선택권을 리스이용자가 행사하는 등으로 리스의 해지불능기간이 달라지더라도 리스기간을 변경하지 않는다.

6 리스료의 현재가치를 측정할 때, 리스이용자의 증분차입이자율을 우선적으로 사용한다.

7 리스개시일에 사용권자산과 리스부채는 같을 수도 있고 다를 수도 있다.

8 사용권자산이 재평가모형을 적용하는 유형자산의 유형에 관련되는 경우에, 리스이용자는 그 유형자산의 유형에 관련되는 모든 사용권자산에 재평가모형을 적용한다(강제규정).

9 리스이용자는 리스기간 초기에 이자비용의 증가로 수익성이 낮고, 리스부채의 인식으로 부채비율이 높아져 경영성과나 재무구조를 평가받을 때 불리할 수 있다(단기리스나 소액 기초자산 리스 제외).

10 리스의 범위를 좁히는 리스변경에 대하여 리스이용자는 리스의 일부나 전부의 종료를 반영하기 위하여 사용권자산과 리스부채의 장부금액을 줄이고, 차액을 당기손익으로 인식한다.

11 리스부채 측정치에 포함되지 않은 단기리스료, 소액자산 리스료, 변동리스료는 현금흐름표에서 영업활동으로 분류한다.

12 리스이용자와 리스제공자가 특정 리스에 대해서 대칭적인 회계처리를 하지 않을 수 있다.

13 리스제공자는 운용리스 대상 기초자산이 부동산이라면 투자부동산으로 표시한다.

14 금융리스로 분류하는 경우 리스제공자가 리스순투자를 측정할 때 포함하는 리스료와 리스이용자가 리스부채를 측정할 때 포함하는 리스료는 동일하다.

15 판매형리스에서 매출과 매출원가를 계산할 때 무보증잔존가치의 현재가치는 포함하지 않는다.

16 제조자 또는 판매자인 리스제공자가 의도적으로 낮은 이자율을 제시하는 경우라면 제조자 또는 판매자인 리스제공자는 시장이자율을 부과하였을 경우의 금액으로 매출이익을 제한한다.

17 리스제공자의 리스변경에서 별도 리스로 회계처리하지 않는 금융리스의 변경에 대하여 리스변경이 리스약정일에 유효하였다면 처음부터 금융리스가 아니라 운용리스로 분류하였을 것이므로 소급하여 리스약정일부터 운용리스로 회계처리한다.

18 리스제공자의 리스변경에서 운용리스의 변경된 리스가 금융리스로 분류된다면 변경 유효일에 리스순투자 해당액을 리스채권으로 인식하고, 운용리스자산의 장부금액을 제거하면서 그 차액을 당기손익으로 인식한다.

19 판매후리스 거래에서 판매자-리스이용자는 계속 보유하는 사용권에 관련되는 자산의 종전 장부금액에 비례하여 판매후리스에서 생기는 사용권자산을 측정한다. 따라서 판매자-리스이용자는 구매자-리스제공자에게 이전한 권리에 관련되는 차손익 금액만을 인식한다.

20 판매대가나 판매후리스료가 시장 요율이 아니라면, 시장 조건을 웃도는 부분을 리스료의 선급으로 회계처리하고, 시장 조건을 밑도는 부분을 구매자-리스제공자가 판매자-리스이용자에게 제공하는 추가 금융으로 회계처리하도록 요구한다.

21 전대리스를 분류할 때 기초자산(예 리스 대상인 유형자산)에 따라 전대리스를 금융리스 또는 운용리스로 분류한다.

22 전대리스를 금융리스로 분류하는 경우에 상위리스와 관련하여 인식했던 사용권자산과 금융부채를 모두 제거한다.

23 리스부채를 재평가할 때 리스기간에 변경이 있지 않은 경우에는 최초 할인율을 사용하여 리스부채를 재측정한다.

Multiple-choice Questions

1 기업회계기준서 제1116호 '리스'에 관한 다음 설명 중 옳지 않은 것은? (CPA 2021)

① 리스개설직접원가는 리스를 체결하지 않았더라면 부담하지 않았을 리스체결의 증분원가이다. 다만, 금융리스와 관련하여 제조자 또는 판매자인 리스제공자가 부담하는 원가는 제외한다.

② 포괄손익계산서에서 리스이용자는 리스부채에 대한 이자비용을 사용권자산의 감가상각비와 구분하여 표시한다.

③ 리스이용자는 리스부채의 원금에 해당하는 현금 지급액은 현금흐름표에 재무활동으로 분류하고, 리스부채 측정치에 포함되지 않은 단기리스료, 소액자산 리스료, 변동리스료는 현금흐름표에 영업활동으로 분류한다.

④ 무보증잔존가치는 리스제공자가 실현할 수 있을지 확실하지 않거나 리스제공자의 특수관계자만이 보증한, 기초자산의 잔존가치 부분이다.

⑤ 리스이용자는 하나 이상의 기초자산 사용권이 추가되어 리스의 범위가 넓어진 경우 또는 개별 가격에 적절히 상응하여 리스대가가 증액된 경우에 리스변경을 별도 리스로 회계처리한다.

2 리스부채의 측정에 관한 설명으로 옳지 않은 것은? (CTA 2022)

① 리스부채의 최초 측정시 리스료의 현재가치는 리스이용자의 증분차입이자율을 사용하여 산정한다. 다만, 증분차입이자율을 쉽게 산정할 수 없는 경우에는 리스의 내재이자율로 리스료를 할인한다.

② 리스개시일에 리스부채의 측정치에 포함되는 리스료는 리스기간에 걸쳐 기초자산을 사용하는 권리에 대한 지급액 중 그날 현재 지급되지 않은 금액으로 구성된다.

③ 리스가 리스기간 종료시점 이전에 리스이용자에게 기초자산의 소유권을 이전하는 경우에, 리스이용자는 리스개시일부터 기초자산의 내용연수 종료시점까지 사용권자산을 감가상각한다.

④ 리스이용자는 리스개시일 후에 리스부채에 대한 이자를 반영하여 리스부채의 장부금액을 증액하고, 지급한 리스료를 반영하여 리스부채의 장부금액을 감액한다.

⑤ 리스개시일 후 리스료에 변동이 생기는 경우, 리스이용자는 사용권자산을 조정하여 리스부채의 재측정 금액을 인식하지만, 사용권자산의 장부금액이 영(0)으로 줄어들고 리스부채 측정치가 그보다 많이 줄어드는 경우에는 나머지 재측정 금액을 당기손익으로 인식한다.

3 ㈜대한리스는 ㈜민국과 리스개시일인 20×1년 1월 1일에 운용리스에 해당하는 리스계약(리스기간 3년)을 체결하였으며, 관련 정보는 다음과 같다. (CPA 2022)

- ㈜대한리스는 리스개시일인 20×1년 1월 1일에 기초자산인 기계장치를 ₩40,000,000(잔존가치 ₩0, 내용연수 10년)에 신규 취득하였다. ㈜대한리스는 동 기초자산에 대해 원가모형을 적용하며, 정액법으로 감가상각한다.
- 정액 기준 외 기초자산의 사용으로 생기는 효익의 감소형태를 보다 잘 나타내는 다른 체계적인 기준은 없다.
- ㈜대한리스는 리스기간 종료일인 20×3년 12월 31일에 기초자산을 반환받으며, 리스종료일에 리스이용자가 보증한 잔존가치는 없다.
- ㈜대한리스는 ㈜민국으로부터 각 회계연도 말에 다음과 같은 고정리스료를 받는다.

20×1년 말	20×2년 말	20×3년 말
₩6,000,000	₩8,000,000	₩10,000,000

- ㈜대한리스와 ㈜민국은 20×1년 1월 1일 운용리스 개설과 관련한 직접원가로 ₩600,000과 ₩300,000을 각각 지출하였다.
- ㈜민국은 사용권자산에 대해 원가모형을 적용하며, 정액법으로 감가상각한다.
- 동 거래는 운용리스거래이기 때문에 ㈜민국은 ㈜대한리스의 내재이자율을 쉽게 산정할 수 없으며, 리스개시일 현재 ㈜민국의 증분차입이자율은 연 8%이다.
- 적용할 현가계수는 아래의 표와 같다.

기간 \ 할인율	8%	
	단일금액 ₩1의 현재가치	정상연금 ₩1의 현재가치
1년	0.9259	0.9259
2년	0.8573	1.7832
3년	0.7938	2.5770

동 운용리스거래가 리스제공자인 ㈜대한리스와 리스이용자인 ㈜민국의 20×1년도 포괄손익계산서상 당기순이익에 미치는 영향은 각각 얼마인가? (단, 감가상각비의 자본화는 고려하지 않으며, 단수차이로 인해 오차가 있다면 가장 근사치를 선택한다)

	㈜대한리스	㈜민국
①	₩1,400,000 증가	₩8,412,077 감소
②	₩3,400,000 증가	₩8,412,077 감소
③	₩3,400,000 증가	₩8,512,077 감소
④	₩3,800,000 증가	₩8,412,077 감소
⑤	₩3,800,000 증가	₩8,512,077 감소

4 20×1년 1월 1일 ㈜세무는 ㈜한국리스로부터 건물 3개층 모두를 5년 동안 리스하는 계약을 체결하였다. ㈜세무는 리스료로 매년 말 ₩30,000씩 지급하며, 리스 관련 내재이자율은 알 수 없고 증분차입이자율은 5%이다. 20×4년 1월 1일 ㈜세무는 건물 3개층 중 2개층만 사용하기로 ㈜한국리스와 합의하였으며, 남은 기간 동안 매년 말에 ₩23,000씩 지급하기로 하였다. 20×4년 1월 1일 리스 관련 내재이자율은 알 수 없으며, 증분차입이자율은 8%이다. ㈜세무의 리스변경으로 인한 20×4년 말 사용권자산의 장부금액은? (단, 사용권자산은 정액법으로 감가상각하며, 계산금액은 소수점이하 첫째 자리에서 반올림한다) (CTA 2021)

할인율 기간	단일금액 ₩1의 현재가치		정상연금 ₩1의 현재가치	
	5%	8%	5%	8%
2년	0.9070	0.8573	1.8594	1.7833
5년	0.7835	0.6806	4.3295	3.9927

① ₩17,318 ② ₩19,232 ③ ₩24,063

④ ₩25,977 ⑤ ₩27,891

5 ㈜대한은 기계장치를 제조 및 판매하는 기업이다. 20×1년 1월 1일 ㈜대한은 ㈜민국에게 원가(장부금액) ₩100,000의 재고자산(기초자산)을 아래와 같은 조건으로 판매하였는데, 이 거래는 금융리스에 해당한다. (CPA 2022)

- 리스개시일은 20×1년 1월 1일이며, 리스개시일 현재 재고자산(기초자산)의 공정가치는 ₩130,000이다.
- ㈜대한은 20×1년부터 20x3년까지 매년 12월 31일에 ㈜민국으로부터 ₩50,000의 고정리스료를 받는다.
- ㈜대한은 동 금융리스 계약의 체결과 관련하여 리스개시일에 ₩1,000의 수수료를 지출하였다.
- ㈜민국은 리스기간 종료일인 20×3년 12월 31일에 리스자산을 해당 시점의 공정가치보다 충분히 낮은 금액인 ₩8,000에 매수할 수 있는 선택권을 가지고 있으며, 20×1년 1월 1일 현재 ㈜민국이 이를 행사할 것이 상당히 확실하다고 판단된다.
- 20×1년 1월 1일에 ㈜대한의 증분차입이자율은 연 8%이며, 시장이자율은 연 12%이다.
- 적용할 현가계수는 아래의 표와 같다.

할인율 / 기간	단일금액 ₩1의 현재가치		정상연금 ₩1의 현재가치	
	8%	12%	8%	12%
1년	0.9259	0.8929	0.9259	0.8929
2년	0.8573	0.7972	1.7832	1.6901
3년	0.7938	0.7118	2.5770	2.4019

위 거래가 ㈜대한의 20×1년도 포괄손익계산서상 당기순이익에 미치는 영향은 얼마인가? (단, 단수차이로 인해 오차가 있다면 가장 근사치를 선택한다)

① ₩24,789 증가 ② ₩25,789 증가 ③ ₩39,884 증가
④ ₩40,884 증가 ⑤ ₩42,000 증가

6 리스이용자인 ㈜대한은 리스제공자인 ㈜민국리스와 리스개시일인 20×1년 1월 1일에 다음과 같은 조건의 리스계약을 체결하였다. (CPA 2021)

- 기초자산(생산공정에 사용할 기계장치)의 리스기간은 20×1년 1월 1일부터 20×3년 12월 31일까지이다.
- 기초자산의 내용연수는 4년으로 내용연수 종료시점의 잔존가치는 없으며, 정액법으로 감가상각한다.
- ㈜대한은 리스기간 동안 매년 말 ₩3,000,000의 고정리스료를 지급한다.
- 사용권자산은 원가모형을 적용하여 정액법으로 감가상각하고, 잔존가치는 없다.
- 20×1년 1월 1일에 동 리스의 내재이자율은 연 8%로 리스제공자와 리스이용자가 이를 쉽게 산정할 수 있다.
- ㈜대한은 리스기간 종료시점에 기초자산을 현금 ₩500,000에 매수할 수 있는 선택권을 가지고 있으나, 리스개시일 현재 동 매수선택권을 행사하지 않을 것이 상당히 확실하다고 판단하였다. 그러나 20×2년 말에 ㈜대한은 유의적인 상황변화로 인해 동 매수선택권을 행사할 것이 상당히 확실하다고 판단을 변경하였다.
- 20×2년 말 현재 ㈜대한은 남은 리스기간의 내재이자율을 쉽게 산정할 수 없으며, ㈜대한의 증분차입이자율은 연 10%이다.
- 적용할 현가계수는 아래의 표와 같다.

기간 \ 할인율	단일금액 ₩1의 현재가치		정상연금 ₩1의 현재가치	
	8%	10%	8%	10%
1년	0.9259	0.9091	0.9259	0.9091
2년	0.8573	0.8264	1.7832	1.7355
3년	0.7938	0.7513	2.5770	2.4868

㈜대한이 20×3년에 인식할 사용권자산의 감가상각비는 얼마인가? (단, 단수차이로 인해 오차가 있다면 가장 근사치를 선택한다)

① ₩993,804 ② ₩1,288,505 ③ ₩1,490,706
④ ₩2,577,003 ⑤ ₩2,981,412

7 ㈜세무리스는 20×1년 1월 1일(리스개시일)에 ㈜한국에게 건설장비를 5년 동안 제공하고 고정리스료로 매년 말 ₩2,000,000씩 수취하는 금융리스계약을 체결하였다. 체결당시 ㈜세무리스는 리스개설직접원가 ₩50,000을 지출하였으며, 건설장비의 공정가치는 ₩8,152,500이다. 리스개시일 당시 ㈜세무리스의 내재이자율은 10%이다. 리스기간 종료시 ㈜한국은 건설장비를 반환하는 조건이며, 예상잔존가치 ₩1,000,000 중 ₩600,000을 보증한다. ㈜세무리스는 20×3년 1월 1일 무보증잔존가치의 추정을 ₩200,000으로 변경하였다. ㈜세무리스가 20×3년도에 인식해야 할 이자수익은?

(CTA 2021)

기간 \ 할인율	단일금액 ₩1의 현재가치 (할인율 10%)	정상연금 ₩1의 현재가치 (할인율 10%)
3년	0.7513	2.4868
5년	0.6209	3.7908

① ₩542,438　② ₩557,464　③ ₩572,490
④ ₩578,260　⑤ ₩582,642

CHAPTER 17

법인세

1. 법인세회계의 의의
2. 이연법인세회계
3. 법인세기간내 배분
4. 재무제표 표시

학습목표

- 법인세회계의 의의를 이해한다.
- 이연법인세회계의 필요성과 회계처리를 이해한다.
- 법인세기간내 배분을 이해한다.

K-IFRS 제1012호 '법인세'에서는 상당부분 이연법인세회계에 대해 규정하고 있다. 이연법인세회계란 현재 회계이익과 과세소득의 차이로 인해 발생하는 미래 법인세비용 또는 혜택을 각각 이연법인세부채 또는 이연법인세자산으로 인식하는 것이다.

이연법인세회계가 중요한 이유는 이연법인세 자산과 부채를 인식함으로써 자산과 부채를 적절히 평가할 수 있을 뿐만 아니라 회계이익에 대한 적절한 법인세비용을 계상함으로써 수익-비용 대응원칙에 부합하기 때문이다. 본장을 통해서 법인세회계의 의의, 이연법인세회계의 필요성과 회계처리, 그리고 법인세기간내 배분에 대해서 심도 있게 학습해 보자.

1. 법인세회계의 의의

기업은 일정기간 동안 영업활동을 수행하면서 이익이 발생하면 이를 기초로 법인세(corporate income tax)를 부담한다. 법인세는 회계이익이 아닌 과세소득에 기초하여 계산된 세금이다.

1.1 회계이익과 과세소득

회계기준에서는 회계상 수익에서 비용을 차감하여 회계이익(accounting income, 법인세비용차감전순이익)을 산출하지만, 법인세법에서는 세법상 수익에서 비용을 차감하여 과세소득(taxable income)을 산출한다.[1] 회계기준의 수익과 비용을 발생주의에 따라 인식하나, 법인세법의 수익과 비용을 권리의무확정주의[2]에 따라 인식하기 때문에 회계기준의 수익과 비용은 법인세법의 수익과 비용과 동일하지 않다.

과세소득을 산출하기 위하여 회계이익에 특정 금액을 가산하거나 차감하는 조정을 하는데, 이 과정을 세무조정(tax adjustment)이라고 한다. 익금산입과 손금불산입은 과세소득을 증가시키고, 익금불산입과 손금산입은 과세소득을 감소시킨다. 회계이익을 이용하여 과세소득을 산출하는 과정을 단순하게 표시하면 [그림 17-1]과 같다.

[그림 17-1] 세무조정

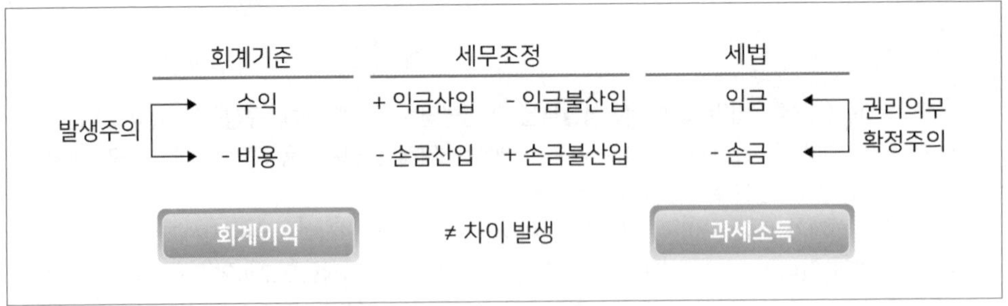

1 세법상 수익을 익금이라고 하며 출자지분의 변동을 제외한 순자산의 증가분이다. 또한 세법상 비용을 손금이라고 하며 출자지분의 변동을 제외한 순자산의 감소분이다.

2 권리의무확정주의는 익금과 손금이 확정된 날이 속하는 사업연도를 손익의 귀속사업연도로 하려는 법인세법 특유의 개념으로서 회계기준의 실현주의 또는 발생주의에 대응하는 개념이다.

1.2 이연법인세 인식의 필요성

[그림 17-1]에서 보는 바와 같이 적용하는 규정이 다르기 때문에 회계이익과 과세소득은 차이가 발생한다. 그러나 이러한 차이는 시간이 경과하면서 소멸한다. 예를 들어, 20×1년 초에 FVPL금융자산을 ₩10,000에 취득하고, 20×1년 말에 FVPL금융자산의 공정가치가 ₩11,000이며, 20×2년 초에 FVPL금융자산을 ₩11,000에 처분하였다고 가정하자. 회계상 수익은 20×1년도에 ₩1,000을 인식하지만 법인세법에서는 공정가치평가를 인정하지 않기 때문에 실제 처분한 20×2년도에 ₩1,000을 세법상 수익으로 인식한다. 이와 같이 특정 연도의 세무조정 과정에서 발생한 회계이익과 과세소득의 차이가 차기 이후 세무조정 과정에서 소멸하는 경우 그 차이를 일시적차이(temporary difference)라고 한다. 다음의 (예 1)을 통해서 회계이익과 과세소득의 차이로 인한 이연법인세 인식의 필요성을 살펴보자.

예 1. 이연법인세 인식의 필요성

대박회사의 20×1년과 20×2년의 회계이익(법인세비용차감전순이익)이 모두 ₩9,000으로 동일하다고 가정하자. 회계이익과 과세소득의 차이는 20×1년에 인식한 FVPL금융자산평가이익 ₩1,000이며, 이러한 차이는 20×2년에 FVPL금융자산을 처분하면서 소멸하였다. 법인세율은 20%로 가정한다.

만약 이연법인세를 인식하지 않고 당기법인세를 법인세비용으로 인식하는 경우에 회계처리는 다음과 같다.

〈20×1년 말〉

(차변)	법 인 세 비 용	1,600	(대변)	미 지 급 법 인 세	1,600

〈20×2년 말〉

(차변)	법 인 세 비 용	2,000	(대변)	미 지 급 법 인 세	2,000

이와 같은 회계처리를 반영한 20×1년과 20×2년의 당기순이익은 다음과 같다.

	20×1년		20×2년
회계이익㉠	₩9,000	=	₩9,000
일시적차이	(1,000)		1,000
과세소득	₩8,000		₩10,000
법인세율	20%		20%
당기법인세㉡	₩1,600	≠	₩2,000
당기순이익(㉠-㉡)	₩7,400	≠	₩7,000

위에서 보는 바와 같이 이연법인세를 인식하지 않고 당기법인세를 법인세비용으로 인식하면 두 회계기간의 회계이익이 동일함에도 불구하고 당기순이익이 달라지는 문제가 발생한다. 재무제표이용자는 20×1년과 20×2년의 당기순이익을 비교하면서 20×2년의 성과가 20×1년에 비해 하락하였다고 잘못 판단할 수도 있다.

이연법인세부채를 인식하면 이러한 문제가 해결된다. 20×1년 말 현재 일시적차이 ₩1,000은 20×2년의 과세소득을 증가시키므로 ₩200의 세금을 더 부담시키는 효과가 있다. 이를 반영하여 법인세비용을 인식하는 경우에 회계처리는 다음과 같다.

〈20×1년 말〉

(차변)	법 인 세 비 용	1,800	(대변)	미 지 급 법 인 세	1,600
				이 연 법 인 세 부 채	200❶

❶ ₩1,000(일시적차이) × 20% =₩200

〈20×2년 말〉

(차변)	법 인 세 비 용	1,800	(대변)	미 지 급 법 인 세	2,000
	이 연 법 인 세 부 채	200			

이와 같은 회계처리를 반영한 20×1년과 20×2년의 당기순이익은 다음과 같다.

	20×1년		20×2년
회계이익㉠	₩9,000	=	₩9,000
당기법인세	1,600		2,000
이연법인세부채	200		(200)
법인세비용㉡	₩1,800	=	₩1,800
당기순이익(㉠-㉡)	₩7,200	=	₩7,200

위에서 보는 바와 같이 당기법인세에 이연법인세부채를 가감하여 법인세비용을 인식하면 두 회계기간의 회계이익과 당기순이익이 모두 동일하게 보고된다. 따라서 이연법인세회계를 적용하면 재무제표이용자가 의사결정하는 데에 유용한 정보를 제공할 수 있다.

2. 이연법인세회계

2.1 회계이익과 과세소득의 차이

(1) 세무기준액

자산의 세무기준액(tax base)은 자산의 장부금액이 회수될 때 기업에 유입될 과세대상 경제적 효익에서 세무상 차감될 금액을 말한다.

예 2. 자산의 세무기준액

〈예시 1〉

한 기계의 원가가 ₩100이었다. 세무상 감가상각비 ₩30은 이미 당기와 과거기간에 공제되었고 미상각잔액은 미래 회계기간에 감가상각이나 처분으로 공제된다. 기계를 사용하여 창출할 수익과 기계의 처분시 차익은 과세대상이며 처분시 손실은 세무상 차감된다. 이 기계의 세무기준액은 ₩70이다.

〈예시 2〉
미수이자의 장부금액이 ₩100이다. 관련 이자수익은 현금기준으로 과세된다. 이 미수이자의 세무기준액은 영(₩0)이다.

〈예시 3〉
매출채권의 장부금액이 ₩100이다. 관련 수익(매출액)이 이미 과세소득에 포함되었다. 이 매출채권의 세무기준액은 ₩100이다.

한편, 부채의 세무기준액은 장부금액에서 미래 회계기간에 당해 부채와 관련하여 세무상 공제될 금액을 차감한 금액이다. 수익을 미리 받은 경우, 이로 인한 부채의 세무기준액은 당해 장부금액에서 미래 회계기간에 과세되지 않을 수익을 차감한 금액이다.

예 3. 부채의 세무기준액

〈예시 1〉
유동부채에 장부금액이 ₩100인 미지급비용이 포함되어 있다. 관련 비용은 현금기준으로 세무상 공제될 것이다. 이 미지급비용의 세무기준액은 영(₩0)이다.

〈예시 2〉
유동부채에 장부금액이 ₩100인 선수이자가 포함되어 있다. 관련 이자수익은 현금기준으로 이미 과세되었다. 이 선수이자의 세무기준액은 영(₩0)이다.

〈예시 3〉
유동부채에 장부금액이 ₩100인 미지급비용이 포함되어 있다. 관련 비용이 세무상 이미 공제되었다. 이 미지급비용의 세무기준액은 ₩100이다.

(2) 일시적차이

앞서 언급한 것처럼 특정 연도의 세무조정 과정에서 발생한 회계이익과 과세소득의 차이가 차기 이후 세무조정 과정에서 소멸하는 경우 그 차이를 일시적차이(temporary difference)라고 한다. K-IFRS 제1012호 '법인세'에서는 일시적차이를 재무상태표상 자산 또는 부채의 장부금액과 세무기준액의 차이로 정의하고 있다.

(예 1)을 통해 설명한 것처럼 한국채택국제회계기준에서는 FVPL금융자산을 공정가치로 평가하도록 규정하지만, 법인세법에서는 유가증권에 대해서 원가법만 허용한다. 따라서 FVPL금융자산을 공정가치로 평가할 때 일시적차이가 ₩1,000 발생하고 처분할 때 일시적차이가 ₩1,000 소멸한다.

일시적차이는 부채에서도 발생한다. 예를 들어, 한국채택국제회계기준에 따라 기업이 판매한 제품에 대해서 보고기간 말에 제품보증비와 제품보증충당부채를 ₩1,000 인식하였다고 가정하자. 그러나 법인세법에서는 발생기준에 따라 인식하는 충당부채를 인정하지 않고 현금 지급시점에 세법상 비용으로 인정한다. 따라서 제품보증충당부채를 인식할 때 일시적차이가 ₩1,000 발생하고 차기 이후 제품보증을 이행하기 위해서 현금을 지출할 때 일시적차이가 ₩1,000 소멸한다.

(3) 영구적차이

재무상태표상 자산 또는 부채의 장부금액과 세무기준액의 차이가 있지만 미래의 과세소득에 가산 또는 차감되지 않는, 즉 소멸되지 않는 차이를 영구적차이(permanent difference)라고 하지만, 한국채택국제회계기준에서는 이 용어를 사용하지 않는다. 다음에 설명하지만 영구적차이는 이연법인세회계와 무관하기 때문이다. 영구적차이의 예로는 접대비한도초과액과 벌금 및 과태료, 그리고 자기주식처분손익 등이 있다.

회사는 접대비를 지출하면서 이를 모두 비용으로 처리할 것이다. 그러나 세법에서는 기업의 무분별한 접대비 사용을 억제하고자 세법에서 인정하는 접대비 한도액을 초과하는 금액을 접대비로 인정해 주지 않는다. 만약 회사가 접대비 ₩1,000을 지출하였는데, 접대비 한도가 ₩800이라면 접대비한도초과액인 ₩200을 과세소득에 가산하는 세무조정하고 이후에 소멸하지 않는다.

또한 회사가 법규 위반으로 과태료를 지출하면서 이를 비용으로 처리할 것이다. 세법에서 과태료를 비용으로 인정하면 이에 따른 당기법인세가 줄어들기 때문에 이러한 효과를 없애기 위해서 과태료를 비용으로 인정하지 않는다. 만약 회사가 과태료 ₩1,000을 지출하였다면 그 금액만큼 과세소득에 가산하는 세무조정하고 이후에 소멸하지 않는다.

한편, 자기주식을 처분하면서 발생하는 자기주식처분손익은 자본항목이기 때문에 회계이익에 반영하지 않지만, 세법에서는 과세소득에 반영한다. 만약 회사가 자기주식을 처분하면서 자기주식처분이익 ₩1,000이 발생하였다면 이를 과세소득에 가산하는 세무조정하고 이후에 소멸하지 않는다.

위에서 설명한 바와 같이 회계이익과 과세소득의 차이를 일시적차이와 영구적차이로 구분하는데, 이연법인세회계는 일시적차이만 관련이 있다. 일시적차이로 인해서 미래 과세소득을 증가시켜 세금을 더 부담시키는 효과가 있다면 이연법인세부채를 인식하고, 미래 과세소득을 감소시켜 세금을 감소시키는 효과가 있다면 이연법인세 자산을 인식한다. 그러나 영구적차이는 이러한 효과를 발생시키지 않는다. 따라서 회계이익과 과세소득의 영구적차이는 이연법인세회계와 무관하다.

2.2 법인세비용의 계산

포괄손익계산서에 계상될 법인세비용은 다음과 같이 결정된다.

법인세비용 = 당기법인세 - 이연법인세자산 증가 + 이연법인세자산 감소
+ 이연법인세부채 증가 - 이연법인세부채 감소
= 당기법인세 - (당기말 이연법인세자산 - 전기말 이연법인세자산)
+ (당기말 이연법인세부채 - 전기말 이연법인세부채)

(1) 당기법인세의 계산

당기법인세는 과세소득에 기초하여 다음과 같이 계산한다.

당기법인세 = 과세소득 × 당기 법인세율
= (회계이익 ± 일시적차이 ± 영구적차이) × 당기 법인세율

당기법인세는 미지급법인세(부채)로 인식하고, 다음과 같이 회계처리한다.

〈당기법인세 인식〉

(차변)	법 인 세 비 용	×××	(대변)	미 지 급 법 인 세	×××

(2) 이연법인세 당기말 잔액 계산

회계이익과 과세소득의 일시적차이 중에서 이미 회계이익에서 차감하여 차기 이후 과세소득 산출시 회계이익에 가산하면서 소멸하면 가산할 일시적차이(taxable temporary differences)라고 한다. 또한 이미 회계이익에 가산하여 차기 이후 과세소득 산출시 회계이익에서 차감하면서 소멸하면 차감할 일시적차이(deductable temporary differences)라고 한다.

당기말 현재 가산할 일시적차이는 미래 과세소득을 증가시켜 세금을 더 부담시키는 효과가 있기 때문에 법인세율을 곱한 금액만큼 이연법인세부채(deferred tax liabilities)를 인식한다. 또한 당기말 현재 차감할 일시적차이는 미래 과세소득을 감소시켜 세금을 줄여주는 효과가 있기 때문에 법인세율을 곱한 금액만큼 이연법인세자산(deferred tax assets)을 인식한다.

이연법인세 자산과 부채는 보고기간말까지 제정되었거나 실질적으로 제정된 세율(및 세법)에 근거하여 당해 자산이 실현되거나 부채가 결제될 회계기간에 적용될 것으로 기대되는 세율(미래 세율)을 사용하여 측정한다. 과세대상수익의 수준에 따라 적용되는 세율이 다른 경우에는 일시적차이가 소멸될 것으로 예상되는 기간의 과세소득(세무상결손금)에 적용될 것으로 기대되는 평균세율을 사용하여 이연법인세 자산과 부채를 측정한다.

당기말 현재 가산할 일시적차이와 차감할 일시적차이에 대해서 다음과 같이 이연법인세부채 또는 이연법인세자산을 계산한다.

이연법인세부채 기말잔액 = 당기말 현재 미소멸된 가산할 일시적차이 × 미래 세율
이연법인세자산 기말잔액 = 당기말 현재 미소멸된 차감할 일시적차이 × 미래 세율

이연법인세자산 또는 부채는 할인하지 아니한다. 이연법인세 자산과 부채를 신뢰성 있게 현재가치로 할인하기 위해서는 각 일시적차이의 소멸시점을 상세히 추정하여야 한다. 많은 경우 소멸시점을 실무적으로 추정할 수 없거나 추정이 매우 복잡하다. 따라서 이연법인세 자산과 부채를 할인하도록 하는 것은 적절하지 않다. 또한 할인을 강요하지 않지만 허용한다면 기업 간 이연법인세 자산과 부채의 비교가능성이 저해될 것이다. 따라서 이연법인세 자산과 부채를 할인하지 않도록 하였다.

(3) 법인세비용의 결정

이연법인세자산 또는 부채의 기말잔액을 계산하였다면 전기이월된 이연법인세자산 또는 부채와 비교하여 추가로 인식할 이연법인세자산 또는 부채를 계산한다.

이연법인세자산의 기말잔액과 전기이월된 금액을 비교하여 증가한다면 법인세비용을 감소시키고, 반대라면 법인세비용을 증가시킨다. 또한 이연법인세부채의 기말잔액과 전기이월된 금액을 비교하여 증가한다면 법인세비용을 증가시키고, 반대라면 법인세비용을 감소시킨다. 회계처리는 다음과 같다.

〈이연법인세자산〉

(차변)	이연법인세자산 (증 가)	×××	(대변)	법 인 세 비 용	×××
(차변)	법 인 세 비 용	×××	(대변)	이연법인세자산 (감 소)	×××

〈이연법인세부채〉

(차변)	법 인 세 비 용	×××	(대변)	이연법인세부채 (증 가)	×××
(차변)	이연법인세부채 (감 소)	×××	(대변)	법 인 세 비 용	×××

예제 1 ▎ 법인세비용의 계산-미래세율의 변경

대박회사의 20×1년도 법인세와 관련된 자료는 다음과 같다.

- 법인세비용차감전순이익: ₩1,000,000
- 가산할 일시적차이: ₩150,000
- 차감할 일시적차이: ₩200,000
- 당기세율: 20%

물음

1. 차기 이후에 세율 변동은 없다고 예상될 경우 대박회사가 20×1년 말에 법인세비용을 인식하는 분개를 하시오.

2. (물음 1)과 관계없이 20×1년 말에 세법이 개정되어 20×2년부터 세율이 25%로 인상될 것이 예정된 경우 대박회사가 20×1년 말에 법인세비용을 인식하는 분개를 하시오.

풀이

1. 당기법인세(미지급법인세) = (₩1,000,000 - 150,000 + 200,000)) × 20%
   = ₩210,000
   - 이연법인세부채 = ₩150,000 × 20% = ₩30,000
   - 이연법인세자산 = ₩200,000 × 20% = ₩40,000

〈법인세비용 인식〉

(차변)	법인세비용	210,000	(대변)	미지급법인세	210,000
	법인세비용	30,000		이연법인세부채	30,000
	이연법인세자산	40,000		법인세비용	40,000

다음과 같이 통합하여 회계처리할 수 있다.

(차변)	법인세비용	200,000	(대변)	미지급법인세	210,000
	이연법인세자산	40,000		이연법인세부채	30,000

2. 당기법인세(미지급법인세) = (₩1,000,000 - 150,000 +200,000)) × 20%
   = ₩210,000
   - 이연법인세부채 = ₩150,000 × 25% = ₩37,500
   - 이연법인세자산 = ₩200,000 × 25% = ₩50,000

〈법인세비용 인식〉

(차변)	법인세비용	210,000	(대변)	미지급법인세	210,000
	법인세비용	37,500		이연법인세부채	37,500
	이연법인세자산	50,000		법인세비용	50,000

다음과 같이 통합하여 회계처리할 수 있다.

(차변)	법인세비용	197,500	(대변)	미지급법인세	210,000
	이연법인세자산	50,000		이연법인세부채	37,500

예제 2 ▌ 법인세비용의 계산-일시적차이와 영구적차이

대박회사의 20×1년도와 20×2년도 법인세 세무조정 내역은 다음과 같다.

	20×1년	20×2년
법인세비용차감전순이익	₩1,500,000	₩1,800,000
세무조정항목		
FVPL금융자산평가이익	(50,000)	50,000
제품보증충당부채	200,000	(100,000)
감가상각비 한도초과	-	90,000
접대비 한도초과	70,000	-
과태료	-	30,000
과세소득	₩1,720,000	₩1,870,000

<추가자료>

- FVPL금융자산은 20×2년 7월에 처분한다.
- 제품보증충당부채는 20×2년부터 매년 1/2씩 소멸된다.
- 감가상각비 한도초과는 20×3년부터 매년 1/3씩 소멸된다.
- 20×1년 말 세법 개정으로 인하여 다음과 같이 연도별 적용세율이 변경되었다.
  20×1년과 20×2년: 20%, 20×3년과 20×4년: 25%, 20×5년 이후: 30%

물음

1. 대박회사가 20×1년 말에 법인세비용을 인식하는 분개를 하시오. 단, 전기이월된 일시적차이는 없다고 가정한다.

2. 대박회사가 20×2년 말에 법인세비용을 인식하는 분개를 하시오. 단, 20×1년 말 일시적차이는 예상한 대로 20×2년 말에 소멸하였다고 가정한다.

풀이

1. 20×1년 말 법인세비용 인식
   - 당기법인세(미지급법인세) = ₩1,720,000 × 20% = ₩344,000
   - 이연법인세 계산

일시적차이 조정표

세무조정항목	20×1년 말 일시적차이	일시적차이 소멸	
		20×2년	20×3년
FVPL금융자산평가이익	₩(50,000)	₩50,000	-
제품보증충당부채	200,000	(100,000)	₩(100,000)
적용세율		20%	25%

❶ 이연법인세부채 = ₩50,000 × 20% = ₩10,000
❷ 이연법인세자산 = ₩100,000 × 20% + 100,000 × 25% = ₩45,000

〈20×1년 말 법인세비용 인식〉

(차변)	법 인 세 비 용	344,000	(대변)	미 지 급 법 인 세	344,000
	법 인 세 비 용	10,000		이 연 법 인 세 부 채	10,000
	이 연 법 인 세 자 산	45,000		법 인 세 비 용	45,000

다음과 같이 통합하여 회계처리할 수 있다.

(차변)	법 인 세 비 용	309,000	(대변)	미 지 급 법 인 세	344,000
	이 연 법 인 세 자 산	45,000		이 연 법 인 세 부 채	10,000

2. 20×2년 말 법인세비용 인식
 - 당기법인세(미지급법인세) = ₩1,870,000 × 20% = ₩374,000
 - 이연법인세 계산

일시적차이 조정표

세무조정항목	20×2년 말 일시적차이	일시적차이 소멸		
		20×3년	20×4년	20×5년
제품보증충당부채	₩100,000	₩(100,000)	-	-
감가상각비 한도초과	90,000	(30,000)	₩(30,000)	₩(30,000)
적용세율		25%	25%	30%

❶ 이연법인세부채 = ₩0
❷ 이연법인세자산 = ₩130,000 × 25% + 30,000 × 25% + 30,000 × 30% = ₩49,000

〈20×2년 말 법인세비용 인식〉

(차변)	법 인 세 비 용	374,000	(대변)	미 지 급 법 인 세	374,000
	이 연 법 인 세 부 채	10,000❸		법 인 세 비 용	10,000
	이 연 법 인 세 자 산	4,000❹		법 인 세 비 용	4,000

❸ 이연법인세부채 감소 = ₩0(당기 이연법인세부채) - 10,000(전기 이연법인세부채) = (-)₩10,000
❹ 이연법인세자산 증가 = ₩49,000(당기 이연법인세자산) - 45,000(전기 이연법인세자산) = ₩4,000

다음과 같이 통합하여 회계처리할 수 있다.

(차변)	법 인 세 비 용	360,000	(대변)	미 지 급 법 인 세	374,000
	이 연 법 인 세 부 채	10,000			
	이 연 법 인 세 자 산	4,000			

2.3 이연법인세자산 · 부채의 인식의 예외

모든 일시적차이에 대하여 이연법인세자산이나 이연법인세부채를 인식하지만, 다음의 경우에 발생하는 일시적차이에 대하여서는 이연법인세자산이나 이연법인세부채를 인식하지 아니한다.

① 영업권을 최초 인식할 때
② 자산 또는 부채가 최초로 인식되는 거래가 사업결합거래가 아니고, 거래 당시 회계이익이나 과세소득(세무상결손금)에 영향을 미치지 아니하는 거래

(1) 영업권에 대한 이연법인세 인식의 예외

제7장 '무형자산'에서 설명한 것처럼 영업권(goodwill)은 사업결합 과정에서 취득기업의 이전대가가 피취득기업의 순자산의 공정가치를 초과하는 경우 그 차액을 의미하며, 무형자산으로 인식한다.

세법에서 영업권을 인식하지 않으면 영업권의 세무기준액이 영(₩0)이기 때문에 가산할 일시적차이가 발생한다. 만일 영업권과 관련된 가산할 일시적차이에 대해 이연법인세부채를 인식하게 되면, 식별가능한 순자산이 감소하고 이는 영업권의

증가로 이어져 이연법인세부채를 추가로 인식해야 하는 순환문제가 발생한다. 다음의 (예 4)를 통해서 영업권에 대한 이연법인세부채를 인식하지 아니하는 이유를 살펴보자.

예 4. 영업권에 대한 이연법인세부채의 인식 예외

> 대박회사는 식별가능한 순자산의 공정가치가 ₩900(자산 ₩1,500, 부채 ₩600)인 비상회사의 인수대가로 현금 ₩1,000을 지급하였으며, 비상회사의 자산과 부채의 공정가치는 세무기준액과 같다. 단, 세율은 20%로 가정한다.

이연법인세를 인식하지 않을 경우 대박회사는 취득시점에 다음과 같이 회계처리한다.

(차변)	자산	1,500	(대변)	부채	600
	영업권	100		현금	1,000

만약 영업권의 세무기준액이 ₩0이면, 영업권에 대해서 가산할 일시적차이가 ₩100이 발생한다. 여기에 세율 20%를 곱하여 이연법인세부채 ₩20을 인식한다면 취득시점의 회계처리는 다음과 같이 바뀔 것이다.

(차변)	자산	1,500	(대변)	부채	600
	영업권	120		이연법인세부채	20
				현금	1,000

영업권이 ₩20원 증가하면서 영업권에 대해서 가산할 일시적차이가 ₩20원 증가한다. 여기에 세율 20%를 곱하여 이연법인세부채 ₩4을 추가로 인식한다면 다시 영업권도 ₩4 증가하므로 일시적차이가 또 발생한다.

이와 같이 사업결합 시에 회계처리에서 영업권에 대하여 이연법인세부채를 인식하면 이것이 다시 영업권을 변동시켜 이연법인세부채를 추가로 인식해야 하는 순환문제가 발생한다. 이러한 문제 때문에 이연법인세 인식의 예외 규정을 적용하여 영업권과 관련된 일시적차이에 대해서는 이연법인세부채를 인식하지 않는다.

그러나 사업결합으로 취득하는 식별가능한 자산과 부채의 공정가치와 세무기준액이 다른 경우에 발생하는 일시적차이에 대해서는 이연법인세를 인식한다. (예 4)에서 비상회사의 자산과 부채의 세무기준액이 각각 ₩1,100과 ₩400일 경우 대박회사는 취득시점에 다음과 같이 회계처리한다.

(차변)	자　　　산	1,500	(대변)	부　　　채	600
	이연법인세자산	40❶		이연법인세부채	80❷
	영　업　권	140		현　　　금	1,000

❶ 이연법인세자산 = ₩200(부채에서 발생한 차감할 일시적차이) × 20% = ₩40
❷ 이연법인세부채 = ₩400(자산에서 발생한 가산할 일시적차이) × 20% = ₩80

(2) 최초 인식하는 거래에 대한 이연법인세 인식의 예외

자산이나 부채를 최초로 인식하는 거래가 사업결합거래가 아니고, 거래 당시 회계이익이나 과세소득(세무상결손금)에 영향을 미치지 않는다면, 자산이나 부채를 최초 인식하는 시점에 이연법인세자산이나 이연법인세부채를 인식하지 않는다. 자산이나 부채를 최초로 인식하는 거래가 사업결합거래일 경우에는 (예 4)에서 설명한 것처럼 이연법인세자산이나 이연법인세부채를 인식한다.

다음의 (예 5)를 통해서 자산이나 부채를 최초로 인식하는 시점에 이연법인세를 인식하지 아니하는 이유를 살펴보자.

예 5. 최초 인식하는 거래에 대한 이연법인세 인식의 예외

> 대박회사는 자산을 ₩1,500에 취득하였는데, 세무기준액은 ₩1,000이다. 거래 당시 회계이익이나 과세소득에 영향을 미치지 않는다. 단, 세율은 20%로 가정한다.

이연법인세를 인식하지 않을 경우 대박회사는 최초 인식시점에 다음과 같이 회계처리한다.

(차변)	자　　　산	1,500	(대변)	현　　　금	1,500

만약 자산의 세무기준액이 ₩1,000이므로, 자산에 대해서 가산할 일시적차이가 ₩500이 발생한다. 여기에 세율 20%를 곱하여 이연법인세부채 ₩100을 인식한다면 최초 인식시점의 회계처리는 다음과 같이 바뀔 것이다.

(차변)	자 산	1,500	(대변)	현 금	1,500
	?	100		이연법인세부채	100

이연법인세부채의 상대계정으로 법인세비용을 인식하면 자산의 취득시점에 비용을 인식하는 문제가 발생한다. 또한 이연법인세부채의 상대계정으로 자산을 인식하면 취득원가가 과대계상되는 문제가 발생한다. 이러한 문제점 때문에 자산이나 부채를 최초 인식하는 시점에 이연법인세자산이나 이연법인세부채를 인식하지 않는 것이다.

2.4 이연법인세자산 인식의 조건

이연법인세부채를 인식하는 데에는 아무런 제한이 없지만, 이연법인세자산을 인식하기 위해서는 미래 과세소득의 발생가능성을 고려하여야 한다.

(1) 차감할 일시적차이

차감할 일시적차이는 미래의 과세소득에서 차감되는 형태로 소멸된다. 그러나 법인세납부액이 감소되는 형태의 경제적 효익은 공제가 상쇄될 수 있는 충분한 과세소득을 획득할 수 있는 경우에만 기업에 유입될 것이다. 따라서 차감할 일시적차이가 사용될 수 있는 미래 과세소득의 발생가능성이 높은 경우에만 이연법인세자산을 인식한다. 또한 차감할 일시적차이의 소멸이 예상되는 기간과 동일한 회계기간에 충분한 가산할 일시적차이가 있을 때도 차감할 일시적차이가 사용될 수 있는 과세소득의 발생가능성이 높다고 본다.

(2) 미사용 세무상결손금과 세액공제

미사용 세무상결손금과 세액공제 모두 미래의 법인세 감소효과를 가지고 있지만, 미래 과세소득의 발생가능성이 낮다면 미사용 세무상결손금이나 세액공제의

혜택을 받을 수 없다. 따라서 미사용 세무상결손금과 세액공제가 사용될 수 있는 미래 과세소득의 발생가능성이 높은 경우 그 범위 안에서 미사용 세무상결손금과 세액공제에 대하여 이연법인세자산을 인식한다.

이월된 미사용 세무상결손금과 세액공제로 인한 이연법인세자산의 인식 조건은 차감할 일시적차이로 인한 이연법인세자산의 인식 조건과 동일하다. 그러나 미사용 세무상결손금이 존재한다는 것은 미래 과세소득이 발생하지 않을 수 있다는 강한 증거가 된다. 따라서 기업이 최근 결손금 이력이 있는 경우에 충분한 가산할 일시적차이가 있거나 미사용 세무상결손금 또는 세액공제가 사용될 수 있는 충분한 미래 과세소득이 발생할 것이라는 설득력 있는 기타 증거가 있는 경우에만 그 범위 내에서 미사용 세무상결손금과 세액공제로 인한 이연법인세자산을 인식한다.

이연법인세자산의 장부금액은 매 보고기간 말에 검토한다. 이연법인세자산의 일부 또는 전부에 대한 혜택이 사용되기에 충분한 과세소득이 발생할 가능성이 더 이상 높지 않다면 이연법인세자산의 장부금액을 감액시킨다. 감액된 금액을 사용하기에 충분한 과세소득이 발생할 가능성이 높아지면 그 범위 내에서 환입한다.

이연법인세 자산과 부채의 장부금액은 관련된 일시적차이의 금액에 변동이 없는 경우에도 다음과 같은 원인으로 변경될 수 있다.

① 세율이나 세법이 변경되는 경우
② 이연법인세자산의 회수가능성을 재검토하는 경우
③ 예상되는 자산의 회수 방식이 변경되는 경우

이로 인한 이연법인세 조정금액은 당기손익(법인세비용)으로 인식한다.

예제 3 | 차감할 일시적차이에 대한 이연법인세자산의 인식

대박회사의 20×1년도와 20×2년도 법인세 세무조정 내역은 다음과 같다.

	20×1년	20×2년
법인세비용차감전순이익	₩1,500,000	₩1,800,000
세무조정항목		-
FVPL금융자산평가이익	(50,000)	50,000
제품보증충당부채	200,000	(100,000)
감가상각비 한도초과	-	90,000
과세소득	₩1,650,000	₩1,840,000

<추가자료>

- FVPL금융자산은 20×2년 7월에 처분한다.
- 제품보증충당부채는 20×2년부터 매년 1/2씩 소멸된다.
- 감가상각비 한도초과는 20×3년부터 매년 1/3씩 소멸된다.
- 20×1년과 20×2년 말 세율은 20%이며, 세율이 변경될 예정은 없다.
- 20×1년 말 현재 전기이월된 일시적차이는 없으며, 차감할 일시적차이가 사용될 수 있는 미래 과세소득의 발생가능성은 높다고 예측하였다.

물음

1. 대박회사가 20×2년 말에 법인세비용을 인식하는 분개를 하시오. 단, 20×2년 말 현재 차감할 일시적차이가 사용될 수 있는 미래 과세소득의 발생가능성이 높지 않다고 가정한다.

2. (물음 1)과 관계없이 대박회사의 20×2년도의 법인세비용차감전순이익이 (-)₩1,000,000이고 과세소득이 (-)₩960,000일 경우에 20×2년 말에 법인세비용을 인식하는 분개를 하시오. 단, 20×2년 말 현재 차감할 일시적차이가 사용될 수 있는 미래 과세소득의 발생가능성이 높다고 가정한다.

3. (물음 1)과 관계없이 대박회사의 20×2년도의 법인세비용차감전순이익이 (-)₩1,000,000이고 과세소득이 (-)₩960,000일 경우에 20×2년 말에 법인세비용을 인식하는 회계처리를 하시오. 단, 20×2년 말 현재 차감할 일시적차이가 사용될 수 있는 미래 과세소득의 발생가능성이 높지 않다고 가정한다.

풀이

1. 20×2년 말 법인세비용 인식-미래 과세소득의 발생가능성이 높지 않은 경우
   - 20×1년 말 이연법인세자산 = ₩200,000 × 20% = ₩40,000
   - 20×1년 말 이연법인세부채 = ₩50,000 × 20% = ₩10,000
   - 20×2년도 당기법인세(미지급법인세) = ₩1,840,000 × 20% = ₩368,000
   - 20×2년도 이연법인세 계산

일시적차이 조정표

세무조정항목	20×2년 말 일시적차이	일시적차이 소멸		
		20×3년	20×4년	20×5년
제품보증충당부채	₩100,000	₩(100,000)	-	-
감가상각비 한도초과	90,000	(30,000)	₩(30,000)	₩(30,000)
적용세율		20%	20%	20%

❶ 이연법인세부채 = ₩0

❷ 이연법인세자산 = ₩130,000 × 20% + 30,000 × 20% + 30,000 × 20% = ₩38,000을 인식하여야 하지만, 차감할 일시적차이가 사용될 수 있는 미래 과세소득의 발생가능성이 높지 않다면 이연법인세자산을 인식하지 않는다. 따라서 이연법인세자산은 영(₩0)이다.

〈20×2년 말 법인세비용 인식〉

(차변)	법인세비용	368,000	(대변)	미지급법인세	368,000
	이연법인세부채	10,000❸		법인세비용	10,000
	법인세비용	40,000❹		이연법인세자산	40,000

❸ 이연법인세부채 감소 = ₩0(당기 이연법인세부채) - 10,000(전기 이연법인세부채) = (-)₩10,000

❹ 이연법인세자산 감소 = ₩0(당기 이연법인세자산) - 40,000(전기 이연법인세자산) = (-)₩40,000

다음과 같이 통합하여 회계처리할 수 있다.

(차변)	법인세비용	398,000	(대변)	미지급법인세	368,000
	이연법인세부채	10,000		이연법인세자산	40,000

2. 20×2년 말 법인세비용 인식-미래 과세소득의 발생가능성이 높은 경우
   - 20×2년도 당기법인세(이연법인세자산) = ₩960,000 × 20% = ₩192,000
   - 20×2년도 이연법인세 계산

일시적차이 조정표

세무조정항목	20×2년 말 일시적차이	일시적차이 소멸		
		20×3년	20×4년	20×5년
제품보증충당부채	₩100,000	₩(100,000)	-	-
감가상각비 한도초과	90,000	(30,000)	₩(30,000)	₩(30,000)
적용세율		20%	20%	20%

❶ 이연법인세부채 = ₩0

❷ 이연법인세자산 = ₩130,000 × 20% + 30,000 × 20% + 30,000 × 20% = ₩38,000

〈20×2년 말 법인세비용 인식〉

(차변)	이 연 법 인 세 부 채	10,000❸	(대변)	법 인 세 비 용	200,000
	이 연 법 인 세 자 산	190,000❹			

❸ 이연법인세부채 감소 = ₩0(당기 이연법인세부채) - 10,000(전기 이연법인세부채) = (-)₩10,000

❹ 이연법인세자산 증가 = ₩192,000 + 38,000 - 40,000(전기 이연법인세자산) = ₩190,000

3. 세무상결손금이 사용될 수 있는 과세소득의 발생가능성 높지 않고 전기이월 가산할 일시적차이도 영(₩0)이기 때문에 세무상결손금에 따른 세금감소 혜택을 기대할 수 없으므로 세무상결손금과 차감할 일시적차이에 대한 이연법인세자산은 영(₩0)이다.

〈20×2년 말 법인세비용 인식〉

(차변)	이 연 법 인 세 부 채	10,000❶	(대변)	이 연 법 인 세 자 산	40,000
	법 인 세 비 용	30,000❷			

❶ 이연법인세부채 감소 = ₩0(당기 이연법인세부채) - 10,000(전기 이연법인세부채) = (-)₩10,000

❷ 이연법인세자산 감소 = ₩0(당기 이연법인세자산) - 40,000(전기 이연법인세자산) = (-)₩40,000

3. 법인세기간내 배분

3.1 법인세기간내 배분의 의의

포괄손익계산서에서 계속영업손익은 법인세비용차감전계속영업손익(세전이익)에서 법인세비용을 차감한 것이다. 만약 법인세비용에 계속영업손익을 구성하는 항목 이외의 항목과 관련된 법인세비용이 포함된다면 세전이익과 법인세비용이 적절하게 대응되는 못하게 된다. 따라서 계속영업손익과 관련 없지만 과세소득에 영향을 미치는 항목에 대한 법인세비용은 별도로 구분해서 보고하는 것이 타당하다. 특정 회계기간에 발생한 법인세비용을 계속영업손익과 관련된 부분과 그렇지 않은 부분으로 나누어 회계처리하는 것을 법인세기간내 배분(intraperiod tax allocation)이라고 한다. 여기에는 자본거래 손익(예 자기주식처분손익)에 대한 법인세비용 배분을 포함한다.

계속영업손익에 관련된 법인세비용은 구분하여 표시한다. 계속영업손익과 별도로 표시되는 중단영업손익과 기타포괄손익에 관련된 법인세비용은 해당 손익에 직접 가감한다. 포괄손익계산서에서 단계별 손익의 법인세비용을 나타내면 다음 [그림 17-2]와 같다.

[그림 17-2] 단계별 손익의 법인세비용

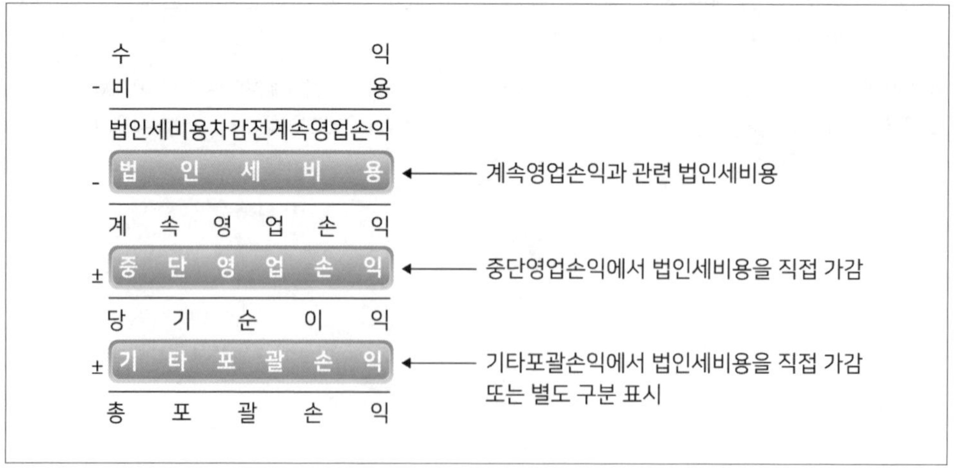

3.2 법인세기간내 배분 항목

(1) 중단영업손익

포괄손익계산서에서 계속영업손익 이외에 중단영업손익이 있다면 이와 관련된 법인세비용은 해당 손익에 직접 가감하여 중단영업손익을 법인세비용 반영 후 순액으로 표시한다.[3] 이와 같이 법인세비용을 관련 손익항목에 직접 연관되도록 보고하는 것이 타당하며, 정보이용자에게 보다 유용한 정보를 제공할 수 있다. 중단영업손익과 관련된 법인세비용을 계속영업손익의 법인세비용과 같이 보고한다면 정보이용자들에게 잘못된 정보를 전달할 수 있기 때문이다.

다음의 (예 6)을 통해서 중단영업손익에 대한 법인세의 표시방법에 대해 살펴보자.

예 6. 중단영업손익에 대한 법인세

20×1년도 대박회사의 법인세비용차감전순이익 중에서 계속영업이익이 ₩1,000,000이고, 중단영업이익이 ₩400,000이다. 단, 세율은 20%로 가정한다.

계속영업이익에 대한 법인세비용은 ₩200,000이고, 중단영업이익에 대한 법인세비용은 ₩80,000이다. 계속영업이익에 대한 법인세비용은 별도로 표시하지만, 중단영업이익에 대한 법인세비용은 중단영업이익에 직접 차감한 순액(₩320,000 = ₩400,000 − 80,000)으로 포괄손익계산서에 다음과 같이 표시한다.

	20×1년
법인세비용차감전계속영업이익	₩1,000,000
법인세비용	(200,000)
계속영업이익	₩800,000
중단영업이익	320,000
당기순이익	₩1,120,000

3 K-IFRS 제1105호 '매각예정비유동자산과 중단영업'에서 포괄손익계산서에 중단영업손익은 세후 단일금액으로 표시하도록 한다.

(2) 기타포괄손익

포괄손익계산서에서 기타포괄손익과 관련된 법인세비용은 다음 중 한 가지 방법으로 표시할 수 있다.4

① 관련 법인세효과를 차감한 순액으로 표시
② 기타포괄손익의 항목과 관련된 법인세효과 반영 전 금액으로 표시하고, 각 항목들에 관련된 법인세효과는 단일 금액으로 합산하여 표시
대안 ②를 선택하는 경우, 법인세는 후속적으로 당기손익 부분으로 재분류되는 항목과 재분류되지 않는 항목간에 배분한다.

다음의 (예 7)을 통해서 기타포괄손익에 대한 법인세 표시방법에 대해 살펴보자.

예 7. 기타포괄손익에 대한 법인세

대박회사는 다음의 금융자산 거래를 하였다.

- 20×1년 초에 지분상품을 ₩100,000에 취득하고 이를 FVOCI금융자산으로 분류하였으며, 20×1년 말 공정가치는 ₩120,000이다. 20×2년 말에 지분상품을 ₩120,000에 모두 처분하였다.
- 20×1년 초에 채무상품(액면금액 ₩150,000)을 ₩150,000에 취득하고 이를 FVOCI금융자산으로 분류하였다. 20×1년 말 공정가치는 ₩160,000이고, 20×2년 말에 채무상품을 ₩160,000에 모두 처분하였다.

지분상품의 경우, 20×1년 말 FVOCI금융자산의 장부금액과 세무기준액 간에 ₩20,000의 가산할 일시적차이가 발생한다. 이 차이는 20×2년 말 FVOCI금융자산을 처분할 때 모두 소멸한다. 따라서 20×1년 말에 가산할 일시적차이에 대한 이연법인세부채를 인식하고, 20×2년 말에 이연법인세부채를 제거하는 회계처리를 한다. 20×2년 말에 FVOCI금융자산과 이연법인세부채를 장부에서 제거하더라도 지분상품의 기타포괄손익은 후속적으로 당기손익으로 재분류하지 않기 때문에 금융자산평가이익(OCI) ₩20,000과 법인세비용(OCI) ₩4,000은 장부에 남게 된다.

---

4 K-IFRS 제1001호 '재무제표 표시'에서 포괄손익계산서에 기타포괄손익과 관련된 법인세비용의 표시에 대해 두 가지 중에서 선택하도록 한다.

〈20×1년 말〉

(차변)	FVOCI금융자산	20,000	(대변)	금융자산평가이익(OCI)	20,000❶
	법인세비용(OCI)	4,000		이연법인세부채	4,000❷

❶ 금융자산평가이익 = ₩120,000 - 100,000 = ₩20,000
❷ 이연법인세부채 = ₩20,000 × 20% = ₩4,000

〈20×2년 말〉

(차변)	현금	120,000	(대변)	FVOCI금융자산	120,000
	이연법인세부채	4,000		미지급법인세	4,000❸

❸ FVOCI금융자산을 처분하면서 일시적차이가 소멸하였으므로 이연법인세부채를 제거하면서 처분하는 시점에 인식한 세무상 이익 ₩20,000에 대해 미지급법인세를 인식한다.

채무상품의 경우, 20×1년 말 FVOCI금융자산의 장부금액과 세무기준액 간에 ₩10,000의 가산할 일시적차이가 발생한다. 이 차이는 20×2년 말 FVOCI금융자산을 처분할 때 모두 소멸한다. 따라서 20×1년 말에 가산할 일시적차이에 대한 이연법인세부채를 인식하고, 20×2년 말에 이연법인세부채를 제거하는 회계처리를 한다. 20×2년 말에 FVOCI금융자산과 이연법인세부채를 장부에서 제거하면서 채무상품의 기타포괄손익을 후속적으로 당기손익으로 재분류하기 때문에 금융자산평가이익(OCI) ₩10,000과 법인세비용(OCI) ₩2,000을 장부에서 제거한다.

〈20×1년 말〉

(차변)	FVOCI금융자산	10,000	(대변)	금융자산평가이익(OCI)	10,000❶
	법인세비용(OCI)	2,000		이연법인세부채	2,000❷

❶ 금융자산평가이익 = ₩160,000 - 150,000 = ₩10,000
❷ 이연법인세부채 = ₩10,000 × 20% = ₩2,000

〈20×2년 말〉

(차변)	현금	160,000	(대변)	FVOCI금융자산	160,000
	금융자산평가이익(OCI)	10,000		금융자산처분이익(PL)	10,000
	이연법인세부채	2,000		미지급법인세	2,000❸
	법인세비용(PL)	2,000		법인세비용(OCI)	2,000❹

❸ FVOCI금융자산을 처분하면서 일시적차이가 소멸하였으므로 이연법인세부채를 제거하면서 처분하는 시점에 인식한 세무상 이익 ₩10,000에 대해 미지급법인세를 인식한다.
❹ 금융자산평가이익(OCI)에 대한 법인세비용(OCI)을 제거하면서 금융자산처분이익(PL)에 대한 법인세비용(PL)을 인식한다.

20×1년 말에 지분상품과 채무상품 FVOCI금융자산에 대한 금융자산평가이익(OCI)을 관련 법인세비용(OCI) 반영 전 금액으로 포괄손익계산서에 표시하면 다음과 같다.

	20×1년
기타포괄손익	₩24,000
후속적으로 당기손익 부분으로 재분류되지 않는 항목	
금융자산평가손익(OCI)-지분상품	20,000
법인세비용(OCI)	(4,000)
후속적으로 당기손익 부분으로 재분류되는 항목	
금융자산평가손익(OCI)-채무상품	10.000
법인세비용(OCI)	(2,000)

(3) 복합금융상품의 자본요소

전환사채와 같은 복합금융상품 거래에서는 최초에 거래를 인식할 때 당해 거래의 일부를 자본거래로 보아 자본잉여금을 인식하지만 세무상으로는 당해 거래 모두를 부채로 인식한다. 따라서 부채의 장부금액이 세무기준액보다 작아서 가산할 일시적차이가 발생하고 이에 대한 이연법인세부채를 인식한다. 이러한 이연법인세부채는 자본요소로부터 발생한 것이기 때문에 법인세비용을 인식하지 않고 전환권대가 등 자본요소를 직접 감소시킨다. 가산할 일시적차이가 소멸될 때 당기손익(이자비용)으로 회계처리하기 때문에 이연법인세부채의 감소액도 당기손익(법인세비용)으로 인식한다.

예 8. 복합금융상품의 자본요소에 대한 법인세

> 대박회사는 20×1년 1월 1일에 액면금액 ₩100,000의 전환사채를 액면발행하였으며, 그 금액 중에서 부채요소의 공정가치가 ₩90,000이고 자본요소는 ₩10,000이다. 전환사채 발행 시 세무기준액은 액면금액이다. 단, 전환사채의 표시이자율은 연 5%(매년 12월 31일 지급)이고, 일반사채 시장수익률은 연 7%이며, 세율은 20%로 가정한다.

이연법인세를 고려하여 20×1년 1월 1일 전환사채 발행과 20×1년 12월 31일 이자비용 인식하는 회계처리는 다음과 같다.

〈20×1. 1. 1.〉

(차변)	현 금	100,000	(대변)	전 환 사 채	100,000
	전 환 권 조 정	10,000		전 환 권 대 가	10,000
(차변)	전 환 권 대 가	2,000	(대변)	이연법인세부채	2,000❶

❶ ₩10,000 × 20% = ₩2,000. 전환사채의 세무기준액(₩100,000)이 장부금액(₩90,000) 보다 크기 때문에 가산할 일시적차이가 발생한다. 이연법인세부채의 상대계정으로 자본요소(전환권대가)를 직접 감소시킨다.

〈20×1. 12. 31.〉

(차변)	이 자 비 용	6,300❷	(대변)	현 금	5,000
				전 환 권 조 정	1,300
(차변)	이연법인세부채	260❸	(대변)	법 인 세 비 용	260

❷ ₩90,000 × 7% = ₩6,300

❸ ₩1,300 × 20% = ₩260. 전환권조정 상각액만큼 전환사채 장부금액이 증가하므로 가산할 일시적차이가 감소한다. 따라서 이연법인세부채를 감소시키면서 상대계정으로 당기손익인 법인세비용을 인식한다.

(4) 자기주식처분손익

자기주식을 처분하면서 발생하는 자기주식처분손익은 자본거래로 보아 자본항목으로 인식하지만, 세법에서는 조세정책 목적상 과세소득에 반영한다. 따라서 장부금액과 세무기준액 간에 일시적차이가 발생하지 않기 때문에 이연법인세를 인식하지 않는다.

만약 자기주식처분이익을 인식하는 경우 세무조정 과정에서 자기주식처분이익을 과세소득에 가산하므로 미지급법인세를 인식하다. 상대계정으로 법인세비용(당기손익)으로 회계처리하면, 자본잉여금의 발생이 당기손익에 영향을 미치는 문제가 발생한다. 따라서 상대계정으로 직접 자기주식처분이익을 감소시키는 회계처리를 한다.

예 9. 자기주식처분 관련 법인세

대박회사는 자기주식을 ₩100,000에 취득하여 ₩120,000에 처분하였다. 단, 세율은 20%로 가정한다.

법인세 영향을 고려한 자기주식 처분 시 회계처리는 다음과 같다.

〈자기주식 처분 시〉

(차변)	현 금	120,000	(대변)	자 기 주 식	100,000
				자기주식처분이익	20,000
(차변)	자기주식처분이익	4,000❶	(대변)	미 지 급 법 인 세	4,000

❶ ₩20,000 × 20% = ₩4,000

4. 재무제표 표시

4.1 재무상태표 표시

(1) 상계 표시

당기 및 과거기간의 당기법인세 중 납부되지 않은 부분을 부채로 인식한다. 만일 과거기간에 납부하여야 할 금액을 초과해서 납부하였다면 그 초과금액은 자산으로 인식한다. 다음의 조건을 모두 충족하는 경우에는 당기법인세자산과 당기법인세부채를 상계하여 표시한다.

① 기업이 인식된 금액에 대한 법적으로 집행가능한 상계권리를 가지고 있다.
② 기업이 순액으로 결제하거나, 자산을 실현하는 동시에 부채를 결제할 의도가 있다.

연결납세제도[5]에 따라 지배회사와 국내종속기업의 당기법인세자산과 당기법인세부채를 연결재무제표에 순액으로 표시될 수 있다.

또한 다음의 조건을 모두 충족하는 경우에는 이연법인세자산과 이연법인세부채를 상계하여 표시한다.

5 내국법인으로서 지배회사와 종속회사가 경제적으로 결합되어 있는 경우 경제적 실질에 따라 해당 지배회사와 종속회사를 하나의 과세단위로 보아 소득을 통산하여 법인세를 과세하는 제도이다.

① 기업이 당기법인세자산과 당기법인세부채를 상계할 수 있는 법적으로 집행가능한 상계권리를 가지고 있다.
② 이연법인세자산과 이연법인세부채가 다음의 각 경우에 동일한 과세당국에 의해서 부과되는 법인세와 관련되어 있다.
   ㉠ 과세대상기업이 동일한 경우
   ㉡ 과세대상기업은 다르지만 당기법인세 부채와 자산을 순액으로 결제할 의도가 있거나, 유의적인 금액의 이연법인세부채가 결제되거나 이연법인세자산이 회수될 미래의 각 회계기간마다 자산을 실현하는 동시에 부채를 결제할 의도가 있는 경우

동일 과세당국이 부과하는 법인세이고, 기업이 당기법인세자산과 당기법인세부채를 상계할 수 있는 법적으로 집행가능한 권리를 가진 경우에만 이연법인세자산과 이연법인세부채를 상계하도록 규정하고 있다. 이는 각 일시적차이가 소멸되는 시점을 상세하게 추정할 필요가 없도록 하기 위해서이다. 즉, 이연법인세자산과 이연법인세부채를 상계가능한 경우에는 일시적차이의 소멸 시점을 상세히 추정할 필요가 없다.

(2) 이연법인세자산 · 부채의 유동 · 비유동 구분 여부

K-IFRS 제1001호 '재무제표 표시'에 따라 기업이 재무상태표를 작성할 때 자산과 부채를 유동·비유동 구분법에 따라 표시하는 경우에 이연법인세자산과 이연법인세부채를 비유동항목으로 분류하여야 한다.

4.2 포괄손익계산서 표시

포괄손익계산서상에는 중단영업손익 및 기타포괄손익과 관련된 법인세효과를 차감한 순액으로 표시할 수 있으며, 자기주식처분손익과 같은 자본거래 손익에 대한 당기법인세는 포괄손익계산서의 비용으로 표시되지 않으므로 법인세비용의 전체 금액을 알기는 어렵다. 따라서 자본에 직접 가감되는 항목 및 기타포괄손익과 관련된 법인세를 포함하여 다음의 내용을 주석으로 공시하여야 한다.

① 자본에 직접 가감되는 항목과 관련된 당기법인세와 이연법인세 총액

(①의2) 기타포괄손익의 각 구성요소와 관련된 법인세액

③ 법인세비용(수익)과 회계이익의 관계에 대한 설명. 다음 중 하나의 형식을 사용하거나 두 가지 형식을 모두 사용하여 설명할 수 있다.

㉠ 회계이익에 적용세율을 곱하여 산출한 금액과 법인세비용(수익)간의 수치 조정 및 적용세율의 산출근거

㉡ 평균유효세율과 적용세율간의 수치 조정 및 적용세율의 산출근거

④ 직전 회계기간 대비 적용세율의 변동에 대한 설명

⑤ 재무상태표에 이연법인세자산으로 인식되지 않은 차감할 일시적차이, 미사용 세무상결손금, 미사용 세액공제 등의 금액(만일 만료시기가 있는 경우, 당해 만료시기)

⑥ 이연법인세부채로 인식되지 않은 종속기업, 지점 및 관계기업에 대한 투자자산, 그리고 공동약정 투자지분과 관련된 일시적차이 총액

⑦ 일시적차이, 미사용 세무상결손금 및 미사용 세액공제의 각 유형별로 다음의 사항

㉠ 표시되는 각 회계기간의 재무상태표에 인식된 이연법인세 자산과 부채의 금액

㉡ 이연법인세 수익 또는 비용이 재무상태표에 인식된 금액의 변동으로부터 명확히 나타나지 않는 경우, 당기손익으로 인식된 이연법인세 수익 또는 비용의 금액

⑧ 중단영업이 있는 경우, 다음 사항으로 인한 법인세비용

㉠ 중단으로 인한 이익이나 손실

㉡ 중단된 영업의 정상 활동에서 당기 중 발생한 손익과 이에 상응하는 비교표시되는 각 과거기간의 금액

⑨ 재무제표의 공표가 승인되기 전에 주주에게 배당을 제안하거나 선언하였으나 재무제표에 부채로 인식되지 않은 배당금의 법인세효과

⑩ 기업이 취득자인 사업결합으로 인하여 취득자가 취득 전에 인식한 이연법인세자산 금액이 변동한 경우 그 변동금액

⑪ 사업결합으로 획득한 이연법인세효익을 취득일에 인식하지 않았지만 취득일 후에 인식한 경우, 이연법인세효익을 인식하는 원인이 된 사건이나 상황의 변동에 대한 설명

* ②는 국제회계기준위원회에 의하여 삭제되었다.

다음은 SK텔레콤의 20×1년도 K-IFRS 제1012호 '법인세' 관련 주석 공시의 일부분이다.

사례 1. SK텔레콤의 법인세비용 공시

연결재무제표의 주석

20×1.1.1부터 20×1.12.31까지

32. 법인세비용

(1) 당기 및 전기의 법인세비용의 주요 구성내역은 다음과 같습니다.

(단위: 백만원)

구 분	당 기	전 기
I. 당기법인세	320,244	301,253
당기법인세부담액	319,539	286,717
과거기간의 당기법인세에 대하여 당기에 인식한 조정액	705	14,536
II. 이연법인세비용	331,704	75,249
이연법인세 변동액	331,704	75,249
III. 법인세비용 (I + II)	651,948	376,502
계속영업 법인세비용	446,796	221,262
중단영업 법인세비용	205,152	155,240

(2) 당기 및 전기의 법인세비용차감전순이익과 법인세비용 간의 관계는 다음과 같습니다.

(단위: 백만원)

구 분	당 기	전 기
법인세비용차감전순이익(*)	3,070,937	1,877,040
적용세율에 따른 법인세비용	834,146	505,824
조정사항:		
비과세수익으로 인한 효과	(13,924)	(41,084)
비공제비용으로 인한 효과	15,329	31,882
세액공제 및 감면으로 인한 효과	(62,075)	(48,774)
실현가능성이 없는 이연법인세의 변동	(68,589)	(69,776)
세율변동효과	(36,193)	24,537
과거기간 법인세 환급액 등	(16,746)	(26,107)
소 계	(182,198)	(129,322)
당기손익으로 인식된 법인세비용	651,948	376,502

(*) 계속영업 및 중단영업 법인세비용차감전순이익이 합산된 금액입니다.

(3) 당기 및 전기 중 인식한 자본에 직접 가감되는 항목과 관련된 법인세의 내역은 다음과 같습니다.

(단위: 백만원)

구 분	당 기	전 기
공정가치금융자산평가손익	(208,490)	(166,612)
관계기업의 기타포괄손익	(34)	(14)
파생금융상품평가손익	(5,709)	(6,886)
확정급여제도의 재측정요소	(3,780)	(164)
자기주식처분손익 등	26,970	-
합 계	(191,043)	(173,676)

SUMMARY & CHECK

법인세회계의 의의

- 회계기준에서는 회계상 수익에서 비용을 차감하여 회계이익을 산출하지만, 법인세법에서는 세법상 수익에서 비용을 차감하여 과세소득을 산출한다.
- 과세소득을 산출하기 위하여 회계이익에 특정 금액을 가산하거나 차감하는 조정을 하는데, 이 과정을 세무조정이라고 한다.

이연법인세회계

- 일시적차이란 재무상태표상 자산 또는 부채의 장부금액과 세무기준액의 차이를 말한다.
- 재무상태표상 자산 또는 부채의 장부금액과 세무기준액의 차이가 있지만 미래의 과세소득에 가산 또는 차감되지 않는, 즉 소멸되지 않는 차이를 영구적차이라고 한다.
- 법인세비용은 당기법인세에 이연법인세자산 증가를 차감하고 이연법인세부채 증가를 가산하여 산출한다.
- 이연법인세 자산과 부채는 보고기간말까지 제정되었거나 실질적으로 제정된 세율(및 세법)에 근거하여 당해 자산이 실현되거나 부채가 결제될 회계기간에 적용될 것으로 기대되는 세율(미래 세율)을 사용하여 측정한다.
- 미래 과세소득이 발생할 것이라는 설득력 있는 기타 증거가 있는 경우에만 그 범위 내에서 미사용 세무상 결손금과 세액공제로 인한 이연법인세자산을 인식한다.
- 이연법인세자산의 장부금액은 매 보고기간 말에 검토한다.

법인세기간내배분

- 특정 회계기간에 발생한 법인세비용을 계속영업손익과 관련된 부분과 그렇지 않은 부분으로 나누어 회계처리하는 것을 법인세기간내 배분이라고 한다.
- 포괄손익계산서에서 계속영업손익 이외에 중단영업손익이 있다면 이와 관련된 법인세비용은 해당 손익에 직접 가감하여 중단영업손익을 법인세비용 반영 후 순액으로 표시한다.

재무제표 표시

- 법적으로 집행가능한 상계권리를 가지고 있고 순액으로 결제할 의도를 가지고 있는 경우에 당기법인세자산과 당기법인세부채를 상계하여 표시한다.
- 이연법인세자산과 이연법인세부채를 비유동항목으로 분류하여야 한다.
- 포괄손익계산서 상에는 중단영업손익과 기타포괄손익과 관련된 법인세효과를 차감한 순액으로 표시할 수 있으며, 자기주식처분손익과 같은 자본거래 손익에 대한 당기법인세는 포괄손익계산서의 비용으로 표시되지 않으므로 법인세비용의 전체 금액을 알기는 어렵기 때문에 법인세와 관련된 내용을 주석에 공시한다.

OX QUIZ

1 회계기준의 수익과 비용을 발생주의에 따라 인식하고, 법인세법의 수익과 비용을 권리의무확정주의에 따라 인식하지만 회계기준의 수익과 비용은 법인세법의 수익과 비용과 동일하다.

2 일시적차이로 인해서 미래 과세소득을 증가시켜 세금을 더 부담시키는 효과가 있다면 이연법인세부채를 인식하고, 미래 과세소득을 감소시켜 세금을 감소시키는 효과가 있다면 이연법인세자산을 인식한다.

3 이연법인세 자산과 부채를 신뢰성 있게 현재가치로 할인하여야 하므로 각 일시적차이의 소멸시점을 상세히 추정하여야 한다.

4 사업결합 과정에서 발생하는 영업권과 관련된 이연법인세부채를 인식하지 않는 이유는 영구적차이로 보기 때문이다.

5 자산이나 부채를 최초 인식하는 시점에 이연법인세자산이나 이연법인세부채를 인식하지 않는다.

6 차감할 일시적차이와 가산할 일사적차이가 사용될 수 있는 미래 과세소득의 발생가능성이 높은 경우에만 각각 이연법인세자산과 이연법인세부채를 인식한다.

7 미래 과세소득이 발생할 것이라는 설득력 있는 기타 증거가 있는 경우에만 그 범위 내에서 미사용 세무상결손금과 세액공제로 인한 이연법인세자산을 인식한다.

8 이연법인세자산의 일부 또는 전부에 대한 혜택이 사용되기에 충분한 과세소득이 발생할 가능성이 더 이상 높지 않다면 이연법인세자산의 장부금액을 감액시킨다.

9 포괄손익계산서에서 기타포괄손익과 관련된 법인세비용은 순액이나 총액으로 표시할 수 있다.

10 복합금융상품의 이연법인세부채는 자본요소로부터 발생한 것이기 때문에 법인세비용을 인식하지 않고 전환권대가 등 자본요소를 직접 감소시킨다.

11 자기주식처분손익 때문에 장부금액과 세무기준액 간에 일시적차이가 발생하는 경우 이연법인세를 인식한다.

12 지배회사와 국내종속기업의 당기법인세자산과 당기법인세부채를 연결재무제표에 순액으로 표시할 수 없다.

Multiple-choice Questions

1 기업회계기준서 제1012호 '법인세'에 대한 다음 설명 중 옳지 않은 것은? (CPA 2020)

① 이연법인세자산은 차감할 일시적차이, 미사용 세무상결손금의 이월액, 미사용 세액공제 등의 이월액과 관련하여 미래 회계기간에 회수될 수 있는 법인세 금액이다.

② 자산의 세무기준액은 자산의 장부금액이 회수될 때 기업에 유입될 과세대상 경제적효익에서 세무상 차감될 금액을 말하며, 부채의 세무기준액은 장부금액에서 미래 회계기간에 당해 부채와 관련하여 세무상 공제될 금액을 차감한 금액이다.

③ 당기 및 과거기간에 대한 당기법인세 중 납부되지 않은 부분을 부채로 인식한다. 만일 과거기간에 이미 납부한 금액이 그 기간 동안 납부하여야 할 금액을 초과하였다면 그 초과금액은 자산으로 인식한다.

④ 매 보고기간말에 인식되지 않은 이연법인세자산에 대하여 재검토하며, 미래 과세소득에 의해 이연법인세자산이 회수될 가능성이 높아진 범위까지 과거 인식되지 않은 이연법인세자산을 인식한다.

⑤ 당기법인세자산과 부채는 기업이 인식된 금액에 대한 법적으로 집행가능한 상계권리를 가지고 있는 경우 또는 순액으로 결제하거나, 자산을 실현하고 부채를 결제할 의도가 있는 경우에 상계한다.

2 다음은 기업회계기준서 제1012호 '법인세'와 관련된 내용이다. 이에 대한 설명으로 옳은 것은? (CPA 2022)

① 복합금융상품(예 전환사채)의 발행자가 해당 금융상품의 부채요소와 자본요소를 각각 부채와 자본으로 분류하였다면, 그러한 자본요소의 최초 인식 금액에 대한 법인세효과(이연법인세)는 자본요소의 장부금액에 직접 반영한다.

② 과세대상수익의 수준에 따라 적용되는 세율이 다른 경우에는 일시적차이가 소멸될 것으로 예상되는 기간의 과세소득(세무상 결손금)에 적용될 것으로 기대되는 한계세율을 사용하여 이연법인세 자산과 부채를 측정한다.

③ 일시적차이는 포괄손익계산서상 법인세비용차감전순이익과 과세당국이 제정한 법규에 따라 납부할 법인세를 산출하는 대상이 되는 이익 즉, 과세소득 간의 차이를 말한다.

④ 재평가모형을 적용하고 있는 유형자산과 관련된 재평가잉여금은 법인세효과를 차감한 후의 금액으로 기타포괄손익에 표시하고 법인세효과는 이연법인세자산으로 인식한다.

⑤ 이연법인세 자산과 부채는 장기성 채권과 채무이기 때문에 각 일시적차이의 소멸시점을 상세히 추정하여 신뢰성 있게 현재가치로 할인한다.

3 20×1년에 설립된 ㈜세무의 20×1년도 포괄손익계산서상 법인세비용차감전순이익은 ₩700,000이고, 법인세율은 20%이다. 당기 법인세부담액을 계산하기 위한 세무조정사항 및 이연법인세자산(부채) 자료가 다음과 같을 때, 20×1년도 법인세비용은?

(CTA 2020)

- 20×1년도에 당기손익-공정가치측정금융자산평가손실로 ₩100,000을 인식하였으며, 동 금융자산은 20×2년에 처분한다. 20×1년 세법상 손금한도를 초과하여 지출한 접대비는 ₩100,000이다. 20×1년 정기예금(만기 20×2년)에서 발생한 이자 ₩20,000을 미수수익으로 인식하였다.
- 20×2년 법인세율은 18%로 예상되며, 일시적차이가 사용될 수 있는 미래 과세소득의 발생 가능성은 높다.

① ₩158,000 ② ₩161,600 ③ ₩176,000

④ ₩179,600 ⑤ ₩190,400

4 다음은 ㈜대한의 20×1년 법인세 관련 자료이다. (CPA 2021)

- 20×1년 법인세비용차감전순이익은 ₩500,000이다.
- 20×1년 말 접대비 한도초과액은 ₩20,000이며, 20×1년 말 재고자산평가손실의 세법상 부인액은 ₩5,000이다.
- 20×1년 5월 1일에 ₩30,000에 취득한 자기주식을 20×1년 10월 1일에 ₩40,000에 처분하였다.
- 20×1년 말 기타포괄손익-공정가치(FVOCI)로 측정하는 금융자산(지분상품) 평가손실 ₩20,000을 기타포괄손익으로 인식하였다.
- 20×1년 10월 1일 본사 사옥을 건설하기 위하여 ₩100,000에 취득한 토지의 20×1년 말 현재 공정가치는 ₩120,000이다. ㈜대한은 유형자산에 대해 재평가모형을 적용하고 있으나, 세법에서는 이를 인정하지 않는다.
- 연도별 법인세율은 20%로 일정하다.
- 일시적차이에 사용될 수 있는 과세소득의 발생가능성은 높으며, 전기이월 일시적차이는 없다.

㈜대한이 20×1년 포괄손익계산서에 당기비용으로 인식할 법인세비용은 얼마인가?

① ₩96,000 ② ₩100,000 ③ ₩104,000

④ ₩106,000 ⑤ ₩108,000

5 ㈜세무의 20×2년도 법인세 관련 자료가 다음과 같을 때, 20×2년도 법인세비용은?

(CTA 2022)

- 20×2년도 법인세비용차감전순이익 ₩500,000
- 세무조정사항
  - 전기 감가상각비 한도초과액 ₩(80,000)
  - 접대비한도초과액 ₩130,000
- 감가상각비 한도초과액은 전기 이전 발생한 일시적차이의 소멸분이고, 접대비 한도초과액은 일시적차이가 아니다.
- 20×2년 말 미소멸 일시적차이(전기 감가상각비 한도초과액)는 ₩160,000이고, 20×3년과 20×4년에 각각 ₩80,000씩 소멸될 것으로 예상된다.
- 20×1년 말 이연법인세자산은 ₩48,000이고, 이연법인세부채는 없다.
- 차감할 일시적차이가 사용될 수 있는 과세소득의 발생가능성은 매우 높다.
- 적용될 법인세율은 매년 20%로 일정하고, 언급된 사항 이외의 세무조정 사항은 없다.

① ₩94,000　② ₩110,000　③ ₩126,000

④ ₩132,000　⑤ ₩148,000

CHAPTER 18

회계변경과 오류수정

학습목표

- 회계정책의 의의를 이해한다.
- 회계정책의 변경에 대해 이해한다.
- 회계추정의 변경에 대해 이해한다.
- 오류수정에 대해 이해한다.

K-IFRS 제1008호 '회계정책, 회계추정의 변경 및 오류'에서는 회계변경과 오류수정에 대한 회계처리를 규정하고 있다. 그러나 '재무보고를 위한 개념체계'에서는 회계선택의 일관성을 강조하고 있다. '일관성은 한 보고기업 내에서 기간 간 또는 같은 기간 동안에 기업 간, 동일한 항목에 대해 동일한 방법을 적용하는 것을 말한다. 비교가능성은 목표이고 일관성은 그 목표를 달성하는 데 도움을 준다'라고 기술하고 있다.

회계선택의 일관성과 변경 사이에서 어느 것이 현재 기업의 경영환경을 더 잘 반영하는지 고려해야 할 것이다. 본장을 통해서 회계정책의 의의, 회계정책의 변경, 회계추정의 변경 및 오류수정에 대해서 심도 있게 학습하면서, 회계선택의 일관성과 변경에 대해서 파악해 보자.

1. 회계변경의 의의

1.1 회계정책의 의의

회계정책(accounting policies)이란 기업이 재무제표를 작성·표시하기 위하여 적용하는 구체적인 원칙, 근거, 관습, 규칙 및 관행을 말한다.

기업이 거래, 기타 사건 또는 상황에 한국채택국제회계기준을 구체적으로 적용하는 경우, 그 항목에 적용되는 회계정책은 한국채택국제회계기준을 적용하여 결정될 것이다. 한국채택국제회계기준은 회계정책의 적용대상인 거래, 기타 사건 및 상황에 관한 정보가 목적적합하고 신뢰성 있게 재무제표에 반영될 수 있도록 한다. 이러한 회계정책의 적용효과가 중요[1]하지 않은 경우에는 그 회계정책을 적용하지 않을 수 있다. 그러나 기업의 재무상태, 재무성과 또는 현금흐름을 특정한 의도대로 표시하기 위하여 한국채택국제회계기준에 위배된 회계정책을 적용하는 것은 그것이 중요하지 않더라도 적절하다고 할 수 없다.

기업이 거래, 기타 사건 및 상황에 대하여 구체적으로 적용할 수 있는 한국채택국제회계기준이 없는 경우, 경영진은 판단에 따라 회계정책을 개발 및 적용하여 회계정보를 작성할 수 있으며, 이때 회계정보는 다음의 특성을 모두 보유하여야 한다. (문단 10)

① 이용자의 경제적 의사결정 요구에 목적적합하다.
② 신뢰할 수 있다. 신뢰할 수 있는 재무제표는 다음의 속성을 포함한다.
  ㉠ 기업의 재무상태, 재무성과 및 현금흐름을 충실하게 표현한다,
  ㉡ 거래, 기타 사건 및 상황의 단순한 법적 형태가 아닌 경제적 실질을 반영한다.
  ㉢ 중립적이다. 즉, 편의가 없다.
  ㉣ 신중하게 고려한다.
  ㉤ 중요한 사항을 빠짐없이 고려한다.

1 특정보고기업에 대한 재무정보를 제공하는 일반목적재무제표에 정보를 누락하거나 잘못 기재하거나 불분명하게 하여, 이를 기초로 내리는 주요 이용자의 의사결정에 영향을 줄 것으로 합리적으로 예상할 수 있다면 그 정보는 중요하다(1001:7).

위의 문단 10을 판단하는 경우, 경영진은 다음 사항을 순차적으로 참조하여 적용 가능성을 고려한다.

① 내용상 유사하고 관련되는 회계논제를 다루는 한국채택국제회계기준의 규정
② 자산, 부채, 수익, 비용에 대한 '개념체계'의 정의, 인식기준 및 측정개념

또한 위의 문단 10을 판단하는 경우, 경영진은 유사한 개념체계를 사용하여 회계기준을 개발하고 그 밖의 회계기준제정기구가 가장 최근에 발표한 회계기준, 그 밖의 회계문헌과 인정된 산업관행을 고려할 수 있다. 다만, 이러한 고려사항은 위에서 기술한 한국채택국제회계기준의 규정과 '개념체계'의 정의, 인식기준 및 측정개념과 상충되지 않아야 한다.

한국채택국제회계기준에서 특정 범주별로 서로 다른 회계정책을 적용하도록 규정하거나 허용하는 경우를 제외하고는 유사한 거래, 기타 사건 및 상황에는 동일한 회계정책을 선택하여 일관성 있게 적용한다.

1.2 회계변경의 종류

회계변경이란 기업이 선택하여 적용하던 회계정책이나 회계추정을 변경하는 것을 말한다. 앞서 언급한 것처럼 기업은 유사한 거래, 기타 사건 및 상황에는 동일한 회계정책을 일관성 있게 적용하여야 한다. 그러나 회계정책을 변경함으로써 신뢰성 있고 더 목적적합한 정보를 제공할 수 있다면 회계변경의 타당성이 인정된다.

(1) 회계정책의 변경

회계정책의 변경(changes in accounting policies)이란 기업이 선택하여 적용하던 회계정책을 변경하는 것을 말한다. 기업이 회계정책을 바꾸는 것은 매우 제한되어 있으며, 다음 중 하나에 해당하는 경우에만 회계정책을 변경할 수 있다(문단 14).

① 한국채택국제회계기준에서 회계정책의 변경을 요구하는 경우
② 회계정책의 변경을 반영한 재무제표가 거래, 기타 사건 또는 상황이 재무상태, 재무성과 또는 현금흐름에 미치는 영향에 대하여 신뢰성 있고 더 목적적합한 정보를 제공하는 경우

다음의 경우는 회계정책의 변경에 해당하지 않는다.

① 과거에 발생한 거래와 실질이 다른 거래, 기타 사건 또는 상황에 대하여 다른 회계정책을 적용하는 경우
② 과거에 발생하지 않았거나 발생하였어도 중요하지 않았던 거래, 기타 사건 또는 상황에 대하여 새로운 회계정책을 적용하는 경우

한국채택국제회계기준에서 허용하지 않는 회계정책에서 한국채택국제회계기준에서 허용하는 회계정책으로 변경하는 것은 잘못된 회계정책을 적용하던 것을 올바르게 바꾸는 것이므로 회계정책의 변경이 아니라 오류의 수정에 해당한다. 회계정책 변경으로 구분되기 위해서는 변경 전과 변경 후의 회계정책이 모두 한국채택국제회계기준에서 허용하는 방법이어야 하며, 앞에서 언급한 문단 14의 변경 조건을 충족하여야 한다.

회계정책의 변경의 예로는 재고자산의 단가결정방법을 선입선출법에서 평균법으로 변경하는 경우이다. 한편, 유형자산이나 무형자산을 원가모형에서 재평가모형으로 최초로 적용하는 경우도 회계정책의 변경에 해당한다. 그러나 K-IFRS 제1016호 '유형자산' 또는 K-IFRS 제1038호 '무형자산'에 따라 재평가모형을 최초로 적용하는 경우의 회계정책 변경은 이 기준서를 적용하지 아니하고 K-IFRS 제1016호와 K-IFRS 제1038호에 따라 회계처리한다. 일반적으로 회계정책의 변경은 K-IFRS 제1008호 '회계정책, 회계추정의 변경 및 오류'에 따라 소급적용하여 비교재무제표를 재작성해야 한다. 유형자산이나 무형자산을 원가모형에서 재평가모형으로 최초로 적용하는 경우에도 동일하게 소급적용을 요구한다면 과거연도의 해당 자산의 공정가치를 파악하기 어려울 수도 있다. 따라서 유형자산이나 무형자산을 원가모형에서 재평가모형으로 최초로 적용하는 경우에만 예외적으로 소급적용하지 않고 최초 적용시점부터 전진적으로 회계처리하도록 허용한 것이다.

(2) 회계추정의 변경

회계추정의 변경(changes in accounting estimate)이란 자산과 부채의 현재 상태를 평가하거나 자산과 부채와 관련된 예상되는 미래효익과 의무를 평가한 결과에 따라 자산이나 부채의 장부금액 또는 기간별 자산의 소비액을 조정하는 것을 말한다. 회계추정의 변경은 새로운 정보의 획득, 새로운 상황의 전개 등에 따라 지금까지 사용해오던 회계적 추정치를 바꾸는 것이며, 이는 오류수정에 해당하지 아니한다.

기업의 사업활동에 내재된 불확실성으로 인하여 재무제표의 많은 항목이 정확히 측정될 수 없고 추정될 수밖에 없다. 추정은 최근의 이용가능하고 신뢰성 있는 정보에 기초한 판단을 수반한다. 추정이 필요할 수 있는 항목의 예는 다음과 같다.

① 대손
② 재고자산 진부화
③ 금융자산이나 금융부채의 공정가치
④ 감가상각자산의 내용연수 또는 감가상각자산에 내재된 미래 경제적 효익의 기대소비행태[2]
⑤ 품질보증의무

합리적 추정을 사용하는 것은 재무제표 작성의 필수적인 과정이며 재무제표의 신뢰성을 손상시키지 않는다. 추정의 근거가 되었던 상황의 변화, 새로운 정보의 획득, 추가적인 경험의 축적이 있는 경우 추정의 수정이 필요할 수 있다. 성격상 추정의 수정은 과거기간과 연관되지 않으며 오류수정으로 보지 아니한다.

측정기준의 변경(예 원가모형에서 재평가모형으로 변경)은 회계추정의 변경이 아니라 회계정책의 변경에 해당한다. 회계정책의 변경과 회계추정의 변경을 구분하는 것이 어려운 경우에는 이를 회계추정의 변경으로 본다.

---

2 자산에 내재된 미래 경제적 효익의 예상되는 소비형태가 유의적으로 달라졌다면, 달라진 소비형태를 반영하기 위하여 감가상각방법을 변경한다. 그러한 변경은 K-IFRS 제1008호 '회계정책, 회계추정의 변경 및 오류'에 따라 회계추정의 변경으로 회계처리한다(1016:61).

1.3 회계변경의 회계처리

(1) 회계정책 변경의 회계처리

회계정책의 변경은 특정기간에 미치는 영향이나 누적효과를 실무적으로 결정할 수 없는 경우를 제외하고는 다음과 같이 회계처리한다.

① 경과규정이 있는 한국채택국제회계기준을 최초 적용하는 경우에 발생하는 회계정책의 변경은 해당 경과규정에 따라 회계처리한다.
② 경과규정이 없는 한국채택국제회계기준을 최초 적용하는 경우에 발생하는 회계정책의 변경이나 자발적인 회계정책의 변경은 소급적용한다.

경과규정이 없는 한국채택국제회계기준을 최초 적용하거나 자발적으로 회계정책을 변경할 경우에는 소급적용한다. 소급적용(retrospective application)은 새로운 회계정책을 처음부터 적용한 것처럼 거래, 기타 사건 및 상황에 적용하여 회계처리하고 비교표시되는 과거기간의 재무제표를 재작성함을 의미한다.

반면에 경과규정이 있는 한국채택국제회계기준을 최초 적용하는 경우에 발생하는 회계정책의 변경은 그 경과규정에서 요구하는 대로 재무제표를 작성한다. 앞서 기술한 유형자산이나 무형자산의 최초 재평가모형의 채택이 전진법으로 적용하는 경과규정이 있는 회계정책 변경에 해당한다.

새로운 회계정책을 소급적용하는 경우 특정기간에 미치는 영향이나 누적효과를 실무적으로 결정할 수 없는 경우가 있을 수 있다. 이러한 경우에는 실무적으로 적용할 수 있는 가장 이른 날부터 새로운 회계정책을 전진적용하고, 그에 따라 변동하는 자본 구성요소의 기초금액을 조정한다. 실무적으로 적용할 수 있는 가장 이른 회계기간은 당기일 수도 있다.

예제 1 ❙ 회계정책의 변경

20×1년 초에 설립된 대박회사는 재고자산의 단가결정방법을 선입선출법을 적용하였으나, 20×3년부터 평균법으로 변경하였다. 다음은 선입선출법을 적용한 (약식)재무제표이다.

계 정	20×1년	20×2년	20×3년
재고자산	₩120,000	₩130,000	₩140,000
이익잉여금	1,000,000	1,040,000	1,090,000
매출원가	105,000	115,000	125,000
당기순이익	35,000	40,000	50,000

대박회사가 재고자산의 단가결정방법을 평균법을 적용했다면 매 회계기간 말 재고자산 금액은 다음과 같다.

계 정	20×1년	20×2년	20×3년
재고자산	₩130,000	₩135,000	₩138,000

물음

대박회사가 평균법으로 회계정책의 변경에 대한 소급적용 효과를 모두 결정할 수 있다면 20×3년 말에 해야 할 분개를 하고, 평균법을 적용한 (약식)재무제표를 재작성하시오. 단, 법인세효과는 고려하지 않는다.

풀이

〈20×3. 12. 31.〉

(차변)	매 출 원 가	7,000❷	(대변)	재 고 자 산	2,000❶
				이 익 잉 여 금	5,000❸

❶ 20×3년 말 선입선출법과 평균법의 재고자산 차이
❷ 20×3년도 선입선출법과 평균법의 기초재고자산 차이(₩5,000)에서 기말재고자산 차이((-)₩2,000)를 차감
❸ 20×2년도까지 선입선출법과 평균법의 재고자산 누적차이

참고로 선입선출법과 평균법의 재고자산 차이를 표로 정리하면 다음과 같다. 기말재고자산은 다음연도의 기초재고자산이 되기 때문에 다음연도 당기손익에 반대 영향을 미친다. 따라서 재고자산에 대한 조정금액은 2회계기간이 경과하면 자동으로 조정되기 때문에 이익잉여금에 미치는 영향은 영(₩0)이다.

구 분	20×1년	20×2년	20×3년
선입선출법	₩120,000	₩130,000	₩140,000
평균법	130,000	135,000	138,000
차이	₩10,000	₩5,000	₩(2,000)
다음연도 당기손익 영향		(10,000)	(5,000)
누적효과	₩10,000	₩5,000	₩(2,000)

평균법을 적용한 (약식)재무제표는 다음과 같다.

계 정	20×1년	20×2년	20×3년
재고자산	₩130,000	₩135,000	₩138,000
이익잉여금	1,010,000	1,045,000	1,088,000
매출원가	95,000	120,000	132,000
당기순이익	45,000	35,000	43,000

(2) 회계추정 변경의 회계처리

회계추정의 변경으로 인한 효과는 다음의 회계기간의 당기손익에 포함하여 전진적으로(prospectively) 인식한다.

① 변경이 발생한 기간에만 영향을 미치는 경우에는 변경이 발생한 기간
② 변경이 발생한 기간과 미래기간에 모두 영향을 미치는 경우에는 변경이 발생한 기간과 미래기간

회계추정의 변경이 자산 및 부채의 장부금액을 변경하거나 자본의 구성요소에 관련되는 경우, 회계추정을 변경한 기간에 관련 자산, 부채 또는 자본 구성요소의 장부금액을 조정하여 회계추정의 변경효과를 인식한다.

회계추정의 변경효과를 전진적으로 인식하는 것은 추정의 변경을 그것이 발생한 시점 이후부터 거래, 기타 사건 및 상황에 적용하는 것을 말한다. 회계추정의 변경은 당기손익에만 영향을 미치는 경우와 당기손익과 미래기간의 손익에 모두 영향을 미치는 경우가 있다. 예를 들면, 대손에 대한 추정의 변경은 당기손익에만 영향을 미치므로 변경의 효과가 당기에 인식된다. 그러나 감가상각자산의 추정내용연수의 변경 또는

감가상각자산에 내재된 미래 경제적 효익의 기대소비 형태의 변경은 당기의 감가상각비뿐만 아니라 그 자산의 잔존 내용연수 동안 미래기간의 감가상각비에 영향을 미친다. 위의 두 경우 모두 당기에 미치는 변경의 효과는 당기손익으로 인식하며, 미래기간에 영향을 미치는 변경의 효과는 해당 미래기간의 손익으로 인식한다.

예제 2 | 회계추정의 변경

대박회사는 20×1년 초에 기계장치를 ₩1,500,000에 취득하여 사용하기 시작하였다. 기계장치의 잔존가치는 영(₩0), 내용연수는 5년으로 추정하였으며 연수합계법을 적용하여 상각하였다.

물음

1. 대박회사가 20×1년 말에 기계장치에 대한 감가상각비를 인식하는 분개를 하시오.

2. 대박회사는 20×2년 초에 기계장치의 내용연수 연장을 위해서 ₩400,000을 지출하였으며, 이로 인해 잔존내용연수가 2년 연장되었다고 판단하였다. 20×2년 말에 기계장치에 대한 감가상각비를 인식하는 분개를 하시오.

3. 대박회사는 20×3년부터 기계장치의 감가상각방법을 정액법으로 변경하기로 하였다. 20×3년 말에 기계장치에 대한 감가상각비를 인식하는 분개를 하시오.

풀이

1. 20×1년도 감가상각비 = ₩1,500,000 × (5/15) = ₩500,000

〈20×1. 12. 31.〉

(차변)	감가상각비	500,000	(대변)	감가상각누계액	500,000

2. 20×2년도 감가상각비 = (₩1,000,000 + 400,000) × (6/21) = ₩400,000

〈20×2. 12. 31.〉

(차변)	감가상각비	400,000	(대변)	감가상각누계액	400,000

3. 20×3년도 감가상각비 = ₩1,000,000 × (1/5) = ₩200,000

〈20×3. 12. 31.〉

(차변)	감가상각비	200,000	(대변)	감가상각누계액	200,000

2. 오류수정

2.1 오류의 의의 및 유형

오류(errors)란 재무제표를 작성할 때 신뢰할 만한 정보를 이용하지 못했거나 잘못 이용하여 발생한 재무제표에의 누락이나 왜곡표시를 말한다. 신뢰할 만한 정보는 다음을 모두 충족하는 정보를 말한다.

① 해당 기간의 재무제표의 발행승인일에 이용가능한 정보
② 해당 재무제표의 작성과 표시를 위하여 획득하여 고려할 것이라고 합리적으로 기대되는 정보

이러한 오류는 산술적 계산오류, 회계정책의 적용 오류, 사실의 간과 또는 해석의 오류 및 부정(fraud) 등에 의하여 발생할 수 있다. 발생한 오류가 재무제표에 미치는 영향을 기준으로 구분하면 다음과 같다.

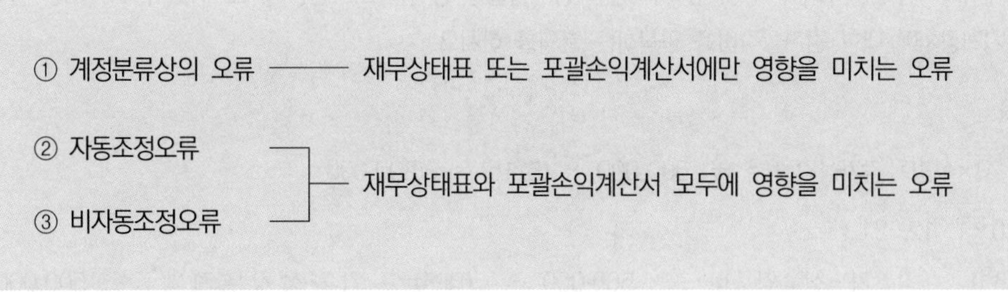

(1) 계정분류상의 오류

재무상태표 또는 포괄손익계산서에만 영향을 미치는 오류는 계정분류상의 오류이기 때문에 당기손익에 영향을 미치지 않다. 예를 들면, FVPL금융자산을 FVOCI금융자산으로 분류하거나 판매관리비를 영업외비용으로 분류하는 경우이다. 따라서 계정분류상의 오류는 올바른 계정으로 재분류하는 수정분개를 통해 간단히 해결된다. 반면에 자동조정오류와 비자동조정오류를 포함한 재무상태표와 포괄손익계산서 모두에 영향을 미치는 오류는 당기손익에 영향을 미친다.

(2) 자동조정오류

자동조정오류 또는 자동상쇄오류(counterbalancing errors)란 한 회계기간에 발생한 오류의 영향이 직후 회계기간에 상쇄됨으로써 자동적으로 조정되는 오류를 말한다. 즉, 어느 한 회계연도의 당기손익이 과대(또는 과소)계상 되었다 하더라도 다음 회계연도에는 정반대로 과소(또는 과대)계상 되어 두 회계기간을 통합한 전체기간으로 보면 당기손익이 오류가 없었던 것처럼 조정된다. 자동조정오류의 대표적인 예는 재고자산의 과대·과소 계상이다.

(3) 비자동조정오류

비자동조정오류 또는 비자동상쇄오류(non-counterbalancing errors)란 오류발생 이후의 차기 회계기간의 장부마감시까지 자동적으로 상쇄되지 않는 오류를 말한다. 대부분의 오류가 비자동조정오류에 해당되며, 비자동조정오류의 대표적인 예는 유형자산 감가상각비의 과대 · 과소 계상이다.

2.2 오류수정의 회계처리

오류는 재무제표의 인식, 측정, 표시 또는 공시와 관련하여 발생할 수 있다. 기업의 재무상태, 재무성과 또는 현금흐름을 특정한 의도대로 표시하기 위하여 중요하거나 중요하지 않은 오류를 포함하여 작성한 재무제표는 한국채택국제회계기준에 따라 작성되었다고 할 수 없다. 당기 중에 발견한 당기의 잠재적 오류는 재무제표의 발행승인일 전에 수정한다. 그러나 중요한 오류를 후속기간에 발견하는 경우, 이러한 전기오류는 해당 후속기간의 재무제표에 비교표시된 재무정보를 재작성하여 수정한다. 중요한 전기오류가 발견된 이후 최초로 발행을 승인하는 재무제표에 다음의 방법으로 전기오류를 소급하여 수정한다.

① 오류가 발생한 과거기간의 재무제표가 비교표시되는 경우 그 재무정보를 재작성한다.
② 오류가 비교표시되는 가장 이른 과거기간 이전에 발생한 경우에는 비교표시되는 가장 이른 과거기간의 자산, 부채 및 자본의 기초금액을 재작성한다.

예를 들어, 전기와 당기 재무제표를 비교표시하는 경우에 20×3년도 재무제표를 작성하면서 20×2년에 발생한 중요한 오류가 발견되었다면, 20×2년도 재무제표를 재작성하여 20×3년도 재무제표와 함께 비교표시한다. 그러나 20×3년도 재무제표를 작성하면서 20×1년에 발생한 중요한 오류가 발견되었다면, 비교표시되는 가장 이른 과거기간은 20×2년도이므로 20×2년 초의 자산, 부채 및 자본, 즉 재무상태표를 재작성한 후 20×2년도와 20×3년도 재무제표와 함께 비교표시한다.

중요한 오류(material errors)란 재무제표이용자의 경제적 의사결정에 영향을 미치는 경우에 중요한 오류로 볼 수 있다. 오류가 중요한지 여부는 경영자의 주관적인 판단에 의해 결정되며, 외부감사인은 독립적인 감사절차를 통해서 경영자의 판단이 적정한지 여부에 대한 감사의견을 제시한다.

전기오류는 특정기간에 미치는 오류의 영향이나 오류의 누적효과를 실무적으로 결정할 수 없는 경우를 제외하고는 소급재작성에 의하여 수정한다. 한편, K-IFRS 제1008호에서는 중요하지 않는 오류의 수정에 대한 언급은 없다. 일반기업회계기준 제5장 '회계정책, 회계추정의 변경 및 오류'에 따르면, 중요하지 않은 오류는 전기오류수정손익으로 당기손익에 반영하도록 규정하고 있으므로 이를 준용하면 될 것이다.

회계정책의 변경에서와 마찬가지로 특정기간에 미치는 오류의 영향을 실무적으로 결정할 수 없는 경우에는 실무적으로 적용할 수 있는 가장 이른 날부터 전진적으로 오류를 수정하고, 그에 따라 변동하는 자산, 부채 및 자본의 기초금액을 재작성한다(실무적으로 소급재작성할 수 있는 가장 이른 회계기간은 당기일 수도 있음).

예제 3 ❙ 자동조정오류-재고자산

대박회사는 20×2년도 재무제표를 작성하는 중에 20×2년도의 매입으로 계상할 ₩100,000을 20×1년도의 매입으로 잘못 계상하였다. 20×2년도의 장부가 마감되지 않았다고 가정한다. 단, 법인세효과는 고려하지 않는다.

물음

1. 20×1년 기말재고자산 금액이 적절히 계상된 경우 20×2년도 재무제표에 반영할 오류수정 분개를 하시오.

2. 20×1년 기말재고자산이 ₩100,000 과대계상된 경우 20×2년도 재무제표에 반영할 오류수정 분개를 하시오.

풀이

1.

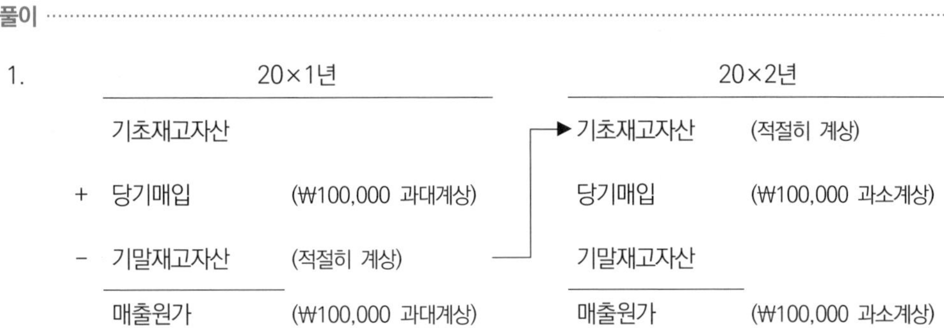

	20×1년		20×2년	
	기초재고자산		기초재고자산	(적절히 계상)
+	당기매입	(₩100,000 과대계상)	당기매입	(₩100,000 과소계상)
−	기말재고자산	(적절히 계상)	기말재고자산	
	매출원가	(₩100,000 과대계상)	매출원가	(₩100,000 과소계상)

따라서 20×2년도 매출원가 ₩100,000 과소계상된 금액을 차변에 인식하고, 20×1년도 매출원가 ₩100,000 과대계상된 금액을 전기오류수정이익(이익잉여금)으로 대변에 인식한다.

〈오류수정 분개〉

(차변)	매 출 원 가	100,000	(대변)	전기오류수정이익	100,000

2.

	20×1년		20×2년	
	기초재고자산		기초재고자산	(₩100,000 과대계상)
+	당기매입	(₩100,000 과대계상)	당기매입	(₩100,000 과소계상)
−	기말재고자산	(₩100,000 과대계상)	기말재고자산	
	매출원가	(적절히 계상)	매출원가	(적절히 계상)

따라서 20×1년도 매출원가가 적절히 계상되었으므로 전기오류에 대해 수정분개하는 것에 실익이 없다. 20×2년도 매출원가 역시 적절히 계상되어 당기손익에 미치는 영향이 없으므로 당기오류에 대해 수정분개하는 것도 실익이 없다. 기초재고자산 ₩100,000 과대계상된 금액을 대변에 인식하고, 당기매입 ₩100,000 과소계상된 금액을 차변에 인식한다. 기초재고자산과 매입 모두 기말 수정분개를 통해서 매출원가에 반영되기 때문에 매출원가에 미치는 순영향은 영(₩0)이다.

〈오류수정 분개〉

(차변)	매 입 (매 출 원 가)	100,000	(대변)	기 초 재 고 자 산 (매 출 원 가)	100,000

예제 4 ❙ 자동조정오류-미수수익

대박회사는 20×2년도 재무제표를 작성하는 중에 20×1년도의 매출로 계상할 ₩100,000을 20×2년도에 현금을 회수하면서 매출로 잘못 계상하였다. 20×2년도의 장부가 마감되지 않았다고 가정한다. 단, 법인세효과는 고려하지 않는다.

물음

20×1년 매출 ₩100,000 과소계상을 20×2년도 재무제표에 반영할 오류수정 분개를 하시오.

풀이

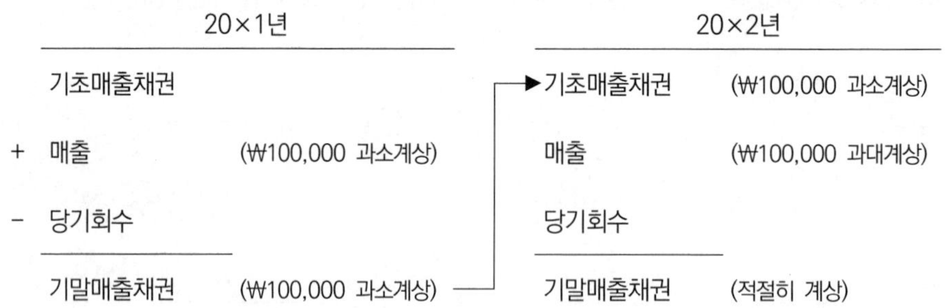

따라서 20×2년도 매출 ₩100,000 과대계상된 금액을 차변에 인식하고, 20×1년도 매출 ₩100,000 과소계상된 금액을 전기오류수정이익(이익잉여금)으로 대변에 인식한다.

〈오류수정 분개〉

(차변)	매출	100,000	(대변)	전기오류수정이익	100,000

예제 5 ❙ 자동조정오류-미지급비용

대박회사는 20×2년도 재무제표를 작성하는 중에 20×1년도의 이자비용으로 계상할 ₩100,000을 20×2년도에 현금을 지급하면서 이자비용으로 잘못 계상하였다. 20×2년도의 장부가 마감되지 않았다고 가정한다. 단, 법인세효과는 고려하지 않는다.

물음

20×1년 이자비용 ₩100,000 과소계상을 20×2년도 재무제표에 반영할 오류수정 분개를 하시오.

풀이

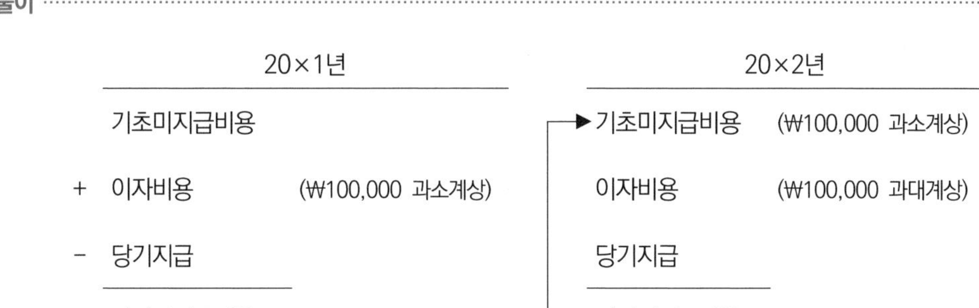

따라서 20×2년도 이자비용 ₩100,000 과대계상된 금액을 대변에 인식하고, 20×1년도 이자비용 ₩100,000 과소계상된 금액을 전기오류수정손실(이익잉여금)로 차변에 인식한다.

〈오류수정 분개〉

(차변)	전기오류수정손실	100,000	(대변)	이자비용	100,000

예제 6 ❙ 자동조정오류-선급비용

대박회사는 20×2년도 재무제표를 작성하는 중에 20×2년도의 보험료로 계상할 ₩100,000을 20×1년도에 현금을 지급하면서 보험료로 잘못 계상하였다. 20×2년도의 장부가 마감되지 않았다고 가정한다. 단, 법인세효과는 고려하지 않는다.

물음

20×1년 보험료 ₩100,000 과대계상을 20×2년도 재무제표에 반영할 오류수정 분개를 하시오.

풀이

	20×1년		20×2년	
	기초선급비용		→ 기초선급비용	(₩100,000 과소계상)
+	당기지급		당기지급	
-	보험료	(₩100,000 과대계상)	보험료	(₩100,000 과소계상)
	기말선급비용	(₩100,000 과소계상)	기말선급비용	(적절히 계상)

따라서 20×2년도 보험료 ₩100,000 과소계상된 금액을 차변에 인식하고, 20×1년도 보험료 ₩100,000 과대계상된 금액을 전기오류수정이익(이익잉여금)으로 대변에 인식한다.

〈오류수정 분개〉

(차변)	보험료	100,000	(대변)	전기오류수정이익	100,000

예제 7 ❙ 자동조정오류-선수수익

대박회사는 20×2년도 재무제표를 작성하는 중에 20×2년도의 용역수익으로 계상할 ₩100,000을 20×1년도에 현금을 받으면서 용역수익으로 잘못 계상하였다. 20×2년도의 장부가 마감되지 않았다고 가정한다. 단, 법인세효과는 고려하지 않는다.

물음

20×1년 용역수익 ₩100,000 과대계상을 20×2년도 재무제표에 반영할 오류수정 분개를 하시오.

풀이

20×1년		20×2년	
기초선수수익		▶기초선수수익	(₩100,000 과소계상)
+ 현금수령		현금수령	
− 용역수익	(₩100,000 과대계상)	용역수익	(₩100,000 과소계상)
기말선수수익	(₩100,000 과소계상)	기말선수수익	(적절히 계상)

따라서 20×2년도 용역수익 ₩100,000 과소계상된 금액을 대변에 인식하고, 20×1년도 용역수익 ₩100,000 과대계상된 금액을 전기오류수정손실(이익잉여금)로 차변에 인식한다.

〈오류수정 분개〉

(차변)	전기오류수정손실	100,000	(대변)	용역수익	100,000

예제 8 ❙ 비자동조정오류

대박회사는 20×3년도 재무제표를 작성하는 중에 20×1년 1월 1일에 ₩100,000을 지급하고 기계장치를 구입하면서 비용으로 회계처리했다는 사실을 발견하였다. 기계장치의 내용연수는 5년, 잔존가치는 영(₩0)으로 추정되고 정액법으로 상각한다.
오류수정 전 20×1년, 20×2년 및 20×3년 차기이월이익잉여금은 각각 ₩500,000, ₩550,000, ₩620,000이며, 20×2년과 20×3년 당기순이익은 각각 ₩50,000과 ₩70,000이다.
20×3년도의 장부가 마감되지 않았다고 가정한다. 단, 법인세효과는 고려하지 않는다.

물음

1. 20×3년도 재무제표에 반영할 오류수정 분개를 하시오.

2. 오류수정 후 20×1년, 20×2년 및 20×3년 차기이월이익잉여금과 20×2년과 20×3년 당기순이익을 계산하시오.

풀이

1. 〈오류수정 분개〉

(차변)	기 계 장 치	100,000	(대변)	감가상각누계액	60,000❷
	감 가 상 각 비	20,000❶		전기오류수정이익	60,000❸

❶ (₩100,000 - 0) ÷ 5년 = ₩20,000
❷ ₩20,000 × 3년 = ₩60,000
❸ ₩100,000 - (20,000 × 2년) = ₩60,000 (20×1년에 비용으로 인식한 ₩100,000에서 20×1년과 20×2년에 비용으로 인식하지 않은 감가상각비를 차감한 금액)

2.

구 분	20×1년	20×2년	20×3년
수정전 당기순이익		₩50,000	₩70,000
기계장치	₩100,000		
감가상각비	(20,000)	(20,000)	(20,000)
수정후 당기순이익		30,000	50,000
누적효과	80,000	60,000	40,000
수정전 차기이월이익잉여금	500,000	550,000	620,000
수정후 차기이월이익잉여금	₩580,000	₩610,000	₩660,000

3. 재무제표의 재작성

회계정책의 변경과 중요한 오류를 발견한 경우 소급적용하고 그 누적효과를 이익잉여금에 반영해야 한다. 또한 비교표시되는 과거기간의 재무제표를 재작성해야 한다. 이때 특정기간에 미치는 회계정책의 변경이나 오류의 영향을 실무적으로 결정할 수 없는 경우에는 실무적으로 적용할 수 있는 가장 이른 날부터 전진적으로 반영하고, 그에 따라 변동하는 자산, 부채 및 자본의 기초금액을 재작성한다.

재무제표를 재작성할 때, 가장 먼저 회사의 실제 회계처리와 회계정책의 변경 또는 오류수정을 반영한 올바른 회계처리를 분석하여 연도별로 수정분개를 한다. 연도별로 수정분개하는 이유는 비교표시되는 과거기간의 재무제표를 모두 재작성하기 때문이다.

다음으로 연도별 수정분개를 반영한 후의 당기순이익과 차기이월이익잉여금을 산출한다. 연도별 수정분개 중에서 해당 연도의 당기손익에 영향을 미치는 손익계정들을 당기순이익에 반영하고, 이들의 누적효과를 차기이월이익잉여금에 반영한다.

마지막으로 해당 연도의 수정분개를 각 계정에 반영하여 재무제표를 재작성한다. 이때 유의할 점은 재무상태표 계정은 처분 등으로 장부에서 제거될 때까지 수정분개를 매년 반영해야 한다. 예를 들면, 유형자산을 비용으로 잘못 회계처리한 경우 이를 수정분개하여 재무제표에 반영할 때 해당 유형자산이 장부에서 제거될 때까지 매년 재무상태표에 반영해야 한다.

예제 9 ❙ 재무제표의 재작성

대박회사는 20×2년도 재무제표를 작성하는 중에 20×1년 1월 1일에 ₩180,000을 지급하고 구입한 비품을 구입하면서 소모품비로 회계처리했다는 사실을 발견하였다. 비품의 내용연수는 6년, 잔존가치는 ₩0으로 추정되고 정액법으로 상각한다.
또한 20×2년도의 매입으로 계상할 ₩70,000을 20×1년도의 매입으로 잘못 계상하였으나, 기말재고자산은 적절히 계상되었다.
20×2년도의 장부가 마감되지 않았다고 가정한다. 단, 법인세효과는 고려하지 않는다.

물음

1. 20×1년도와 20×2년도 재무제표에 반영할 오류수정 분개를 하시오. 단, 오류의 금액은 중요하다고 판단한다.

2. 오류수정 분개를 반영하기 전 20×1년도와 20×2년도 재무제표는 다음과 같다. 오류수정 분개를 반영한 후 20×1년도와 20×2년도 재무제표를 작성하시오.

재무상태표

(단위: 원)

과목	20×1년	20×2
재고자산	220,000	200,000
비품	500,000	600,000
감가상각누계액	(250,000)	(280,000)
기타 자산	460,000	560,000
자산총액	930,000	1,080,000
매입채무	170,000	100,000
기타 부채	215,000	272,000
자본금	500,000	550,000
이익잉여금	45,000	158,000
부채 및 자본총액	930,000	1,080,000

포괄손익계산서

과목	20×1년	20×2
매출	750,000	800,000
매출원가	(500,000)	(450,000)
감가상각비	(20,000)	(30,000)
소모품비	(180,000)	-
기타손익	(20,000)	(207,000)
당기순이익	30,000	113,000

풀이

1. 대박회사의 실제 회계처리와 올바른 회계처리를 분석하여 연도별로 수정분개를 한다.

• 소모품비 오류 분석

〈20×1년 회사의 실제 회계처리〉

(차변)	소 모 품 비	180,000	(대변)	현 금	180,000

〈20×1년 올바른 회계처리〉

(차변)	비 품	180,000	(대변)	현 금	180,000
(차변)	감 가 상 각 비	30,000❶	(대변)	감가상각누계액	30,000

❶ (₩100,000 - 0) ÷ 6년 = ₩30,000

① 〈20×1년도 재무제표에 반영할 오류수정 분개〉

(차변)	비 품	180,000	(대변)	감가상각누계액	30,000
	감 가 상 각 비	30,000		소 모 품 비	180,000

〈20×2년 회사의 실제 회계처리〉

분 개 없 음

〈20×2년 올바른 회계처리〉

(차변)	감 가 상 각 비	30,000	(대변)	감가상각누계액	30,000

② 〈20×2년도 재무제표에 반영할 오류수정 분개〉

(차변)	비 품	180,000	(대변)	감가상각누계액	60,000❷
	감 가 상 각 비	30,000		전기오류수정이익	150,000❸

❷ ₩30,000 × 2년 = ₩60,000

❸ ₩180,000 - (30,000 × 1년) = ₩150,000 (20×1년에 비용으로 인식한 ₩180,000에서 20×1년에 비용으로 인식하지 않은 감가상각비를 차감한 금액)

• 매입 오류 분석

〈20×1년 회사의 실제 회계처리〉

(차변)	매 입	70,000	(대변)	매 입 채 무	70,000

〈20×1년 올바른 회계처리〉

분 개 없 음

③ 〈20×1년도 재무제표에 반영할 오류수정 분개〉

(차변)	매 입 채 무	70,000	(대변)	매입(매출원가)	70,000

〈20×2년 회사의 회계처리〉

분 개 없 음

〈20×2년 올바른 회계처리〉

(차변) 매 입 70,000 (대변) 매 입 채 무 70,000

④ 〈20×2년도 재무제표에 반영할 오류수정 분개〉

(차변) 매 입 (매 출 원 가) 70,000 (대변) 전기오류수정이익 70,000❹

❹ 20×1년도 매출원가 ₩70,000 과대계상된 금액을 전기오류수정이익(이익잉여금)으로 대변에 인식한다.

2. 연도별 수정분개를 반영한 후의 당기순이익과 차기이월이익잉여금을 산출한다.

구 분	20×1년	20×2년
수정전 당기순이익	₩30,000	₩113,000
감가상각비	(30,000)	(30,000)
소모품비	180,000	-
매출원가	70,000	(70,000)
수정후 당기순이익	250,000	13,000
누적효과	220,000	120,000
수정전 차기이월이익잉여금	45,000	158,000
수정후 차기이월이익잉여금	₩265,000	₩278,000

3. 해당 연도의 수정분개를 각 계정에 반영하여 재무제표를 재작성한다.

재무상태표

(단위: 원)

과목	20×1년	20×1년도 오류수정 분개 반영	20×2년	20×2년도 오류수정 분개 반영
재고자산	220,000		200,000	
비품	680,000	①	780,000	②
감가상각누계액	(280,000)	①	(340,000)	②
기타 자산	460,000		560,000	
자산총액	1,080,000		1,200,000	
매입채무	100,000	③	100,000	
기타 부채	215,000		272,000	
자본금	500,000		550,000	
이익잉여금	265,000		278,000	
부채 및 자본총액	1,080,000		1,200,000	

포괄손익계산서

과목	20×1년	20×1년도 오류수정 분개 반영	20×2년	20×2년도 오류수정 분개 반영
매출	750,000		800,000	
매출원가	(430,000)	③	(520,000)	④
감가상각비	(50,000)	①	(60,000)	②
소모품비	-	①	-	
기타손익	(20,000)		(207,000)	
당기순이익	250,000		13,000	

보론 Ⅰ 회계변경과 오류수정의 법인세효과

앞서 설명한 것처럼 회계정책의 변경과 오류수정의 경우 소급적용하여 특정기간에 미치는 영향이나 누적효과를 반영하고, 회계추정의 변경의 경우 전진적으로 당기손익과 미래기간의 손익에 영향을 반영한다. 세법에서는 회계변경에 대해서 모두 전진법만 인정하기 때문에 회계추정의 변경의 경우 일시적차이가 발생하지 않지만, 회계정책의 변경과 오류수정의 경우 일시적차이가 발생한다. 제17장 '법인세'에서 기타포괄손익과 자본에서 발생한 법인세비용은 관련 기타포괄손익 또는 자본에 직접 차감한다고 설명하였다. 마찬가지로 회계정책의 변경이나 오류로 인하여 법인세비용이 발생하는 경우에는 관련 법인세비용을 이익잉여금(전기오류수정손익)에서 직접 차감한다.

1. 회계정책 변경의 법인세효과

앞에서 제시한 (예제 1)을 통해서 회계정책 변경의 법인세효과를 살펴보자. 단, 법인세율은 30%를 가정한다.

예 1 ❙ 회계정책 변경의 법인세효과

20×1년 초에 설립된 대박회사는 재고자산의 단가결정방법을 선입선출법을 적용하였으나, 20×3년부터 평균법으로 변경하였다. 다음은 선입선출법을 적용한 (약식)재무제표이다.

계 정	20×1년	20×2년	20×3년
재고자산	₩120,000	₩130,000	₩140,000
이익잉여금	1,000,000	1,040,000	1,090,000
매출원가	105,000	115,000	125,000
당기순이익	35,000	40,000	50,000

대박회사가 재고자산의 단가결정방법을 평균법을 적용했다면 매 회계기간 말 재고자산 금액은 다음과 같다. 세법상 20×3년 말 재고자산의 단가결정방법은 평균법으로 인정한다고 가정한다.

계 정	20×1년	20×2년	20×3년
재고자산	₩130,000	₩135,000	₩138,000

회계정책 변경의 누적효과로 인해 발생한 법인세비용은 이익잉여금에 직접 차감하여 회계처리한다. 먼저 (예제 1)에서 법인세효과를 반영하기 전 20×3년 말 회계처리는 다음과 같다.

〈20×3. 12. 31. 법인세효과 반영 전〉

(차변)	매 출 원 가	7,000❷	(대변)	재 고 자 산	2,000❶
				이 익 잉 여 금	5,000❸

❶ 20×3년 말 선입선출법과 평균법의 재고자산 차이

❷ 20×3년도 선입선출법과 평균법의 기초재고자산 차이(₩5,000)에서 기말재고자산 차이((-)₩2,000)를 차감

❸ 20×2년도까지 선입선출법과 평균법의 재고자산 누적차이

법인세효과를 반영한 후 20×3년 말 회계처리는 다음과 같다.

〈20×3. 12. 31. 법인세효과 반영 후〉

(차변)	매 출 원 가	7,000	(대변)	재 고 자 산	2,000
				이 익 잉 여 금	5,000
(차변)	이 익 잉 여 금	1,500❹	(대변)	법 인 세 비 용	2,100❺
	미 지 급 법 인 세	600❻			

❹ 전기 말까지의 누적 법인세효과 ₩1,500(5,000 × 30%)을 이익잉여금에서 직접 차감한다.

❺ 당기 법인세효과 ₩2,100(7,000 × 30%)을 법인세비용으로 회계처리한다.

❻ 당기 법인세효과에서 누적 법인세효과를 차감한 순효과(₩600)를 미지급법인세의 감소로 회계처리한다. 즉, 당기법인세가 ₩600(2,000 × 30%) 감소한다는 의미이다.

참고로 20×3년도 세무조정으로 법인세효과를 분석하면 다음과 같다.

회계이익 추가	₩(7,000)	×	30%	=	(2,100)
세무조정(익금산입, 기타사외유출)	5,000	×	30%	=	1,500
과세소득 추가	₩(2,000)	×	30%	=	(600)

2. 오류수정의 법인세효과

앞에서 제시한 (예제 8)을 통해서 오류수정의 법인세효과를 살펴보자. 단, 법인세율은 30%를 가정한다.

예 2 ❙ 오류수정의 법인세효과

> 대박회사는 20×3년도 재무제표를 작성하는 중에 20×1년 1월 1일에 ₩100,000을 지급하고 구입한 기계장치를 구입하면서 비용으로 회계처리했다는 사실을 발견하였다. 기계장치의 내용연수는 5년, 잔존가치는 ₩0으로 추정되고 정액법으로 상각한다. 20×3년도의 장부가 마감되지 않았다고 가정한다.

오류수정의 누적효과로 인해 발생한 법인세비용은 이익잉여금(전기오류수정손익)에 직접 차감하여 회계처리한다. 먼저 (예제 8)에서 법인세효과를 반영하기 전 20×3년 말 회계처리는 다음과 같다.

〈20×3. 12. 31. 법인세효과 반영 전〉

(차변)	기 계 장 치	100,000	(대변)	감가상각누계액	60,000❷
	감 가 상 각 비	20,000❶		전기오류수정이익	60,000❸

❶ (₩100,000 - 0) ÷ 5년 = ₩20,000

❷ ₩20,000 × 3년 = ₩60,000

❸ ₩100,000 - (20,000 × 2년) = ₩60,000 (20×1년에 비용으로 인식한 ₩100,000에서 20×1년과 20×2년에 비용으로 인식하지 않은 감가상각비를 차감한 금액)

만약 세법상 이러한 오류수정을 인정한다면 법인세효과를 반영한 후 20×3년 말 회계처리는 다음과 같다.

〈20×3. 12. 31. 세법상 인정한 오류수정의 법인세효과 반영 후〉

(차변)	기 계 장 치	100,000	(대변)	감가상각누계액	60,000
	감 가 상 각 비	20,000		전기오류수정이익	60,000
(차변)	전기오류수정이익	18,000❹	(대변)	법 인 세 비 용	6,000❺
				미 지 급 법 인 세	12,000❻

❹ 전기 말까지의 누적 법인세효과 ₩18,000(60,000 × 30%)을 전기오류수정이익(이익잉여금)에서 직접 차감한다.

❺ 당기 법인세효과 ₩6,000(20,000 × 30%)을 법인세비용으로 회계처리한다.
❻ 누적 법인세효과에서 당기 법인세효과를 차감한 순효과(₩12,000)를 미지급법인세의 증가로 회계처리한다. 즉, 추가로 납부해야 할 당기법인세가 ₩12,000(40,000 × 30%)이라는 의미이다.

참고로 20×3년도 세무조정으로 법인세효과를 분석하면 다음과 같다.

회계이익 추가	₩(20,000)	× 30%	=	(6,000)
세무조정(익금산입, 기타사외유출)	60,000	× 30%	=	18,000
과세소득 추가	₩40,000	× 30%	=	12,000

그러나 세법상 이러한 오류수정을 인정하지 않는다면 법인세효과를 반영한 후 20×3년 말 회계처리는 다음과 같다.

〈20×3. 12. 31. 세법상 인정하지 않는 오류수정의 법인세효과 반영 후〉

(차변)	기계장치	100,000	(대변)	감가상각누계액	60,000
	감가상각비	20,000		전기오류수정이익	60,000
(차변)	전기오류수정이익	18,000❼	(대변)	법인세비용	6,000❽
				이연법인세부채	12,000❾

❼ 전기 말까지의 누적 법인세효과 ₩18,000(60,000 × 30%)을 전기오류수정이익(이익잉여금)에서 직접 차감한다.
❽ 당기 법인세효과 ₩6,000(20,000 × 30%)을 법인세비용으로 회계처리한다.
❾ 누적 법인세효과에서 당기 법인세효과를 차감한 순효과(₩12,000)는 회계상 기계장치 장부금액(₩40,000)과 세무상 기계장치 장부금액(₩0) 차이로 인한 이연법인세부채 ₩12,000(₩40,000 × 30%)으로 회계처리한다.

참고로 20×3년도 세무조정으로 법인세효과를 분석하면 다음과 같다.

회계이익 추가	₩(20,000)	× 30%	=	(6,000)
세무조정(익금산입, 기타사외유출)	60,000	× 30%	=	18,000
기계장치(손금산입, △유보)	(40,000)	× 30%	=	(12,000)
과세소득 추가	₩0			

SUMMARY & CHECK

회계정책의 의의

- 회계정책이란 기업이 재무제표를 작성·표시하기 위하여 적용하는 구체적인 원칙, 근거, 관습, 규칙 및 관행을 말한다.
- 회계변경이란 기업이 선택하여 적용하던 회계정책이나 회계추정을 변경하는 것을 말한다.
- 회계정책의 변경이란 기업이 선택하여 적용하던 회계정책을 변경하는 것을 말한다.
- 새로운 회계정책을 소급적용하는 경우 특정기간에 미치는 영향이나 누적효과를 실무적으로 결정할 수 없는 경우에는 실무적으로 적용할 수 있는 가장 이른 날부터 새로운 회계정책을 전진적용하고, 그에 따라 변동하는 자본 구성요소의 기초금액을 조정한다.
- 회계추정의 변경이란 자산과 부채의 현재 상태를 평가하거나 자산과 부채와 관련된 예상되는 미래효익과 의무를 평가한 결과에 따라 자산이나 부채의 장부금액 또는 기간별 자산의 소비액을 조정하는 것을 말한다.
- 경과규정이 없는 한국채택국제회계기준을 최초 적용하거나 자발적으로 회계정책을 변경할 경우에는 소급적용한다.
- 회계추정의 변경으로 인한 효과는 다음의 회계기간의 당기손익에 포함하여 전진적으로 인식한다.

오류수정

- 오류란 재무제표를 작성할 때 신뢰할 만한 정보를 이용하지 못했거나 잘못 이용하여 발생한 재무제표에의 누락이나 왜곡표시를 말한다.
- 중요한 오류란 재무제표이용자의 경제적 의사결정에 영향을 미치는 경우에 중요한 오류로 볼 수 있다.
- 자동조정오류 또는 자동상쇄오류란 한 회계기간에 발생한 오류의 영향이 직후 회계기간에 상쇄됨으로써 자동적으로 조정되는 오류를 말한다.
- 비자동조정오류 또는 비자동상쇄오류란 오류발생 이후의 차기 회계기간의 장부마감시까지 자동적으로 상쇄되지 않는 오류를 말한다.
- 전기오류는 특정기간에 미치는 오류의 영향이나 오류의 누적효과를 실무적으로 결정할 수 없는 경우를 제외하고는 소급재작성에 의하여 수정한다.
- 특정기간에 미치는 오류의 영향을 실무적으로 결정할 수 없는 경우에는 실무적으로 적용할 수 있는 가장 이른 날부터 전진적으로 오류를 수정하고, 그에 따라 변동하는 자산, 부채 및 자본의 기초금액을 재작성한다.

재무제표의 재작성

- 재무제표를 재작성할 때, 가장 먼저 회사의 실제 회계처리와 회계정책의 변경 또는 오류수정을 반영한 올바른 회계처리를 분석하여 연도별로 수정분개를 한다.
- 다음으로 연도별 수정분개를 반영한 후의 당기순이익과 차기이월이익잉여금을 산출한다.
- 마지막으로 해당 연도의 수정분개를 각 계정에 반영하여 재무제표를 재작성한다.
- 이때 유의할 점은 재무상태표 계정은 처분 등으로 장부에서 제거될 때까지 수정분개를 매년 반영해야 한다.

OX QUIZ

1 기업이 거래, 기타 사건 및 상황에 대하여 구체적으로 적용할 수 있는 한국채택국제회계기준이 없더라도 경영진은 판단에 따라 회계정책을 개발 및 적용하여 회계정보를 작성할 수 없다.

2 한국채택국제회계기준에서 회계정책의 변경을 요구하는 경우에는 회계정책의 변경에 해당하지 않는다.

3 회계정책의 변경을 반영한 재무제표가 거래, 기타 사건 또는 상황이 재무상태, 재무성과 또는 현금흐름에 미치는 영향에 대하여 신뢰성 있고 더 목적적합한 정보를 제공하는 경우에는 회계정책을 변경할 수 있다.

4 과거에 발생한 거래와 실질이 다른 거래, 기타 사건 또는 상황에 대하여 다른 회계정책을 적용하는 경우는 회계정책의 변경에 해당하지 않는다.

5 과거에 발생하지 않았거나 발생하였어도 중요하지 않았던 거래, 기타 사건 또는 상황에 대하여 새로운 회계정책을 적용하는 경우는 회계정책의 변경에 해당한다.

6 유형자산이나 무형자산을 원가모형에서 재평가모형으로 최초로 적용하는 경우에 소급적용하여 비교재무제표를 재작성해야 한다.

7 합리적 추정을 사용하는 것은 재무제표 작성의 필수적인 과정이며 재무제표의 신뢰성을 손상시키지 않는다.

8 회계정책의 변경과 회계추정의 변경을 구분하는 것이 어려운 경우에는 이를 회계정책의 변경으로 본다.

9 새로운 회계정책을 소급적용하는 경우 특정기간에 미치는 영향이나 누적효과를 실무적으로 결정할 수 없는 경우에는 실무적으로 적용할 수 있는 가장 이른 날부터 새로운 회계정책을 전진적용한다.

10 모든 회계추정의 변경은 당기손익과 미래기간의 손익에 모두 영향을 미친다.

11 측정기준의 변경(예 원가모형에서 재평가모형으로 변경)은 회계추정의 변경에 해당한다.

12 계정분류상의 오류, 자동조정오류 및 비자동조정오류 모두 당기손익에 영향을 미친다.

13 회계정책의 변경에서와 마찬가지로 특정기간에 미치는 오류의 영향을 실무적으로 결정할 수 없는 경우에는 실무적으로 적용할 수 있는 가장 이른 날부터 전진적으로 오류를 수정하고, 실무적으로 소급재작성할 수 있는 가장 이른 회계기간이 당기일 수도 있다.

Multiple-choice Questions

1 ㈜대한은 20×3년 말 장부 마감 전에 과거 3년간의 회계장부를 검토한 결과 다음과 같은 오류사항을 발견하였으며, 이는 모두 중요한 오류에 해당한다. (CPA 2021)

- 기말재고자산은 20×1년에 ₩20,000 과소계상, 20×2년에 ₩30,000 과대계상, 20×3년에 ₩35,000 과대계상되었다.
- 20×2년에 보험료로 비용 처리한 금액 중 ₩15,000은 20×3년 보험료의 선납분이다.
- 20×1년 초 ㈜대한은 잔존가치없이 정액법으로 감가상각하고 있던 기계장치에 대해 ₩50,000의 지출을 하였다. 동 지출은 기계장치의 장부금액에 포함하여 인식 및 감가상각하여야 하나, ㈜대한은 이를 지출 시점에 즉시 비용(수선비)으로 처리하였다. 20×3년 말 현재 동 기계장치의 잔존내용연수는 2년이며, ㈜대한은 모든 유형자산에 대하여 원가모형을 적용하고 있다.

위 오류사항에 대한 수정효과가 ㈜대한의 20×3년 전기이월이익잉여금과 당기순이익에 미치는 영향은 각각 얼마인가?

	전기이월이익잉여금	당기순이익		전기이월이익잉여금	당기순이익
①	₩15,000 감소	₩15,000 감소	②	₩15,000 증가	₩15,000 감소
③	₩15,000 감소	₩30,000 감소	④	₩15,000 증가	₩30,000 감소
⑤	₩0	₩0			

2 ㈜대한의 회계감사인은 20×2년도 재무제표에 대한 감사과정에서 20×1년 말 재고자산 금액이 ₩10,000만큼 과대계상되어 있음을 발견하였으며, 이는 중요한 오류에 해당한다. 동 재고자산의 과대계상 오류가 수정되지 않은 ㈜대한의 20×1년과 20×2년의 손익은 다음과 같다. (CPA 2022)

구분	20×1년	20×2년
수익	₩150,000	₩170,000
비용	90,000	40,000
당기순이익	₩60,000	₩130,000

한편, 20×2년 말 재고자산 금액은 정확하게 계상되어 있으며, ㈜대한의 20×1년 초 이익잉여금은 ₩150,000이다. 상기 재고자산 오류를 수정하여 비교재무제표를 작성할 경우, ㈜대한의 20×1년 말과 20×2년 말의 이익잉여금은 각각 얼마인가?

	20×1년 말	20×2년 말		20×1년 말	20×2년 말
①	₩200,000	₩330,000	②	₩200,000	₩340,000
③	₩210,000	₩330,000	④	₩210,000	₩340,000
⑤	₩220,000	₩340,000			

3 ㈜세무는 20×1년 10월 1일 3년치 영업용 건물 관련 화재보험료 ₩1,200,000을 선급하고 전액 20×1년 비용으로 인식하였다. 동 오류는 20×2년 말 장부마감 전에 발견되어 수정되었다. ㈜세무의 오류수정 회계처리가 20×2년 재무제표에 미친 영향으로 옳은 것은? (단, 보험료는 매 기간 균등하게 발생하고, 모든 오류는 중요한 것으로 간주한다) (CTA 2019)

① 전기에서 이월된 이익잉여금이 ₩1,100,000 증가한다.

② 당기 비용이 ₩700,000 발생한다.

③ 기말 이익잉여금이 ₩400,000 증가한다.

④ 기말 자산항목이 ₩400,000 증가한다.

⑤ 기말 순자산이 ₩300,000 증가한다.

4 20×2년 말 ㈜대한의 외부감사인은 수리비의 회계처리 오류를 발견하였다. 동 오류의 금액은 중요하다. 20×1년 1월 1일 본사 건물 수리비 ₩500,000이 발생하였고, ㈜대한은 이를 건물의 장부금액에 가산하였으나 동 수리비는 발생연도의 비용으로 회계처리하는 것이 타당하다. 20×1년 1월 1일 현재 건물의 잔존내용연수는 10년, 잔존가치는 ₩0이며, 정액법으로 감가상각한다. ㈜대한의 오류수정 전 부분재무상태표는 다음과 같다.

구분	20×0년 말	20×1년 말	20×2년 말
건물	₩5,000,000	₩5,500,000	₩5,500,000
감가상각누계액	(2,500,000)	(2,800,000)	(3,100,000)
장부금액	2,500,000	2,700,000	2,400,000

상기 오류수정으로 인해 ㈜대한의 20×2년 말 순자산 장부금액은 얼마나 변동되는가?

(CPA 2020)

① ₩400,000 감소 ② ₩450,000 감소 ③ ₩500,000 감소
④ ₩420,000 감소 ⑤ ₩50,000 증가

5 ㈜세무는 20×1년 초에 사채(상각후원가로 측정하는 금융부채)를 발행하였다. 20×1년 말 장부마감 과정에서 동 사채의 회계처리와 관련한 다음과 같은 중요한 오류를 발견하였다. (CTA 2022)

- 사채의 발행일에 사채발행비 ₩9,500이 발생하였으나 이를 사채의 발행금액에서 차감하지 않고, 전액 20×1년도의 당기비용으로 처리하였다.
- 20×1년 초 사채의 발행금액(사채발행비 차감전)은 ₩274,000이고, ㈜세무는 동 발행금액에 유효이자율 연 10%를 적용하여 20×1년도 이자비용을 인식하였다.
- 상기 사채발행비를 사채 발행금액에서 차감할 경우 사채발행시점의 유효이자율은 연 12%로 증가한다.

㈜세무의 오류수정 전 20×1년도의 당기순이익이 ₩100,000인 경우, 오류를 수정한 후의 20×1년도 당기순이익은?

① ₩90,500 ② ₩95,660 ③ ₩104,340
④ ₩105,160 ⑤ ₩109,500

CHAPTER 19

현금흐름표

1. 현금흐름표의 의의
2. 활동별 현금흐름
3. 현금흐름의 보고
4. 현금흐름표의 작성

학습목표

- 현금흐름표의 의의를 이해한다.
- 활동별 현금흐름을 이해한다.
- 직접법과 간접법의 차이를 이해한다.
- 현금흐름표의 작성을 이해한다.

K-IFRS 제1007호 '현금흐름표'에서는 이 기준서의 목적을 '회계기간 동안 발생한 현금흐름을 영업활동, 투자활동 및 재무활동으로 분류하는 현금흐름표를 통하여 현금및현금성자산의 역사적 변동에 관한 정보를 제공하도록 요구하는 데 있다'라고 규정하고 있다. 앞으로 계속 언급하겠지만, 현금흐름표는 영업활동, 투자활동 및 재무활동으로 구분하여 작성하여야 한다.

특히 영업활동 현금흐름을 다른 활동과 구분하여 작성하도록 요구하는 이유는 발생주의에서 당기순이익과 비교할 수 있는 현금주의에서의 이익 지표이기 때문이다. 본장을 통해서 현금흐름표의 의의, 영업활동, 투자활동 및 재무활동별 현금흐름, 직접법과 간접법의 차이, 그리고 현금흐름표의 작성에 대해서 심도 있게 학습하면서, 발생주의에 의한 당기순이익과 현금흐름표의 영업활동 현금흐름을 자세히 비교해 보자.

1. 현금흐름표의 의의

1.1 현금흐름표의 의의

재무상태표, 포괄손익계산서 및 자본변동표는 발생기준(accrual basis)의 재무제표이고 현금흐름표만이 유일하게 현금기준(cash basis)의 재무제표이다. 정보이용자 입장에서는 발생기준의 수익과 비용에 대한 정보도 필요하지만 현금기준의 수입과 지출에 대한 정보 역시 기업을 평가하는 데 매우 중요한 정보이다. 현금흐름표(statement of cash flows)는 정보이용자들의 이러한 정보욕구를 충족시키기 위해서 작성하는 재무제표로서 한 회계기간 동안 현금의 유입과 유출에 대한 정보를 제공한다. 특히 현금흐름표는 기업의 영업활동, 투자활동 및 재무활동과 관련된 현금흐름의 유입과 유출에 대한 정보를 구분하여 제공한다. 현금흐름표는 재무상태표에 표시되어 있는 현금및현금성자산의 기초잔액과 기말잔액 내용을 모두 제시함으로써 재무상태표와 연결할 수 있고, 간접법에 의한 현금흐름표의 경우에 현금유출이 없는 비용 및 현금유입이 없는 수익 등은 포괄손익계산서와 연결되며, 재무활동 현금흐름에서 유상증자와 배당금 등은 자본변동표에 나타난 정보와 연결되어 있어 정보이용자들이 보다 명확하게 재무제표 간의 연계성을 파악할 수 있게 한다.

1.2 현금및현금성자산

현금흐름표상에서 현금이란 현금및현금성자산을 의미한다. 현금성자산(cash equivalents)은 투자나 다른 목적이 아닌 단기의 현금수요를 충족하기 위한 목적으로 보유한다. 투자자산이 현금성자산으로 분류되기 위해서는 확정된 금액의 현금으로 전환이 용이하고, 가치변동의 위험이 경미해야 한다. 따라서 투자자산은 일반적으로 만기일이 단기에 도래하는 경우(예를 들어, 취득일로부터 만기일이 3개월 이내인 경우)에만 현금성자산으로 분류된다. 지분상품은 현금성자산에서 제외한다. 다만 상환일이 정해져 있고 취득일로부터 상환일까지의 기간이 단기인 우선주와 같이 실질적인 현금성자산인 경우에는 예외로 한다.

은행 차입은 일반적으로 재무활동으로 간주된다. 그러나 일부 국가의 경우 금융회사의 요구에 따라 즉시 상환하여야 하는 당좌차월은 기업의 현금관리의 일부를 구성한다. 이때 당좌차월은 현금및현금성자산의 구성요소에 포함된다. 그러한 은행거래약정이 있는 경우 은행잔고는 예금과 차월 사이에서 자주 변동하는 특성이 있다.

현금및현금성자산을 구성하는 항목 간 이동은 영업활동, 투자활동 및 재무활동의 일부가 아닌 현금관리의 일부이므로 이러한 항목 간의 변동은 현금흐름에서 제외한다. 현금관리는 잉여현금을 현금성자산에 투자하는 것을 포함한다.

2. 활동별 현금흐름

현금흐름표는 회계기간 동안 발생한 현금흐름을 영업활동, 투자활동 및 재무활동으로 분류하여 보고한다. 기업은 사업 특성을 고려하여 가장 적절한 방법으로 영업활동, 투자활동 및 재무활동에서 발생하는 현금흐름을 표시한다. 활동에 따른 분류는 이러한 활동이 기업의 재무상태와 현금및현금성자산의 금액에 미치는 영향을 재무제표이용자가 평가할 수 있도록 정보를 제공한다. 또한 이 정보는 각 활동 간의 관계를 평가하는 데 사용될 수 있다.

하나의 거래에는 서로 다른 활동으로 분류되는 현금흐름이 포함될 수 있다. 예를 들어, 이자와 차입금을 함께 상환하는 경우, 이자지급은 영업활동으로 분류될 수 있고 원금상환은 재무활동으로 분류된다.

2.1 영업활동 현금흐름

영업활동 현금흐름(cash flows from operating activities)의 금액은 기업이 외부의 재무자원에 의존하지 않고 영업을 통하여 차입금 상환, 영업능력의 유지, 배당금 지급 및 신규투자 등에 필요한 현금흐름을 창출하는 정도에 대한 중요한 지표가 된다. 역사적 영업현금흐름의 특정 구성요소에 대한 정보를 다른 정보와 함께 사용하면, 미래 영업현금흐름을 예측하는 데 유용하다.

영업활동 현금흐름은 주로 기업의 주요 수익창출활동에서 발생한다. 따라서 영업활동 현금흐름은 일반적으로 당기순손익의 결정에 영향을 미치는 거래나 그 밖의 사건의 결과로 발생한다. K-IFRS 제1007호 '현금흐름표'에서 제시한 영업활동 현금유입과 유출의 예는 다음과 같다.

영업활동 현금유입	영업활동 현금유출
• 재화의 판매와 용역 제공에 따른 현금유입 • 로열티, 수수료, 중개료 및 기타수익에 따른 현금유입 • 법인세의 환급. 다만 재무활동과 투자활동에 명백히 관련되는 것은 제외한다. • 단기매매목적으로 보유하는 계약에서 발생하는 현금유입	• 재화와 용역의 구입에 따른 현금유출 • 종업원과 관련하여 직 · 간접으로 발생하는 현금유출 • 법인세의 납부. 다만 재무활동과 투자활동에 명백히 관련되는 것은 제외한다. • 단기매매목적으로 보유하는 계약에서 발생하는 현금유출

기업은 단기매매목적으로 유가증권이나 대출채권을 보유할 수 있으며, 이때 유가증권이나 대출채권은 판매를 목적으로 취득한 재고자산과 유사하다. 따라서 단기매매목적으로 보유하는 유가증권의 취득과 판매에 따른 현금흐름은 영업활동으로 분류한다. 마찬가지로 금융회사의 현금 선지급이나 대출채권은 주요 수익창출활동과 관련되어 있으므로 일반적으로 영업활동으로 분류한다.

제6장 '유형자산'에서 언급한 것처럼 통상적인 활동과정에서 타인에게 임대할 목적으로 보유하던 유형자산을 판매하는 기업은, 유형자산의 임대가 중단되고 판매목적으로 보유하게 되는 시점에 이러한 자산의 장부금액을 재고자산으로 대체하여야 한다. 따라서 타인에게 임대할 목적으로 보유하다가 후속적으로 판매목적으로 보유하는 자산을 제조하거나 취득하기 위한 현금 지급액은 영업활동 현금흐름이다. 이러한 자산의 임대 및 후속적인 판매로 수취하는 현금도 영업활동 현금흐름이다.

2.2 투자활동 현금흐름

투자활동 현금흐름(cash flows from investing activities)은 미래수익과 미래현금흐름을 창출할 자원의 확보를 위하여 지출된 정도를 나타내기 때문에 현금흐름을 별도로 구분 표시하는 것이 중요하다. 재무상태표에 자산으로 인식되는 지출만이 투자활동으로 분류하기에 적합하다. K-IFRS 제1007호 '현금흐름표'에서 제시한 투자활동 현금유입과 유출의 예는 다음과 같다.

투자활동 현금유입	투자활동 현금유출
• 유형자산, 무형자산 및 기타 장기성 자산의 처분에 따른 현금유입 • 다른 기업의 지분상품이나 채무상품의 처분에 따른 현금유입(현금성자산으로 간주되는 상품이나 단기매매목적으로 보유하는 상품의 처분에 따른 유입액은 제외) • 제3자에 대한 선급금 및 대여금의 회수에 따른 현금유입 • 선물계약, 선도계약, 옵션계약 및 스왑계약에 따른 현금유입(단기매매목적으로 계약을 보유하거나 현금유입이 재무활동으로 분류되는 경우는 제외)	• 유형자산, 무형자산 및 기타 장기성 자산의 취득에 따른 현금유출 • 다른 기업의 지분상품이나 채무상품의 취득에 따른 현금유출(현금성자산으로 간주되는 상품이나 단기매매목적으로 보유하는 상품의 취득에 따른 유출액은 제외) • 제3자에 대한 선급금 및 대여금의 지급에 따른 현금유출 • 선물계약, 선도계약, 옵션계약 및 스왑계약에 따른 현금유출(단기매매목적으로 계약을 보유하거나 현금유출이 재무활동으로 분류되는 경우는 제외)

파생상품계약에서 식별가능한 거래에 대하여 위험회피회계를 적용하는 경우, 그 계약과 관련된 현금흐름은 위험회피대상 거래의 현금흐름과 동일하게 분류한다. 즉, 위험회피대상이 투자자산일 때 그 계약과 관련된 현금흐름을 투자활동 현금흐름으로 분류한다.

2.3 재무활동 현금흐름

재무활동 현금흐름(cash flows from financing activities)은 미래현금흐름에 대한 자본제공자의 청구권을 예측하는 데 유용하기 때문에 현금흐름을 별도로 구분 표시하는 것이 중요하다. K-IFRS 제1007호 '현금흐름표'에서 제시한 재무활동 현금유입과 유출의 예는 다음과 같다.

재무활동 현금유입	재무활동 현금유출
• 주식이나 기타 지분상품의 발행에 따른 현금유입 • 담보 · 무담보부사채 및 어음의 발행과 기타 장 · 단기차입에 따른 현금유입	• 주식의 취득이나 상환에 따른 소유주에 대한 현금유출 • 차입금의 상환에 따른 현금유출 • 리스이용자의 리스부채 상환에 따른 현금유출

2.4 현금흐름 활동구분에서 주의해야 할 항목

(1) 이자와 배당금

금융회사의 경우 이자지급, 이자수입 및 배당금수입은 일반적으로 영업활동 현금흐름으로 분류한다. 비금융회사의 경우 이자지급, 이자수입 및 배당금수입은 당기순손익의 결정에 영향을 미치므로 영업활동 현금흐름으로 분류할 수 있다. 대체적인 방법으로 이자지급, 이자수입 및 배당금수입은 재무자원을 획득하는 원가나 투자자산에 대한 수익이므로 이자지급은 재무활동 현금흐름으로, 이자수입 및 배당금수입은 투자활동 현금흐름으로 분류할 수도 있다. 그러나 이자비용 중 유형자산 등에 자본화시킨 금액은 유형자산의 취득원가를 구성하므로 투자활동 현금흐름으로 분류한다.

배당금의 지급은 재무자원을 획득하는 원가이므로 재무활동 현금흐름으로 분류할 수 있다. 대체적인 방법으로, 재무제표이용자가 영업활동 현금흐름에서 배당금을 지급할 수 있는 기업의 능력을 판단하는 데 도움을 주기 위하여 영업활동 현금흐름의 구성요소로 분류할 수도 있다.

이자와 배당금의 현금흐름 활동구분을 요약·정리하면 다음 〈표 19-1〉과 같다.

표 19-1 이자와 배당금의 현금흐름 활동구분

<table>
<tr><th>구분</th><th>분류가능</th><th>대체적 분류</th></tr>
<tr><td>이자지급</td><td rowspan="3">영업활동</td><td>재무활동</td></tr>
<tr><td>이자수입</td><td rowspan="2">투자활동</td></tr>
<tr><td>배당금수입</td></tr>
<tr><td>배당급지급</td><td>재무활동</td><td>영업활동</td></tr>
</table>

이와 같이 한국채택국제회계기준에서는 이자와 배당금과 관련된 현금흐름을 회사가 선택하여 일관성 있게 분류하도록 규정하고 있다. 반면에 일반기업회계기준에서는 이자지급, 이자수입 및 배당금수입은 영업활동 현금흐름으로 분류하고, 배당금지급은 재무활동 현금흐름으로 분류하도록 규정하고 있다. 따라서 본장에서는 이자지급, 이자수입 및 배당금수입은 영업활동 현금흐름으로 분류하고, 배당금지급은 재무활동 현금흐름으로 분류하여 현금흐름표를 작성하도록 한다.

(2) 법인세

영업활동 현금유입과 유출의 예에서 보는 것처럼 투자활동이나 재무활동과 명백히 관련된 법인세는 영업활동 현금흐름에서 제외한다. 예를 들어, 유형자산처분과 관련된 현금유입은 투자활동이므로 유형자산처분이익에 대한 법인세 유출액은 투자활동으로 분류한다.

법인세비용이 투자활동이나 재무활동으로 쉽게 식별가능한 경우에도 관련된 법인세 현금흐름은 실무적으로 식별할 수 없는 경우가 많으며, 당해 거래의 현금흐름과 다른 기간에 발생하기도 한다. 따라서 법인세의 지급은 일반적으로 영업활동 현금흐름으로 분류한다. 그러나 투자활동이나 재무활동으로 분류한 현금흐름을 유발하는 개별 거래와 관련된 법인세 현금흐름을 실무적으로 식별할 수 있다면, 그 법인세 현금흐름은 투자활동이나 재무활동으로 적절히 분류한다. 법인세 현금흐름이 둘 이상의 활동에 배분되는 경우에는 법인세의 총지급액을 공시한다. 본장에서는 법인세와 관련된 현금흐름은 모두 영업활동 현금흐름으로 분류하여 현금흐름표를 작성한다.

(3) 순증감액에 의한 현금흐름의 보고

다음의 영업활동, 투자활동 또는 재무활동에서 발생하는 현금흐름은 순증감액으로 보고할 수 있다.

① 현금흐름이 기업의 활동이 아닌 고객의 활동을 반영하는 경우로서 고객을 대리함에 따라 발생하는 현금유입과 현금유출
② 회전율이 높고 금액이 크며 만기가 짧은 항목과 관련된 현금유입과 현금유출

①의 예를 들면, 은행의 요구불예금 수신 및 인출, 투자기업이 보유하고 있는 고객예탁금, 그리고 부동산 소유주를 대신하여 회수한 임대료와 소유주에게 지급한 임대료 등에서 발생하는 현금흐름은 고객을 대리함으로써 발생하는 것이므로 순증감액으로 보고할 수 있다.

②의 예를 들면, 신용카드 고객에 대한 대출과 회수, 투자자산의 구입과 처분, 그리고 기타 단기차입금(예를 들어, 차입 당시 만기일이 3개월 이내인 경우) 등과 같이 회전율이

높고 금액이 크며 만기가 짧은 항목과 관련된 현금유입과 유출은 순증감액으로 보고할 수 있다.

또한 금융회사의 경우 다음 활동에서 발생하는 현금흐름은 순증감액으로 표시할 수 있다.

① 확정만기조건 예수금의 수신과 인출에 따른 현금유입과 현금유출
② 금융회사 간의 예금이체 및 예금인출
③ 고객에 대한 현금 선지급과 대출 및 이의 회수

2.5 비현금거래

현금및현금성자산의 사용을 수반하지 않는 투자활동과 재무활동 거래는 현금흐름표에서 제외한다. 그러한 거래는 투자활동과 재무활동에 대하여 모든 목적적합한 정보를 제공할 수 있도록 재무제표의 다른 부분에 공시한다.

많은 투자활동과 재무활동은 자본과 자산 구조에 영향을 미치지만, 당기의 현금흐름에는 직접적인 영향을 미치지 않는다. 비현금거래의 경우 당기에 현금흐름을 수반하지 않으므로 그 항목을 현금흐름표에서 제외하는 것은 현금흐름표의 목적에 부합한다. 비현금거래의 예를 들면 다음과 같다.

① 자산 취득 시 직접 관련된 부채를 인수하거나 리스로 자산을 취득하는 경우
② 주식 발행을 통한 기업의 인수
③ 채무의 지분전환

3. 현금흐름의 보고

3.1 영업활동 현금흐름의 보고

영업활동 현금흐름은 직접법과 간접법 중 하나의 방법으로 보고한다.

(1) 직접법

직접법(direct method)은 총현금유입과 총현금유출을 주요 항목별로 구분하여 표시하는 방법이다. K-IFRS 제1007호 '현금흐름표'에서는 영업활동 현금흐름을 보고하는 경우에 직접법을 사용할 것을 권장한다. 직접법을 적용하여 표시한 현금흐름은 간접법에 의한 현금흐름에서는 파악할 수 없는 정보를 제공하며, 미래현금흐름을 추정하는 데 보다 유용한 정보를 제공하기 때문이다. 직접법을 적용하는 경우 총현금유입과 총현금유출의 주요 항목별 정보는 다음을 통해 얻을 수 있다.

① 회계기록
② 매출, 매출원가 및 그 밖의 포괄손익계산서 항목에 다음 항목을 조정
  ㉠ 회계기간 동안 발생한 재고자산과 영업활동에 관련된 채권 · 채무의 변동
  ㉡ 기타 비현금항목
  ㉢ 투자활동 현금흐름이나 재무활동 현금흐름으로 분류되는 기타 항목

(2) 간접법

간접법(indirect method)은 당기순손익에 현금을 수반하지 않는 거래, 과거 또는 미래의 영업활동 현금유입이나 현금유출의 이연 또는 발생, 투자활동 현금흐름이나 재무활동 현금흐름과 관련된 손익항목의 영향을 조정하여 표시하는 방법이다. 간접법을 적용하는 경우 영업활동 순현금흐름은 당기순손익에 다음 항목들의 영향을 조정하여 결정한다.

① 회계기간 동안 발생한 재고자산과 영업활동에 관련된 채권 · 채무의 변동
② 감가상각비, 충당부채와 같은 비현금항목
③ 투자활동 현금흐름이나 재무활동 현금흐름으로 분류되는 기타 모든 항목

이때 당기순손익에서 감가상각비 등 현금지출이 없는 비용은 더하고, 유형자산 처분이익 등 현금수입이 없는 수익은 차감한다. 또한 당기순손익에서 영업활동에 관련된 채권의 증가는 차감하고 감소는 더한다. 채권의 증가는 현금회수가 감소한 것이고, 채권의 감소는 현금회수가 증가한 개념이다. 반대로 당기순손익에서 영업활동에 관련된 채무의 증가는 더하고 감소는 차감한다. 채무의 증가는 현금상환이 감소한 것이고, 채무의 감소는 현금상환이 증가한 개념이다.

대부분의 기업들은 간접법에 따라 영업활동 현금흐름을 보고한다. 발생주의 회계시스템상에서 쉽게 영업활동 현금흐름을 파악할 수 있기 때문이다.

3.2 투자활동과 재무활동 현금흐름의 보고

본장 2.4절의 (3) '순증감액에 의한 현금흐름의 보고'에서 언급한 것처럼, 순증감액으로 현금흐름을 보고할 수 있는 경우를 제외하고는 투자활동과 재무활동에서 발생하는 총현금유입과 총현금유출은 주요 항목별로 구분하여 총액으로 표시한다.

3.3 현금흐름표의 양식

K-IFRS 제1007호 '현금흐름표'에서 예시한 현금흐름표 양식을 직접법과 간접법에 의한 현금흐름표로 구분하여 제시하면 다음 〈표 19-2〉와 같다.

표 19-2 현금흐름표의 양식

직접법에 의한 현금흐름표			간접법에 의한 현금흐름표		
제×기 20××년 ×월 ×일부터 20××년 ×월 ×일까지			제×기 20××년 ×월 ×일부터 20××년 ×월 ×일까지		
회사명: ×××		(단위: 원)	회사명: ×××		(단위: 원)
영업활동 현금흐름			영업활동 현금흐름		
고객으로부터 유입된 현금	×××		법인세비용차감전순이익	×××	
공급자와 종업원에 대한 현금유출	(×××)		가감: 감가상각비 등	×××	
영업으로부터 창출된 현금	×××		매출채권증가 등	×××	
이자지급	(×××)		이자지급	(×××)	
법인세의 납부	(×××)		법인세의 납부	(×××)	
영업활동 순현금흐름		×××	영업활동 순현금흐름		×××
투자활동 현금흐름			투자활동 현금흐름		
유형자산의 취득	(×××)		유형자산의 취득	(×××)	
설비의 처분	×××		설비의 처분	×××	
이자수취	×××		이자수취	×××	
배당금수취	×××		배당금수취	×××	
· · ·	×××		· · ·	×××	
투자활동 순현금흐름		×××	투자활동 순현금흐름		×××
재무활동 현금흐름			재무활동 현금흐름		
유상증자	×××		유상증자	×××	
장기차입금	×××		장기차입금	×××	
배당금 지급	(×××)		배당금 지급	(×××)	
· · ·	×××		· · ·	×××	
재무활동 순현금흐름		×××	재무활동 순현금흐름		×××
현금및현금성자산의 순증가		×××	현금및현금성자산의 순증가		×××
기초 현금및현금성자산		×××	기초 현금및현금성자산		×××
기말 현금및현금성자산		×××	기말 현금및현금성자산		×××

4. 현금흐름표의 작성

다음 (예 1)을 통해서 직접법과 간접법에 의한 현금흐름표를 작성해 보자. 단, 이자수취와 이자지급은 영업활동 현금흐름으로 분류하고 배당금 지급은 재무활동 현금흐름으로 분류한다.

예 1. 현금흐름표의 작성

대박회사의 비교재무상태표와 (포괄)손익계산서 및 현금흐름표 작성을 위한 추가 자료는 다음과 같다.

재무상태표

대박회사 (단위: 원)

과목	기초	기말	증감
현금및현금성자산	100,000	160,000	60,000
매출채권(순액)	320,000	400,000	80,000
재고자산	220,000	200,000	(20,000)
장기대여금	40,000	0	(40,000)
비품	500,000	600,000	100,000
감가상각누계액	(250,000)	(280,000)	(30,000)
자산총액	930,000	1,080,000	150,000
매입채무	150,000	180,000	30,000
미지급급여	20,000	10,000	(10,000)
미지급이자	15,000	22,000	7,000
장기차입금	200,000	160,000	(40,000)
부채총액	385,000	372,000	(13,000)
자본금	500,000	550,000	50,000
이익잉여금	45,000	158,000	113,000
자본총액	545,000	708,000	163,000
부채 및 자본총액	930,000	1,080,000	150,000

(포괄)손익계산서

대박회사	(단위: 원)
매출액	800,000
매출원가	(450,000)
매출총이익	350,000
종업원급여	(65,000)
판매비및관리비	(78,000)
매출채권손상차손	(12,000)
감가상각비	(40,000)
이자수익	10,000
유형자산처분이익	25,000
이자비용	(30,000)
법인세비용	(17,000)
당기순이익	143,000

〈추가사항〉

① 비품을 ₩200,000에 현금을 지급하고 취득하였다.

② 취득원가 ₩100,000, 감가상각누계액 ₩10,000의 비품을 ₩115,000에 현금을 받고 처분하였다.

③ 현금배당 ₩30,000을 주주총회에서 결의하고 지급하였다.

④ 장기대여금 ₩40,000은 모두 현금으로 회수하였다.

⑤ 장기차입금은 ₩100,000을 상환하고, ₩60,000을 새로 차입하였다.

⑥ 액면금액 ₩5,000인 보통주 10주를 발행하였다.

4.1 직접법에 의한 영업활동 현금흐름

항목별 현금유입 또는 현금유출을 산출하기 위해서는 관련 재무상태표 계정의 기초금액과 기말금액, 그리고 관련 손익계산서 계정을 통해 산출한다. 예를 들어, 고객으로부터 유입된 현금을 계산하기 위해서 (매출 현금수취액=기초매출채권+당기매출－기말매출채권)의 식을 이용한다. 즉, 다음 식을 통해서 현금유입액 또는 현금유출액을 산출한다.

현금유입액 또는 현금유출액 = 기초재무상태표금액 + 관련 손익금액 - 기말재무상태표금액

직접법에 의한 영업활동 현금흐름을 산출하면 다음과 같다.

영업활동 현금흐름		
고객으로부터 유입된 현금	₩708,000❶	
공급자에 대한 현금유출	(400,000)❷	
종업원에 대한 현금유출	(75,000)❸	
판매비및관리비 현금유출	(78,000)❹	
영업으로부터 창출된 현금	155,000	
이자수취	10,000❺	
이자지급	(23,000)❻	
법인세의 납부	(17,000)❼	
영업활동 순현금흐름		₩125,000

❶ 고객으로부터 유입된 현금 = ₩320,000(기초매출채권) +800,000(당기매출액) - 12,000(매출채권손상차손) - 400,000(기말매출채권) = ₩708,000

❷ 공급자에 대한 현금유출을 알기 위해서는 재고자산과 매출원가를 통해 당기매입액을 먼저 산출해야 한다.
- 당기매입액 = ₩450,000(매출원가) + 200,000(기말재고자산) - 220,000(기초재고자산) = ₩430,000
  당기매입액과 매입채무를 통해 공급자에 대한 현금유출, 즉 매입채무 중 현금지출액을 산출한다.
- 공급자에 대한 현금유출 = ₩150,000(기초매입채무) + 430,000(당기매입액) - 180,000(기말매입채무) = ₩400,000

❸ 종업원에 대한 현금유출 = ₩20,000(기초미지급급여) + 65,000(종업원급여) - 10,000(기말미지급급여) = ₩75,000

❹ 판매비및관리비 현금유출 = ₩0(기초미지급비용) + 78,000(판매비및관리비) - 0(기말미지급비용) = ₩78,000

❺ 이자수취 = ₩0(기초미수이자) + 10,000(이자수익) - 0(기말미수이자) = ₩10,000

❻ 이자지급 = ₩15,000(기초미지급이자) + 30,000(이자비용) - 22,000(기말미지급이자) = ₩23,000
❼ 법인세의 납부 = ₩0(기초미지급법인세) + 17,000(법인세비용) - 0(기말미지급법인세) = ₩17,000

4.2 간접법에 의한 영업활동 현금흐름

현금유출이 없는 비용(예 감가상각비, 이자비용 등)을 가산하고 현금유입이 없는 수익(예 유형자산처분이익, 이자수익 등)을 차감하는 이유는 현금유출과 현금유입에 상관이 없는 비용과 수익이기 때문이다.

영업활동과 관련된 자산과 부채의 증감을 가감하는 이유는 발생기준의 수익과 비용을 현금기준의 수익과 비용으로 전환하기 위해서이다. 예를 들어, 발생기준의 당기매출액은 ₩800,000이고, 여기에 매출채권의 증가로 ₩80,000과 매출채권손상차손 ₩12,000을 차감하면 ₩708,000이다. 직접법에 의한 영업활동 현금흐름에서 '고객으로부터 유입된 현금'과 동일한 금액으로 전환된 것이다. 이를 비교·정리하면 다음과 같다.

직접법에 의한 고객으로부터 유입된 현금		간접법에 의한 고객으로부터 유입된 현금	
당기매출	₩800,000	법인세비용차감전순이익 중 매출과 매출채권손상차손	₩788,000
매출채권손상차손	(12,000)		
기초매출채권	320,000	매출채권증가	(80,000)
기말매출채권	(400,000)		
고객으로부터 유입된 현금	₩708,000	고객으로부터 유입된 현금	₩708,000

또한 발생기준의 매출원가는 (-)₩450,000이고, 여기에 재고자산의 감소로 ₩20,000과 매입채무의 증가로 ₩30,000을 모두 가산하면 (-)₩400,000이다. 직접법에 의한 영업활동 현금흐름에서 '공급자에 대한 현금유출'과 동일한 금액으로 전환된 것을 볼 수 있다. 이를 비교·정리하면 다음과 같다.

직접법에 의한 공급자에 대한 현금유출		간접법에 의한 공급자에 대한 현금유출	
당기매출원가	₩(450,000)	법인세비용차감전순이익 중 매출원가	₩(450,000)
기초재고자산	(200,000)		
기말재고자산	220,000	재고자산감소	20,000
기초매입채무	(150,000)		
기말매입채무	180,000	매입채무증가	30,000
공급자에 대한 현금유출	₩400,000	공급자에 대한 현금유출	₩400,000

그리고 발생기준의 종업원급여는 (-)₩65,000이고, 여기에 미지급급여 감소로 ₩10,000을 차감하면 (-)₩75,000이다. 직접법에 의한 영업활동 현금흐름에서 '종업원에 대한 현금유출'과 동일한 금액으로 전환된 것을 볼 수 있다. 이를 비교·정리하면 다음과 같다.

직접법에 의한 종업원에 대한 현금유출		간접법에 의한 종업원에 대한 현금유출	
당기종업원급여	₩(65,000)	법인세비용차감전순이익 중 종업원급여	₩(65,000)
기초미지급급여	(20,000)		
기말미지급급여	10,000	미지급급여감소	(10,000)
공급자에 대한 현금유출	₩75,000	공급자에 대한 현금유출	₩75,000

간접법에 의한 영업활동 현금흐름을 산출하면 다음과 같다.

영업활동 현금흐름(순액기준)		
법인세비용차감전순이익	₩160,000	
가감: 감가상각비	40,000❶	
이자비용	30,000❶	
유형자산처분이익	(25,000)❷	
이자수익	(10,000)❷	
매출채권증가	(80,000)❸	
재고자산감소	20,000❸	
매입채무증가	30,000❹	
미지급급여감소	(10,000)❹	
이자수취	10,000❺	
이자지급	(23,000)❻	
법인세의 납부	(17,000)❼	
영업활동 순현금흐름		₩125,000

❶ 현금유출이 없는 비용을 가산함. 이자비용은 '현금유출이 없는 비용' 개념보다는 나중에 현금 이자지급 금액을 차감하기 위해서 손익계산서상의 금액을 먼저 가산한다.

❷ 현금유입이 없는 수익을 차감함. 유형자산처분이익과 이자수익은 '현금유입이 없는 수익' 개념보다는 나중에 유형자산처분으로 인한 현금수취 금액과 현금 이자수취 금액을 가산하기 위해서 손익계산서상의 금액을 먼저 차감한다.

❸ 자산의 증가는 현금의 감소를 의미하기 때문에 차감하고, 자산의 감소는 현금의 증가를 의미하기 때문에 가산한다.
❹ 부채의 증가는 현금의 증가를 의미하기 때문에 가산하고, 부채의 감소는 현금의 감소를 의미하기 때문에 차감한다.
❺, ❻ 및 ❼ 직접법에 의한 영업활동 현금흐름 참조

한편, 손익계산서에 계상되어 있는 매출채권손상차손 ₩12,000 현금유출이 없는 비용이지만 손실충당금을 차감한 순액으로 매출채권의 증감을 조정하기 때문에 매출채권손상차손은 이미 매출채권의 증감에 반영되어 있으므로 별도로 조정하지 않아야 한다.

예를 들어, 매출채권을 총액기준으로 조정한다면 간접법에 의한 영업활동 현금흐름은 다음과 같이 작성된다. 매출채권과 손실충당금을 총액으로 표시하면 다음과 같다.

재무상태표

대박회사 (단위: 원)

과목	기초	기말	증감
매출채권	410,000	500,000	90,000
손실충당금	(90,000)	(100,000)	(10,000)

영업활동 현금흐름(총액기준)		
법인세비용차감전순이익	₩160,000	
가감: 매출채권손상차손	12,000❶	
감가상각비	40,000	
이자비용	30,000	
유형자산처분이익	(25,000)	
이자수익	(10,000)	
매출채권증가	(90,000)❷	
손실충당금감소	(2,000)❸	
재고자산감소	20,000	
매입채무증가	30,000	
미지급급여감소	(10,000)	
이자수취	10,000	
이자지급	(23,000)	
법인세의 납부	(17,000)	
영업활동 순현금흐름		₩125,000

❶ 매출채권손상차손 ₩12,000을 현금유출이 없는 비용을 가산한다.
❷ 총액기준으로 매출채권의 증가 ₩90,000을 차감한다.
❸ 매출채권손상차손 ₩12,000을 현금유출이 없는 비용으로 가산하였으므로 실제 매출채권을 제각한 금액 ₩2,000(₩90,000(기초손실충당금) + 12,000(매출채권손상차손) - 100,000(기말손실충당금))을 손실충당금의 감소로 차감한다.

매출채권관련 순액기준과 총액기준을 비교·정리하면 다음과 같다.

매출채권관련 순액기준		매출채권관련 총액기준	
		매출채권손상차손	₩12,000
매출채권증가(순액)	₩(80,000)	매출채권증가(총액)	(90,000)
		손실충당금감소	(2,000)
매출채권증가(순액)	₩(80,000)	매출채권증가(순액)	₩(80,000)

이와 같이 매출채권관련 간접법에 의한 영업활동 현금흐름을 순액기준으로 작성한 것과 총액기준으로 작성한 것의 결과는 동일하지만 순액기준으로 작성하는 것이 더 쉽고 편리하다는 것을 알 수 있다.

4.3 투자활동 현금흐름

투자활동 현금흐름을 산출하면 다음과 같다.

투자활동 현금흐름		
장기대여금의 회수	₩40,000❶	
비품의 처분	115,000❷	
비품의 취득	(200,000)❸	
투자활동 순현금흐름		₩(45,000)

투자활동의 현금유입(자산의 처분)과 현금유출(자산의 취득)은 추가사항을 통해 확인한다.

❶ 장기대여금의 회수 = ₩40,000(기초장기대여금) + 0(당기증가액) - 0(기말장기대여금) = ₩40,000(추가사항에서 확인됨)
❷ 비품의 처분 = ₩100,000(취득원가) - ₩10,000(감가상각누계액) +₩25,000(유형자산처분이익) = ₩115,000 (추가사항에서 확인됨)
❸ 비품을 ₩200,000에 현금을 지급하고 취득하였다.

4.4 재무활동 현금흐름

재무활동 현금흐름을 산출하면 다음과 같다.

재무활동 현금흐름		
유상증자	₩50,000❶	
장기차입금의 차입	60,000❷	
장기차입금의 상환	(100,000)❷	
배당금 지급	(30,000)❸	
재무활동 순현금흐름		₩(20,000)

재무활동의 현금유입(유상증자 등)과 현금유출(배당금 지급 등)은 추가사항을 통해 확인한다.

❶ 유상증자 = ₩550,000(기말자본금) + 0(당기감소액) - ₩500,000(기초자본금) = ₩50,000(추가사항에서 확인됨)
❷ 장기차입금의 차입 = ₩160,000(기말장기차입금) +100,000(당기상환액) - ₩200,000(기초장기차입금) = ₩60,000(추가사항에서 확인됨)
❸ 배당금 지급 = ₩0(기초미지급배당금) + 30,000(당기배당금) - 0(기말미지급배당금) = ₩30,000(추가사항에서 확인됨)

4.5 직접법과 간접법에 의한 현금흐름표 비교

직접법과 간접법에 의한 현금흐름표를 비교하면 다음 〈표 19-3〉과 같다. 보는 바와 같이 두 방법에서 영업활동 현금흐름의 작성만 차이가 나고, 투자활동과 재무활동 현금흐름의 작성은 동일하다.

표 19-3 직접법과 간접법에 의한 현금흐름표 비교

직접법에 의한 현금흐름표			간접법에 의한 현금흐름표		
대박회사		(단위: 원)	대박회사		(단위: 원)
영업활동 현금흐름			영업활동 현금흐름		
고객으로부터 유입된 현금	720,000		법인세비용차감전순이익	160,000	
공급자에 대한 현금유출	(400,000)		가감: 감가상각비	40,000	
종업원에 대한 현금유출	(75,000)		이자비용	30,000	
판매비및관리비 현금유출	(90,000)		유형자산처분이익	(25,000)	
영업으로부터 창출된 현금	155,000		이자수익	(10,000)	
			매출채권증가	(80,000)	
			재고자산감소	20,000	
			매입채무증가	30,000	
			미지급급여감소	(10,000)	
이자수취	10,000		이자수취	10,000	
이자지급	(23,000)		이자지급	(23,000)	
법인세의 납부	(17,000)		법인세의 납부	(17,000)	
영업활동 순현금흐름		125,000	영업활동 순현금흐름		125,000
투자활동 현금흐름			투자활동 현금흐름		
장기대여금의 회수	40,000		장기대여금의 회수	40,000	
비품의 처분	115,000		비품의 처분	115,000	
비품의 취득	(200,000)		비품의 취득	(200,000)	
투자활동 순현금흐름		(45,000)	투자활동 순현금흐름		(45,000)
재무활동 현금흐름			재무활동 현금흐름		
유상증자	50,000		유상증자	50,000	
장기차입금의 차입	60,000		장기차입금의 차입	60,000	
장기차입금의 상환	(100,000)		장기차입금의 상환	(100,000)	
배당금 지급	(30,000)		배당금 지급	(30,000)	
재무활동 순현금흐름		(20,000)	재무활동 순현금흐름		(20,000)
현금및현금성자산의 순증가		60,000	현금및현금성자산의 순증가		60,000
기초 현금및현금성자산		100,000	기초 현금및현금성자산		100,000
기말 현금및현금성자산		160,000	기말 현금및현금성자산		160,000

4.6 간접법에 의한 영업활동 현금흐름 작성 시 추가 고려사항

간접법에 의한 영업활동 현금흐름을 작성하면서 현금유출이 없는 비용이나 현금유입이 없는 수익을 가감하면서 영업활동관련 자산·부채의 증감을 가감하여 이중으로 조정하지 않도록 주의해야 한다. 그 예는 사채와 채무상품의 유효이자, 외화환산손익 및 주식기준보상거래의 보상비용 등이다.

(1) 사채와 채무상품의 유효이자

사채를 할인 또는 할증발행한 경우 유효이자와 표시이자가 다르기 때문에 현금유출이 없이 비용으로 가산하는 이자비용과 현금 이자지급이 다르다. 마찬가지로 할인 또는 할증발행한 채무상품을 취득한 경우에도 유효이자와 표시이자가 다르기 때문에 현금유입이 없는 수익으로 차감하는 이자수익과 현금 이자수취가 다르다. 이를 주의해서 간접법에 의한 영업활동 현금흐름을 작성해야 한다. 다음 (예 2)를 통해 할인 또는 할증발행한 사채와 채무상품의 유효이자를 간접법에 의한 영업활동 현금흐름에 대해 살펴보자.

예 2. 할인발행한 사채와 채무상품의 유효이자

대박회사는 20×1년 1월 1일에 액면금액 ₩1,000,000의 사채를 ₩970,000에 할인발행하고, 20×1년 12월 31일에 액면이자 ₩50,000을 현금 지급하면서 이자비용 ₩60,000(사채할인발행차금 상각 포함)을 인식하였다.
한편, 비상회사는 20×1년 1월 1일에 대박회사가 발행한 액면금액 ₩1,000,000의 사채를 ₩970,000에 할인취득하고, 20×1년 12월 31일에 액면이자 ₩50,000을 현금 수취하면서 이자수익 ₩60,000(AC금융자산 장부금액 조정 포함)을 인식하였다.

이와 관련한 대박회사와 비상회사의 간접법에 의한 현금흐름표를 작성하면 다음 〈표 19-4〉와 같다. 단, 대박회사와 비상회사 모두 이자수익과 이자비용을 영업활동 현금흐름으로 분류한다.

표 19-4 할인발행한 사채와 채무상품의 유효이자

간접법에 의한 현금흐름표

대박회사		(단위: 원)	비상회사		(단위: 원)
영업활동 현금흐름			영업활동 현금흐름		
법인세비용차감전순이익	(60,000)		법인세비용차감전순이익	60,000	
가감: 이자비용	60,000		가감: 이자비용		
이자수익			이자수익	(60,000)	
이자수취			이자수취	50,000	
이자지급	(50,000)		이자지급		
영업활동 순현금흐름		(50,000)	영업활동 순현금흐름		50,000
투자활동 현금흐름			투자활동 현금흐름		
AC금융자산의 취득			AC금융자산의 취득	(970,000)	
투자활동 순현금흐름		0	투자활동 순현금흐름		(970,000)
재무활동 현금흐름			재무활동 현금흐름		
사채의 발행	970,000		사채의 발행		
재무활동 순현금흐름		970,000	재무활동 순현금흐름		0
현금및현금성자산의 순증가		920,000	현금및현금성자산의 순증가		(920,000)

(2) 외화환산손익

외화환산손익이 영업활동관련 자산·부채에서 발생한 것인지 아닌지에 따라 조정방법이 달라진다. 예를 들어, 외화환산손익이 영업활동관련 자산·부채에서 발생한 것이라면 영업활동관련 자산·부채의 증감을 가감할 때 외화환산손익이 반영되어 있으므로 별도로 현금유입이 없는 수익이나 현금유출이 없는 비용에서 가감할 필요가 없다. 그러나 외화환산손익이 투자활동이나 재무활동 관련 자산·부채에서 발생한 것이라면 별도로 현금유입이 없는 수익이나 현금유출이 없는 비용에서 가감해야 한다.

예 3. 외화환산손익

대박회사는 20×1년 말 재무제표를 작성하면서 외화매출채권을 환산하면서 외화환산이익 ₩100,000을 인식하였다.
한편, 비상회사는 20×1년 말 재무제표를 작성하면서 외화AC금융자산을 환산하면서 외화환산이익 ₩100,000을 인식하였다.

이와 관련한 대박회사와 비상회사의 간접법에 의한 현금흐름표를 작성하면 다음 〈표 19－5〉와 같다.

표 19-5 외화환산손익

간접법에 의한 현금흐름표

대박회사		(단위: 원)	비상회사		(단위: 원)
영업활동 현금흐름			영업활동 현금흐름		
법인세비용차감전순이익	100,000		법인세비용차감전순이익	100,000	
가감: 외화환산이익			가감: 외화환산이익	(100,000)	
매출채권증가	(100,000)		매출채권증가		
영업활동 순현금흐름		0	영업활동 순현금흐름		0
투자활동 현금흐름			투자활동 현금흐름		
투자활동 순현금흐름		0	투자활동 순현금흐름		0
재무활동 현금흐름			재무활동 현금흐름		
재무활동 순현금흐름		0	재무활동 순현금흐름		0
현금및현금성자산의 순증가		0	현금및현금성자산의 순증가		0

(3) 주식기준보상

주식기준보상거래는 주식결제형과 현금결제형이 있다. 제공받은 재화나 용역에 대해서 보상비용을 인식하면서 상대계정으로 주식결제형은 주식선택권(자본)을 인식하고 현금결제형은 장기미지급비용(부채)을 인식하며, 장기미지급비용은 영업활동관련 부채로 분류한다. 따라서 주식결제형에서 인식하는 보상비용은 현금유출이 없는 비용으로 가산하지만, 현금결제형에서는 장기미지급비용의 증가로 가산되기 때문에 보상비용을 조정하지 않는다.

예 4. 주식기준보상

대박회사는 종업원에게 주식선택권을 부여하였고, 20×1년 말에 인식할 보상비용은 ₩100,000이다.
한편, 비상회사는 종업원에게 현금결제형 주가차액보상권을 부여하였고, 20×1년 말에 인식할 보상비용은 ₩100,000이다.

이와 관련한 대박회사와 비상회사의 간접법에 의한 현금흐름표를 작성하면 다음 〈표 19-6〉과 같다.

표 19-6 주식기준보상

간접법에 의한 현금흐름표

대박회사		(단위: 원)	비상회사		(단위: 원)
영업활동 현금흐름			영업활동 현금흐름		
법인세비용차감전순이익	(100,000)		법인세비용차감전순이익	(100,000)	
가감: 보상비용	100,000		가감: 보상비용		
장기미지급비용증가			장기미지급비용증가	100,000	
영업활동 순현금흐름		0	영업활동 순현금흐름		0
투자활동 현금흐름			투자활동 현금흐름		
투자활동 순현금흐름		0	투자활동 순현금흐름		0
재무활동 현금흐름			재무활동 현금흐름		
재무활동 순현금흐름		0	재무활동 순현금흐름		0
현금및현금성자산의 순증가		0	현금및현금성자산의 순증가		0

4.7 현금흐름표의 한계점

제3장 5.3절 '현금흐름표가 제공하는 정보'에서 언급한 것처럼, 현금흐름표는 현금창출능력에 대한 정보를 제공하고, 영업성과에 대한 기업 간의 비교가능성을 제고하며, 당기순이익을 평가하는 데 유용한 정보를 제공한다. 그러나 다음의 한계점을 가지고 있다.

(1) 현금흐름표상의 현금의 정의

현금흐름표상의 자금(fund)의 정의에 따라 현금흐름이 달라지며 그 개념이 명확하지 않을 수 있다. 현금흐름표상 현금이란 현금및현금성자산을 의미하는데, 현금및현금성자산의 범위를 어디까지 정의하느냐에 따라 현금흐름표에 포함되는 거래의 범위도 달라질 수 있다.

(2) 기간별 영업성과의 비교

현금주의에서는 수익과 비용의 적절한 기간별 배분이 이루어지지 않으므로 현금흐름표가 제공하는 정보는 한 기업의 기간별 영업성과를 비교하는 데 유용하지 못하다.

(3) 현금흐름의 변동성

일반적으로 당기순이익보다 영업활동 현금흐름의 변동성이 더 심하기 때문에 미래현금흐름의 창출능력을 예측하는 데 당기순이익보다 예측력이 떨어진다.

SUMMARY & CHECK

현금흐름표의 의의

- 현금흐름표는 정보이용자들의 이러한 정보욕구를 충족시키기 위해서 작성하는 재무제표로서 한 회계기간 동안 현금의 유입과 유출에 대한 정보를 제공한다.
- 투자자산이 현금성자산으로 분류되기 위해서는 확정된 금액의 현금으로 전환이 용이하고, 가치변동의 위험이 경미해야 한다.

활동별 현금흐름

- 현금흐름표는 회계기간 동안 발생한 현금흐름을 영업활동, 투자활동 및 재무활동으로 분류하여 보고한다.
- 영업활동 현금흐름의 금액은 기업이 외부의 재무자원에 의존하지 않고 영업을 통하여 차입금 상환, 영업능력의 유지, 배당금 지급 및 신규투자 등에 필요한 현금흐름을 창출하는 정도에 대한 중요한 지표가 된다.
- 투자활동 현금흐름은 미래수익과 미래현금흐름을 창출할 자원의 확보를 위하여 지출된 정도를 나타내기 때문에 현금흐름을 별도로 구분 표시하는 것이 중요하다.
- 재무활동 현금흐름은 미래현금흐름에 대한 자본 제공자의 청구권을 예측하는 데 유용하기 때문에 현금흐름을 별도로 구분 표시하는 것이 중요하다.
- 금융회사의 경우 이자지급, 이자수입 및 배당금수입은 일반적으로 영업활동 현금흐름으로 분류한다.
- 투자활동이나 재무활동과 명백히 관련된 법인세는 영업활동 현금흐름에서 제외한다.
- 현금흐름이 기업의 활동이 아닌 고객의 활동을 반영하는 경우로서 고객을 대리함에 따라 발생하는 현금유입과 현금유출 또는 회전율이 높고 금액이 크며 만기가 짧은 항목과 관련된 현금유입과 현금유출은 순증감액으로 보고할 수 있다.
- 비현금거래의 경우 당기에 현금흐름을 수반하지 않으므로 그 항목을 현금흐름표에서 제외하는 것은 현금흐름표의 목적에 부합한다.

현금흐름의 보고

- 직접법은 총현금유입과 총현금유출을 주요 항목별로 구분하여 표시하는 방법이다.
- 간접법은 당기순손익에 현금을 수반하지 않는 거래, 과거 또는 미래의 영업활동 현금유입이나 현금유출의 이연 또는 발생, 투자활동 현금흐름이나 재무활동 현금흐름과 관련된 손익항목의 영향을 조정하여 표시하는 방법이다.
- 순증감액으로 현금흐름을 보고할 수 있는 경우를 제외하고는 투자활동과 재무활동에서 발생하는 총현금유입과 총현금유출은 주요 항목별로 구분하여 총액으로 표시한다.

현금흐름표의 작성

- 현금흐름표상의 자금(fund)의 정의에 따라 현금흐름이 달라지며 그 개념이 명확하지 않을 수 있다.
- 현금흐름표가 제공하는 정보는 한 기업의 기간별 영업성과를 비교하는 데 유용하지 못하다.
- 일반적으로 당기순이익보다 영업활동 현금흐름의 변동성이 더 심하기 때문에 미래현금흐름의 창출능력을 예측하는 데 당기순이익보다 예측력이 떨어진다.

OX QUIZ

1 현금흐름표는 유일하게 현금기준으로 작성되는 재무제표이다.

2 투자자산이 재무제표일로부터 만기일이 3개월 이내인 경우에 현금성자산으로 분류된다.

3 금융회사의 요구에 따라 즉시 상환하여야 하는 당좌차월은 기업의 현금관리의 일부를 구성하며, 이때 당좌차월은 현금및현금성자산의 구성요소에 포함된다.

4 하나의 거래에는 서로 다른 활동으로 분류되는 현금흐름이 포함될 수 없다.

5 단기매매목적으로 보유하는 유가증권의 취득과 판매에 따른 현금흐름은 영업활동으로 분류한다.

6 타인에게 임대할 목적으로 보유하다가 후속적으로 판매목적으로 보유하는 자산을 제조하거나 취득하기 위한 현금 지급액은 투자활동 현금흐름이다.

7 파생상품계약에서 식별가능한 거래에 대하여 위험회피회계를 적용하는 경우, 그 계약과 관련된 현금흐름은 위험회피대상 거래의 현금흐름과 동일하게 분류한다.

8 리스이용자의 리스부채 상환에 따른 현금유출은 투자활동 현금흐름으로 분류한다.

9 비금융회사의 경우 대체적인 방법으로 이자지급과 이자수입 및 배당금수입은 투자활동 현금흐름으로 분류할 수도 있다.

10 배당금의 지급은 재무자원을 획득하는 원가이므로 재무활동 현금흐름으로 분류할 수 있고, 대체적인 방법으로 배당금을 지급할 수 있는 기업의 능력을 판단하는 데 도움을 주기 위하여 투자활동 현금흐름의 구성요소로 분류할 수도 있다.

11 법인세비용이 투자활동이나 재무활동으로 쉽게 식별가능한 경우에도 관련된 법인세 현금흐름은 실무적으로 식별할 수 없는 경우가 많으므로 법인세는 영업활동 현금흐름으로만 분류한다.

12 금융회사의 경우 확정만기조건 예수금의 수신과 인출에 따른 현금유입과 현금유출, 금융회사 간의 예금이체 및 예금인출, 그리고 고객에 대한 현금 선지급과 대출 및 이의 회수에서 발생하는 현금흐름은 순증감액으로 표시할 수 있다.

13 자산 취득 시 직접 관련된 부채를 인수하거나 리스로 자산을 취득하는 경우 현금흐름표에 포함한다.

14 직접법을 적용하는 경우 총현금유입과 총현금유출의 주요 항목별 정보를 회계기록을 통해 얻을 수 있다.

15 사채를 할인 또는 할증발행한 경우 유효이자와 표시이자가 다르더라도 현금유출이 없이 비용으로 가산하는 이자비용과 현금 이자지급은 같다.

16 외화환산손익이 영업활동관련 자산 · 부채에서 발생한 것이라면 현금유입이 없는 수익이나 현금유출이 없는 비용에서 가감할 필요가 없다.

17 주식결제형과 현금결제형에서 인식하는 보상비용은 모두 현금유출이 없는 비용으로 가산한다.

18 현금주의에서는 수익과 비용의 적절한 기간별 배분이 이루어지므로 현금흐름표가 제공하는 정보는 한 기업의 기간별 영업성과를 비교하는 데 유용하다.

19 일반적으로 당기순이익보다 영업활동 현금흐름의 변동성이 더 심하기 때문에 미래현금흐름의 창출능력을 예측하는 데 당기순이익보다 예측력이 떨어진다.

Multiple-choice Questions

1 현금흐름표에 관한 설명으로 옳지 않은 것은? (CTA 2021)

① 영업활동 현금흐름은 일반적으로 당기순손익의 결정에 영향을 미치는 거래나 그 밖의 사건의 결과로 발생한다.

② 법인세로 인한 현금흐름은 별도로 공시하며, 재무활동과 투자활동에 명백히 관련되지 않는 한 영업활동 현금흐름으로 분류한다.

③ 현금및현금성자산의 사용을 수반하지 않는 투자활동과 재무활동 거래는 현금흐름표에서 제외한다.

④ 이자와 배당금의 수취 및 지급에 따른 현금흐름은 각각 별도로 공시한다. 각 현금흐름은 매 기간 일관성 있게 영업활동, 투자활동 또는 재무활동으로 분류한다.

⑤ 단기매매목적으로 보유하는 유가증권의 취득과 판매에 따른 현금흐름은 투자활동으로 분류한다.

2 다음은 유통업을 영위하는 ㈜대한의 20×1년 현금흐름표를 작성하기 위한 자료이다. ㈜대한은 간접법으로 현금흐름표를 작성하며, 이자지급 및 법인세납부는 영업활동현금흐름으로 분류한다. ㈜대한이 20×1년 현금흐름표에 보고할 영업활동순현금흐름은 얼마인가? (CPA 2020)

- 법인세비용차감전순이익: ₩534,000
- 건물 감가상각비: ₩62,000
- 이자비용: ₩54,000(유효이자율법에 의한 사채할인발행차금상각액 ₩10,000 포함)
- 법인세비용: ₩106,800
- 매출채권 감소: ₩102,000
- 재고자산 증가: ₩68,000
- 매입채무 증가: ₩57,000
- 미지급이자 감소: ₩12,000
- 당기법인세부채 증가: ₩22,000

① ₩556,200 ② ₩590,200 ③ ₩546,200

④ ₩600,200 ⑤ ₩610,200

3 ㈜세무의 20×1년도 현금흐름표를 작성하기 위한 자료는 다음과 같다. ㈜세무가 20×1년도 현금흐름표에 보고할 영업활동순현금유입액은? (CTA 2022)

- 법인세비용차감전순이익: ₩1,000,000
- 법인세비용: ₩120,000 (20×1년 중 법인세납부액과 동일)
- 이자비용: ₩30,000 (모두 사채의 이자비용이며, 사채할인발행차금상각액을 포함함)
- 자산과 부채의 증감

계정과목	기초금액	기말금액
매출채권	₩200,000	₩210,000
재고자산	280,000	315,000
건 물	1,200,000	1,150,000
건물감가상각누계액	(380,000)	(370,000)
사 채	300,000	300,000
사채할인발행차금	(15,000)	(10,000)

- 20×1년 중 건물관련 거래가 ㈜세무의 순현금흐름을 ₩30,000 증가시켰다.
- 20×1년 중 사채관련 거래가 ㈜세무의 순현금흐름을 ₩25,000 감소시켰으며, 20×1년 중 사채의 발행 및 상환은 없었다.
- ㈜세무는 간접법을 사용하여 영업활동현금흐름을 산출하며, 이자지급 및 법인세납부는 영업활동으로 구분한다.

① ₩850,000 ② ₩880,000 ③ ₩890,000

④ ₩930,000 ⑤ ₩970,000

4 다음의 자료를 이용하여 ㈜대한의 20×1년도 매출액과 매출원가를 구하면 각각 얼마인가?

(CPA 2022)

- ㈜대한의 20×1년도 현금흐름표상 '고객으로부터 유입된 현금'과 '공급자에 대한 현금유출'은 각각 ₩730,000과 ₩580,000이다.
- ㈜대한의 재무상태표에 표시된 매출채권, 매출채권 관련 손실충당금, 재고자산, 매입채무의 금액은 각각 다음과 같다.

구분	20×1년 초	20×1년 말
매 출 채 권	₩150,000	₩115,000
(손 실 충 당 금)	(40,000)	(30,000)
재 고 자 산	200,000	230,000
매 입 채 무	90,000	110,000

- 20×1년도 포괄손익계산서에 매출채권 관련 외환차익과 매입채무 관련 외환차익이 각각 ₩200,000과 ₩300,000으로 계상되어 있다.
- 20×1년도 포괄손익계산서에 매출채권에 대한 손상차손 ₩20,000과 기타비용(영업외비용)으로 표시된 재고자산감모손실 ₩15,000이 각각 계상되어 있다.

	매출액	매출원가
①	₩525,000	₩855,000
②	₩525,000	₩645,000
③	₩545,000	₩855,000
④	₩545,000	₩645,000
⑤	₩725,000	₩555,000

5 ㈜세무는 재고자산의 매입과 매출을 모두 외상으로 처리한 후, 나중에 현금으로 결제하고 있다. 다음은 이와 관련된 거래내역 일부를 20×0년과 20×1년도 재무상태표와 포괄손익계산서로부터 추출한 것이다. 20×1년 12월 31일에 표시될 현금은? (단, 현금의 변동은 제시된 영업활동에서만 영향을 받는다고 가정한다) (CTA 2020)

재무상태표 계정과목	20×1.12.31.	20×0.12.31.
현금	×××	300,000
매출채권	110,000	100,000
매출채권 손실충당금	10,000	9,000
재고자산	100,000	80,000
매입채무	80,000	60,000
손익계산서 계정과목	20×1.12.31.	20×0.12.31.
매출수익	1,800,000	1,500,000
매출원가	1,500,000	1,200,000
매출채권 손상차손	7,000	6,000

① ₩584,000 ② ₩590,000 ③ ₩594,000
④ ₩604,000 ⑤ ₩610,000

6 다음은 ㈜대한의 재무상태표에 표시된 두 종류의 상각후원가(AC)로 측정하는 금융부채(A사채, B사채)와 관련된 계정의 장부금액이다. 상기 금융부채 외에 ㈜대한이 보유한 이자발생 부채는 없으며, ㈜대한은 20×1년 포괄손익계산서상 당기손익으로 이자비용 ₩48,191을 인식하였다. 이자지급을 영업활동으로 분류할 경우, ㈜대한이 20×1년 현금흐름표의 영업활동현금흐름에 표시할 이자지급액은 얼마인가? (단, 당기 중 사채의 추가발행 · 상환 · 출자전환 및 차입금의 신규차입은 없었으며, 차입원가의 자본화는 고려하지 않는다) (CPA 2021)

구분	20×1년 1월 1일	20×1년 12월 31일
미지급이자	₩10,000	₩15,000
A사채(순액)	94,996	97,345
B사채(순액)	110,692	107,334

① ₩42,182 ② ₩43,192 ③ ₩44,200
④ ₩45,843 ⑤ ₩49,200

CHAPTER 20

재무보고의 기타사항

1. 매각예정비유동자산과 중단영업
2. 보고기간후사건
3. 중간재무보고
4. 영업부문

보론. 재무비율

학습목표

- 매각예정비유동자산과 중단영업에 대해 이해한다.
- 보고기간후사건에 대해 이해한다.
- 중간재무보고에 대해 이해한다.
- 영업부문에 대해 이해한다.

본장에서는 재무보고의 기타사항, 즉 K-IFRS 제1105호 '매각예정비유동자산과 중단영업', 제1010호 '보고기간후사건, 제1034호 '중간재무보고, 그리고 제1108호 '영업부문'에 대해서 다룬다. 이 기준서들의 공통점은 정보이용자들이 기업의 미래현금흐름을 예측하는 데 유용한 정보를 제공하고자 재무제표의 표시와 공시의 내용 및 방법 등을 규정하고 있다.

첨단 디지털기술이 발전할수록 많은 정보들이 온라인과 오프라인을 통해 범람하고 있다. 정보의 홍수 속에서 신뢰할 수 있는 정보를 선별하여 기업의 미래현금흐름을 정확히 예측하도록 본장을 통해서 매각예정비유동자산과 중단영업, 보고기간후사건, 중간재무보고, 그리고 영업부문에 대해서 심도 있게 학습해 보자.

1. 매각예정비유동자산과 중단영업

매각예정분류기준을 충족하는 자산은 순공정가치와 장부금액 중 작은 금액으로 측정하고, 감가상각을 중단하며, 재무상태표에 별도로 표시한다. 그리고 중단영업의 성과는 포괄손익계산서에 별도로 표시한다. 매각예정비유동자산과 중단영업을 재무제표에 별도로 표시하는 이유는 영업활동에 계속적으로 사용되는 자산 및 계속영업손익과 구분함으로써 미래손익을 예측할 수 있는 회계정보의 유용성이 증대되기 때문이다.

1.1 매각예정비유동자산

(1) 매각예정의 분류

비유동자산(또는 처분자산집단)의 장부금액이 계속사용이 아닌 매각거래를 통하여 주로 회수될 것이라면 이를 매각예정비유동자산(non-current assets held for sale)으로 분류한다. 매각예정으로 분류하기 위해서는 다음 조건을 모두 충족해야 한다.

① 당해 비유동자산(또는 처분자산집단)이 현재의 상태에서 통상적이고 관습적인 거래조건만으로 즉시 매각가능해야 한다.
② 매각될 가능성이 매우 높아야 한다.

매각될 가능성이 매우 높으려면 적절한 지위의 경영진이 자산(또는 처분자산집단)의 매각계획을 확약하고, 매수자를 물색하고 매각계획을 이행하기 위한 적극적인 업무진행을 이미 시작하였어야 한다. 당해 자산(또는 처분자산집단)의 현행 공정가치에 비추어 볼 때 합리적인 가격 수준으로 적극적으로 매각을 추진하여야 한다. 또한 분류시점에서 1년 이내에 매각완료요건이 충족될 것으로 예상되며, 계획을 이행하기 위하여 필요한 조치로 보아 그 계획이 유의적으로 변경되거나 철회될 가능성이 낮아야 한다.

사건이나 상황에 따라서는 매각을 완료하는 데 소요되는 기간이 연장되어 1년을 초과할 수도 있다. 만약 기업이 통제할 수 없는 사건 또는 상황 때문에 매각기간이 연장되었지만 기업이 여전히 해당 자산(또는 처분자산집단)의 매각계획을 확약한다는 충분한 증거가 있다면 매각이 완료되기까지의 기간이 연장된다고 하더라도 해당 자산(또는 처분자산집단)을 매각예정으로 분류할 수 없는 것은 아니다.

K-IFRS 제1001호 '재무제표 표시'에 따라 비유동자산으로 분류하는 자산은 매각예정분류기준을 충족할 때까지는 유동자산으로 재분류할 수 없다. 통상적으로 비유동자산으로 분류하는 자산을 매각만을 목적으로 취득한 경우라 하더라도 매각예정분류기준을 충족하지 못한다면 유동자산으로 분류할 수 없다.

처분만을 목적으로 취득한 비유동자산이 취득일에 1년 요건을 충족하고 전술한 다른 요건(매각계획 확약, 매각계획 이행, 적극적인 매각추진 등)을 충족하지 못하였으나 취득 후 빠른 기간(통상 3개월 이내) 내에 충족할 가능성이 매우 높은 경우에는 그 비유동자산(또는 처분자산집단)을 취득일에 매각예정으로 분류한다.

매각예정으로 분류하기 위한 요건이 보고기간 후에 충족된 경우 당해 비유동자산은 보고기간 후 발행되는 당해 재무제표에서 매각예정으로 분류될 수 없다. 그러나 이들 요건이 보고기간 후 공표될 재무제표의 승인 이전에 충족된다면 비유동자산의 상세 내역이나 매각 관련 사실과 상황 등을 주석으로 공시한다.

폐기될 비유동자산(또는 처분자산집단)은 매각예정으로 분류할 수 없다. 왜냐하면 해당 장부금액은 원칙적으로 계속 사용함으로써 회수되기 때문이다. 그러나 폐기될 처분자산집단이 후술할 중단영업의 요건을 충족한다면, 처분자산집단의 성과와 현금흐름을 사용이 중단된 날에 중단영업으로 표시한다. 폐기될 비유동자산(또는 처분자산집단)에는 경제적 내용연수가 끝날 때까지 사용될 비유동자산(또는 처분자산집단)과 매각되지 아니하고 폐쇄될 비유동자산(또는 처분자산집단)을 포함한다. 한편, 일시적으로 사용을 중단한 비유동자산은 폐기될 자산으로 회계처리할 수 없다.

(2) 매각예정으로 분류된 비유동자산의 측정

매각예정으로 분류된 비유동자산(또는 처분자산집단)은 순공정가치와 장부금액 중 작은 금액으로 측정한다. 매각예정 분류일 현재 자산의 장부금액이 순공정가치를 초과하면 그 차액을 손상차손으로 인식한다.[1] 손상차손은 다음 산식에 따라 계산한다.

1 유형자산에서 손상차손을 계산할 때 장부금액에서 회수가능액을 차감한다. 회수가능액은 순공정가치와 사용가치 중 큰 금액이다. 사용가치는 자산이 미래에 창출할 것으로 기대되는 미래현금흐름의 현재가치이다. 매각예정비유동자산에서 사용가치를 고려하지 않는 이유는 1년 이내에 처분할 목적으로 보유하는 자산이므로 처분 전까지 자산에서 생기는 미래현금흐름의 현재가치가 순공정가치보다 크다고 볼 이유가 없기 때문이다.

매각예정 분류일 현재 매각예정비유동자산 금액 = Min(순공정가치*, 장부금액)

손상차손 = 장부금액 - 순공정가치 (장부금액 > 순공정가치)

* 순공정가치 = 공정가치 - 처분부대원가

손상차손은 K-IFRS 제1036호 '자산손상'의 현금창출단위(CGU: cash generating unit)[2]의 손상차손 인식을 준용하여 처분자산집단을 구성하는 항목에 배분한다. 즉, 손상차손을 처분자산집단에 있는 영업권에 우선적으로 배분하고, 잔여액을 K-IFRS 제1105호 '매각예정비유동자산과 중단영업'의 측정규정을 적용하는 비유동자산의 장부금액에 비례하여 배분한다.[3]

자산의 순공정가치가 증가하면 이익(손상차손환입)을 인식하나, 과거에 인식하였던 손상차손누계액을 초과할 수 없다.

비유동자산이 매각예정으로 분류되거나 매각예정으로 분류된 처분자산집단의 일부이면 그 자산은 감가상각하지 아니한다. 매각예정으로 분류된 처분자산집단의 부채와 관련된 이자와 기타 비용은 계속해서 인식한다.

---

2 현금창출단위란 다른 자산이나 자산집단에서 생기는 현금유입과는 거의 독립적인 현금유입을 창출하는 식별할 수 있는 최소 자산집단을 말한다.

3 다음의 자산에 대하여 K-IFRS 제1105호 '매각예정비유동자산과 중단영업'의 측정규정을 적용하지 아니한다.

① 이연법인세자산
② 종업원급여에서 발생하는 자산
③ 제1109호 '금융상품'이 적용되는 금융자산
④ 제1040호 '투자부동산'에 따라 공정가치모형을 적용하는 비유동자산
⑤ 제1041호 '농림어업'에 따라 순공정가치로 측정되는 비유동자산
⑥ 제1104호 '보험계약'에서 정의되는 보험계약의 계약상 권리

예제 1 ❙ 매각예정비유동자산의 손상차손

대박회사는 20×1년 12월 말에 다음의 자산집단을 매각방식으로 처분하기로 하였고, 이는 매각예정의 분류기준을 충족한다.

과 목	매각예정 분류 직전에 재측정한 장부금액
영 업 권	₩200,000
토지(재평가모형적용)	2,000,000
건물(원가모형적용)	1,500,000
FVOCI금융자산	800,000
재 고 자 산	600,000
계	₩5,100,000

물음

매각예정 분류일 현재 처분자산집단의 순공정가치를 ₩4,550,000으로 추정하였다. 손상차손 배분 후의 자산별 장부금액을 계산하시오.

풀이

• 손상차손 = ₩5,100,000 − 4,550,000 = ₩550,000

손상차손을 처분자산집단에 있는 영업권에 우선적으로 배분하고, 잔여액을 K-IFRS 제1105호 '매각예정비유동자산과 중단영업'의 측정규정을 적용하는 비유동자산의 장부금액에 비례하여 배분한다. FVOCI금융자산은 해당 기준서의 적용을 제외하고, 재고자산은 유동자산이므로 제외한다.

과 목	배분 전 장부금액	손상차손 배분	배분 후 장부금액
영 업 권	₩200,000	₩200,000	₩0
토지(재평가모형적용)	2,000,000	200,000❶	1,800,000
건물(원가모형적용)	1,500,000	150,000❷	1,350,000
FVOCI금융자산	800,000		800,000
재 고 자 산	600,000		600,000
계	₩5,100,000	₩550,000	₩4,550,000

❶ (₩550,000 − 200,000) × 2,000,000/3,500,000 = ₩200,000

❷ (₩550,000 − 200,000) × 1,500,000/3,500,000 = ₩150,000

(3) 매각예정의 철회

더 이상 매각예정으로 분류할 수 없거나 매각예정으로 분류된 처분자산집단에 포함될 수 없는 비유동자산(또는 처분자산집단)은 다음 중 작은 금액으로 측정한다.

> 매각예정 철회 시 비유동자산 금액 = Min(①, ②)
>
> ① 당해 자산(또는 처분자산집단)을 매각예정으로 분류하기 전 장부금액에 감가상각, 재평가 등 매각예정으로 분류하지 않았더라면 인식하였을 조정사항을 반영한 금액
>
> ② 매각하지 않기로 결정한 날의 회수가능액(자산의 순공정가치*와 사용가치** 중 큰 금액)
>
> * 자산의 공정가치에서 처분부대원가를 차감한 금액
>
> ** 자산이 미래에 창출할 것으로 기대되는 미래현금흐름의 현재가치

더 이상 매각예정으로 분류할 수 없는 비유동자산의 장부금액에 반영하는 조정금액은 분류요건이 더 이상 충족되지 않는 기간의 계속영업손익에 포함한다. 또한 매각예정으로 분류한 기간 동안의 재무제표는 수정되어야 한다. 즉, 비교표시되는 전기 재무제표에 매각예정비유동자산으로 분류한 비유동자산을 원래 자산 항목으로 재분류하고, 중단영업손익에 반영되어 있던 금액도 계속영업손익으로 재분류한다.

(4) 매각예정의 표시와 공시

매각예정으로 분류된 비유동자산은 다른 자산과 별도로 재무상태표에 표시한다. 매각예정으로 분류된 처분자산집단에 포함되는 자산이나 부채는 다른 자산이나 부채와 별도로 재무상태표에 표시한다. 해당 자산과 부채는 상계하여 단일금액으로 표시할 수 없다. 문단 39[4]에서 허용하는 경우를 제외하고는 매각예정으로 분류된 자산과 부채는 주요 종류별로 재무상태표 또는 주석에 별도로 공시한다. 매각예정으로 분류된 비유동자산(또는 처분자산집단)과 관련하여 기타포괄손익으로 인식한 기타포괄손익누계액은 별도로 표시한다.

과거 재무상태표에 매각예정으로 분류된 비유동자산 또는 처분자산집단에 포함된 자산과 부채의 금액은 최근 재무상태표의 분류를 반영하기 위하여 재분류하거나 재작성하지 아니한다.

K-IFRS 제11105호 '매각예정비유동자산과 중단영업'에서 제시하고 있는 매각예정비유동자산과 직접 관련된 부채의 재무상태표 표시는 다음 사례 1과 같다.

---

4 처분자산집단이 취득 당시 매각예정분류기준을 충족한 신규 취득 종속기업인 경우에는 자산과 부채를 주요 종류별로 반드시 공시할 필요는 없다(1105:39).

사례 1. 매각예정비유동자산과 관련 부채의 표시(제1105호 사례 12)

20×5년 말에 자산의 일부 및 이와 직접 관련된 부채를 처분하기로 하였다. 이러한 처분은 매각예정분류기준을 충족하며 다음과 같이 두 가지의 처분자산집단으로 구성된다.

	매각예정으로 분류 후 장부금액	
	처분자산집단 I	처분자산집단 II
유형자산	₩4,900	₩1,700
지분상품에 대한 투자	1,400*	-
부채	(2,400)	(900)
처분자산집단의 순장부금액	₩3,900	800

* 이 자산과 관련하여 ₩400은 기타포괄손익으로 인식하고 자본에 누적하였다.

매각예정으로 분류된 처분자산집단은 재무상태표에 다음과 같이 표시될 수 있다.

재무상태표

과 목	20×5년	20×4년
자산		
비유동자산		
· · · · ·	×××	×××
유동자산		
· · · · ·	×××	×××
매각예정비유동자산	8,000	-
자산총계	×××	×××
자본 및 부채		
지배기업의 소유주에 귀속되는 자본		
· · · · ·	×××	×××
매각예정비유동자산관련 기타포괄손익누계액	400	-
비지배지분	×××	×××
자본총계	×××	×××
비유동부채		
· · · · ·	×××	×××
유동부채		
· · · · ·	×××	×××
매각예정비유동부채	3,300	-
부채총계	×××	×××
자본 및 부채총계	×××	×××

1.2 중단영업

(1) 중단영업의 분류

중단영업(discontinued operation)은 이미 처분되었거나 매각예정으로 분류되고 다음 중 하나에 해당하는 기업의 구분단위[5]이다.

① 별도의 주요 사업계열이나 영업지역이다.
② 별도의 주요 사업계열이나 영업지역을 처분하려는 단일 계획의 일부이다.
③ 매각만을 목적으로 취득한 종속기업이다.

매각예정으로 분류하였으나 중단영업의 정의를 충족하지 않는 비유동자산(또는 처분자산집단)을 재측정하여 인식하는 평가손익은 계속영업손익에 포함한다. 따라서 중단영업에 포함되어 있는 자산은 매각예정비유동자산으로 분류되지만, 매각예정비유동자산으로 분류되더라도 반드시 중단영업에 포함되는 것은 아니다.

(2) 중단영업의 표시

세후 중단영업손익과 중단영업에 포함된 자산이나 처분자산집단을 순공정가치로 측정하거나 처분함에 따른 세후 손익의 합계를 포괄손익계산서에 단일금액으로 표시한다.

중단영업의 수익, 비용 및 세전 중단영업손익과 이에 대한 관련 법인세비용, 그리고 중단영업에 포함된 자산이나 처분자산집단을 순공정가치로 측정하거나 처분함에 따라 인식된 손익과 이와 관련된 법인세비용을 분석하여 공시한다. 또한 중단영업의 영업활동, 투자활동 및 재무활동으로부터 발생한 순현금흐름은 주석이나 재무제표 본문에 표시한다.

K-IFRS 제1105호 '매각예정비유동자산과 중단영업'에서 제시하고 있는 중단영업손익의 포괄손익계산서에 표시는 다음 〈표 20-1〉과 같다.

5 기업의 구분단위란 재무보고 목적뿐만 아니라 영업상으로도 기업의 나머지와 명확히 구별되는 영업 및 현금흐름을 말한다.

표 20-1 중단영업의 표시

포괄손익계산서

과 목	20×2년	20×1년
수익(revenue)	×××	×××
매출원가	(×××)	(×××)
매출총이익	×××	×××
기타수익(other income)	×××	×××
물류원가	(×××)	(×××)
관리비	(×××)	(×××)
기타비용	(×××)	(×××)
금융원가	(×××)	(×××)
관계기업의 이익에 대한 지분	×××	×××
법인세비용차감전계속영업이익	×××	×××
법인세비용	(×××)	×××
계속영업이익	×××	×××
중단영업이익	×××	×××
당기순이익	×××	×××

과거기간에 중단영업의 처분과 직접 관련하여 중단영업으로 표시했던 금액을 당기에 조정하는 경우 그 금액은 중단영업 내에서 별도로 분류하여 표시한다. 그러나 기업의 구분단위를 매각예정으로 더 이상 분류할 수 없는 경우, 중단영업으로 표시하였던 당해 구분단위의 영업성과를 비교표시되는 모든 회계기간에 재분류하여 계속영업손익에 포함하고 과거기간에 해당하는 금액이 재분류되었음을 주석으로 기재한다. 매각예정으로 분류하였으나 중단영업의 정의를 충족하지 않는 비유동자산(또는 처분자산집단)을 재측정하여 인식하는 평가손익은 계속영업손익에 포함한다.

2. 보고기간후사건

2.1 보고기간후사건의 의의

보고기간후사건(events after the reporting period)이란 보고기간 말과 재무제표 발행승인일 사이에 발생한 유리하거나 불리한 사건을 말한다. 재무제표를 발행한 이후에 주주에게 승인을 받기 위하여 제출하는 경우가 있다. 이 경우 재무제표 발행승인일은 주주가 재무제표를 승인한 날이 아니라 이사회가 재무제표 발행을 승인한 날이다.6

2.2 보고기간후사건의 회계처리

보고기간후사건은 다음 두 가지 유형으로 구분한다.

① 보고기간 말에 존재하였던 상황에 대해 증거를 제공하는 사건(수정을 요하는 보고기간후사건)
② 보고기간 후에 발생한 상황을 나타내는 사건(수정을 요하지 않는 보고기간후사건)

보고기간후사건의 유형은 다음 [그림 20-1]과 같이 보고기간 말에 존재하였던 상황과 보고기간 후 발생한 상황으로 구분된다.

[그림 20-1] 보고기간후사건의 유형

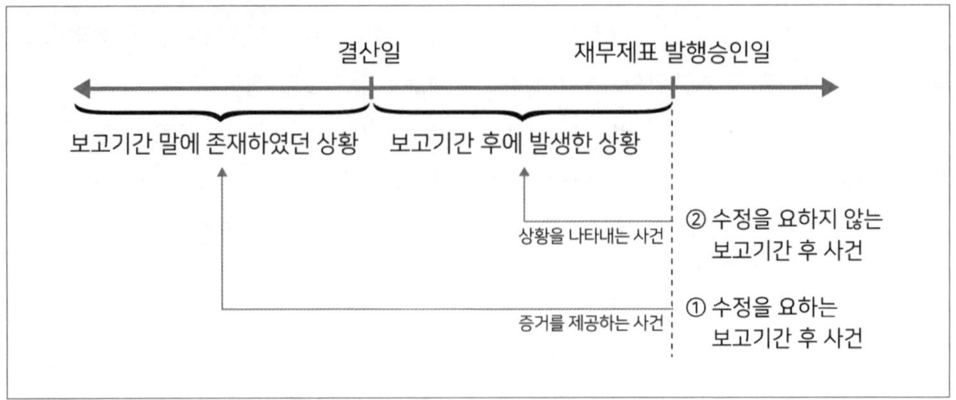

6 우리나라는 「자본시장법」에 따라 연차보고서는 각 사업연도 경과 후 90일 이내에 공시해야 하고, 분기 및 반기보고서는 그 기간 경과 후 45일 이내에 공시해야 한다. 따라서 재무제표 발행승인은 공시일 이내에 이루어져야 할 것이다.

(1) 수정을 요하는 보고기간후사건

수정을 요하는 보고기간후사건을 반영하기 위하여 재무제표에 이미 인식된 금액을 수정하고, 재무제표에 인식하지 아니한 항목은 새로 인식하여야 한다.

수정을 요하는 보고기간후사건의 예는 다음과 같다.

① 보고기간 말에 존재하였던 현재의무가 보고기간 후에 소송사건의 확정에 의해 확인되는 경우. 소송사건과 관련하여 K-IFRS 제1037호 '충당부채, 우발부채, 우발자산'에 따라 이전에 인식하였던 충당부채를 수정하거나 새로운 충당부채를 인식한다.

② 보고기간 말에 이미 자산손상이 발생되었음을 나타내는 정보를 보고기간 후에 입수하는 경우나 이미 손상차손을 인식한 자산에 대하여 손상차손금액의 수정이 필요한 정보를 보고기간 후에 입수하는 경우. 다음과 같은 예를 들 수 있다.

㉠ 보고기간 후의 매출처 파산은 일반적으로 보고기간 말에 고객의 신용이 손상되었음을 확인해준다.

㉡ 보고기간 후의 재고자산 판매는 보고기간 말의 순실현가능가치에 대한 증거를 제공할 수 있다.

③ 보고기간 말 이전에 구입한 자산의 취득원가나 매각한 자산의 대가를 보고기간 후에 결정하는 경우

④ 보고기간 말 이전 사건의 결과로서 보고기간 말에 종업원에게 지급하여야 할 법적 의무나 의제의무가 있는 이익분배나 상여금지급 금액을 보고기간 후에 확정하는 경우

⑤ 재무제표가 부정확하다는 것을 보여주는 부정이나 오류를 발견한 경우

(2) 수정을 요하지 않는 보고기간후사건

수정을 요하지 않는 보고기간후사건을 반영하기 위하여 재무제표에 인식된 금액을 수정하지 아니한다. 수정을 요하지 않는 보고기간후사건의 예로는 보고기간 말과 재무제표 발행승인일 사이에 투자자산의 공정가치 하락을 들 수 있다. 공정가치의 하락은 일반적으로 보고기간 말의 상황과 관련된 것이 아니라 보고기간 후에 발생한 상황이 반영된 것이다. 따라서 그 투자자산에 대해서 재무제표에 인식된 금액을 수정하지 아니한다.

수정을 요하지 않는 보고기간후사건이 중요한 경우에, 이를 공시하지 않는다면 특정 보고기업에 대한 일반목적재무제표에 기초하여 내리는 주요 이용자의 의사결정에 영향을 줄 것으로 합리적으로 예상할 수 있다. 따라서 기업은 수정을 요하지

않는 보고기간후사건으로서 중요한 것은 그 범주별로 사건의 성격과 사건의 재무적 영향에 대한 추정치나 그러한 추정을 할 수 없는 경우에는 이에 대한 설명을 공시한다.

수정을 요하지 않는 보고기간후사건으로서, 일반적으로 공시하게 되는 예는 다음과 같다.

① 보고기간 후에 발생한 주요 사업결합 또는 주요 종속기업의 처분
② 영업 중단 계획의 발표
③ 주요한 자산구입, 자산을 매각예정으로 분류, 자산의 기타 처분, 정부에 의한 주요 자산의 수용
④ 보고기간 후에 발생한 화재로 인한 주요 생산 설비의 파손
⑤ 주요한 구조조정계획의 공표나 이행착수
⑥ 보고기간 후에 발생한 주요한 보통주 및 잠재적보통주 거래
⑦ 보고기간 후에 발생한 자산 가격이나 환율의 비정상적 변동
⑧ 당기법인세 자산과 부채 및 이연법인세 자산과 부채에 유의적인 영향을 미치는 세법이나 세율에 대한 보고기간 후의 변경 또는 변경 예고
⑨ 유의적인 지급보증 등에 의한 우발부채의 발생이나 유의적인 약정의 체결
⑩ 보고기간 후에 발생한 사건에만 관련되어 제기된 주요한 소송의 개시

2.3 기타 고려사항

(1) 배당금

보고기간 후부터 재무제표 발행승인일 전 사이에 배당을 선언한 경우, 보고기간 말에 어떠한 의무도 존재하지 않으므로 보고기간 말에 부채로 인식하지 아니한다.

(2) 계속기업

경영진이 보고기간 후에, 기업을 청산하거나 경영활동을 중단할 의도를 가지고 있거나, 청산 또는 경영활동의 중단 외에 다른 현실적 대안이 없다고 판단하는 경우에는 계속기업의 기준에 따라 재무제표를 작성해서는 아니 된다.

보고기간 후에 영업성과와 재무상태가 악화된다는 사실은 계속기업가정이 여전히 적절한지를 고려할 필요가 있다는 것을 나타낼 수 있다. 만약 계속기업의 가정이 더 이상 적절하지 않다면 그 효과가 광범위하게 미치므로, 단순히 원래의 회계처리방

법 내에서 이미 인식한 금액을 조정하는 정도가 아니라 회계처리방법을 근본적으로 변경해야 한다.

재무제표가 계속기업의 가정하에 작성되지 않은 경우나 계속기업으로서의 존속능력에 대해 유의적인 의문이 제기될 수 있는 사건이나 상황과 관련된 중요한 불확실성을 경영진이 알게 된 경우에는 그러한 내용을 공시해야 한다.

3. 중간재무보고

3.1 중간재무보고의 의의

중간재무보고(interim financial reporting)란 한 회계연도보다 짧은 회계기간을 대상으로 회계보고를 하는 것을 의미한다. 일반적으로 중간재무보고의 회계기간은 3개월(분기)과 6개월(반기)이다. 기업이 1년에 한 번만 회계보고를 한다면 기업에 관한 회계정보를 투자자에게 적시에 제공할 수 없다. 중간재무보고의 회계기간이 짧을수록 회계정보의 적시성이 높아져 정보의 유용성을 제고시킬 수 있다.

그러나 중간재무보고의 회계기간이 짧아질수록 연차재무보고에 비해 거래의 인식과 측정을 추정과 배분에 의존해야 하는 경우가 많아진다. 예를 들면, 법인세비용은 연간 단위로 결정되는데, 중간재무보고에서 법인세비용을 연간 법인세비용을 추정하여 배분해야 한다. 이런 경우에 회계정보의 신뢰성이 낮아질 수 있다. 또한 중간재무보고의 회계기간이 짧아질수록 기업이 제공해야 하는 재무보고 횟수가 증가하기 때문에 비용 역시 비례적으로 증가하게 된다.

우리나라의 경우 「자본시장법」에 따라 상장법인 등은 반기보고서와 분기보고서를 공시하도록 하고 있다.

3.2 중간재무보고서의 내용

중간재무보고서는 K-IFRS 제1001호 '재무제표의 표시'에 따라 전체 재무제표로 작성하거나 K-IFRS 제1034호 '중간재무보고'에 따라 요약재무제표로 작성할 수도 있다. 요약재무제표로 작성하는 경우 중간재무보고서는 최소한 다음의 구성요소를 포함하여야 한다.

① 요약재무상태표
② 요약포괄손익계산서
③ 요약자본변동표
④ 요약현금흐름표
⑤ 선별적 주석

(1) 중간재무보고서의 형식과 내용

요약재무제표를 중간재무보고서에 포함하는 경우, 이러한 재무제표는 최소한 직전 연차재무제표에 포함되었던 제목, 소계 및 선별적 주석을 포함하여야 한다.

기본주당이익과 희석주당이익은 중간기간의 당기순손익의 구성요소를 표시하는 재무제표에 표시한다. 예를 들면, 별개의 손익계산서에 당기순이익의 구성요소를 표시하는 경우에는 당해 주당이익을 별개의 손익계산서에 표시한다.

직전 연차재무보고서를 연결기준으로 작성하였다면 중간재무보고서도 연결기준으로 작성해야 한다.

(2) 선별적 주석

다음과 같은 정보가 중간재무제표에 대한 주석 또는 중간재무보고서의 다른 곳에 포함되어야 한다. 다음의 공시는 중간재무제표에서 하거나, 다른 보고서(예 경영진설명서, 위험보고서)에서 하고 중간재무제표에서 이를 상호참조하여 포함할 수도 있다. 상호참조를 하는 경우 재무제표이용자는 다른 보고서를 중간재무제표와 동일한 조건으로 동시에 이용할 수 있어야 한다. 재무제표이용자가 상호참조로 포함된 정보에 동일한 조건으로 동시에 접근할 수 없다면 그러한 중간재무보고서는 불완전한 것이다. 이러한 정보는 일반적으로 당해 회계연도 누적기준으로 보고한다.

① 직전 연차재무제표와 동일한 회계정책과 계산방법을 사용하였다는 사실 또는 회계정책이나 계산방법에 변경이 있는 경우 그 성격과 영향
② 중간기간 영업활동의 계절적 또는 주기적 특성에 대한 설명
③ 성격, 크기 또는 발생빈도 때문에 비경상적으로 자산, 부채, 자본, 순이익, 현금흐름에 영향을 미치는 항목의 성격과 금액

④ 당해 회계연도의 이전 중간기간에 보고된 추정금액에 대한 변경 또는 과거 회계연도에 보고된 추정금액에 대한 변경으로서 그 성격과 금액
⑤ 채무증권과 지분증권의 발행, 재매입 및 상환
⑥ 보통주식과 기타 주식으로 구분하여 지급된 배당금(배당금 총액 또는 주당배당금)
⑦ 영업부문정보
⑧ 중간보고기간 후에 발생하였으나 중간재무제표에 반영되지 않은 사건
⑨ 사업결합, 종속기업 및 장기투자에 대한 지배력의 획득이나 상실, 구조조정, 중단영업 등으로 중간기간 중 기업 구성에 변화가 있는 경우 그 효과
⑩ 금융상품에 대한 공정가치에 관한 공시
⑪ 타 기업에 대한 지분의 공시
⑫ 고객과의 계약에서 생기는 수익의 보고부문별 구분 공시

(3) 중간재무제표가 제시되어야 하는 기간

중간재무보고서는 다음 기간에 대한 중간재무제표(요약 또는 전체)를 포함하여야 한다.

① 당해 중간보고기간 말과 직전 연차보고기간 말을 비교하는 형식으로 작성한 재무상태표
② 당해 중간기간과 당해 회계연도 누적기간을 직전 회계연도의 동일기간과 비교하는 형식으로 작성한 포괄손익계산서
③ 당해 회계연도 누적기간을 직전 회계연도의 동일기간과 비교하는 형식으로 작성한 자본변동표
④ 당해 회계연도 누적기간을 직전 회계연도의 동일기간과 비교하는 형식으로 작성한 현금흐름표

한편, 계절성이 높은 사업을 영위하는 기업의 경우, 중간보고기간말까지 12개월 기간의 재무정보와 직전 회계연도의 동일기간에 대한 비교 재무정보는 유용할 것이다. 따라서 계절성이 높은 사업을 영위하는 기업은 이러한 정보를 추가하여 보고할 것을 권장한다.

예를 들어, 12월 31일이 회계기간 말인 기업의 20×2년도 2분기 중간재무제표를 비교재무제표 형식으로 작성한다면 각 중간재무제표의 보고기간은 다음 〈표 20－2〉와 같다.

표 20-2 중간재무제표 보고기간

재무제표	20×2년도	20×1년도
재무상태표	20×2. 6. 30.	20×1. 12. 31. 단, 계절성이 높은 경우 20×1. 6. 30. 추가
포괄손익계산서	20×2. 4. 1. ~ 20×2. 6. 30. 20×2. 1. 1. ~ 20×2. 6. 30.	20×1. 4. 1. ~ 20×1. 6. 30. 20×1. 1. 1. ~ 20×1. 6. 30.
자본변동표, 현금흐름표	20×2. 1. 1. ~ 20×2. 6. 30.	20×1. 1. 1. ~ 20×1. 6. 30.

(4) 기타 고려할 사항

1) 중요성

중간재무보고서를 작성할 때 인식, 측정, 분류 및 공시와 관련된 중요성의 판단은 해당 중간기간의 재무자료에 근거하여 이루어져야 한다. 중요성을 평가하는 과정에서 중간기간의 측정은 연차재무자료의 측정에 비하여 추정에 의존하는 정도가 크다는 점을 고려하여야 한다.

2) 연차재무제표 공시

특정 중간기간에 보고된 추정금액이 최종 중간기간에 중요하게 변동하였지만 최종 중간기간에 대하여 별도의 재무보고를 하지 않는 경우, 추정의 변동 성격과 금액을 해당 회계연도의 연차재무제표에 주석으로 공시하여야 한다.

3) 한국채택국제회계기준의 준수에 대한 공시

한국채택국제회계기준에 따라 중간재무보고서를 작성한 경우, 그 사실을 공시하여야 한다. 중간재무보고서가 한국채택국제회계기준의 요구사항을 모두 충족한 경우가 아니라면 한국채택국제회계기준을 준수하여 작성되었다고 기재하여서는 아니 된다.

3.3 인식과 측정

중간재무제표에 적용할 인식과 측정기준, 그리고 작성목적은 중간기간과 연간의 관계를 어떻게 파악하느냐에 따라 구분접근법과 통합접근법으로 나눌 수 있다.

구분접근법(discrete approach)에 따르면 중간기간을 연간과 별개의 독립적인 회계기간으로 보고 연간에서 적용하는 회계정책을 중간기간에도 동일하게 적용한다. 반면에 통합접근법(integral approach)에 따르면 중간기간을 연간의 재무정보를 예측하기 위한 분할로 보고 연간에서 적용하는 회계정책을 적절히 수정하여 적용할 수 있다. 한국채택국제회계기준은 대체로 구분접근법을 따르고 있으며, 연차재무제표의 결과가 보고빈도에 따라 달라지지 않아야 한다는 규정을 두고 있으므로 통합접근법도 따르고 있다.

(1) 연차기준과 동일한 회계정책

중간재무제표는 연차재무제표에 적용하는 회계정책과 동일한 회계정책을 적용하여 작성한다. 다만 직전 연차보고기간말 후에 회계정책을 변경하여 그 후의 연차재무제표에 반영하는 경우에는 변경된 회계정책을 적용한다. 그러나 연차재무제표의 결과가 보고빈도(연차보고, 반기보고, 분기보고)에 따라 달라지지 않아야 한다. 이러한 목적을 달성하기 위하여 중간재무보고를 위한 측정은 당해 회계연도 누적기간을 기준으로 하여야 한다.

(2) 계절적, 주기적 또는 일시적 수익 및 연중 고르지 않게 발생하는 원가

배당수익, 로열티수익과 같이 계절적, 주기적 또는 일시적으로 발생하는 수익은 연차보고기간 말에 미리 예측하여 인식하거나 이연하는 것이 적절하지 않은 경우 중간보고기간 말에도 미리 예측하여 인식하거나 이연하여서는 아니 된다.

한편, 연중 고르지 않게 발생하는 원가는 연차보고기간 말에 미리 비용으로 예측하여 인식하거나 이연하는 것이 타당한 방법으로 인정되는 경우에 한하여 중간재무보고서에서도 동일하게 처리한다.

3.4 이전에 보고된 중간기간에 대한 재작성

새로운 한국채택국제회계기준서의 경과규정에 의하지 않은 회계정책의 변경이 있는 경우 당해 회계연도 이전 중간기간의 재무제표와 비교표시되는 과거 회계연도 중간기간의 재무제표를 재작성한다. 다만, 새로운 회계정책을 적용하게 되는 회계연도 개시일에, 회계변경의 누적효과를 이전의 전체 회계기간에 적용하는 것이 실무상 어려울 경우에는 실무적으로 적용할 수 있는 최초일부터 새로운 회계정책을 전진적으로 적용하여 당해 회계연도의 이전 중간기간과 비교표시되는 과거 회계연도의 중간기간에 대한 재무제표를 조정한다.

4. 영업부문

4.1 영업부문 공시의 의의

많은 기업의 여러 개의 영업부문을 경영하면서 각 영업부문별로 전략수립과 성과평가를 수행한다. 재무제표는 서로 다른 영업부문을 합쳐서 작성되고 공시되기 때문에 정보이용자들은 재무제표에 나타나지 않는 보다 상세한 영업부문별 정보를 요구하게 되는데, 영업부문 공시는 정보이용자들의 이러한 정보욕구를 충족시킬 수 있다.

영업부문 공시는 다양한 영업부문을 경영하는 기업의 구조를 심층적으로 이해할 수 있고, 영업부문별 수익성, 위험 및 미래현금흐름을 예측하는 데 도움을 주기 때문에 적정한 기업가치를 평가할 수 있도록 유용한 정보를 제공하는 역할을 한다.

4.2 영업부문과 보고부문

영업부문(operating segments)은 다음 사항을 모두 충족하는 기업의 구성단위를 말한다.

① 수익을 창출하고 비용을 발생(동일 기업 내의 다른 구성단위와의 거래와 관련된 수익과 비용을 포함)시키는 사업활동을 영위한다.
② 부문에 배분될 자원에 대한 의사결정을 하고 부문의 성과를 평가하기 위하여 최고영업의사결정자가 영업성과를 정기적으로 검토한다.
③ 구분된 재무정보의 이용이 가능하다.

영업부문은 아직까지 수익을 창출하지 않는 사업활동을 영위할 수 있다. 예를 들어, 신규 영업은 수익을 창출하기 전에도 영업부문이 될 수 있다. 그러나 기업의 모든 부문이 반드시 하나의 영업부문이나 영업부문의 일부에 귀속되는 것은 아니다. 예를 들어, 수익을 창출하지 못하거나 기업 활동에 부수적인 수익을 창출하는 본사나 일부 직능부서는 영업부문이 될 수 없을 것이다.

영업부문이 다음의 통합기준과 양적기준을 모두 충족하면 각 영업부문에 대한 정보를 별도로 보고한다.

(1) 통합기준(aggregation criteria)

경제적 특성이 유사한 영업부문들은 많은 경우에 장기적 재무성과가 유사하게 나타난다. 예를 들어, 경제적 특성이 유사한 두 영업부문에 대해서는 유사한 장기평균 총이익률이 기대된다. 경제적 특성과 다음 사항이 부문 간에 유사한 경우에는 둘 이상의 영업부문을 하나의 영업부문으로 통합할 수 있다.

① 제품과 용역의 성격
② 생산과정의 성격
③ 제품과 용역에 대한 고객의 유형이나 계층
④ 제품을 공급하거나 용역을 제공하는 데 사용하는 방법
⑤ 해당사항이 있는 경우, 규제환경의 성격(예 은행, 보험 또는 공공설비)

(2) 양적기준(quantitative thresholds)

다음 양적기준 중 하나에 해당하는 영업부문에 대한 정보는 별도로 보고한다.

① 부문수익(외부고객에 대한 매출과 부문 간 매출이나 이전을 포함)이 모든 영업부문 수익(내부 및 외부수익) 합계액의 10% 이상인 영업부문
② 부문당기손익의 절대치가 다음 중 큰 금액의 10% 이상인 영업부문
　㉠ 손실이 발생하지 않은 모든 영업부문의 이익 합계액의 절대치
　㉡ 손실이 발생한 모든 영업부문의 손실 합계액의 절대치
③ 부문자산이 모든 영업부문의 자산 합계액의 10% 이상인 영업부문

(3) 추가 고려사항

경영진이 재무제표이용자에게 유용한 부문정보라고 판단한다면 양적기준을 충족하지 못하는 영업부문도 별도의 보고부문으로 공시할 수 있다.

양적기준을 충족하지 못한 영업부문들에 관한 정보를 통합하여 하나의 보고부문으로 할 수 있다. 단, 영업부문들의 경제적 특성이 유사하고, 앞서 언급한 통합기준 5가지 중 과반수를 충족하는 경우에만 해당한다.

보고되는 영업부문들의 외부수익 합계가 기업전체 수익의 75% 미만인 경우, 보고부문들의 외부수익 합계가 기업전체 수익의 최소한 75%가 되도록 앞서 언급한 양적기준을 충족하지 못하는 영업부문이라도 추가로 보고부문으로 식별한다.

별도로 공시하는 보고부문의 개수에 대한 실무적인 한계가 있을 수 있는데, 이러한 한계를 초과하면 부문정보가 지나치게 상세해질 수 있다. 보고부문의 개수의 한계가 정확히 정해져 있지는 않으나, 앞서 언급한 통합기준과 양적기준에 따른 보고부문의 개수가 10개를 초과하는 경우에는 실무적인 한계에 도달했는지를 판단해야 한다.

4.3 영업부문 공시

기업은 재무제표이용자가 기업이 영위하는 사업활동의 내용 및 재무효과 그리고 영업을 영위하는 경제환경을 평가할 수 있도록 다음의 정보를 공시한다.

① 일반정보
② 부문당기손익, 부문자산, 부문부채 및 측정기준에 대한 정보
③ 부문수익, 부문당기손익, 부문자산, 부문부채 및 기타 중요한 부문항목의 합계에서 이에 상응하는 기업전체 금액으로의 조정사항

(1) 일반정보

다음의 일반정보를 공시한다.

① 조직기준을 포함하여 보고부문을 식별하기 위하여 사용한 요소
② 각 보고부문이 수익을 창출하는 제품과 용역의 유형

조직기준을 포함하여 보고부문을 식별하기 위하여 사용한 요소의 예로는 경영진이 제품과 용역의 차이, 지리적 위치의 차이, 규제환경의 차이 또는 여러 요소의 결합에 따른 차이 중 어떤 기준을 택하여 기업을 조직하였는지와 영업부문들을 통합하였는지 등이 있을 수 있다.

(2) 부문당기손익, 부문자산, 부문부채 및 측정기준에 대한 정보

각 부문항목 금액은 부문에 대한 자원배분의 의사결정과 보고부문의 성과평가를 위하여 최고영업의사결정자에게 보고되는 측정치여야 한다.

K-IFRS 제1108호 '영업부문'에서 제시한 부문별 부문당기손익, 부문자산, 부문부채 및 측정기준에 대한 정보의 공시는 다음 〈표 20-3〉과 같다.

표 20-3 영업부문 공시

	자동차 부품	소프트 웨어	전 자	금 융	기타부문	총 계
외부고객으로부터의 수익	₩3,000	₩9,500	₩12,000	₩5,000	₩1,000[1)]	₩30,500
부문간 수익	-	3,000	1,500	-	-	4,500
이자수익	450	1,000	1,500	-	-	2,950
이자비용	350	700	1,100	-	-	2,150
순이자 수익[2)]	-	-	-	1,000	-	1,000
감가상각비 및 상각비	200	50	1,500	1,100	-	2,850
보고부문 이익	200	900	2,300	500	100	4,000
기타 중요한 비현금성 항목						
자산손상	-	200	-	-	-	200
보고부문 자산	2,000	3,000	12,000	57,000	2,000	76,000
보고부문의 비유동성자산에 대한 지출	300	500	800	600	-	2,200
보고부문 부채	1,050	1,800	8,000	30,000	-	40,850

1) 양적기준에 미달하는 부문들의 수익은 다각화기업의 4개 영업부문에 귀속됩니다. 소규모 부동산사업, 전자장치임대사업, 소프트웨어자문과 창고리스업이 이 부문들에 포함됩니다. 이 부문들 중 어떠한 부문도 보고부문을 결정하는 양적기준을 충족한 경우가 없었습니다.

2) 금융부문 수익의 대부분은 이자수익이며, 경영진은 이 부문을 운영함에 있어서 총수익과 총비용 대신 순이자수익에 주로 의존합니다. 그러므로 문단 23[7]에서 허용한 바와 같이, 순액기준의 금액만이 공시됩니다.

(3) 조정사항

다음 사항에 대해서 보고부문들의 합계에서 기업전체의 금액으로 조정하는 내용을 공시한다.

① 수익과 당기순이익
② 자산과 부채
③ 공시된 정보 중 기타 중요한 항목

모든 중요한 조정사항은 개별적으로 식별하여 설명한다. 예를 들어, 회계정책의 차이로 인하여 발생하는 보고부문 당기손익을 기업전체 당기손익으로 조정하는 데 필요한 각 중요 조정사항은 개별적으로 식별하여 설명한다.

K-IFRS 제1108호 '영업부문'에서 제시한 기업전체 합계와 보고부문 합계 간에 조정사항의 공시는 다음 〈표 20-4〉와 같다.

---

7 보고부문별로 당기손익을 보고한다. 보고부문별 자산과 부채의 총액이 최고영업의사결정자에게 정기적으로 제공된다면 그러한 금액들도 보고한다. 다음 사항이 최고영업의사결정자가 검토하는 부문당기손익에 포함되어 있거나 부문당기손익에 포함되어 있지 않더라도 최고영업의사결정자에게 정기적으로 제공된다면, 그 사항도 각 보고부문별로 공시한다(1108:23).
① 외부고객으로부터의 수익
② 기업 내의 다른 영업부문과의 거래로부터의 수익
③ 이자수익
④ 이자비용
⑤ 감가상각비와 상각비
⑥ K-IFRS 제1001호 '재무제표 표시' 문단 97에 따라 공시하는 수익과 비용의 중요항목
⑦ 관계기업 및 공동기업으로부터의 지분법손익
⑧ 법인세비용(법인세수익)
⑨ 감가상각비와 상각비 외의 중요한 비현금항목
각 보고부문의 이자수익과 이자비용은 총액으로 보고한다. 다만, 이자수익이 부문수익의 대부분이고 최고영업의사결정자가 부문성과를 평가하고 자원을 배분하기 위하여 주로 순이자수익을 사용하는 경우는 예외로 한다. 이러한 상황에서는 부문의 이자수익에서 부문의 이자비용을 차감한 순이자수익으로 보고할 수 있으며 이러한 사실을 공시한다.

표 20-4 조정사항 공시

[수익]	
보고부문 총수익	₩39,000
기타수익	1,000
부문간 수익 제거	(4,500)
기업전체 총수익	₩35,500
[당기손익]	
보고부문 총손익	₩3,970
기타당기손익	100
부문간손익 제거	(500)
미배분액:	
수취한 소송합의금	500
기타의 회사비용	(750)
연결기준으로 퇴직급여비용 조정	(250)
법인세비용차감전이익	₩3,070
[자산]	
보고부문 총자산	₩79,000
기타자산	2,000
본사로부터 받을 채권 제거	(1,000)
기타 미배분액	1,500
기업전체 총자산	₩81,500
[부채]	
보고부문 총부채	₩43,850
미배분 확정퇴직연금부채	25,000
기업전체 총부채	₩68,850

[기타중요항목]

	보고부문 총계	조정사항	기업전체 총계
이자수익	₩3,750	₩75	₩3,825
이자비용	2,750	(50)	2,700
순이자 수익	1,000	-	1,000
자산에 대한 지출	2,900	1,000	3,900
감가상각비 및 상각비	2,950	-	2,950
자산손상	200	-	200

주) 자산지출에 대한 조정사항은 본사건물로 인하여 발생한 것이며 부문 정보에는 포함되지 않았다. 이외에 중요한 조정사항은 없다.

4.4 기업전체 수준에서의 공시

어떤 기업의 사업활동은 관련된 제품과 용역의 차이나 영업지역의 차이에 근거하여 조직되지 않는 경우가 있다. 그런 기업의 경우 보고부문들이 본질적으로 다른 다양한 제품과 용역에서의 수익을 보고하거나 다수의 보고부문이 본질적으로 동일한 제품과 용역을 제공할 수도 있다. 이와 마찬가지로 보고부문들이 다양한 지역에 자산을 보유하고 다양한 지역의 고객으로부터의 수익을 보고하거나 다수의 보고부문이 동일한 지역에서 영업을 할 수도 있다. 이와 같이 보고부문이 기업의 제품 및 용역별, 지역별 또는 주요 고객별로 제공되지 않는 경우에는 기업전체 수준에서 다음의 정보를 공시한다.

(1) 제품과 용역에 대한 정보

각각의 제품과 용역 또는 유사한 제품과 용역의 집단별로 외부고객으로부터의 수익을 보고한다.

(2) 지역에 대한 정보

지역에 대한 다음의 정보를 보고한다. 보고하는 금액은 기업전체 재무제표를 작성하는 데 사용되는 재무정보에 근거한 금액이어야 한다.

① 다음과 같은 외부고객으로부터의 수익
　㉠ 본사 소재지 국가에 귀속되는 금액
　㉡ 수익이 발생하는 모든 외국에 귀속되는 금액의 총계
② 다음과 같은 비유동자산(금융상품, 이연법인세자산, 퇴직급여자산, 및 보험계약에서 발생하는 권리는 제외)
　㉠ 본사 소재지 국가에 소재하는 비유동자산 금액
　㉡ 모든 외국에 소재하는 비유동자산 금액의 총계

(3) 주요 고객에 대한 정보

주요 고객에 대한 의존도에 관한 정보를 제공한다. 단일[8] 외부고객으로부터의 수익

---

8 동일 지배력하에 있는 것으로 보고기업이 인지하고 있는 기업들은 단일고객으로 간주한다. 그러나 정부(지방자치단체, 중앙정부 또는 국제기구인 정부, 정부기관 및 이와 유사한 단체 포함)와 그 정부의 지배력하에 있는 것으로 보고기업이 인지하고 있는 기업들은 단일고객으로 간주할 것인지 여부를 평가하기 위해서는 보고기업은 그러한 기업들 간의 경제통합의 정도를 고려한다.

이 기업전체 수익의 10% 이상인 경우에는, 그 사실, 해당 고객별 수익금액 및 그러한 수익금액이 보고되는 부문의 명칭을 공시한다.

다음은 카카오의 20×1년도 K-IFRS 제1108호 '영업부문' 관련 주석 공시의 일부분이다.

사례 2. 카카오의 영업부문 공시

연결재무제표의 주석

20×1.1.1부터 20×1.12.31까지

6. 영업부문 정보

가. 연결회사의 영업부문에 배분될 자원에 대해 의사결정을 하고 영업부문의 성과를 평가하기 위하여 최고영업의사결정자에게 보고되는 재무정보는 공시된 재무제표와 일치합니다.

나. 당기말 현재 영업부문별 주요 사업 및 영업수익의 상세내역은 다음과 같습니다.

① 카카오: 광고 및 플랫폼 기반 서비스제공 사업 영위
② ㈜카카오게임즈: 게임 개발 및 퍼블리싱 등의 사업 영위
③ ㈜카카오엔터테인먼트: 연예기획 및 컨텐츠 제작/유통 등의 사업 영위
④ ㈜카카오모빌리티: 데이터베이스기반 정보 제공 사업 영위
⑤ ㈜카카오페이: 모바일 플랫폼 기반 금융 사업 영위
⑥ Kakao Piccoma Corp.: 플랫폼 제공 및 웹툰 공급 사업 영위
⑦ Kakao G Corp.: 블록체인 사업 투자 및 기술 개발 사업 영위
⑧ 기타: 응용 소프트웨어 개발 및 공급업 등

(1) 당기 (단위: 천원)

구분	㈜카카오(주1)	㈜카카오게임즈	㈜카카오 엔터테인먼트 (구.㈜카카오 페이지)(주2)	㈜카카오 모빌리티	㈜카카오페이 (주3)
매출액	2,669,166,772	1,012,481,212	1,424,925,386	546,463,870	458,646,799
내부매출액	(290,484,286)	(42,195,833)	(161,399,183)	(6,566,689)	(126,664,364)
순매출액	2,378,682,486	970,285,379	1,263,526,203	539,897,181	331,982,435
부문 세전이익	724,479,514	722,077,408	59,290,204	4,024,532	(25,951,155)
부문 당기순이익	622,607,541	520,158,065	38,525,100	27,077,877	(33,863,310)
부문 자산총액	10,024,652,294	4,304,187,179	3,711,659,261	1,087,969,974	3,432,708,944
부문 부채총액	3,470,447,600	1,883,696,622	1,561,324,348	254,538,117	1,637,071,183
부문 감가상각비	137,748,138	11,228,896	22,020,967	21,396,718	13,379,825
부문 무형자산상각비	16,331,384	23,156,412	84,923,041	1,759,660	6,249,731

(주1) 당기와의 비교가능성을 위해 ㈜카카오커머스의 실적을 합산하여 산출하였습니다.
(주2) 전기 ㈜카카오M 과 ㈜카카오페이지를 합산하여 산출하였습니다.
(주3) 금융업에서 발생한 매출 40,425 백만원이 포함되어 있습니다.

구분	Kakao Piccoma Corp. (구. KAKAO JAPAN Corp.)	Kakao G Corp.	기타	연결조정	합계
매출액	461,116,752	130,202,515	609,069,395	(1,175,403,533)	6,136,669,168
내부매출액	(2,260,032)	(46,848,887)	(498,984,259)	1,175,403,533	-
순매출액	458,856,720	83,353,628	110,085,136	-	6,136,669,168
부문 세전이익	45,774,824	89,073,330	527,874,399	147,050,612	2,293,693,668
부문 당기순이익	48,443,546	56,676,813	464,511,013	(97,983,286)	1,646,153,359
부문 자산총액	845,168,646	139,533,471	1,736,551,580	(2,502,872,638)	22,779,558,711
부문 부채총액	123,213,687	55,818,669	469,651,951	(266,175,829)	9,189,586,348
부문 감가상각비	3,754,937	1,271,971	18,482,971	(1,404,659)	227,879,764
부문 무형자산상각비	148,289	35,777	2,598,801	160,242	135,363,337

. . .

다. 지역별 정보

당기 및 전기 중 연결회사의 매출은 대부분 국내에서 발생하고 있으며, 당기말 및 전기말 현재 연결회사가 보유하고 있는 대부분의 비유동자산은 국내에 소재하고 있습니다.

당기 국내를 제외한 연결회사의 지역별 매출 정보는 아래와 같습니다.

(단위: 천원)

지역	북미	아시아	유럽	일본	중국	총합계
매출액	32,612,250	88,575,777	38,834,241	460,231,898	12,168,339	632,422,505

라. 당기 및 전기에 연결회사 매출액의 10% 이상을 차지하는 외부고객은 없습니다.

보론 I 재무비율

주요 재무비율을 정리하면 다음 〈표 20-5〉와 같다.

표 20-5 재무비율

재무비율	계산식	의미
1. 수익성비율		
(1) 매출액순이익률	$\frac{\text{당기순이익}}{\text{순매출액}} \times 100$	매출액 ₩1에 대한 당기순이익이 얼마인지를 나타내는 지표
(2) 자기자본순이익률	$\frac{\text{당기순이익}}{\text{평균자기자본}} \times 100$	자기자본이 얼마의 수익창출에 이용되고 있는지를 나타내는 지표
(3) 주가이익비율	$\frac{\text{주당주식시가}}{\text{주당이익}}$	1주당 순이익에 비해서 주가가 몇 배로 형성되어 있는지를 나타내는 지표
2. 활동성비율		
(1) 매출채권회전율 매출채권평균회수기간	$\frac{\text{순매출액}}{\text{평균매출채권}}$, $\frac{365\text{일}}{\text{매출채권회전율}}$	매출채권을 현금화하는 속도를 나타내는 지표
(2) 재고자산회전율 재고자산평균회전기간	$\frac{\text{매출원가}}{\text{평균재고자산}}$, $\frac{365\text{일}}{\text{재고자산회전율}}$	재고재산이 판매되기까지의 처리속도를 나타내는 지표
(3) 총자산회전율	$\frac{\text{순매출액}}{\text{평균총자산}}$	총자산이 수익을 창출하는 데 얼마나 효율적으로 이용되었는지를 나타내는 지표
3. 안전성비율		
(1) 유동비율	$\frac{\text{유동자산}}{\text{유동부채}} \times 100$	단기채무 상환에 충당할 수 있는 유동자산이 얼마나 되는지를 나타내는 지표
(2) 당좌비율	$\frac{\text{당좌자산}}{\text{유동부채}} \times 100$	유동비율보다 더 엄격한 단기채무 상환능력을 나타내는 지표
(3) 부채비율	$\frac{\text{부채}}{\text{자기자본}} \times 100$	장기채무 상환능력을 나타내는 지표
(4) 이자보상비율	$\frac{EBIT}{\text{이자비용}}$	이자비용을 지불할 만큼의 충분한 이익을 창출하고 있는지를 나타내는 지표
4. 성장성비율		
(1) 매출액증가율	$\frac{\text{당기매출액} - \text{전기매출액}}{\text{전기매출액}} \times 100$	매출액이 얼마나 빠르게 성장하는지를 나타내는 지표
5. 배당비율		
(1) 배당성향	$\frac{\text{총배당액}}{\text{당기순이익}} \times 100$	당기순이익 중에서 총배당액으로 얼마나 사용했는지를 나타내는 지표
(2) 배당수익률	$\frac{\text{주당배당액}}{\text{주당주식가격}} \times 100$	주식에 투자하여 얼마의 배당을 받았는지를 나타내는 지표

SUMMARY & CHECK

매각예정비유동자산과 중단영업

- 비유동자산(또는 처분자산집단)의 장부금액이 계속사용이 아닌 매각거래를 통하여 주로 회수될 것이라면 이를 매각예정비유동자산으로 분류한다.
- 매각예정으로 분류된 비유동자산(또는 처분자산집단)은 순공정가치와 장부금액 중 작은 금액으로 측정한다. 매각예정 분류일 현재 자산의 장부금액이 순공정가치를 초과하면 그 차액을 손상차손으로 인식한다.
- 더 이상 매각예정으로 분류할 수 없는 비유동자산의 장부금액에 반영하는 조정금액은 분류요건이 더 이상 충족되지 않는 기간의 계속영업손익에 포함한다. 또한 매각예정으로 분류한 기간 동안의 재무제표는 수정되어야 한다.
- 세후 중단영업손익과 중단영업에 포함된 자산이나 처분자산집단을 순공정가치로 측정하거나 처분함에 따른 세후 손익의 합계를 포괄손익계산서에 단일금액으로 표시한다.

보고기간후사건

- 보고기간후사건이란 보고기간 말과 재무제표 발행승인일 사이에 발생한 유리하거나 불리한 사건을 말한다.
- 수정을 요하는 보고기간후사건을 반영하기 위하여 재무제표에 이미 인식된 금액을 수정하고, 재무제표에 인식하지 아니한 항목은 새로 인식하여야 한다.
- 수정을 요하지 않는 보고기간후사건을 반영하기 위하여 재무제표에 인식된 금액을 수정하지 아니한다.

중간재무보고

- 중간재무보고란 한 회계연도보다 짧은 회계기간을 대상으로 회계보고를 하는 것을 의미한다.
- 요약재무제표를 중간재무보고서에 포함하는 경우, 이러한 재무제표는 최소한 직전 연차재무제표에 포함되었던 제목, 소계 및 선별적 주석을 포함하여야 한다.
- 선별적 주석 공시는 중간재무제표에서 하거나, 다른 보고서(예 경영진설명서, 위험보고서)에서 하고 중간재무제표에서 이를 상호참조하여 포함할 수도 있다.
- 구분접근법은 중간기간을 연간과 별개의 독립적인 회계기간으로 보고 연간에서 적용하는 회계정책을 중간기간에도 동일하게 적용한다. 반면에 통합접근법은 중간기간을 연간의 재무정보를 예측하기 위한 분할로 보고 연간에서 적용하는 회계정책을 적절히 수정하여 적용할 수 있다.

영업부문

- **영업부문이** 통합기준과 양적기준을 모두 충족하면 각 영업부문에 대한 정보를 별도로 보고**한다.**
- **영업부문의 공시내용은** 일반정보, 부문당기손익, 부문자산, 부문부채 및 측정기준에 대한 정보, 그리고 기업전체 금액으로의 조정사항 **등이다.**
- **보고부문이 기업의** 제품 및 용역별, 지역별 또는 주요 고객별로 제공되지 않는 경우에는 기업전체 수준에서 해당 정보를 공시**한다.**

OX QUIZ

1 매각예정 분류시점에서 1년 이내에 매각완료요건이 충족될 것으로 예상되며, 어떠한 상황에서도 매각을 완료하는 데 소요되는 기간이 1년을 초과하면 매각예정비유동자산으로 분류할 수 없다.

2 폐기될 비유동자산(또는 처분자산집단)은 매각예정으로 분류할 수 없다.

3 손상차손을 처분자산집단에 있는 영업권과 비유동자산의 장부금액에 비례하여 배분한다.

4 과거 재무상태표에 매각예정으로 분류된 비유동자산 또는 처분자산집단에 포함된 자산과 부채의 금액은 최근 재무상태표의 분류를 반영하기 위하여 재분류하거나 재작성하지 아니한다.

5 매각예정으로 분류하였으나 중단영업의 정의를 충족하지 않더라도 비유동자산(또는 처분자산집단)을 재측정하여 인식하는 평가손익은 중단영업손익에 포함한다.

6 기업의 구분단위를 매각예정으로 더 이상 분류할 수 없는 경우, 중단영업으로 표시하였던 당해 구분단위의 영업성과를 비교표시되는 모든 회계기간에 재분류하여 계속영업손익에 포함하고 과거기간에 해당하는 금액이 재분류되었음을 주석으로 기재한다.

7 재무제표 발행승인일은 주주가 재무제표를 승인한 날이다.

8 기업은 수정을 요하지 않는 보고기간후사건으로서 중요한 것은 그 범주별로 사건의 성격과 사건의 재무적 영향에 대한 추정치를 재무제표에 반영한다.

9 보고기간 후부터 재무제표 발행승인일 전 사이에 배당을 선언한 경우 보고기간 말에 부채로 인식하지 아니한다.

10 경영진이 보고기간 후에, 기업을 청산하거나 경영활동을 중단할 의도를 가지고 있거나, 청산 또는 경영활동의 중단 외에 다른 현실적 대안이 없다고 판단하더라도 계속기업의 기준에 따라 재무제표를 작성해야 한다.

11 중간재무보고서는 K-IFRS 제1034호 '중간재무보고'에 따라 요약재무제표로만 작성할 수도 있다.

12 직전 연차재무보고서를 연결기준으로 작성하였다면 중간재무보고서도 연결기준으로 작성해야 한다.

13 선별적 주석의 정보는 일반적으로 당해 회계연도 누적기준으로 보고한다.

14 계절성이 높은 사업을 영위하는 기업의 경우, 중간보고기간말까지 12개월 기간의 재무정보와 직전 회계연도의 동일기간에 대한 비교 재무정보를 보고할 것을 권장한다.

15 중간재무보고서를 작성할 때 인식, 측정, 분류 및 공시와 관련된 중요성의 판단은 연간기간의 재무자료에 근거하여 이루어져야 한다.

16 국제회계기준에서 중간재무제표를 연차재무제표에 적용하는 회계정책과 동일한 회계정책을 적용하여 작성하도록 규정한 것은 통합접근법에 따른 것이다.

17 연중 고르지 않게 발생하는 원가는 연차보고기간 말에 미리 비용으로 예측하여 인식하거나 이연하여서는 아니 된다.

18 영업부문은 아직까지 수익을 창출하지 않는 사업활동을 영위할 수 없다.

19 경영진이 재무제표이용자에게 유용한 부문정보라고 판단한다면 양적기준을 충족하지 못하는 영업부문도 별도의 보고부문으로 공시할 수 있다.

20 각 부문항목 금액은 부문에 대한 자원배분의 의사결정과 보고부문의 성과평가를 위하여 최고영업의사결정자에게 보고되는 측정치여야 한다.

21 단일 외부고객으로부터의 수익이 기업전체 수익의 10% 이상인 경우에는, 그 사실, 해당 고객별 수익금액 및 그러한 수익금액이 보고되는 부문의 명칭을 공시한다.

Multiple-choice Questions

1 기업회계기준서 제1105호 '매각예정비유동자산과 중단영업'에 대한 다음 설명 중 옳지 않은 것은? (CPA 2021)

① 비유동자산의 장부금액이 계속사용이 아닌 매각거래를 통하여 주로 회수될 것이라면 이를 매각예정으로 분류한다.

② 매각예정비유동자산으로 분류하기 위한 요건이 보고기간 후에 충족된 경우 당해 비유동자산은 보고기간 후 발행되는 당해 재무제표에서 매각예정으로 분류할 수 없다.

③ 매각예정으로 분류된 비유동자산은 공정가치에서 처분부대원가를 뺀 금액과 장부금액 중 작은 금액으로 측정한다.

④ 비유동자산이 매각예정으로 분류되거나 매각예정으로 분류된 처분자산집단의 일부이면 그 자산은 감가상각(또는 상각)하지 아니하며, 매각예정으로 분류된 처분자산집단의 부채와 관련된 이자와 기타 비용 또한 인식하지 아니한다.

⑤ 과거 재무상태표에 매각예정으로 분류된 비유동자산 또는 처분자산집단에 포함된 자산과 부채의 금액은 최근 재무상태표의 분류를 반영하기 위하여 재분류하거나 재작성하지 아니한다.

2 ㈜한국은 20×1년 12월 말에 다음의 자산집단을 매각방식으로 처분하기로 하였고, 이는 매각예정의 분류기준을 충족한다. 처분자산집단에 속한 자산은 다음과 같이 측정한다.

구 분	매각예정으로 분류하기 전 12월 말의 장부금액	매각예정으로 분류하기 직전에 재측정한 장부금액
영업권	₩100,000	₩100,000
유형자산 Ⅰ (재평가액으로 표시)	1,200,000	1,000,000
유형자산 Ⅱ (원가로 표시)	2,000,000	2,000,000
재고자산	1,100,000	1,050,000
FVOCI금융자산	1,300,000	1,250,000
합 계	₩5,700,000	₩5,400,000

한편, ㈜한국은 매각예정으로 분류하는 시점에서 처분자산집단의 순공정가치를 ₩5,000,000으로 추정하였다. 20×1년 12월 말에 ㈜한국이 처분자산집단에 대하여 인식할 총포괄손익(A)과 손상차손 배분 후 유형자산 Ⅰ의 장부금액(B)은 각각 얼마인가? (CPA 2016)

	(A)	(B)
①	₩(300,000)	₩800,000
②	₩(400,000)	₩800,000
③	₩(400,000)	₩900,000
④	₩(700,000)	₩800,000
⑤	₩(700,000)	₩900,000

3 보고기간 후 사건에 관한 설명으로 옳은 것은? (CTA 2020)

① 보고기간 후에 발생한 상황을 나타내는 사건을 반영하기 위하여, 재무제표에 인식된 금액을 수정한다.

② 보고기간 말과 재무제표 발행승인일 사이에 투자자산의 공정가치가 하락한다면, 재무제표의 투자자산으로 인식된 금액을 수정한다.

③ 보고기간 후에 지분상품 보유자에 대해 배당을 선언한 경우, 그 배당금을 보고기간 말의 부채로 인식하지 아니한다.

④ 보고기간 말에 존재하였던 상황에 대한 정보를 보고기간 후에 추가로 입수한 경우에도 그 정보를 반영하여 공시 내용을 수정하지 않는다.

⑤ 경영진이 보고기간 후에, 기업을 청산하거나 경영활동을 중단할 의도를 가지고 있거나, 청산 또는 경영활동의 중단 외에 다른 현실적 대안이 없다고 판단하는 경우에도 계속기업의 기준에 따라 재무제표를 작성할 수 있다.

4 다음은 중간재무보고에 대한 설명이다. (CPA 2018)

A	중간재무제표에 포함되는 포괄손익계산서, 자본변동표 및 현금흐름표는 당해 회계연도 누적기간만을 직전 회계연도의 동일기간과 비교하는 형식으로 작성한다.
B	계절적, 주기적 또는 일시적으로 발생하는 수익은 연차보고 기간 말에 미리 예측하여 인식하거나 이연하는 것이 적절하지 않는 경우 중간보고기간 말에도 미리 예측하여 인식하거나 이연하여서는 안 된다.
C	특정 중간기간에 보고된 추정금액이 최종 중간기간에 중요하게 변동하였지만 최종 중간기간에 대하여 별도의 재무보고를 하지 않는 경우, 추정의 변동 성격과 금액을 해당 회계연도의 연차재무제표에 주석으로 공시해야 한다.

위의 기술 중 옳은 것을 모두 고른다면?

① B ② C ③ A, B
④ B. C ⑤ A, B, C

5 중간재무제표에 관한 설명 중 옳은 것은? (CTA 2020)

① 한국채택국제회계기준에 따라 중간재무보고서를 작성한 경우, 그 사실을 공시할 필요는 없다.

② 중간재무보고서상의 재무상태표는 당해 중간보고기간 말과 직전연도 동일 기간 말을 비교하는 형식으로 작성한다.

③ 중간재무보고서상의 포괄손익계산서는 당해 중간기간과 당해 회계연도 누적기간을 직전 회계연도의 동일기간과 비교하는 형식으로 작성한다.

④ 중간재무보고서를 작성할 때 인식, 측정, 분류 및 공시와 관련된 중요성의 판단은 직전 회계연도의 재무자료에 근거하여 이루어져야 한다.

⑤ 중간재무보고서상의 재무제표는 연차재무제표보다 더 많은 정보를 제공하므로 신뢰성은 높고, 적시성은 낮다.

6 기업회계기준서 제1034호 '중간재무보고'에 대한 다음 설명 중 옳지 않은 것은? (CPA 2022)

① 중간재무보고서는 최소한 요약재무상태표, 요약된 하나 또는 그 이상의 포괄손익계산서, 요약자본변동표, 요약현금흐름표, 그리고 선별적 주석을 포함하여야 한다.

② 중간재무보고서에는 직전 연차보고기간말 후 발생한 재무상태와 경영성과의 변동을 이해하는 데 유의적인 거래나 사건에 대한 설명을 포함한다.

③ 특정 중간기간에 보고된 추정금액이 최종 중간기간에 중요하게 변동하였지만 최종 중간기간에 대하여 별도의 재무보고를 하지 않는 경우에는, 추정의 변동 성격과 금액을 해당 회계연도의 연차재무제표에 주석으로 공시하지 않는다.

④ 중간재무보고서를 작성할 때 인식, 측정, 분류 및 공시와 관련된 중요성의 판단은 해당 중간기간의 재무자료에 근거하여 이루어져야 한다.

⑤ 중간재무제표는 연차재무제표에 적용하는 회계정책과 동일한 회계정책을 적용하여 작성한다. 다만 직전 연차보고기간말 후에 회계정책을 변경하여 그 후의 연차재무제표에 반영하는 경우에는 변경된 회계정책을 적용한다.

7 ㈜세무는 (가)~(바) 영업부문을 가지고 있으며, 부문수익(내부 및 외부) 및 부문당기손익과 부문자산의 내역은 다음과 같다. (CTA 2017)

부문	부문수익	부문당기순이익(손실)	부문자산
가	₩360,000	₩20,000	₩324,000
나	250,000	10,000	261,000
다	90,000	(10,000)	81,000
라	120,000	(5,000)	81,000
마	130,000	4,000	99,000
바	50,000	6,000	54,000
합 계	₩1,000,000	₩25,000	₩900,000

양적기준에 따라 ㈜세무가 영업부문에 대한 정보를 별도로 보고해야 하는 부문으로 옳은 것들로만 모두 고른 것은? (단, 영업부문에 대한 정보를 별도로 보고하기 위한 다른 기준들은 모두 충족된다고 가정한다)

① 가, 나 ② 가, 나, 마, 바 ③ 나, 다, 라, 마
④ 가, 나, 다, 라, 바 ⑤ 가, 나, 다, 라, 마, 바

부록 1 〉 가치계산표

목돈의 미래가치(원리금)

$$F_n = (1+r)^n$$

기간	1%	2%	3%	4%	5%	6%	7%	8%	9%	10%
1	1.0100	1.0200	1.0300	1.0400	1.0500	1.0600	1.0700	1.0800	1.0900	1.1000
2	1.0201	1.0404	1.0609	1.0816	1.1025	1.1236	1.1449	1.1664	1.1881	1.2100
3	1.0303	1.0612	1.0927	1.1249	1.1576	1.1910	1.2250	1.2597	1.2950	1.3310
4	1.0406	1.0824	1.1255	1.1699	1.2155	1.2625	1.3108	1.3605	1.4116	1.4641
5	1.0510	1.1041	1.1593	1.2167	1.2763	1.3382	1.4026	1.4693	1.5386	1.6105
6	1.0615	1.1262	1.1941	1.2653	1.3401	1.4185	1.5007	1.5869	1.6771	1.7716
7	1.0721	1.1487	1.2299	1.3159	1.4071	1.5036	1.6058	1.7138	1.8280	1.9487
8	1.0829	1.1717	1.2668	1.3686	1.4775	1.5938	1.7182	1.8509	1.9926	2.1436
9	1.0937	1.1951	1.3048	1.4233	1.5513	1.6895	1.8385	1.9990	2.1719	2.3579
10	1.1046	1.2190	1.3439	1.4802	1.6289	1.7908	1.9672	2.1589	2.3674	2.5937
11	1.1157	1.2434	1.3842	1.5395	1.7103	1.8983	2.1049	2.3316	2.5804	2.8531
12	1.1268	1.2682	1.4258	1.6010	1.7959	2.0122	2.2522	2.5182	2.8127	3.1384
13	1.1381	1.2936	1.4785	1.6651	1.8856	2.1329	2.4098	2.7196	3.0658	3.4523
14	1.1495	1.3195	1.5126	1.7317	1.9799	2.2609	2.5785	2.9372	3.3417	3.7975
15	1.1610	1.3459	1.5580	1.8009	2.0789	2.3966	2.7590	3.1722	3.6425	4.1772
16	1.1726	1.3728	1.6047	1.8730	2.1829	2.5404	2.9522	3.4259	3.9703	4.5950
17	1.1843	1.4002	1.6528	1.9479	2.2920	2.6928	3.1588	3.7000	4.3276	5.0545
18	1.1961	1.4282	1.7024	2.0258	2.4066	2.8543	3.3799	3.9960	7.7171	5.5599
19	1.2081	1.4568	1.7535	2.1068	2.5270	3.0256	3.6165	4.3157	5.1417	6.1159
20	1.2202	1.4859	1.8061	2.1911	2.6533	3.2701	3.8697	4.6610	5.6044	6.7275
21	1.2324	1.5157	1.8603	2.2788	2.7860	3.3996	4.1406	5.0388	6.1088	7.4002
22	1.2447	1.5460	1.9161	2.3699	2.9253	3.6035	4.4304	5.4365	6.6586	8.1403
23	1.2572	1.5769	1.9736	2.4647	3.0715	3.8197	4.7405	5.8715	7.2579	8.9543
24	1.2697	1.6084	2.0328	2.5633	3.2251	4.0489	5.0724	6.3412	7.9111	9.8497
25	1.2824	1.6406	2.0938	2.6658	3.3864	4.2919	5.4274	6.8485	8.6231	10.835
26	1.2953	1.6734	2.1566	2.7725	3.5557	4.5494	5.8074	7.3964	9.3992	11.918
27	1.3082	1.7069	2.2213	2.8834	3.7335	4.8223	6.2139	7.9881	10.245	13.110
28	1.3213	1.7410	2.2879	2.9987	3.9201	5.117	6.6488	8.6271	11.167	14.421
29	1.3345	1.7758	2.3566	3.1187	4.1161	5.4184	7.1143	9.3173	12.172	15.863
30	1.3478	1.8114	2.4273	3.2434	4.3219	5.7435	7.6123	10.063	13.268	17.449
40	1.4889	2.2080	3.2620	4.8010	7.0400	10.286	14.974	21.725	31.409	45.259
50	1.6446	2.6916	4.3839	7.1067	11.467	18.420	29.457	46.902	74.358	117.39
60	1.8167	3.2810	5.8916	10.520	18.679	32.988	57.946	101.26	176.03	304.48

기간	12%	14%	15%	16%	18%	20%	24%	28%	32%	36%
1	1.1200	1.1400	1.1500	1.1600	1.1800	1.2000	1.2400	1.2800	1.3200	1.3600
2	1.2544	1.2996	1.3225	1.3456	1.3924	1.4400	1.5376	1.6384	1.7424	1.8496
3	1.4049	1.4815	1.5029	1.5609	1.6430	1.7280	1.9066	2.0972	2.3000	2.5155
4	1.5735	1.6890	1.7490	1.8106	1.9388	2.0736	2.3642	2.6844	3.0360	3.4210
5	1.7623	1.9254	2.0114	2.1003	2.2878	2.4883	2.9316	3.4360	4.0075	4.6526
6	1.9738	2.1950	2.3131	2.4364	2.6996	2.9860	3.6352	4.3980	5.2899	6.3275
7	2.2107	2.5023	2.6600	2.8262	3.1855	3.5832	4.5077	5.6295	6.9826	8.6054
8	2.4760	2.8526	3.0590	3.2784	3.7589	4.2998	5.5895	7.2058	9.2170	11.703
9	2.7731	3.2519	3.5179	3.8030	4.4355	5.1598	6.9310	9.2234	12.166	15.917
10	3.1058	3.7072	4.0456	4.4114	5.2388	6.1917	8.5944	11.806	16.060	21.647
11	3.4785	4.2262	4.6524	5.1173	6.1759	7.4301	10.657	15.112	21.199	29.439
12	3.8960	4.8179	5.3503	5.9360	7.2876	8.9161	13.215	19.343	27.983	40.037
13	4.3635	5.4924	6.1528	6.8858	8.5994	10.699	16.386	24.759	36.937	54.451
14	4.8871	6.2613	7.0757	7.9875	10.147	12.839	20.319	31.691	48.757	74.053
15	5.4736	7.1379	8.1371	9.2655	11.974	15.407	25.196	40.565	64.359	100.71
16	6.1304	8.1372	9.3576	10.748	14.129	18.488	31.243	51.923	84.954	136.97
17	6.8660	9.2765	10.761	12.468	16.672	22.186	38.741	66.461	112.14	186.28
18	7.6900	10.575	12.375	14.463	19.673	26.623	48.039	85.071	148.02	253.34
19	8.6128	12.056	14.232	16.777	23.214	31.948	59.568	108.89	195.39	344.54
20	9.6463	13.743	16.367	19.461	27.393	38.338	73.864	139.38	257.92	468.57
21	10.804	15.668	18.822	22.574	32.324	46.005	91.592	178.41	340.45	637.26
22	12.100	17.861	21.645	26.186	38.142	55.206	113.57	228.36	449.39	866.67
23	13.552	20.362	24.891	30.376	45.008	66.247	140.83	292.30	593.20	1178.7
24	15.179	23.212	28.625	35.236	53.109	79.497	174.63	374.14	783.02	1603.0
25	17.000	26.462	32.919	40.874	62.669	95.396	216.54	478.90	1033.6	2180.1
26	19.040	30.167	37.857	47.414	73.949	114.48	268.51	613.00	1364.3	2964.9
27	21.325	34.390	43.535	55.000	82.260	137.37	332.95	784.64	1800.9	4032.3
28	23.884	39.204	50.066	63.800	102.97	164.84	412.86	1004.3	2377.2	5483.9
29	26.750	44.693	57.575	74.009	121.50	197.81	511.95	1285.6	3137.9	7458.1
30	29.960	50.950	66.212	85.850	143.37	237.38	634.82	1645.5	4142.1	10143.
40	93.051	188.88	267.86	378.72	750.38	1469.8	5455.9	19427.	66521.	*
50	289.00	700.23	1083.7	1670.7	3927.4	9100.4	46890.	*	*	*
60	897.60	2595.9	4384.0	7370.2	20555.	56348.	*	*	*	*

* $F_n > 99{,}999$.

목돈의 현재가치

$$P=\frac{1}{(1+r)^n}$$

기간	1%	2%	3%	4%	5%	6%	7%	8%	9%	10%
1	.9901	.9804	.9709	.9615	.9524	.9434	.9346	.9259	.9174	.9091
2	.9803	.9612	.9426	.9246	.9070	.8900	.8734	.8573	.8417	.8264
3	.9706	.9423	.9151	.8890	.8638	.8396	.8163	.7938	.7722	.7513
4	.9610	.9238	.8885	.8548	.8227	.7921	.7629	.7350	.7084	.6830
5	.9515	.9057	.8626	.8219	.7835	.7473	.7130	.6806	.6499	.6209
6	.9420	.8880	.8375	.7903	.7462	.7050	.6663	.6302	.5963	.5645
7	.9327	.8706	.8131	.7599	.7107	.6651	.6227	.5835	.5470	.5132
8	.9235	.8535	.7894	.7307	.6768	.6274	.5820	.5403	.5019	.4665
9	.9143	.8368	.7664	.7026	.6446	.5919	.5439	.5002	.4604	.4241
10	.9053	.8203	.7441	.6756	.6139	.5584	.5083	.4632	.4224	.3855
11	.8963	.8043	.7224	.6496	.5847	.5268	.4751	.4289	.3875	.3505
12	.8874	.7885	.7014	.6246	.5568	.4970	.4440	.3971	.3555	.3186
13	.8787	.7730	.6810	.6006	.5303	.4688	.4150	.3677	.3262	.2897
14	.8700	.7579	.6611	.5775	.5051	.4423	.3878	.3405	.2992	.2633
15	.8613	.7430	.6419	.5553	.4810	.4173	.3624	.3152	.2745	.2394
16	.8528	.7284	.6232	.5339	.4581	.3936	.3387	.2919	.2519	.2176
17	.8444	.7142	.6050	.5134	.4363	.3714	.3166	.2703	.2311	.1978
18	.8360	.7002	.5874	.4936	.4155	.3503	.2959	.2502	.2120	.1799
19	.8277	.6864	.5703	.4746	.3957	.3305	.2765	.2317	.1945	.1635
20	.8195	.6730	.5537	.4564	.3769	.3118	.2584	.2145	.1784	.1486
21	.8114	.6598	.5375	.4388	.3589	.2942	.2415	.1987	.1637	.1351
22	.8034	.6468	.5219	.4220	.3418	.2775	.2257	.1839	.1502	.1228
23	.7954	.6324	.5067	.4057	.3256	.2618	.2109	.1703	.1378	.1117
24	.7876	.6217	.4919	.3901	.3100	.2470	.1971	.1577	.1264	.1015
25	.7798	.6095	.4776	.3751	.2953	.2330	.1842	.1460	.1160	.0923
26	.7720	.5976	.4637	.3604	.2812	.2198	.1722	.1352	.1064	.0839
27	.7644	.5859	.4502	.3468	.2678	.2074	.1609	.1252	.0976	.0763
28	.7568	.5744	.4371	.3335	.2551	.1956	.1504	.1159	.0895	.0693
29	.7493	.5631	.4243	.3207	.2429	.1846	.1406	.1073	.0822	.0630
30	.7419	.5521	.4120	.3083	.2314	.1741	.1314	.0994	.0754	.0573
35	.7059	.5000	.3554	.2534	.1813	.1301	.0937	.0676	.0490	.0356
40	.6717	.4529	.3066	.2083	.1420	.0972	.0668	.0460	.0318	.0221
45	.6391	.4102	.2644	.1712	.1113	.0727	.0476	.0313	.0207	.0137
50	.6080	.3715	.2281	.1407	.0872	.0543	.0339	.0213	.0134	.0085
55	.5785	.3365	.1968	.1157	.0683	.0406	.0242	.0145	.0087	.0053

기간	12%	14%	15%	16%	18%	20%	24%	28%	32%	36%
1	.8929	.8772	.8696	.8621	.8475	.8333	.8065	.7813	.7576	.7353
2	.7972	.7695	.7561	.7432	.7182	.6944	.6504	.6104	.5739	.5407
3	.7118	.6750	.6575	.6407	.6086	.5787	.5245	.4768	.4348	.3975
4	.6355	.5921	.5718	.5523	.5158	.4823	.4230	.3725	.3294	.2923
5	.5674	.5194	.4972	.4761	.4371	.4019	.3411	.2910	.2495	.2149
6	.5066	.4556	.4323	.4104	.3704	.3349	.2751	.2274	.1890	.1580
7	.4523	.3996	.3759	.3538	.3139	.2791	.2218	.1776	.1432	.1162
8	.4039	.3506	.3269	.3050	.2660	.2326	.1789	.1388	.1085	.0854
9	.3606	.3075	.2843	.2630	.2255	.1938	.1443	.1084	.0822	.0628
10	.3220	.2697	.2472	.2267	.1911	.1615	.1164	.0847	.0623	.0462
11	.2875	.2366	.2149	.1954	.1619	.1346	.0938	.0662	.0472	.0340
12	.2567	.2076	.1869	.1685	.1372	.1122	.0757	.0517	.0357	.0250
13	.2292	.1821	.1625	.1452	.1163	.0935	.0610	.0404	.0271	.0184
14	.2046	.1597	.1413	.1252	.0985	.0779	.0492	.0316	.0205	.0135
15	.1827	.1401	.1229	.1079	.0835	.0649	.0397	.0247	.0155	.0099
16	.1631	.1229	.1069	.0980	.0708	.0541	.0320	.0193	.0118	.0073
17	.1456	.1078	.0929	.0802	.0600	.0451	.0258	.0150	.0089	.0054
18	.1300	.0946	.0808	.0691	.0508	.0376	.0208	.0118	.0068	.0039
19	.1161	.0829	.0703	.0596	.0431	.0313	.0168	.0092	.0051	.0029
20	.1037	.0728	.0611	.0514	.0365	.0261	.0135	.0072	.0039	.0021
21	.0926	.0638	.0531	.0443	.0309	.0217	.0109	.0056	.0029	.0016
22	.0826	.0560	.0462	.0382	.0262	.0181	.0088	.0044	.0022	.0012
23	.0738	.0491	.0402	.0329	.0222	.0151	.0071	.0034	.0017	.0008
24	.0659	.0431	.0349	.0284	.0188	.0126	.0057	.0027	.0013	.0006
25	.0588	.0378	.0304	.0245	.0160	.0105	.0046	.0021	.0010	.0005
26	.0525	.0331	.0264	.0211	.0135	.0087	.0037	.0016	.0007	.0003
27	.0469	.0291	.0230	.0182	.0115	.0073	.0030	.0013	.0006	.0002
28	.0419	.0255	.0200	.0157	.0097	.0061	.0024	.0010	.0004	.0002
29	.0374	.0224	.0174	.0135	.0082	.0051	.0020	.0008	.0003	.0001
30	.0334	.0196	.0151	.0116	.0070	.0042	.0016	.0006	.0002	.0001
35	.0189	.0102	.0075	.0055	.0030	.0017	.0005	.0002	.0001	*
40	.0107	.0053	.0037	.0026	.0013	.0007	.0002	.0001	*	*
45	.0061	.0027	.0019	.0013	.0006	.0003	.0001	*	*	*
50	.0035	.0014	.0009	.0006	.0003	.0001	*	*	*	*
55	.0020	.0007	.0005	.0003	.0001	*	*	*	*	*

* $P < 0.001$

정상연금의 미래가치

$$FA_n = \sum_{t=1}^{n}(1+r)^{n-t} = \frac{(1+r)^n - 1}{r}$$

기간	1%	2%	3%	4%	5%	6%	7%	8%	9%	10%
1	1.0000	1.0000	1.0000	1.0000	1.0000	1.0000	1.0000	1.0000	1.0000	1.0000
2	2.0100	2.0200	2.0300	2.0400	2.0500	2.0600	2.0700	2.0800	2.0900	2.1000
3	3.0301	3.0604	3.0909	3.1216	3.1525	3.1836	3.2149	3.2464	3.2781	3.3100
4	4.0604	4.1216	4.1836	4.2465	4.3101	4.3746	4.4399	4.5061	4.5731	4.6410
5	5.1010	5.2040	5.3091	5.4163	5.5256	5.6371	5.7507	5.8666	5.9847	6.1051
6	6.1520	6.3081	6.4684	6.6330	6.8019	6.9753	7.1533	7.3359	7.5233	7.7156
7	7.2135	7.4343	7.6625	7.8983	8.1420	8.3938	8.6540	8.9228	9.2004	9.4872
8	8.2857	8.5830	8.8923	9.2142	9.5491	9.8975	10.260	10.637	11.028	11.436
9	9.3685	9.7546	10.159	10.583	11.027	11.491	11.978	12.488	13.021	13.579
10	10.462	10.950	11.464	12.006	12.578	13.181	13.816	14.487	15.193	15.937
11	11.567	12.169	12.808	13.486	14.207	14.972	15.784	16.645	17.560	18.531
12	12.683	13.412	14.192	15.026	15.917	16.870	17.888	18.977	20.141	21.384
13	13.809	14.680	15.618	16.627	17.713	18.882	20.141	21.495	22.953	24.523
14	14.947	15.974	17.086	18.292	19.599	21.015	22.550	24.215	26.019	27.975
15	16.097	17.293	18.599	20.024	21.579	23.276	25.129	27.152	29.361	31.772
16	17.258	18.639	20.157	21.825	23.657	25.673	27.888	30.324	33.003	35.950
17	18.430	20.012	21.762	23.698	25.840	28.213	30.840	33.750	36.974	40.545
18	19.615	21.412	23.414	25.645	28.132	30.906	33.999	37.450	41.301	45.599
19	20.811	22.841	25.117	27.671	30.539	33.760	37.379	41.446	46.018	51.159
20	22.019	24.297	26.870	29.778	33.066	36.786	40.995	45.762	51.160	57.275
21	23.239	25.783	28.676	31.969	35.719	39.993	44.865	50.423	56.765	64.002
22	24.472	27.299	30.537	34.248	38.505	43.392	49.006	55.457	62.873	71.403
23	25.716	28.845	32.453	36.619	41.430	46.996	53.436	60.893	69.532	79.543
24	26.973	30.422	34.426	39.083	44.502	50.816	58.177	60.765	76.790	88.497
25	28.243	32.030	36.459	41.646	47.727	54.865	63.249	73.106	84.701	98.347
26	29.526	33.671	38.553	44.312	51.113	59.156	68.676	79.954	93.324	109.18
27	30.821	35.344	40.710	47.084	54.669	63.706	74.484	87.351	102.72	121.10
28	32.129	37.051	42.931	49.968	58.403	68.528	80.698	95.339	112.97	134.21
29	33.450	38.792	45.219	52.966	62.323	73.640	87.347	103.97	124.14	148.63
30	34.785	40.568	47.575	56.085	66.439	79.058	94.461	113.28	136.31	164.49
40	48.886	60.402	75.401	95.026	120.80	154.76	199.64	259.06	337.88	442.59
50	64.463	84.579	112.80	152.67	209.35	290.34	406.53	573.77	815.08	1163.9
60	81.670	114.05	163.05	237.99	353.58	533.13	813.52	1253.2	1944.8	3034.8

기간	12%	14%	15%	16%	18%	20%	24%	28%	32%	36%
1	1.0000	1.0000	1.0000	1.0000	1.0000	1.0000	1.0000	1.0000	1.0000	1.0000
2	2.1200	2.1400	2.1500	2.1600	2.1800	2.2000	2.2400	2.2800	2.3200	2.3600
3	3.3744	3.4396	3.4725	3.5056	3.5724	3.6400	3.7776	3.9184	4.0624	4.2096
4	4.7793	4.9211	4.9934	5.0665	5.2154	5.3680	5.6842	6.0156	6.3624	6.7251
5	6.3528	6.6101	6.7424	6.8771	7.1542	7.4416	8.0484	8.6999	9.3983	10.146
6	8.1152	8.5355	8.7537	8.9775	9.4420	9.9299	10.980	12.136	13.406	14.799
7	10.089	10.730	11.067	11.414	12.142	12.916	14.615	16.534	18.696	21.126
8	12.300	13.233	13.727	14.240	15.327	16.499	19.123	22.163	25.678	29.732
9	14.776	16.085	16.786	17.519	19.086	20.799	24.712	29.369	34.895	41.435
10	17.549	19.337	20.304	21.321	23.521	25.959	31.643	38.593	47.062	57.352
11	20.655	23.045	24.349	25.733	28.755	32.150	40.238	50.398	63.122	78.998
12	24.133	27.271	29.002	30.850	34.931	39.581	50.895	65.510	84.320	108.44
13	28.029	32.089	34.352	36.786	42.219	48.497	64.110	84.853	112.30	148.47
14	32.393	37.581	40.505	43.672	50.818	59.196	80.496	109.61	149.24	202.93
15	37.280	43.842	47.580	51.660	60.965	72.035	100.82	141.30	198.00	276.98
16	42.753	50.980	55.717	60.925	72.939	87.442	126.01	181.87	262.36	377.69
17	48.884	59.118	65.075	71.673	87.068	105.93	157.25	233.79	347.31	514.66
18	55.750	68.394	75.836	84.141	103.74	128.12	195.99	300.25	459.45	700.94
19	63.440	78.969	88.212	98.603	123.41	154.74	244.03	385.32	607.47	954.28
20	72.052	91.025	102.44	115.38	146.63	186.69	303.60	494.21	802.86	1298.8
21	81.699	104.77	118.81	134.84	174.02	225.03	377.46	633.59	1060.8	1767.4
22	92.503	120.44	137.63	157.41	206.34	271.03	469.06	812.00	1401.2	2404.7
23	104.60	138.30	159.28	183.60	244.49	326.24	582.63	1040.4	1850.6	3271.3
24	118.16	158.66	184.17	213.98	289.49	392.48	723.46	1332.7	2443.8	4450.0
25	133.33	181.87	212.79	249.21	342.60	471.98	898.09	1706.8	3226.8	6053.0
26	150.33	208.33	245.71	290.09	405.27	567.38	1114.6	2185.7	4260.4	8233.1
27	169.37	238.50	283.57	337.50	479.22	681.85	1383.1	2798.7	5624.8	11198.0
28	190.70	272.89	327.10	392.50	566.48	819.22	1716.1	3583.3	7425.7	15230.3
29	214.58	312.09	377.17	456.30	669.45	984.07	2129.0	4587.7	9802.9	20714.2
30	241.33	356.79	434.75	530.31	790.95	1181.9	2640.9	5873.2	12941.	28172.3
40	767.09	1342.0	1779.1	2360.8	4163.2	7343.9	22729.	69377.	*	*
50	2400.0	4994.5	7217.7	10436.	21813.	45497.	*	*	*	*
60	7471.6	18535.	29220.	46058.	*	*	*	*	*	*

* $FA_n > 999{,}999$.

정상연금의 현재가치

$$PA_n = \sum_{t=1}^{n} \frac{1}{(1+r)^t} = \frac{1-\frac{1}{(1+r)^n}}{r} = \frac{1}{r} - \frac{1}{r(1+r)^n}$$

기간	1%	2%	3%	4%	5%	6%	7%	8%	9%
1	0.9901	0.9804	0.9709	0.9615	0.9524	0.9434	0.9346	0.9259	0.9174
2	1.9704	1.9416	1.9165	1.8861	1.8594	1.8334	1.8080	1.7833	1.7591
3	2.9410	2.8839	2.8286	2.7751	2.7232	2.6730	2.6243	2.5771	2.5313
4	3.9020	3.8077	3.7171	3.6299	3.5460	3.4651	3.3872	3.3121	3.2397
5	4.8534	4.7135	4.5797	4.4518	4.3295	4.2124	4.1002	3.9927	3.8897
6	5.7955	5.6014	5.4172	5.2421	5.0757	4.9173	4.7665	4.6229	4.4859
7	6.7282	6.4720	6.2303	6.0021	5.7864	5.5824	5.3893	5.2064	5.0330
8	7.6517	7.3255	7.0197	6.7327	6.4632	6.2098	5.9713	5.7466	5.5348
9	8.5660	8.1622	7.7861	7.4353	7.1078	6.8017	6.5152	6.2469	5.9952
10	9.4713	8.9826	8.5302	8.1109	7.7217	7.3601	7.0236	6.7101	6.4177
11	10.3676	9.7868	9.2526	8.7605	8.3064	7.8869	7.4987	7.1390	6.8052
12	11.2551	10.5753	9.9540	9.3851	8.8633	8.3838	7.9427	7.5361	7.1607
13	12.1337	11.3484	10.6350	9.9856	9.3936	8.8527	8.3577	7.9038	7.4869
14	13.0037	12.1062	11.2961	10.5631	9.8986	9.2950	8.7455	8.2442	7.7862
15	13.8651	12.8493	11.9379	11.1184	10.3797	9.7122	9.1079	8.5595	8.0607
16	14.7179	13.5777	12.5611	11.6523	10.8378	10.1059	9.4466	8.8514	8.3126
17	15.5623	14.2919	13.1661	12.1657	11.2741	10.4773	9.7632	9.1216	8.5436
18	16.3983	14.9920	13.7535	12.6593	11.6896	10.8276	10.0591	9.3719	8.7556
19	17.2260	15.6785	14.3238	13.1339	12.0853	11.1581	10.3356	9.6036	8.9501
20	18.0456	16.3514	14.8775	13.5903	12.4622	11.4699	10.5940	9.8181	9.1285
21	18.8570	17.0112	15.4150	14.0292	12.8212	11.7641	10.8355	10.0168	9.2922
22	19.6604	17.6580	15.9369	14.4511	13.1630	12.0416	11.0612	10.2007	9.4424
23	20.4558	18.2922	16.4436	14.8568	13.4886	12.3034	11.2722	10.3711	9.5802
24	21.2434	18.9139	16.9355	15.2470	13.7986	12.5504	11.4693	10.5288	9.7066
25	22.0232	19.5235	17.4131	15.6221	14.0939	12.7834	11.6536	10.6748	9.8266
26	22.7952	20.1210	17.8768	15.9828	14.3752	13.0032	11.8258	10.8100	9.9290
27	23.5596	20.7069	18.3270	16.3296	14.6430	13.2105	11.9867	10.9352	10.0266
28	24.3164	21.2813	18.7641	16.6631	14.8981	13.4062	12.1371	11.0511	10.1161
29	25.0658	21.8444	19.1885	16.9837	15.1411	13.5907	12.2777	11.1584	10.1983
30	25.8077	22.3965	19.6004	17.2920	15.3725	13.7648	12.4090	11.2578	10.2737
35	29.4086	24.9986	21.4872	18.6646	16.3742	14.4982	12.9477	11.6546	10.5668
40	32.8347	27.3555	23.1148	19.7928	17.1591	15.0463	13.3317	11.9246	10.7574
45	36.0945	29.4902	24.5187	20.7200	17.7741	15.4558	13.6055	12.1084	10.8812
50	39.1961	31.4236	25.7298	21.4822	18.2559	15.7619	13.8007	12.2335	10.9617
55	42.1472	33.1748	26.7744	22.1086	18.6335	15.9905	13.9399	12.3186	11.0140

기간	10%	12%	14%	15%	16%	18%	20%	24%	28%	32%
1	0.9091	0.8929	0.8772	0.8696	0.8621	0.8475	0.8333	0.8065	0.7813	0.7576
2	1.7355	1.6901	1.6467	1.6257	1.6052	1.5656	1.5278	1.4568	1.3916	1.3315
3	2.4869	2.4018	2.3216	2.2832	2.2459	2.1743	2.1065	1.9813	1.8684	1.7663
4	3.1699	3.0373	2.9137	2.8550	2.7982	2.6901	2.5887	2.4043	2.2410	2.0957
5	3.7908	3.6048	3.4331	3.3522	3.2743	3.1272	2.9906	2.7454	2.5320	2.3452
6	4.3553	4.1114	3.8887	3.7845	3.6847	3.4976	3.3255	3.0205	2.7594	2.5342
7	4.8684	4.5638	4.2883	4.1604	4.0386	3.8115	3.6046	3.2423	2.9370	2.6775
8	5.3349	4.9676	4.6389	4.4873	4.3436	4.0776	3.8372	3.4212	3.0758	2.7860
9	5.7590	5.3282	4.9464	4.7716	4.6065	4.3030	4.0310	3.5655	3.1842	2.8681
10	6.1446	5.6502	5.2161	5.0188	4.8332	4.4941	4.1925	3.6819	3.2689	2.9304
11	6.4951	5.9377	5.4527	5.2337	5.0286	4.6560	4.3271	3.7757	3.3351	2.9776
12	6.8137	6.1944	5.6603	5.4206	5.1971	4.7932	4.4392	3.8514	3.3868	3.0133
13	7.1034	6.4235	5.8424	5.5831	5.3423	4.9095	4.5327	3.9124	3.4272	3.0404
14	7.3667	6.6282	6.0021	5.7245	5.4675	5.0081	4.6106	3.9616	3.4587	3.0609
15	7.6061	6.8109	6.1422	5.8474	5.5755	5.0916	4.6755	4.0013	3.4834	3.0764
16	7.8237	6.9740	6.2651	5.9542	5.6685	5.1624	4.7296	4.0333	3.5026	3.0882
17	8.0216	7.1196	6.3729	6.0472	5.7487	5.2223	4.7746	4.0591	3.5177	3.0971
18	8.2014	7.2497	6.4674	6.1280	5.8178	5.2732	4.8122	4.0799	3.5294	3.1039
19	8.3649	7.3658	6.5504	6.1982	5.8775	5.3162	4.8435	4.0967	3.5386	3.1090
20	8.5136	7.4694	6.6231	6.2593	5.9288	5.3527	4.8696	4.1103	3.5458	3.1129
21	8.6487	7.5620	6.6870	6.3125	5.9731	5.3837	4.8913	4.1212	3.5514	3.1158
22	8.7715	7.6446	6.7429	6.3587	6.0113	5.4099	4.9094	4.1300	3.5558	3.1180
23	8.8832	7.7184	6.7921	6.3988	6.0442	5.4321	4.9245	4.1371	3.5592	3.1197
24	8.9847	7.7843	6.8351	6.4338	6.0726	5.4509	4.9371	4.1428	3.5619	3.1210
25	9.0770	7.8431	6.8729	6.4641	6.0971	5.4669	4.9476	4.1474	3.5640	3.1220
26	9.1609	7.8957	6.9061	6.4906	6.1182	5.4804	4.9563	4.1511	3.5656	3.1227
27	9.2372	7.9426	6.9352	6.5135	6.1364	5.4919	4.9636	4.1542	3.5669	3.1233
28	9.3066	7.9844	6.9607	6.5335	6.1520	5.5016	4.9697	4.1566	3.5679	3.1237
29	9.3696	8.0218	6.9830	6.5509	6.1656	5.5098	4.9747	4.1585	3.5687	3.1240
30	9.4269	8.0552	7.0027	6.5660	6.1772	5.5168	4.9789	4.1601	3.5693	3.1242
35	9.6442	8.1755	7.0700	6.6166	6.2153	5.5386	4.9915	4.1644	3.5708	3.1248
40	9.7791	8.2438	7.1050	6.6418	6.2335	5.5482	4.9966	4.1659	3.5712	3.1250
45	9.8628	8.2825	7.1232	6.6543	6.2421	5.5523	4.9986	4.1664	3.5714	3.1250
50	9.9148	8.3045	7.1327	6.6605	6.2463	5.5541	4.9995	4.1666	3.5714	3.1250
55	9.9471	8.3170	7.1376	6.6636	6.2482	5.5549	4.9998	4.1666	3.5714	3.2150

부록 2 〉 한국채택국제회계기준과 국제회계기준 목록 비교

한국채택국제회계기준		국제회계기준	
	재무보고를 위한 개념체계		Conceptual Framework for Financial Reporting
제1101호	한국채택국제회계기준의 최초채택	IFRS 1	First-time Adoption of International Financial Reporting Standards
제1102호	주식기준보상	IFRS 2	Share-based Payment
제1103호	사업결합	IFRS 3	Business Combinations
제1104호	보험계약	IFRS 4	Insurance Contracts
제1105호	매각예정비유동자산과 중단영업	IFRS 5	Non-current Assets Held for Sale and Discontinued Operations
제1106호	광물자원의 탐사와 평가	IFRS 6	Exploration for and Evaluation of Mineral Resources
제1107호	금융상품: 공시	IFRS 7	Financial Instruments : Disclosures
제1108호	영업부문	IFRS 8	Operating Segments
제1109호	금융상품	IFRS 9	Financial Instruments
제1110호	연결재무제표	IFRS 10	Consolidated Financial Statements
제1111호	공동약정	IFRS 11	Joint Arrangements
제1112호	타 기업에 대한 지분의 공시	IFRS 12	Disclosure of Interests in Other Entities
제1113호	공정가치 측정	IFRS 13	Fair Value Measurement
제1114호	규제이연계정	IFRS 14	Regulatory Deferral Accounts
제1115호	고객과의 계약에서 생기는 수익	IFRS 15	Revenue from Contracts with Customers
제1116호	리스	IFRS 16	Leases
제1001호	재무제표 표시	IAS 1	Presentation of Financial Statements
제1002호	재고자산	IAS 2	Inventories
제1007호	현금흐름표	IAS 7	Statement of Cash Flows

한국채택국제회계기준		국제회계기준	
제1008호	회계정책, 회계추정의 변경 및 오류	IAS 8	Accounting Policies, Changes in Accounting Estimates and Errors
제1010호	보고기간후사건	IAS 10	Events after the Reporting Period
제1012호	법인세	IAS 12	Income Taxes
제1016호	유형자산	IAS 16	Property, Plant and Equipment
제1019호	종업원급여	IAS 19	Employee Benefits
제1020호	정부보조금의 회계처리와 정부지원의 공시	IAS 20	Accounting for Government Grants and Disclosure of Government Assistance
제1021호	환율변동효과	IAS 21	The Effects of Changes in Foreign Exchange Rates
제1023호	차입원가	IAS 23	Borrowing Costs
제1024호	특수관계자공시	IAS 24	Related Party Disclosures
제1026호	퇴직급여제도에 의한 회계처리와 보고	IAS 26	Accounting and Reporting by Retirement Benefit Plans
제1027호	별도재무제표	IAS 27	Separate Financial Statements
제1028호	관계기업과 공동기업에 대한 투자	IAS 28	Investments in Associates and Joint Ventures
제1029호	초인플레이션 경제에서의 재무보고	IAS 29	Financial Reporting in Hyperinflationary Economies
제1032호	금융상품: 표시	IAS 32	Financial Instruments: Presentation
제1033호	주당이익	IAS 33	Earnings per Share
제1034호	중간재무보고	IAS 34	Interim Financial Reporting
제1036호	자산손상	IAS 36	Impairment of Assets
제1037호	충당부채, 우발부채, 우발자산	IAS 37	Provisions Contingent Liabilities and Contingent Assets
제1038호	무형자산	IAS 38	Intangible Assets
제1039호	금융상품: 인식과 측정	IAS 39	Financial Instruments: Recognition and Measurement
제1040호	투자부동산	IAS 40	Investment Property
제1041호	농림어업	IAS 41	Agriculture

한국채택국제회계기준		국제회계기준	
제2101호	사후처리 및 복구관련 충당부채의 변경	IFRIC 1	Changes in Existing Decommissioning, Restoration and Similar Liabilities
제2102호	조합원 지분과 유사 지분	IFRIC 2	Members' Shares in Co-operative Entities and Similar Instruments
제2105호	사후처리, 복구 및 환경정화를 위한 기금의 지분에 대한 권리	IFRIC 5	Rights to Interests arising from Decommissioning, Restoration and Environmental Rehabilitation Funds
제2106호	특정 시장에 참여함에 따라 발생하는 부채: 폐전기·전자제품	IFRIC 6	Liabilities arising from Participating in a Specific Market-Waste Electrical and Electronic Equipment
제2107호	기업회계기준서 제1029호 '초인플레이션 경제에서의 재무보고'에서의 재작성 방법의 적용	IFRIC 7	Applying the Restatement Approach under IAS 29 Financial Reporting in Hyperinflationary Economies
제2110호	중간재무보고와 손상	IFRIC 10	Interim Financial Reporting and Impairment
제2112호	민간투자사업	IFRIC 12	Service Concession Arrangements
제2114호	기업회계기준서 제1019호: 확정급여자산한도, 최소적립요건 및 그 상호작용	IFRIC 14	IAS 19 - The Limit on a Defined Benefit Asset, Minimum Funding Requirements and their Interaction
제2116호	해외사업장순투자의 위험회피	IFRIC 16	Hedges of a Net Investment in a Foreign Operation
제2117호	소유주에 대한 비현금자산의 분배	IFRIC 17	Distributions of Non-cash Assets to Owners
제2119호	지분상품에 의한 금융부채의 소멸	IFRIC 19	Extinguishing Financial Liabilities with Equity Instruments
제2120호	노천광산 생산단계의 박토원가	IFRIC 20	Stripping Costs in the Production Phase of a Surface Mine
제2121호	부담금	IFRIC 21	Levies

한국채택국제회계기준		국제회계기준	
제2122호	외화 거래와 선지급·선수취 대가	IFRIC 22	Foreign Currency Transactions and Advance Consideration
제2123호	법인세 처리의 불확실성	IFRIC 23	Uncertainty over Income Tax Treatments
		SIC-7	Introduction of the Euro
제2010호	정부지원: 영업활동과 특정한 관련이 없는 경우	SIC-10	Government Assistance – No Specific Relation to Operating Activities
제2025호	법인세: 기업이나 주주의 납세지위 변동	SIC-25	Income Taxes—Changes in the Tax Status of an Entity or its Shareholders
제2029호	민간투자사업: 공시	SIC-29	Service Concession Arrangements: Disclosures
제2032호	무형자산: 웹 사이트 원가	SIC 32	Intangible Assets – Web Site Costs

INDEX
색인

A

B

C

D

E

F

G

H

I

K

L

M

N

O

P

Q

R

S

T

U

V

W

ㄱ

ㄴ

ㄷ

ㄹ

ㅁ

ㅂ

ㅈ

김용식

경영학박사, 서강대학교
한국공인회계사
세무사
미국공인회계사

現 한성대학교 교수
금융감독원 감독기관 경영평가위원
식품의약품안전처 산하기관 경영평가위원
정부 및 서울시청 각 부처 회계직 공무원 인사위원
한국회계학회 이사
한국회계정보학회 부회장
한국관리회계학회 상임이사
前 Clark University(미국 매사추세츠 주) 방문교수
Deloitte 안진회계법인
서울시청 재무과
중부지방국세청 국세심사위원

K-IFRS 중급회계

초판발행 2022년 8월 22일

지은이 김용식
펴낸이 안종만 · 안상준

편 집 전채린
기획/마케팅 오치웅
표지디자인 Benstory
제 작 고철민 · 조영환

펴낸곳 (주) 박영사
서울특별시 금천구 가산디지털2로 53, 210호(가산동, 한라시그마밸리)
등록 1959. 3. 11. 제300-1959-1호(倫)
전 화 02)733-6771
f a x 02)736-4818
e-mail pys@pybook.co.kr
homepage www.pybook.co.kr
ISBN 979-11-303-1596-6 93320

정 가 54,000원